Hilarion G. Petzold · Erika Horn · Lotti Müller (Hrsg.)

# Hochaltrigkeit

# Integrative Modelle in Psychotherapie, Supervision und Beratung

Herausgegeben von
Prof. Dr. mult. Hilarion G. Petzold, Prof. Dr. Antonia Lammel
und Prof. Dr. Anton Leitner

Psychotherapie, Beratung und Supervision sind Formen moderner, „biopsychoso-zialer" Hilfeleistung, aber auch ressourcen- und potentialorientierter Entwicklungs-förderung in komplexen und oft risikoreichen Lebenswelten. Letztere erfordern heute interdisziplinäre Ansätze und integrative Modelle, die Schuldenken über-schreiten und neues Wissen in das Feld der Praxis transportieren. Die rasanten Fortschritte in der Psychologie und den klinischen Sozial- und Neurowissenschaf-ten zeigen, dass der Polylog – der Austausch zwischen den Disziplinen und zwi-schen Praktikern, Theoretikern, Forschern und Klienten bzw. Patienten – gefördert werden muss. Nur so wird effektive, nachhaltige und menschengerechte Hilfe und eine exzellente Professionalität möglich. Die Reihe sieht sich diesen Zielsetzun-gen und dem „neuen Integrationsparadigma" in Psychotherapie, Beratung und Supervision verpflichtet.

Hilarion G. Petzold
Erika Horn
Lotti Müller (Hrsg.)

# Hochaltrigkeit

Herausforderung
für persönliche Lebensführung
und biopsychosoziale Arbeit

VS VERLAG

Bibliografische Information der Deutschen Nationalbibliothek
Die Deutsche Nationalbibliothek verzeichnet diese Publikation in der
Deutschen Nationalbibliografie; detaillierte bibliografische Daten sind im Internet über
http://dnb.d-nb.de abrufbar.

1. Auflage 2011

Alle Rechte vorbehalten
© VS Verlag für Sozialwissenschaften | Springer Fachmedien Wiesbaden GmbH 2011

Lektorat: Kea S. Brahms / Eva Brechtel-Wahl

VS Verlag für Sozialwissenschaften ist eine Marke von Springer Fachmedien.
Springer Fachmedien ist Teil der Fachverlagsgruppe Springer Science+Business Media.
www.vs-verlag.de

Umschlaggestaltung: KünkelLopka Medienentwicklung, Heidelberg
Druck und buchbinderische Verarbeitung: STRAUSS GMBH, Mörlenbach
Gedruckt auf säurefreiem und chlorfrei gebleichtem Papier
Printed in Germany

ISBN 978-3-531-17523-2

# Inhalt

**III   Zwischen Bewältigung und Lebenskunst –
       Hochaltrigkeit als individuelle Herausforderung**

# Vorwort

Ein Buch zum Thema Hochaltrigkeit herauszugeben bedarf der Begründung. Die mit der wachsenden Zahl von Menschen, die 80 Jahre und älter sind, verbundenen Probleme in den modernen, pluralen, multikulturellen und soziologisch hoch differenzierten Technologiegesellschaften treten nur langsam stärker in das Bewusstsein der Allgemeinheit. Auch wenn Publikationen wie *Frank Schirrmachers* (2004) sehr beachtetes Buch „Das Methusalem-Komplott" einen öffentlichen Aufmerksamkeitsschub bewirken, so hat man doch den Eindruck eines schnellen Verebbens dieser Thematik oder einer eher flachen Präsenz „am Rande" der öffentlichen Debatten. Das Thema wird zunehmend beschworen mit Blick auf schon gegenwärtig spürbare Kosten und auf künftige Szenarien der Unfinanzierbarkeit von sozialen und medizinischen Leistungen, von Pflege- und Betreuungsbedarf. Eine *vertiefte* Auseinandersetzung indes mit einer eigenen möglichen Hochaltrigkeit, mit den aufkommenden sozialen und bevölkerungspolitischen Strukturveränderungen, der zunehmenden Präsenz alter und hochaltriger Menschen im öffentlichen Raum, die schon jetzt bemerkbar wird, findet noch wenig statt – zu wenig, meinen die HerausgeberInnen. Das gilt auf der individuellen wie auch auf der mikrosoziologischen Ebene, etwa in Familien und Freundeskreisen und natürlich auch auf der Ebene öffentlicher Diskurse in den Medien und im politischen Bereich. *Vertieft* heißt für uns eine Beschäftigung mit den vielfältigen Perspektiven der Hochaltrigkeit, den *interdisziplinären* Kenntnisständen, den subjektiven Faktoren und den Realitäten alter und hochaltriger Menschen der näheren und weiteren sozialen Räume. *Intergenerationale Diskurse* oder *Polyloge*, d. h. Gespräche von vielen Seiten her und zu vielen Seiten hin – von den Hochbetagten zu den Älteren hin oder zu den Jungen, der Jugend gar, oder von jungen Erwachsenen zu den Hochaltrigen – fehlen weitgehend. Gespräche mit unterschiedlichsten Beteiligungen quer durch die Altersgruppen findet man kaum. Sie scheinen weder gesucht, noch betrieben, noch gefördert. Ihre Notwendigkeit wird offenbar genauso wenig gesehen wie ihre potentielle Fruchtbarkeit. Das gilt nicht zuletzt für den Bereich professioneller, psychosozialer und medizinischer Arbeit und offenbar auch für den politischen Raum, denn *intergenerationale* Initiativen und Projekte muss man lange suchen.

Eine breite Information zum Thema Hochaltrigkeit fehlte uns in unserer Arbeit mit den verschiedensten Zielgruppen im Feld helfender Berufe, mit denen wir zu tun haben. Das war eine unserer Motivationen, dieses Buch zusammenzustellen, nachdem wir mit etlichen Buchprojekten unsere entwicklungspsychologischen, gerontotherapeutischen und erwachsenenbildnerischen/geragogischen Erfahrungen vorgelegt hatten (vgl. *Müller* 2007).

Der Herausgeber und die Herausgeberinnen sind im Felde der Gerontologie tätig: in der Psychotherapie, der Beratung, der Hospiz- und Bildungsarbeit, der Supervision und Weiterbildung – die Seniorherausgeberin, selbst hochaltrig, und der Seniorherausgeber seit mehr als 40 Jahren. Das ist eine Zeitspanne, in der man die Alternsprozesse bei sich selbst deutlich wahrnimmt, sich als alternd erfährt. In der beruflichen Zusammenarbeit – *Erika Horn* und *Hilarion Petzold* miteinander seit Ende der siebziger Jahre bis heute, mit *Lotti Müller* seit Anfang der neunziger Jahre – erlebt man natürlich auch das Altern des Anderen. Unsere sozialgerontologische, geragogische und gerontotherapeutische Arbeit in Zeiten, in denen man dem Alter noch wenig Aufmerksamkeit schenkte – nicht zu reden von Hochaltrigkeit – bedeutet, für diese Thematik ein Sensorium zu haben, mit ihr ein besonderes Anliegen zu verfolgen. Das hat bei uns sowohl biographische Momente (*Erika Horn*, dieses Buch, S. 227-231), als auch weiter greifende Erkenntnisinteressen (vgl. *Haring* 2008b; *Müller* 2007). Wir sind an diese Thematik mit einer entwicklungspsychologischen, bildungstheoretischen und familientherapeutischen Perspektive herangegangen. Überdies sind wir seit Beginn unserer therapeutischen Arbeit einer life „*span developmental psychology*" verpflichtet, haben mit Kindern, Jugendlichen, Erwachsenen und alten Menschen gearbeitet (vgl. *Sieper* 2007b) in einer *intergenerationalen Ausrichtung*, die immer wichtiger wurde. Heute wird sie, gerade mit Blick auf die Hochaltrigkeit, zu einem dringenden Erfordernis, sollen die gesellschaftlichen Gruppen nicht auseinander fallen. In der Bildungsarbeit haben wir die Idee einer *éducation permanente,* des „lebenslangen Lernens" vertreten (*Petzold, Bubolz* 1976; *Sieper* 2007c), die sich im Verlauf der Jahre über die Erwachsenenbildung hinaus immer stärker zu einer Bildung *für das Alter und im Alter* entwickelte. Jetzt denkt man über Bildung und Lernen in der Hochaltrigkeit nach (*Ludger Veelken*, 233-257). Und genauso ging es uns mit der Psychotherapie: sie wurde von uns nicht mehr als in Altersgruppen separierte Kinder- und Jugendlichen Therapie aufgefasst (*Petzold, Ramin* 1986) oder als Erwachsenen- und Gerontotherapie (*Petzold, Bubolz* 1979; *Petzold* 1992a, 2005a), sondern immer klarer als eine „*life span developmental therapy*" begriffen und in einer „integrativ-systemischen" Ausrichtung aktiv entwickelt (idem 1992e, 2010d). Das geschah nicht nur in einer klinischen, pathologiezentrierten Orientierung, sondern

auch in einer salutogenetischen, auf Ressourcen und protektive Faktoren fokus-
sierten Ausrichtung, die auf Heilung, Resilienzbildung und Entwicklung abziel-
te. Solche Prinzipien gelten in einem auf die „Entwicklung in der Lebensspanne"
gerichteten Ansatz gleichermaßen in der Arbeit mit Kindern, wie in der Arbeit mit
alten Menschen und Hochaltrigen (*Petzold, Müller* 2002c, 2004c). Auch wurde
und wird von uns im Sinne einer „philosophischen Therapeutik" in der Arbeit mit
Hochaltrigen das *„therapeuein"* der antiken Seelenführung (*Sokrates, Epikur, Cicero, Seneca, Epictet* u.a., *Petzold, Müller* 2004b) betont als eine Begleitung in der
achtsamen „Sorge um sich selbst" und im „Einsatz für das Gemeinwohl", in der
Entwicklung einer persönlichen „Lebenskunst" und Vertiefung einer subjektiven
Lebensphilosophie, Themen, mit denen sich viele Menschen intensiv – teilweise
ein Leben lang – beschäftigt haben und die ihnen am Herzen liegen.

Hier sind auch Schnittstellen zur Seelsorge und zur Auseinandersetzung mit
religiösen Themen und Weisheitslehren möglich (*Urte Bejick*, S. 259-278, *Veelken*, S. 233-257) für Menschen, die eine persönliche Glaubensorientierung haben.
Menschen mit einer säkularen Lebenshaltung können sich mit ihren Werten, Weltanschauungen und Lebensauffassungen vertiefend auseinandersetzen. Subjektive
Sinnfindung (*Petzold, Orth* 2005a) und eine gemeinschaftliche Kulturarbeit als Engagement für die **„Integrität** von Menschen, Gruppen und Lebensräumen" (*Petzold, Orth, Sieper* 2010) sind hier verbindende Gemeinsamkeiten zwischen Formen „religiöser" und „säkularer" Seelsorge (*Petzold* 2005b, 2010k) – beide haben
in der Arbeit mit Hochbetagten eine wichtige Aufgabe.

Eine derart komplexe Zugehensweise zu Menschen, die in der Arbeit mit
Hochaltrigen in ihrer Notwendigkeit besonders eindrücklich deutlich wird, hat
die Anlage, Gliederung und Themenwahl dieses Buches bestimmt. Er entspricht
dem Anliegen der „Integrativen Therapie, Agogik und Kulturarbeit", diesem Ansatz **biopsychosozialer Praxis** in einer „integrativ-systemischen" Arbeit mit Menschen, welcher den „subjektiven Faktor" des personalen Selbst und die tragende
Kraft konvivialer sozialer Netzwerke einbezieht und beides zu fördern und zu sichern sucht. Ihm sind die HerausgeberInnen verpflichtet, und auf diesem Hintergrund sind sie tätig.

Der Blick auf die *„gesamte Lebensspanne"* wird für jeden erforderlich, der
sich mit dem Thema „Hochaltrigkeit" aus persönlichen Gründen als Mitglied einer
Mehrgenerationenfamilie oder aus beruflichen Gründen als PsychologIn, SozialarbeiterIn, PsychotherapeutIn, MedizinerIn, Pflegefachfrau, PolitikerIn, SeelsorgerIn auseinandersetzt. Man darf die Lebensabschnitte – vergangene wie künftige
– nicht fragmentierend auseinandertrennen, genauso wenig wie man die gesellschaftlichen Altersgruppen von einander isolieren darf. Die **Intergenerationali-**

**tät** ist zwingend geworden und wird mit der demographischen Zunahme alter und hochbetagter Menschen (*Rembrandt Scholz*, S. 23-35) noch bedeutsamer werden. In der psychosozialen, agogischen, beratenden und psychotherapeutischen Arbeit wird man sich auf dieses Faktum genauso einstellen müssen wie in der ambulanten Pflege und Betreuung (*Ursula Wiesli*, S. 187-209) oder in der Heimsituation (*Gerda Graf*, S. 211-223).

Eine weitere Perspektive der Integrativen Therapie kam in der Vorbereitung und in Erarbeitung dieses Bandes zum Tragen, nämlich ihre anthropologische Position, die den *„Menschen – Frauen und Männer – als Körper-Seele-Geist-Wesen in einem soziokulturellen und ökologischen Kontext/Kontinuum"* sieht, Wesen, die *„aus der Interaktion mit ihren Mitmenschen ihre Subjekthaftigkeit und personale Identität gewinnen"* (vgl. *Petzold* 2003a, 2011a). Eine solche differenzielle und zugleich integrative Sicht, gendersensibel ausgerichtet, verlangt eine interdisziplinäre Zugehensweise, um die sich im Lebenskontinuum vollziehenden, hochkomplexen Prozesse des Alterns und ihre Bestimmtheit durch ebenso komplexe und z. T. höchst heterogene soziale und ökologische Kontexte hinlänglich genau zu erfassen. Nur damit kann ein solider Boden für interventive Maßnahmen – Therapie, Pflege, Beratung, Begleitung, Bildung usw. – gewonnen werden. Die **Dimension des Somatischen** erfordert ein Verständnis der biologischen Basisprozesse des Alterns, wie sie biologische und medizinische Gerontologie mit ihren Subdisziplinen, der Genetik (*Hansjakob Müller*, S. 165-185) und den Neurowissenschaften (*Johannes Streffer*, S. 77-90), erforschen. Ihre Erkenntnisse tragen auch dazu bei, die **Dimensionen des Seelischen** und **Geistigen** zu erhellen, die Gegenstand der „Psychologie der Hochaltrigkeit" sind (*Mike Martin, Vera Schumacher*, S. 127-146). Hier werden spezifische entwicklungs- und sozialpsychologische Perspektiven (*Christoph Rott*, S. 55-74) und Ergebnisse klinischer und gesundheitspsychologischer Forschung und Konzeptbildung erarbeitet (*Hilarion Petzold*, S. 279-324), die für praktische Interventionen eine unverzichtbare Basis bilden, wie etwa für die Psychotherapie (*Rolf Hirsch*, 147-163) , die Musiktherapie (*Lotti Müller*, S. 165-185) oder die sport- und bewegungstherapeutische und gesundheitsfördernde Arbeit – *Wildor Hollman* (S. 101-125), selbst hochaltrig, hat sie mit seinen MitautorInnen dargestellt. Der soziokulturelle Rahmen, die **Dimension des Sozialen**, muss von Soziologie, Sozialpsychologie und Demographie ausgeleuchtet werden (*François Höpflinger*, S. 37-53; *Scholz*, S. 23-35). Nur mit solcher Mehrperspektivität und in disziplinübergreifenden Kooperationen können medizinische Versorgung und Pflege, psychologische Beratung und Psychotherapie, Bildungsarbeit (*Veelken*, S. 233-257) und Seelsorge (*Bejick*, 259-278) fundiert durchgeführt werden. Dabei können sich Kenntnisstände und Erfahrungen aus den verschiedenen Disziplinen und praxeologischen Ansätzen in fruchtbarer Weise ergänzen, und es kann die *Multidisziplinarität* zu einer *Interdisziplinarität* überschritten werden, denn die Berufgruppen müssen im Feld der Praxis ohnehin immer wieder zusammenarbeiten. Dafür ist ein Wissen um die Aufgaben, Kompetenzen und Tätigkeiten der jeweilig anderen Berufsgruppe von großem Wert und kann dann immer wieder in *transdisziplinäre* Synergien führen (*Petzold* 2007a), in denen sich eine exzellente Fachlichkeit und eine humane, menschengerechte Praxis verbinden. Sie kommt den Hochaltrigen, den Menschen ihrer sozialen Netzwerke bzw. Konvois und den professionellen HelferInnen selbst zu Gute.

Zu dieser disziplinübergreifenden Information im Feld der Arbeit mit Hochaltrigen wollen wir mit unserem Buch beitragen, um damit auch die *Qualität* dieser Arbeit voran zu bringen, denn Qualität in einem neuen Arbeitsbereich ist nicht selbstverständlich gegeben. Sie muss zunächst entwickelt werden. Erst dann kann man Qualität von psychosozialen, medizinischen und pflegerischen Maßnahmen sichern, ihre **Wissenschaftlichkeit, Wirksamkeit, Wirtschaftlichkeit** und weiterhin ihre **Unbedenklichkeit** gewährleisten. Der vierte Faktor der „Unbedenklichkeit" (*patient security*) und die ethische Maxime des „*patient dignity*" wurde von uns zu den bekannten drei Qualitätsfaktoren, aufgrund von Zwischenfällen und Skandalen im gerontologischen Bereich in den Sektor der psychosozialen Hilfeleistung eingeführt (*Petzold* 1985d; *Müller, Petzold* 2002a), denn die „Sicherheit" von gerontologischen PatientInnen ist keineswegs immer gewährleistet und die „Würde" von PatientInnen ist antastbar. Das „Wohlergehen" von Patienten (*patient well being*) im Sinne einer optimalen Lebensqualität ist keineswegs überall gegeben. Von einer evidenzbasierten „best practice" in den genannten Bereichen sind wir noch weit entfernt. Für die Arbeit mit Hochaltrigen stehen wir hier erst an Anfängen. Im Bereich der Arbeit mit alten Menschen – etwa in der Psychotherapie oder Musiktherapie – sieht es mit der Evidenzbasierung allmählich besser aus (vgl. *Hirsch* und *Müller*, dieses Buch; *Petzold* 2005a), eine Arbeit, die für den Bereich der Hochaltrigkeit noch zu leisten ist. Und natürlich müssen auch Pflege- und Betreuungsqualität beforscht und evaluiert werden, um zu einer „*best practice*" zu kommen. Der Herausgeber und beide Herausgeberinnen sind langjährig in der Supervision im gerontologischen Bereich praktisch, lehrend und forschend tätig (*Petzold, Müller* 2005a) und sind in dieser Arbeit immer wieder mit dem Phänomen **gefährlicher Pflege** konfrontiert worden. Die Risiken haben leider in der Altenarbeit und gerontologischen Pflege nicht abgenommen – wir übersehen das über nunmehr 40 Jahre (*Petzold* 1979l, 1985d) und waren in jüngerer Zeit noch in Felderkundungen mit Fällen gefährlicher Pflege befasst (*Petzold, Müller, Horn, Leitner* 2005): aufgrund von Überlastung des Pflegepersonals, aber auch wegen mangelhafter Ausstattung an Sachmitteln und Personal, besonders durch schlechte qualitative und quantitative Personalschlüssel. Durch die mit der Hochaltrigkeit verbundene Zunahme an „schwerer Pflege" hat sich die Situation sogar verschärft und wird sich weiter verschärfen, wenn hier nicht eine gesamtgesellschaftliche Bewusstheit geschaffen wird, die angemessene Investitionen macht, um eine *gute Lebensqualität* in der Hochaltrigkeit zu gewährleisten. Für Hochbetagte, die hinfällig geworden sind, gilt es nicht nur qualitätsvolle (durch Forschung abgesicherte!) Pflege und Betreuung bereit zu stellen, sondern es müssen Lebenszusammenhänge vorbereitet werden, in denen Partizipation, d.h. Mitwirkung und Mitbestimmung, selbstverständlich sind und eine gute letzte Lebensstrecke und ein würdiges Abschiednehmen möglich wird (*Horn*, S. 325-330).

Mehr und mehr Menschen stehen heute vor den Chancen und vor den Risiken der Hochaltrigkeit, und diese Risiken sind beträchtlich, die Chancen aber sind beachtlich, wie die Beiträge der hochaltrigen MitautorInnen dieses Bandes *Erika Horn, Ursula Lehr* und *Wildor Hollmann* erkennen lassen. Hochaltrigwerden ist in unserer Zeit eine Herausforderung geworden – für jede und jeden! Hochaltrigsein ist eine Herausforderung für unsere Mitbürger und Mitbürgerinnen, die ein „gesegnetes Alter" erreichen konnten (*Horn*, S. 227-231). Damit Menschen diese Lebensstrecke in angemessenen Lebenskontexten erleben und mit der Qualität einer persönlichen „Lebenskunst" leben können, bedarf es einer besonnenen persönlichen Vorbereitung und eines gesellschaftspolitischen Engagements über die Lebensspanne hin, einen „Willen für eine gelingende Hochaltrigkeit".

Wir hoffen, mit diesem Band hierzu einen nützlichen Beitrag geleistet zu haben.

Hilarion G. Petzold, Erika Horn, Lotti Müller

# Zum Geleit

# Langlebigkeit – Herausforderung und Chance in einer Gesellschaft des langen Lebens

*Ursula Lehr*

Wir leben in einer Gesellschaft des langen Lebens. Immer mehr immer ältere Menschen stehen immer weniger jüngeren Menschen gegenüber. Noch nie zuvor haben so viele Menschen eine so lange Lebenszeit gehabt wie heute. *Sehen wir darin nicht ein Problem, sondern eine Chance!*

Wir alle werden älter: von Tag zu Tag, von Woche zu Woche, von Monat zu Monat, von Jahr zu Jahr. *Dass* wir älter werden, daran können wir nichts ändern. Aber *wie* wir älter werden, das haben wir zum Teil selbst in der Hand. Es kommt nämlich nicht nur darauf an, wie *alt* wir werden, sondern *wie* wir alt werden. Es gilt, nicht nur dem Leben *Jahre* zu geben, sondern *den Jahren Leben* zu geben. *Es gilt, „bei besserer Gesundheit länger zu leben"!*

*Umberto Eco* stellte kürzlich fest: der größte Fortschritt – über die Jahrhunderte hinweg – wurde nicht etwa auf dem Gebiet der Technik, des Computers, der SMS erreicht, *sondern auf dem Gebiet des Lebens!*

> „Wir glauben immer noch, uns in einer Epoche zu befinden, in der die Technik jeden Tag Riesenfortschritte macht, wir fragen uns, wohin uns die Globalisierung bringen wird, aber selten denken wir darüber nach, dass die größte Entwicklung der Menschheit, und darüber hinaus die schnellste, die Erhöhung des Durchschnittsalters ist." (Eco, 2004)

Allerdings sollte man auch sehen, dass technische Entwicklungen, Innovationen (z.B. die Erfindung des Kühlschranks, die Entwicklung medizintechnischer Geräte zur Diagnose und Therapie etc) mit zu einer *Verlängerung der Lebenszeit*, zu einer zunehmenden Langlebigkeit beigetragen haben.

Freuen wir uns über die zunehmende Langlebigkeit – doch versuchen wir alles, *damit aus den gewonnenen Jahren erfüllte Jahre werden!* Setzen wir uns für ein *PRO- AGING* ein, für ein *Älterwerden bei möglichst großem körperlichen und seelisch-geistigem Wohlbefinden.* Wir wollen ja gar nicht „ewig jung" bleiben, wie es der Slogan „forever young" verspricht. Wir wollen gesund und kompetent alt werden! Wir Senioren wenden uns auch *gegen eine heutzutage übliche „Anti-Aging- Kampagne"*, denn „anti –aging" setzt voraus, dass Altern etwas Schlimmes ist, gegen das man angehen muss, das man fürchten muss. Wir sind *nicht gegen das Altern*, das wir ohnehin nicht verhindern können und wollen, wir sind aber *für ein möglichst gesundes und kompetentes Älterwerden!*

Wir leben in einer alternden Welt. Wir haben nicht nur eine enorme Zunahme der über 60-Jährigen (um 1900 waren es gerade 5%, heute rund 25%, also jeder 4. Bewohner Deutschlands, bald werden es mehr als ein Drittel, 38%, sein – in Spanien sogar über 44%, in Italien und Österreich auch über 40%) , sondern auch eine *Zunahme des Anteils der über 70-, 80-, 90- und Hundertjährigen.*

So ergibt sich – laut Bertelsmann Demografie-Atlas (2008)- eine *Veränderung des Anteils der über 80-Jährigen allein zwischen 2006 und 2025 in den 16 deutschen Bundesländern um......%.*

| | |
|---|---|
| Baden-Württemberg | + 75,8 % |
| Bayern | + 67,5 % |
| Berlin | + 94,7 % |
| Brandenburg | +122,4 % |
| Bremen | + 42,4 % |
| Hamburg | + 43,6 % |
| Hessen | + 61,9 % |
| Mecklenburg- Vorpommern | +114,4 % |
| Niedersachsen | + 65,0 % |
| NRW | + 60,6 % |
| Rheinland- Pfalz | + 55,9 % |
| Saarland | + 47,8 % |
| Sachsen-Anhalt | + 66,3 % |
| Sachsen | + 75,0 % |
| Schleswig Holstein | + 84,0 % |
| Thüringen | + 76,2 % |

*90- und Hundertjährige sind bei uns keine Seltenheit mehr.* Heute leben bei uns mehr als eine halbe Million Menschen, die 90 Jahre und älter sind, weit über 10.000 sind sogar über hundert Jahre alt. In 15 Jahren steigt die Zahl der über 90-Jährigen auf über eine Million, die der über 100-Jährigen auf über 44.000. Und im Jahr 2050 werden wir (bei einer Reduzierung der Gesamtbevölkerung von jetzt rund 82 Millionen auf dann um die 70 Millionen) über zwei Millionen über 90-Jährige und über 114.000 Centenarians haben. Im Jahr 2009 gratulierte der Bundespräsident 5660 Personen zum runden 100. Geburtstag und 447 zum 105. und höheren.

Die Gruppe der *„Hochaltrigen" ist weltweit die am stärksten wachsende Bevölkerungsgruppe.* Die übliche Einteilung, von den sog. *„jungen Alten"* und ab 80/85 von den *„alten Alten"* zu sprechen, ist problematisch. Manch einer ist schon mit 55/60 ein „alter Alter", andere sind noch mit 90 „junge Alte". Das *„functional* *age"* ist ausschlaggebend, *die Funktionsfähigkeit verschiedener körperlicher und seelisch-geistiger Fähigkeiten.* Und diese Funktionsfähigkeiten sind keinesfalls an ein chronologisches Alter gebunden, sondern werden von biologischen und sozialen Faktoren, die während eines ganzen Lebens einwirken, mitbestimmt. Hier sind Schulbildung, berufliches Training, Lebensstil und Reaktionen auf Belastungen ausschlaggebend. Ein generelles Defizit-Modell des Alterns ist in Frage zu stellen; es wurde durch viele Studien widerlegt (zusammenfassend bei *Lehr* 1972/2007).

Wir haben eine zunehmende Langlebigkeit, wir haben mehr Freizeit, wir werden älter und sind dabei *viel gesünder als Generationen vor uns.* Senioren von heute sind anders: kompetenter, fitter, selbstbewusster, anspruchsvoller – und – zumindest heute noch – oft auch wohlhabender. Wir müssen endlich zu realistischen Altersbildern kommen! *Doch mit der zunehmenden Hochaltrigkeit steigt auch die Gefahr zunehmender Erkrankung, Hilfsbedürftigkeit und vielleicht auch Pflegebedürftigkeit.*

Der Bonner Philosoph *Erich Rothacker* hat schon 1938 in seinem Buch „Die Schichten der Persönlichkeit" in einem Exkurs „Altern und Reifen" festgestellt: Während die *medizinische Altersforschung* überwiegend damit beschäftigt ist, ein *mit dem Alter verbundenes Nachlassen der Organe* ..... zu prüfen, zeigt die Analyse der kulturellen Dokumentationen geistigen Schaffens, „dass *die größten geistigen Leistungen oft gerade in Lebensaltern gelingen, in denen die Leistungsfähigkeit vieler einzelner Organe und Funktionen bereits wesentlich nachgelassen hat".* Alternskurve (der Funktionen und Organe) und Reifungskurve (der geistigen kulturellen Werke) überschneiden sich. *Rothacker* spricht bereits von *„Kompensation"* – aber nicht im *Baltes*'schen Sinne des SOK-Modells (Selektion-Optimierung-Kompensation) – *sondern sieht im Schwinden körperlicher Kräfte eine verstärkte Zuwendung zu geistigen Aufgaben.* Doch er stellt fest: *„Aber jedem Greis etwa ,Vitalität' abzusprechen, widerspräche* bereits vielen Tatsachen. Eher finden hier oft ,*Umleitungen*' des vitalen Antriebs auf andere, spät zur Reife gelangende Fähigkeiten statt." Die Fähigkeit, Wesentliches von Unwesentlichem zu unterscheiden, zunehmende Kreativität, zunehmende Kompetenzen werden oft herausgestellt.

Diese Reifungskurve geht in die Höhe, steigt an, während die körperliche Alterskurve oft sinkt, körperliche Probleme oft zunehmen. *Ähnlich hat man das Älterwerden mit einer* Bergbesteigung verglichen*: Je höher wir hinaufkommen, um so mehr lassen unsere körperlichen Kräfte nach, aber um so schöner und lohnender ist die Aussicht!*

*Doch das Alter hat viele Gesichter. Interindividuelle Unterschiede treten deutlich hervor. Hans Thomae* nimmt auf diese Aussagen seines Lehrers *Rothacker* Bezug und erklärt: *„Die Reifekurve ist diejenige der zunehmenden Präzision, Ver-*

*lässlichkeit und Differenziertheit von Äußerungen und Wirkungen,* sie ist das Ergebnis *höchstmöglicher Integration von Erfahrung und Verhalten.*" Er beschreibt
den Vorgang der Reifung als *„zunehmende Durchdringung aller Abläufe mit eigenen Grunderfahrungen, ihrer Integration zu bestimmten Zielen und Einstellungen
hin".* Thomae (1951/1966, 110ff) sieht auch als einen Maßstab der Reife, *„wie der
Tod integriert oder desintegriert wird",* wie das Dasein im ganzen eingeschätzt
und empfunden wird, als gerundetes oder unerfüllt und Fragment gebliebenes; –
wie Versagungen, Fehlschläge, Enttäuschungen, die sich auf einmal als endgültig
abzeichnen, abgefangen oder ertragen werden, – wie Lebenslügen, Hoffnungen,
Ideale, Vorlieben, Gewohnheiten konserviert oder revidiert werden." Und schließlich heißt es: „Güte, Gefasstheit und Abgeklärtheit sind Endpunkte einer Entwicklung zur Reife hin, – Verhärtung, Protest, ständig um sich greifende Abwertung
solche eines anderen Verlaufs."

   *Thomae* spricht – auf *interindividuelle Unterschiede in der Entwicklung* an-
spielend – von „Variationen der Lebenshöhe", die man bei diesen und jenen Per-
sönlichkeiten finden kann. Er stellt hier Vorgänge der *„Verinnerlichung"* jenen
der *„Veräußerlichung"* gegenüber. „Wenn der Schwerpunkt der Seele im Außen,
im eigenen Leib, in der Kleidung, dem Schmuck, der Wohnung, dem Besitz, den
materiellen Gütern liegt", sprechen wir von „Veräußerlichung". „Eine veräußer-
lichte Seele lebt so, als ob ihr ganzes Heil allein von dem Haben bestimmter äußerer Güter und von dem Fernsein bestimmter äußerer Übel abhinge." (1966,
101) Angst vor Verlust äußerer Güter ruft eine ständig wachsende Unbefriedigt-
heit und Angst vor dem Alter hervor. *Hier wird Alter nicht als Chance, sondern
als Gefahr erlebt,* hier dürfte eine positive Einstellung zum Altern sehr schwer
fallen. – „*Verinnerlichung*" hingegen würde bedeuten, sich auf seine Wesensmit-
te zu besinnen, das zu verfolgen, was einem persönlich wesentlich erscheint, seinem eigenen Wesen entspricht. – „Veräußerlicht" würde man auch eine Formie-
rung der Persönlichkeit nennen, welche die Erfahrungen und Erlebnisse nur mehr
anfügt, sie aber nicht mehr zu integrieren vermag – *Verinnerlichung wäre, neues
Erfahrungsgut aufzunehmen, neue Erlebnisse zu verarbeiten. – Rainer Maria Rilke* äußerte sich im „Malte Laurids Brigge": „Ich lerne sehen. Ich weiß nicht, woran es liegt, es geht alles tiefer in mich ein und bleibt nicht an der Stelle stehen, wo
es sonst immer zu Ende war. Ich habe ein Inneres, von dem ich nicht wusste. Alles geht jetzt dort hin." – Beschrieben wird hier ein Anfang neuer seelischer Entwicklung, der auch noch im hohen Alter möglich ist. Beschrieben wird hier eine
besondere Form der Kreativität und der kompetenten Auseinandersetzung mit der
neuen Lebenssituation.

„Güte, Gefasstheit und Abgeklärtheit sind Anzeichen für das Maß, in dem eine Existenz geöffnet blieb, für das Maß also, in dem sie nicht zu Zielen, Absichten, Spuren von Erfolgen und Misserfolgen gerann, sondern so plastisch und beeindruckbar blieb, dass sie selbst in der Bedrängnis und selbst in der äußersten Düsternis *den Anreiz zu neuer Entwicklung empfindet* – und sei es auch nur jener (Entwicklung), welche weniger dieses oder jenes *erreichen* will, sondern sich einfach *tragen* lässt, von irgendeiner Erinnerung vielleicht, von einem Glanz, der früher das Leben erhellte und lebenswert gemacht hatte, von dem „Wissen" um eine Stunde, die besonders gut geraten schien." (*Thomae* 1966, 111)

*Güte, Abgeklärtheit und Gefasstheit sind Anzeichen für das Maß des Offenbleibens für neue Entwicklungen, auch noch im höheren Alter, auch jenseits der 80!* Der eine erlebt im Alter nur Verengungen und Reduzierungen des eigenen Lebensraumes; sein Blick ist stärker auf körperliche Probleme und materielle Güter gerichtet er sieht nur Verluste; – bei ihm mag im wahrsten Sinne des Wortes eine Anti-Aging-Einstellung dominieren, er mag das Alter ablehnen; ihm ist der Weg versperrt, die positiven Seiten des Älterwerdens wahrzunehmen. Der andere mag bei einer vergleichbaren körperlichen und materiell/finanziellen Situation eine Daseinserweiterung erleben, „ich lerne sehen...", ich erfahre Neues oder sehe Altes unter eine anderen Blickwinkel und integriere es, verinnerliche es. Dieser Ältere erlebt auch Gewinne.

*Eine positive Einstellung zum eigenen Alter*, ein Pro-Aging wird natürlich auch erheblich beeinflusst durch die *Gesellschaft*, in der wir leben, – vom Ansehen, der Stellung, der Wertschätzung , die die Gesellschaft dem alten Menschen entgegenbringt. *Eine durch Jugendwahn gekennzeichnete Gesellschaft*, die das Alter ablehnt, in der *ein negativ getöntes Altersbild vorherrscht*, macht es dem Einzelnen natürlich schwer, zum Älterwerden JA zu sagen.

Das Bild des alten Menschen, das in *historischen Zeiten* vorwiegend ein durchaus *positives* war und heute noch bei manchen „*Naturvölkern*" vorherrscht, in denen der Ältere eine Seltenheit ist und als Ratgeber betrachtet wird, in denen gerade *den Alten richterliche, lehrende und heilende Funktionen zugesprochen werden,* hat sich bei uns erheblich verändert. Alter bedeutet *seit der Mitte des letzten Jahrhunderts Funktionsverlust.* Der alte Mensch als *Ratgeber ist heute zum Ratsuchenden* abgestempelt worden, wovon man sich in jeder Buchhandlung mit meterlanger Ratgeberliteratur überzeugen kann. – Doch so ganz allmählich scheint sich auch das Bild des alten Menschen in unserer Gesellschaft zu ändern: es wird positiver, es wird differenzierter (vgl. 6. Altenbericht der Bundesregierung, 2010).

Viele Studien haben nachgewiesen: *Je älter wir werden, um so weniger sagt die Anzahl der Lebensjahre etwas aus über Fähigkeiten, Fertigkeiten, Interessen, über Verhaltens- und Erlebnisweisen.* Gleichaltrige zeigen oft größere Unterschiede als Menschen, deren Altersunterschied 20, 30 Jahre beträgt. – *Altern ist stets das Ergebnis eines lebenslangen Prozesses* mit ureigensten Erfahrungen, mit ganz individuellen Formen der Auseinandersetzung mit Problem- und Belastungssituationen. Unsere geistige Aufgeschlossenheit, unsere Ausbildung, unser Interesse, aber auch unsere sportliche Betätigung, unsere körperliche Aktivität beeinflusst Alterszustand und Alternsprozess.

*Das Alter hat viele Gesichter.* Da ist der hochkompetente, weise, belesene 85- oder 90-Jährige, der seine morgendliche Gymnastik macht, täglich kritisch die Zeitung liest und die Nachrichten verfolgt, der informiert und orientiert ist, der Reisen unternimmt und mit Neugier der Welt begegnet, bereit ist, Neues zu lernen; – und da ist andererseits der vielleicht sogar 10 Jahre Jüngere, der von Krankheiten geplagt wird, dessen Denken nur um seine Beschwerden kreist, der sich über nichts mehr freuen kann, den weder Zeitungen noch Nachrichten interessieren, der nur ungern das Haus verlässt, der sich zurückzieht, der Altern erleidet.

Das vorliegende Buch ist höchst aktuell. Es greift eine Thematik auf, die schon heute von größtem Interesse ist, die in die Zukunft weist. In 16 Beiträgen werden – in drei Hauptteilen – unterschiedlichste Aspekte der Hochaltrigkeit diskutiert. Die besondere *gesellschaftliche Herausforderung* wird in Teil I anhand demografischer Daten unterstrichen (*Scholz, Höpflinger*), wobei immer wieder auf *interindividuelle Unterschiede „zwischen Vitalität und Pflegebedürftigkeit"* hingewiesen wird (*Rott*).

Teil II: *"Biopsychosoziale Dimensionen von Gesundheit und Krankheit"* eröffnet *Streffer* mit seinem höchstinteressanten Beitrag zur Neurobiologie des Gehirns im hohen Alter. Die Perspektive der Genetik wird von *Hansjakob Müller* prägnant dargestellt und zusammengefasst. *Hollmann, Strüder* und *Diehl* stellen die Bedeutung körperlicher Aktivität heraus und machen Mut: bei entsprechendem Training, das natürlich in jüngeren Jahren beginnen sollte, können 80-90-Jährige den Marathonlauf sogar in einer Zeit von 3 Stunden meistern – sicher eine große Ausnahme, aber immerhin, die gibt es. „Die Leistungskluft zwischen körperlich inaktiven und aktiven Personen wird vom dritten zum vierten Lebensalter immer größer." (S. 101) Alterungsvorgänge und Bewegungsmangelerscheinungen weisen zahlreiche Gemeinsamkeiten auf, – und gegen Bewegungsmangel kann man ja angehen.

Aber auch geistige Aktivität, kognitives Training beeinflusst das sog. „4. Lebensalter" (*Schumacher* und *Martin*), in dem erhebliche „Plastizitätspotenziale" bei alternden Gehirnen durch entsprechendes Training nachgewiesen werden konnten.

Der Beitrag von *Hirsch* befasst sich mit der Psychotherapie von Hochbetagten, die von einer Vielzahl von aufgezeigten Rahmenbedingungen und/oder Widerständen abhängig ist: Hausärzte überweisen kaum ältere Patienten, schon gar nicht Hochaltrige – aus Unkenntnis der Behandlungsmöglichkeiten. Erstaunliche Erfolge musiktherapeutischer Behandlungen bei sehr alten Menschen zeigt *Lotti Müller* auf. Die beiden letzten Beiträge von Teil II behandeln einmal hochbetagte Menschen, die zuhause wohnen, begleitet, betreut oder gar gepflegt werden (*Ursula Wiesli*) und Hochbetagte in der Heimsituation (*Gerda Graf*). Mögliche Problemsituationen werden dargestellt, aber auch Lösungsansätze aufgezeigt – bis hin zur palliativen Medizin, Pflege und Begleitung.

Der III. Teil sieht *Hochaltrigkeit auch als individuelle Herausforderung*. Auch der 80-, 90- und Hundertjährige selbst ist gefordert, seine Lebenssituation optimal nach Kräften zu gestalten. Der Mensch lernt, solange er lebt. „Lernen" ist Verhaltensänderung aufgrund von Erfahrungen – und wir machen täglich neue Erfahrungen bis zum letzten Atemzug. *Erika Horn* sieht – einleitend – aus eigenem Erleben in der Hochaltrigkeit eine besondere Herausforderung und zeigt Wege auf, dieser zu begegnen. *Ludger Veelken* diskutiert in seinem Beitrag „Bildungsarbeit mit Hochbetagten", vom Konzept der „Entwicklungsaufgaben" ausgehend. – Auch Altenpastoral und Altenseelsorge haben sich auf die rapide wachsende Zahl der Hochbetagten einzustellen. "Religiosität" und „Spiritualität" werden in dem Beitrag von *Urte Bejick* thematisiert, der auch der „Versöhnung mit dem eigenen Leben", der Biografiearbeit, eine große Bedeutung zuschreibt. – Zusammenfassend, viele Aspekte aufgreifend und integrierend, aber auch neue Sichtweisen einbringend, kommt abschließend *Hilarion Petzold* zu Wort in seinem Beitrag „Der Wille für gelingende Hochaltrigkeit", in dem er „Hochaltrigkeit als Aufgabe bio-psycho-sozialer Maßnahmen" aufzeigt. Er fordert, alte und hochbetagte Menschen selbst als „Experten für ihre Situation" einzubeziehen, nicht nur „über sie", sondern „mit ihnen" fachlich zu reden. „Aktive hochbetagte Menschen – das können wir an Biografien wie denen von *Ruth Cohn, Erika Horn, Helmut Schmidt, Hildegard Hamm-Brücher*…sehen – haben neben Kontinuitäten in ihren Lebenshaltungen ihre Positionen immer wieder neu bestimmt und repräsentieren eine besondere Expertise." (S. 281) *Petzold* schließt seine philosophisch fundierte Analyse mit der Forderung, uns mit unserer „Zukunft verantwortlich auseinander zu setzen und darüber nachzudenken: Arbeite ich an mir selber, bemühe ich mich um Sinnfindung, Weisheit, Lebenskunst, Tugenden? Bin ich aktiv als ,Bildhauer meiner eigenen Existenz'?" (S. 323). Er sieht aber auch eine große Verantwortlichkeit der Gesellschaft, sich für eine Humanität des Alterns, für Integrität und Würde, einzusetzen. Wir brauchen in unserer Gesellschaft sowohl Selbstverantwortung wie auch Verantwortung für das Ganze.

Das *Schlusswort ist der bekannten 92-jährigen Grazer Professorin der Gerontologie Erika Horn überlassen*, sinnvoll überschrieben als „Lebenskunst im endgültigen Abschiednehmen" – eine ganz persönliche Auseinandersetzung mit Tod und Sterben. Trotz des Loslassens, des Abschiednehmens auch aufgrund körperlicher Einschränkungen, die zunehmend mehr werden, „müssen wir im hohen Alter noch neue Formen der Lebensgestaltung finden. Und so suchen wir noch so spät solche neuen Formen; wir dürfen sie da, so nahe dem Tod, erst recht ‚Lebenskunst' nennen" (S. 328).

Ein Buch, das tief beeindruckt und den Leser fesselt. Ein Buch, das zwar sehr differenziert die vielseitigen Probleme der Hochaltrigkeit aufzeigt, das aber doch Mut macht und positive Beispiele bringt. Ein Buch, das an jeden Einzelnen appelliert, selbst etwas zu tun, um möglichst gesund und kompetent ein hohes Lebensalter zu erreichen, auch bei körperlichen Einschränkungen. Ein Buch, das auffordert, Selbstverantwortung zu übernehmen, aber auch Mitverantwortung, – das sich auch an die verschiedenen gesellschaftlichen Gruppen wendet und unsere „Gesellschaft des langen Lebens" auf zukünftige Veränderungen, Herausforderungen und Chancen vorbereiten will.

Diesem Buch wünsche ich viele Leser. Besonders empfohlen sei es Wissenschaftlern aller Fachrichtungen, Medizinern und medizinischem Fachpersonal, allen in unterschiedlichen Positionen in der Altenarbeit Tätigen – und schließlich allen Menschen, die sich wünschen, ein hohes Lebensalter zu erreichen.

# I

# Hochaltrigkeit als
# gesellschaftliche Herausforderung

# Zur Dynamik der Bevölkerungsentwicklung im höchsten Alter

*Rembrandt Scholz*

Anfang des 21. Jahrhunderts hat die Lebenserwartung der in Europa lebenden Frauen ein Alter von 83 Jahren erreicht, während die Lebenserwartung der Männer bei 78 Jahren liegt. Wir wissen, dass die Lebenserwartung im Verlauf des 20. Jahrhunderts erheblich gestiegen ist, in Deutschland um mehr als 40 Jahre. Blickt man weiter in der Geschichte zurück, wird deutlich, dass die Lebenserwartung seit Mitte des 19. Jahrhunderts stetig angestiegen ist. Sie hat sich im Verlauf der letzten beiden Jahrhunderte nahezu verdoppelt. Wenn man die Zahlen zur Entwicklung der Lebenserwartung in einer Grafik darstellt, so ist ein demografisches Phänomen von einer großen Kontinuität beobachtbar. Die wesentlichen Gründe für diese Steigerung der Lebenserwartung sind Fortschritte in der medizinischen Diagnostik und Behandlung, bessere Ernährung, gesündere Wohnsituationen, Verbesserungen der sozialen Sicherheit und Möglichkeiten zur aktiven Vermeidung von Sterberisiken. Trotz der relativen Einheitlichkeit der Trends im internationalen Vergleich gibt es Unterschiede im Niveau zu verschiedenen Zeitpunkten. Es zeigt sich, dass der Prozess der Lebensverlängerung auch rückläufig sein kann bei der Verschlechterung der Lebensbedingungen, wie man es gegenwärtig in Russland beobachtet. Es gibt keine Garantie für langes Leben – die individuelle Lebensspanne ist das Ergebnis eines komplexen Zusammenspiels individueller Faktoren, z.B. der genetischen Disposition, der aktuellen Lebens- und Verhaltensweise, der allgemeinen Lebensbedingungen in früheren Lebensjahren und des Zuganges zur medizinischen Versorgung. Es gibt zahlreiche Hinweise, dass Bildung eine wesentliche Rolle spielt. Menschen mit guter Bildung haben größere Chancen, bessere Lebensbedingungen und ein höheres Alter bei besserer Gesundheit zu erreichen. Es ist auch bekannt, dass Frauen eine höhere Lebenserwartung haben als Männer. Dieser Sachverhalt führt zu einem höheren Anteil von Frauen im hohen Alter. Es kommen auf einen Mann etwa 3 Frauen im Alter 80 und älter und 7,5 im Alter 100 und älter (Berechnung nach Kannisto-Thatcher-Database).

Die Lebensverlängerung ist ein Prozess, bei dem die Sterblichkeit in das höhere Alter verschoben wird. Dieser Prozess vollzieht sich systematisch nach dem Alter. Er beginnt bei den frühen Altersgruppen und setzt sich in den höheren Al-

tersgruppen fort. Dieser Prozess hat mit dem Rückgang der Säuglingssterblich-
keit begonnen. Heute ist das Potential im jungen und mittleren Alter weitgehend
ausgeschöpft, so dass nunmehr die Vermeidung von Sterblichkeit im hohen und
höchsten Alter im Vordergrund steht. Wenn die Verläufe der Überlebenden von
verschiedenen Geburtsjahrgängen vergleichend gegenübergestellt werden, sehen
wir diese Entwicklung. Dabei wird bei heutigen Geburtsjahrgängen von immer
mehr Menschen das hohe Alter erreicht (Abb. 1).

*Abbildung 1:*  Überlebende von 100 000 eines Geburtsjahrganges nach Alter
und Kalenderzeiträumen, Schweden und Japan

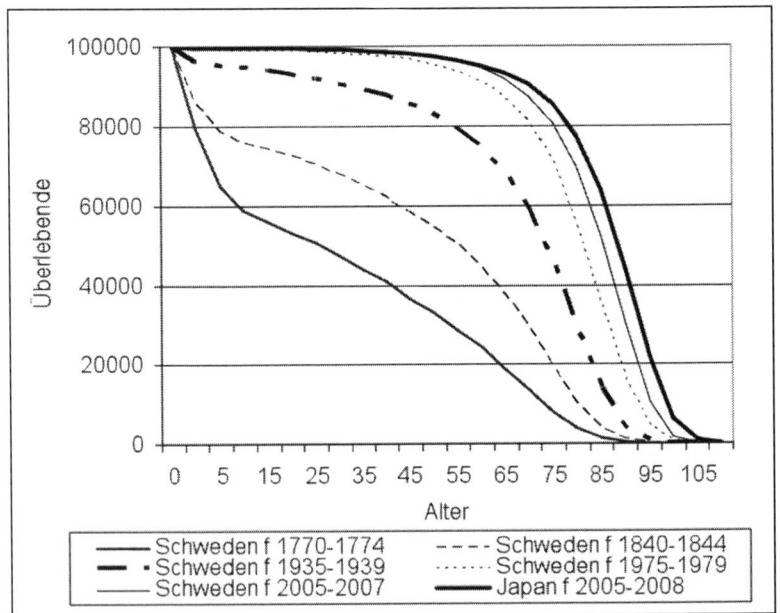

Quelle:  Berechnung nach Human Mortality Data Base; Periodensterbetafel Frauen

In der Abbildung 1 werden die Überlebenskurven von Geburtsjahrgängen vergleichend gegenüber gestellt. Zahlen zur Darstellung dieser Prozesse sind in langen
Zeitreihen nur von Schweden vorhanden. Um ein klares Bild zu zeigen, werden
die Veränderungen der Sterblichkeit bei Frauen in Schweden und zum anderen
von Japan dargestellt. Japan ist zurzeit das Land, in dem die höchste Lebenserwartung realisiert wird. Man erkennt an der Veränderung der Form der Überlebens-

kurve die Verschiebung des Sterbens in das höhere Alter. Während für den ersten Zeitraum unter 50% der Geburtsjahrgänge das Alter 26 erreichen, ist es 200 Kalenderjahre später das Alter von fast 90 Jahren. Im zeitlichen Verlauf sind in sehr vielen Ländern mit ähnlichen wirtschaftlichen Entwicklungen die gleichen Veränderungen der Sterblichkeit beobachtbar. Dieser Prozess wird auch als Rectangularisierung der Mortalität bezeichnet, da das zur Verfügung stehende Potential immer besser genutzt werden kann, denn fast alle Personen werden sehr alt und sterben im höchsten Alter.

In der aktuellen Sterbetafel einer Bevölkerung lässt sich dieser Prozess in seiner Wirkung ablesen. Heute finden über 50 % aller Sterbefälle im Alter oberhalb von 86 Jahren statt (Sterbetafel Deutschland Frauen 2009). Der Modalwert des Sterbealters hat um 30 Jahre auf 90 Jahre zugenommen. In der Abbildung 2 wird der hypothetische Verlauf der Altersverteilung der Sterbefälle eines Geburtsjahrganges in den verschiedenen Zeiträumen gegenübergestellt.

*Abbildung 2:*   Gestorbene von 100 000 eines Geburtsjahrganges nach Alter und Kalenderzeiträumen, Schweden und Japan

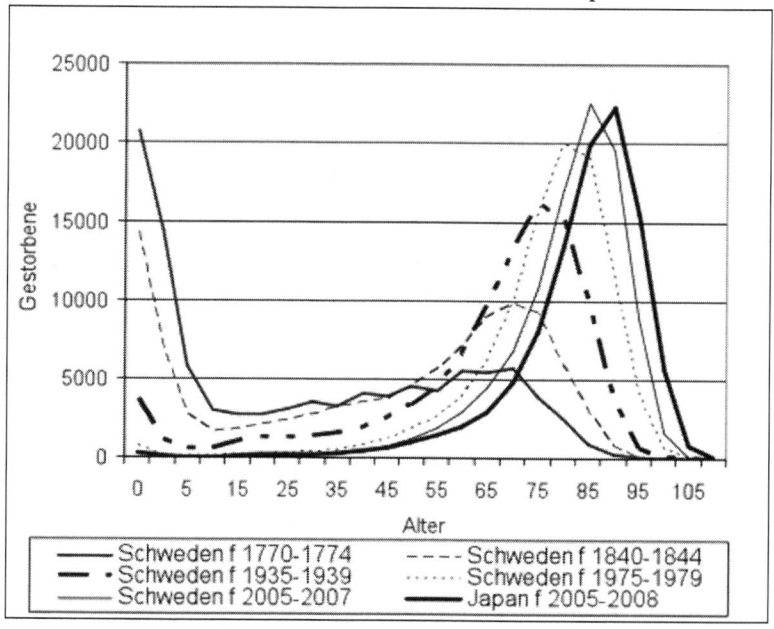

Quelle:  Berechnung nach Human Mortality Data Base; Periodensterbetafel Frauen

Es zeigen sich die Verschiebungen der Sterbefälle in ein immer höheres Alter. Der arithmetische Mittelwert der Altersverteilungen der Gestorbenen ist die mittlere Lebenserwartung. Während der höchste Punkt der Altersverteilung der Gestorbenen das Alter beschreibt, in dem die meisten Personen eines Geburtsjahrganges versterben (Modalwert). Bislang gibt es keine Anzeichen, dass sich die Dynamik des Lebensverlängerungsprozesses abschwächt. Es wird davon ausgegangen, dass sich dieser Wert im Durchschnitt in den nächsten 100 Kalenderjahren in ein Alter von über 100 Lebensjahren verschiebt (*Vaupel* 2010).

In der realen Bevölkerungsentwicklung sind diese Prozesse durch unterschiedlich starke Besetzungen der einzelnen Geburtsjahrgänge nicht so eindeutig sichtbar. Die Konfiguration der Alterspyramide einer Bevölkerung wird nicht nur durch die Sterblichkeit sondern durch alle Bewegungsmengen der Bevölkerung beeinflusst: Geburt, Migration und Tod und auch epochale Ereignisse wie Kriege und Änderungen des sozialen Systems. Die Änderung der absoluten Anzahl von Personen im Altersverlauf kann daher verschiedene Ursachen haben.

Die Bevölkerungsvorausberechungen ermöglichen es, künftige Veränderungen im Altersaufbau der Bevölkerung darzustellen. Aufgrund der Stetigkeit der Bevölkerungsentwicklung können dazu Aussagen über einen relativ langen Zeitraum getroffen werden. Ausgehend von der aktuellen Altersstruktur der Bevölkerung ist die wahrscheinliche Entwicklung mit sehr großer Sicherheit vorhersagbar, da die zugrunde liegenden Prozesse lang anhaltend und kontinuierlich wirken. Bei Personen im höheren Alter sind die Unsicherheiten der Vorhersagen besonders gering, weil sie fast nur von der Entwicklung der Mortalität abhängen.

Das Vorausberechnungsmodell des Statistischen Bundesamtes geht von der aktuellen Bevölkerung unterteilt nach Geburtsjahren und Geschlecht aus, und die Geburtsjahrgänge werden anhand von alters- und geschlechtsspezifischen Häufigkeiten der Bevölkerungsbewegung von Jahr zu Jahr fortgeschrieben. Zur Entwicklung dieser Komponenten der Bevölkerungsbewegung im Projektionszeitraum werden detaillierte Annahmen getroffen. Die Annahmen zur Entwicklung beruhen auf Untersuchungen der Verläufe im Zeitvergleich. Es werden aber auch Hypothesen über die Auswirkungen sozialer, ökonomischer und gesundheitlicher Entwicklungen berücksichtigt, die bereits erkennbar sind. Da die tatsächliche Entwicklung der maßgeblichen Einflussgrößen über den langen Zeitraum der Vorausberechnungen letztendlich nicht bekannt ist, werden meist mehrere Annahmen zum Verlauf einzelner Komponenten getroffen. Die Kombination von verschiedenen Annahmen ergibt dann unterschiedliche Varianten der Bevölkerungsvorausberechnung. Die Ergebnisse einer Vorausberechnung sind immer nur im Zusammenhang der jeweils getroffenen Annahmen interpretierbar. Da insbesondere die Wanderungen mit großen Unsicherheiten behaftet sind, werden hier nur Trendaussagen mit Wanderung gleich Null getroffen (Variante: mittleres Szenario W0).

*Abbildung 3:* Entwicklung der Altersstruktur in Deutschland nach Altersgruppen der Bevölkerung, Prognose Deutschland 2010-2060 (in Prozent)

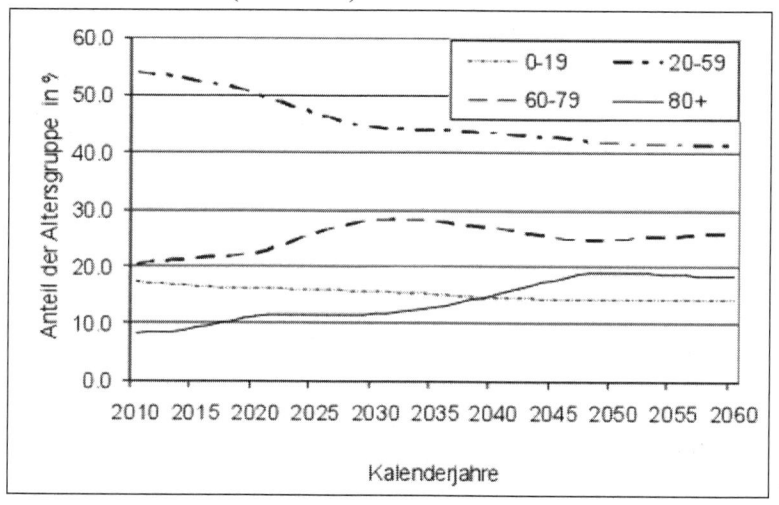

Quelle:  Berechnung nach 12. Koordinierte Prognose des Statistischen Bundesamtes Wiesbaden, Variante 2 W0

In der Abbildung 3 sind die Änderungen der Besetzung der Altersklassen für den Prognosezeitraum 2010-2060 in Deutschland dargestellt. Es ist erkennbar, dass dem Rückgang der Bevölkerung im Alter 20-59 ein Rückgang im Alter 60-79 und Alter 80 und älter gegenübersteht. Während die Altersklasse 80 und älter besonders im Zeitraum 2010-2020 und 2032-2050 ansteigt, ist der Anstieg in der Altersklasse 60-79 besonders im Zeitraum 2020-2030 zu verzeichnen. Der Anteil der 80-Jährigen und Älteren wird sich von knapp 10% Bevölkerungsanteil auf fast 20 % verdoppeln. Im Gesamtzeitraum kommt es zu einem stetigen Rückgang der Bevölkerung im Alter 0 -19, da die Elterngeneration nicht vollständig durch die Kinder ersetzt wird. Nach dem Kalenderjahr 2050 ist die Dynamik der Strukturveränderungen weitgehend abgeschlossen.

*Abbildung 4:* Entwicklung der Anteile der Bevölkerung im höheren Ater nach Altersgruppen (in Prozent), Prognose Deutschland 2010-2060

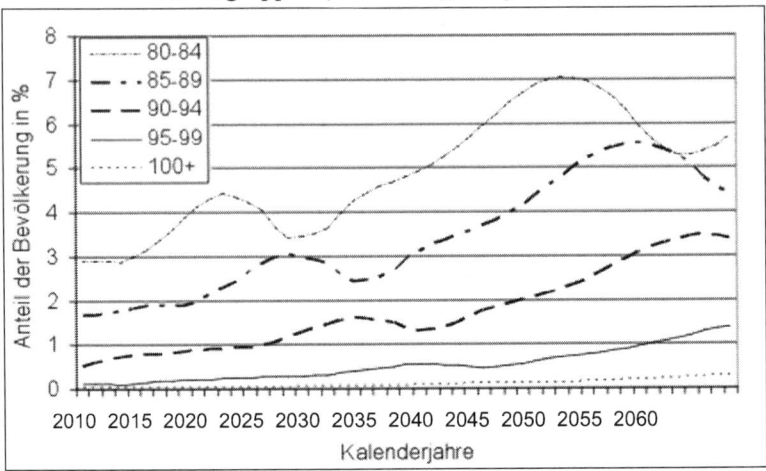

Quelle   Berechnung nach 12. Koordinierte Prognose des Statistischen Bundesamtes Wiesbaden, Variante 2 W0

Die Unterteilung der Altersklassen über 80 Jahre nach den Altersklassen zeigt für die Jüngeren eine stärkere Besetzung als für die Älteren (Abb. 4). Die in der Altersstruktur vorhandene Variation in der Besetzung wird in immer höhere Altersgruppen weitergegeben. Die Altersgruppe der 95-99 Jährigen erreicht im Jahr 2055 einen Anteil von einem Prozent und die Altersgruppe 100 Jahre und älter wird im Jahre 2060 noch unter einem halben Prozentpunkt liegen. Wenn man die relative Veränderung der einzelnen Altersgruppen untersucht, zeigt sich, dass die besonders schwach besetzten höchsten Altersgruppen die höchsten Veränderungen zu erwarten haben. Bei den 100-Jährigen und Älteren haben wir eine 18mal größere Anzahl zu erwarten (bei den Altersklassen 90-99 Jahre der Faktor Neun) gemessen an den Beständen von heute (vgl. Abb. 5). Diese Befunde ergeben sich aus der Gegenüberstellung der aktuellen Altersstruktur mit den Ergebnissen der aktuellen 12. koordinierten Bevölkerungsvorausberechnung für Deutschland. Zur systematischen Analyse der bisherigen Entwicklung in diesem Altersbereich müssen die Daten der Trends der Sterblichkeit im höheren Alter benutzt werden.

*Abbildung 5:* Relative Entwicklung der Anteile der Bevölkerung im höheren Ater nach Altersgruppen (2010=1), Prognose Deutschland 2010-2060 (2010=1)

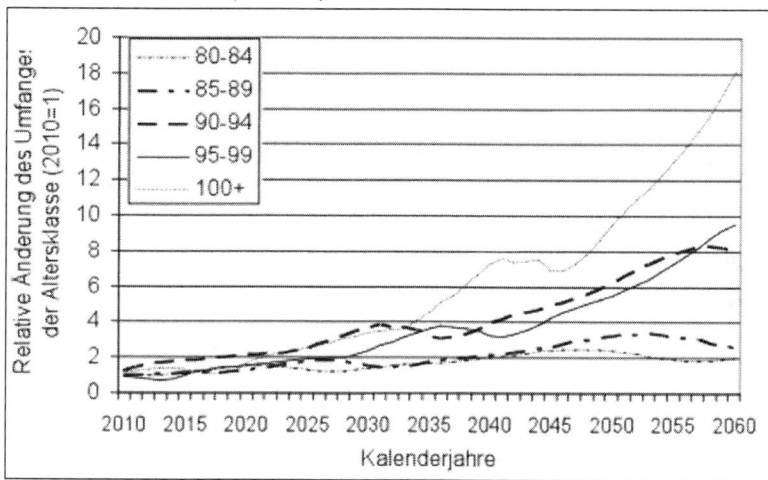

Quelle:  Berechnung nach 12. Koordinierte Prognose des Statistischen Bundesamtes Wiesbaden, Variante 2 W0

Mit der Alterung der Bevölkerung und der Lebensverlängerung steigt der Bedarf an verlässlichen Daten auch für das hohe Alter. Die amtliche Statistik liefert über die Bewegungsmengen der Bevölkerung wie Geburten, Wandernde und Gestorbene verlässliche Daten, aber nicht über den Bevölkerungsbestand im höchsten Alter. Die Fortschreibung des Bevölkerungsbestandes wird schnell ungenau, wenn nicht in regelmäßigen Abständen Volkszählungen durchgeführt werden. Die hohen Altersklassen sind nach wie vor sehr schwach besetzt und daher anfällig für Erfassungsfehler. Das Problem wird in der Bevölkerungsstatistik nicht augenscheinlich, da mit einer nach oben offenen Altersklasse gearbeitet wird. Das führt dazu, dass die Entwicklungen der Sterblichkeit statistisch nicht ausgewiesen werden können, da der größte Teil der Veränderungen in dieser Altersgruppe stattfindet.

In den sogenannten „Sterbetafeln" wurden über viele Jahrzehnte hinweg auf reale empirische Werte im höheren Alter zugunsten von angenommenen Zusammenhängen verzichtet. Auch heute ist es bei Sterbetafeln, die nicht direkt mit einer Volkszählung verbunden sind, noch so.

Bis Mitte der 1990er Jahre war über die Sterblichkeit von Personen, die älter
als 80 Jahre sind, sehr wenig bekannt. Mit Modellannahmen des Sterblichkeitsver-
laufes wird über die tatsächliche empirische Unwissenheit hinweggeholfen. Erst
durch die Konzentration auf die Sterblichkeit im höchsten Alter wurde dieses Defizit ausgeglichen. Durch die systematischen Sammlungen der Bevölkerungsdaten
von *Väinö Kannisto* und *Roger Thatcher* erfolgte über den hohen Altersbereich
eine internationale Sammlung und vergleichbare Aufbereitung dieser Daten (*Kannisto* 1994). Heute stehen diese Bevölkerungsdaten als Forschungsdatenbanken
„Kannisto Thatcher Data Base" über die Population im hohen Alter und „Human
Mortality Database" als internetverfügbare Datenbanken für die wissenschaftlich
interessierte Öffentlichkeit zur Verfügung (http://www.humanmortality.org und
http://www.demogr.mpg.de/databases/ktdb ).

*Abbildung 6:* Relative Entwicklung des Bestandes an 80 Jährigen (80+) in
verschiedenen Ländern* 1960-2005, (1960 =1)

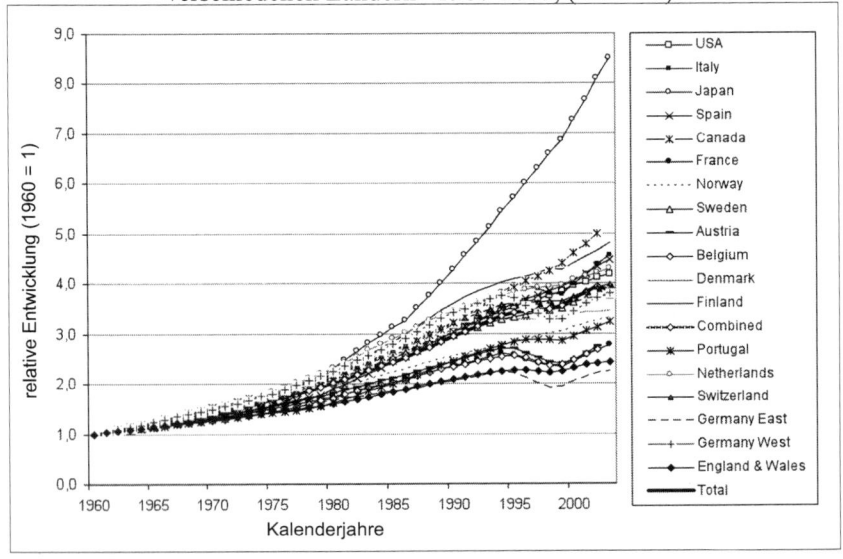

* Austria, Belgium, Canada, Denmark, England & Wales, Finland, France, Germany East, Germany
West, Italy, Japan, Netherlands, Norway, Portugal, Spain, Sweden, Switzerland, USA

Quelle:  Berechnung nach Kannisto Thatcher Data Base

Die Bemühungen von *Kannisto* und anderer Autoren gehen dahin, dass der ungenaue Bestand der Bevölkerung durch Schätzungen ersetzt wird, die auf den genauen Altersangaben der Sterbefälle beruhen. Die hohe Qualität der Bevölkerungsregister in den skandinavischen Ländern zeigt die Validität dieser Vorgehensweise. Heute haben wir für etwa 35 Länder mit guter Bevölkerungsstatistik solche Daten auch für den höchsten Altersbereich vorliegen (*Rau* et all 2006, 2008; *Jdanov* et al. 2008).

*Abbildung 7:* Relative Entwicklung des Bestandes an Personen im Alter 100;
1960-2005 (Bestand 1960 =1)

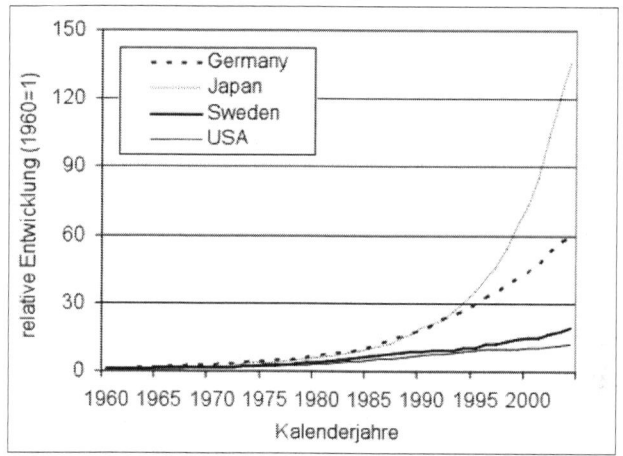

Quelle:  Berechnung nach Kannisto Thatcher Data Base

Bei dem Trend der Bestände im internationalen Vergleich (Abb. 6 und Abb. 7) ist zu beachten, dass der Bevölkerungsbestand von allen Bewegungsgrößen der Bevölkerung abhängt. In der Abbildung 6 sind die absoluten Anzahlen von den Personen, die das Alter 80 erreichen können, relativ zum Bestand von 1960 dargestellt. Es zeigt sich für alle Länder eine steigende Anzahl der Personen, die im zeitlichen Verlauf ähnlich sind. Für einige Länder sind auch die Auswirkungen der Weltkriege sichtbar. Die wichtigste Ursache des Anstieges der Bevölkerungsanteile im höheren Alter ist der Sterblichkeitsrückgang nach dem 2. Weltkrieg, besonders nach 1960. Bei den Hundertjährigen und Älteren (Abb. 7) ist die relative Zunahme bezogen auf den Bestand von 1960 noch stärker angestiegen (1960=1). Gegenwärtig ist der Anteil dieser Altersgruppe an der Gesamtbevölkerung sehr gering (weniger als ein halbes Prozent der Gesamtbevölkerung). Das extreme hohe Alter ist nach wie vor ein sehr seltenes Phänomen.

Die Abbildung 8 stellt die Entwicklung der ferneren Lebenserwartung der 80jährigen dar, die sich als Mittel der verschiedenen entwickelten Länder ergibt. Die fernere Lebenserwartung der Personen im Alter 80 konnte seit 1960 kontinuierlich ansteigen und hat um zwei bis drei Jahre zugenommen. Die Werte haben heute bei Frauen fast 10 Jahre erreicht (Abb. 8.). Dabei hat sich aber gleichzeitig auch die Anzahl derjenigen Personen, die das Alter von 80 Jahren erreichen können, vervielfacht, am stärksten in Japan (neunfache Erhöhung im Vergleich zu 1960). Die Abbildung 9 stellt den Trend des Anteils der Personen im Alter 80 dar, die 90 Jahre bzw. 100 Jahre erreichen können.

*Abbildung 8:*   Fernere Lebenserwartung in Jahren nach Geschlecht von
                 Personen im Alter 80, 1960-2005

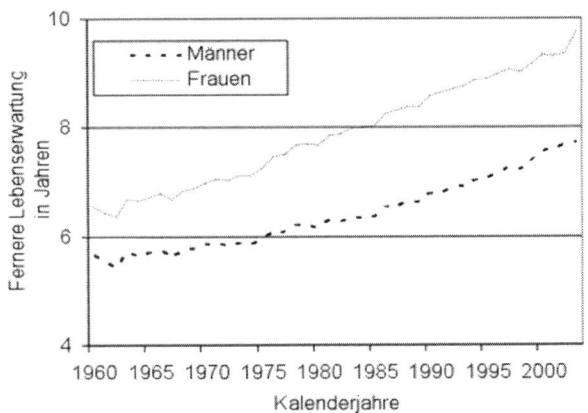

Mittelwert von Austria, Belgium, Canada, Denmark, England & Wales, Finland, France, Germany East, Germany West, Italy, Japan, Netherlands, Norway, Portugal, Spain, Sweden, Switzerland, USA)

Quelle:  Berechnung nach Kannisto Thatcher Data Base

*Abbildung 9:* Anteil der 80 Jährigen, die das Alter 90 und 100 Jahre erreichen nach Geschlecht 1960-2005

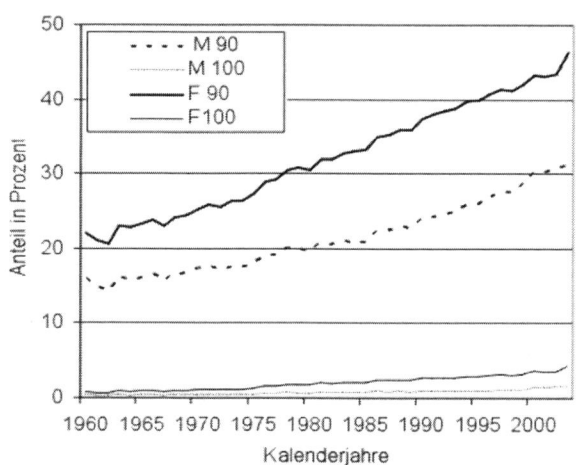

Mittelwert von Austria, Belgium, Canada, Denmark, England & Wales, Finland, France, Germany East, Germany West, Italy, Japan, Netherlands, Norway, Portugal, Spain, Sweden, Switzerland, USA)
Quelle: Berechnung nach Kannisto Thatcher Data Base

Die Sterblichkeitsentwicklungen gehen bei beiden Geschlechtern systematisch vom hohen Alter in ein noch höheres Alter über, und der Trend ist für die letzten 50 Jahre für beide Geschlechter kontinuierlich (Abb. 9). Das Erreichen des Alters 90 von denjenigen, die den 80. Geburtstag feiern konnten, schafften 1960 20% der Frauen (Männer 15%). 40 Jahre später sind es 45% der Frauen (Männer 30 %). Die Anteile derer, die sogar die 100 Lebensjahre erreichen, sind deutlich geringer. Die Trends der Erhöhungen bei den Hundertjährigen setzen um 15-20 Jahre später ein. In absoluten Zahlen gemessen ist das höchste Alter in der Bevölkerung sehr gering besetzt, hat sich aber stetig vervielfacht und wird auch in Zukunft weiter ansteigen.

Es kann für die Sterblichkeit seit über 160 Jahren ein sehr systematischer und kontinuierlicher Trend festgestellt werden, bei dem die „Rekordlebenserwartung" linear ansteigt (*Oeppen, Vaupel* 2003; *Vallin, Meslè* 2009). Es gibt zunehmend mehr Personen, die ein hohes Alter erreichen. Bisher sind für die menschliche Alterung keine biologischen Grenzen sichtbar (*Christensen* et al. 2009; *Vaupel* 2010). Seit den sechziger Jahren des 20. Jahrhunderts beginnt ein Anstieg der Bevölkerungszahl, die das höchste Alter erreicht. Trotz des kleinen Anteils an der

Gesamtbevölkerung führt die Entwicklung zu einer Konzentration des Sterbens im höchsten Alter. *Kaare Christensen* (*Christensen* et al. 2009) sagt für die zukünftige Entwicklung stetige Verläufe voraus, und im statistischen Durchschnitt werden in 100 Jahren dann über die Hälfte eines Geburtsjahrganges das Alter von 100 erreichen können.

Das individuelle Interesse alt zu werden und die Vermeidung von gesundheitlichen Risiken wirken sich auf die Lebenserwartung erhöhend aus. Allerdings gibt es eine Reihe von Verhaltensweisen und Gesundheitsrisiken, die von Teilen der Bevölkerung als erhöhtes Risiko in Kauf genommen werden (Alkohol, Rauchen, Übergewicht). Solange die betroffenen Bevölkerungsgruppen keiner Ausweitung unterliegen, ist auch in Zukunft von einem weiteren Lebenserwartungszuwachs auszugehen. Die sozialen Verbesserungen werden sich auch in einer Verbesserung des Gesundheitszustandes umsetzen. Es erreichen mehr Personen ein höheres Alter, aber diese Personen sind nicht unbedingt gesund. Wer sehr lange lebt, unterliegt mit steigender Lebensdauer verstärkten Risiken von körperlichen und kognitiven Einschränkungen und Erkrankungen. Es liegen oft mehrere Krankheiten (Multimorbidität) vor.

Generell bleiben ältere Menschen heute länger gesund, und ihr Wohlbefinden hat sich erhöht. Auch künftig ist zu erwarten, dass die gesunden Lebensjahre und die behinderungsfreie Lebenserwartung zunehmen werden (*Vaupel, Höpflinger* 2009; *Ziegler, Doblhammer* 2005). Da gleichzeitig jedoch mehr Menschen davon betroffen sind, ist mit mehr Pflegefällen zu rechnen, vor allem, wenn größere Geburtsjahrgänge das höhere Alter erreichen. Es lässt sich eine zunehmende Lebenserwartung erkennen, die auf der Zunahme durch Lebenszeit in und außerhalb der Pflege beruht (Tab. 1). Der größte Zuwachs absolut an Lebensjahren erfolgt außerhalb der Pflege bei beiden Geschlechtern, die relative Zunahme ist bei der Pflegedauer besonders hoch (*Scholz, Schulz* 2010).

*Tabelle 1:* Aufteilung der Lebenserwartung in die pflegefreie Lebenszeit und die Lebenszeit in Pflege 2005 nach Geschlecht absolut in Jahren; Pflege ab Alter 60

|                          | Frauen | Männer |
|--------------------------|--------|--------|
| Lebensdauer ohne Pflege  | 78,48  | 74,67  |
| Pflegedauer              | 3,61   | 2,05   |
| Lebenserwartung          | 82,10  | 76,72  |

Quelle: Berechnung nach Pflegestatistik Deutschland und HMD

Die Verbesserung des sozialen und medizinischen Versorgungssystems führt dazu, dass für einen großen Teil der Bevölkerung die Sterblichkeit in das höhere Alter verschoben wird und die Lebenserwartung steigt. Es gibt Anzeichen dafür, dass sich dieser Prozess in der Zukunft fortsetzt, da er mit dem medizinischen Fortschritt verbunden ist. Bislang ist der Lebensverlängerungsprozess davon begleitet, dass auch die Anzahl der Lebensjahre in einem besseren Gesundheitszustand zunimmt. Der Gesundheitszustand der Bevölkerung im hohen Alter war noch nie so gut wie heute, da der medizinische Fortschritt viele Innovationen gerade für diesen Altersbereich hervorbrachte. Es gibt keine Hinweise, dass dieser Prozess der bewussten Teilhabe am medizinischen Fortschritt und das individuelle Interesse alt zu werden gebremst ist. Daher werden sicher auch in Zukunft die Risiken aktiv vermieden, welche die Lebenserwartung mindern könnten.

# Die Hochaltrigen – eine neue Größe im Gefüge der Intergenerationalität

*François Höpflinger*

## 1. Einführung

Die in den letzten Jahrzehnten stark angestiegene Lebenserwartung der älteren Bevölkerung hat zu einer verstärkten demographischen Alterung von oben beigetragen. Auch in nächster Zukunft werden Zahl und Anteil hochaltriger Menschen voraussichtlich rasch ansteigen, und die Hochaltrigen gehören zu der am schnellsten wachsenden Bevölkerungsgruppe Europas. Da die Zunahme der Lebenserwartung im Alter häufig unterschätzt wurde, werden die Zahlen zur Entwicklung hochaltriger Menschen immer wieder nach oben angepasst. Ging in der Schweiz beispielsweise das Bundesamt für Statistik bei seinem Referenzszenario 2000-2060 davon aus, dass 2030 in der Schweiz gut 67'400 Menschen 90-jährig und älter sein werden, wird beim neuesten Referenzszenario 2009-2050 für 2030 von nahezu 127'000 90-jährigen und älteren Menschen ausgegangen. Ein wichtiger Einflussfaktor der zukünftigen Entwicklung ist das Altern geburtenstarker Jahrgänge (Baby-Boom-Generation); Jahrgänge, die das Pensionierungsalter insgesamt in besserer Gesundheit und mit besseren sozioökonomischen Kennwerten erreichen als frühere Generationen und die deshalb eine erhöhte Wahrscheinlichkeit aufweisen, sehr alt zu werden.

Im folgenden geht es jedoch weniger um die demographische Entwicklung (vgl. *Scholz,* dieses Buch), sondern darum, in welchen intergenerationellen Zusammenhängen hochaltrige Menschen leben, und was Hochaltrigkeit für die Gesellschaft bedeutet bzw. bedeuten kann. In einem ersten Teil wird aus gesellschaftlicher Sicht diskutiert, wann Menschen als hochaltrig gelten und was die sozialen Besonderheiten der Hochaltrigkeit sind. In einem zweiten Teil werden einige Aspekte der Lebenslage von Menschen im hohen Alter vorgestellt und diskutiert. In einem dritten Teil werden Fragen zur intergenerationellen Stellung hochaltriger Menschen (Hochaltrigkeit als gesundheitspolitischer Kostenfaktor, Möglichkeiten auch im hohen Alter intergenerativ tätig zu sein) angesprochen.

## 2. Hochaltrigkeit – unscharfer Beginn

In der gerontologischen Forschung seit längerem und in öffentlichen Diskussionen seit kurzem wird der zeitlichen Ausdehnung der nachberuflichen Lebensphase damit Rechnung getragen, dass zwischen ‚jungen Alten' und ‚alten Alten' oder zwischen dem dritten Lebensalter (frühes Rentenalter) und dem vierten Lebensalter (hohes Alter) unterschieden wird. Der Beginn des hohen Alters bzw. der Hochaltrigkeit wird unterschiedlich gefasst, aber im Allgemeinen wird der chronologische Beginn des hohen Alters statistisch auf das 80. oder 85. Lebensjahr festgelegt. Auch aus Sicht älterer Menschen beginnt das ‚eigentliche Alter' erst Jahre nach der Pensionierung, und neu pensionierte Menschen in Westeuropa antizipieren 18 bis 20 ‚Bonusjahre' nach der Pensionierung bis das ‚eigentliche Alter' endgültig einsetzt (vgl. AXA 2008).

Chronologische Festlegungen sind angesichts der enormen individuellen Unterschiede von Alternsprozessen wenig brauchbar, und dementsprechend wird in der Gerontologie heute häufiger von funktionalen Gesichtspunkten ausgegangen. Nach dieser Betrachtungsweise beginnt das hohe Lebensalter, wenn altersbezogene körperliche oder kognitive Einschränkungen bedeutsame Einschränkungen und Anpassungen des Alltagslebens erzwingen. Einige Menschen werden früh – unter Umständen schon vor dem Rentenalter – mit körperlichen Einschränkungen konfrontiert, wogegen andere Menschen auch mit neunzig Lebensjahren beschwerdefrei leben. Wer lange lebt, gelangt jedoch früher oder später zwangsläufig an die Grenzen körperlichen Lebens, da sich im hohen Lebensalter die biologischen Abbauprozesse verstärken, und zwar auch bei gesunder Lebensführung (vgl. *Schachtschabel* 2004). Ein hohes Lebensalter ist nicht zwangsläufig mit Hilfs- und Pflegebedürftigkeit gleich zu setzen, aber zentral für das hohe Lebensalter sind reduzierte Reservekapazitäten und eine erhöhte Vulnerabilität, zwei Prozesse, die heute zunehmend mit dem Konzept der Fragilität (frailty) erfasst werden (vgl. *Ding-Greiner, Lang* 2004; *Lalive d'Epinay* et al. 2008). So lässt eine Längsschnittstudie von ursprünglich 80-84-jährigen Menschen in Genf und dem Zentralwallis erkennen, wie häufig im hohen Alter kritische Lebensereignisse eintreten: Gut ein Viertel der 80-84-Jährigen starb innerhalb von fünf Jahren, wobei sich der Anteil hochaltriger Menschen, die nur noch auf den Tod warten, im Zeitverlauf nicht erhöhte. Fast die Hälfte der überlebenden Personen erfuhr den Tod eines Partners bzw. einer Partnerin, und gut sechzig Prozent mussten in diesen fünf Jahren einen Spitalaufenthalt in Kauf nehmen (vgl. *Lalive d'Epinay* et al. 2001). Im hohen Alter sind auch operative Eingriffe häufig, namentlich Augenoperationen zur Behandlung von grauem Star sowie Hüftoperationen.

Funktional betrachtet ist das hohe Lebensalter somit eine Phase erhöhter Risiken und einer verschlechterten Gewinn-Verlust-Bilanz, wodurch sich hochaltrige Menschen im negativen Sinne wesentlich von ‚jungen Alten' unterscheiden. Mit zunehmender Fragilität sind Menschen stärker auf eine altersangepasste Umwelt und eine funktionierende intergenerationelle Solidarität angewiesen. Dies wird bei Pflegebedürftigkeit oder bei demenziellen Erkrankungen besonders deutlich, und obwohl nicht alle alten Menschen pflegebedürftig werden, steigt das Risiko funktionaler Abhängigkeit und demenzieller Einschränkungen mit steigendem Lebensalter deutlich an.

Der große Nachteil einer funktionalen Betrachtung liegt allerdings nicht nur in einer von vornherein negativen Definition von Hochaltrigkeit – als Phase erhöhter Fragilisierung und Abhängigkeit -, sondern auch darin, dass damit soziale Aspekte ausgeblendet werden.

## 3. Intergenerative Besonderheiten der Hochaltrigkeit

Unter dem Gesichtspunkt von Intergenerationalität stehen bei Hochaltrigkeit vor allem zwei wesentliche Aspekte im Zentrum: erstens die Wirkung früherer Generationenprägungen und zweitens eine veränderte Stellung im gesellschaftlichen Generationenzusammenhang (vgl. auch *Perrig-Chiello* et al. 2008):

Je älter Menschen sind, desto weiter greifen ihre biographischen Erinnerungen in die Gesellschafts- und Kulturgeschichte zurück. Je länger eine Person gelebt hat, desto weiter reichen ihre persönlichen Erfahrungen und wertbezogenen Prägungen in die Vergangenheit. Hochaltrige Frauen und Männer gehören Geburtsjahrgängen an, die weit zurückblicken können, und Gespräche mit sehr alten Menschen können Einblick in vergangene Epochen bieten. Viele der heute hochaltrigen Menschen haben beispielsweise eine vergleichsweise harte Jugend (in Armut und Not) erfahren, und in Deutschland wurden sie durch Kriegsereignisse mitgeprägt. Sozial betrachtet wuchsen viele heute hochaltrige Frauen und Männer in traditionellen bäuerlich-gewerblichen Milieus oder in Arbeiterkreisen auf, und während ihrer Kindheit und Jugend erlebten sie häufig eine noch stark konfessionell geprägte Gesellschaft. Viele heute hochaltrige Frauen, aber auch manche hochaltrige Männer, konnten aus wirtschaftlichen Gründen keine weiterführende Ausbildung absolvieren, was in späteren Lebensjahren nicht nur zu tiefen Einkommen führte, sondern auch die sozialen und psychischen Ressourcen zum Umgang etwa mit neuen Technologien reduzierte. Hochaltrige sind oft wirtschaftlich weniger gut abgesichert als spätere Generationen, da sie noch weniger von den Wohlstandsgewinnen der Nachkriegsjahrzehnte zu profitieren vermochten.

Ausgeprägte Kohortenunterschiede zeigen sich auch bezüglich Ehe, Familie und Stellung der Frau, und jene Frauen und Männer, die in den 1950er Jahren heirateten und Kinder hatten, weisen bis heute eine stark ehe- und familienfreundliche Prägung auf, allerdings stark orientiert an klassisch-bürgerliche Formen der Arbeitsteilung zwischen Mann und Frau. Bis heute sind inzwischen alt gewordene Paare oftmals weiterhin nach traditionellen Ehevorstellungen organisiert (mit ausgeprägter innerehelicher Arbeitsteilung). Kohortenbedingte enge Ehebeziehungen können dazu beitragen, dass professionelle Pflege zu spät oder nur widerwillig akzeptiert wird. Ebenso können Entlastungsangebote aufgrund der bisher gelebten Ehebeziehung zu wenig genützt werden.

Die Generationenprägung durch heute verschwundene Sprachformeln, Höflichkeitsgebräuche oder normativ-religiöse Werthaltungen führt im jedem Fall dazu, dass im Kontakt zwischen hochaltrigen Menschen und jüngeren Menschen ausgeprägte Generationendifferenzen zu überwinden sind. Hochaltrige Menschen können dies durchaus positiv erleben, etwa als Erfahrung eines gesellschaftlichen Fortschritts und Zufriedenheit darüber, dass es die jüngere Generation ‚einfacher hat'. Es können aber auch negative Gefühle entstehen, wie Trauer über die verlorene Jugend und die fehlenden eigenen Lebenschancen sowie ein gewisser intergenerationeller Neid gegenüber Jüngeren, die wirtschaftlich besser gestellt sind.

Eine zentrale Herausforderung der Arbeit mit sehr alten Menschen besteht darin, dass jüngere Personen kompetent mit Menschen umgehen, die einen anderen sozio-kulturellen Erlebnishintergrund aufweisen. Multigenerative und multikulturelle Kommunikation bedeuten immer Umgang mit Fremdem, und im hohen Alter kumulieren und verstärken sich die sozio-kulturellen Generationendifferenzen (in positiver und negativer Weise). Gleichzeitig bedeutet die erhöhte körperliche, psychische und soziale Fragilität eines hohen Lebensalters, dass die Kompetenzen, sich aktiv auf jüngere Menschen einzustellen, eher abnehmen. So ließ eine Studie zu Enkelkind-Großeltern-Beziehungen erkennen, dass die intergenerationelle Beziehungsqualität bei schlechter Gesundheit der Großeltern signifikant sinkt (vgl. *Höpflinger, Hummel, Hugentobler* 2006). Im hohen Lebensalter können Generationendifferenzen oft nicht mehr von den älteren Menschen selbst aktiv bewältigt werden, sondern zentral ist eine Anpassung der jüngeren Generation (etwa des Pflegepersonals) an die Lebensgeschichte der Vertreterinnen alter Generationen.

Im hohen Lebensalter ergibt sich ein zunehmender Verlust an Gleichaltrigen, wogegen die Welt immer stärker von deutlich jüngeren Menschen und ihren Werten und Verhaltensformen beherrscht wird. Selbst Alters- und Pflegeheime sind unweigerlich multigenerationelle Lebenswelten, in denen Betreuung und Pflege hochaltriger Bewohner von jüngeren Generationen geprägt werden. Der Verlust

von gleichaltrigen Freunden oder Kollegen, die Kindheits-, Jugend- und Berufs-
erlebnisse geteilt haben, und die zunehmende Dominanz immer jüngerer Menschen kann bei alt gewordenen Menschen zu einer existenziellen Vereinsamung
beitragen. Da enge Freundschaften mehrheitlich unter in etwa Gleichaltrigen geschlossen werden, führt ein hohes Alter oft zur Verdünnung des Freundschaftsnet-
zes (das zumeist nicht oder nur partiell durch neue Freundschaften mit wesentlich
jüngeren Personen ersetzt werden kann). Allerdings ist anzuführen, dass soziale
Isolation und Vereinsamung auch im hohen Lebensalter primär das Ergebnis sozialer Rückzugsprozesse darstellt, und Längsschnittbeobachtungen weisen nach,
dass viele alte Menschen ausserfamiliale soziale Beziehungen aus eigenem Antrieb und selbstgewählten Gründen beenden (vgl. *Lang* 2000). Mortalität ist oft
nicht der entscheidende Faktor für eine Abnahme sozialer Kontakte im hohen Alter.

Unter dem Generationenaspekt kann Hochaltrigkeit soziologisch dennoch
als jene Phase des Lebens angesehen werden, in der sich Zahl und vor allem auch
gesellschaftliche Bedeutung der eigenen Generation bzw. Kohorte stark reduzieren. Kohortenbezogen betrachtet lässt sich der Beginn der Hochaltrigkeit etwa wie
folgt festlegen: Hochaltrig sind Menschen, die länger leben als zwei Drittel ihrer
Geburtskohorte, und Generationenveteranen sind jene Menschen, die länger leben
als neun Zehntel ihres Geburtsjahrgangs. Werden – bezogen auf die Schweiz – jene
Menschen als hochaltrig definiert, die zwei Drittel ihres Geburtsjahrgangs überlebt
haben, begann Hochaltrigkeit bei den 1920 geborenen Frauen mit 88 Jahren, und
bei den Männern mit 81 Jahren. Und das Alter, bei dem schon neun Zehntel der
Gleichaltrigen verstorben sind (Generationenveteranen), liegt beim Geburtsjahr-
gang 1920 bei 96 Jahren (Frauen) bzw. 91 Jahren (Männer). Aufgrund steigender
Lebenserwartung beginnt Hochaltrigkeit so gemessen bei nachkommenden Geburtsjahrgängen später, und Frauen werden kohortenbezogen später ‚hochaltrig' als
Männer. Es ist allerdings anzufügen, dass im hohen Lebensalter auch Menschen,
die drei, vier oder fünf Jahre jünger sind, zu den Gleichaltrigen gezählt werden,
und während jüngere Altersrentner ihr subjektives Alter oft tiefer einschätzen als
ihr faktisches Alter, sind nicht wenige der hochaltrigen Menschen stolz auf ihr hohes Lebensalter, weil sie sozusagen zur kleinen (exklusiven) Gruppe der Überlebenden ihrer Generation gehören.

## 4. Lebenslage und Generationenkonstellationen im hohen Lebensalter

Was die Lebenslage hochaltriger Menschen betrifft, finden sich auch hier enorme
Unterschiede der wirtschaftlichen und sozialen Situation, in Abhängigkeit von ihrer
früheren Lebens- und Berufsbiographie. Dennoch können – bezogen auf Deutsch-

land, Österreich und der Schweiz – einige allgemeine Beobachtungen zur Lebenslage hochaltriger Menschen von heute gemacht werden:

Erstens liegt das Armutsrisiko bei hochaltrigen Menschen – und vor allem bei hochaltrigen Frauen – insgesamt über dem jüngerer Altersgruppen (eine Problemsituation, die besonders bei den ältesten Personen in Ostdeutschland sichtbar wird, vgl. *Motel-Klingebiel* 2006). Einerseits vermochten heute hochaltrige Menschen weniger vom Wohlstandsgewinn der letzten Jahrzehnte zu profitieren als nachkommende Generationen (vgl. *Moser* 2006), andererseits kann Langlebigkeit – etwa aufgrund eines pflegebezogenen Vermögensverzehrs – zur Verarmung beitragen. Statistisch betrachtet wird das Armutsrisiko hochaltriger Menschen allerdings durch einen gegenläufigen Faktor reduziert, nämlich durch die Tatsache, dass Einkommen, sozialer Status und Lebenserwartung positiv verknüpft sind, wodurch ärmere Personen oft kein hohes Alter erreichen (vgl. *Klein* 1993). In jedem Fall sind Ungleichheiten der Lebenschancen und wirtschaftlichen Ressourcen auch bei hochaltrigen Menschen ausgeprägt. Sozioökonomische Unterschiede tragen dazu bei, dass sich große Vermögenswerte bei einer ausgewählten Gruppe von Hochaltrigen kumulieren. In der Schweiz liegt die Altersgruppe mit den meisten Erblassenden gegenwärtig bei 85-89 Jahren, wobei auch die Erbenden sich überwiegend in der zweiten Lebenshälfte befinden (vgl. *Stutz, Bauer, Schmugge* 2007; *Lettke* 2003). Erbvermögen wird dank Langlebigkeit mehrheitlich und mit steigender Tendenz zwischen Haushalten in der zweiten Lebenshälfte umverteilt, was zu einer verstärkten Konzentration von Vermögen auf ältere Altersgruppen beiträgt.

Zweitens ergibt sich im hohen Lebensalter eine verstärkte Polarisierung der Lebens- und Haushaltsformen. Einerseits nimmt im hohen Alter der Anteil der Personen in Kleinsthaushaltungen zu. Namentlich alte Frauen leben sehr häufig in einem Einpersonenhaushalt, oft aufgrund einer Verwitwung. Das hohe Lebensalter ist aufgrund geschlechtsspezifischer Unterschiede der Lebenserwartung und geschlechtsspezifischer Differenzen im Eheverhalten eine Lebensphase, wo sich Lebensformen von Frauen – als demographische Mehrheit – und von Männern – als demographische Minderheit – auseinander entwickeln. Während ein Grossteil der zuhause lebenden 80-jährigen Männer noch oder erneut in einer Partnerschaft lebt, ist die große Mehrheit der alten Frauen verwitwet (vgl. Tab. 1).

*Tabelle 1:* Leben in einer Paarbeziehung und Anteil an verwitweten Pesonen im hohen Alter 2004

| | Zuhause lebende Bevölkerung im Alter von 80+ | | | |
| | Anteil in einer Paarbeziehung* | | %-verwitwet | |
| | Männer | Frauen | Männer | Frauen |
|---|---|---|---|---|
| Deutschland | 73% | 10% | 25% | 80% |
| Schweiz | 65% | 29% | 25% | 63% |
| Österreich | 52% | 10% | 37% | 74% |

* verheiratet oder unverheiratet zusammenlebend

Quelle: Survey of Health, Ageing and Retirement (SHARE) 2004), vgl. Kohli et al. 2005: Tab. 4A. 8: 207.

Da in Deutschland, Österreich und der Schweiz nur wenige alte Frauen und Männer mit Kindern im gleichen Haushalt leben, dominieren bei den zuhause lebenden hochaltrigen Menschen Klein- und Kleinsthaushalte. Andererseits steigt im hohen Alter die Wahrscheinlichkeit an, in einer kollektiven bzw. institutionellen Haushaltsform – einer Alters- und Pflegeeinrichtung – zu leben, oft aufgrund altersspezifischer Pflegebedürftigkeit. Das hohe Alter bewegt sich haushaltsbezogen heute im Spannungsfeld entweder hoch individualisierter Lebensformen (allein oder zu zweit) oder stark kollektiv organisierter Lebensformen. Der Anteil hochaltriger Menschen in stationären bzw. institutionellen Einrichtungen variiert allerdings national, und er ist in der Schweiz am höchsten. So wohnen in der Schweiz mehr als zwei Fünftel der 90-jährigen und älteren Menschen in einem Alters- und Pflegeheim, während dies in Deutschland nur bei einem Viertel der Fall ist (vgl. *Höpflinger* 2007; *Haberkern* 2009). Neue Bestrebungen in Richtung von pflegerisch-betreuten Wohnformen tragen allerdings dazu bei, dass sich auch für Menschen im hohen Alter mehr Möglichkeiten eröffnen, Individualisierung und kollektive Sicherheit und Pflege zu kombinieren.

Drittens hat die steigende Lebenserwartung – gekoppelt mit geringen Geburtenraten – zu einer ausgeprägten ‚Vertikalisierung' familialer Generationenbeziehungen geführt. Während sich die horizontalen Verwandtschaftsbeziehungen ‚verdünnt' haben, ist die gemeinsame Lebensspanne von Angehörigen angestiegen. Enkelkinder können länger von – oft noch aktiven – Großeltern und zunehmend auch aktiven Urgroßeltern profitieren, und die gemeinsame Lebensspanne von alternden Eltern und (erwachsenen) Kindern hat historische Höchstwerte erreicht. Der Tod des letzten Elternteils erfolgt häufig erst nach dem 50. Lebensjahr, und im Jahre 2004 besaßen 55% der 50-59-jährigen Menschen in Deutschland zumindest noch einen lebenden Elternteil (zumeist die Mutter). Analoge Werte (54%) wurden in der Schweiz gemessen (vgl. *Kohli* et al. 2005). Das Erleben des Alterns der eigenen Eltern ist ein Prozess, der heute häufig geworden ist. Es ist ein Prozess, der oft sehr zweideutige Gefühle auslöst, weil das Alter der eigenen Eltern im positiven wie negativen Sinne als ‚Schatten der eigenen Zukunft' erfahren wird. Da Langlebigkeit – wie Zwillingsstudien nachweisen – genetisch mitbestimmt wird, wird die Wahrscheinlichkeit, sehr alt zu werden, intergenerationell vermittelt. Langlebige Menschen haben oft – wenn auch nicht immer – langlebige Vorfahren, und die Lebenserwartung von Kindern korreliert mit der Lebenserwartung ihrer Eltern und Großeltern (vgl. *McGue, Vaupel* et al. 1993; *Yashin, Iachine* 1997). In vielen Fällen werden die nachkommenden Generationen mit der altersbezogenen Pflegebedürftigkeit hochaltriger Eltern konfrontiert, und gerade für Töchter ist eine zweite familial-berufliche Doppelbelastung (Pflege alter Eltern und Erwerb) zu einem häufigen Schicksal später Berufsjahre geworden (vgl. *Dallinger* 1996; *Perrig, Höpflinger* 2005). Umgekehrt – aus Sicht der hochaltrigen Menschen – können negativ erlebte Rollenumkehrungen entstehen, indem etwa eine hochaltrige Mutter im letzten Lebensabschnitt von Angehörigen abhängig wird, die sie früher versorgt und gepflegt hat.

Da es sich bei den heute hochaltrigen Menschen um vergleichsweise ehe- und familienfreundliche Generationen handelt, hat die große Mehrheit alter Frauen und Männer eigene Nachkommen. Dies wird deutlich, wenn wir die Generationenkonstellation der 80-jährigen und älteren zuhause lebenden Menschen betrachten (vgl. Tab. 2): Nur eine Minderheit lebt – wegen Fehlen von Nachkommen – in einer Ein-Generationenkonstellation. Die Mehrheit lebt in familialen Konstellationen mit drei oder sogar vier Generationen (und kann deshalb auf erwachsene Kinder, Enkelkinder oder sogar Ur-Enkel zurückgreifen). In den drei einbezogenen Ländern haben zwischen 76% (Österreich) und 80% (Schweiz, Deutschland: 79%) der 80-jährigen und älteren Menschen zwei und mehr Enkelkinder. In der Schweiz und Österreich sind mehr als ein Viertel zudem Urgroßeltern, und in Deutschland sind dies aufgrund einer relativ frühen Familiengründung in diesen Generationen sogar um die zwei Fünftel.

*Tabelle 2:*   Generationenkonstellationen im hohen Lebensalter 2004

| | Zuhause lebende Bevölkerung im Alter von 80 Jahren und älter | | |
|---|---|---|---|
| | Schweiz | Deutschland | Österreich |
| Generationenkonstellation: | | | |
| 1 Generation | 15 | 17 | 26 |
| 2 Generationen | 14 | 6 | 8 |
| 3 Generationen | 44 | 35 | 37 |
| 4 Generationen und mehr | 27 | 42 | 29 |

Quelle:   Survey of Health, Ageing and Retirement (SHARE) 2004, vgl. *Kohli* et al. 2005: Table 4A.9.

In den meisten Fällen lebt zumindest ein Teil der Nachkommen in relativ naher Distanz, und der Anteil der 80-jährigen und älteren zuhause lebenden Personen, die beispielsweise weniger als wöchentliche Kontakte mit ihrem Kind bzw. einem ihrer Kinder pflegt, ist in allen drei einbezogenen Ländern gering (Schweiz: 9%, Österreich: 4%, Deutschland. 2%). Eine Auswertung der Schweizerischen Gesundheitsbefragung 2007 lässt keinen deutlichen Zusammenhang zwischen (chronologischem) Alter und dem Verlust an Vertrauenspersonen erkennen. Zumindest bei den zuhause lebenden alten Menschen steigt der Anteil derjenigen ohne Vertrauenspersonen nur leicht an (von 7% bei den 75-79-jährigen Personen auf 11% bei den 85-jährigen und älteren Personen).

Das Fehlen von Nachkommen und soziale Isolation können zu einem Wechsel in eine betreute oder institutionelle Alterseinrichtung beitragen, und das soziale Netz von zuhause lebenden Hochaltrigen variiert vom sozialen Netz von Alters- und Pflegeheimbewohnern. In diesem Zusammenhang ist die Feststellung zentral, dass auch Alters- und Pflegeeinrichtungen ein Gefäß von Intergenerationalität für das hohe Alter darstellen.

## 5.  Alters- und Pflegeeinrichtungen – spannungsvolle Intergenerationalität im hohen Lebensalter

Ambulante, teilstationäre oder stationäre Alters- und Pflegeeinrichtungen sind immer auch intergenerative Einrichtungen, in denen sich die sozialen Kontakte zwischen hochaltrigen Bewohnern und jüngeren Menschen in einer eigenen Art verdichten: Einerseits sind die Klienten, Kunden oder Bewohner von Alterseinrichtungen heute zumeist – und zusehends stärker – hochaltrige Menschen, die trotz aller Unterschiedlichkeiten ihrer Lebensbiographie und sozio-ökonomischen Herkunft die soziale Gemeinsamkeit einer ausgeprägten Hilfs- und Pflegebedürftigkeit aufweisen. Andererseits handelt es sich beim Personal – von den Hilfskräften bis zu den Pflegefachpersonen – um deutlich jüngere Menschen im Erwerbsalter, die sowohl einer anderen Generation angehören als auch gesundheitlich einen anderen Status einnehmen als die betreuten Hochaltrigen. Für die Alten sind die Alters- und Pflegeangebote existenzieller Teil ihrer Alltags- und Lebenswelt, für die Jungen ist dies ebenso existenzieller Teil ihrer Arbeitswelt. Die damit einhergehenden Besonderheiten der Intergenerationalität werden besonders anhand von Alters- und Pflegeheimen deutlich (vgl. *Perrig-Chiello* et al. 2008):

Für die Bewohner und Bewohnerinnen eines Alters- und Pflegeheims ist das Heim ihr eigentliches (und oft letztes) ‚Zuhause'. Sie wohnen und leben im Heim, teilweise mit geringen Außenkontakten. Für Angehörige des Personals ist das Alters- und Pflegeheim hingegen Arbeitsort, und der Wohnort liegt zumeist außerhalb des Heims. Als Arbeitsort ist das Heim eine Einrichtung sozialer und pflegerischer Interventionen. Als Wohnort sollte ein Heim Ruhe, Privatsphäre, Intimität und Selbstgestaltung erlauben. Alt und Jung begegnen sich im Heimalltag unter völlig unterschiedlichen Lebenslagen, was zu kommunikativen Missverständnissen führen kann. Wer im Heim wohnt, möchte persönliche Beziehungen zu (ausgewählten) Pflegefachpersonen. Wer im Heim arbeitet, orientiert sich eher an funktional-hierarchischen Gesichtspunkten effizienter Leistung. Immer wieder auftauchende Diskussionspunkte, die sich aus der funktionalen Überlagerung (Wohnen versus Arbeit) der Generationenkontakte in Heimen ergeben, sind etwa: Soll das Personal eine Arbeitsuniform tragen? Wie stark soll die Pflege gemäss dem Prinzip der Bezugspflege organisiert werden? Welche Regelungen bestehen bezüglich Geschenken von Bewohnern an das Personal? Sollen die Bewohnerinnen geduzt werden? usw.

Struktur und Organisation – ebenso wie Architektur und Farbgestaltung – von Alters- und Pflegeeinrichtungen werden faktisch weitgehend von den jüngeren Generationen bestimmt. Funktionale Gesichtspunkte dominieren oft gegenüber den lebensgeschichtlich geprägten Vorstellungen hochaltriger Bewohner und Bewohnerinnen, und der Gestaltungsspielraum der hochaltrigen Bewohner oder Kunden ist zwar nicht null, aber oft eingeschränkt. Eine Dominanz der jüngeren Generation entsteht einfach auch durch die Tatsache, dass das Pflegepersonal gesund und voll mobil ist, wogegen die überwiegende Mehrheit der Heimbewohnerschaft körperlich und/oder geistig deutlichen Einschränkungen unterliegt. Pflege im Alter ist von vornherein eine asymmetrische intergenerationelle Beziehung, was sich zum

Beispiel in patronisierenden Kommunikationsformen oder einer ‚second baby language' ausdrücken kann (vgl. *Thimm* et al. 1998, *Sachweh* 1998).

Aufgrund der hohen Hilfs- und Pflegebedürftigkeit hochaltriger Heimbewohner ergeben sich in Alters- und Pflegeeinrichtungen dennoch oft intim geprägte intergenerationelle Kontakte (z. B. bei der Körperpflege). Im Gegensatz zur familialen Pflege werden die intergenerationellen Kontakte in Alterseinrichtungen jedoch immer durch beruflich-funktionale Gesichtspunkte überlagert. Dies hat Vor- wie Nachteile: Einerseits entfallen viele familiale Verstrickungen, Schuldgefühle und Ambivalenzen der Intergenerationalität. Dies trägt dazu bei, dass professionelle Hilfe von alten Menschen nicht selten lieber beansprucht wird als familiale Hilfe. Andererseits können bei professioneller Pflege systematische Diskrepanzen zwischen den Ansprüchen hochaltriger Menschen und den Arbeitsanforderungen jüngerer Pflegefachpersonen entstehen; beispielsweise Wunsch nach individueller Pflege durch die immer gleiche Person gegenüber Rotationsgeboten der Organisation, oder Wunsch nach Selbstgestaltung und Wunsch nach effizienten Abläufen usw. Durch die eindeutige, auch gesundheitliche Dominanz der jüngeren Generationen in Alters- und Pflegeeinrichtungen führen solche intergenerativen Interessensdivergenzen allerdings selten zu manifesten Konflikten, sondern eher zu Rückzug und Anpassung der alten Menschen selbst.

## 6. Hochaltrigkeit – als gesellschaftlicher Kostenfaktor

Im hohen Lebensalter steigt das Risiko einer Fragilisierung und funktional-kognitiv bedingter Pflegebedürftigkeit deutlich an. Dadurch werden im hohen Alter zunehmend mehr Frauen und Männer von einer hindernisfreien Wohnumwelt und ausgebauten sozialen Hilfs- und Pflegestrukturen abhängig. Dies wird in einer Gesellschaft, die individuelle Selbständigkeit hoch gewichtet, negativ bewertet. Während das ‚dritte Lebensalter' dank steigender Zahl aktiver und gesunder Altersrentner und Altersrentnerinnen eine positive gesellschaftliche Aufwertung erfährt, konzentrieren sich die traditionellen negativen Bilder zum Alter immer stärker auf das hohe Lebensalter, wo sich aufgrund altersbezogener Einschränkungen tatsächlich deutliche Begrenzungen individueller Gestaltungsspielräume ergeben. Die wahrgenommenen Risiken eines hohen Lebensalters sind ein Grund für neue Diskussionen zu aktiver Sterbehilfe, aber auch für Modelle einer finanziellen Langlebigkeitsabsicherung (wie ‚Advanced Life Deferred Annuities', die das Risiko abdecken, dass man länger lebt als finanziell geplant). Die zu erwartende anwachsende Zahl an hochaltrigen Pflegebedürftigen wird als Belastung für den Generationenvertrag betrachtet. Demographisch wird dies sichtbar in einer Erhöhung der intergenerationellen Unterstützungsraten (engl. ‚parent support ratios'), welche das zahlenmäßige Verhältnis der über 80-jährigen Menschen zur nachkommenden Generation der 50-64-Jährigen messen (vgl. *Höpflinger* 2005). Aufgrund der demographischen Veränderungen konzentrieren sich familiale Pflegeerwartungen alter Eltern zudem häufiger als früher auf nur eine Tochter bzw. auf einen einzigen Sohn.

Gesellschaftlich gesehen erhöht dies den Druck, die Pflegekosten im Alter neu zu verteilen (eine Diskussion, die in der Schweiz – welche im Gegensatz zu Deutschland keine Pflegeversicherung kennt – besonders virulent ist). Neuere Studien belegen allerdings, dass die direkten Auswirkungen der demographischen Alterung auf die gesamten Gesundheitskosten deutlich geringer sind als oft vermutet. In der Schweiz ging in den letzten drei Jahrzehnten nur ein Fünftel der Kostensteigerungen im Gesundheitswesen direkt auf demographische Effekte zurück, und auch in den nächsten Jahrzehnten dürfte der Anstieg der Gesundheitskosten nur zu einem Drittel auf die demographische Alterung zurückzuführen sein. Klare demographische Effekte zeigen sich allerdings bei den Kosten der Langzeitpflege, wo der Effekt einer steigenden Hochaltrigkeit zwei Drittel des Kostenanstiegs ausmachen dürfte (vgl. *Colombier* 2008). Ein zentraler Einflussfaktor der Kostenentwicklung ist allerdings auch die Dauer der behinderungsfreien Lebenserwartung im hohen Lebensalter, und wenn alte Menschen später hilfs- und pflegebedürftig werden, erhöht sich der Pflegebedarf langsamer. Modellrechnungen verdeutlichen, dass selbst eine moderate Reduktion der Pflegebedürftigkeit – etwa aufgrund geriatrisch präventiver Programme oder vermehrter Erfolge in der Rehabilitation – den demographischen Effekt wesentlich abzuschwächen vermag. Eine gezielte Strategie der Gesundheitsförderung im höheren Lebensalter kann die intergenerationelle Belastung durch eine ansteigende Hochaltrigkeit wesentlich entschärfen (vgl. *Eberstadt, Groth* 2008).

## 7. Generativität des hohen Lebensalters – als neue Form der Intergenerationalität

Der bekannte Entwicklungstheoretiker *Erich H. Erikson* (1966) hat Generativität (in Kontrast zu Stagnation und Selbstabsorption) als Entwicklungsaufgabe des mittleren Erwachsenenalters konzipiert, eine Lebensphase, die durch die Erziehung der nächsten Generation oder anderer kreativer und produktiver Aktivitäten gekennzeichnet ist. Im späteren Erwachsenenalter stand nach *Erikson* primär die Entwicklungsaufgabe der Ich-Integrität (in Gegensatz zur Ich-Verzweiflung) im Zentrum. Die seit den Arbeiten von *Erikson* erfolgte Ausdehnung der Lebenserwartung und die steigende Zahl hochaltriger Menschen lassen eine Ausweitung des Konzepts der Generativität auf das höhere und hohe Lebensalter als sinnvoll erscheinen (vgl. *Höpflinger* 2002; *Lang* 2004).

Generativität im höheren Lebensalter bezieht sich nach klassischem Verständnis sowohl auf die Vermittlung und Weitergabe von Erfahrungen an jüngere Generationen als auch auf Aktivitäten, durch welche ältere Menschen einen Beitrag für das Gemeinwesen leisten. Ein Kennzeichen generativer Personen besteht darin, dass sie für nachkommende Generationen Sorge tragen und sich ihrer Verantwortung für jüngere Personen bewusst sind. Im Begriff der Generativität „kommt die Erwartung zum Ausdruck, dass ältere Menschen sich in ihren sozialen Beziehungen als weise erweisen, kooperativ, kontaktfähig und ihren Sozialpartnern zugewandt" (*Lang, Baltes* 1997, 161). Nach Meinung des Entwicklungspsychologen *Erhard Olbrich* umfasst Generativität des höheren Lebensalters auch Prozesse der Verlustverarbeitung: „Spätestens jetzt geht es darum, zu erkennen, dass wir nicht ständig schöner, stärker oder sonst wie besser werden." (*Olbrich* 1997, 191)

Je nach sozialen Kompetenzen und Ressourcen können allerdings auch hochaltrige Menschen jüngere Menschen moralisch oder finanziell unterstützen, und die Lebensgeschichte alter Menschen kann jüngeren Menschen einen lebendigen und anschaulichen Blick in ihre Familiengeschichte oder in kulturelle Traditionen der Gesellschaft vermitteln.

Eine inhaltliche Konzeptualisierung verschiedener Formen der Generativität des höheren Lebensalters – theoretisch in das gerontologische Modell der selektiven Optimierung mit Kompensation eingebettet – entwickelte in ihren letzten Lebensjahren *Margret M. Baltes* (1996). Dabei werden drei sich gegenseitig beeinflussende Formen von Generativität des späten Lebens unterschieden:

a.  die Schaffung überdauernder Werte, was eine Selektion adäquater Werte, Lebensziele und Sozialkontakte einschließt,

b.  die Wahrung kultureller Identität und eine Optimierung der Verknüpfung von Wandel und Kontinuität, sei es durch die Betonung sozio-kultureller Konstanten im Wandel, oder sei es durch Integration von Neuem in das Alte,

c.  Selbstbescheidung und Selbstverantwortlichkeit, um im Alter Verantwortung für sich selbst zu übernehmen und dadurch die Belastung anderer (jüngerer) Menschen zu minimieren, beispielsweise durch kompensatorische Strategien der Alltagsbewältigung.

Während die zwei ersten Formen der Generativität (Schaffung überdauernder Werte und Wahrung kultureller Identität) in öffentlichen Diskussionen häufig angesprochen werden, werden Selbstbescheidung und Selbstverantwortlichkeit in Alltagsdiskussionen kaum je mit Generativität in Verbindung gebracht. Es ist jedoch ein Aspekt, der gerade im hohen Lebensalter bedeutsam wird, wo funktionale Einschränkungen den Erhalt der Selbständigkeit gefährden. Aufschlussreich ist bei dieser Konzeptualisierung von Generativität, dass – im Gegensatz zur landläufigen Vorstellung – die Ausübung von Generativität des Alters konkrete Kontakte mit jüngeren Menschen nicht erfordert (vgl. *Lang, Baltes* 1997, 172).

Generativität im hohen Lebensalter – im Gegensatz zu Generativität im frühen Rentenalter – beinhaltet weniger aktive als adaptive Strategien. Es geht im hohen Lebensalter weniger um die aktive Vermittlung von Erfahrungen oder um die aktive Unterstützung jüngerer Menschen, sondern beispielsweise darum, die Hilfe jüngerer Menschen positiv anzunehmen. Bei erhöhtem Hilfsbedarf schließt Generativität des hohen Alters etwa ein, intergenerationelle Rollenumkehrungen positiv zu bewältigen und Hilfe von seinen Töchtern und Söhnen anzunehmen (und sich nicht ständig zu beklagen). Negative Formen der Generativität in dieser Lebensphase sind intergenerationelle Ressentiments sowie ein durchgehendes Desinteresse gegenüber den Interessen jüngerer Generationen.

In öffentlichen Diskussionen wird viel über den Erfahrungsschatz des Alters gesprochen, aber eine zentrale Leistung vieler hochaltriger Frauen und Männer zur Entlastung der nachkommenden Generation bleibt weitgehend unbeachtet. Bei dieser Leistung handelt es sich um den oft ausgeprägten Willen vieler hochaltriger Menschen, ihre Selbständigkeit im Alltag selbst unter erschwerten Umständen zu erhalten. Dadurch dass alte Menschen auch bei funktionalen Erschwernissen ihren Alltag selbständig organisieren und Verantwortung für sich selbst tragen, fallen sie den jüngeren Generationen nicht zur ‚Last‘: „Generativität bedeutet hier, Verantwortung nicht nur anderen gegenüber zu übernehmen, sondern vor allem auch sich selbst gegenüber. Letztere ist letztendlich ebenfalls Verantwortung anderen gegenüber, da dadurch die Belastungen anderer verhindert bzw. verringert werden. Diese Art der Selbstverantwortung als Generativität zu bezeichnen, läuft der gängigen Meinung zuwider, die eine solche Selbstverantwortung häufig als Selbstbezogenheit und damit als Verantwortungsabwehr betrachtet." (*Lang, Baltes* 1997, 172) In dieser Verantwortung gegenüber sich selbst liegt das Besondere der Generativität des hohen Alters, und *Andreas Kruse* (1996) spricht in diesem Zusammenhang von der Entwicklungsaufgabe zu einem selbstverantwortlichen Leben. Je selbstverantwortlicher und selbständiger hochaltrige Menschen leben, desto mehr entlasten sie jüngere Familienmitglieder. Wirksame Programme zur Förderung der Selbständigkeit im hohen Lebensalter können eine eminent bedeutsame intergenerative Wirkung aufweisen.

## Zusammenfassung

Die Hochaltrigen gehören zu der am schnellsten wachsenden Bevölkerungsgruppe Europas. Da die Zunahme der Lebenserwartung im Alter unterschätzt wurde, werden die Zahlen zur Entwicklung hochaltriger Menschen immer wieder nach oben angepasst. In öffentlichen Diskussionen wird der zeitlichen Ausdehnung der nachberuflichen Lebensphase damit Rechnung getragen, dass zwischen ‚jungen Alten' und ‚alten Alten' oder zwischen dem dritten Lebensalter (frühes Rentenalter) und dem vierten Lebensalter (hohes Alter) unterschieden wird. Der Beginn des hohen Alters bzw. der Hochaltrigkeit wird unterschiedlich gefasst, aber im Allgemeinen wird der chronologische Beginn des hohen Alters heute ab dem 80. oder 85. Lebensjahr festgelegt.

Chronologische Festlegungen sind angesichts der enormen individuellen Unterschiede von Alternsprozessen wenig brauchbar, und entsprechend wird in der Gerontologie heute häufiger von gesundheitlich-funktionalen Gesichtspunkten ausgegangen. Nach dieser Betrachtungsweise beginnt das hohe Lebensalter, wenn altersbezogene körperliche oder kognitive Einschränkungen bedeutsame Anpassungen des Alltagslebens erzwingen. Ein hohes Lebensalter ist nicht zwangsläufig mit Pflegebedürftigkeit gleich zu setzen, aber zentral für das hohe Lebensalter sind reduzierte Reservekapazitäten und eine erhöhte Vulnerabilität; zwei Prozesse, die mit dem Konzept der Fragilität (frailty) erfasst werden. Kohortenbezogen betrachtet lässt sich der Beginn der Hochaltrigkeit anders bestimmen, und als hochaltrig können Menschen eingestuft werden, die länger leben als zwei Drittel ihrer Geburtskohorte, und Generationenveteranen sind jene Menschen, die länger leben als neun Zehntel ihres Geburtsjahrgangs.

Unter dem Gesichtspunkt der Intergenerationalität stehen bei der Hochaltrigkeit vor allem zwei Aspekte im Zentrum: erstens die Wirkung früherer Generationenprägungen und zweitens eine Veränderung der Stellung im gesellschaftlichen Generationenzusammenhang. Je älter Menschen sind, desto weiter greifen ihre Erinnerungen in die Gesellschafts- und Kulturgeschichte zurück. Gleichzeitig ergibt sich im hohen Lebensalter ein Verlust an Gleichaltrigen, und die Welt wird immer stärker von deutlich jüngeren Menschen und ihren Werten und Verhaltensformen beherrscht. Selbst Alters- und Pflegeheime sind multigenerationelle Lebenswelten, in denen Betreuung und Pflege hochaltriger Bewohner weitgehend von jüngeren Generationen geprägt werden.

Was die Lebenslage hochaltriger Menschen betrifft, finden sich enorme Unterschiede der wirtschaftlichen und sozialen Situation, in Abhängigkeit von ihrer früheren Lebens- und Berufsbiographie, wobei auch Langlebigkeit zur Verarmung beitragen kann. Umgekehrt erreichen ärmere Menschen häufig kein hohes Alter,

und sozioökonomische Unterschiede tragen dazu bei, dass sich große Vermögenswerte bei einer ausgewählten Gruppe von Hochaltrigen kumulieren. Auch wird
Erbvermögen dank Langlebigkeit mit steigender Tendenz zwischen Haushalten in
der zweiten Lebenshälfte umverteilt, was zu einer verstärkten Konzentration von
Vermögen auf ältere Altersgruppen führt.

Im hohen Lebensalter entwickeln sich die Lebensformen von Frauen und Männern auseinander. Während ein Grossteil der zuhause lebenden 80-jährigen Männer
noch oder erneut in einer Partnerschaft lebt, ist die große Mehrheit der alten Frauen
verwitwet. Gleichzeitig steigt im hohen Alter die Wahrscheinlichkeit an, in einer
kollektiven Haushaltsform – einer Alters- und Pflegeeinrichtung – zu leben. Das
hohe Alter bewegt sich haushaltsbezogen heute im Spannungsfeld hoch individualisierter Lebensformen (allein oder zu zweit) oder kollektiv organisierter Lebensformen. Neue Bestrebungen in Richtung von pflegerisch-betreuten Wohnformen
tragen dazu bei, dass sich auch für Menschen im hohen Alter mehr Möglichkeiten
eröffnen, Individualisierung und kollektive Sicherheit und Pflege zu kombinieren.

Die steigende Lebenserwartung – gekoppelt mit geringen Geburtenraten –
hat zu einer ausgeprägten ‚Vertikalisierung‘ familialer Generationenbeziehungen
geführt. Während sich die horizontalen Verwandtschaftsbeziehungen ‚verdünnt‘
haben, ist die gemeinsame Lebensspanne von Angehörigen angestiegen. Enkelkinder können länger von Großeltern und zunehmend auch Urgroßeltern profitieren, und auch die gemeinsame Lebensspanne von alternden Eltern und (erwachsenen) Kindern hat sich wesentlich erhöht. Da es sich bei den heute hochaltrigen
Menschen um vergleichsweise ehe- und familienfreundliche Generationen handelt, weist die große Mehrheit alter Frauen und Männer Nachkommen (erwachsene Kinder, Enkel- und Urenkelkinder) auf.

Ambulante, teilstationäre oder stationäre Alters- und Pflegeeinrichtungen
sind intergenerative Einrichtungen, in denen sich die sozialen Kontakte zwischen
hochaltrigen Bewohnern und jüngeren Menschen in einer eigenen Art verdichten.
Einerseits sind die Klienten, Kunden oder Bewohner von Alterseinrichtungen zumeist hochaltrige Menschen, welche die soziale Gemeinsamkeit einer ausgeprägten
Hilfs- und Pflegebedürftigkeit aufweisen. Andererseits handelt es sich beim Personal um deutlich jüngere Menschen, die sowohl einer anderen Generation angehören, als auch gesundheitlich einen anderen Status einnehmen. Aus dieser Situation
entstehen besondere Spannungsfelder der intergenerationellen Kommunikation, da
beruflich-funktionale Gesichtspunkte der jüngeren gegenüber den lebensgeschichtlich geprägten Vorstellungen hochaltriger Menschen oft dominieren.

Während das ‚dritte Lebensalter‘ dank steigender Zahl aktiver und gesunder
Altersrentner und Altersrentnerinnen gegenwärtig eine gesellschaftliche Aufwer-

tung erfährt, konzentrieren sich die traditionellen negativen Bilder zum Alter immer mehr auf das hohe Lebensalter, und die wachsende Zahl an hochaltrigen Pflegebedürftigen wird als Belastung für den Generationenvertrag wahrgenommen. Strategien der Gesundheitsförderung im höheren Lebensalter können allerdings die intergenerationelle Belastung durch eine ansteigende Hochaltrigkeit entschärfen. Auch eine Ausweitung des Konzepts der Generativität auf das hohe Lebensalter vermag Zukunftsängste zu reduzieren, da damit eine intergenerationelle Einbettung des hohen Alters erreicht werden kann.

Generativität im hohen Lebensalter beinhaltet andere Strategien als die Generativität des frühen Rentenalters. Es geht im hohen Lebensalter weniger um die aktive Vermittlung von Erfahrungen oder um die Unterstützung jüngerer Menschen, sondern beispielsweise darum, die Hilfe jüngerer Menschen positiv anzunehmen. Generativität des hohen Alters bedeutet vor allem aber auch Verantwortung sich selbst gegenüber zu übernehmen (um etwa durch kompensatorische Strategien selbständig zu verbleiben). Je selbstverantwortlicher und selbständiger hochaltrige Menschen leben, desto mehr entlasten sie jüngere Menschen. Wirksame Programme zur Förderung der Selbständigkeit im hohen Lebensalter können damit eine eminent bedeutsame intergenerative Wirkung aufweisen.

# Zwischen Vitalität und Pflegebedürftigkeit: Stärken und Schwächen des hohen Alters

*Christoph Rott*

## 1. Die Gesellschaft des langen Lebens

Am 10. Mai 2002 erschien in der Zeitschrift *Science* ein Artikel, der die Ansichten über die Entwicklung der Lebenserwartung grundlegend veränderte. *Jim Oeppen* und *James W. Vaupel* widerlegten auf geradezu geniale Art und Weise die über Jahrzehnte hinweg wiederholt geäußerte Meinung vieler Forscher, dass die Lebenserwartung bald eine Obergrenze erreichen würde (*Oeppen & Vaupel* 2002). Ihr Ansatz war, nicht nur die Entwicklung der Lebenserwartung in einzelnen Ländern zu betrachten, sondern für jedes Jahr das Land zu berücksichtigen, das die weltweit höchste Lebenserwartung aufwies. Durch dieses Vorgehen wurde die *Rekordlebenserwartung* bestimmt. Die beiden Forscher haben nun die Entwicklung dieser Rekordlebenserwartung seit 1840 rekonstruiert und ihre Beobachtungen mit historischen und zeitgenössischen Expertenmeinungen und Prognosen verglichen. Die Analyse erbrachte zwei wichtige Ergebnisse: Erstens stellten sich viele der in den vergangenen 75 Jahren gemachten Behauptungen über vermeintliche Höchstgrenzen der Lebenserwartung regelmäßig wenige Jahre später als falsch heraus, weil diese dann bereits in einem Land durchbrochen worden waren. Zweitens zeigte die Entwicklung der letzten 160 Jahre, dass die Rekordlebenserwartung der Frauen stetig und kontinuierlich um ungefähr drei Monate pro Jahr (exakt 0,243 Jahre) angestiegen war. Sollte die Lebenserwartung bald ihre Obergrenze erreichen, würde man erwarten, dass sich der Zuwachs in der Rekordlebenserwartung verlangsamt. Doch genau das trifft nicht zu. Erstaunlich ist das Ausmaß der Konstanz und Regelmäßigkeit ihres Anstiegs. So lässt sich die Zunahme über 160 Jahre fast perfekt durch eine Gerade beschreiben. Wenn sich der lineare und kontinuierliche Zuwachs der Lebenserwartung in der Zukunft fortsetzt, dann wird im Jahr 2060 die Rekordlebenserwartung in einem Land auf der Erde – vermutlich Japan – 100 Jahre betragen. Die Ergebnisse der Studie haben gravierende Folgen für die Politik und die persönliche Lebensplanung. Denn viele der bisherigen offiziellen Prognosen, die auf der Annahme beruhen, die Obergrenze der Lebenserwartung sei bald

erreicht, täuschen die Gesetzgeber und diejenigen, die für ihren Ruhestand planen und vorsorgen wollen, über die tatsächliche zukünftige Lebenslänge hinweg.

*Abbildung 1:*   Überlebenswahrscheinlichkeiten für Männer in Österreich im
               Zeitraum 1868/71 bis 2000/02. 100.000 entspricht 100%

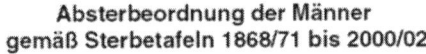

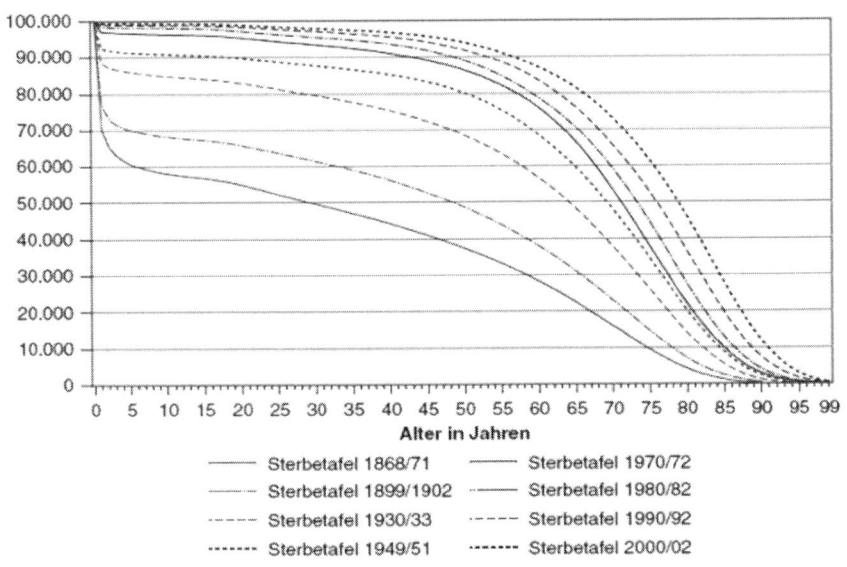

Quelle: Statistik Austria

Österreich taucht in der Auflistung der Rekordlebenserwartung nicht auf. Trotzdem
ist die Lebenserwartung von 32,7 Jahren für Männer und 36,2 Jahren für Frauen
im Zeitraum 1868/71 auf 77,3 Jahre für Männer und 82,9 Jahre für Frauen im Jahr
2007 angestiegen. Der durchschnittliche jährliche Zuwachs in diesem Zeitraum
beträgt 0,34 Jahre für Frauen und übertrifft sogar den Zuwachs der weiblichen Re-
kordlebenswartung (0,243 Jahre). Aus den Sterbetafeln für das Jahr 2007 ist weiter zu entnehmen, dass 84% der Männer und 92% der Frauen die Chance haben,
das Alter von 65 Jahren zu erreichen. 80 Jahre alt werden 52% der Männer und

71% der Frauen. Zehn Jahre zuvor betrug die Chance, 80 Jahre alt zu werden, 41% (Männer) bzw. 63% (Frauen). Es ist ein bemerkenswertes Ergebnis, dass heutzutage mehr als die Hälfte der Männer und fast drei Viertel der Frauen das hohe Alter (80+) erreichen, eine Lebensphase, die von der Gerontologie und auch der Gesellschaft insgesamt bislang noch zuwenig beachtet und erforscht wird. Von allen 80-Jährigen werden wiederum 32% der Männer und 42% der Frauen 90 Jahre alt. Diese Möglichkeiten waren zehn Jahre zuvor deutlich niedriger (23% für Männer bzw. 34% für Frauen). In einem demografisch betrachtet sehr kurzen Zeitraum von 10 Jahren haben sich nicht nur die Chancen, ein hohes Alter zu erreichen erhöht, sondern auch die Wahrscheinlichkeit, eine weitere Dekade zu leben, ist deutlich angestiegen. In keinem anderen Alterssegment ist eine solche Dynamik zu finden.

*Abbildung 2:* Überlebenswahrscheinlichkeiten für Frauen in Österreich im Zeitraum 1868/71 bis 2000/02. 100.000 entspricht 100%

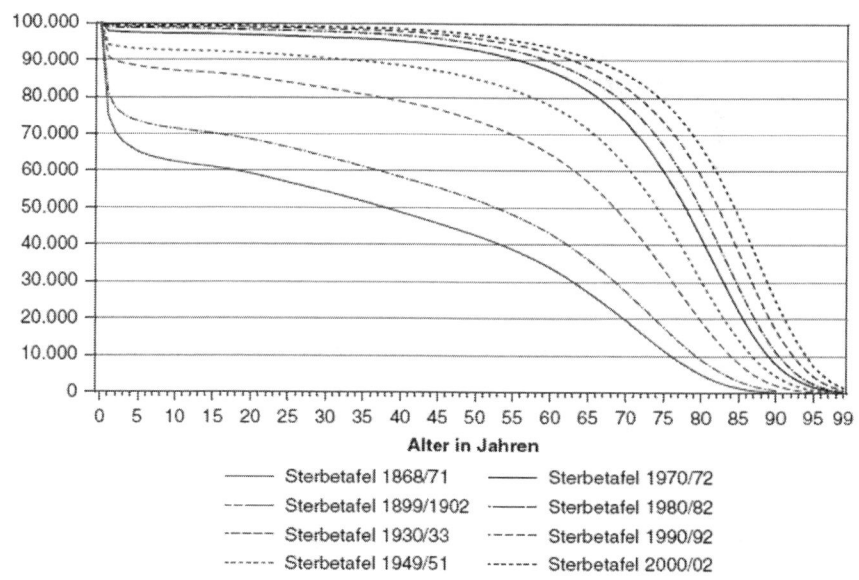

Quelle: Statistik Austria

Abbildung 1 und 2 sollen verdeutlichen, dass die zunehmende Hochaltrigkeit bei Männern ab ca. 1980, bei Frauen ab ca. 1970 eingesetzt hat. Das Rektangularisierungsmuster löst sich auf, der rechte Schenkel der Verteilung wandert immer weiter nach rechts. Dies bedeutet, dass auch im höchsten Alter die Überlebenswahrscheinlichkeiten steigen, was mittlerweile den größten Beitrag zur Zunahme der Lebenserwartung liefert. Die Konsequenzen dieser rasant zunehmenden Hochaltrigkeit sind unklar. Es drängt sich die Frage auf, wie gut der Mensch für ein sehr langes Leben von 80, 90 oder sogar 100 Jahren ausgestattet ist.

## 2. Das Vierte Alter als eigenständige Lebensphase

Die sich immer mehr ausdehnende Länge des menschlichen Lebens und die enorme Zunahme der Hochaltrigkeit machen eine Unterteilung des Alters in mehrere Lebensphasen notwendig. Vorgenommene Differenzierungen basieren in erster Linie aber nicht auf demografischen Erkenntnissen, sondern gehen auf die Verhaltenswissenschaftlerin *Bernice Neugarten* (1974) zurück, die von den „*jungen Alten*“ und den „*alten Alten*“ sprach. Die Idee eines dritten und vierten Alters wurde insbesondere von *Margret Baltes* und *Paul Baltes* aufgegriffen, weiterentwickelt und anhand der Berliner Altersstudie empirisch überprüft (*M. Baltes*, 1998; *P. Baltes* 1999; *P. Baltes & Smith*, 2003; *Mayer & P. Baltes* 1996). Eine wesentliche Aussage von *P. Baltes* (1999) ist, dass die Vorteile der evolutionären Selektion im Lebensverlauf geringer werden. Er stellt die Frage, warum das, was spät im Leben passiert, weniger von der optimierenden Kraft der evolutionären Selektion profitiert. Die Antwort ist, dass der Selektionsdruck im Kontext von Fruchtbarkeit, Fortpflanzung und Aufzucht besonders groß ist. Die damit verbundenen Ereignisse und Prozesse vollziehen sich in der ersten Hälfte des Lebens. Als Konsequenz weist das menschliche Genom auch bei denjenigen, die dieser frühen Selektion nicht zum Opfer gefallen sind, mit ansteigendem Alter zunehmend mehr dysfunktionale genetische Expressionen auf als in jüngeren Lebensjahren. Hinzu kommt, dass früher die meisten Menschen starben, bevor zufallsbedingte Variationen entstehen konnten und deren genetische Konsequenzen sichtbar wurden. Durch die zunehmende Lebenserwartung erreichen heute auch Individuen mit einer zunehmend unvollständigeren Architektur ein hohes Alter. Für *P. Baltes* ist das vierte Alter, die Hochaltrigkeit, die radikalste Form dieser Unvollständigkeit. *M. Baltes* greift diese Überlegungen auf und betont, dass das biologische Potenzial im vorgerückten Alter eine Schwächung erfährt, die auch Gehirnpathologien einschließt und deren Kompensation durch kulturelle Mittel immer schwieriger wird. Sie spricht von einem Kaskadeneffekt, der einen immer größeren Rückgang von

Funktionen nach sich zieht. Es sind also in erster Linie nicht die großen patholo-gischen Störungen, wie etwa ein Schlaganfall, die Alternsphänomene hervorrufen, sondern eher kleine sich kumulierende Funktionsverluste in verschiedenen Berei-chen des Systems Mensch. Normales Altern wird als ein Schwund von Ressour-cen verstanden, der auch bei Personen ohne pathologische Störungen auftritt und sich im vierten Alter in besonderer Weise manifestiert (vgl. auch *Fried* et al. 2001).

Die vorliegenden Befunde zum *dritten Alter*, das den Altersbereich von ca. 65 bis 80/85 Jahren umfasst, zeigen, dass diese *„jungen Alten"* in den meisten Fäl-len über einen guten Gesundheitszustand verfügen, gute kognitive Fähigkeiten haben, sozial gut eingebunden sind und vielfältige Aktivitäten ausüben. Darüber hinaus weisen sie ein hohes Niveau an emotionalem und persönlichem Wohlbe-finden auf. In diesem Alter ist außerdem ein erhebliches unausgeschöpftes Poten-zial im Bereich der körperlichen und geistigen Fitness vorhanden (vgl. *P. Baltes & Smith* 2003). Insgesamt kann im *dritten Alter* von einer erfolgreichen Bewäl-tigung der altersspezifischen und alterstypischen Anforderungen dieser Lebens-phase gesprochen werden.

Das sich daran anschließende *vierte Alter* (ab ca. 80/85 Jahren) wird weni-ger positiv gesehen. *P. Baltes* spricht von einer sehr vulnerablen (verletzlichen) Lebensphase mit zunehmender Unmöglichkeit der effektiven Kompensation von Defiziten. In der Berliner Altersstudie wurde deutlich, dass es im *vierten Alter* zu einer Häufung von chronischen Belastungen kommt (vgl. *Steinhagen-Thiessen & Borchelt* 1996). 80% erleiden Verluste in drei bis sechs Bereichen: z.B. Sehen, Hö-ren, Kraft, funktionale Kapazität, Gesundheit, Intelligenz. Insgesamt ist ein hohes Ausmaß an Gebrechlichkeit, Funktionseinschränkungen und Multimorbidität zu beobachten. Weiterhin liegt eine beträchtliche Prävalenz von Demenzen (unge-fähr 50% im Alter von 90 Jahren und darüber) vor. Den zunehmenden Verlusten und Defiziten stehen unzureichende Kompensationsmöglichkeiten gegenüber, ein-tretende Funktionseinschränkungen können zu einem Verlust der Selbständigkeit und zu Pflegebedürftigkeit führen. Personen im *vierten Alter* sind also durch ver-mehrt auftretende Krankheiten und geringer werdende physische, psychische und soziale Ressourcen in besonderer Weise gefährdet, Einschränkungen in ihrer Selb-ständigkeit und der sozialen Teilhabe zu erfahren (vgl. *P. Baltes & Smith* 2003).

Einen beeindruckenden Nachweis der Verletzlichkeit im hohen Alter, die sich als systemische Schwäche des Individuums offenbart, haben *Smith* und *P. Baltes* (1997) geliefert. Sie verwendeten gleichzeitig 23 medizinische, psychiatrische, psychologische, soziale und ökonomische Indikatoren, um ein Gesamtmaß für den individuellen Funktionsstatus zu erhalten und bildeten vier Funktionsgruppen (gut, befriedigend, schlecht, sehr schlecht). In der besten Gruppe sind etwa zehnmal mehr 70-Jährige als 90-Jährige zu finden, für die schlechteste Gruppe trifft das Gegenteil zu. Es ist also nicht so, dass nur diejenigen überleben, die einen hohen Funktionsstatus besitzen. Im *vierten Alter* zeigen sich weitere Alternsverluste auch für diejenigen, die länger leben. Hervorzuheben sind auch deutliche Geschlechtsunterschiede. Frauen haben im Vergleich zu Männern ein etwa doppelt so hohes Risiko, der schlechtesten Gruppe zugeordnet zu werden. *P. Baltes* folgert daraus, dass je mehr sich die Humanontogenese dem hohen Alter nähert, umso mehr muss die Kultur bzw. Gesellschaft eingreifen, um den natürlichen Gang des biologischen Alterns zu kompensieren.

## 3. Ressourcen im Alter

In diesem Abschnitt werden Unterschiede zwischen dem *dritten und vierten Alter* in verschiedenen Ressourcen berichtet. Dieses klassische Vorgehen verfolgt natürlich das Ziel, etwas über zugrunde liegende intraindividuelle Entwicklungen in Erfahrung zu bringen. Altersunterschiede müssen aber nicht notwendigerweise Alternsveränderungen widerspiegeln. Im hohen Alter kommt noch ein weiterer Aspekt hinzu, die zunehmende Selektion. Nach der Sterbetafel für Österreich aus dem Jahr 2007 ist zu erwarten, dass lediglich 16% der Männer und 8% der Frauen das Alter 65 Jahre nicht erreichen. Mit 80 Jahren sind aber bereits 48% der Männer und 29% der Frauen nicht mehr am Leben. Der Anteil an Männern und Frauen, der vor der Vollendung des 95. Lebensjahres verstirbt, beträgt 95% bzw. 90%. An anderer Stelle (*Rott* et al. 2001) haben wir zwei unterschiedlich verlaufende Entwicklungslinien im Lebenslauf diskutiert. Die erste, individuumsbezogene Entwicklungslinie repräsentiert ein sehr langes Leben, das aber zugleich eine lange Alternsphase mit allen ihren negativen Folgen einschließt. Die zweite, populationsbezogene Entwicklungslinie thematisiert den selektiven Überlebensvorteil und verläuft positiv, da die Gebrechlichsten und Kränksten zuerst die Population verlassen. Es ist nun sehr naheliegend, dass es bei extrem alten Menschen zu einer Überlagerung der beiden grundlegenden Entwicklungsprozesse kommt. Das Altern der Population muss nicht mit individuellem Altern übereinstimmen. Dies ist zu beachten, wenn Personen am Ende des *vierten Alters* und der Lebensspanne, was insbesondere auf Hundertjährige zutrifft, betrachtet werden. Sie stellen sowohl eine extreme Selektion ihrer Geburtskohorte dar, sind aber vermutlich gleichzeitig auch durch lang andauernde Alternsprozesse gekennzeichnet.

## 3.1 Körperliche Ressourcen

### 3.1.1 Basale und instrumentelle Aktivitäten des täglichen Lebens

Grundlegende körperliche Ressourcen werden in der Gerontologie und Geriatrie seit Jahrzehnten in Form der (basalen) Aktivitäten des täglichen Lebens (ADL, activities of daily living) gemessen (*Katz* et al. 1963, 1970; *Mahoney & Barthel* 1965). Hierbei wird erfragt, ob die körperlichen Ressourcen ausreichen, um folgende alltägliche Handlungen selbständig ausführen zu können oder ob Unterstützung notwendig ist: Essen, sich waschen (Baden/Duschen), gehen, Treppen steigen, Toilette aufsuchen, Transfer in das und aus dem Bett, sich an- und ausziehen. Hinzu kommt die Frage nach der Kontinenz. *Lawton* und *Brody* (1969) erweiterten die ADL um die instrumentellen Aktivitäten des täglichen Lebens (IADL). Erfasste Aspekte sind hier z.b. die Fähigkeit zu telefonieren, Wäsche zu waschen, eigene Finanzen zu regeln oder die Fortbewegung mit öffentlichen Verkehrsmitteln.

In einem populationsbasierten Survey in einem Stadtteil von Darmstadt, Deutschland, wurde ermittelt, inwieweit Personen im dritten und vierten Alter (65 – 79 Jahre bzw. 80 - 94 Jahre) in der Lage sind, die basalen und instrumentellen Aktivitäten des täglichen Lebens selbständig auszuführen *(Hieber* et al. 2006). Es ist allerdings zu beachten, dass die Untersuchungsteilnehmer ausschließlich Personen in Privathaushalten waren. Es wurde das ADL/IADL-Instrument in der Version von *Fillenbaum* (1988) verwendet. Die Analysen zeigen, dass die grundlegenden Aktivitäten des täglichen Lebens im dritten Alter sehr gut erhalten sind (im Durchschnitt ein Wert von 13,6 bei einem Maximalwert von 14) und im vierten Alter nur leicht auf 12,0 abfallen. Dieser Unterschied tritt bei Männern und Frauen in etwa gleichem Maße auf. Bei den instrumentellen Aktivitäten des täglichen Lebens sind die „jungen Alten" ebenfalls nahezu komplett selbständig (Wert 13,2 bei einem Maximalwert von wiederum 14), die „alten Alten" weisen aber größere Verluste auf (Wert 10,4 von maximal 14), die bei den Frauen stärker ausfallen als bei den Männern. Diese zwar signifikanten, aber im Effekt doch moderaten Einschränkungen der ADL und IADL im vierten Alter könnten zu der Schlussfolgerung verleiten, dass auch die Hochaltrigen relativ selbständig sind. Eine nähere Analyse zeigte aber, dass sich die Altersunterschiede bei den einzelnen IADL-Aktivitäten sehr ungleich gestalteten. Neben dem Erledigen von Hausarbeit traten die größten Unterschiede zwischen dem dritten und vierten Alter in der Mobilität auf.

Wie sehen nun die basalen körperlichen Ressourcen in Form von ADL und IADL bei Hundertjährigen aus? Dabei wird in erster Linie auf die Heidelberger Hundertjährigen-Studie Bezug genommen (vgl. *Rott* et al. 2001). Ziel dieser Untersuchung war die Bestimmung der körperlichen, kognitiven und psychischen

Ressourcen im Hinblick auf eine selbständige Lebensführung. Als populationsbasierte Studie angelegt wurden in einem geografisch definierten Gebiet um Heidelberg aus 172 Gemeinden 156 Personen identifiziert, die zum Zeitpunkt der Testung zwischen 99,2 und 101,1 Jahre alt waren. Davon konnten 91 Hundertjährige
(Durchschnittsalter 100,2 Jahre, 89% Frauen) persönlich aufgesucht werden. Die
folgenden Ergebnisse beziehen sich auf Angaben einer nahestehenden Person, eines so genannten Proxies.

In Tabelle 1 ist aufgelistet, welcher Anteil an Hundertjährigen die Aktivitäten des täglichen Lebens (ADL) selbständig ausführen kann (vgl. *Becker* et al.
2003). Es wurde wiederum das ADL/IADL-Instrument in der Version von *Fillenbaum* (1988) verwendet.

*Tabelle 1:*   Anteile von Hundertjährigen, die die basalen Aktivitäten des
            täglichen Lebens selbständig ausführen können.

| Selbständigkeit in basalen Aktivitäten des täglichen Lebens (ADL) | |
| --- | --- |
| - Essen | 62% |
| - Gang zur Toilette | 40% |
| - Gehen | 38% |
| - Aufstehen / sich ins Bett legen | 37% |
| - Sich ums Aussehen kümmern | 33% |
| - An- und Auskleiden | 31% |
| - Baden / Duschen | 13% |

Die am häufigsten erhaltene Fähigkeit ist Essen. Annähernd zwei Drittel der Hundertjährigen können dies selbständig. Am seltensten bleibt die Fähigkeit, selbständig zu baden oder zu duschen, erhalten. Diese Aktivität ist komplex und erfordert
Beweglichkeit, Koordination, Gleichgewicht, Kraft. Sie wird aber auch entscheidend von der Ausstattung mitbestimmt. Insgesamt erreichen die Hundertjährigen
einen durchschnittlichen Wert von 7,0. Der Maximalwert ist wiederum 14. Dieses
Ergebnis kann aber nicht unmittelbar mit den Befunden zum *dritten und vierten Alter* verglichen werden, da in der Darmstädter Studie Selbstauskünfte, bei den Hundertjährigen aber Fremdbeurteilungen, die im Allgemeinen schlechter ausfallen,
analysiert wurden. In der der Heidelberger Hundertjährigen-Studie sehr vergleichbaren Längsschnittstudie Dänischer Hundertjähriger konnten 20% der weiblichen
und 44% der männlichen Teilnehmer alle sechs ausgewählte (basalen) Aktivitäten des täglichen Lebens selbständig ausführen (*Andersen-Ranberg* et al. 1999).

Ein noch größerer Selbständigkeitsverlust ist bei den instrumentellen Aktivitäten des täglichen Lebens zu beobachten (vgl. *Becker* et al. 2003). Wie aus Tabelle 2 ersichtlich wird, kann ca. ein Drittel noch telefonieren, jede bzw. jeder Fünfte ist im Stande, seine Medikamente selbständig einzunehmen. Bei den anderen Aktivitäten ist nur jede bzw. jeder Zehnte als selbständig zu bezeichnen. Der Durchschnittswert auf der IADL-Skala liegt bei 3,1 bei einem Maximalwert von 14. Die Vergleichbarkeit mit den Befunden im *dritten und vierten Alter* ist wegen der verschiedenen Informationsquellen (Selbstauskunft vs. Fremdbeurteilung) wiederum sehr eingeschränkt.

*Tabelle 2:* Anteile von Hundertjährigen, die die instrumentellen Aktivitäten des täglichen Lebens selbständig ausführen können.

| Selbständigkeit in instrumentellen Aktivitäten des täglichen Lebens (IADL) | |
| --- | --- |
| - Telefonieren | 32% |
| - Medikamente einnehmen | 22% |
| - Geldangelegenheiten regeln | 9% |
| - An entfernte Orte kommen | 6% |
| - Einkaufen gehen | 6% |
| - Mahlzeiten zubereiten | 6% |
| - Hausarbeit | 5% |

## 3.1.2 Gehfähigkeit

Vorhandene Studien deuten darauf hin, dass kein anderer Bereich der funktionalen Gesundheit so früh im Lebenslauf Beeinträchtigungen aufweist wie die Gehfähigkeit. Bereits ab dem Alter von 20 Jahren lassen sich Rückgänge in der Gehgeschwindigkeit beobachten, insbesondere beim schnellen Gehen unter erschwerten Bedingungen (*Shumway-Cook* et al. 2007). Ab dem Alter von 65 Jahren tritt dann ein beschleunigter Verlust auf, der sich bei der normalen Gehgeschwindigkeit auf ca. zwei Prozent pro Jahr beläuft. Für 85-jährige und ältere Personen beträgt der jährliche Rückgang sogar drei Prozent. In einer großen englischen Studie (The English Longitudinal Study of Ageing, ELSA) mit über 11.000 Teilnehmern hatte bereits ein Fünftel der Personen im mittleren Erwachsenenalter (50-64 Jahre) zumindest einige Schwierigkeiten, 400 Meter (¼ Meile) zu gehen (*Gardener* et al. 2006). Sowohl bei Männern als auch bei Frauen war ein deutlicher und kontinuierlicher Anstieg der Gehprobleme von der jüngsten (50-52 Jahre) zur ältesten (86 Jahre und älter) Altersgruppe zu beobachten. Jenseits von 85 Jahren gaben nur 30 Prozent der Männer und 20 Prozent der Frauen an, 400 Meter ohne Probleme gehen zu können.

Die mit zunehmendem Alter immer größer werdenden Einschränkungen der Gehfähigkeit traten auch in der bereits angesprochenen Darmstädter Studie von *Hieber* und Kollegen (*Hieber* et al. 2006) deutlich zutage. Es sei wiederum betont, dass die Teilnehmer zu 100% in Privathaushalten lebten. Erfragt wurde, wie weit die Person ohne Schwierigkeiten gehen kann. Vorgegebene Kategorien waren „weniger als 100 m", „zwischen 100 und 500 m", „zwischen 500 m und 1 km" und „mehr als 1 km". In Tabelle 3 sind die Entfernungen und jeweiligen Anteile der Personen nach Altersgruppen (65-79 Jahre vs. 80-94 Jahre) und Geschlecht getrennt dargestellt.

Bei der Gegenüberstellung der beiden Altersgruppen wird ersichtlich, dass ca. drei Viertel (70%) der 65-79-jährigen Befragten ohne Schwierigkeiten mehr als einen Kilometer gehen können, während in der Gruppe der 80-94-Jährigen der annähernd gleiche Anteil nur noch weniger als einen Kilometer problemlos zurücklegen kann. Auch die Anteile der Personen mit sehr eingeschränktem Aktionsradius zeigen deutliche Altersunterschiede. Lediglich fünf Prozent der 65-79-Jährigen gaben an, dass sie nur noch weniger als 100 Meter gehen können. In der Gruppe der 80-94-Jährigen waren dies über vier Mal so viele Befragte (knapp 23%).

*Tabelle 3:* Gehstrecken, die ohne Schwierigkeiten zurückgelegt werden können, getrennt nach Altersgruppe und Geschlecht.

|  | 65-79 Jahre | 80-94 Jahre |
|---|---|---|
| **Gehen ohne Schwierigkeiten** | | |
| Gesamtgruppe | (n = 232) | (n = 160) |
| - weniger als 100 m | 4,8% | 22,7% |
| - zwischen 100 m u. 500 m | 10,4% | 28,9% |
| - zwischen 500 m und 1 km | 14,7% | 17,6% |
| - mehr als 1 km | 70,1% | 30,8% |
| Männer | (n = 117) | (n = 71) |
| - weniger als 100 m | 4,3% | 12,9% |
| - zwischen 100 m u. 500 m | 8,5% | 21,4% |
| - zwischen 500 m und 1 km | 10,3% | 21,4% |
| - mehr als 1 km | 76,9% | 44,3% |
| Frauen | (n = 115) | (n = 89) |
| - weniger als 100 m | 5,3% | 30,4% |
| - zwischen 100 m u. 500 m | 12,3% | 34,8% |
| - zwischen 500 m und 1 km | 19,3% | 14,6% |
| - mehr als 1 km | 63,1% | 20,2% |

Die Schwierigkeiten, insbesondere im sehr hohen Alter zu Fuß zu gehen, sind bei Frauen deutlicher ausgeprägt als bei Männern. So können etwa 44 Prozent der befragten 80-94-jährigen Männer, aber nur knapp 20 Prozent der Frauen der gleichen Altersgruppe mehr als einen Kilometer ohne Schwierigkeiten zu Fuß zurücklegen. Dieser Geschlechtsunterschied ist in der jüngeren Altersgruppe (65- bis 79-Jährige) bedeutend schwächer: Für ca. 77 Prozent der Männer und für ca. 63 Prozent der Frauen stellt ein Kilometer kein Problem dar. Schwierigkeiten schon bei kleinen Gehstrecken (weniger als 100 Meter) hatten ebenfalls deutlich mehr hochaltrige Frauen (ca. 30%) als hochaltrige Männer (ca. 13%). Hochaltrige Frauen sind also in besonderem Maße von Einschränkungen der Gehfähigkeit betroffen.

## 3.2 Geistige Ressourcen

Die Beurteilung der geistigen Ressourcen insbesondere von Hundertjährigen wird in drei Schritten vorgenommen. Zunächst werden Ergebnisse zu Intelligenz, Gedächtnis und Problemlösen betrachtet, dann wird über Befunde zur Einschätzung des allgemeinen geistigen Funktionsniveaus berichtet. Abschließend wird versucht, die Frage zu beantworten, in welchem Ausmaß Demenzen bei Hundertjährigen vorliegen.

### 3.2.1 Intelligenz, Gedächtnis und Problemlösen

Eine noch weitergehende Selektion von Hundertjährigen, die über die natürliche Auslese durch den Tod hinausgeht, wurde in der Georgia Centenarian Study vorgenommen (*Poon, Clayton* et al. 1992). In die Studie wurden nur Personen aufgenommen, die kognitiv intakt waren und nicht in einer Einrichtung der Altenhilfe lebten. Dieses Vorgehen diente der Überprüfung, ob die „Besten der Besten" ein Funktionsniveau aufwiesen, das dem durchschnittlicher 80-Jähriger oder sogar dem durchschnittlicher 60-Jähriger entsprach. Als Testinstrumente wurden vier Untertests der Wechsler Adult Intelligence Scale – Revised (*Wechsler* 1981), die fluide und kristalline Komponenten abbildet, eingesetzt. Darüber hinaus mussten die Untersuchungsteilnehmer Aufgaben zum primären, sekundären und tertiären Gedächtnis sowie alltagsnahe Problemlöseaufgaben bearbeiten (vgl. *Poon, Martin* et al. 1992). Obwohl die Hundertjährigen aus der Georgia Centenarian Study eine extreme Auswahl darstellen, repräsentieren ihre Leistungen in den Bereichen Intelligenz und Gedächtnis eine Fortsetzung der Altersunterschiede zwischen 60- und 80-Jährigen. Die Hundertjährigen zeigten auch beim Wortschatztest, der im Allgemeinen als sehr altersstabil gilt, im Vergleich zu den jüngeren Altersgruppen deutlich schlechtere Leistungen. Lediglich das alltagsnahe Problemlösen stellte eine Ausnahme dar. In diesen Tests erzielten alle drei Gruppen vergleichbare Resultate. Die Autoren argumentieren, dass ein gewisses Maß an Problemlösefähigkeit notwendig ist, um selbständig in der Kommune leben zu können. Gleichzeitig scheint aber der Selektionsvorteil der Besten der Besten im kognitiven Bereich durch negative Alternsentwicklungen weit übertroffen zu werden.

### 3.2.2 Allgemeines geistiges Funktionsniveau und Demenz

Eine so ausführliche Testung der allgemeinen kognitiven Leistungsfähigkeit wie in der Georgia Centenarian Study wurde in anderen Hundertjährigen-Studien nicht vorgenommen. Vielmehr ging es in den meisten Studien darum, das allgemeine geistige Funktionsniveau mit dem Ziel einzuschätzen, ob eine Demenz vorliegt oder ausgeschlossen werden kann. Häufig wurde dazu der Mini-Mental-Status-Test (*Folstein* et al. 1975, deutsche Fassung von *Kessler* et al. 1999) verwendet, der aber nur im unteren Leistungsbereich differenziert und mittlerweile umstritten ist.

Ein ökonomisches Instrument, das das gesamte Leistungsspektrum abdeckt, ist die Global Deterioration Scale (GDS, *Reisberg* et al. 1982). Dabei erfolgt eine Einstufung des geistigen Niveaus durch den Interviewer auf einer Skala von 1 (keine Einbußen) bis 7 (sehr schwere Einbußen). In der Heidelberger Hundertjährigen-Studie konnten 29% der Teilnehmer den Stufen 1 und 2 (keine bzw. sehr geringe kognitive Einbußen) zugeordnet werden. 23% wiesen geringe bzw. mäßige kognitive Beeinträchtigungen auf *(Kliegel* et al. 2001). *Becker* und Kollegen *(Becker* et al. 2003) haben die MMST- und GDS-Werte kombiniert und kommen zu dem Ergebnis, dass bei 46% der Hundertjährigen die kognitive Kapazität in ausreichendem Maß vorhanden ist, bei 10% ist sie eingeschränkt, bei 19% stark eingeschränkt und bei 25% sehr stark eingeschränkt. In einigen Studien wurde im Rahmen des Demenzscreenings explizit das Ausmaß der kognitiven Intaktheit untersucht. 15% der japanischen (*Hagberg* et al. 2001), 27% der amerikanischen (*Silver* et al. 2001) und 37% der dänischen Hundertjährigen (*Andersen-Ranberg, Vasegaard* et al. 2001) zeigten keine Anzeichen von kognitiven Beeinträchtigungen. Es ist also möglich, auch ohne gravierende kognitive Verluste das Alter von 100 Jahren zu erreichen.

Andererseits weisen zahlreiche Hundertjährige sehr offensichtlich starke kognitive Einbußen auf, die auf das Vorliegen von Demenzen zurückzuführen sind. Die Angaben zur Prävalenz von mittelschweren und schweren Demenzen bei Hundertjährigen schwanken zwischen 40 und 64% (*Hagberg et al.*, 2001; *Silver* et al., 2001). Die Heidelberger Hundertjährigen-Studie und die Längsschnittstudie Dänischer Hundertjähriger mit einer Beschränkung auf Personen im Alter von exakt 100 Jahren kommen dagegen zu ähnlichen Resultaten. 52% der Hundertjährigen in

Heidelberg und 51% in Dänemark wurden als dement eingestuft (*Andersen-Ran-berg, Vasegaard* et al. 2001; *Kliegel, Moor* et al. 2004). Faktoren, die das Demenz-risiko reduzieren, sind eine höhere Schulbildung und das Aufrechterhalten von in-tellektuell anregenden und fordernden Aktivitäten (*Kliegel, Zimprich* et al. 2004).

### 3.3 Selbständigkeitsressourcen

Die bisherigen Beschreibungen haben sich auf einzelne Indikatoren von körperli-chen und geistigen Ressourcen beschränkt. Diese tragen dazu bei, dass Selbstän-digkeit erhalten bleibt oder verloren geht, aber ihr Beitrag ist jeweils spezifisch, da Unselbständigkeit auf dem Vorliegen vieler Faktoren beruht. Die Auswirkungen des Zusammenkommens von Einzelfaktoren im Hinblick auf Selbständigkeit kön-nen in Deutschland anhand der gewährten Leistungen der Pflegeversicherung be-obachtet werden, da in jedem Fall individuell ermittelt wird, in welchem Ausmaß Selbständigkeitsressourcen noch vorhanden sind oder kompensiert werden müssen.

Laut Pflegestatistik des Jahres 2005 (*Statistisches Bundesamt* 2007) stellt Pfle-gebedürftigkeit im *dritten Alter* kein gravierendes Problem dar. In der Altersgruppe 75 – 80 Jahre liegt sie knapp unter 10%. Schon in der nächst höheren Altersgrup-pe (80 – 85 Jahre) ist sie mit 20% doppelt so hoch und erreicht in der Altersgrup-pe 90 – 95 Jahre ihren Höhepunkt. In diesem Alter sind 61% pflegebedürftig. Her-vorzuheben ist auch, dass der Anteil der Älteren, der zu Hause versorgt wird bzw. versorgt werden kann, im hohen Alter immer geringer wird. Während es in der Al-tergruppe 75 – 80 Jahre noch 71% sind, fällt dieser Anteil in der höchsten Alters-gruppe (95 Jahre und älter) auf 47%. In der Heidelberger Hundertjährigen-Studie ermittelten wir eine Pflegequote von 83%. Genau die Hälfte der Höchstaltrigen lebte in Einrichtungen der Altenhilfe (*Rott* et al. 2001).

Einen theoriegeleiteten Versuch zur Bestimmung der Selbständigkeitsressour-cen haben Becker und Kollegen unternommen (*Becker* et al. 2003). Die Eintei-lung in Stufen der „*funktionalen Kompetenz*" beruht auf folgenden Überlegungen: Erstens sollten existierende Modelle der ADL-Ressourcen dahingehend verwendet werden, dass eine rein quantitative Beurteilung des Kompetenzverlustes (Anzahl von Aktivitäten, die nicht mehr selbständig ausgeführt werden können) zu Gunsten einer qualitativen hierarchischen Einteilung zurückgestellt wird. Zweitens wurde eine Klassifikation angestrebt, die einen Vergleich mit den Pflegestufen der deut-schen Pflegeversicherung ermöglicht. Die Verbindung wurde dadurch hergestellt, dass vom Grad des funktionalen Kompetenzverlustes abgeleitet wurde, ob und in welcher Intensität täglicher Versorgungsbedarf durch eine andere Person besteht (Stufe 0: keiner oder nicht täglicher Versorgungsbedarf, Stufe 1: mindestens ein-mal täglicher Versorgungsbedarf; Stufe 2: mindestens dreimal täglicher Versorgungsbedarf; Stufe 3: ununterbrochener Versorgungsbedarf). Drittens sollten die kognitiven Ressourcen bei der Bestimmung der funktionalen Kompetenz gleichgewichtig berücksichtigt werden.

Auf Grund dieser Überlegungen wurden die Stufen der funktionalen Kompetenz in der Kombination von funktionellen und kognitiven Ressourcen wie folgt definiert:

- *Stufe 0*: höchstens hauswirtschaftlicher Hilfebedarf, kein Selbständigkeitsverlust mit Ausnahme von Baden/Duschen *und* kognitive Kapazität vorhanden.

- *Stufe 1*: Selbständigkeitsverlust in mindestens einer der folgenden Aktivitäten: An- und Auskleiden, sich ums Aussehen kümmern, Gehen *und/oder* eingeschränkte kognitive Kapazität.

- *Stufe 2*: Selbständigkeitsverlust in mindestens einer der folgenden Aktivitäten: Essen, Gang zur Toilette, Aufstehen/sich ins Bett legen *und/oder* stark eingeschränkte kognitive Kapazität.

- *Stufe 3*: Selbständigkeitsverlust aller ADL-Fähigkeiten *und/oder* sehr stark eingeschränkte kognitive Kapazität.

In dieser Kombination von funktionalen und kognitiven Ressourcen sind nur 9% der Heidelberger Hundertjährigen zu einer selbständigen Lebensführung in der Lage (Stufe 0). 13% mussten mindestens einmal am Tag versorgt werden (Stufe 1), mindestens dreimal täglicher Versorgungsbedarf war bei 45% gegeben (Stufe 2) und 33% mussten ununterbrochen gepflegt werden (Stufe 3). Fasst man die letzten drei Gruppen zusammen, so ergibt sich ein theoretischer Versorgungsbedarf von 91%. Leistungen der deutschen Pflegeversicherung erhielten in dieser Auswertung, bei der nicht alle Fälle einbezogen werden konnten, aber nur 78% der Hundertjährigen.

Ein ähnliches Vorgehen zur Bestimmung der Selbständigkeitsressourcen wurde in der Längsschnittstudie Dänischer Hundertjähriger angewandt (*Andersen-Ranberg, Schroll* et al. 2001). Als autonome Hundertjährige wurden Personen bezeichnet, die im Katz-ADL-Index den Gruppen A, B, oder C zugewiesen werden konnten, die kognitiv intakt waren und die nicht in Einrichtungen der Altenhilfe lebten. Das traf auf 12% der Hundertjährigen zu. Diese Zahl ist dem Anteil der Heidelberger Hundertjährigen, bei denen die funktionale Kompetenz zur selbständigen Lebensführung vorhanden war (9%) sehr ähnlich. Ein weiterer Versuch zur Bestimmung von Selbständigkeitsressourcen Höchstaltriger wurde von *Gondo* und Kollegen in Japan vorgenommen (*Gondo* et al. 2006). Sie teilten eine Zufallsauswahl von Hundertjährigen aus Tokio auf der Grundlage ihrer sensorischen, funktionalen (ADL-) und kognitiven Ressourcen in die Kategorien „Exceptional", „Normal", „Frail" und „Fragile" ein. Die ersten beiden Kategorien, die den „funktional Kompetenten" aus Heidelberg und den „autonomen Hundertjährigen" aus Dänemark entsprachen, umfassten 20% der Stichprobe, wobei lediglich 2% „Exceptional" waren. Über die Hälfte (55%) war „Frail" und 25% wurden als „Fragile" eingestuft. Die etwas besseren Ergebnisse im Vergleich zu den europäischen Hundertjährigen-Studien können zum Teil mit einer größeren positiven Selektion im Prozess der Stichprobengewinnung erklärt werden. Insgesamt kommen die drei Studien aber hinsichtlich der Selbständigkeitsressourcen von Hundertjährigen zu ähnlichen Befunden.

## 3.4 Psychische Ressourcen

Die Befunde von zunehmenden Ressourceneinschränkungen und -verlusten im körperlichen und kognitiven Bereich sowie hinsichtlich Selbständigkeit im hohen Alter entsprechen der von *Paul B. Baltes* skizzierten und bereits weiter oben angesprochenen unvollständigen Gesamtarchitektur des menschlichen Lebens (*P. Baltes* 1999). Demzufolge ist der Mensch nur unzureichend für das hohe Alter ausgestattet, so dass ein normales, geschweige denn ein erfolgreiches Altern nahezu unmöglich erscheint. Die sich anhäufenden Ressourcenverluste im *vierten Alter*, so vermutete *P. Baltes* weiter, sollten vermehrt zum Auftreten eines als psychologische Mortalität bezeichneten Phänomens führen, einem Zusammenbruch der psychologischen Widerstandsfähigkeit, der durch den Verlust von Intentionalität, Identität, psychischer Autonomie, Kontrollerleben und Würde gekennzeichnet ist (*P. Baltes & Smith* 2003).

Betrachtet man relevante Studien zum subjektiven Wohlbefinden, so findet man keine empirische Entsprechung eines derartigen psychischen Zusammenbruchs. Für die meisten Facetten des subjektiven Wohlbefindens, die häufig als Indikatoren für eine gelungene Bewältigung bzw. eine erfolgreiche Anpassung an mit dem Alter einhergehende Veränderungen angesehen werden, wurde eine hohe Ausprägung und eine beachtliche Stabilität im Alter und auch im hohen Alter nachgewiesen. Zeigen sich Altersunterschiede oder Veränderungen, wie z.B. beim Erleben von positivem oder negativem Affekt, so sind diese eher gering (z. B. *Carstensen* et al. 2000; *Charles* et al. 2001; *Pinquart* 2001). Insgesamt kann feststellt werden, dass sich ältere Menschen in der Regel nicht schlechter fühlen als in früheren Phasen ihres Lebens, und schon gar nicht in dem Ausmaß, in dem die im Alter zu beobachtenden objektiven Ressourcenverluste dies nahelegen würden.

Ein beeindruckendes Beispiel erfolgreicher Bewältigungsprozesse und psychologischer Stärke stellt die Untersuchung des Glücksempfindens von Hundertjährigen dar. Die noch zur Selbstauskunft fähigen Teilnehmer der Heidelberger Hundertjährigen-Studie (56 von 91 Personen) offenbarten ein erstaunlich hohes Niveau an Glücklichsein (*Jopp & Rott* 2006) trotz eines enorm hohen Ausmaßes an Einschränkungen. So gaben 71% an, dass sie sich die meiste Zeit glücklich fühlen, 68% tendierten dazu, oft zu lachen, und 54% gaben an, genauso glücklich wie früher zu sein. Insgesamt betrachtet unterschieden sich die Hundertjährigen nicht von Personen mittleren Alters (ca. 40 Jahre) und einer Gruppe junger Alter (ca. 60 Jahre). Darüber hinaus zeigte sich kein signifikanter Zusammenhang zwischen kognitiven Ressourcen sowie Gesundheit und Glücksempfinden, was dafür spricht, dass es den Hundertjährigen auf irgendeine Weise gelingt, die Auswirkungen von schlechter Gesundheit und nachlassenden kognitiven Fähigkeiten auf das Wohlbefinden abzupuffern.

Ein für die Untersuchung einer möglichen Entkopplung von objektiven Verlusten und subjektivem Erleben hervorragend geeignetes Konzept stellt die positive Lebensbewertung dar. Von *Lawton* und Kollegen (*Lawton* et al. 1999) als „*valuation of life*" eingeführt, beschreibt das Konzept den vom Individuum erfahrenen Wert des eigenen Lebens und seine aktive Bindung an das gegenwärtige Leben. Dabei wird vom Individuum eine geistige und gefühlsmäßige Integration der vielen Quellen von positiven und negativen Bestandteilen des Lebens vorgenommen. Ausgangspunkt für *Lawton*s Überlegungen war die Beobachtung, dass ein Großteil der Forschung zur Lebensqualität im Alter stark auf gesundheitliche Aspekte ausgerichtet ist (*Lawton* 2000). Eine solche durch die Gesundheit dominierte Betrachtung von Lebensqualität verhindere seiner Ansicht nach, dass positive Aspekte des Lebens und Erlebens wie emotionale Bindungen, Aktivitäten oder auch das Streben nach persönlicher Weiterentwicklung von Wissenschaft und Praxis ausreichend wahrgenommen und thematisiert werden. Da Gesundheit und Funktionstüchtigkeit nur einen Teil dessen bedingen, was ein Leben lebenswert macht, berücksichtigte *Lawton* in seinem Konzept der positiven Lebensbewertung als zentrale Komponenten psychologische Konzepte wie Zukunftsbezogenheit (es lohnt sich, die Zukunft zu antizipieren und zu planen), Hoffnung (man erwartet, dass das, was jetzt und in Zukunft geschieht, positiv ist), Selbstwirksamkeit (man wird kompetent in der Zukunft handeln), Beharrlichkeit (es ist der Mühe wert, ein Problem zu lösen, und es wird vermutlich gelingen) und Zweckhaftigkeit (man tritt für Ziele ein, die das Leben bestimmen). Obwohl die positive Lebensbewertung ein komplexes Konzept darstellt, ist das dazugehörende Instrument zu dessen empirischer Erfassung einfach und besteht aus 13 klar formulierten Fragen wie z.B. „Gibt es viele Dinge, auf die Sie sich jeden Tag freuen?", „Empfinden Sie Ihr jetziges Leben als nützlich?", „Haben Sie im Moment einen starken Lebenswillen?", „Haben Sie vor, aus Ihrem Leben das Beste zu machen?" oder „Hat das Leben für Sie einen Sinn?"

Die Überlegenheit des Lebensbewertungskonzeptes über allgemeine und gesundheitsbezogene Lebensqualitätsansätze zeigten *Lawton* und Kollegen (1999) bei der Vorhersage der gewünschten Überlebensdauer. Während die traditionellen Konzepte von Lebensqualität kaum erklären konnten, wie stark ältere Personen an ihrem Leben hingen, lieferte das Ausmaß an positiver Lebensbewertung zuverlässige Voraussagen dazu, wie lange eine Person unter hypothetischen Lebensendeszenarien noch weiterleben wollte.

Allerdings wurde bislang selten untersucht, wie hoch oder niedrig das Niveau an positiver Lebensbewertung bei Personen im dritten und vierten Alter ist und wie sich die positive Lebensbewertung intraindividuell verändert. Eine amerikanische Längsschnittstudie mit 335 Personen zwischen 70 und 93 Jahren ergab relativ hohe Werte an positiver Lebensbewertung (*Moss* et al. 2007). Zu Studienbeginn bestand eine geringe negative, jedoch statistisch bedeutsame Beziehung zum Alter, d.h. ältere Personen wiesen ein niedrigeres Niveau an positiver Lebensbewertung auf als jüngere Personen. Über die vierjährige Laufzeit der Studie nahm die Lebensbewertung nicht ab, sondern sogar leicht zu. Allerdings veränderten sich nicht alle Personen in gleicher Weise. Ca. ein Drittel (35%) der Studienteilnehmer wiesen einen Rückgang in der positiven Lebensbewertung auf, 9% blieben stabil, und die verbleibenden 56% waren durch eine Zunahme charakterisiert. Dass sich über die Hälfte der Personen über einen Zeitraum von 4 Jahren in positiver Weise entwickelte, ist ein bemerkenswertes Ergebnis. Leider wurden keine altersdifferenziellen Analysen vorgenommen, so dass nicht bekannt ist, ob die positive Lebensbewertung bei den jungen Alten stärker zunahm als bei den Hochaltrigen oder ob der umgekehrte Fall zutraf. Die Studie liefert aber noch weitere wichtige Befunde. Untersucht wurde, wie Veränderungen in den Bereichen Lebensqualität, Gemütszustand und körperliche Gesundheit mit Veränderungen in der positiven Lebensbewertung zusammenhängen. Während die erste Gruppe von Variablen (Lebensqualität) 12% der Varianz der Veränderungen in positiver Lebensbewertung erklären konnte und die zweite Gruppe (Gemütszustand) weitere 6% beisteuerte, wirkten sich Veränderungen in der körperlichen Gesundheit nur in sehr geringem, nicht signifikantem Ausmaß auf die Entwicklung der positiven Lebensbewertung auf. Die Autoren betonen ausdrücklich, dass gesundheitliche Veränderungen nicht der zentrale Faktor für das Niveau an positiver Lebensbewertung sind.

Spezifischere Ergebnisse zu Altersunterschieden in und Prädiktoren von positiver Lebensbewertung liefert eine populationsbasierte Querschnittsstudie mit in Privathaushalten lebenden Deutschen im Alter von 65 bis 94 Jahren (*Jopp* et al. 2008). Auch in dieser Studie wies die gesamte Stichprobe ein relativ hohes Niveau an positiver Lebensbewertung auf. Der Durchschnittswert belief sich auf 21, der Maximalwert liegt bei 26. Beim Vergleich der Altersgruppen, in denen jeweils fünf Jahre zusammengefasst wurden, zeigte jede höhere Altersgruppe einen geringeren Wert als die vorausgegangene (vgl. Abb. 3). Personen im *vierten Alter* hatten im Durchschnitt einen um drei Punkte geringeren Wert als Personen im *dritten Alter*. Diese Differenz ist statistisch hochsignifikant. Interessanterweise werden die Standardabweichungen mit zunehmendem Alter immer größer, was darauf schließen lässt, dass es einigen Personen in jeder Altersgruppe gelingt, eine hohe positive Lebensbewertung aufrechtzuerhalten, während andererseits ein immer größerer Anteil auf ein sehr niedriges Niveau an positiver Lebensbewertung abfällt.

*Abbildung 3:* Alters- und Kohortenunterschiede in der positiven Lebensbewertung von 65 bis 100 Jahren*

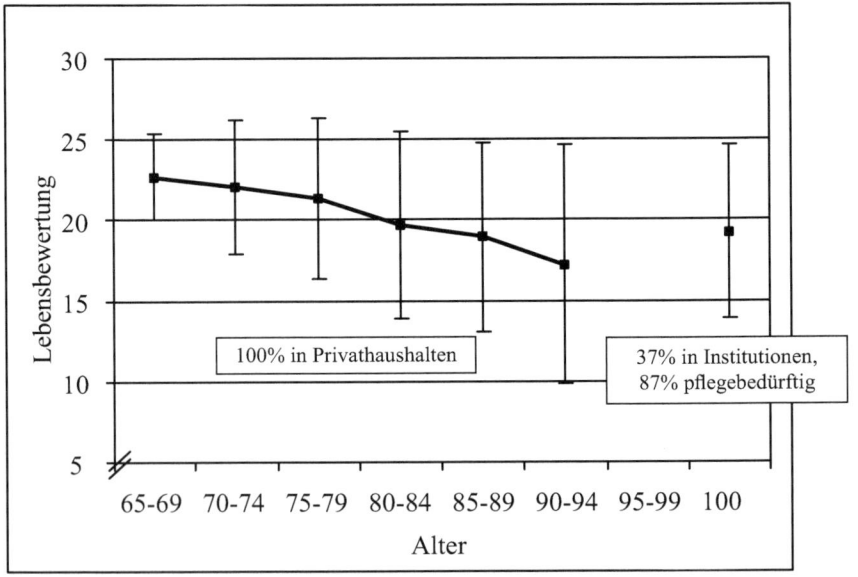

* Die senkrechten Balken geben die Standardabweichung an.

Wenn man allerdings den erfassten Altersbereich durch Daten der auskunftsfähigen Heidelberger Hundertjährigen ergänzt, so ergibt sich ein bemerkenswerter Befund (vgl. Abb. 3). Die Hundertjährigen wiesen ein Niveau an positiver

Lebensbewertung auf, das über dem der Altersgruppe 90 bis 94 Jahre lag und in etwa dem der 80- bis 89-Jährigen entsprach (vgl. *Rott* et al. 2006). Dies ist umso erstaunlicher als diese über wesentlich weniger körperliche Ressourcen verfügten und mehr Pflegebedarf als die beiden jüngeren Altersgruppen aufwiesen (vgl. *Jopp* et al. 2008): Von den Hundertjährigen lebten 37% in Institutionen und 87% waren pflegebedürftig (*Rott* et al. 2006). *Jopp* und Kollegen konnten nachweisen, dass sich die dargestellten Altersunterschiede in der positiven Lebensbewertung für das *dritte und vierte Alter* vollständig durch gesundheitliche und soziale Faktoren erklären lassen. Die Fähigkeit und Möglichkeit, sein Leben selbständig zu gestalten (Autonomie), ist für alle drei Altersgruppen (*drittes* und *viertes* Alter sowie Hundertjährige) in Bezug auf die positive Lebensbewertung gleichermaßen wichtig. Weiter ist bei den 65- bis 79-Jährigen die Gesundheit zentral, bei den Älteren (80-94 u. 100 J.) sind es eher soziale Faktoren (besonders das Telefonieren mit wichtigen Personen). Aus diesen Befunden kann der Schluss gezogen werden, dass heute prinzipiell ein aus subjektiver Sicht lebenswertes Leben bis ins höchste Alter gestaltet werden kann, obwohl dies nicht unbedingt ein Leben in Gesundheit sein wird. Zentrale Ansatzpunkte für Interventionen zur Erhaltung oder Förderung der positiven Lebensbewertung besonders im hohen Alter sind Autonomie und soziale Einbindung.

## 4. Ausblick

Alle demografischen Analysen deuten darauf hin, dass die Lebenserwartung weiter zunehmen wird und eine Annäherung an eine Obergrenze bisher nicht zu erkennen ist. Diese Zunahme wird in erster Linie durch immer bessere Überlebensmöglichkeiten im hohen Alter getragen. Als Konsequenz muss von einer immer größeren Anzahl von Hochaltrigen und einer Zunahme der verbleibenden Lebenslänge ausgegangen werden. Diese Entwicklung ist beispiellos und unumkehrbar.

Die referierten Befunde haben übereinstimmend demonstriert, dass der Mensch für ein sehr langes Leben unterschiedlich gut ausgestattet ist. Die rein körperliche Architektur scheint das schwächste Glied zu sein. Zurzeit müssen ca. 80 - 90% der Hundertjährigen versorgt werden. Die Unterstützung beschränkt sich aber nicht nur auf hauswirtschaftliche Hilfen, sondern ist im Bereich der basalen körperlichen Versorgung angesiedelt. In diesen Befunden treten die Grenzen erfolgreichen Alterns am Ende der Lebensspanne deutlich zu Tage. Auch mittelschwere und schwere Demenzen sind ein ernsthaftes Problem. Die Hälfte der Höchstaltrigen ist davon betroffen. Gleichzeitig kann aber auch davon ausgegangen werden, dass bis zu einem Drittel der Hundertjährigen kognitiv intakt ist. Positivere Nachrichten gibt es aus dem Bereich der psychischen Ressourcen zu berichten. Die wenigen Studien an Hoch- und Höchstaltrigen in diesem Bereich verdeutlichen eine bisher wenig beachtete enorme psychische Stärke, trotz vielfältiger Einschränkungen eine positive Lebenseinstellung und Lebensbewertung zu bewahren. Selbst und gerade Hundertjährige haben einen stark ausgeprägten Wunsch zu leben. Die zugrundeliegenden Anpassungsprozesse können nach *P. Baltes* folgendermaßen beschrieben werden: „Das Geistige bäumt sich auf, um dem Verfall des Körpers entgegenzuwirken." (*P. Baltes* 1999, 445)

Um Autonomie auch im hohen Alter zu erhalten, wird es in Zukunft verstärkt darauf ankommen, die grundlegenden körperlichen Ressourcen wie z.B. die Gehfähigkeit frühzeitig durch Prävention und Gesundheitsförderung zu stärken, verloren gegangene Fähigkeiten durch Rehabilitation soweit wie möglich wiederherzustellen sowie bleibende Einschränkungen durch technische Hilfsmittel zu kompensieren. In psychischer Hinsicht wird es darauf ankommen, die Hoch- und Höchstaltrigen darin zu unterstützen, ihren Lebenssinn zu erhalten oder wiederzufinden. Dies muss individuell erfolgen. Kreative Lösungen sind gefragt!

# II

## Biopsychosoziale Dimensionen von Gesundheit und Krankheit im hohen Alter

# Das gesunde und das kranke Gehirn von Hochaltrigen – Neurobiologie des Gehirns im hohen Alter

*Johannes Streffer*

## „Use it or lose it" – Die Veränderungen des Gehirns

„Use it or lose it" – „Gebrauche Dein (Gehirn) oder Du verlierst es". Ein sehr plakativer Ausspruch, aber wahrscheinlich gar nicht so weit von der Realität entfernt. Er stimmt mit der allgemeinen Beobachtung überein: Menschen, die im Alter körperlich und geistig aktiv bleiben, zeigen häufig eine größere geistige Frische. Tatsächlich gibt es mehr und mehr wissenschaftliche Befunde, die sich gut in dieses Bild einfügen. So konnte bei genetisch veränderten Mäusen, die Zeichen einer Alzheimer Erkrankung zeigen, beobachtet werden, dass aktive, mit einer interessanten Umgebung stimulierte Mäuse diese Veränderungen weniger ausgeprägt und später aufweisen (*Lazarov* et al. 2005). Gleichzeitig ist in allen epidemiologischen Untersuchungen zur Demenz die Anzahl an Ausbildungsjahren ein protektiver Faktor (*Breitner* et al. 1999). Es wird vermutet, dass ein solcher Zusammenhang auch mit der geistigen Aktivität in Beruf und Freizeit besteht (*Stern* 2006). Die Frage nach der Anzahl der Ausbildungsjahre in der Jugend ist aber ungleich einfacher und besser zu standardisieren.

Das Gehirn selbst befindet sich in einem kontinuierlichen Entwicklungsprozess von der Jugend bis ins hohe Alter. Tatsächlich kann man im Rahmen dieses Prozesses von einer Art Reifung des Gehirns sprechen. Drei wesentliche Prozesse sind hierbei beschrieben: (1) eine quantitative Verschiebung von grauer zu weißer Substanz, (2) eine vermehrte Ausbildung von Verbindungsstellen zwischen Hirnzellen (Synapsen) und (3) eine langsame Reduktion der Gesamtzahl der Hirnzellen, die auch mit einer Volumenreduktion einhergeht (*Gunning-Dixon* et al. 2009; *Saito* et al. 2009).

Eine echte Regenerationsfähigkeit des Gehirns im Sinne der Neubildung von Nervenzellen (Neurogenese) wurde lange dogmatisch ausgeschlossen. Die Vorstellung bestand, dass Gehirnzellen Erwachsener vollständig ausgebildet seien und dass sich die weitere Entwicklung nur durch Bildung neuer Synapsen und dem Grad der Myelinisierung vollzieht (*Gross* 2000). In den letzten 15-20 Jahren

konnte aber gezeigt werden, dass auch im Gehirn des Erwachsenen neue Nervenzellen entstehen, im Sinne der Neurogenese. Gezeigt wurde die Neurogenese beim
Menschen für den Hippokampus (*Eriksson* et al. 1998; *Manganas* et al. 2007). Die
Studien beim Menschen sind relativ limitiert, aber sicherlich handelt es sich bei
der Neubildung nur um eine sehr geringe Anzahl an Zellen und ein räumlich be-
grenztes Phänomen. Für Affen gibt es deutlich mehr Daten, und diese zeigen, dass
der Prozess der Neurogenese im Verlauf des Erwachsenenalters abnimmt (*Leuner*
et al. 2007). Eine Aussage, ob dieser Prozess der Neurogenese beim Menschen
im Alter gestoppt ist oder auch bei Hochaltrigen noch eine Rolle spielt, ist unklar.

Der Hippokampus, in dem potentiell die höchste Aktivität der Neurogenese besteht, ist aber eine interessante Region des Gehirns, die als einer der evolu-
torisch ältesten Teile des Großhirns eine wichtige Schaltstelle bildet. Sensorische
Eindrücke aus dem Gehirn fließen im Hippokampus zusammen, werden verar-
beitet und wieder zurück gesandt in andere Bereiche des Großhirns. Der Hippokampus hat eine zentrale Bedeutung bei der Überführung neuer Eindrücke ins
Gedächtnis. Menschen, bei denen diese Struktur beidseitig geschädigt ist, können
deshalb keine neuen Gedächtnisinhalte aufnehmen (anterograde Amnesie), während der Abruf alter Erinnerungen funktioniert (*Squire, Zola-Morgan* 1991). Der
Hippokampus hat auch eine zentrale Rolle bei der häufigsten Erkrankung des alternden Gehirns, der Alzheimer Erkrankung. Die Defizite betreffen früh und pro-
minent diese mit dem Hippokampus assoziierten Gedächtnisprozesse, und die
Atrophie des Hippokampus ist in gleicher Weise ein typisches, wie frühes Merkmal in neuroradiologischen, wie neuropathologischen Untersuchungen von Patienten mit Alzheimer Erkrankung. Obwohl die Effizienz der Gedächtnisprozesse
auch im normalen Alterungsprozess abnimmt und einige der neuropathologischen
Veränderungen im Gehirn von Hochaltrigen nachzuweisen sind, will ich doch im
folgenden hervorheben, dass es gut möglich ist, die Prozesse des Alterns von den
pathologischen Prozessen im Rahmen einer dementiellen Erkrankung (z.B. Alzheimer Erkrankung) abzugrenzen. Um aber die Gedanken über die Neurogenese,
den Hippokampus, das Lernen und das „normale“, gesunde Altern abzurunden,
sei darauf verwiesen, dass Befunde zunehmend zeigen, dass die Neurogenese im
Hippokampus relevant ist für Gedächtnisprozesse (*Deisseroth* et al. 2004; *Gross*
2000); die Neurogenese, ebenso wie diese Gedächtnisleistungen nehmen mit zunehmendem Alter kontinuierlich ab, aber es bleibt eine Funktion erhalten, die als
normal für ein bestimmtes Alter zu betrachten ist.

**Wenn alle krank sind, was ist dann normal?**

Bei der Betrachtung solcher im Grundsatz die Lebensspanne betreffenden Prozesse ist es im Regelfall nicht möglich, einzelne Individuen oder eine Gruppe longitudinal über den gesamten Zeitraum zu untersuchen. Gleichzeitig können die Unterschiede bei der Untersuchung im Längsschnitt (mehrere Untersuchungen derselben Gruppe über die Zeit) im Vergleich zum Querschnitt (parallele Untersuchung verschiedener Altersgruppen) erheblich sein. Dies trifft speziell auf das Gehirn und seine Veränderungen im Alter zu. Der Grund hierfür liegt, wie bereits betont, in der Häufigkeit der dementiellen Erkrankungen, deren häufigste die Alzheimer Erkrankung ist. Die Alzheimer Erkrankung ist sehr selten bei den unter 60-Jährigen, und ihre Häufigkeit steigt dann steil an, bis bei den über 85-Jährigen mehr als 30% der Bevölkerung erkrankt sind (*Evans* et al. 1989; *Hebert* et al. 1995). Die ersten klinischen Symptome treten aber erst in einem relativ weit fortgeschrittenen Stadium auf. Der Krankheitsverlauf, der eigentliche neurodegenerative Prozess, bleibt also lange unerkannt. Bei der Alzheimer Erkrankung geht man von einem mindestens 5-10-jährigen Krankheitsverlauf aus, bevor die ersten klinischen Zeichen auftreten und damit eine Diagnosestellung stattfindet (*Perrin* et al. 2009). Als Extremfall kann bei Patienten mit familiärer Alzheimer Erkrankung bereits 30 Jahre vor klinischem Beginn der Erkrankung eine veränderte Informationsverarbeitung gezeigt werden (*Mondadori* et al. 2006). Diese lange klinisch nicht entdeckte Periode ist nicht ungewöhnlich für neurodegenerative Prozesse. So sind bei der Parkinson Erkrankung 60-80% der betroffenen Neurone in bestimmten Regionen des Gehirns abgestorben, wenn die Erkrankung schließlich diagnostiziert wird. Die Konsequenz aus (A) diesem langen präklinischen Verlauf und (B) der Häufigkeit der Erkrankung bei Alten und Hochaltrigen hat aber zur Folge, dass eine große Zahl an Patienten, die bereits erkrankt sind und eventuell leichte Veränderungen im Bezug auf bestimmte Merkmale tragen, sich unerkannt in der Normalbevölkerung befinden. Dies ist dann auch eine der Ursachen, dass fast unvermeidlich in jeder Querschnittsuntersuchung über 70-Jähriger Zeichen der Alzheimer Erkrankung als Teil der klinisch gesund erscheinenden Population gefunden werden. Tatsächlich müßte man konsequenterweise die Teilnehmer nach einer Studie bis zu 10 Jahre länger beobachten und dokumentieren, dass sie während der folgenden Jahre auch nicht dement wurden. In einer solchen, sehr sorgfältig aufgebauten Studie wurde auch wirklich weniger Volumenreduktion des Gehirns bei den Probanden dokumentiert, die kognitiv stabil blieben (*Burgmans* et al. 2009). In dieser Studie betrug allerdings die gesamte Beobachtungsdauer 9 Jahre (3 Jahre dokumentierte Stabilität vor und 6 Jahre nach der Untersuchung), was aus praktischen Erwägungen (wer hat soviel Zeit?) leider nicht der Standard ist.

Tatsächlich sind wir mit den heutigen bildgebenden Verfahren (MRI und PET) in Kombination mit neuropsychologischen Tests grundsätzlich in der Lage, solche langen, wiederholten Untersuchungen des Gehirns mit einer hohen Präzision durchzuführen. Diese Techniken sind allerdings nur indirekt, indem sie das Gehirn abbilden, z.B. bei der MRI Untersuchung in Schichten und Graustufen, je nach Dichte und Wasser oder Fettgehalt der Gewebe. Durch die im Verlauf verbesserte Technik, sowie durch Kombination und Vergleich verschiedener Techniken auch mit neuropathologischen Befunden, wird ihre Aussagekraft allerdings immer besser.

Die klassische Untersuchung des Gehirns, die neuropathologische Untersuchung, ist fast ausschließlich post mortem durchzuführen, da Hirnbiopsien nur aus schwerwiegenden medizinischen Gründen durchgeführt werden. Studien mit sequentiellen Hirnbiopsien bestehen nur im Bereich der Hirntumore.

## Was wir testen ist nicht allein die kognitive Leistung des Gehirns

Der Begriff Kognition wird in der Literatur mit leichten Variationen verwendet. Er beschreibt aber im wesentlichen die höheren Funktionen des Denkens, Verstehens, Handelns und Gedächtnisses auf emotionaler und logischer Basis. Für Forschungs- und Dokumentationszwecke (z.B. im Rahmen von Erkrankungen) wurden diese operationalisiert, und wir sprechen heute von Domänen. Auch für die Domänen bestehen keine einheitlichen Definitionen, sondern Konsensuskriterien, die in unterschiedlichen Fachgruppen (z.B. kognitive Neuropsychologie, Demenzforschung, Schizophrenieforschung) variieren. Im Bereich der Kriterien einer Alzheimer Erkrankung wurden folgende Domänen beschrieben: Gedächtnis, Sprache, Wahrnehmungsfähigkeiten, Aufmerksamkeit, konstruktive Fähigkeiten, Orientierung, Lösen von Problemen und Funktionsfähigkeiten. Die Domänen selbst können beschrieben werden, aber die zugrundeliegenden Prozesse/Funktionen sind nicht streng voneinander getrennt.

Die funktionelle Testung des Gehirns durch neuropsychologische Tests (Neuropsychologie) ist die am weitesten verbreitete Methode der Testung des Gehirns und seiner Funktion. Die Einteilung der untersuchten Prozesse (z.B. Gedächtnis, Emotion) erfolgte zunächst systematisch in den oben erwähnten kognitiven Domänen und zunehmend auch topographisch. Initial erfolgte diese topographische Einteilung im Rahmen sogenannter Läsionsstudien – nach einer umschriebenen Hirnläsion wurde diese mit dem neuropsychologisch beschriebenen Defizit assoziiert. Lokalisation und Beschreibung werden heute in der Kombination mit den sich stetig verbessernden bildgebenden Verfahren immer optimaler.

Lokalisiert sind diese Funktionen verteilt über das gesamte Gehirn und zeigen leichte Reduktionen in der Hirnleistung während des normalen Alterns. Diese leichten Veränderungen sind aber kein Spezifikum des hohen Alters, sondern lediglich akzentuiert. Deutlich abgrenzen kann man diese Prozesse von den kognitiven Defiziten, die in einen dementiellen Prozess einmünden.

In einer Gruppe von 339 nicht dementen Hochaltrigen (hier über 90-Jährige) zeigte sich, dass 53% der Teilnehmer ein Defizit in einem der kognitiven Bereiche hatten, die getestet wurden (*Whittle* et al. 2007). Das heißt aber auch, 47% waren ohne Einschränkungen in allen Tests. Gleichzeitig zeigte sich unabhängig für 2/3 der gebrauchten Tests eine Abnahme in der Testleistung mit zunehmendem Alter. Der Anteil der Teilnehmer, die einen Test nicht durchführen oder nicht beenden konnten, war deutlich höher als bei jüngeren Alten. Die Gründe hierfür waren zumeist Probleme des Sehens, der Müdigkeit und Erschöpfung, oder nicht ausreichende Zeit. Vor allem gegen Ende der Testbatterie nahmen die Müdigkeits- und Erschöpfungsprobleme zu. In einem speziellen Test war der Anteil der Abbrecher sogar mehr als 1/3, obwohl der Test bewusst nicht gegen Ende der Testbatterie platziert war. Hochaltrige benötigen also sicherlich besondere Aufmerksamkeit und an ihre Bedürfnisse angepasste Untersuchungsbedingungen, viel stärker als dies bei jüngeren Alten oder mittelaltrig Erwachsenen der Fall ist.

Speziell gilt dies dann bei der Untersuchung über 100-Jähriger. Unter der Annahme, dass bereits 30-50% der über 85-Jährigen an einer Demenz leiden (*Evans* et al. 1989; *Hebert* et al. 1995) und wissend um den steigenden Anteil mit dem Alter, wurde häufig angenommen, dass es für die Hochaltrigen unumgänglich ist, an einer Demenz zu erkranken (*Thomassen* et al. 1998). Tatsächlich berichteten auch manche Studien über beinah 100%ige Demenzraten, wie zum Beispiel eine Studie an 19 holländischen über 100-Jährigen (*Blansjaar* et al. 2000). Andere Studien zeigten aber auch, dass mindestens ein Drittel der über 100-Jährigen nicht an einer Demenz erkrankt sind (*Andersen-Ranberg* et al. 2001; *Hagberg* et al., 2001; *Silver* et al. 2001). Dies ist insoweit erstaunlich, als es für diese Altersgruppe keine verlässlichen Normen gibt und deshalb oft Normen jüngerer Gruppen extrapoliert werden. Zusätzlich können Defizite eher durch Schwächen, wie Sehprobleme oder schnelle Ermüdbarkeit, entstehen und nicht eigentlich durch eine reduzierte Leistung des Gehirns. Diese zuletzt genannten Punkte können dazu beitragen, dass der Anteil der Erkrankungen in dieser Altersgruppe eher überschätzt wird.

## Wir gebrauchen nur einen Teil des Gehirns – Kognitive Reserve

Das Gehirn hat ausgeprägte Reservekapazitäten, die als Konzept der kognitiven Reserve beschrieben wurden (*Stern* 2009). Chronische Läsionen des Gehirns können lange Zeit kompensiert werden, bevor Defizite offensichtlich werden. Hierzu sind grundsätzlich zwei verschiedene Mechanismen beschrieben: (A) die Rekrutierung von mehr Nervenzellen in einem Hirnareal oder (B) die Aktivierung paralleler/ anderer Hirnregionen. Die Größe der individuellen Reservekapazität variiert erheblich. Die bereits oben erwähnten Faktoren wie längere Ausbildungszeit, intensivere kognitive Forderung in Beruf und Freizeit erhöhen die Reservekapazität des einzelnen. Dies bezieht sich dann sowohl auf die Kompensation der physiologischen Veränderungen des Alterns, wie auch die Kompensation der pathologischen Veränderungen durch Erkrankungen. Vergleichbar ist dieser erste Effekt mit dem Pulsschlag bei einem trainierten Läufer. Durch intensives Training reduziert sich der Pulsschlag in Ruhe, aber gleichzeitig kann der Läufer falls benötigt hohe Leistungen abrufen. So ähnlich trainieren wir unser Gehirn auch. Allerdings zeigen aktuelle Untersuchungen, dass das reale Leben, die echte Aktivität mit ihren vielfältigen Varianten einem spezifischen „Hirntraining" überlegen ist. Für spezifisches Hirntraining bei Gesunden konnte eine Verbesserung in genau der trainierten Aufgabe gemessen werden aber kein generalisierbarer Effekt (*Owen* et al. 2010). Aber wie bei jedem Training ist auch hier eine Überforderung möglich, speziell in der Situation des Demenzkranken, wo Überforderung dann in Stress, Frustration und verminderter Leistung mündet.

## Alles nur vergessen? Gedächtnis und Lernen im Alter

Das Gedächtnis ist eine der wichtigsten Funktionen des Gehirns und sein Verlust wird als eine typische Alterserscheinung oder gar ein Zeichen für eine beginnende dementielle Erkrankung gesehen. Wer kennt nicht den Ausspruch – „na, wirst Du alt" oder gar „bekommst Du Alzheimer" im Zusammenhang mit einem verlegten Autoschlüssel oder einem vergessenen Einkauf. Obwohl diese Prozesse umgangssprachlich unter Gedächtnis subsumiert werden, handelt es sich bei dem einen um ein planerisches und bei dem anderen wahrscheinlich eher um ein Konzentrationsproblem. Was ist dann aber Gedächtnis? Im strikten Sinne wird als Gedächtnis die Speicherung von Fakten bezeichnet, wobei diese genauso verbal wie visuell oder auditiv sein können. Gleichzeitig kann der Gedächtnisprozess in verschiedene Fragmente geteilt werden: vom direkten Wiederholen (Ultrakurzzeitgedächtnis) ,über das Kurzzeit-Gedächtnis, den verzögerten Abruf (typischer Weise 30 Minuten bis einige Stunden), zum Langzeit-Gedächtnis (im Bereich von Wochen), bis hin zu eher historischem Gedächtnis (Jahre und Jahrzehnte). Wenn man diese Anteile nun zum Beispiel mit der Wiedergabe von Geschichten untersucht (*Johnson* et al. 2003), so findet man nur geringe Unterschiede bei der direkten Wiedergabe zwischen jungen Gesunden und älteren Gesunden (hier gemittelt 73 Jahre; 59-90 Jahre). Deutlich waren aber die Unterschiede bei der Wiedergabe nach 30 Minuten. Beim Vergleich der älteren Gesunden mit Alzheimer Patienten zeigte sich der stärkste Effekt im Bereich der direkten Wiedergabe der Inhalte der Geschichten. Dieser initiale Schritt der Aufnahme eines neuen Gedächtnisinhalts steht aber natürlich am Anfang jeden Lernens und Erinnerns, so dass auch diese Prozesse beeinflusst sind. Eine zentrale Rolle in diesem Prozess spielt wieder der Hippokampus, also die Hirnregion mit einer spezifischen Rolle im Altern (Reduktion der Neurogenese und Atrophie) und bei der Alzheimer Erkrankung (neuropathologische Prozesse und Volumenreduktion s.o.). Auch in der Gruppe der Hochaltrigen zeigt sich weiterhin ein leichtes Fortschreiten dieser Reduktion (*Beeri* et al. 2006; *Whittle* et al. 2007). Dies heißt aber im Umkehrschluss auch, dass die Funktion grundsätzlich erhalten ist. Im Gegensatz dazu findet man bei Patienten mit einer Alzheimer Erkrankung bereits im frühen bis mittleren Alter den sogenannten „floor effect". Hiermit bezeichnet man einen Testwert, der nicht mehr schlechter werden kann (z.B. keines von 10 Worten wird erinnert). Die nicht vorhandene Aufnahme neuer Inhalte führt dann natürlich auch zu einer fehlenden späteren Reproduktion (Erinnern). Korrekterweise muss man also bei einer Testung des Erinnerns für die initial aufgenommene Information korrigieren. Man stellt zum Beispiel das Erinnern nur als Funktion des initial Gelernten dar. Bei fehlender Neuaufnahme, also fehlendem initialem Lernen, wird das Erinnern dann nicht mehr testbar.

Deutliche Unterschiede gibt es zwischen der Alzheimer Erkrankung und anderen Demenzformen (z.B. vaskuläre Demenz) im Bezug auf das Kurz- und Ultrakurzzeitgedächtnis. Spezifische Tests können relativ gut und früh vorhersagen, bei welchen Patienten sich eine Alzheimer Erkrankung entwickeln wird und bei welchen die Symptomatik in Richtung anderer Demenzformen gehen wird (z.B. vaskuläre Demenz) (*Luis* et al. 2004).

Die Befunde im Bezug auf den verzögerten Abruf und das Erinnern bei den Hochaltrigen sind etwas widerstreitend, allerdings liegen auch deutlich weniger Daten in dieser Altersgruppe vor. Normwerte (also die normalen Werte für eine Altersgruppe) werden zumeist in 5 oder 10 Jahres-Intervallen angegeben. Für Hochaltrige bestehen aber für die meisten Tests keine gesonderten Normwerte, deshalb gelten diese dann häufig für alle über 80-Jährigen oder über 85-Jährigen. Man vergleicht die Probanden tendenziell mit einer zu jungen Vergleichsgruppe und schätzt ihre Leistung fälschlicherweise als zu niedrig ein. Während die Untersuchung bei 339 nicht dementen über 90-Jährigen (*Whittle* et al. 2007) auch in dieser Altersgruppe eine Korrelation des Alters mit einer weiteren leichten Abnahme der Gedächtnisleistungen zeigte, war dies in einer anderen Gruppe Hochaltriger (196 Probanden; mittleres Alter 89,2 Jahre) (*Beeri* et al. 2006) nicht mehr der Fall. In dieser Studie zeigte sich entgegen den jüngeren Alten eine Stabilisierung der Leistung im verzögerten Abruf und Gedächtnis. In jedem Fall zeigt sich in beiden Untersuchungen eine weniger steile Abnahme im Bereich der Gedächtnistests. Dies kann nicht erklärt werden durch einen „floor effect", denn die Werte liegen nicht im untersten messbaren Bereich. Es scheint eine echte Stabilisierung zu sein.

Besser erhalten bleibt im Alter und relativ auch bei der Alzheimer Erkrankung das bestehende (historische) Wissen, dies ist aber schlecht systematisch testbar, weil es sich vor allem um persönliche Erinnerungen handelt.

### Der Knick kommt vor der Diagnose

Wie oben erwähnt geht der klinischen Diagnose der Demenz bereits eine viele Jahre andauernde Periode der neuropathologischen Veränderungen voraus. Es ist aber von großem Interesse vorherzusagen, wer schließlich klinisch auffällig werden wird und wie diese Periode vor der Diagnosestellung aussieht. Für die Vorhersage und Selektion von Risikogruppen wird das Konzept des „Mild Cognitive Impairment" verwendet (*Petersen* et al. 2001). Unter dem Blickwinkel der kognitiven Veränderungen im Alter ist besonders auch das Erkennen der Periode vor der Diagnosestellung von Interesse. Bei der Untersuchung gesunder älterer Populationen wird man immer auch einen Anteil an Probanden haben, die während der Untersuchungszeit eine Demenz entwickeln. Selbstverständlich muss die Ausgangsgruppe groß genug sein, damit die Gruppe derer, die sich zu einer Demenz hin entwickelt, noch ein relevantes Ergebnis liefern kann.

*Abbildung 1:*  Adaptiert von *Johnson* et al. 2009

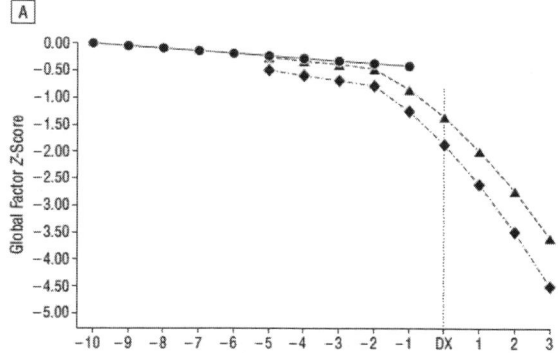

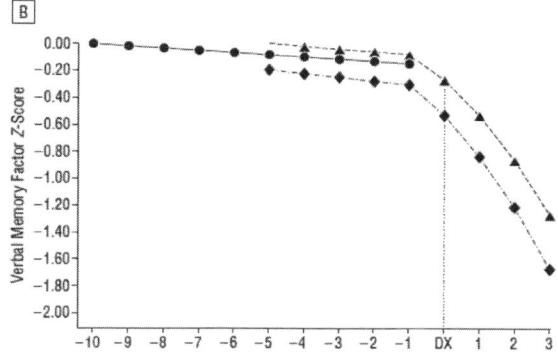

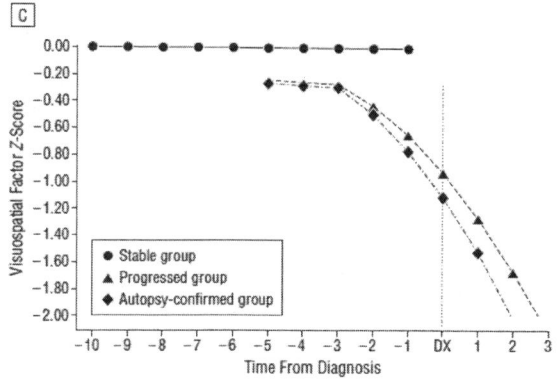

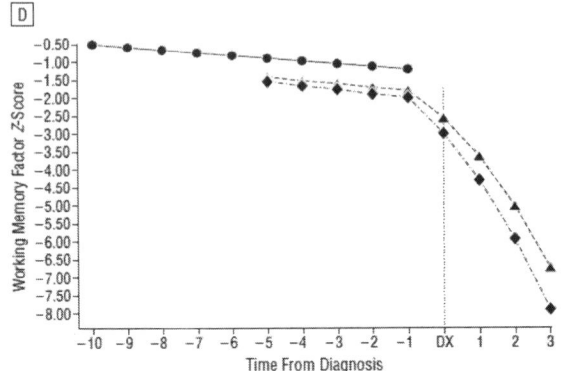

Verschiedene Forschungsgruppen haben bei diesen Untersuchungen gleichartige Ergebnisse beobachtet: Jahre vor der Diagnose zeigen die Patienten eine schnellere Progression ihrer kognitiven Defizite mit einem „Knick" in Richtung auf den Zeitpunkt der Diagnosestellung hin (*Grober* et al. 2008; *Hall* et al. 2000; *Johnson* et al. 2009) (Abb.1).

Dies zeigt deutlich, dass nicht eine kontinuierliche Entwicklung in die Demenz hinein stattfindet, sondern dass der Verlauf der Erkrankung sich an einem bestimmten Punkt deutlich von der normalen Entwicklung separiert. Die Demenz ist also nicht eine Erkrankung, die im Alter jeden betrifft, sondern eine Erkrankung, die sich im höheren Alter bei bestimmten Personen manifestiert.

**Die Weisheit des Alters – Emotionale Kontrolle**

Nun war bisher primär von den sich akkumulierenden Defiziten die Rede. Tatsächlich ist dies auch das allgemeine Gefühl: Mit dem Alter nimmt alles etwas ab. Das ist aber nicht die ganze Wahrheit. Erwähnt wurde bereits das schlecht testbare Wissen um frühere Ereignisse und Fakten, welches relativ gut konserviert ist. Es gibt aber zunehmende Befunde, die zeigen, dass die Fähigkeit, Emotionen zu kontrollieren, emotionale Entscheidungen richtig zu treffen, mit zunehmendem Alter mindestens stabil bleibt, bzw. eher besser wird (*Samanez-Larkin* et al. 2009). Besonders interessant ist hierbei die Beobachtung, dass es im Alter schwieriger wird sich zu konzentrieren bei gleichzeitigen parallelen Einflüssen, den sogenannten Interferenzen. Es konnte aber ein gegenläufiger Effekt bei emotional geprägten Interferenzen gezeigt werden. Ältere Erwachsene (66-81 Jahre) erreichen eine bessere Kontrolle dieser Interferenzen als eine junge Kontrollgruppe. Interessant ist, dass diese Funktion tatsächlich in einem der Bereiche lokalisiert ist, für die auch eine Volumen-Zunahme mit höherem Alter gezeigt werden konnte (s.u.).

## Strukturelle Veränderungen des Gehirns

Die Veränderungen des Gehirns im Verlauf der Lebensspanne entsprechen seiner Plastizität und Reifung und wurden einleitend beschrieben. Bei den Veränderungen nach der Adoleszenz, im Alter und bei Hochaltrigen steht in der Betrachtung zumeist der Volumenverlust, die Atrophie, im Vordergrund. Während dieser Prozess bis in die Adoleszenz als Konsolidierungsprozess gesehen werden kann, wird er darüber hinaus im Alter doch eher als Verlust gedeutet. Dieser makroskopisch sichtbare Prozess kann heute nicht allein mit der neuropathologischen Untersuchung visualisiert werden, sondern auch in bildgebenden Verfahren, wie dem MRI. Dadurch ergeben sich gute Möglichkeiten zur Untersuchung im Querschnitt, wie im Verlauf. Bei bestehender interindividueller Varianz zeigt sich hier eine Abnahme des Gesamthirnvolumens etwa ab dem 20. Lebensjahr (*Fotenos* et al. 2008). Interessanterweise sind diese Volumenänderungen jedoch sehr unterschiedlich, je nach Hirnregion (*Kennedy* et al. 2009). Wie bereits oben erwähnt, kommt es während der Lebesspanne zu einer Verlagerung von grauer Substanz zu weißer Substanz. Während sich in der grauen Substanz die Nervenzellkörper befinden, liegen in der weißen Substanz vorwiegend Nervenfasern. Weniger grau und mehr weiß entsprechen also weniger Zellen, die jedoch besser verknüpft sind. Die zellreiche Region des Hippokampus zeigt also wie andere Hirnrindenareale eine Volumenabnahme; während einige Areale der weißen Substanz, die zum primär motorischen Kortex oder zum somatosensorischen Kortex gehören, noch bis ins Alter an Volumen zunehmen (*Kennedy* et al. 2009).

Der Prozess der kortikalen Atrophie erscheint progredient bis in den Bereich der Hochaltrigen (*Savva* et al. 2009), wird aber eventuell überschätzt. Tatsächlich zeigen Studien, die streng die kognitive Leistung kontrollieren, weniger Atrophie bei Probanden, deren kognitive Leistungen nicht abnehmen und deutlich mehr Atrophie bei Probanden, deren kognitive Leistungen abnehmen (*Burgmans* et al. 2009).

Spezifisch für Patienten mit Alzheimer Erkrankung zeigt sich eine Reduktion der Dicke der Hirnrinde in einigen Hirnregionen (*Dickerson* et al. 2009).

Eine Kombination der radiologischen, bildgebenden Methode mit der Neuropathologie wurde in einer Studie bei Hochaltrigen in Finnland angewandt (*Barkhof* et al. 2007). Hier wurde post mortem eine MRI Untersuchung durchgeführt und dann die Ergebnisse dieser radiologischen Untersuchungen mit der Histopathologie verglichen. Eine Atrophie des Hippokampus war, wie zu erwarten, am häufigsten mit einer Alzheimer Pathologie vergesellschaftet. Bei immerhin einem Drittel der untersuchten Gehirne lag aber auch eine andere neuropathologische Ursache vor. Dies trat deutlich häufiger auf als bei jüngeren Alten zu erwarten gewesen wäre.

Das typische neuropathologische Bild der Alzheimer Erkrankung zeigt neben dem makroskopisch sichtbaren Prozess der Atrophie (betont im Bereich des Hippokampus) auch typische Veränderungen der Feinstruktur (mikroskopische Veränderungen oder Histopathologie). Die Amyloid Plaques und Neurofibrillen-Bündel wurden erstmalig von *Alois Alzheimer* (*Alzheimer* 1907) beschrieben und sind die typischen Kennzeichen der Alzheimer Erkrankung. Bei beiden Veränderungen handelt es sich um pathologische Proteinaggregate. Bisher konnten diese Strukturen nur post mortem nachgewiesen werden. Mit der Positronen Emissions-Tomographie (PET) aber können inzwischen spezifische, an die Amyloid Plaques bindende Proben (sogenannte Amyloid Tracer), untersucht werden. Das erlaubt eine Darstellung dieser Veränderungen bereits während der Lebensspanne und während ihres Verlaufs. Die Assoziation zur Alzheimer Erkrankung ist eindeutig, speziell bei den jüngeren Alten zwischen 60 und 80 Jahren. Es konnte sogar gezeigt werden, dass gesunde Ältere, die diese Veränderung zeigen, im Verlauf mit hoher Wahrscheinlichkeit eine Alzheimer Erkrankung entwickeln (*Morris* et al. 2009; *Villemagne* et al. 2008). Es bestand lange Zeit eine Diskussion um die Bedeutung der Ergebnisse dieser Probanden, die bereits die pathologischen Veränderungen tragen, aber klinisch nicht krank sind. Viele Wissenschaftler haben argumentiert, dass das Amyloid wohl eher nur ein Nebenprodukt, aber nicht das pathogene Agens sei. Wenn auch diese Frage noch nicht endgültig beantwortet ist (hierfür fehlt noch der Beweis der erfolgreichen Therapie), so ist in der Summe dieser Befunde ein Modell der Alzheimer Erkrankung entstanden, in dem über viele Jahre vor Beginn der klinischen Symptome das pathologische Amyloid im Gehirn abgelagert wird (*Perrin* et al. 2009; *Petersen* 2010). Der Anteil der gesunden Älteren mit Amyloid Plaques entspräche dann dem frühesten (noch nicht klinisch auffälligen) Stadium der Alzheimer Erkrankung (*Knopman* et al. 2003; Price et al. 2009).

Bei den Hochaltrigen verändert sich diese Situation zunehmend hin zu einer leichten Akkumulation, speziell der Amyloid Plaques, wie auch der Neurofibrillen – Bündel (*Knopman* et al. 2003; *Savva* et al. 2009). Dieses tritt auch bei Patienten ein, die nicht das Bild einer Alzheimer Erkrankung entwickeln. Gleichzeitig zeigen Patienten mit einer Demenz häufiger keine Alzheimer typischen Veränderungen. In der bereits oben zitierten Untersuchung der Kombination von post mortem MRI und neuropathologischer Untersuchung (*Barkhof* et al. 2007) zeigten sich bei den Hochaltrigen häufiger als erwartet andere Ursachen, wie Sklerose des Hippokampus oder vaskuläre Veränderungen als Ursache für die hippokampale Atrophie. Insgesamt sprechen diese Befunde aber nicht dafür, dass die Amyloid Ablagerungen einen generellen, sich unabhängig akkumulierenden Befund darstellen, sondern zumeist im Zusammenhang mit einer Alzheimer Erkrankung stehen.

Gleichzeitig gibt es aber eine Gruppe von Patienten unter den Hochaltrigen, bei denen keine der typischen Ursachen für die kognitiven Defizite gefunden werden und die somit trotz intensivster neuropathologischer Untersuchung unklar hinsichtlich ihres Zustandes bleiben (*Silver* et al. 2001). Andere Ursachen, unabhängig von einer Alzheimer Pathologie, scheinen hier in Kombination oder alleine für einen dementiellen Prozess verantwortlich zu sein. Selbst Patienten mit einer Alzheimer Erkrankung im Bereich der Hochaltrigen zeigen nicht mehr die ausgeprägte Akkumulation der beiden typischen neuropathologischen Veränderungen, wie dies im Bereich der jüngeren Alten der Fall ist.

## Vaskuläre Veränderungen des Gehirns

Eine der häufigsten sich akkumulierenden Veränderungen im Gehirn sind vaskuläre Läsionen. Hierbei kann es sich um echte Infarkte, im Sinne eines Schlaganfalls handeln oder kleiner, sich über die Zeit addierender Läsionen. Sowohl in der Neuropathologie als auch mit dem MRI, sind diese Läsionen gut darstellbar. Diese kleineren, subkortikalen Läsionen zeigen in Studien eine inverse Korrelation zwischen kognitiven Leistungen und Akkumulation dieser Läsionen, sowohl bei gesunden Älteren, als auch bei Patienten mit einer Alzheimer Erkrankung (*Burns* et al. 2005; *Schneider* et al. 2007; *Vannorsdall* et al. 2009). Der Anteil an rein vaskulären Demenzen ist relativ gering. Als zusätzlicher Faktor spielen sie jedoch die stärkste Rolle. Auch hier zeigen die Befunde bei den Hochaltrigen eher eine reduzierte Relevanz. In jedem Fall sind die Befunde nicht weiter ansteigend, sondern es hat den Anschein, dass bei den Hochaltrigen der Anteil der Patienten mit relevanten, vaskulären Läsionen eher wieder leicht rückläufig ist (*Savva* et al. 2009; *Silver* et al. 1998; *Silver* et al. 2001).

## Zusammenfassung und Schlussfolgerung

Die Veränderungen des Gehirns bei Hochaltrigen sind weiterhin ein Punkt intensiver Diskussion und noch nicht vollständig geklärt. Dies liegt vor allem an der deutlich geringeren Anzahl von Untersuchungen und der geringeren Anzahl von

Probanden in diesen Untersuchungen. Zusätzlich bestehen besondere Probleme bei diesen Untersuchungen, wie z. B. andere Erkrankungen und eine insgesamt schnellere Ermüdbarkeit.

Gut beschrieben sind die dynamischen Veränderungen des Gehirns bis etwa zum 90. Lebensjahr. Eine besondere Rolle scheint hierbei die sich im Verlauf des Lebens reduzierende Fähigkeit zur Neurogenese des Gehirns zu spielen. Eventuell ist dies eine der Ursachen für die akzentuierte Rolle der Veränderungen im Hippokampus. Die Dynamik dieses Prozesses scheint bei den Hochaltrigen eher abzunehmen mit einer möglichen Stabilisierung.

Der Prozess dementieller Erkrankungen trifft viele Ältere, aber nicht alle und wahrscheinlich auch nicht die Mehrzahl. In Verlaufsuntersuchungen konnte gezeigt werden, dass die kognitiven Veränderungen vor dem klinischen Beginn einer Erkrankung zunehmen und dies mit einer stärkeren Reduktion der kognitiven Leistungen als bei der Normalbevölkerung. Diese Beobachtung ergänzt sich gut mit den Befunden zur Alzheimer Erkrankung, deren pathologische Veränderungen bereits Jahre vor der klinischen Diagnose im Gehirn nachgewiesen werden können. Diese bis ins hohe Alter sehr häufige Erkrankung nimmt allerdings in der Häufigkeit bei den Hochaltrigen wieder etwas ab. In der untersuchten Gruppe gibt es dann neben der Alzheimer Pathologie andere neurodegenerative Erkrankungen, vaskuläre Veränderungen, sowie noch einen Anteil ungeklärter Erkrankungen. Bei diesen Patienten kann, trotz klinisch deutlich dementiellem Prozess und zum Teil auch einer Atrophie des Gehirns, keine Ursache für die Erkrankung festgestellt werden.

Wer es also geschafft hat, ohne eine dementielle Erkrankung hochaltrig zu werden, hat relativ gute Aussichten seine kognitiven Fähigkeiten auch zu konservieren.

# Altern und Genetik

*Hansjakob Müller*

## 1. Prämisse

Es gibt Phänomene im Leben, die aus biologischer Sicht schwierig zu definieren sind. Dazu gehören „Gesundheit" oder „Altern". So erstaunt es wenig, dass viele Theorien und Hypothesen über die Mechanismen des Alterungsprozesses bestehen, wie solche diesen verursachen oder beeinflussen können. Dass dem so ist, bedeutet, dass man das Geheimnis des Alterns letztlich noch nicht kennt. In diesem Beitrag werden diesbezügliche Beobachtungen der genetischen Forschung kurz zusammengefasst.[1]

## 2. Zur genetischen „Inneren Uhr"

Unserem körperlichen und geistigen Funktionieren liegt zweifelsohne ein genetischer Plan zugrunde. Dieser wird in der Schlüsselsubstanz der Vererbung, also in der DNA (= DNS; Desoxyribonukleinsäure), festgehalten. Die DNA ist ein sehr langfädiges, doppelsträngiges Molekül, das in seinem Aufbau an eine verdrillte Strickleiter erinnert. In der Anordnung ihrer Sprossen (Basenpaare) wird die genetische Information festgehalten. Der praktisch in jeder einzelnen Zelle vorhandene DNA-Faden misst für alle seine 46 Träger, die Chromosomen, zusammengenommen, nahezu 2 Meter.

Die einzelne Abschnitte/Segmente der DNA haben unterschiedliche Aufgaben. Bereits recht gut erforscht ist diejenige der kodierenden Gene. Diese enthalten Rezepte, dank denen die einzelne Zellen bestimmte Eiweisse (Proteine) mit einer umschriebenen Anzahl und Reihenfolge von Aminosäuren synthetisieren können. Eiweisse nehmen vielfältige Funktionen in unserem Körper wahr. Wir nehmen an, dass es dafür gegen 25'000 verschiedene Gene gibt (siehe www.ncbi.nlm.nih.gov/Omim/mimstats.html). Weitere DNA-Sequenzen, wie die „conserved non-coding sequences", haben Funktionen, die man heute noch kaum kennt. Der Umstand,

---

1      Eingehendere Informationen über die meisten der hier vorgestellten Phänomene können in den einschlägigen Lehrbüchern der Genetik gefunden werden.

dass sie im Verlauf der Evolution konserviert blieben, deutet auf ihre biologische Bedeutung hin. Das ENCODE (ENCyclopedia Of DNA-Elements)-Projekt, ein Nachfolgeprogramm des Genom-Projektes, hat zum Ziel, alle funktionellen Elemente des menschlichen Erbgutes sowie alle DNA-Abschriften, also das ganze Transcriptom (alle RNAs), zu identifizieren und zu charakterisieren. Wir stehen somit erst am Anfang der Erforschung der Anatomie, vor allem der Physiologie (Funktionsweise) unseres Erbgutes und damit der genetischen „Inneren Uhr".

## 3.  Altern und Evolution

Ab etwa dem 30. Altersjahr wird ein zunehmender Rückgang von Körperfunktionen offensichtlich. Die Evolutionsbiologie bietet dafür eine Erklärung an: Die Reproduktionsphase kommt dann zum Abschluss; der Selektionsdruck, nämlich die Absicherung der Zeugung von Nachkommen, lässt nach.

Die maximale Lebensspanne des Menschen dürfte zwischen 110 und 120 Jahren liegen. Die Antwort auf die Frage, warum sie über die eigentliche Fortpflanzungsperiode hinausgeht, bleibt offen. Die Lebenserwartung ist, wenn auch verschieden, für die einzelnen Arten recht konstant. Dies spricht für die Existenz einer eigenen genetischen „Inneren Uhr" aller Lebewesen, von der wir noch so wenig wissen.

## 4.  Progerie-Syndrome: Modellkrankheiten für den Alterungsprozess?

Die Genetiker haben sich schon früh für den Alterungsprozess interessiert und nach genetischen Modellkrankheiten gesucht, die Einblick in diesen gewähren könnten. Von Interesse sind die so genannten Progerie-Syndrome (Progerie = „frühes Altern").

Mit zunehmendem Lebensalter treten Veränderungen, Mutationen, im Erbgut von Körperzellen immer häufiger auf, die sich auf Chromosomen- und DNA-Ebene ereignen. Dabei ist nicht so klar, ob es sich um eine Ursache des Alterungsprozesses oder bloss um eine Folge davon handelt. Als Modellkrankheiten suchte man daher nach monogenen Erbkrankheiten, also solchen, die auf ein einzelnes mutiertes Gen zurückzuführen sind, bei denen die Stabilität des Erbgutes von Körperzellen beeinträchtigt ist. Solche Krankheiten führen zur Progerie und auch zum frühen Auftreten von Tumorkrankheiten. Schulbeispiel ist das **Werner-Syndrom** (www.ncbi.nlm.nih.gov/omim). Die Patienten leiden an vorzeitiger Hautatrophie, Neigung zu Ulzera, frühem Ergrauen und Ausfall der Kopfhaare, an Zuckerkrankheit, Osteoporose, Muskelatrophie, etc.. Die häufigsten Todesursachen sind Herzinfarkt und Tumorerkrankungen, besonders Osteosarkomen (Knochentumoren).

Das Werner-Syndrom wird durch Mutationen des *WRN*-Helikase-Gens verursacht, das für die Entwindung der DNA-Doppelspirale verantwortlich ist. Dieser Vorgang ist nötig für die DNA-Replikation (-Synthese), für die DNA-Reparatur, aber auch für die Übersetzung der in der DNA gespeicherten Information in diejenige der RNA. Der eigentliche Mechanismus der Verursachung des Krankheitsbildes des Werner-Syndroms ist jedoch noch nicht geklärt.

Während das Werner-Syndrom sich erst in der Adoleszenz manifestiert, tritt beim **Hutchinson-Gilford-Syndrom** (www.ncbi.nlm.nih.gov/omim) eine vorzeitige Alterung bereits in den ersten Lebensjahren auf. Die ausgeprägte Alopezie (Haarausfall) und die Atrophie des Fettgewebes verleihen den betroffenen Kindern schon früh ein greisenhaftes Aussehen. Die Ursache sind Mutationen des *LMNA*-Gens, welches das Lamin-A/C, einen Bestandteil der Kernmembran kodiert. Dies führt zu Defekten in der Zellkernarchitektur und zu globalen Störungen des Erbgutes, die noch nicht näher geklärt sind. Auch diese Modellkrankheit erlaubt keinen unmittelbaren Bezug zum physiologischen Alterungsprozess.

## 5. Lebensbedrohliche Veranlagungen für häufige Krankheiten

Die wenigsten Menschen sterben an den Folgen der obgenannten sehr seltenen Progerie-Syndrome. Diesbezüglich viel bedeutungsvoller sind die zahlreichen, ebenfalls monogen vererbten Veranlagungen, die die Entstehung der häufigen Herzkreislauf- und Tumor-, aber auch Geisteskrankheiten begünstigen. Bereits recht gut erforscht sind solche Veranlagungen für Brust- und Eierstockkrebs respektive für Dick- und Mastdarmkrebs. Diese beruhen auf vererbbare Mutationen von Tumorsuppressorgenen. Normalerweise haben wir 2 funktionstüchtige Kopien eines solchen Gens geerbt, eine von der Mutter und eine vom Vater. Personen mit einer entsprechenden Krebsveranlagung weisen in ihren Zellen nur ein intaktes, also funktionstüchtiges Gen auf. Falls dieses dort eine Mutation (Defekt) erfährt, fällt eine wichtige Funktion aus, was die Tumorentstehung begünstigt. So haben Trägerinnen einer *BRCA1*-Genmutation ein lebenslanges Risiko von gegen 85% an Brustkrebs und ein solches von 44% an einem Eierstockkrebs zu erkranken und dies in frühen Lebensjahrzehnten (*Müller* 2005). Man schätzt, dass etwa 1 von 500 bis 1 von 1›000 Personen in Mitteleuropa Träger einer *BRCA1*-Mutation ist. Bei der ashkenasim-jüdischen Bevölkerung liegen 2 umschriebene *BRCA1*-Mutationen bei mehr als 1% aller Angehörigen vor. Solche Veranlagungen wie auch z.B. diejenige für die Huntington-Erkrankung hatten in früheren Zeiten ein viel kleinere Bedeutung, weil damals die Lebenserwartung so kurz war, dass sie sich bei vielen Trägerinnen/Trägern gar nicht manifestieren, respektive auswirken konnten.

## 6. Zellbiologische Beobachtungen über den Alterungsprozess

Als es möglich wurde, Chromosomensätze von Körperzellen zu untersuchen, ist schon bald einmal aufgefallen, dass bei klinisch unauffälligen Frauen mit zunehmendem Alter in solchen immer häufiger ein X-Chromosom und bei Männern das Y-Chromosom verloren geht (*Jacobs* et al. 1961). Der durchschnittliche Anteil der vom Verlust eines X-Chromosoms betroffenen Zellen betrug in einer Untersuchung von *Russell* et al. 2007 mit 655 Probandinnen weniger als 0,07%, wenn diese jünger waren als 16 Jahre, und 7,3%, wenn sie das 65. Alterjahr überschritten hatten. Auch hier wird wiederum diskutiert, ob dieser **altersabhängige Mosaizismus** die Folge (z.B. Alterung des Teilungsapparates der Chromosomen) oder eine Ursache des Alterungsprozesses ist.

*Leonhard Hayflick* berichtete 1965, dass menschliche Zellen, Fibroblasten, sich in Kultur nur begrenzt, etwa 50mal, teilen können. Man spricht von **„replikativer Alterung"**. Dieses zelluläre Altwerden wird mit ungünstigen Veränderungen im Erbgut in Zusammenhang gebracht, die sich im Verlaufe der Zellzyklen dort ansammeln. Die replikative Alterung wird daher als Schutz vor der Krebsentwicklung interpretiert, denn Krebs entsteht als Folge von Veränderungen im Erbgut von Körperzellen.

*Alexei Olovnikov* führte 1973 die replikative Alterung, die man auch „Hayflick-Phänomen" nennt, auf die Verkürzung der **Telomere** während der DNA-Replikation zurück. Die Telomere, die Enden der Chromosomen, sind für die Stabilisierung der Chromosomenstruktur mitverantwortlich. Dort befinden sich spezifische repetitive DNA-Sequenzen, welche sich in Zellen der Keimbahn über mehrere tausend Basenpaare erstrecken. Pro Zellteilung gehen davon an den Enden aller Chromosomen jeweils etwa 50 Basenpaare verloren. Die Telomerlänge nimmt somit mit zunehmendem Alter ab (*Harley* et al. 1990). Es wird vermutet, dass zu kurze Telomere erkannt werden und letztlich zu einem Stopp der Zellteilung und zum Zelltod führen. Einen solchen programmierten Zelltod bezeichnet man als Apoptose. Patienten mit genetischen Defekten, die zu einer enzymatischen Einschränkung der Aktivität der Telomerase führen, weisen Symptome einer vorzeitigen Alterung auf. Die X-gonosmal vererbte Dyskeratosis congenita (www.ncbi.nlm.nih.gov/omim) ist diesbezüglich eine Modellkrankheit.

*Gil Atzman* vom Albert Einstein College of Medicine in New York und seine Kollegen berichteten 2009, dass Personen mit aussergewöhnlicher Langlebigkeit („centenarians") die Länge ihrer Telomere besser erhalten können als andere. Dies wird auf ein besonders effektives **Telomerase-System** (-Komplex) und auf Variationen des menschlichen Telomerase-Gens *(hTERT)* zurückgeführt. Längere Telomere seien mit einem Schutz vor Altersleiden, mit besseren kognitiven Funktionen und mit günstigeren Lipidprofilen assoziiert. Die Telomerase ist ein Enzym, das beim Menschen vor allem in den Keimzellen und den Stammzellen aktiv ist. Es ist in der Lage, den dortigen Abbau der DNA durch eine jeweilige Neusynthese zu verhindern. Genmutationen, die einer Beeinflussung der enzymatischen Aktivität des Telomerase-Systems führen, prädisponieren neben vorzeitigen Alterserscheinungen auch zu Krebskrankheiten. Die Telomerase findet daher in der Onkologie grosse Aufmerksamkeit, nachdem im Gegensatz zu normalen Körperzellen in etwa 85% der Tumorzellen eine Hochregulierung dieses Enzyms feststellbar ist.

DNA ist nicht nur im Zellkern vorhanden, sondern auch in Zellorganellen des Zytoplasmas, in den Mitochondrien. Die **mitochondriale DNA** (mtDNA) enthält insbesondere Gene für den Energiestoffwechsel. Angeborene Mutationen dieser mitochondrialen Gene führen zu Krankheitsbildern, bei denen vor allem das zentrale Nervensystem, die Muskulatur, die Augen, das Gehör und das Herz beeinträchtigt sind. Die mtDNA ist besonders anfällig für Mutationen, die sich erst im Verlaufe des Lebens ereignen. Die Mitochondrien haben nämlich kein eigenes DNA-Reparatur-System, das Veränderungen der DNA rechtzeitig korrigieren kann. Zudem ist die mtDNA ein beliebtes Angriffziel von Sauerstoffradikalen, wie sie direkt in den Mitochondrien entstehen. Ähnlich wie bei den obgenannten mitochondrialen Erbkrankheiten führt die zunehmende Anhäufung von mtDNA-Mutationen zu einer allmählichen Beeinträchtigung jener Organe im alternden Organismus, die wegen des grossen Energiebedarfs auf eine gute Zellatmung angewiesen sind.

Wenn man Gewebe von jungen und alten Lebewesen vergleicht, kann man deutliche Unterschiede finden. Die Aktivität von Enzymen lässt nach. Dies ist auf modifikatorische Veränderungen zurückzuführen, die sich auf Erbgutebene, aber auch Genproduktebene ereignen. Die genetische Information wird in der Sequenz der Basen der DNA gespeichert (siehe oben), ihre Expression jedoch durch **epigenetische Faktoren** beeinflusst. Dazu gehören die DNA-Methylierung, eine chemische Modifizierung der Cytosinbasen der DNA, die Veränderung der Histone (Eiweissbestandteile der Chromosomen) und auch die topographische Lage der Chromosomenregionen im Zellkern. Diese Faktoren spielen eine zentrale Rolle bei der Embryonal- und Fetalentwicklung, aber wahrscheinlich auch beim Altern. So ist aufgefallen, dass eine Methylierung und damit ein Abschalten des *MLH1*-Gens die betroffene Person zu Dickdarmkrebs prädisponiert (*Herman* et al. 1998), ohne dass in diesem Gen eine krankheitsverursachende Mutation vorliegt, wie sie bei der hereditären Form (HNPCC = „hereditary nonpolyposis colorectal cancer") vorkommt. Ein solches epigenetisches Abschalten eines Gens wurde vor allem bei alten Krebspatienten beobachtet. Weitere Gene dürften auf ähnliche Weise betroffen sein. Aber auch **posttranslationale Modifizierungen** der Eiweisse z.B. durch

Glykosylierung begünstigen den Alterungsprozess. Viele Altersforscher messen solchen Veränderungen eine grosse Bedeutung bei.

## 7. Stammzelltheorie des Alterns und „verjüngte" Körperzellen

In unserer Zeit hat die Stammzelltheorie des Alterns eine grosse Popularität (*Warner* 2007) gewonnen. Sie postuliert, dass der Alterungsprozess auf Stammzellen zurückzuführen ist, die nicht mehr in der Lage sind, die Organe mit neuen Zellen zu bevölkern und damit deren Funktionstüchtigkeit zu erhalten. Als Stammzellen werden Körperzellen bezeichnet, die sich in die verschiedenen Zelltypen, wie sie in Organen vorkommen, ausdifferenzieren können. Sie sind in der Lage, einerseits Tochterzellen zu generieren, die wiederum zu Stammzellen werden, aber andererseits auch solche, die zu Zellen mit umschriebenen Funktionen ausreifen.

Im Zusammenhang mit unserer Thematik interessieren vor allem „reprogrammierte" Körperzellen, die die Plastizität von embryonalen Stammzellen erreichen. Solche können sich an der Heilung verschiedenster Gewebe beteiligen. *Kazutoshi Takahasi* und *Shinya Yahmanaka* von der Universität Kyoto berichteten im August 2006, dass sie Hautzellen der Maus in Zellen mit dem gleichen entwicklungsbiologischen Potential wie embryonale Stammzellen zurückverwandeln können, in die so genannten „induced pluripotent stem cells (iPSCs)", reife Körperzellen, die dazu gebracht werden, ihre Identität aufzugeben und Eigenschaften wie embryonale Zellen anzunehmen. Der Transfer von nur 4 Genen (*Oct4, Sox 2, Klf4 und c-myc*) ist notwenig, um eine derartige „Verjüngung" zu erzielen. Verfahren der Gentherapie werden verwendet, um diese Gene in die zu verjüngenden Körperzellen einzuschleusen. Es ist ein hochaktuelles Ziel der heutigen genetischen Forschung, die Mechanismen zu klären, wie diese 4 Gene die genetisch determinierte „Innere Uhr" einer Zelle umstimmen. Derart verjüngte Körperzellen hätten eine grosse praktische Bedeutung als Zell- und Gewebeersatz. Man möchte sie zum Ersatz vieler wegen Abnutzung und Zellschwund entstehender Behinderungen nutzen.

## 8. Neue Studien über die Veranlagung bei der Langlebigkeit

Die grossen Fortschritte bei der Entwicklung genetischer Untersuchungsverfahren haben die Kosten und die Dauer der Analyse der menschlichen DNA-Sequenzen enorm reduziert. So sind heute genetische Analysen en vogue, mit denen man nach DNA-Unterschieden zwischen verschiedenen Menschengruppen, krank oder gesund, jung oder alt, sucht. Es handelt sich um die so genannten GWAS („genome

wide association studies"). Mit diesen werden in der Regel nicht Mutationen innerhalb von Genen erfasst, sondern nur SNPs („Single Nucleotide Polymorphisms";
sprich: „snips"), wie sie alle 1000 Basenpaare irgendwo im Erbgut vorkommen.
Man nimmt an, dass etwa 0.9% der Basensequenzen zwischen zufällig ausgewählten Menschengruppen variieren. Wie diese SNPs mit einzelnen biologischen
Phänomenen in Zusammenhang stehen, wird vorerst meist noch nicht verstanden.

Grosse Aufmerksamkeit fand kürzlich eine von Wissenschaftern der Universität Boston durchgeführte Studie, in der die DNA von 1›055 Hundertjährigen und
1267 Kontrollen verglichen wurden (*Sebastiani* et al. 2010). Sie entdeckten 150
SNPs, mit der sie mit einer Zuverlässigkeit von 77% vorhersagen konnten, ob die
Probe von einem sehr alten Probanden stammte oder nicht. Mit Computeranaly-
sen konnten sie die SNPs von 90% der alten Menschen in 19 Gruppen mit einer
eigenen genetischen Signatur aufgliedern, was auf die Komplexität der Veranlagungen für Langlebigkeit hinweist. In diesen Gruppen traten verschiedene Alters-
krankheiten wie Demenz, hoher Blutdruck oder Herzkreislaufkrankheiten mit unterschiedlicher Häufigkeit auf. Es wird erwartet, dass dieses Vorgehen einmal zu
einer besseren Charakterisierung der genetische Subtypen führen wird, die für die
Langlebigkeit verantwortlich sind.

## 9. Tiermodelle für die genetische Steuerung des Altersprozesses

Ein beliebtes Tiermodell, um genetischen Einflüssen in wichtigen Lebensprozessen auf die Spur zu kommen, ist der Fadenwurm (C. elegans). 1988 berichteten
*David Friedmann* und *Thomas Johnson* erstmals von einer Mutante dieses Tieres,
die mit einer deutlichen Verlängerung der Lebenserwartung einhergeht. Ein „normaler" Wurm lebt höchstens 22 Tage, die Mutante bringt es auf Spitzenwerte von
46 Tagen. Betroffen ist das Gen für eine Untereinheit des Enzyms Phosphatidy-
linositol-3-Kinase (Pll3) (*Morris* et al. 1996). Von dieser Veränderung sind viele
weitere Gene betroffen, die die Stressresistenz, die angeborene Immunität oder den
Fremdstoffmetabolismus betreffen (*Christensen* et al. 2006). In der Zwischenzeit
wurden beim Fadenwurm über 100 weitere Gene identifiziert, deren Mutanten die
Langlebigkeit begünstigen. Wenn es offensichtlich viele „Altersgene" bei diesem
Tiermodell gibt, dürfte dies beim Menschen nicht anders sein.

„Langlebigkeitsgene" wurden auch in anderen Tiermodellen beobachtet, so
bei der Fruchtfliege (Drosophila) oder bei der Labormaus. Darunter sind die sogenannten *Tor*-Gene. Deren Veränderung scheint zu einem Schutz vor altersabhän-
gigen Erkrankungen, darunter Krebs, Huntington-Erkrankung oder Herzkreislaufkrankheiten zu führen (*Stanfel* et al. 2009). Weitere in Tiermodellen identifizierte

Gene wie *mth (methuselah), Indy (I'am not dead yet)* oder *klotho (Kl)* werden zur Zeit im Hinblick auf ihre Auswirkung auf die Langlebigkeit abgeklärt. Man hofft, aus den dabei gewonnenen Erkenntnissen vielleicht einmal eine „Anti-Aging-Pille" ableiten zu können.

Gross wäre die Liste von Genen, die in Tiermodellen das Leben aus verschiedensten Gründen verkürzen. Auf diese kann hier nicht eingegangen werden.

## 10. Altern als Verlust der Homöostasefähigkeit?

Altern kann ganz allgemein als die zunehmende Unfähigkeit unseres Organismus angesehen werden, auf wechselnde und vor allem extreme Umweltbedingungen zu reagieren. Offensichtlich sterben jeweils alte Menschen vermehrt unter besonderen Lebensumständen wie Grippeepidemien, extremen Klimabedingungen oder Hungersnöten. Wie und in welchem Ausmass die verschiedenen in diesem Beitrag aufgezeigten genetischen Mechanismen generell die Hömöostasefähigkeit des Menschen und damit sein Altern beeinflussen, bedarf noch beachtlicher Forschungsarbeit.

## 11. Zukunft der genetischen Altersforschung

Mit *Decartes* und *Vesal* begann die analytische Evaluation der Natur, so auch derjenigen des Menschen. Komplexe Systeme oder Phänomene galten als entzifferbar, wenn man sie in kleinere, einfacher durchschaubare Kompartimente aufteilt und vorerst diese analysiert. Diese reduktionistische Denkweise wurde auch von der medizinischen Forschung inkl. Altersforschung übernommen. Heute erkennen wir immer deutlicher die Grenzen dieser Strategie; das Puzzle mit den vielen Einzelbefunden lässt sich nicht zusammensetzen. Man lernt das Wesen eines Waldes nie restlos verstehen, wenn man seine Bäume einzeln in ein Gewächshaus transportiert und dort isoliert analysiert. Die Interaktion zwischen ihnen wird so nicht erfasst. Neue Vorgehensweisen sind daher gefragt. Die moderne Systembiologie möchte den verschachtelten Aspekten und komplexen Interaktionen der verschiedener Gene, also den genetischen Netzwerken, bei Studium von Phänomenen wie dem Altern besser gerecht werden, indem sie das Gesamtverständnis dieses Vorgangs im Auge behält.

## 12. Gerontologie: Quo vadis Homo futuris?

Die Anti-Aging-Medizin macht in unserer Zeit gewaltige Schlagzeilen. Man möchte jugendliche Frische und Vitalität so lange wie möglich erhalten und den Tod hinausschieben. Die Geschichte ist voll von Phantasmen, wie eine Perfektionierung des Menschen zu schaffen wäre und welche Ziele, inkl. Langlebigkeit, man dabei verfolgen könnte. Denken wir nur schon an die Superman-, Batman- oder Frankenstein-Mythen. Wir haben unser Erbgut von unseren Eltern ohne Auswahlmöglichkeit erhalten. Es wäre völlig verfrüht, zu erwarten, dass wir dieses bald einmal gezielt verändern, modifizieren können. Körperliche und geistige Aktivität, moderate Lebensweise, Verzicht auf Genussgifte sowie ein gutes soziales Umfeld sind weiterhin die besten Voraussetzungen, auf dem Boden der von uns nicht ausgesuchten Veranlagung ein möglichst erfreuliches Altern zu erleben.

# Hochaltrigkeit und körperliche Aktivität

*Wildor Hollmann, Heiko K. Strüder, Julia Mierau*

## Einleitung

Die mittlere Lebenserwartung des Menschen wird für den Bereich der Steinzeit mit 20 bis 30 Jahren angegeben. Im Jahre 1900 lag sie im deutschen Kaiserreich bei 39 Jahren für Männer, 45 Jahren für Frauen. Dann trat im 20. Jahrhundert eine geradezu dramatisch anmutende Verlängerung der Lebenserwartung ein. Nach den Angaben des statistischen Bundesamtes in Wiesbaden betrug die mittlere Lebenserwartung im Jahre 2008 für Männer in Deutschland 76 Jahre, für Frauen 82 Jahre (Abb. 1). Ein Ende dieser Entwicklung ist noch nicht abzusehen. Das höchste Lebensalter auf der Erde erreichen Japaner auf der Inselgruppe von Okinawa.

*Abbildung 1:* Die mittlere Lebenserwartung von der Steinzeit bis heute (modifiziert nach *Platt*, 1989)

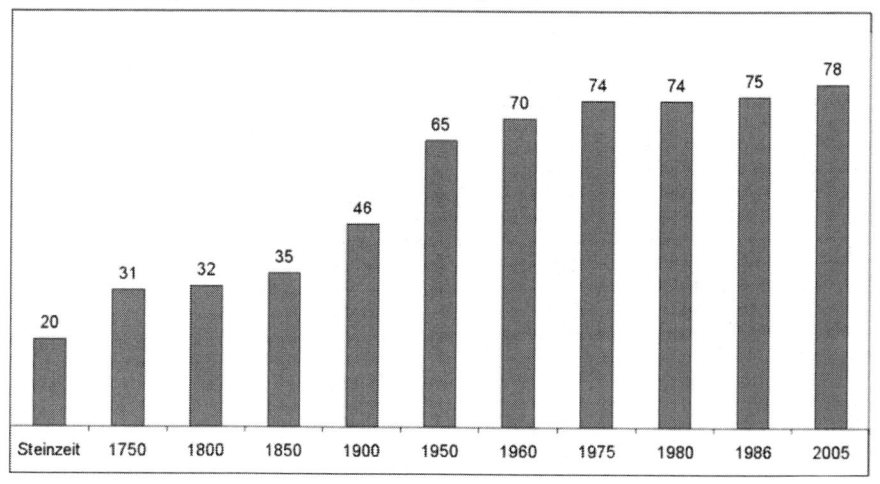

Dort beläuft sich die mittlere Lebenserwartung auf über 90 Jahre, während sie in Japan selbst bei weiblichen Personen 85 Jahre beträgt, bei männlichen 79 Jahre. Die Ursachen für diese Differenzen sind im Detail unbekannt. Summarisch dürfte es einerseits eine Frage der Gene sein, andererseits die des Lebensmilieus im psychosozialen Sinne und der körperlichen Aktivität (Epigenetik). Speziell von letzterer soll im Folgenden die Rede sein.

### Demographischer Faktor und Überkonsum

In den hochtechnisierten Ländern der Erde steht einem drastischen Geburtenrückgang die Schar von immer älter werdenden Menschen gegenüber. Das bedeutet: Eine immer kleiner werdende Gruppe berufstätiger Menschen muss die sozialen Bedürfnisse einer ganzen Gesellschaft tragen (Abb. 2, 3).

*Abbildung 2:* Deutsche Lebensbäume 1910, 2000, 2050
(nach Globusinfografik, Hamburg 2004)

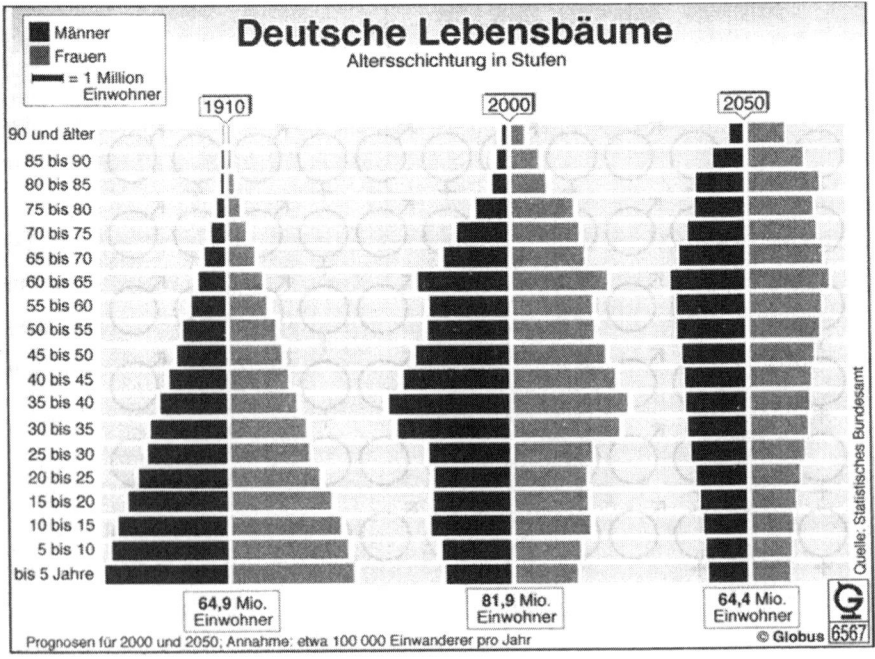

Es konnte jedoch in experimentellen Untersuchungen wie in epidemiologischen Studien überzeugend nachgewiesen werden, dass ein gesunder Lebensstil selbst bei alten Menschen der körperlichen und geistigen Leistungsfähigkeit dienlich ist. Voraussetzung ist, dass die zweite Lebenshälfte durch eigene Pflege der Gesundheit sowie der körperlichen und geistigen Leistungsfähigkeit gemäß dem heutigen Wissensstand der Medizin gestaltet wird.

*Abbildung 3:* Sterbewahrscheinlichkeiten im Vergleich

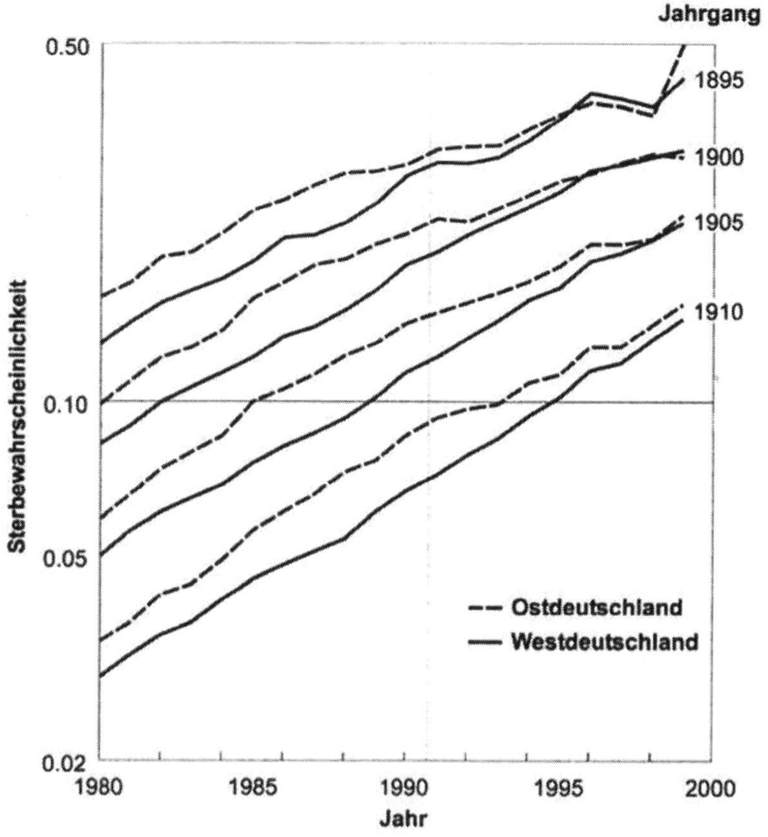

Die Wahrscheinlichkeit, innerhalb eines Lebensjahres zu sterben, für die Jahrgänge 1895, 1900, 1905 und 1910 in Ost- und Westdeutschland im Verlauf der Jahre 1960 bis 2000 in logarithmischer Darstellung. Die Sterbewahrscheinlichkeiten lagen in der DDR signifikant höher. Nach der Wende ist sie bei den ostdeutschen älteren Menschen auf die Werte der Westdeutschen gesunken. Die vertikalen Linien bezeichnen den Zeitraum der Wende vom Fall der Mauer am 09.11.1989 bis zur Wiedervereinigung am 03.10.1990 (nach *Maier u. Scholz* 2003)

Die Maßlosigkeit in breiten Bevölkerungskreisen dokumentiert sich vornehmlich in 5 Todesursachen, die in den vergangenen wenigen Jahrzehnten in ihrer Häufigkeit gewachsen sind:

- Herzinfarkt,

- Diabetes mellitus 2,

- Lungenkrebs,

- Lebererkrankungen,

- Verkehrsunfälle.

Mehr oder minder können sie alle als Folgeerscheinungen ungenügender Selbstdisziplin bezeichnet werden: Körperliche Inaktivität, Zigarettenrauchen, Alkohol oder Drogenkonsum, zu große Nahrungszufuhr, zu schnelles Fahren.

Die Verhinderung vermeidbarer gesundheitlicher Störungen setzt eine Verbesserung der Gesundheitsmentalität voraus. Sie ist eine Aufgabe von Ärzten, Pädagogen, Eltern und Politikern, wobei eine Unterrichtung im Kindes- und Jugendalter oft den Schlüssel zu einem späteren gesundheitsbewussten Lebensstil liefert.

## Altern und Plastizität

Man unterscheidet zwischen einem ersten, zweiten, dritten und vierten Lebensalter. Ersteres reicht von der Geburt bis etwa zum 20. Lebensjahr, das zweite vom 20. bis 60. Lebensjahr, das dritte vom 60. bis 80. und das vierte vom 80. bis 100. Lebensjahr (Baltes, 2007).

Die sozioökonomischen Fortschritte haben nicht nur das erste und zweite, sondern speziell das dritte Lebensalter zu einem bemerkenswert positiven Leben gemacht. Die heutigen Menschen des dritten Lebensalters sind in einer weitaus besseren Situation als die gleichaltrigen aus früheren Generationen. So sind die heutigen 70-Jährigen genauso körperlich und geistig leistungsfähig wie etwa die 60-Jährigen vor 30 bis 40 Jahren. Ein Ende dieser Entwicklung ist noch nicht erreicht. Experimentelle Einzeluntersuchungen und epidemiologische Langzeitstudien ergeben eine überaus erfreuliche körperliche Leistungssituation. Vergleichbares gilt für die geistigen Fähigkeiten. Vor allem das erworbene Wissen bleibt nicht nur lange funktionstüchtig, sondern kann sich selbst im hohen Alter noch weiterentwickeln. Wie eine Altersstudie in Berlin zeigt, waren gute Sprachfähigkeiten selbst für die 80-Jährigen die Regel. Hinsichtlich kausaler Zusammenhänge der Entwicklung muss natürlich berücksichtigt werden, dass es sich bei den Höchstbetagten um eine positive Selektion einer Geburtskohorte handelt, da man andernfalls dieses Alter nicht erreicht hätte.

Gesundheit ist zwar nicht alles, aber alles ist nichts ohne Gesundheit. Dieser einstmals Demokrit zugeschriebene Satz hat auch heute noch nach zweieinhalb Jahrtausenden seine Gültigkeit. Nie zuvor in der Menschheitsgeschichte ist es dem einzelnen so einfach gemacht worden, gesundheitlichen Risiken aus dem Wege zu gehen bzw. vorhandene Risiken zu bekämpfen. Schrittmacher in dieser Entwicklung war die 1949 begonnene Framingham-Studie in den USA, welche 1962 erstmals zu der Beschreibung von sogenannten Risikofaktoren führte. Dabei verstand man unter diesem Begriff einen Faktor, dessen Abweichung vom Normalwert eine vergrößerte individuelle Gefährdung in Bezug auf eine bestimmte Erkrankung anzeigt. Mehrere hundert solcher Risikofaktoren sind heute von der Weltgesundheitsorganisation (WHO) katalogisiert. Von besonderer Bedeutung für das Erreichen eines hohen Lebensalters ist der systolische Blutdruck. Die Faustregel heißt: Je niedriger im Laufe des Lebens der arterielle Blutdruck ohne eine pathologische Ursache ist, desto höher die Lebenserwartung. Dabei wird von einem Normalwert von 120/80 mmHg ausgegangen. Derartige Werte oder sogar noch niedrigere weisen manche 90- bis 95-jährige Personen auf.

Ein weiteres Kriterium in Bezug auf die Lebenserwartung ist die Ruhepulsfrequenz. Auch hier heißt die Regel: Je niedriger die Pulsfrequenz ohne eine pathologische Ursache, desto höher die Lebenserwartung. Ein solcher Zusammenhang ist zumindest in Bezug auf das Herz verständlich, als das Produkt von systolischem Druck und Pulsfrequenz den Sauerstoffbedarf des Myokards angibt. Sollten alterungsbedingte koronare Minderversorgungen des Myokards eintreten, sind die subjektiven und objektiven Auswirkungen umso geringer, je kleiner das genannte Produkt ausfällt.

Besonders die sportbezogenen Leistungen von Personen des dritten und vierten Lebensalters sprechen Bände über den Fortgang der Leistungsentwicklung in den vergangenen Jahrzehnten. Ein Beispiel: Es gibt heute 80- bis 90-Jährige, die den Marathonlauf in einer Zeit von 3 Stunden meistern. Damit würden sie bei den 28000 Teilnehmern des Berlin-Marathons des Jahres 2005 unter den ersten 1000 rangieren. Der 92-jährige Inder Fauja Singh lief im Jahre 2003 die Marathonstrecke in 5 Stunden und 40 min. Betrachtet man die Marathonbestzeiten für alle Altersstufen, so nimmt jenseits des 70. Lebensjahres die bisher nahezu linear ansteigende Kurve ziemlich abrupt einen steilen Anstieg. Ursache ist die spätestens von dem Alter an intensiv sich bemerkbar machende Abnahme der maximale $O_2$-Aufnahme/min als dem Bruttokriterium der kardiopulmonalen Kapazität. Wir konnten bereits in einer Publikation des Jahres 1963 zeigen, dass es durch Beibehaltung des körperlichen Trainings auch im mittleren und höheren Lebensalter gelingt, überdurchschnittlich hohe organische Kapazitäten zu erhalten (*Hollmann* 1963).

Die Leistungskluft zwischen körperlich inaktiven und aktiven Personen wird also vom dritten zum vierten Lebensalter immer größer. Sie reicht schließlich von der absoluten Bettlägerigkeit bis zur überdurchschnittlichen Leistung in Langzeitausdauerbeanspruchungen. Die wichtigste Ursache für diese Diskrepanz dürfte neben dem Glück, gesund und beweglich in den Gelenken geblieben zu sein, einerseits das Erbgut, andererseits das Lebensmilieu sein (Epigenetik). Der Wille zur Leistung gehört aber dazu. Ohne ihn sind alle anderen Gaben vergebens.

## Körperliche Aktivität zur Verbesserung der Lebensqualität und zur Erhöhung der Lebenserwartung

Es kommt nicht darauf an, eine Rekordzahl an Jahresringen anzusetzen, sondern es sollen hinzugewonnene Lebensjahre lebenswert gestaltet werden. Dazu gehört eine entsprechende körperliche und geistige Leistungsfähigkeit.

Alterungsvorgänge im dritten und vierten Lebensalter und Bewegungsmangelerscheinungen – als Extremfall Bettruhe – weisen zahlreiche Gemeinsamkeiten auf:

- Rückgang der Leistungsfähigkeit von Herz, Kreislauf, Atmung und Stoffwechsel,
- Abnahme der Muskel- und Knochenmasse,
- Veränderung der Hormonkonstellation im Blut,
- Verminderung von Kapillaren und Mitochondrien in der Skelettmuskulatur und im Gehirn,
- Verschlechterung von Fließeigenschaften des Blutes,
- Verlust an Mineralgehalt im Knochensystem,
- verminderte Rezeptorensensitivität z.B. gegenüber Insulin,
- Größenabnahme von Neuronen und Synapsen.

Allen genannten Punkten ist eines gemeinsam: Körperliche Aktivität kann ihnen entgegenwirken.

Es werden fünf Hauptformen körperlicher Beanspruchungsmöglichkeiten unterschieden: Koordination, Flexibilität, Kraft, Schnelligkeit und Ausdauer (Abb. 4). Ihre Beanspruchung erbringt unterschiedliche Anpassungserscheinungen.

*Abbildung 4:* Grundschema der motorischen Beanspruchungsformen
(nach *Hollmann*, 1967)

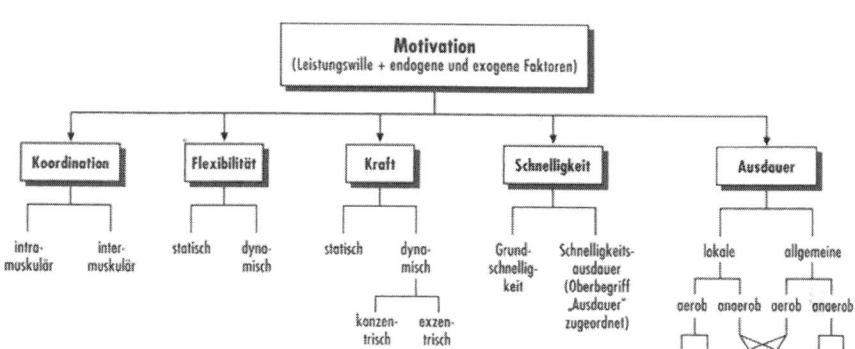

## Koordination

Unter der Koordination versteht man das Zusammenwirken von Zentralnervensystem und Skelettmuskulatur innerhalb eines gezielten Bewegungsablaufs. Es
handelt sich also um Geschicklichkeit oder Gewandtheit. Diese Qualität beginnt
jenseits des 50. bis 60. Lebensjahres abzunehmen (Abb. 5). Durch entsprechende
Übungen kann sie jedoch bis in ein hohes Alter weitgehend erhalten bleiben. Das
demonstrieren z.B. im Bereich kleiner Muskelgruppen Pianisten, die noch im Alter von 85 bis 90 Jahren hervorragende Leistungen erbringen können.

Der alternsbedingte Rückgang der koordinativen Qualität ist vornehmlich auf
Veränderungen in den Nervenzellen zurückzuführen. Ferner spielen arthrotische
Gelenkveränderungen sowie zunehmende Steifheit im Bindegewebe eine Rolle.
Auch Beeinträchtigungen des Gleichgewichtsorgans oder des Sehvermögens füh-
ren zu negativen Auswirkungen auf die Koordination.

*Abbildung 5:* Mittelwerte für koordinative Qualität bei weiblichen und
männlichen Personen vom 50. bis 90. Lebensjahr
(nach *Hollmann u. Strüder*, 2009)

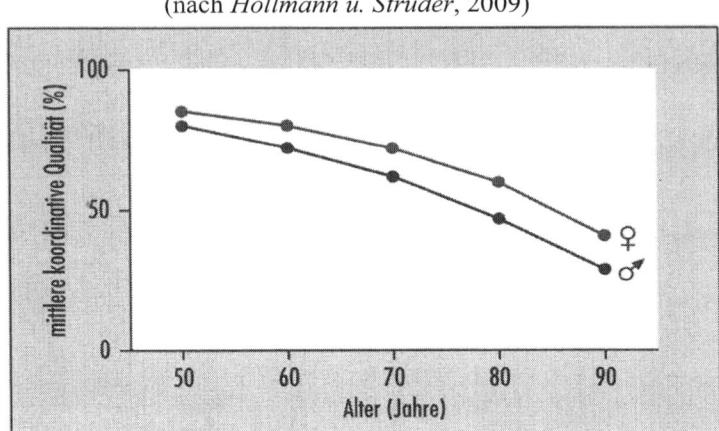

Eine bedeutsame Folge von Koordinationsstörungen stellen Stürze dar. Etwa jede
dritte Person im Alter über 65 Jahren stürzt mindestens ein Mal pro Jahr. Diese
Zahl fällt in Alten- und Pflegeheimen noch deutlich höher aus. 80% dieser Stürze
führen zu Verletzungen, Blutergüssen, Prellungen, Abschürfungen und nicht zuletzt Knochenbrüchen.

Besonders schwerwiegend ist der Oberschenkelbruch, dessen Kosten für Behandlung und Rehabilitation allein in Deutschland eine Summe von 500 Millionen Euro jährlich übersteigen. Daneben sind die psychischen Folgen für die Betroffenen zu sehen, die oft ihr Selbstvertrauen einbüßen und hierdurch zusätzlich
notwendige körperliche Aktivitäten reduzieren.

Studien in Alten- und Pflegeheimen haben gezeigt, dass Sehschwächen, Hör-
schäden, verminderte Muskelkraft, verminderte Orientierungsfähigkeit, die Ein-
nahme bestimmter Medikamente, vor allem aber auch rutschige Bodenbeläge und
ungenügendes Schuhwerk Hauptursachen der Sturzentstehung darstellen.

Dabei spielt auch eine Rolle, dass mit zunehmendem Alter die Reaktionszeiten größer werden. Zudem fällt es immer schwerer, mehrere Aufgaben gleichzeitig zu bewältigen. Sogar ein so weitgehend automatisierter Prozess wie das Gehen
erfährt deutliche Zunahmen an notwendiger Aufmerksamkeit zur zielgerichteten
Durchführung. Dadurch wird eine Aufmerksamkeitsablenkung besonders gefährlich.

Welche Maßnahmen kann jeder einzelne gegenüber solchen koordinativen Leistungsverlusten unternehmen? Die Faustregel heißt: **Die Übung eines bestimmten Bewegungsablaufes fördert dessen koordinative Qualität.** Es ist immer wieder erstaunlich, wie wenig Anforderungen die Natur verlangt, um dem altersbedingten Abbau der Leistungsfähigkeit entgegenzuwirken.

Das mehrmals täglich wiederholte Balancieren über eine gedachte oder vorhandene, mehrere Meter lange Linie ist ein ausgezeichnetes Mittel zur Übung der Koordination. Eine zusätzliche Erschwernis stellt das Rückwärtsgehen auf dieser Linie dar. Zählt man obendrein gleichzeitig rückwärts, also z.B. 90, 89, 88, etc., ist bereits ein hohes Maß an komplexer Anforderung erreicht. Auch das Tragen eines vollen Wasserglases treppauf und treppab schult die koordinative Leistungsfähigkeit. Das Zuwerfen und Auffangen von Bällen oder auch jede Art von Balancieren fördert den Koordinationssinn. Eine schon recht schwierige Aufgabe ist es, sich morgens und abends im Einbeinstand anzuziehen oder auszuziehen. Zur Vorsicht sollte man sich dabei rundherum abstützen können.

Selbst noch im hohen Alter von über 90 Jahren konnten wir in experimentellen Untersuchungen eindeutige Fortschritte der koordinativen Leistungsfähigkeit durch die Übung der betreffenden Bewegungsabläufe feststellen. Es ist also nie zu spät, mit dem Üben anzufangen.

Epidemiologische Studien haben ergeben, dass bis zu 70% aller häuslichen Unfälle des älteren Menschen auf eine koordinative Unzulänglichkeit zurückzuführen sind. Durch einfache Übungen der genannten Art gelang es innerhalb eines Jahres, die Unfallbilanz in Altenheimen zu halbieren. Welch eine Verbesserung der Lebensqualität ist für den einzelnen hiermit verbunden, welche gesundheitlichen Kosten in Bezug auf Pflegepersonal und Behandlungsnotwendigkeiten könnten hierdurch eingespart werden!

## Flexibilität

Unter der Flexibilität (Gelenkigkeit) verstehen wir das willentlich mögliche Bewegungsausmaß in einem oder in mehreren Gelenken. Eine nennenswerte Beeinträchtigung der Flexibilität setzt durchweg jenseits des 50. bis 55. Lebensjahres ein. Nunmehr werden täglich betriebene 5- bis 6-malige **Flexibilitätsbeanspruchungen** der wichtigsten Gelenke im Sinne klassischer gymnastischer Übungen empfehlenswert, um auch im höheren Alter den Alltagsanforderungen beschwerdefrei gewachsen zu sein.

**Kraft**

Die Haupterscheinungsformen der Kraft beim Menschen sind statische und dynamische Kraft. Unter ersterer versteht man diejenige Muskelspannung, welche in einer gegebenen Position willkürlich gegen einen fixierten Widerstand entfaltet werden kann. Dynamische Kraft ist hingegen diejenige Kraft, welche innerhalb eines gezielten Bewegungsablaufes entwickelt werden kann (*Hollmann, Strüder* 2009).

*Abbildung 6:* Das Verhalten der statischen Kraft der Unterarmbeugemuskulatur bei männlichen und weiblichen Personen des 30. bis 90. Lebensjahres (n = Anzahl der Probanden)

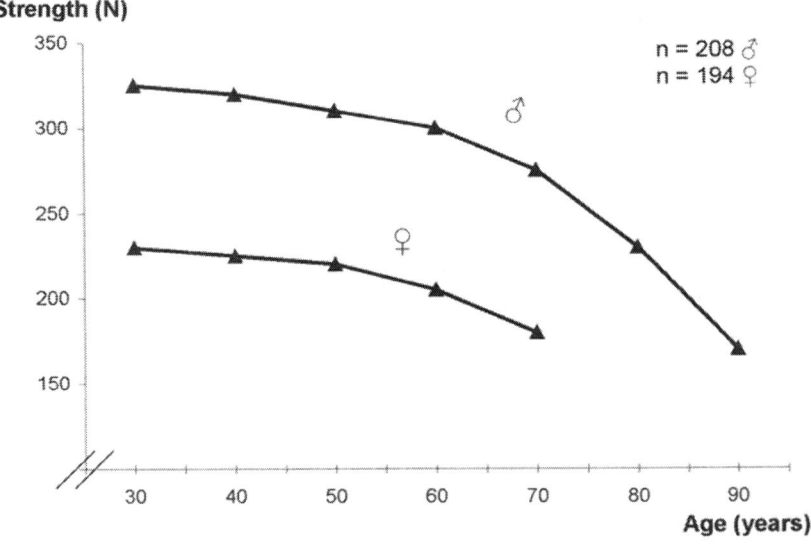

Mit zunehmendem Alter geht die Muskelkraft zurück. Das gilt speziell jenseits des 60. Lebensjahres (Abb. 6). Hauptursache ist das Absterben von Muskelfasern, ausgelöst über das Zentralnervensystem. Im lumbosakralen Spinalganglion wurde eine Verminderung der Anzahl motorischer Neurone jenseits des 60. Lebensjahres von über 50% im Vergleich zu jungen Menschen beschrieben (*Kawamura* et al. 1977)

Bei genügend belastbar bleibenden Personen besteht eine Kraft-Trainierbarkeit sowohl im biochemischen als auch im biophysikalischen Sinn gegebenenfalls bis in die 10. Lebensdekade. Der Rückgang der statischen Muskelkraft kann zum Teil durch ein Krafttraining kompensiert werden. So ist es auch verständlich, dass im Laufe des Lebens die Verlustquoten für maximale statische Kraft der verschiedenen Muskelgruppen unterschiedlich ausfallen, weil unterschiedliche Alltagsbeanspruchungen maßgeblich sein dürften. So kann beispielsweise die Kraft der Arm-Schulter-Muskulatur auch ohne spezifisches Krafttraining unter der Voraussetzung eines durchschnittlichen Ausgangswertes vom 30. bis 50. Lebensjahr weitgehend unverändert bleiben. Hingegen nimmt bereits im Laufe des vierten Lebensjahrzehnts die Kraftleistung – das Produkt aus Widerstandsgröße und zurückgelegter Wegstrecke/Zeiteinheit – deutlich ab. Altersbedingte Einbußen an koordinativer Qualität spielen hier eine Rolle.

Der Abbau von Muskelfasern betrifft speziell die sogenannten schnellen Muskelfasern (Typ II), während die langsamen Muskelfasern (Typ I) im wesentlichen zahlenmäßig unverändert bleiben. Gesunde Personen der 7. und 8. Lebensdekade besitzen im Durchschnitt eine um 20 bis 40% geringere statische und dynamische Muskelkraft als in der 3. Lebensdekade. Im 9. und 10. Lebensjahrzehnt belaufen sich die Kraftverluste auf 50% und mehr.

Weitere alterungsbedingte Veränderungen der Skelettmuskulatur sind Fett- und Bindegewebsinfiltrationen, die in Verbindung mit der Reduktion der muskulären Proteinmasse und einer Abnahme des Muskelfaserquerschnitts unter dem Begriff **„Sarkopenie"** zusammengefasst werden (*Roubenoff* 2003). Die Prozesse basieren auf einer Reduktion der schweren Myosinketten und einer Verminderung der Apoptose. Die zugehörigen Stoffwechselvorgänge sind mit dem Tumornekrosefaktor Alpha wie auch mit Myostatin verbunden, einem pro-inflammatorischen Zytokin mit einem Wachstumsfaktor in der Skelettmuskulatur. Ferner nimmt die zirkulierende Menge an Interleukin 6 und anderen pro-inflammatorischen Zytokinen mit dem Alter zu (*Lambert* et al. 2003).

Mit der Kraft der Skelettmuskulatur ist eng die Qualität des **Knochensystems** verbunden. Sarkopenie begleitet Osteoporose. Es besteht ein nahezu linearer Zusammenhang zwischen dem Rückgang der Muskelkraft und der Knochendichte. Gleichzeitig stellt die Muskelkraft einen Indikator dar für das Auftreten von körperlichen Behinderungen sowie für die Gesamtsterblichkeit (*Metter* et al. 2002; *Rantanen* et al. 1999). Männer im Alter von 45 bis 68 Jahren mit der geringsten Muskelkraft des Unterarms im Vergleich zu Durchschnittswerten sind am gefährdetsten, 25 Jahre später an muskulären Einschränkungen zu leiden. In den USA schätzt man, dass 1,1 Milliarden US-Dollar eingespart werden könnten, wenn die Sarkopenie nur um 10% vermindert würde (betreffend das Jahr 2006).

Mit zunehmendem Alter treten auch vermehrte Schädigungen der mitochondrialen DNA (mtDNA) in den Muskelzellen auf. Die Ursache dürften vor allem

Freie Radikale sein. Die mtDNA ist aufgrund ihrer unmittelbaren Nähe zum Ursprung des wichtigsten Radikals, der reaktiven Sauerstoffspezies (ROS) an der inneren Membran der Mitochondrien, bei gleichzeitigem Mangel an schützenden Histonen empfindlicher gegenüber oxidativen Schädigungen als die nukleare DNA. Gleichzeitig trägt die verminderte Energiebereitstellung zur Reduktion der Lebensfähigkeit der Zellen bei (*Mader* 1988). So kann die vornehmlich auf die Mitochondrien zurückgehende ATP-Produktionsrate im Skelettmuskel des älteren Menschen um 50% vermindert sein (*Drew* et al. 2003).

Die Mitochondrien sind auch das Zentrum der Apoptoseregulation. Die Freisetzung von Zytochrom-c ins Zytosol führt dort über eine Procaspase zum sogenannten Apoptosom. Hieraus resultieren verschiedene enzymatische Vorgänge. Cysteinabhängige, aspartatspezifische Proteasen, sogenannte Caspasen, die in inaktiver Form im Zytoplasma stets vorliegen, werden nun aktiviert. Damit beginnt die Apoptose mit der Caspasen-Kaskade, in der über Initiator-Caspasen sogenannte Effektor-Caspasen aktiviert werden. Sie mobilisieren ihrerseits Enzyme zum letztendlichen Zelluntergang (*Renatus* et al. 2001). Dabei sind die Mitochondrien selbst in der Lage, ihrerseits proapoptotische Faktoren freizusetzen. Hierbei kann ein von den Caspasen unabhängiger Zelluntergangsweg eingeleitet werden (*Bossy-Wetzel* u. *Green* 1999).

## Der alternde Knochen

Knochen stellt ein dynamisches Gewebe dar, welches auf viele physikalische und chemische Reize reagiert. Beim gesunden Menschen befindet sich die Knochenmasse in einem ausbalancierten Zustand zwischen Aufbau- und Abbauvorgängen. Diese werden sowohl von Aktionen der Skelettmuskulatur als auch von der Schwerkraft beeinflusst.

Drei Stressfaktoren wirken sich auf die Knochenstruktur und -masse aus: Die Größe der mechanischen Beanspruchung, die Beanspruchungsrate pro Zeiteinheit und die Beanspruchungsrichtung nach Zug und Druck (*Lanyon* 1989).

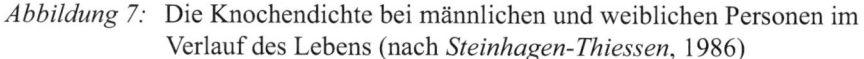

*Abbildung 7:* Die Knochendichte bei männlichen und weiblichen Personen im
Verlauf des Lebens (nach *Steinhagen-Thiessen*, 1986)

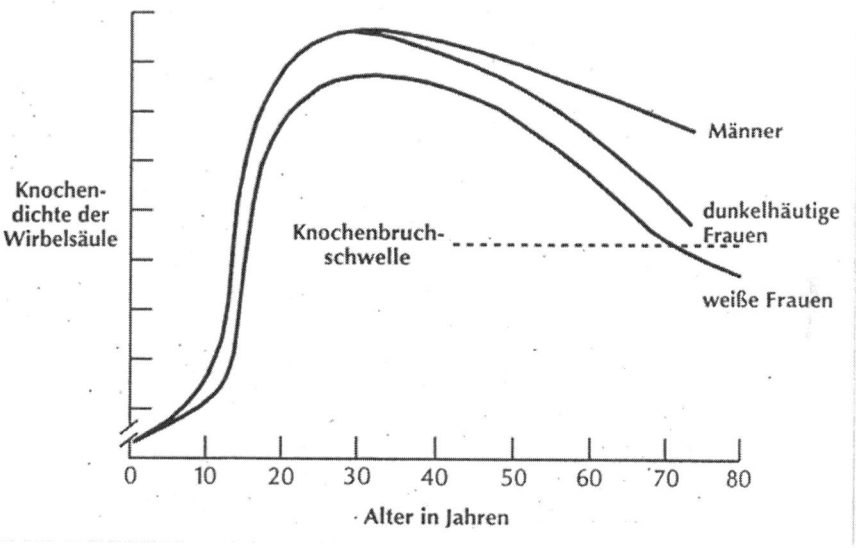

Im Zuge der Alterungsvorgänge vergrößern sich die Apatitkriställchen. Die Kollagenfasern können ihren Durchmesser verzehnfachen. Sie befinden sich in einer wasserreichen und weniger verkalkten Grundsubstanz. Ein Verlust von Knochensubstanz wird im Allgemeinen vom 6. Lebensjahrzehnt an merklich (Abb. 7). Während der Abbau unverändert weitergeht, verlangsamt sich der Wiederaufbau. Rindenschwund und Porosität treten auf. Offenbar ist ein Nachlassen der Produktion anaboler Hormone eine wesentliche Ursache. Der Kalziumgehalt nimmt signifikant ab. Wie auch bei der Osteoporose bleibt jedoch im Knochengewebe die Relation zwischen verkalktem und unverkalktem Osteoid regelrecht. **Krafttraining wie auch eine Zunahme des Körpergewichts führen zu einem Anwachsen der Knochendicke und der Knochendichte.** Die Dichte des Femurknochens ist bei körperlich aktiven Personen jenseits des 50. Lebensjahrs signifikant größer als bei inaktiven. Sowohl eine absolute Bettruhe als auch ein mehr als 4-tägiger Aufenthalt im Weltraum bewirken eine signifikante Verminderung des Mineralgehalts des Knochens. Die durch längere Bettruhe ausgelöste Verminderung des Kalziumgehalts konnte durch intensive Fahrradergometerarbeit über eine Dauer von 1 bis 4 Stunden täglich in liegender Position nicht vermieden werden, während ein täglich dreistündiges Stehen die im Urin gemessene Kalziumausscheidung normalisieren ließ (*Rodahl* et al. 1960).

**Druck und Zug sind die entscheidenden Größen, welche dem Knochenabbau und dem Mineralverlust des Knochens entgegenwirken.** Dabei ist der Faktor „Druckintensität" wichtiger als die Häufigkeit von Trainingsreizen mit geringen Druckwerten (*Whalen* et al. 1987). Immerhin lässt sich jedoch auch bei Läufern in Ausdauersportarten ein vergrößerter Knochenmineralgehalt in den Fußknochen und im Lumbalbereich nachweisen (*Wolman* et al. 1989). Bei mehr als 60 Jahre alten Tennisspielern fand sich ein signifikant erhöhter Mineralgehalt in Ulna, Radius und Humerus des Schlagarms. Die Differenz gegenüber dem Nicht-Schlagarm derselben Person betrug 30% und mehr. Dementsprechend fand man bei Ruderern eine höhere Mineraldichte z.B. in den Wirbelkörpern.

### Knorpel, Bänder und Sehnen

Reparaturprozesse im **Knorpel** sind sehr beschränkter Natur, da er praktisch gefäßlos ist. Sofern ein Heilungsprozess auftritt, startet er von darunter liegenden subchondralen Knochen mit dem Eindringen von Gefäßen, die undifferenzierte mesenchymale Zellen enthalten (*Radin, Rose* 1986).

**Als außerordentlich wichtig hat sich Bewegung für die Neuformierung von fibrösem und anschließend hyalinem Knorpel erwiesen.**

Wenn hingegen die extrazelluläre Matrix des Gelenkknorpels vermindert ist, wozu besonders eine längere Phase der Immobilisierung beiträgt, muss die Wiederaufnahme von Krafttraining mit vorsichtiger Dosierung beginnen. Andernfalls könnten die Chondrozyten beschädigt und damit die Reparaturkapazität beeinträchtigt werden.

Während die Synovialflüssigkeit durch die Alterungsvorgänge offenbar wenig beeinträchtigt wird, unterliegen **Ligamente** trainingsbedingter Hypertrophie ebenso wie durch Bewegungsmangel ausgelöster Atrophie (*Gamble* et al. 1984). Reparationsprozesse werden durch dynamische Beanspruchungen günstig beeinflusst, indem eine anabole Reaktion eintritt. Auch alternsbedingte Veränderungen von Ligamenten können durch dynamische Kraftbelastungen gebremst werden.

Sowohl dynamische als auch statische trainingsbedingte Beanspruchungen stärken ebenfalls **Sehnen** (*Tipton* et al. 1975). Dementsprechend darf angenommen werden, dass auch alternsbedingten Belastbarkeitsverringerungen durch derartige Trainingsbelastungen entgegengewirkt werden kann. So scheint z.B. Laufen die Kollagensynthese in den beanspruchten Sehnen zu vergrößern und damit die Zahl der Fibrillen zu vermehren.

## Krafttraining

**Die effektivste Maßnahme zur Prävention von alternsbedingten Abbauvorgängen am Halte- und Bewegungsapparat des Körpers ist Krafttraining.** Die resultierende Kraftzunahme bewirkt eine verbesserte elektromechanische Kopplung, einen gesteigerten Kalzium-Haushalt und eine vermehrte Synthese von kontraktilen Proteinen. Auch der oxidative Stress wird durch Krafttraining lokal vermindert. Bei Männern im Alter von 60 bis 83 Jahren konnte durch ein 6-monatiges Krafttraining mit niedriger oder auch hoher Intensität, dreimal wöchentlich je 30 bis 60 Minuten durchgeführt, die Lipid-Peroxidation signifikant vermindert werden (*Vincent* et al. 2002).

Eine einmalige intensive Beanspruchung erhöht die Apoptoserate (*Siu* et al. 2004). Chronisches Training bewirkt die Expression von Hitzeschockprotein 70 (Hsp70) mit antiapoptotischer Wirkung (*Lee* et al. 1998). Hierdurch wird die Formation des Apoptosoms verhindert. **Ein aerobes dynamisches Training ist in seinen Auswirkungen als ein Antiapoptosemittel jedoch zuverlässiger als ein anaerob durchgeführtes Krafttraining.**

Aus der Sicht der Praxis empfiehlt sich besonders das Pyramidentraining. Ausgangsbasis kann eine Belastungsserie mit 4 Wiederholungen unter Einsatz von ca. 80% des maximal zu bewältigenden Gewichts sein. Dann erfolgt nach vollständiger Erholungspause die Reduzierung des Gewichts auf beispielsweise 75% bei Erhöhung der Wiederholungszahl auf 5, usw.

Bei einem statischen Krafttraining sind 5 bis 10 Beanspruchungen vorzunehmen mit jeweils 70-80% der Maximalkraft der betreffenden Muskelgruppe. Die Beanspruchungsdauer sollte jeweils ca. 10 s betragen mit stets 12- bis 24-sekündiger Pause zwischen den Reizsetzungen.

Selbst in Fällen eines außerordentlich hohen Alters kann Krafttraining die Muskelkraft signifikant erhöhen. Das zeigten Untersuchungen, bei denen Jahrzehnte lang untrainiert gewesene Personen zwischen dem 87. und 96. Lebensjahr einem Krafttraining unterzogen wurden (*Fiatarone* et al. 1994). Als Ergebnis ergab sich u.a. eine bemerkenswerte Steigerung der Zahl von Treppenstufen, die selbständig und kontinuierlich bewältigt werden konnten (Abb. 8).

*Abbildung 8:* Effekte eines 8-wöchigen Krafttrainings bei jahrzehntelang untrainiert gewesenen männlichen Personen des 87. bis 96. Lebensjahres (nach *Fiatarone* et al. 1994)

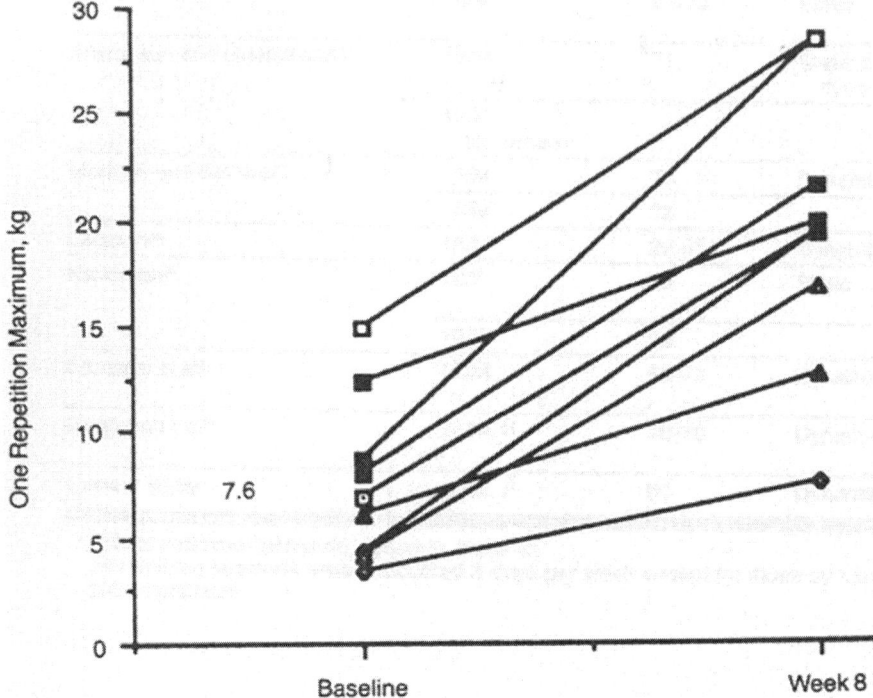

Krafttraining vermag auch im Alter über eine Zunahme der IGF-1-Rezeptoren die Proteinsynthese zu steigern, wobei in der Muskulatur Satellitenzellen zunehmen. So kann der Kraftverlust wie auch die Abnahme des Muskelfaserquerschnitts beim älteren Menschen durch Training um mehr als 30% gesenkt werden (*Frontera* 2005).

Hingegen sollte bei Personen des dritten und vierten Lebensalters **kein Schnelligkeitstraining** betrieben werden, es sei denn, die betreffenden Personen hätten diese körperliche Beanspruchungsform Jahrzehnte lang beibehalten. Schnelligkeitsformen sind stets dominierend anaerober Natur und daher mit vermehrter Milchsäurebildung und einem absinkenden pH-Wert verbunden. Liegen eventuell unbekannte arteriosklerotische Veränderungen vor, können hierdurch Schäden ausgelöst werden. Infolgedessen sehen wir diese Trainingsform für den älteren und alten Menschen als ungeeignet an.

**Allgemeine aerobe dynamische Ausdauer**

Unter „allgemein" versteht man den Einsatz einer Muskelmasse, die größer ist als 1/6 der gesamten Skelettmuskulatur. Das entspricht etwa der Muskelmasse eines Beines. Es gibt ein Gesamtkriterium der sogenannten organischen Leistungsfähigkeit, d.h. der von Herz, Kreislauf, Atmung und Stoffwechsel: die maximale Sauerstoffaufnahme pro Minute. Darunter versteht man die größte Sauerstoffmenge, welche pro Minute bei einer Beanspruchung auf allgemeine aerobe dynamische Ausdauer aufgenommen werden kann. Der Maximalwert beginnt nach dem 30. Lebensjahr abzunehmen. In Deutschland hat der Mann mit dem 60. Lebensjahr ein Drittel bis ein Viertel, die Frau etwa ein Viertel bis ein Fünftel der früheren Maximalkapazität eingebüßt (*Hollmann* 1963; Abb. 9).

Ursachen für den alterungsbedingten Rückgang der maximalen Sauerstoffaufnahme ist vornehmlich die Reduzierung der maximal erreichbaren **Herzschlagzahl**. Sie beträgt im frühen Kindesalter 200 bis 220/min, im 3. Lebensjahrzehnt 195 ± 10/min, um schließlich im 80. Lebensjahr auf 160 ± 15/min zurückgegangen zu sein. Dementsprechend nimmt auch die maximale Leistungsfähigkeit des Herzens ab, gemessen im Herzzeitvolumen.

Die Herzgröße besitzt die Tendenz zu einer geringfügigen Zunahme im Alter. Im Herzmuskel selbst nimmt funktionsuntüchtiges Bindegewebe ebenso zu wie Fettgewebe, während die Muskelmasse abnimmt. An den Herzklappen sind Verdickungen festzustellen. Die Dicke der linksventrikulären Herzwand wächst mit zunehmendem Alter. Die Zahl der Myozyten geht zurück, ihre Größe nimmt zu, vor allem bei männlichen Personen. Die linksventrikuläre frühe diastolische Füllungsrate geht progressiv nach dem 30. Lebensjahr zurück (*Ehsani* et al. 1991). In der späten Diastole erfolgt eine verstärkte Füllung, die von einer intensivierten Vorhofkontraktion ausgeht. Der linksventrikuläre enddiastolische Volumenindex (enddiastolisches Volumen/Körperoberfläche) bleibt in sitzender Position im Vergleich zum Jüngeren unverändert. Positionsbedingte Veränderungen fallen bei älteren Personen größer aus (*Lakatta*, *Levy* 2003).

*Abbildung 9:*   Die maximale Sauerstoffaufnahme, der Maßstab für die
                 maximale Leistungsfähigkeit von Herz, Kreislauf, Atmung
                 und Stoffwechsel, im Laufe des Lebens bei männlichen und
                 weiblichen Personen (n = 2834) (nach *Hollmann*, 1963)

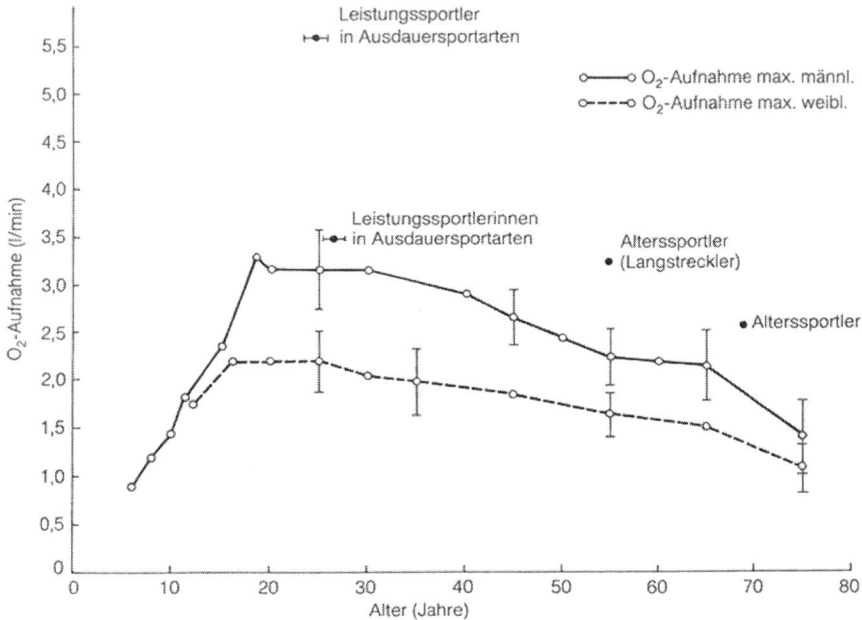

Eingetragene Punkte für Leistungssportlerinnen, Leistungssportler und Alterssportler sind Einzelwerte

In vielen Fällen nimmt die spätdiastolische passive Dehnbarkeit des Myokards
(Compliance) ab, was eine zunehmende Steifigkeit des Herzmuskelgewebes zur
Folge hat. In experimentellen Untersuchungen mit Senioren aktiven und inaktiven
Lebensstils stellte man eine deutliche Abnahme der Compliance im Vergleich der
alten zur jungen Gruppe fest. Der Befund ergab sich jedoch nicht bei über Jahrzehnte sportaktiven Altersgenossen. Bei ihnen hatte das Myokard noch immer nahezu die gleiche Elastizität wie bei den 30-Jährigen (*Levine* et al. 2005).

Die Reduktion der maximalen ventrikulären Blutfüllung nach der Systole
wie die angestiegene Relaxation ist zu einem Teil durch die verminderte Aktivität der Kalzium-ATPase im sarkoplasmatischen Retikulum zurückzuführen. Sie
ist das Produkt des Gens SERCA2a. Der molekulare Mechanismus, der von die-

sem Vorgang betroffen ist, könnte die Folge einer verminderten Gentranskription sein (*Lompre* et al. 1991).

Bei körperlich inaktiven älteren Menschen tritt auch ein Rückgang des Herzschlagvolumens ein. In experimentellen Untersuchungen konnten wir jedoch nachweisen, dass es sich hier nicht zwangsläufig um einen Alterungsprozess handelt, sondern um einen durch Bewegungsmangel gesteuerten. Körperliches Training ließ schon nach wenigen Wochen bei früher untrainiert gewesenen älteren Personen dieselbe Größenordnung des Schlagvolumens erreichen wie bei jungen Menschen. Zwischen dem 70. und 90. Lebensjahr gehen 30 bis 35% der Kardiomyozyten im männlichen Herzen verloren (*Olivetti* et al., 1995). Obwohl einige Kardiomyozyten kompensatorisch hypertrophieren, kann hierdurch leistungsmäßig die verringerte Zahl nicht ausgeglichen werden. Bei Frauen ist dieser Zellverlust deutlich geringer.

Der Sinusknoten und der Atrioventrikularknoten verlieren bis zu 90% ihrer spezialisierten Myozyten zwischen dem 20. und 75. Lebensjahr. Hiermit könnte sich der Rückgang der maximalen Herzfrequenz erklären. In Verbindung mit altersbedingter Kalzifizierung, Fettvermehrung, Amyloideinbau und Kollagenvermehrung wird hierdurch das Herzleitungssystem negativ beeinflusst, wodurch mit zunehmendem Alter vermehrt Herzrhythmusstörungen auftreten (*Pugh, Wey* 2001).

Mit zunehmendem Alter wird auch die myokardiale Kontraktions- und Erschlaffungszeit verlängert. Ursachen sind eine Streckung des kardialen Aktionspotentials und der Kalziumbewegungen durch eine langsamere Aufnahme und Freisetzung von Kalziumionen durch das sarkoplasmatische Retikulum und eine Zunahme der Expression von schweren Myosinketten, womit die Beta-Isoform vorherrscht (*Lakatta* 1999). Die Verlängerung der myokardialen Entspannungszeit und die vergrößerte Steifheit im Herzen des alten Menschen führen zu einem erhöhten enddiastolischen Druck und einer Reduktion der früh-passiven Phase und Erhöhung der spät-aktiven Phase der diastolischen Füllung.

Trotz der genannten Veränderungen arbeitet das Altersherz gut innerhalb seiner funktionellen Reserve. Darum sind Ruheuntersuchungen wenig zur Beurteilung des Herzmyokards geeignet.

Die endotheliale Funktion spielt besonders beim älteren und alten Menschen eine vitale Rolle in der vaskulären Homöostase. Das Endothel synthetisiert biologisch aktive Faktoren, welche den Gefäßtonus regulieren, ferner einen Einfluss besitzen auf die Plättchenaggregation sowie das Erythrozyten-, Monozyten- und Leukozytenverhalten. Stickstoffmonoxid (NO) stellt den endothelialen Schlüsselfaktor für Gefäßdilatationen dar. Es hat eine entscheidende Bedeutung für die Gefäßtonusregulation (*Bloch* et al. 2001; *Hambrecht* et al. 1993).

Der Alterungsprozess kann endotheliale Schäden auslösen. Andererseits kann durch Training sogar in Einzelfällen eine arteriosklerotische Veränderung rückgängig gemacht werden (*Hambrecht* et al. 1993). Der bei körperlicher Arbeit ansteigende Blutfluss vergrößert die Scherkräfte an den Gefäßwänden, was in Verbindung mit einem metabolischen Effekt in den Erythrozyten auch die NO-Produktion steigert und dadurch eine vermehrte Gefäßdilatation ermöglicht (*Bloch* et al. 2001).

Viele ältere Personen erreichen in Ausdauersportarten noch in der 7. bis 9. Lebensdekade erstaunliche Leistungen. Dabei ist auch bei diesen trainierten Senioren die Größenordnung der maximalen $O_2$-Aufnahme zwischen 10 und 15% niedriger als in der 3. Lebensdekade. Eine Erklärung für die ausgezeichneten Laufleistungen könnte in erstaunlich hohen aeroben Enzymaktivitäten bestehen. So können aerobe Enzyme wie Sukzinatdehydrogenase (SDH) und Beta-Hydroxyacyl-CoA-Dehydrogenase um 31% bzw. 24% bei trainierten Personen höher liegen als im 3. Lebensjahrzehnt. Auch das Verhältnis von Kapillaroberfläche zur Muskelfaseroberfläche war bei den im Training gebliebenen Altersportlern um 34% günstiger, bezogen auf die langsamen Muskelfasern.

In der **Lunge** gehen im Alternsvorgang Ventilation, Distribution, Diffusion und Perfusion zurück. Die maximale Diffusionskapazität erfährt bei nicht-trainierenden Personen schon in der 3. Lebensdekade eine Abnahme (*Riley* et al. 1954). Gleichzeitig verschlechtert sich die Qualität der Distribution und Perfusion in der Lunge. Ausdruck aller funktionellen Lungenveränderungen ist der Rückgang des arteriellen $O_2$-Partialdrucks. Ursachen der alternsbedingten pulmonalen Funktionseinbußen sind ein Elastizitätsverlust im knöchernen Thorax sowie im Lungengewebe selbst, verbunden mit einer Verminderung der Alveolenzahl und einer Rarefikation an Lungenkapillaren.

Bei älteren, ausdauertrainierten Sportlern kann die Blutströmungsgeschwindigkeit in den Lungenkapillaren so hoch werden, dass sie nicht mehr zur vollen Sauerstoffaufsättigung ausreicht. Dadurch wird zusätzlich eine arterielle Hypoxämie zu einem leistungsbegrenzenden Faktor. Durch Training lässt sich eine nennenswerte Verbesserung nicht erreichen.

Der systolische Blutdruck fällt mit zunehmendem Alter auf gegebenen Belastungsstufen erhöht aus. Durch den vergrößerten peripheren Gefäßwiderstand und die verringerte Windkesselfunktion der Aorta nehmen die Herzarbeit und infolgedessen auch der myokardiale $O_2$-Bedarf zu. Das ist insofern besonders ungünstig, als mit zunehmendem Alter die koronare Bluttransportkapazität abnimmt. Ausdauertraining kann hier einen geringen positiven Einfluss ausüben.

In den hormonellen Reaktionen geht der Testosteronspiegel ebenso wie Östrogen mit dem Alter stark zurück. Gleiches gilt für Dihydroepiandrosteron (DHEA), während das Corpus-Luteum-Hormon der Frau (LH) im Alter ansteigt. Gleiches gilt für das follikelstimulierende Hormon (FSH). Kortisol bleibt im Zuge der Alterungsvorgänge im Wesentlichen unverändert. Das Wachstumshormon (GH) sowie der insulinähnliche Wachstumsfaktor (IGF-1) gehen stark zurück. Gegen Ende der 6. Lebensdekade haben diese Hormone im Schnitt über ein Viertel ihrer Ausgangswerte abgenommen (*Hollmann, Strüder* 2009).

## Das Ausdauertraining

Der Trainingsqualität nach soll es sich um Gehen, Wandern, Bergsteigen, langsamer Dauerlauf, Radfahren, Schwimmen, Skilanglaufen, Treppensteigen u.a. handeln. Bei gesunden älteren und alten Personen sollte sich die resultierende Pulsfrequenz nach der Faustregel richten: 180 minus Lebensalter in Jahren = gesundheitsbezogen optimale Trainingspulsfrequenz. Die Dauer einer jeden Trainingseinheit sollte optimalerweise mindestens 20-30 Minuten betragen bei jeweils 3- bis 5-mal wöchentlichem Training.

Eine weitere Faustregel lautet: Je älter der Mensch, desto geringer werden notwendige Belastungsintensitäten. So ist es verständlich, dass bei Personen im vierten Lebensalter 30- bis 60-minütige Spaziergänge im langsamen Tempo absolut geeignet sind, gewünschte gesundheitlich positive Effekte zu entfalten.

Grundsätzlich sollte vor Trainingsbeginn sowie in 4- bis 6-monatigen Abständen eine ärztliche leistungsbezogene Untersuchung durchgeführt werden. Sie dient dem Ausschluss von eventuell vorhandenen unerkannten Schäden, die durch eine Belastung verschlimmert werden könnten. Wurden keine Kontraindikationen festgestellt, beginnt man bei älteren Menschen mit einer Gehstrecke von 50-100 m in einem langsamen, selbst gewählten Tempo. Anschließend verlängert man die Wegstrecke, ohne die Belastungsintensität zu verändern. Geschieht das z.B. 3-mal wöchentlich, ist der Betreffende nach ca. 4 Wochen in der Lage, 20- bis 30-minütige Spaziergänge ohne Pause mühelos zu bewältigen. Erst nach Erreichen dieses Leistungszustandes wird die Belastungsintensität gesteigert, bis schließlich nach einigen weiteren Wochen die als Faustregel angegebenen Pulsfrequenzzahlen erreicht werden, was aber bei Hochaltrigkeit gar nicht erforderlich ist.

Beim Schwimmen ist zu beachten, dass die Pulsfrequenzrichtlinie um ca. 10 Schläge/Min niedriger liegen sollte. Unter Höhenbedingungen gelten unverändert die aufgeführten Pulsfrequenzzahlen. Es ergibt sich nur aufgrund der Höhe eine geringere Belastungsintensität, die die Pulsfrequenz-Richtzahl schon erreichen lässt.

Hypertoniker sollten grundsätzlich zunächst medikamentös so eingestellt werden, dass sie während Körperruhe Normalwerte aufweisen. Andernfalls be-

steht die Gefahr, dass während der körperlichen Belastung beim Hypertoniker zu
hohe Blutdruckwerte auftreten, welche gefäßschädigend wirken.

Es müssen nicht sportliche Aktivitäten sein, sondern das Training kann z.B.
auch in Treppensteigen bestehen. Werden in gemächlichem Tempo 180–200 Treppenstufen täglich zurückgelegt, wird hierdurch beim Untrainierten ein Status quo
erhalten bleiben. Geht die Stufenzahl darüber hinaus, beginnen Trainingseffekte
aufzutreten. Bei ca. 400 Treppenstufen/Tag resultieren kardiopulmonale und me-
tabolische Effekte analog einem ca. 15-minütigen Dauerlauftraining (Jogging).

*Abbildung 10:* Die maximale Sauerstoffaufnahme pro kg Körpergewicht vor
(———) und nach (--------) einem 8-wöchigen Ausdauertraining
von jahrzehntelang untrainiert gewesenen männlichen Personen
des 55. bis 70. Lebensjahres. (nach *Liesen* u. *Hollmann*, 1976)

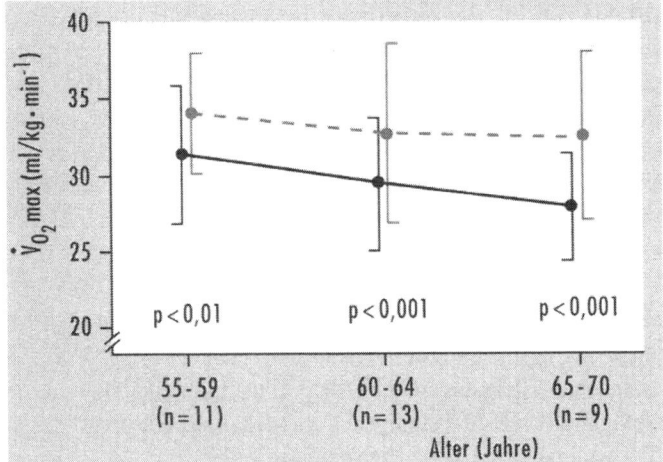

Die Leistungsfähigkeit von Herz, Kreislauf, Atmung und Stoffwechsel entsprach nach dem Training
den Durchschnittswerten von untrainierten 20 Jahre jüngeren Personen

Ebenso wie die anderen motorischen Hauptbeanspruchungsformen können auch
allgemeine und lokale aerobe Ausdauer noch im hohen Alter (viertes Lebensalter)
signifikant vergrößert werden. Wir untersuchten jahrzehntelang untrainiert gewesene Personen des dritten Lebensalters – 55. bis 70. Lebensjahr – und unterzogen
sie einem 8-wöchigen Ausdauertraining, wöchentlich 3-mal über jeweils 30 bis

40 Minuten Dauer mit einer Belastungsintensität von 70% der individuellen maximalen Sauerstoffaufnahme. Dieser Wert stieg im Mittel um 18% an, die aerob-anaeroben Schwelle um 22%. Sowohl in Ruhe als auch gegebenen Belastungsstufen nahm das Schlagvolumen signifikant zu. Trotzdem blieb das Herzvolumen unverändert (Abb. 10).

## Zur Gesamtsituation im vierten Lebensalter

Es zeigt ein deutlich weniger positives Bild als noch das dritte Lebensalter. Auf die Frage, wie alt man zu werden wünscht, liegen Jung und Alt nahe beieinander. Die überwiegend gewünschte Lebenszeit beläuft sich auf 80 bis 85 Jahre. Nur etwa 10% der Bevölkerung – heute vor allem die Jüngeren – denken an den 90. bis 100. Geburtstag. Fragt man jedoch die 90- bis 100-Jährigen, so wären sie meistens gerne bei 60 bis 70 Jahren stehen geblieben (*Baltes* 2007). Der einstmalige Optimismus hat sich also nicht erhalten. Neben der körperlichen ist eine zunehmende geistige Inaktivität zu beobachten. Auch ohne eine Demenz nimmt das Lernbedürfnis ab. Dabei mag die schwieriger werdende Situation eine Rolle spielen. Vor allem klagen die Hochbetagten häufiger über Einsamkeit, ungenügende Eigenkontrolle ihres Daseins und verminderte soziale Kontakte. Hinzu treten im Falle von Erkrankungen hiermit eventuell verbundene Beschwerden oder gar Schmerzen. Besonders letztere sind es, die letztendlich bei Personen hohen Alters das Leben unlebenswert erscheinen lassen.

In einer Berliner Altersstudie (*Baltes* et al. 1996) wurde festgestellt, dass bei den 70-Jährigen weniger als 5% an Demenzen leiden, bei den 80-Jährigen jedoch schon 15%, bei den 90-Jährigen fast die Hälfte. Da es bis heute noch keine zuverlässige medikamentöse Therapie von Demenzen unter spezieller Berücksichtigung ihrer schlimmsten Form, der Alzheimer'schen Erkrankung, gibt, muss auf Möglichkeiten der Prävention besonderer Wert gelegt werden. Hier steht ganz an der Spitze die körperliche Aktivität.

Unser geistiges und körperliches Leitorgan ist das **Gehirn**. Speziell im vierten Lebensalter unterliegt es zahlreichen Veränderungen. Dazu zählen eine Verminderung des Hirngewichts und des Hirnvolumens, Reduzierung von Synapsen sowie Neuriten- und Dendritenlänge, Abnahme der Zahl von Spines und verminderte Kapillarisierung des Gehirns. Auch bei Gesunden steigt die Zahl von Neurofibrillenbündeln oder Plaques. fMRT-Studien zeigten, dass sich der altersbedingte präfrontale Volumenverlust bei gesund gealterten Individuen deutlich von demjenigen von Alzheimerpatienten unterscheidet. Altersassoziierte Hirnleistungsstörungen sind von neurodegenerativen Veränderungen begleitet, die aber einer außerordentlichen Plastizität unterliegen (*Calaprese, Penner* 2008; *Bigel, Arendt* 2002). Bestimmte neuronale Lokalisationen scheinen gegenüber Altersveränderungen besonders anfällig zu sein. Das betrifft vor allem die cholinergen Neuronen im basalen Vorderhirn, die serotonergen und noradrenergen Neuronen im Hirnstamm sowie die nigrostriär und mesenzephal lokalisierten dopaminergen Neuronenkombinationen. Hieraus erklären sich Beeinträchtigungen in kognitiven und psychomotorischen Prozessen. Bemerkenswert ist jedoch die erhebliche Kompensationsmöglichkeit vor allem durch körperliche Bewegung, wobei nach akutem Wissensstand vor allem das Gehen im Sinne von Wandern eine besonders positive Rolle spielt. So konnte nachgewiesen werden, dass durch körperliche Bewegung folgende Hirnadaptationen wesentlich gefördert werden:

- Neurogenese
- Angiogenese
- Synapsenhypertrophie
- Spines-Zunahme (Abb. 11)

Besonders interessant ist, dass die bewegungsbedingte Verstärkung der genannten Prozesse vornehmlich an jenen Gehirnstellen stattfindet, die bevorzugt degenerativen Altersveränderungen unterworfen sind. Die Natur ist also offenbar bestrebt, sich selbst mit ihren Mitteln zu helfen, die in der Motorik bestehen.

In experimentellen Untersuchungen befasste man sich mit der Frage, ob aerobes Training von Personen des dritten und vierten Lebensalters die alterungsbedingte Abnahme des Gehirnvolumens stoppen oder sogar umkehren kann. Ein Training zur Vergrößerung der allgemeinen aeroben Ausdauer ergab eine signifikante Zunahme des Gehirnvolumens bei 60- bis 79-jährigen Personen. Das betraf sowohl die graue als auch die weiße Substanz. Wenn jedoch in einer Vergleichsgruppe ein Kraft- und Stretchingtraining durchgeführt wurde, ergaben sich hier keine Unterschiede (*Colcombe* et al. 2006).

Da auch die weiße Substanz mit zunehmendem Alter abnimmt, betreffend vornehmlich die präfrontale Gehirnregion, wurden Untersuchungen durchgeführt über den Effekt eines Trainings mittels allgemeiner aerober dynamischer Ausdauer auf diesen Faktor. Es ergab sich eine signifikante Vergrößerung der weißen Substanz im präfrontalen Cortex (*Marks* et al. 2007).

*Abbildung 11:* Zusammenhänge zwischen Cortex und Körperperipherie bei
körperlicher Aktivität und der Einfluss auf Faktoren zur
Hirnplastizität

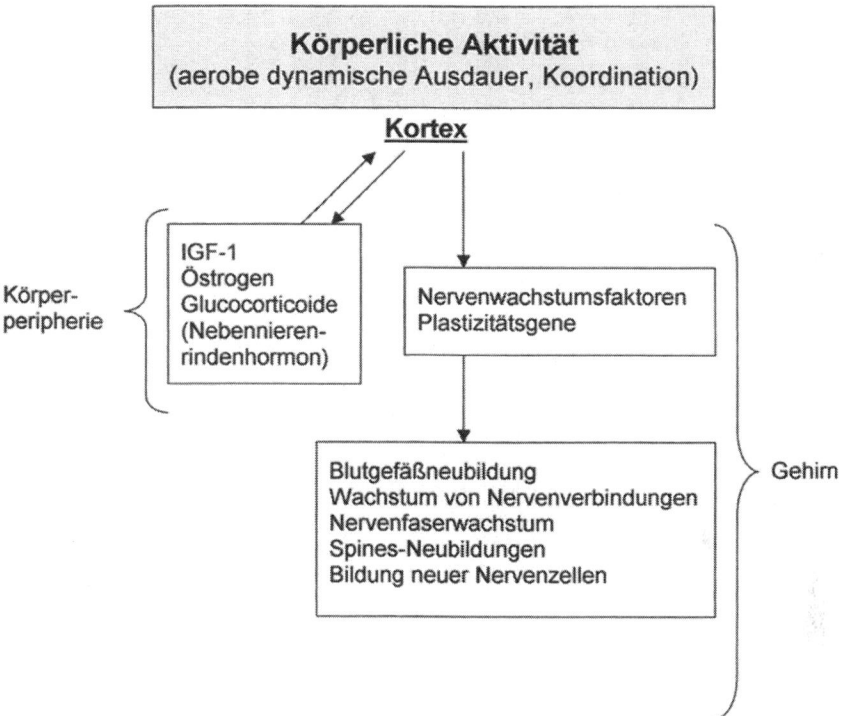

*Colcombe* und *Kramer* (2003) untersuchten metaanalytisch den Effekt von aerobem Training auf die kognitive Leistungsfähigkeit gesunder älterer Personen. 18
Studien wurden hierzu herangezogen. Training ergab als Ergebnis der Metaanaly-
se eine intensive Verbesserung der geistigen Leistungsfähigkeit (Kognition). Die
Größenordnung des Effekts wurde wesentlich von der Dauer und der Art des körperlichen Trainings beeinflusst. **Zusammenfassend schließen die Autoren auf
eine nunmehr bewiesene Einflussnahme von aerobem Training auf die kognitive und neurale Plastizität im Gehirn auch noch im dritten und vierten
Lebensabschnitt.**

# Psychologie der Hochaltrigkeit: Kognitive Entwicklung im hohen Alter[1]

*Vera Schumacher und Mike Martin*

In der Entwicklungspsychologie der Lebensspanne (*Baltes* 1990; *Martin & Kliegel* 2008) wird die Gleichwertigkeit aller Lebensphasen für die lebenslange Entwicklung betont. Während es für die meisten Altersbereiche Erkenntnisse über Entwicklungs- und Adaptationsprozesse und zur kognitiven Entwicklung gibt, ist die Psychologie des sehr hohen Alters aufgrund der bisher nur selten verfügbaren Längsschnittdaten stärker in der Charakterisierung von Eigenschaften von Personen als in der Charakterisierung von Entwicklungsprozessen. Wir gehen daher im vorliegenden Kapitel auf der Basis einer kurzen Geschichte der Psychologie des sehr hohen Alters zunächst der Frage nach, welche Längsschnittdaten international zu Prozessen kognitiver Entwicklung im sehr hohen Alter vorliegen. Anhand von drei beispielhaft ausgewählten Studien wird die Befundlage beschrieben. Schließlich gehen wir auf die besonderen methodischen und theoretischen Herausforderungen in der längsschnittlichen Erforschung des sehr hohen Alters ein und skizzieren einen konzeptionellen Rahmen für die zukünftige Erforschung von Entwicklungsprozessen im sehr hohen Alter.

## 1. Tradition der Psychologie der Hochaltrigkeit

Die Psychologie der Hochaltrigkeit bezieht sich auf die altersbezogenen Veränderungen psychologischer Kompetenzen von Personen oberhalb der mittleren Lebenserwartung, also etwa ab dem 85. Lebensjahr. Für diesen Altersbereich hat sich in Abgrenzung vom Berufsalter oder „Zweiten Alter", dem jungen (Nachberufs-) Alter zwischen 65 und 85 Jahren oder „Dritten Alter" in der Literatur auch die Bezeichnung „altes Alter", „sehr hohes Alter" oder „Viertes Lebensalter" (*Baltes* 1997) eingebürgert. Gerade in den Untersuchungen zum Vierten Alter wird her-

---

1   Die VELUX STIFTUNG (Projektnummer 369), der Schweizerische Nationalfonds (SNF) (Projektnummer 51A240-104890), die Universität Basel, die F. Hoffmann-La Roche Corp. und die Freie Akademische Gesellschaft stellten eine wesentliche Unterstützung für dieses Projekt dar.

vorgehoben, dass es im Vergleich zum jungen Alter mit einem deutlich erhöhten
Risiko für Morbidität und Mortalität einhergeht. Dies ist aus zwei Hauptgründen
problematisch: Erstens ist es per Definition klar, dass zwischen dem Überschreiten der mittleren Lebenserwartung, also zum Zeitpunkt zu dem die Hälfte einer
Geburtskohorte verstorben ist, und dem maximalen Alter von bisher 122 Jahren
ein kürzerer Zeitraum liegt als zwischen Geburt und mittlerer Lebenserwartung.
Dass daher im Vierten Alter das Sterblichkeitsrisiko grösser ist, ergibt sich aus der
Altersdefinition. Zweitens kann das Vierte Alter nicht mit Gebrechlichkeit gleichgesetzt werden, da es erhebliche Unterschiede innerhalb dieser Altersgruppe gibt
und nicht alle Personen in gleicher Weise beeinträchtigt sind, wie das der Begriff
vermuten lassen könnte. Gebräuchlicher ist es in diesem Zusammenhang mittlerweile ohne Bezeichnung einer Altersgrenze vom funktionalen Alter zu sprechen.
Insgesamt kann als Gegenstand der Entwicklungspsychologie der Hochaltrigkeit
die Beschreibung und Erklärung von Veränderungen psychologischer Ressourcen
im Alter ab 85 Jahren angesehen werden.

Konsultiert man die englischsprachige Fachliteratur, sind auch hier mit Hochaltrigen „the oldest old" und damit Personen ab dem 85. Lebensjahr gemeint. Diese Altersgrenze scheint nicht nur kulturabhängig, sondern auch zeitabhängig zu
sein. Wie die bisherige Entwicklung der mittleren Lebenserwartung seit 1840 gezeigt hat, werden die Menschen weltweit im Durchschnitt immer älter. Mit dieser
Verschiebung der Lebenserwartung verlängern sich auch die verschiedenen Lebensabschnitte, sodass sich in Zukunft die Psychologie der Hochaltrigkeit mit der
Erforschung noch älterer Personen beschäftigen wird (vgl. *Perls* 1995; *Suzman*
1995; *Wahl & Rott* 2002).

## 2. Ursprünge der psychologischen Hochaltrigkeitsforschung

Obwohl schon 1920 die Psychologie des Alters aufkam (*Hall* 1922), ist die Psychologie der Hochaltrigkeit etwas eher Neues. Die Betrachtungsweise des hohen
Alters lehnte sich zunächst stark an die biologischen, physiologischen, medizinischen, historischen, literarischen und philosophischen Aspekte des Alterns an
(*Birren & Birren* 1990). *Hall* (1922) beispielsweise konzentrierte sich bei seiner
Forschung auf den letzten Lebensabschnitt, indem er Personen nach deren Wahrnehmung der eigenen Lebensenergie befragte. So wollte er herausfinden, ob sie
in ihren letzten Lebensjahren eine Art von wiederkommender Energie verspürten
bevor es seines Erachtens endgültig schlechter wurde. Er war auch einer der ersten empirischen Forscher in der Psychologie, der sich intensiv mit dem Thema

Tod im Alter auseinandersetzte. Eine genauere Unterteilung in ein jüngeres und ein älteres Alter wurden hier jedoch nicht vorgenommen.

Auch *Cowdrey* (1939) und *Frank* (1942) beschrieben in ihrer Forschung in erster Linie die medizinischen Aspekte des Alterns. *Cowdrey* (1939) ging in seinem Buch „Problem of Ageing" neben psychologischen, klinischen und soziologischen Faktoren des Alters sogar auf die verschiedenen Organsysteme sowie die Pflanzenkunde ein (*Birren & Birren* 1990). Entwicklungsaspekte des sehr hohen Alters lassen sich bei *Frank* (1942) finden, der über die Veränderungen und Charakteristika schrieb, die mit dem Altern einhergehen. Auch *Dewey* (1939) beschäftigte sich mit Entwicklungsaspekten des Alters, indem er die nach seiner Meinung bestehenden zwei Seiten des Alters beschrieb – ein Konzept, das die Lebensspannenpsychologie später mit der Bezeichnung von Entwicklungsgewinnen und –verlusten aufgriff (z.B. *Baltes* 1987). Auf der einen Seite wurden seiner Meinung nach Personen im hohen Alter immer reifer und weiser. Auf der anderen Seite, der biologischen Seite, mit zunehmendem Alter immer schwächer, verletzlicher und die Wahrscheinlichkeit, an einem Gebrechen zu sterben, immer grösser.

Vom wirklichen Beginn einer Psychologie der Hochaltrigkeit mit dem Gedanken der Entwicklungspsychologie über die Lebensspanne mit dem Fokus auf den letzten Lebensabschnitt kann erst in den 1940er Jahren gesprochen werden, als das erste Gerontologische Forschungszentrum der Nationalen Gesundheitsinstitute seine Türen öffnete. Fast zur gleichen Zeit entstanden auch die Gerontological Society of America (GSA) und die „Division on Maturity and Old Age" der American Psychological Association (APA; *Birren & Birren* 1990). Eine deutliche Abgrenzung zwischen dem jungen Alter und dem alten Alter gab es allerdings zu dieser Zeit noch nicht, auch wenn zu dieser Zeit hierfür die Grundlagen gelegt wurden.

## 3. Aktuelle Bedeutung der Hochaltrigkeitsforschung

Aktuell versteht sich die Psychologie der Hochaltrigkeit vor allem als empirische Wissenschaft. Der Fokus liegt dabei auf der Beschreibung und Erklärung der Veränderung von Strukturen und Prozessen im hohen Alter. Von wesentlicher Bedeutung sind dabei die soziale, emotionale und kognitive Entwicklung sowie die Wechselwirkungen mit gesellschaftlichen, sozialen und räumlichen Rahmenbedingungen. Von speziellem Interesse für ein Verständnis lebenslanger Entwicklung ist die Psychologie der Hochaltrigkeit und somit Entwicklung am Ende der Lebensspanne aus zwei Hauptgründen:

Der erste Grund ist, dass Veränderungen im sehr hohen Alter sich nicht zwangsläufig nur auf eine Richtung der Entwicklung beziehen, nämlich der Zunahme, sondern es können darunter auch Abbauprozesse oder Verluste gemeint sein (*Martin & Kliegel* 2008). Die Entwicklung über die Lebensspanne besitzt also einen multidirektionalen Charakter, geprägt durch Gewinne und Verluste über die gesamte Lebensspanne (vgl. *Heckhausen, Dixon, Baltes* 1989). Das Verhältnis von Gewinnen und Verlusten ändert sich im Verlauf des Lebens. Im Jugend- und frühen Erwachsenenalter überwiegen die Gewinne. Im späteren Erwachsenenalter und speziell bei Hochaltrigen kehrt sich dieses Verhältnis von Gewinnen und Verlusten um. Das heißt, mit zunehmendem Alter wird aus der positiven Differenz von Gewinnen und Verlusten eine negative (*Baltes* 1987). Aus der bisherigen Forschung ist jedoch nicht ersichtlich inwieweit sich diese Theorie auf die individuelle Ebene anwenden lässt. Obwohl beispielsweise gezeigt werden konnte, dass im hohen Alter Personen tendenziell eine Abnahme der kognitiven Fähigkeiten aufweisen, gibt es auch Individuen, bei denen dies nicht oder deutlich weniger der Fall ist. Diese zeigen eine konstante Leistungen auch im Verlauf des hohen Alters oder sogar eine Steigerung der Leistung. Um das Verhältnis von Gewinnen und Verlusten im hohen Alter zu untersuchen, ist es deshalb wichtig, Unterschiede zwischen individuellen Verläufen anhand von Längsschnittstudien zu betrachten.

Obwohl, wie bereits erwähnt wurde, im hohen Alter im Durchschnitt die Verluste die Gewinne überwiegen, hat sich gezeigt, dass ein großer Teil der hochaltrigen Personen die funktionale Autonomie erhalten kann. Gemäß *Höpflinger* und *Hugentobler* (2003) meistern 80% der 80-85-jährigen Personen ihr Leben unabhängig, und bei den über 85-Jährigen sind es noch 65-70%. In diesem Zusammenhang ist von Interesse, wie es Personen schaffen, funktional autonom zu bleiben, obwohl sie meist weitaus weniger psychologische Ressourcen zur Verfügung haben als in ihren Jugend- und jungen Erwachsenenjahren. Trotz des Erhalts von unterschiedlichen Fähigkeiten scheinen es viele Hochaltrige zu schaffen, ihre Ressourcen optimal zu nutzen, um möglichst lange ihre funktionale Autonomie aufrecht zu erhalten. Eine große Herausforderung für die Hochaltrigkeitsforschung besteht darin heraus zu finden, welche Mechanismen dieser funktionalen Autonomie zugrunde liegen.

Dazu ist es hilfreich, Autonomie nicht als abhängige Variable zu betrachten, sondern sie in einem Wechselspiel von einzelnen Fähigkeiten, einzelnen Umwelten, der Plastizität der Fähigkeiten und der Beeinflussung der Umwelten zu sehen. In diesem Zusammenhang kann von der Ressourcen-Orchestrierung zur Stabilisierung von Lebensqualität und Autonomie gesprochen werden (*Zöllig, Eschen & Martin* 2009). Danach kann selbst bei geringer Ressourcenlage und geringer Ressourcenplastizität die Lebensqualität und die Autonomie auf drei Wegen aufrecht erhalten werden. Zum einen durch die geeignete Wahl von ressourcenadäquaten Umwelten, also beispielsweise Umwelten mit regelmäßigen, gut vorhersehbaren Abläufen und geringerer Komplexität, zum anderen durch die Übung der vorhandenen Fähigkeiten und Ressourcen und schließlich durch die Adaptation der Kriterien, die für die Bewertung der eigenen Lebensqualität und Autonomie herangezogenen Kriterien (vgl. *Zöllig* et al. 2009). Das sehr hohe Alter mit einer durchschnittlich geringeren Ressourcenlage macht Adaptationsprozesse auf allen drei Wegen eher erforderlich als in anderen Gruppen und die Adaptation ist für die psychische Gesundheit und das Überleben der Hochaltrigen entscheidender als für jüngere Altersgruppen. Hochaltrige bieten sich daher für die Untersuchung der Grenzen der Adaptivität menschlicher Entwicklung geradezu an.

*Abbildung 1:*  Orchestrierungsmodell des Lebensqualitätsmanagements im hohen Alter (nach *Zöllig* et al. 2009).

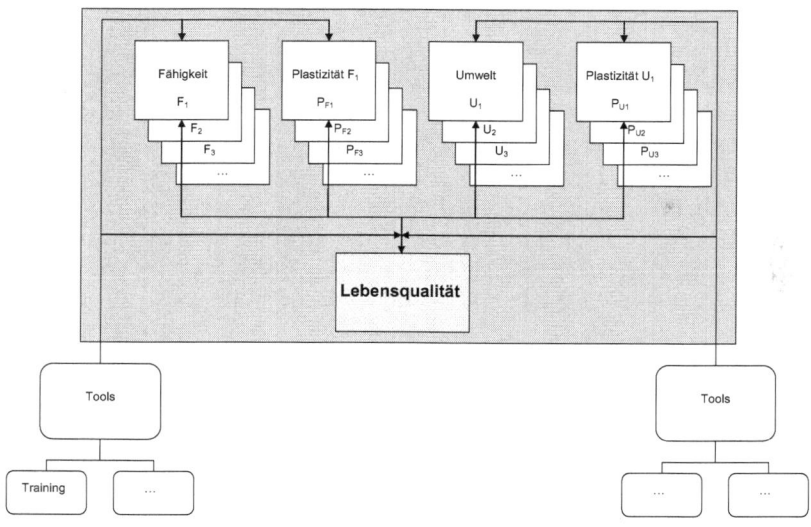

Der zweite Hauptgrund der Bedeutung der Psychologie der Hochaltrigkeit ist die vorhersehbare Tatsache, dass die Erforschung der heutigen 85 bis über 100-jährigen einen Blick in die Zukunft des „jungen Alters" erlaubt: Betrachtet man die demographische Entwicklung der heutigen Weltbevölkerung, so wird sich laut Berechnungen des Statistischen Bundesamtes Deutschland die Lebenserwartung der 65-Jährigen bis ins Jahre 2050 im Durchschnitt um 4.5 Jahre erhöhen. Zudem steigt die Zahl der über 80-Jährigen von heute ca. 4 Millionen bis ins Jahr 2050 auf ca. 10 Millionen (*Eisenmenger, Pötzsch & Sommer* 2006). Gemäß *Oeppen* und *Vaupel* (2002) hat sich die Lebenserwartung seit 1840 pro Jahr um drei Monate erhöht. Extrapoliert man diese Trends in die Zukunft, bedeutet dies, dass in Deutschland im Jahr 2007 geborene Kinder eine Lebenserwartung von 102 Jahren besitzen werden. Die zukünftige Steigerung der Lebenserwartung ist in erster Linie auf die sinkende Mortalität im hohen Alter zurückzuführen (*Christensen, Doblhammer, Rau & Vaupel* 2009). Es ist also vorhersehbar, dass für die heute geborenen Kinder das Dritte Alter von 65 bis über 100 Jahre reichen wird und wir mit der Erforschung des heutigen hohen Alters bereits jetzt wichtige Einsichten über mögliche Anpassungsprozesse der zukünftig „jungen alten" Menschen erhalten können.

## 4.  Kognitive Hochaltrigkeitsforschung

Unter den für eine selbständige Lebensgestaltung und Alltagsbewältigung im höchsten Alter wichtigsten Ressourcen nehmen die kognitiven Ressourcen und die Intelligenz eine herausragende Stellung ein. So konnte die Arbeitsgruppe um *Lawton* zeigen, dass vor allem der Verlust der kognitiven Gesundheit für Hochaltrige einen großen Leidensdruck mit sich bringt. So äußern 72% der Personen im Alter von 70 Jahren und älter, sie würden lieber sterben als geistig verwirrt in einem Heim zu leben. Dies zeigt, dass Personen tendenziell die geistige Gesundheit für ihr Wohlbefinden sehr hoch gewichten (*Lawton* et al. 1999). Da die kognitive Entwicklung und Veränderung im hohen Alter nicht nur für die Wissenschaft sondern auch für das Individuum von großem Interesse ist und dieses Gebiet extremes Forschungspotential bietet, möchten wir uns im Folgenden in erster Linie auf die kognitive Entwicklung am Ende der Lebensspanne beziehen.

Die Kognition ist noch aus einem anderen Grund von erheblicher Bedeutung: Wie Auswertungen der Lebenserwartungsdaten von extrem hoch gebildeten Personen belegen, geht eine lange formale Ausbildung und kognitive Aktivität mit auch im Alter höherer kognitiver Leistungsfähigkeit einher (*Hultsch, Hertzog, Small & Dixon* 1999; *Willis & Schaie* 2005), sie könnte sogar mit einer höheren Lebenserwartung assoziiert sein. Eine eigene, 2007 durchgeführte Untersuchung der Lebenserwartungsdaten aller seit ihrer Gründung 1833 an der Universität Zürich angestellten Professoren, die zwischen 1763 und 1909 geboren wurden (N = 489; aufgrund der geringen Zahl von bisher verstorbenen Professorinnen konnten nur die Daten der männlichen Professoren ausgewertet werden) ergab im Vergleich zur männlichen Zürcher Vergleichsbevölkerung von Personen die mindestens 31 Jahre alt wurden (dem Lebensalter des jüngsten verstorbenen Professors) eine um 4.4 Jahre höhere Lebenserwartung. Deutlich wird bei den Daten darüber hinaus, dass der signifikante Vorteil von extrem hoher Bildung auch nach Überschreiten der mittleren Lebenserwartung anhält, also auch im höheren Alter bis etwa 95 Jahre (s. Abb 2).

*Abbildung 2:*   Vergleich der Lebenserwartung von Professoren und Vergleichsbevölkerung für die Geburtsjahrgänge 1763-1909 zum Stichtag 31.12.2006 (nach *Martin, Zimprich & Schumacher* 2007).

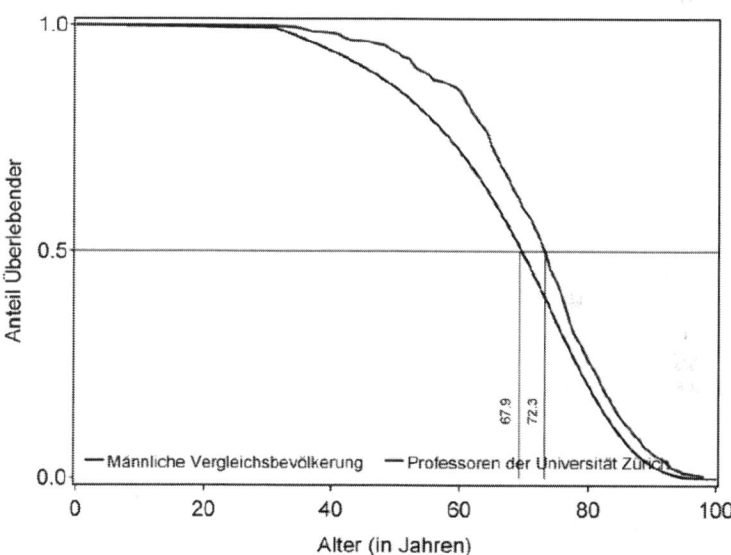

In diesem Zusammenhang ist von Bedeutung, dass durch die neuroanatomische Forschung erhebliche Plastizitätspotenziale aufgezeigt werden können. So konnte gezeigt werden, dass bei alternden Gehirnen nicht nur Abbauprozesse existieren, sondern anhand von gezielten Trainings gewisse Hirnregionen einen plastischen Charakter besitzen. Mittlerweile bedient sich nicht mehr nur die Neuroanatomie des Begriffs der Plastizität sonder auch die Neuropsychologie und Gerontopsychologie, die herauszufinden versuchen, inwieweit sich diese Befunde auf die Gehirne von Hochaltrigen übertragen lassen. Dazu sind Daten zur normalen Entwicklung kognitiver Leistungen im sehr hohen Alter von ausschlaggebender Bedeutung. Bis jetzt war man der Meinung, dass mit Ausnahme von wenigen Fähigkeiten - wie beispielsweise der kristallinen Intelligenz - die Mehrheit der kognitiven Fähigkeiten im Alter abnehmen. Bis anhin wurde dies jedoch selten bei Hochaltrigen untersucht und wenn, dann meist mit Querschnitt- und nicht mit Längsschnittstudien. Problematisch bei der Querschnittforschung ist, dass man individuelle Veränderungs- und Entwicklungsprozesse zugunsten der Betrachtung von Altersunterschieden vernachlässigt.

Es ist aus methodischen Gründen zunächst verständlich, warum Längsschnittstudien mit sehr alten Personen besondere Herausforderungen darstellen. So ist beispielsweise eine gleich große Stichprobe Hundertjähriger aus einer wesentlich kleineren Grundgesamtheit gezogen als eine Repräsentativstichprobe von 80-Jährigen (*Martin & Kliegel* 2008). Von den untersuchten Hundertjährigen überlebt heute nur ein kleiner Teil lange genug, um an einer möglicherweise erst Jahre später stattfindenden Wiederholungsmessung teilnehmen zu können. Dennoch führt unseres Erachtens kein Weg an geeigneten längsschnittlichen Designs vorbei. Dazu eine Illustration aus einem anderen Bereich: Vergleicht man im Querschnitt 60- mit 100-Jährigen, so ist bei den 60-Jährigen ein hoher Blutdruck ein eindeutiger Risikofaktor für Herzinfarkte, aber praktisch alle Hundertjährigen weisen einen erhöhten Blutdruck auf. Man kann nun entweder vermuten, dass die Personen, die mit einem erhöhten Blutdruck von einem Herzinfarkt verschont bleiben anschließend sehr alt werden oder aber, dass die Personen sehr alt werden, deren Blutdruck sich in Anpassung an ein zunehmend weniger flexibles Gefäßsystem erhöht hat. Übertragen auf psychologische Sachverhalte wie die kognitiven Ressourcen ist ebenso fraglich, inwiefern auch sehr alte Personen in der Lage sind, ihre Leistungen den veränderten Erfordernissen ihrer Lebenssituation anzupassen – und dies ist nur in Längsschnittstudien möglich. Man könnte sogar sagen, dass gerade bei Hochaltrigen die Längsschnittforschung von Interesse ist, da man so erkennen kann, ob es im sehr hohen Alter Personen gibt, bei denen die kognitive Leistung über die Zeit konstant bleibt oder sogar Verbesserungen möglich sind. Diese Daten würden wichtige Hinweise auf die möglicherweise nicht vorhandenen Grenzen der kognitiven Plastizität liefern. Speziell in Hinsicht auf die steigende Zahl von kognitiv beeinträchtigten Personen im hohen Alter ist es darüber hinaus von Bedeutung, individuelle Entwicklungsverläufe zu betrachten und daraus mögliche Schutzfaktoren zum Erhalt oder zur positiven Beeinflussung kognitiver Kompetenzen herauszukristallisieren. Das Ziel dieses Kapitels ist es deshalb als nächstes, einen Überblick über Längsschnittstudien zur kognitiven Entwicklung bei Hochaltrigen zu geben, die verschiedenen methodischen Herausforderungen der psychologischen Höchstaltrigenforschung aufzuzeigen und weitere Forschungsmöglichkeiten im Gebiet der kognitiven Hochaltrigkeitspsychologie zu präsentieren.

## 5. Kognitive Längsschnittstudien

Tabelle 1 gibt einen Überblick über die wichtigsten Längsschnittstudien, die kognitive Fähigkeiten bei Hochaltrigen untersucht haben. Bei der Analyse der Studien wurden in erster Linie die kognitiven Studien mit über 80-Jährigen von *Hofer* und *Piccinin* (2007) übernommen und überarbeitet und durch weitere Studien der Webseite der „Integrative Analysis of Longitudinal Studies on Aging (IALSA)" und des „Nationale Institute on Aging (NIA)" ergänzt. Dabei wurden ausschließlich Studien einbezogen, deren Laufzeit bis zum Jahre 2009 mindestens fünf Jahre betrug und bei denen zwei oder mehr Messzeitpunkte von über 80-Jährigen erhoben wurden.

Bei genauerer Betrachtung der Tabelle 1 fällt auf, dass, obwohl alle Studien Versuchsteilnehmer im Alter von über 80 beinhalten, sich wenige darunter befinden, die sich ausschließlich auf Personen oberhalb der mittleren Lebenserwartung konzentrieren. Lediglich sieben der 66 Studien fokussieren vom ersten Messzeitpunkt an auf Personen, die 80 Jahre oder älter sind (Fredericton, H85, HD 100, Lund, NECS, OCTO-Twin und SWILSO-O). Auf ähnliche Befunde sind auch *Smith* und *Zank* (2002) gestoßen. Sie haben 32 psychologische Studien auf den Anteil von 85-jährigen Personen untersucht. Unter den von ihnen betrachteten Studien befanden sich fünf mit einem 100%-Anteil von über 85-Jährigen. Ihre Resultate weisen darauf hin, dass sich viele große und bekannte internationale Altersstudien vordergründig auf Stichproben im jungen und mittleren Erwachsenenalter beziehen.

*Tabelle 1:* Längsschnittstudien zur kognitiven Entwicklung im hohen Alter (80+ Jahre)

| Studienname | Laufzeit | N (T1)[a] | Alter (T1)[b] | T2-T1[c] | Akronym |
|---|---|---|---|---|---|
| Aging in Manitoba | 1971- | 8950 | 60+ | 5 | AIM |
| Asset and Health Dynamics Among the Oldest Old | 1993- | 7447 | 70-89 | 2 | AHEAD |
| Australian Longitudinal Study of Aging | 1992- | 2087 | 70+ | 1 | ALSA |
| Baltimore Longitudinal Study of Aging | 1958- | 260 | 20-96 | 2 | BLSA |
| Berkeley Older Generation Study | 1968-1982 | 94 | 59-79 | 14 | -- |
| Berlin Aging Study | 1990- | 516 | 70-103 | 2 | BASE |

| Studienname | Laufzeit | N (T1)[a] | Alter (T1)[b] | T2-T1[c] | Akronym |
|---|---|---|---|---|---|
| Betula Project | 1988-1998 | 3500 | 35-80 | 5 | Betula |
| Bonn Longitudinal Study | 1965-1981 | 222 | 60-75 | 1 | BOLSA |
| Cambridge City Over 75 Cohort Study | 1985- | 2616 | 75+ | 1 | CC75C |
| Canadian Multicentre Osteoporosis Study | 1996-2008 | 9423 | 25+ | n. b. | CaMos |
| Canadian Study of Health and Aging | 1991-2001 | 10263 | 65+ | 5 | CSHA |
| Canberra Longitudinal Study | 1990-2002 | 897 | 70-93 | 4 | CLS |
| Cardiovascular Health Study | 1989-1999 | 5888 | 65-100 | 1 | CSH |
| Chicago Health and Aging Project | 1993- | 10121 | 65+ | 3 | CHAP |
| Cross-European Longitudinal Study of Ageing | 2002- | 1500 | 30-85 | n. b. | EXCELSA |
| Duke Longitudinal Study of Normal Aging | 1956-1976 | 267 | 60-94 | 3.5 | DLSNA |
| Einstein Aging Studies | 1980- | 488 | 70-90 | 1 | EAS |
| Epidemiology of Dementia in Cache Co., Utah | 1995- | 5092 | 65+ | 3 | -- |
| English Longitudinal Study | 2002- | 12100 | 50-100 | 1 | ELSA |
| Established Populations for Epidemiologic Studies of the Elderly | 1981-1993 | 14456 | 65+ | 2 | EPESE |
| Fredericton 80+ Study | 1998-2008 | 387 | 80 | n. b. | Fredericton |
| Gender Study of Unlike Sex Dizygotic Twins | 1995- | 500 | 69-81 | 4 | GENDER |
| Georgia Centenarian Study | 1988- | 300 | 60+ | 4 | GCS |
| Gerontological and Geriatric Population Studies in Gothenburg | 1971- | 1000 | 70 | 5 | H70 |
| Groningen Longitudinal Aging Study | 1992- | 5297 | 57-99 | 1 | GLAS |
| Göteborg Study | 1985- | 494 | 85+ | 3 | H85 |
| Health, Aging and Body Composition Study | 1997-2004 | 3075 | 70-79 | 1 | Health ABC |
| Healthy Older People in Edinburgh Study | 1990- | 597 | 70-88 | n. b. | HOPE |
| Heidelberg Centenarian Project | 2001- | 91 | 100+ | 1.5 | HD 100 |
| Honolulu-Asia Aging Study | 1991- | 3734 | 71-93 | 3 | HAAS |
| Italian Longitudinal Study on Aging | 1992-2004 | 5493 | 65-84 | 3 | ILSA |
| Kungsholmen Project | 1987-1999 | 327 | 75+ | 4 | -- |
| Longbeach Longitudinal Study | 1978- | 509 | 55-87 | 3 | LBLS |
| Longitudinal Aging Study Amsterdam | 1992- | 3107 | 55-85 | 3 | LASA |
| Longitudinal Study of Aging in Africa | 2004- | 3500 | 50+ | n. b. | LSAA |
| Longitudinal Study of Aging I | 1984-1990 | 7527 | 70+ | 2 | LSOA |
| Longitudinal Study of Aging II | 1994-2000 | 9447 | 70+ | 3 | LSOA II |
| Longitudinal Studies of Cognitive Change in Normal, Healthy Old Age | 1982- | 6187 | 49-96 | n. b. | LSDD |
| Lund 80+ Study | 1988- | 211 | 80+ | 5 | LUND |
| Maastricht Aging Study | 1992- | 2000 | 24-81 | 3-5 | MAAS |

| Studienname | Laufzeit | N (T1)[a] | Alter (T1)[b] | T2-T1[c] | Akronym |
|---|---|---|---|---|---|
| McArthur Studies of Successful Aging | 1988-1996 | 1192 | 70-79 | 3 | McArthur |
| Melton Mowbray Ageing Project | 1981- | 3000 | 75+ | 4 | MMAP |
| Medical Research Council Cognitive Function and Ageing Study | 1991- | 13000 | 65+ | n. b. | CFAS |
| Monongahela Valley Independent Elders Survey | 1987-2002 | 2002 | 65+ | 2 | MoVIES |
| National Health and Nutrition Examination Survey Follow-Up | 1971-1992 | 14407 | 25-74 | 11 | NHEFS |
| National Long Term Care Survey | 1982- | 19000 | 65+ | 2 | NLTCS |
| National Population Health Survey | 1994- | 17276 | 0+ | 2 | NPHS |
| New England Centenarian Study | 1994- | 46 | 100+ | n. b. | NECS |
| New Mexico Aging Process Study | 1979-2003 | 299 | 65+ | 1 | NMAPS |
| Normative Aging Study | 1963- | 2280 | 21-81 | 3-5 | NAS |
| Nordic Research on Aging | 1989- | 400 | 75 | 5 | NORA |
| Nottingham Longitudinal Study of Activity and Aging | 1985-1993 | 1042 | 65+ | 4 | NLSAA |
| Nun Study | 1986- | 678 | 75-106 | 1 | NUN |
| Octogenarian Twin Study | 1990- | 702 | 80+ | 2 | OCTO-Twin |
| Personnes âgées QUID | 1988-2003 | 4134 | 65+ | n. b. | PAQUID |
| Rancho Bernardo Study | 1972- | 1000-6000 | 20+ | n. b. | Bernardo |
| Rotterdam Study | 1990- | 7983 | 55-106 | 4 | Rotterdam |
| Seattle Longitudinal Study | 1956- | 5000 | 22-70 | 7 | SLS |
| Southampton Aging Project | 1977-1998 | 340 | 65+ | 11 | SAP |
| Survey on Health, Aging and Retirement in Europe | 2004- | 31115 | 50+ | 2 | SHARE |
| Study of Osteoporotic Fractures | 1986- | 9704 | 65+ | 4 | SOF |
| Swedish Adoption/Twin Study of Aging | 1984- | 1500 | 40-84 | 3 | SATSA |
| Swiss Interdisciplinary Longitudinal Study on the Oldest-Old | 1994- | 714 | 80-85 | 1 | SWILSO-O |
| Victoria Longitudinal Study | 1986- | 484 | 55-85 | 3 | VLS |
| Women's Health Initiative Memory Study | 1996-2005 | 7480 | 65-79 | n. b. | WHAS |

[a] Anzahl der Versuchspersonen der Kernstichprobe zum ersten Messzeitpunkt

[b] Altersrange der Kernstichprobe zum ersten Messzeitpunkt

[c] Zeitintervall zwischen dem ersten und zweiten Messzeitpunkt

Im Folgenden wird anhand von drei Studien der momentane Stand der Längs-schnittforschung im hohen Alter erläutert. Es werden Studien beschrieben, die sich bezüglich ihrer Schichtung, Repräsentativität und ihren Altersranges unterschei-

den und demzufolge einen breiten Überblick über die Längsschnittforschung im
hohen Alter vermitteln.

In der *Berliner Altersstudie* (BASE) wurde darauf geachtet, dass die Teilnehmenden der Kernstichprobe nach Alter und Geschlecht stratifiziert wurden. Das
heisst, dass sich in jeder der sechs Altersgruppen genau gleich viele Männer wie
Frauen befanden. Diese Schichtung nach Alter und Geschlecht erlaubt den Vergleich von Teilgruppen mit ausreichender statistischer Aussagekraft, insbesondere ältere Männer sind dadurch im Vergleich zur Gesamtbevölkerung deutlich
überrepräsentiert.

Die Berliner Altersstudie startete im Jahre 1990 mit einer Kernstichprobe von
516 Personen im Alter von 70 bis 103 Jahren, die bezüglich ihrer geistigen und
körperlichen Gesundheit, ihrer intellektuellen Leistungsfähigkeit und psychischen
Befindlichkeit sowie ihrer sozialen und ökonomischen Situation getestet wurden.
Nach dieser Kernuntersuchung wurden die Überlebenden längsschnittlich sieben
weitere Male getestet. Bei der Längsschnittuntersuchung bestand die kognitive
Testbatterie aus acht Tests, wobei jeweils zwei Tests eine der folgenden kognitiven Fähigkeiten prüfen sollten: Verarbeitungsgeschwindigkeit (gemessen durch
Zahlen-Buchstaben und identische Bilder), episodisches Gedächtnis (gemessen
durch Paarassoziationen und Gedächtnisaufgaben für Texte), Flüssigkeit (gemessen durch Kategorien und Wortanfang) und Wissen (gemessen durch Wortschatz
und Wortsichtung). Zusätzlich wurde aus den vier kognitiven Fähigkeiten ein In-
telligenzmaß berechnet. Die Befunde von *Singer, Verhaeghen, Ghisletta, Lindenberger* und *Baltes* (2003), auf die im Folgenden Bezug genommen wird, beziehen
sich auf drei Testzeitpunkte, die im Abstand von ca. vier beziehungsweise sechs
Jahren nach der ersten Erhebung durchgeführt wurden. *Singer* et al. (2003) haben die Querschnittsdaten aller Versuchspersonen (N = 516, Querschnittgruppe),
die an der ursprünglichen Erhebung teilgenommen haben, mit den Querschnitt-
und Längsschnittdaten der nach sechs Jahren verbliebenen Versuchspersonen (N
= 132, Längsschnittgruppe) verglichen. Es stellte sich dabei heraus, dass sich der
Altersverlauf in den kognitiven Fähigkeiten bei den Quer- und Längsschnittdaten
der Längsschnittgruppe, im Gegensatz zur Querschnittgruppe, nicht unterscheidet. Der Altersverlauf der Querschnittgruppe hatte im Vergleich zur Längsschnittgruppe einen steileren Verlauf, d.h. die Leistungen nahmen über das Alter stärker
ab. Betrachtet man die Leistung in den verschiedenen kognitiven Fähigkeiten, so
wird ersichtlich, dass Verarbeitungsgeschwindigkeit, Gedächtnis und Flüssigkeit
ähnliche mit dem Alter einhergehende Verluste aufweisen - im Unterschied zum
Wissen, welches bis zum Alter von 90 nahezu konstant blieb. Die verschiedenen
kognitiven Fähigkeiten zeigen im Längsschnitt, dass mehr Veränderungen in der

Gruppe der ‚sehr Alten' (78-100 Jahre) vorkommen als in der Gruppe der ‚Alten' (70-77 Jahre).

Bei der *Seattle Längsschnittstudie* (SLS) wurde weniger auf die Verteilungen des Alters und des Geschlechts innerhalb der Gruppen geachtet als vielmehr auf die Repräsentativität der Stichprobe. In regelmässigen Abständen von sieben Jahren wurde die Kernstichprobe durch eine weitere Gruppe von zufällig ausgewählten Mitgliedern einer Krankenversicherung ergänzt (*Martin & Kliegel* 2010).

Die Seattle Longitudinal Study hat ihren Ursprung im Jahre 1956. *Warner Schaie* testete im Rahmen seiner Doktorarbeit 500 Personen bezüglich ihrer kognitiven Fähigkeiten. 1963 wurde die erste Follow-up-Untersuchung durchgeführt, welche die ursprünglich geplante Querschnittstudie zu einer Längsschnittstudie erweiterte. Die darauffolgenden Testungen fanden im Abstand von 7 Jahren statt, wobei zu den Längsschnittdaten auch immer wieder Querschnittdaten von neuen Kohorten erfasst wurden. Bei den Teilnehmenden wurden u.a. die kognitiven Fähigkeiten induktives Denken, räumliche Wahrnehmung, verbales Verständnis, Wortflüssigkeit und Zahlenflüssigkeit untersucht. Betrachtet man den Verlauf der verschiedenen kognitiven Fähigkeiten über einen Zeitraum von 35 Jahren bei Personen im Alter von 25 bis 88 Jahren, so fällt auf, dass eine Abnahme der kognitiven Leistungen erst einige Jahre nach dem Erreichen des mittleren Erwachsenenalters eintrifft. Eine signifikante Verschlechterung der Leistung in der Wort- und Zahlenflüssigkeit beginnt ab dem Alter von 67 Jahren und bei den anderen aufgeführten kognitiven Fähigkeiten sogar erst ab dem Alter von 74 Jahren. Diese Befunde unterscheiden sich von den Resultaten der Querschnittdaten insofern, als bei diesen ein Abfall von verschiedenen kognitiven Fähigkeiten wie beispielsweise des induktiven Denkens und der räumlichen Wahrnehmung bereits im Alter von 25 Jahren beobachtet werden kann (*Schaie* 2005).

Die *Georgia Centenarian Study* (GCS) fokussierte sich bei der Auswahl ihrer Versuchspersonen speziell auf die Altersgruppe der extrem Hochaltrigen. Sie untersuchte in erster Linie kognitiv gesunde Personen, die das 100. Lebensjahr erreicht haben. Bei der Georgia Centenarian Study hat demgemäß eine bewusste Selektion bezüglich Alter und kognitiver Gesundheit stattgefunden.

Der erste Messzeitpunkt der Georgia Centenarian Study fand im Jahre 1988 statt. Neben der Gruppe von ca. 100 Hundertjährigen wurde auch eine Gruppe von 60- und 80-Jährigen untersucht. Das Ziel der ersten Phase des Projektes war es, die speziellen Adaptationsmechanismen von kognitiv intakten Personen zu untersuchen interessanterweise aufgrund von Querschnittdaten. Sechs Jahre später folgte eine Folgeerhebung bei der dieselben Fragestellungen im Längsschnitt betrachtet wurden. Die kognitiven Messinstrumente die bei der Georgia Centenari-

an Study eingesetzt wurden, setzten sich zusammen aus vier Untertests der WAIS
Testbatterie (Vokabular, Blockdesign, Arithmetik und Bilderanordnung) sowie einem Test zum Paarassoziationslernen, dem Wiedergeben von Präsidenten und dem
Wiedererkennen von gelerntem Material (*Poon* et al. 1992). Bei der Analyse der
Daten wurden einerseits die Leistungen der verschiedenen Altersgruppen miteinander verglichen und andererseits die interindividuellen Variationen in der kognitiven Leistung der verschiedenen Altersgruppen betrachtet. Wie zu erwarten war,
zeigten die jüngeren Altersgruppen im Durchschnitt eine bessere Leistung in den
kognitiven Tests als ihre Vergleichsgruppe von Hundertjährigen. Bei den interindividuellen Variationen zeigte sich, dass bei Fähigkeiten, die auf Erfahrung basieren (Vokabular, Wiedergeben von Präsidenten und dem Wiedererkennen von gelerntem Material) und einen ziemlich stabilen Charakter über die Lebensspanne
aufweisen mit zunehmendem Alter auch eine Zunahme der Variabilität auftritt. Im
Gegensatz hierzu wurde bei prozessbasierten Fähigkeiten (Blockdesign, Arithmetik
und Paarassoziationslernen) genau der gegenteilige Effekt beobachtet. Bei kognitiven Aufgaben bei denen Personen mit zunehmendem Alter tendenziell schlechtere Leistungen erbringen, nahm die interindividuelle Variabilität der Leistung ab
(*Poon* et al. 1992). Dies ist jedoch möglicherweise ein Artefakt der typischerweise
zu findenden hohen Korrelation zwischen Mittelwerten und Variabilitätsmassen.

Insgesamt haben die drei beispielhaft ausgewählten Studien wichtige Beiträge
zur Psychologie der Hochaltrigkeit geliefert, insbesondere durch die Kombination
von Quer- und Längsschnittstudien. So deuten insbesondere die längsschnittlich
meist günstigeren Entwicklungsverläufe kognitiver Fähigkeiten darauf hin, dass
auch im höchsten Alter (a) nachkommende Kohorten signifikant günstigere Entwicklungsverläufe aufweisen und (b) individuelle Unterschiede im Lebensstil zu
günstigeren Entwicklungsverläufen beitragen. Bisher unklar ist jedoch, inwiefern
Veränderungen von Aktivitäten und Lebensstil im höchsten Alter Auswirkungen
auf individuelle Entwicklungsverläufe haben, es also tatsächlich zu Adaptationen
von Verhalten und Leistungen kommt. Wichtig sind auch die Befunde zur unterschiedlichen Veränderungssensitivität innerhalb der Gruppe sehr alter Personen.
Diese unterstreichen, dass es in den jüngeren Altersgruppen möglicherweise mit
weniger Aufwand gelingt, eine stabile „Orchestrierung" der Leistungsfähigkeit
herzustellen, in den älteren Altersgruppen die Möglichkeiten zur Orchestrierung
etwa durch markant verringerte Einzelressourcen, jedoch geringer ist. Dies stün-
de im Einklang mit einer Dedifferenzierung von Fähigkeiten erst innerhalb des
höchsten Alters, die sowohl für Persönlichkeitseigenschaften (*Allemand, Zimprich
& Martin* 2008) wie für kognitive Fähigkeiten nachgewiesen werden kann (*Zimprich & Martin* 2009). Darüber hinaus verweisen diese Befunde auf die Bedeu-

tung der Erforschung von Adaptationsprozessen im extrem hohen Alter, da unter den Grenzbedingungen kognitiver Fähigkeiten wie im extrem hohen Alter die effiziente Ressourcenorchestrierung umso wichtiger für die Aufrechterhaltung alltagswichtiger Kompetenzen wird und die Mechanismen, die zur Effizienzsteigerung führen, umso besser isoliert werden können (*Schönemann-Gieck* et al. 2003; *Schumacher & Martin* 2009).

## 6. Methodische Herausforderungen der Hochaltrigkeitsforschung

Die aus unserer Sicht wichtigste Fragestellung der kognitiven Hochaltrigkeitsforschung ist die nach der Fähigkeit, bis ins extrem hohe Alter die Orchestrierung von kognitiven Ressourcen zugunsten der Aufrechterhaltung von Autonomie, Wohlbefinden, sozialer Integration und Lebensqualität zu adaptieren. Mit anderen Worten geht es darum, ob extrem alte Personen aufgrund stabiler und nicht veränderbarer Eigenschaften und Leistungsverlusten überlebt haben – die Überlebens-Hypothese – oder ob prinzipiell bis ins höchste Alter eine Adaptation der Ressourcenorchestrierung – die Adaptations-Hypothese – möglich ist. Diese Frage kann nur mit Hilfe von Längsschnittdaten beantwortet werden. Allerdings ist die längsschnittliche Erforschung des sehr hohen Alters mit fünf bisher ungelösten Herausforderungen konfrontiert, die die bestehenden Studien jeweils unterschiedlich zu umgehen versuchen.

Eine Herausforderung liegt in der zunehmenden Selektivität von Stichproben mit zunehmendem Alter (*Ghisletta, McArdle & Lindenberger* 2006). So waren die jüngsten Männer der BASE weniger als 1% der Berliner Gesamtpopulation der gleichen Altersgruppe, die ältesten dagegen mehr als 10% (vgl. *Martin & Kliegel* 2008). Würde man noch ältere Personen untersuchen, etwa die so genannten „Super-Centenarians" der über 110-Jährigen (*Maier, Gampe, Jeune, Robine & Vaupel* 2010), dann geht dies bis zu 100% Ausschöpfungsquote nach oben. Nicht nur gibt es damit Unterschiede in der Selektivität zwischen den untersuchten Männern und Frauen, darüber hinaus ist auch nicht von vornherein klar, ob Zusammenhänge von Variablen innerhalb der verschiedenen Altersgruppen die gleichen sind. Durch die Selektion in solchen geschichteten Stichproben oder die unterschiedliche Varianz von Variablen in Repräsentativstichproben mit unterschiedlich vielen jungen und alten Personen können die Beiträge einzelner Indikatoren (wie z.B. Wortflüssigkeit oder Weltwissen) zu latenten Konstrukten (wie z.B. fluide oder kristalline Intelligenz) unterschiedlich sein und unterschiedliche inhaltliche Bedeutungen haben. Mit dem Problem der Selektivität einher geht auch die Herausforderung, dass Stichproben von über 95-jährigen selbst über einen Folgezeitraum von 12 Monaten durch ein erhebliches Mass an Mortalität gekennzeichnet sind (*Ghisletta & Spini* 2004). Werden in die längsschnittlichen Auswertungen nur die Personen mit vollständigen Datensätzen aufgenommen, so bleiben wertvolle Informationen von Personen ungenutzt, die nicht an allen Messzeitpunkten teilgenommen haben. Die Verwendung aller Daten ist mit Hilfe moderner statistischer Modelle möglich, dabei müssen jedoch eine Reihe von wichtigen Anforderungen an die Datenqualität erfüllt sein (vgl. *Ghisletta* 2008; *Zimprich* 2008; *Zimprich & Martin* 2009).

Eine zweite Herausforderung liegt darin, dass gerade bei kognitiven Längsschnittstudien eine Tendenz besteht, dass leistungsfähigere Personen bei der ersten Testung besser abschneiden als weniger leistungsfähige Personen und deshalb auch eine höhere Motivation besitzen, an einer Folgeerhebung teilzunehmen. Durch Mortalität scheiden im Normalfall Personen aus, deren kognitive und physische Gesundheit im Vergleich zu der Gesamtstichprobe unter dem Durchschnitt liegt. Beides zusammen hat zur Folge, dass bei Längsschnittstudien eine Verzerrung ins Positive vorliegt, das heißt, altersbedingte Abnahmeprozesse weniger stark ausfallen, als dies normalerweise der Fall wäre. Dies ist insbesondere bei Längsschnittstudien mit sehr alten Personen wirksam, weil hier Verringerungen der Leistungsfähigkeit die selbstständige Lebensführung gefährden oder beeinträchtigen können. Umgekehrt kann es gerade bei den Stichproben sehr alter Personen vorkommen, dass bereits in der Ausgangsstichprobe subsyndromale Erscheinungsformen psychischer, insbesondere demenzieller Erkrankungen vorliegen. Dadurch bewegt sich die Leistungsfähigkeit betroffener Personen zu einem früheren Zeitpunkt zwar noch im, vom Altersdurchschnitt gesehen, normalen Streuungsbereich, sie ist jedoch zumindest teilweise erkrankungsbedingt verringert. Dies führt zu einer Unterschätzung der tatsächlichen Leistungsentwicklung der normalen, nicht von Erkrankungen betroffenen Untersuchungspopulation. Beide, Über- wie Unterschätzungen können also die Interpretation der Längsschnittdaten bei extrem Hochaltrigen stärker beeinflussen, als das bei jüngeren Altersgruppen der Fall ist.

Es können sich weitere methodische Herausforderungen bei der psychologischen Hochaltrigkeitsforschung ergeben, die weder quer- noch längsschnittspezifisch sind. Da ältere Personen mit kognitiver Beeinträchtigung nicht immer in der Lage sind, selbst ein reliables Urteil über ihre Fähigkeiten abzugeben, gibt es die Möglichkeit der Fremdbeurteilung durch einen Proxy. Diese Proxybeurteilung kann durch ein Familienmitglied, einen engen Bekanten oder eine Pflegepersonen durchgeführt werden. Es hat sich jedoch gezeigt, dass die Fremdbeurteilungen nicht immer mit den Selbstbeurteilungen übereinstimmen – und dennoch als korrekt gelten können. Dabei muss berücksichtigt werden, dass die Quellen, auf der das Urteil beruht, sich zwischen den Auskunftgebenden unterscheidet. So ist für Aussenstehende ExpertInnen für die Beurteilung der Gesundheit von Hundertjährigen die funktionale Gesundheit von vorrangiger Bedeutung, für Hundertjährige selbst eher die emotionale und kognitive Unversehrtheit (*Schönemann-Gieck* et al. 2003).

Eine dritte Herausforderung liegt in der Wahl der Messabstände und der Entscheidung über ein prospektives Forschungsdesign. Einerseits sind im Hinblick auf Adaptationsprozesse im höchsten Alter mehrjährige Beobachtungszeiträume erforderlich, andererseits muss aufgrund der hohen Mortalität bei prospektiven Studien mit erheblichen Stichprobenausfällen und den entsprechenden Ergebnisverzerrungen gerechnet werden. Die Erhöhung der Ausgangsstichprobengrössen auf das erforderliche Mass ist wiederum ökonomisch meist nicht leistbar. Denkbar ist in diesem Zusammenhang zum einen, sich auf kürzerfristige Adaptationsprozesse zu konzentrieren, insbesondere wie sie im Zusammenhang mit Interventions- oder Rehabilitationsstudien möglich sind. In diesem Fall werden quasi während eines Messzeitpunkts wiederholt Daten erhoben und man erhält einen „Längsschnitt im Längsschnitt". Zum anderen kann allenfalls – und dafür haben wir im vorliegenden Kapitel die aktiven Längsschnittstudien zum Thema zusammengestellt – auf bereits zu früheren Zeiten erfasste Daten derselben Personen zurückgegriffen werden. Dies macht sich beispielsweise seit einigen Jahren die SLS zunutze, indem sie Personen, die nach sieben Jahren einen markanten Leistungsverlust in einer intellektuellen Fähigkeit aufweisen, ab diesem Zeitpunkt in kürzeren Einjahresabständen mit Instrumenten weiter verfolgt, die zur vergleichbar differenzierten Erfassung der kognitiven Entwicklung einen grösseren Erfassungsbereich nach unten aufweisen. Den unter Umständen schnelleren Entwicklungsveränderungen im höchsten Alter kann man erhebungstechnisch so gerecht werden, indem die Messabstände ab einer markanten Verringerung kognitiver Leistungen nicht mehr aufgrund des chronologischen Alters, sondern anhand der Veränderung der Leistung selbst oder dem fortschreitenden Schweregrad einer Erkrankung festgelegt werden.

Eine vierte Herausforderung liegt mehr auf der konzeptionellen Ebene. Da bei extrem Hochaltrigen Personen der zeitliche Abstand zur Geburt, also das chronologische Alter, möglicherweise weniger zur Erklärung von Altersveränderungen beiträgt, ist vorgeschlagen worden, Veränderungen eher im Hinblick auf die Nähe zum Tod zu untersuchen. Der sogenannte „terminal drop", also die Verringerung der kognitiven Leistung in den letzten Monaten vor dem Tod unabhängig vom chronologischen Alter, ist dafür ein Beispiel (*Gerstorf, Ram, Roecke, Lindenberger & Smith* 2008; *Ghisletta* 2008; *Thorvaldsson* et al. 2008). Auch wenn die Prädiktion von Entwicklungsverläufen mit der Altersskalierung als Abstand zum Tod mehr Varianz aufklären kann, bleiben dies inhaltlich unterschiedliche Aspekte. So kann eine Person eine ganze Reihe von Aktivitäten unternehmen, die ihr angesichts drohender kognitiver Leistungsverluste das Überleben garantieren, dies sind aber nicht notwendigerweise dieselben Aktivitäten, die eine Person zugunsten der eigenen Weiterentwicklung oder im Hinblick auf die Weitergabe von Wissen an die folgende Generation unternimmt. Im extrem hohen Alter sind diese beiden Entwicklungsmechanismen zunehmend stärker konfundiert.

Eine fünfte Herausforderung liegt in der noch immer bestehenden Seltenheit von Personen im sehr hohen Alter und insbesondere der Seltenheit der Verfügbarkeit längsschnittlicher Daten. Um eine optimale Datenqualität zu erreichen, ist es wichtig, ein gutes Verhältnis zwischen Datentiefe und Datenbreite anzustreben. Dies bedeutet ein Versuchsdesign aufzustellen, bei welchem vor Beginn der Studie feststeht, wie viele Daten zu einem Konstrukt erhoben werden (Datentiefe) und welche Konstrukte von Interesse sind (Datenbreite). Gerade bei Längsschnittstudien mit sehr alten Personen ist die optimale Wahl der Datentiefe und Datenbreite schwierig, da teilweise nur wenig Erhebungszeit pro Person zur Verfügung steht. Darüber hinaus sind Längsschnittstudien oft in erster Linie als Querschnittstudie geplant und es ergeben sich über die Zeit erst Fragestellungen, die durch die bestehende Datentiefe oder Datenbreite nicht geklärt werden können.

Eine Methode, die viele Möglichkeiten bietet, aber auch Schwächen aufweist, ist das Datenpooling, also die Nutzung von mehreren Datensätzen entweder zur Replikation von Zusammenhangsbefunden oder zur Zusammenführung in eine grössere Versuchspersonengruppe (*Hofer & Piccinin* 2009). Durch das Zusammenführen von Datensätzen ergibt sich eine grössere Datenbank, welche mehr Versuchspersonen und demzufolge eine erhöhte Teststärke mit sich bringt. Dadurch können bereits kleinere Veränderungen entdeckt werden. Ein weiterer Vorteil kann darin liegen, dass verschiedene Stichproben zusammengelegt werden, was zu einer stärkeren Heterogenisierung führt und somit die Repräsentativität der Stichprobe erhöht. Eine umfassende, beispielhafte Datenbank von zurzeit 25 Längsschnittstudien bietet das Datennetzwerk von „Integrative Analysis of Longitudinal Studies of Aging (IALSA)" an der University of Victoria (http://ialsa.uvic.ca/Plone/long-studies), einem internationalen Netzwerk von Längsschnittstudien aus den USA, Australien, Schweden, Deutschland und der Schweiz. Nachteile beim Datenpooling liegen in der Unterschiedlichkeit der Daten. Durch die unterschiedliche Durchführung der Studien, kann es sein, dass Daten miteinander verglichen werden, die nicht genau dasselbe messen. Beispielsweise können durch Abweichung in der durchführenden Sprache oder der Instruktion wesentliche Unterschiede auftreten, die eine Verzerrung der Daten zur Folge haben (*Costafreda* 2009). Diese Verzerrungen sind je nach untersuchten Daten und Datensätzen als eher gering einzuschätzen, denn sonst könnten Studienergebnisse aus Längsschnittstudien, wie es etablierte Praxis ist, kaum den Anspruch auf Generalisierbarkeit erheben, dass sich also die Ergebnisse replizieren lassen – ein Anspruch, der sich ja schon aus ökonomischen Gründen nicht jedes Mal neu testen lässt. Gerade beim Aufwand, der mit der Erhebung längsschnittlicher Daten verbunden ist, bietet die Nutzung vorhandener Daten eine wichtige Ergänzung des Methodenrepertoires, die neue Studien informieren kann. Denkbar ist beispielsweise, dass zukünftig vor neuen Studien dargelegt werden muss, dass die Untersuchungsfragen nicht mit bereits vorhandenen Längsschnittdatensätzen beantwortet werden können. Dies wäre etwa bei Untersuchungen der Fall, die die Zusammenhänge zwischen Veränderungen (nicht Unterschieden) in Lebensstilen mit Veränderungen in der Adaptivität kognitiver Leistungen im sehr hohen Alter untersuchen.

## 7. Fazit

Die Erforschung von adaptiven Prozessen im höchsten Alter bietet eine Reihe von Vorteilen für das Verständnis der Grenzen menschlicher Adaptationsprozesse, wenn die methodischen und theoretischen Herausforderungen adäquat gelöst werden können. Wir schlagen daher für die zukünftige psychologische Erforschung der Hochaltrigkeit zwei Schwerpunkte vor. Der erste Schwerpunkt sollte die Durchführung neuer längsschnittlicher Studien sein, die bei Personen im höchsten Alter die Prozesse untersuchen, die zur Stabilisierung von Autonomie und Lebensqualität eingesetzt werden. Da die bisherigen Daten im Wesentlichen aus Querschnittstudien oder Längsschnittstudien mit Messabständen von einem Jahr und mehr stammen, liegen bisher nur wenig Erkenntnisse über die adaptiven Potenziale und Plastizität des höchsten Alters vor. Dabei ist bisher offen, ob die Gruppe der Höchstaltrigen psychologische Eigenschaften aufweisen, die sie bereits in früheren Lebensphasen hatten (dies könnte man als Stabilitäts- oder Überlebens-Hypothese bezeichnen) oder ob es sich um eine Gruppe von Personen handelt, die sich gerade durch die Veränderungsfähigkeit von Fähigkeiten und Eigenschaften auszeichnet, die ihnen erlaubt, mit den veränderten physiologischen, sozialen und psychologischen Bedingungen und Anforderungen des höchsten Alters auszukommen. Wir haben versucht darzulegen, dass gerade die Höchstaltrigen für die Beantwortung der Frage nach den Prozessen für eine optimale Orchestrierung von psychologischen Ressourcen bei jeweils niedriger Einzelressourcenlage prädestiniert sind. Erkenntnisse über die Möglichkeiten und Grenzen der Orchestrierungsleistung versprechen auch Angehörigen jüngerer Altersgruppen wertvolle Erkenntnisse für die Unterstützung und Moderation der Bewältigung kritischer Lebensereignisse und Erkrankungen ebenso wie der Lebensgestaltung und Sinnfindung.

Der zweite Schwerpunkt sollte in der Erarbeitung der methodischen und theoretischen Grundlagen der Nutzung vorhandener Daten über das höchste Alter liegen. Mit Wegen zur Definition der Vergleichbarkeit von wenigen Fällen extremer Hochaltrigkeit zwischen verschiedenen Datensätzen aus verschiedenen Ländern könnte die Teststärke für viele Fragestellungen deutlich erhöht werden. Dies ist allein schon insofern bedeutsam, als hohe Teststärken insbesondere den schlüssigen Nachweis der Stabilität kognitiver (und anderer) Leistungen darstellen (denn hier soll ja beispielsweise der Befund abgesichert werden, dass es *keinen* Unterschied zwischen 85- und 100-Jährigen in der Lebensqualität oder der Lebenszufriedenheit gibt, weil es den Höchstaltrigen gelingt, ihre verringerten Ressourcen optimal zu orchestrieren). Gleichzeitig könnte die Lösung des Problems der Vergleichbarkeit von seltenen Hochaltrigkeitsphänomenen in der Anpassungsleistung zwischen verschiedenen Studien ein Muster für die Untersuchung einer ganzen Reihe von anderen, ebenfalls seltenen Phänomenen des höchsten Alters darstellen. Man denke in diesem Zusammenhang nur an die Seltenheit identischer Symptom-, Umwelt- und Betreuungskonstellationen bei demenziell Erkrankten (*Moor, Waldner & Schelling* 2010), aussergewöhnlich leistungsfähiger Höchstaltriger oder den Ländervergleich in Entwicklungsverläufen nach Behandlungen.

Insgesamt steht die an Veränderungen, an Entwicklung und an Lebensgestaltung orientierte psychologische Erforschung des höchsten Alters erst an einem vielversprechenden Anfang und hat noch erhebliche methodische und theoretische Herausforderungen zu meistern. Sie verspricht jedoch nicht nur Erkenntnisse über die jetzt und zukünftigen Hochaltrigen, sondern Gewinne für ein Verständnis von ressourcenorientierter Entwicklung und deren Stützung durch geeignete und am Einzelfall orientierte Interventionen über die gesamte Lebensspanne. Sie hat die Chance zu einem Bild des Alters beizutragen, das durch eine differenzierte Sicht auf die Grenzen der menschlichen Adaptationsfähigkeit geprägt ist und begreifbar macht, dass die menschliche Entwicklung lediglich in ihren Grenzen vorhergesagt werden kann, aber bis ins höchste Alter Gestaltungsspielräume bietet. Dabei ist der Blick auf (zumindest heute noch) seltene Phänomene der Höchstaltrigkeit gleichzeitig eine wichtige Übung in der Entwicklung individuenzentrierter Entwicklungsforschung.

# Psychotherapie mit Hochbetagten

*Rolf D. Hirsch*

> „Alter ist nur geehrt unter der Bedingung, dass es sich selbst verteidigt,
> seine Rechte behält, sich Niemandem unterordnet und
> bis zum letzten Atemzug die eigene Domäne beherrscht."
> (*Cicero*, de senectute )

## 1. Einführung

Eine 83-Jährige mit einer depressiven Symptomatik, die zudem unter einer schweren Rückgratverkrümmung leidet und über eine Vielzahl weiterer Beschwerden klagt, meinte in einer Therapiestunde: „Wissen Sie, das mit dem Alter ist schon merkwürdig. Dass ich jetzt 83 Jahre alt sein soll, das kann ich nicht begreifen. Ja, wenn ich mich vor den Spiegel stelle, dann sehe ich meine Falten. Wenn ich aufstehen will, tut mir alles weh. Auch beim Spazieren gehen, merke ich, dass ich nicht mehr jung bin. Aber innerlich? Da fühle ich mich noch ganz jung, da bin ich so lebendig! Nur mein Körper, der macht halt nicht mehr mit. Das ist schon schwer zu fassen. Da hat der Herrgott mir nichts Gutes getan."

Wie reagiert ein Therapeut, der zudem erheblich jünger ist als diese Hochbetagte auf diese Feststellung? Kann er sich in sie einfühlen, ihre Not wahrnehmen, sie verstehen? Er sieht eine alte Frau, die multiple Schmerzen hat und erfährt, dass sie sich innerlich jung und äußerlich alt fühlt. Wie soll er sich verhalten? Wie soll er auf diese Divergenzen eingehen? Welche Behandlungsziele hat er?

Andererseits: Wie geht es der Patientin? Sie möchte nicht nur psychisch, sondern auch körperlich jung sein. Sie erlebt ihre körperlichen Grenzen sehr schmerzhaft und gleichzeitig ihre innere jugendliche Lebendigkeit und Freiheit. Ihre Bedürfnisse und Wünsche werden durch den Körper erheblich eingeschränkt. Ein häufig sehr kränkendes Erleben. Ist es nun Ziel der Psychotherapie, dass der Kranke sich dem gebrechlich werdenden Körper anzupassen soll und sich dabei noch wohl zu fühlen?

Der Wunsch, jung und gesund zu bleiben, besteht schon seit Menschengedenken. Er wird durch die moderne Medizin, die diesen eher nährt, gefördert. Man muss nur „gesund leben" (was immer das heißt), den Arzt kontinuierlich für Vorsorgeuntersuchungen aufsuchen und entsprechende Medikamente (auch prophylaktisch) schlucken, dann würde das Alter mit all seinen Gebrechen und Einschränkungen schon nicht kommen. Die Schere zwischen unrealistischen Vorstellungen und den tatsächlichen Möglichkeiten der Medizin wird eher größer. Wird auch durch die Errungenschaften der Medizin, Hygiene und sozialen Verbesserungen das Lebensende seit Jahrzehnten deutlich hinausgeschoben und damit die Lebenszeit verlängert, so endet dennoch jedes Leben mit dem Tod. Dieser soll aber eher im Verborgenen stattfinden – immer mehr Menschen verbringen die letzten Tage ihres Lebens in Institutionen – quasi als für die Gesellschaft unzumutbarer „Störfall".

Das Alter wird entgegen neuer Erkenntnisse der Gerontologie immer noch überwiegend negativ bewertet. Hintergrund dürfte eine „Gerontophobie" sein. Befürchtet und als gegeben gesehen werden die im Alter häufiger auftretenden Erkrankungen, Gebrechlichkeit, Hilfs- und Pflegebedürftigkeit, Abhängigkeit und Fremdbestimmung. Die Ängste davor sind häufig größer und existentieller als die objektiven Gegebenheiten. Dass es auch viele Hochaltrige gibt, die ohne große Einbussen ohne Hilfen leben, wird wenig wahrgenommen. Die mit dem Alter verbundenen negativen Erwartungen prägen die Einstellung zum Alter und verhindern oft, mögliche Chancen, die das Alter bietet, annehmen zu können. Was allerdings ein alter Mensch noch darf oder wie er sich verhalten soll, bestimmen weitgehend die Jüngeren: „Der Alte verliert eines der größten Menschenrechte, er wird nicht mehr von seines Gleichen beurteilt." (*v. Goethe* 1826) Somit kommt dem Menschenbild der Behandler eine entscheidende Bedeutung für die Alternspsychotherapie zu (*Radebold* 1992).

Hochaltrige werden an ihrem Geburtstag beglückwünscht zu ihrem gesegneten Alter. Was meint *Bobbio* (1997, 54), wenn er schreibt: „Wer das Alter preist, hat ihm noch nicht ins Gesicht gesehen"? Trägt die „Fröhliche Wissenschaft" der Geriatrie „wenngleich ungewollt und mit den besten Absichten" (*Bobbio* 1997, 54) dazu bei, die Schwierigkeiten und Plagen, die mit dem Greisenalter auftreten, eher zu verschleiern? Weckt die Psychotherapie auch unrealistische und damit eher noch mehr kränkende Erwartungen, fördert sie eher einen selten hinterfragten negativistisch orientierten Pragmatismus oder hilft sie, das Leben mit Leben bis zum letzten Tag zu füllen?

## 2. Aspekte zur Situation im hohen Lebensalter

Die steigende Lebenserwartung und die Zunahme der älteren und insbesondere hochaltrigen Bevölkerungsanteile verändern das gesellschaftliche Leben und erfordern ein verstärktes Problembewusstsein für alte Menschen. Gerade der Anteil der Hochaltrigen an der Bevölkerung – von Hochaltrigen wird ab einer Altersgrenze von 80 - 85 Jahre (*BMFSFJ* 2002; *Wahl, Rott* 2001) gesprochen – ist in den letzten Jahrzehnten erheblich gestiegen. Lag dieser 1950 noch bei 1%, so stieg er bis

2008 auf 5% (*Statistisches Bundesamt* 2009). 4,1 Millionen Bürger in Deutschland sind im Jahr 2008 80 Jahre alt und älter (Bevölkerung insgesamt: 82 Millionen). Über ¾ davon sind Frauen. Diese Alterung wird von Veränderungen der Familien- und Haushaltsstrukturen begleitet. Festgestellt wird eine sinkende Heiratsneigung und eine wachsende Zahl von Ehescheidungen, die Zunahme nichtehelicher Lebensgemeinschaften und Alleinerziehender. Eine wachsende Vielfalt der Lebensformen zu der auch das Alleinleben („Single") gehört, ist zu beobachten (*BMFS-FJ* 1998). So lebt mit zunehmendem Alter – vor allem aufgrund von Verwitwung – ein wachsender Anteil an Frauen allein. Diese Entwicklung hat Auswirkungen auf die Generationenbeziehungen und die Netzwerke hochaltriger Menschen. Aufgrund der geschilderten Entwicklung vermindert sich nicht nur die Chance, im Alter noch mit einem Partner zusammenzuleben, sondern auch die Möglichkeit, im Bedarfsfall Hilfe von den Kindern zu erhalten. Hinzukommt, dass das soziale Netzwerk qualitative und quantitative Veränderungen in Form von Einbußen erfährt.

Von den 4,1 Millionen 80-Jährigen und älteren erhalten ca. 1 Million Leistungen aus der Pflegekasse, d.h. sind pflegebedürftig. Etwa 43% von ihnen leben im Pflegeheim. Bekannt ist, dass ca. 1/3 aller pflegebedürftigen im Pflegeheim wohnen. Der Anteil der Hochaltrigen ist erheblich höher (*Statistisches Bundesamt* 2009).

Im hohen Lebensalter, wie in allen Lebensphasen, wird man mit somatischen und psychosozialen Aufgaben konfrontiert, die je nach Umgang und Bewältigung die Lebensqualität verbessern oder verringern können (Tabelle 1).

*Tabelle 1:* Körperliche und psychosoziale Aufgabenbereiche (ergänzt n. *Radebold* 1992)

| |
|---|
| Reagieren auf den sich verändernden eigenen Körper (akzeptieren stärkerer körperlicher Einschränkungen, Auseinandersetzung mit Multimorbidität, Seh-, Hör- und Mobilitätseinschränkungen, Annehmen von Hilfen) |
| Reagieren auf kognitive Veränderungen (Vergesslichkeit, Verlangsamung der Gedankenabläufe) |
| Umgehen mit den eigenen libidinösen, aggressiven und narzisstischen Strebungen (veränderte libidinöse Bedürfnisse, Erhaltung der Autonomie und Anpassung an verstärkte Hilfsbedürftigkeit, Auseinandersetzung mit der narzisstischen Kränkung des Altseins und der zunehmenden Abhängigkeit) |
| Pflege und Gestalten von noch bestehenden inter-/intragenerativen Beziehungen (gegenseitige Hilfestellung und Akzeptieren von Hilfen, Aufrechterhaltung gemeinsamer Interessen, Unterstützung der Folgegenerationen, Übernahme von Groß- und Urgroßelternfunktionen, Verstärkung der Beziehungen zu Verwandten und Bekannten, gemeinsame Trauer bei Verlusten) |
| Suche nach neuen inter-/intragenerativen Beziehungen (häusliches Umfeld, Aktivität in Vereinen und Clubs, Besuch kultureller Veranstaltungen) |

Erhalten der eigenen Identität (Akzeptieren des Alleinlebens mit Krankheiten und Behinderungen bei zunehmender Distanz zur Umwelt, zulassen von ständig erforderlichen Trauerprozessen)

Sich stabilisieren durch Aufgaben und Interessen (Erhalten bzw. auch Auswahl von vorhandenen Interessen, Fähigkeiten und Hobbies, anpassen und optimieren eigener Aktivitäten an bestehende Einschränkungen, Trainieren von bestehenden Fähigkeiten, kulturelle und kreative Angebote [Musik, Tanz, Theater, Kunst] bewusster nutzen)

Erhalten der sozialen Sicherheit/Versorgung (vorbereiten und ständige Anpassung von Hilfen auf sich verändernde körperliche und psychische Störungen)

Einstellen auf die sich verändernde Zeitperspektive sowie auf Sterben und Tod (Wahrnehmen von bestehenden Aufgaben und Verpflichtungen für sich und die Umwelt, akzeptieren der Endlichkeit.

Bekannt ist, dass mit zunehmendem Lebensalter das Risiko, mehrere Erkrankungen (Störungen mit Behandlungsbedürftigkeit und Krankheitserleben) oder Leiden (Störung ohne kontinuierliche Behandlung) gleichzeitig zu haben, ansteigt. So geht aus der Berliner Altersstudie hervor, dass 98% der Befragten zumindest eine internistische Diagnose gestellt bekamen, 88% waren multimorbid. Ca. 41% der 85-jährigen und älteren Männer und 54% der Frauen hatten fünf und mehr Erkrankungen (*Steinhagen-Thiessen, Borchelt* 1996):

- Häufigste körperliche Erkrankungen sind: Fettstoffwechselstörung, Venenleide, Zerebralsklerose, Herzinsuffizienz, Osteoarthrose, Rückenleiden und Bluthochdruck. Zudem beeinträchtigen funktionelle Defizite (*Sieber* 2006), die Folge von Erkrankungen sind, die Lebensqualität erheblich: Immobilität (z.B. nach Schlaganfall), Instabilität (Sturzrisiko), Inkontinenz (Harn-/Stuhlinkontinenz), Intellektueller Abbau (Demenz), Isolation (Einpersonenhaushalt, soziale Isolation), iatrogene Störungen (z.B. Medikamenteninteraktionen). Hinzukommen Beeinträchtigungen des Sehvermögens (bei 80- bis 89-Jährigen 8%, bei 90-Jährigen und Älteren 33%), des Hörvermögens (bei 80- bis 89-Jährigen 35%, bei 90-Jährigen und Älteren 67%) (*Marsiske et al.* 1996) und der Aktivitäten des täglichen Lebens. Problematisch ist die Medikation Hochaltriger. Fast jeder erhält mindestens ein Präparat, über die Hälfte fünf und mehr Medikamente. Der Anteil der Unter-, Über- und Fehlmedikation liegt zwischen 10-20%.

- Die häufigsten psychischen Erkrankungen bei Hochaltrigen sind Demenzen und Depressionen, wobei die Häufigkeit der Demenzen mit dem Lebensalter ansteigt, diejenige schwerer Depressionen eher abnimmt. Leichtere Depressionen und depressive Symptome nehmen eher zu (*Weyerer, Bickel* 2007). Die Prävalenz der Demenzen liegt bei den 80- bis 84-Jährigen bei

10-17% und bei den über 90-Jährigen bei 30% (*Bickel* 2003). 60% der Neuerkrankungen treten bei über 80-Jährigen auf. Der Anteil an der jeweiligen Altersgruppe liegt bei 80- bis 84-Jährigen bei 24%, bei 90- bis 94-Jährigen bei 36%. Über weitere psychische Erkrankungen wie Angststörungen, paranoide und schizophrene sowie Suchtstörungen liegen für Hochaltrige kaum valide Anhaltszahlen vor. Während die Suizid*versuche* mit dem Alter abnehmen, ist der Anteil der Hochaltrigen an Suiziden (85-jährige und ältere Männer: 32/100000 und Frauen: 17/100000) erheblich höher als bei Jüngeren (*Schmidtke* et al. 2008). Der Anteil an Suiziden ist bei über 85-jährigen überhaupt am höchsten.

Das gleichzeitige Auftreten von körperlichen und psychischen Störungen führt in der Praxis zu erheblichen Schwierigkeiten (Erschwernis der klinischen Beurteilung, Polipragmasie, längerer Klinikaufenthalt u.a.). Das psychiatrische Erkrankungsrisiko bei gleichzeitigen chronischen körperlichen Beschwerden und damit verbundener Einschränkung in den Alltagsaktivitäten ist im Alter deutlich erhöht. Chronische körperliche Erkrankungen sind ein ebenso bedeutsamer Risikofaktor für Depressionen im Alter wie ernsthafte familiäre und soziale Probleme. Auch die Demenz tritt bei hilfsbedürftigen, hör- oder sehbehinderten, immobilen, inkontinenten und multimorbiden alten Menschen signifikant häufiger auf.

Längst ist die Vorstellung überholt, zumindest aus wissenschaftlicher Sicht, dass Altern mit „Abbau", oder „Krankheit" gleichgesetzt werden kann. Es wird als „ein körperliches, psychisches, soziales und geistiges Phänomen" (*Baltes* 2007) betrachtet. Besonders deutlich wird aus Ergebnissen der gerontologischen Forschung, dass Altern als ein steter funktioneller Wandel von psychischen, physischen sowie sozialen Kompetenzen und deren Interaktion zu verstehen ist. Nachgewiesen wurde deren hohe inter- und intraindividuelle Schwankungsbreiten. Ein wichtiges Merkmal auch des hohen Alterns ist die ausgeprägte biographische Individualität. Festgestellt wurde, dass die Plastizität des Gehirns, das wechselseitige Verhältnis zwischen geistiger Aktivität und Struktur, bis in das hohe Alter erheblich und differenziert ist. Hinzu kommt die Vielzahl der gerontologischen Erkenntnisse, dass Lernen auch im Alter auf vielfältige Weise möglich ist, alte Menschen auch noch an Veränderungen interessiert und Entwicklungspotentiale in unterschiedlicher Weise vorhanden sind. Altern ist aber auch ein Balanceakt zwischen mehrfachen Einschränkungen und Grenzen, insbesondere im körperlichen Bereich, und Möglichkeiten von Selbstverwirklichung und Teilhabe am gesellschaftlichen Leben. Altern hat zwar seine Schwächen, aber auch seine Stärken. Bekannt ist, dass das subjektive Wohlbefinden alter Menschen erheblich höher ist als das objektiv messbare.

Eine Reihe von Besonderheiten sind im Umgang mit psychisch kranken alten Menschen zu berücksichtigen. Von besonderer Bedeutung sind: erhöhte soziale Vulnerabilität, veränderte körperliche Gegebenheiten und Fähigkeiten zur Adaptation, Multimorbidität, Neigung zur Chronizität und „verschwommenen" Krankheitsbildern, verzögerte Rekonvaleszenz und Veränderung der Pharmakokinetik sowie -dynamik.

## 3. Altersvariable in der Psychotherapie

Altern ist ein lebenslanger, funktioneller, komplexer, individueller und mehrdimensionaler (somatische, psychische und soziale Ebene) Prozess. Er ist bei Hochaltrigen gekennzeichnet durch Verlust und Trennung bei erheblich verringerten Abwehr- und Adaptationskräften und erhöhter Verletzbarkeit des Organismus mit erheblich vermehrter Anfälligkeit für Erkrankungen. Allerdings ist auch das hohe Alter mit potentiellen Gewinnen und einem möglichen Veränderungspotential verbunden. Diese Aspekte werden derzeit noch viel zu wenig gesehen und gefördert.

Heutige Modelle des Alterns richten den Blick danach, was ein alter Mensch kann, über welche Kompetenzen er verfügt, und nicht – einseitig wie frühere Modelle –, welche und wie viele Defekte er hat. Entscheidend ist nicht „Abbau" und „Defekt", sondern „Umbau" und „Wandel". Die Interaktion zwischen einer Person und den ihn beeinflussenden Umgebungsfaktoren zu einer bestimmten Zeit werden im Kompetenzmodell beschrieben (*Kruse* 1987). Es gibt nicht die Kompetenz im Alter, sondern Formen von kompetentem Verhalten, welches abhängig ist von der Umwelt und den spezifischen Anforderungen, in der jemand lebt. Wahrgenommen und gefördert werden sollen die Fähigkeiten und Fertigkeiten einer Person, die zur Aufrechterhaltung eines selbständigen, aufgabenbezogenen und sinnerfüllten Lebens erforderlich sind. Kompetenz hat immer etwas mit Selbstbestimmung, Selbstverantwortlichkeit oder Selbständigkeit zu tun.

Nicht unerheblich ist, ob man ressourcen-orientiert einen hochaltrigen Menschen beurteilt oder defizit-orientiert (medizinisch-diagnostisches Modell). Beide Seiten sind ausgewogen zu berücksichtigen. Oft entscheidet die Zugangsweise, welche Unterstützung, Behandlung oder Pflege ein kranker alter Mensch erhält oder nicht bekommt. Die häufig anzutreffende altersdiskriminierende Haltung eines Arztes verdeutlicht folgende Anekdote:

Eine 84-jährige Patientin kommt mit einem geschwollenen und sehr schmerzhaften linken Knie zum Arzt. Dieser untersucht sie, findet keine Erklärung für die Schmerzen und meint dann: „Liebe Frau M. Sie sind jetzt schon 84 Jahre alt. Da hat man schon manche Krankheiten. Ihre Schmerzen im Knie sind altersbedingt.

Damit müssen Sie leben." Die Patientin blickt den Arzt an und meint: „Sie haben recht. Ich bin alt. Die Schmerzen hängen wohl damit zusammen. Doch eines verstehe ich nicht: Mein rechtes Knie ist genau so alt, und das tut mir nicht weh."
*Baltes & Baltes* (1990) verdeutlichen mit ihrem psychologischen Modell des „erfolgreichen Alterns", dass die mit dem Altern einhergehenden Veränderungen durch Prozesse der Selektion und Kompensation aufgefangen und transformiert werden können und dadurch weiterhin eine Optimierung in bestimmten Lebensbereichen auch bei Auftreten von Einbußen möglich ist. Dieses Modell zeigt auch grundlegende Ansatzpunkte der Gerontopsychotherapie.

Hilfreich für die Gerontopsychotherapie ist auch das Konzept der „Salutogenese" (*Antonovsky* 1979). Dieses basiert auf einer dynamischen Betrachtung von Gesundheit, welche zwischen den beiden Polen „gesund" und „krank" liegt, beeinflusst von pathogenen und salutogenen Faktoren sowie der genetischen Anlage. So kann man sagen, dass ein Hochaltriger mit vielen Erkrankungen (Multimorbidität) nicht nur krank oder vielmehr „multikrank" ist, sondern auch über einige gesunde Anteile verfügt. „Wir sind alle sterblich. Ebenso sind wir alle, solange noch ein Hauch von Leben in uns ist, in einem gewissen Ausmaß gesund." (*Antonovsky* 1993, 23) *Wiesman* et al. (2004) haben Aspekte zur Anwendung des Konzepts der Salutogenese auf Hochaltrige sehr anschaulich beschrieben. Zu eng gegriffen wäre es, das Leben nur mit Ungleichgewicht, Krankheit und Leiden in biologischer, psychologischer und sozialer Hinsicht zu beschreiben. Salutogenetisch gesehen, ist es vielmehr wichtig, herauszufinden, warum es Personen gelingt, gesund alt zu werden. Aufzuspüren gilt es, interne und externe bio-psycho-soziale Ressourcen zu suchen und das Kohärenzgefühl (eine globale Orientierung, die sich aus den Komponenten Verstehbarkeit, Handhabbarkeit und Bedeutsamkeit zusammensetzt) zu stärken.

## 4. Therapeutische Implikationen

Die therapeutische Interaktion gegenüber hochaltrigen Menschen ist beeinflusst durch die Tatsache, dass er einem in der Regel erheblich jüngeren Therapeuten, der sein Enkel sein könnte, gegenübersteht. Der Jüngere verfügt über anders geartete und erheblich weniger Lebenserfahrungen als ein Hochaltriger. Erschwert wird der Zugang zu diesem noch dadurch, dass dem Jüngeren meist das historische Alltagswissen über die Kindheit, Jungendzeit, Erwachsenenalter des Patienten und deren jeweilige soziokulturelle Situation fehlen. Besonders *Radebold* (1992, 2004) und *Heuft* (1999) weisen auf die Problematik des Einflusses von Krieg, Vertreibung und nationalsozialistische Vergangenheit hin. Einige Patienten sprechen diese direkt an, andere verleugnen sie. Mancher Therapeut ist neugierig, „was damals war", „wie es geschehen konnte" u. ä.. Traumatisierende Erlebnisse und deren Nichtbewältigung werden nicht zuletzt durch aktuelle Berichte über Kriege in anderen Ländern im Alter reaktiviert.

Natürlich ist das Lebensalter eines Patienten ohne Zweifel eine wichtige Variable in der Psychotherapie. Sie hat Bedeutung für Indikation, Methode, Verlauf und Prognose. Wesentlicher als das kalendarische Lebensalter ist allerdings die Entwicklungsphase und die Dauer einer psychischen Störung. *Hinze* (1990) schreibt: „Bei der Beurteilung von Kindern und Jugendlichen erscheint das selbstverständlich. Übertrüge man diesen Gesichtspunkt auf die Behandlung älterer Patienten, würden sich manche Probleme als Scheinprobleme entlarven. Für willkürliche Altersgrenzen wäre kein Platz mehr." Wird von der „bekannten Rigidität Älterer" gesprochen, so sollte diese von Psychotherapeuten nicht übertroffen werden. Folgende Bemerkung *Freuds* (1923) kann Anstoß für die Problematisierung der Altersvariable geben: „Im Es findet sich nichts, was der Zeitvorstellung entspricht, keine Anerkennung eines zeitlichen Ablaufs und, was höchst merkwürdig ist und seiner Würdigung im philosophischen Denken wartet, keine Veränderung des seelischen Vorgangs durch den Zeitablauf." Durch das bestehende Lebensalter wird die Zeitlosigkeit des Unbewussten und damit die Zeitlosigkeit von ungelösten pathologischen innerpsychischen und intra- und intergenerativen Konflikten wie auch über die späte Reaktivierung von Traumatisierungen bzw. deren Auswirkungen nicht in Frage gestellt (*Heuft* et al. 2006, *Radebold* 1992).

Im Umgang mit Hochaltrigen kann es zu Missverständnissen und Belastungen kommen, welche die Behandlung erheblich beeinträchtigen können. wie z.B.:

- In der sich zunehmend beschleunigenden gesellschaftlichen Entwicklung sind die Unterschiede zwischen den Generationen immer größer geworden. Das Verständnis zwischen den Generationen, den z.T. sehr extremen Unterschieden an Rollen, sozialen Norm- und Wertevorstellungen wird zunehmend schwieriger.

- Ein alter Patient hat dem jüngeren Therapeuten ein wesentliches Stück Lebenserfahrung voraus: das Altern. Der Therapeut steht vor der schwierigen Aufgabe, sich in die damit verbundenen Erfahrungen und Erlebnisse einzufühlen, d.h. in etwas, was er selbst noch nicht durchlebt hat. Er ist dadurch eigenen Phantasien und Ängsten ausgesetzt, in denen oft zahlreiche Elemente seiner eigenen Psychodynamik verdichtet zum Ausdruck kommt.

- Durch alte Patienten werden im Therapeuten eigene Kindheitserinnerungen vermehrt wachgerufen und sind häufig viel vehementer und z.T. auch bedrohlicher als bei jüngeren Patienten.

■  Leicht kann ein Therapeut sich als hilfloses Kind fühlen und mit dem Patienten in einen regressiven Sog geraten. Es mag fast paradox klingen, dass es gerade in der Begegnung mit einem Patienten, der an Jahren so weit von seiner Kindheit entfernt ist, zu einem derart intensiven Wiederaufleben des infantilen Elements kommt, dass sich der Therapeut davon bedroht fühlen kann.

Werden auch immer noch einschränkende Modifikationen der Psychotherapie bei der Behandlung von alten und besonders von hochaltrigen Menschen für notwendig gehalten, so hat sich gezeigt, dass diese eher reduktionistischen Empfehlungen nicht erforderlich sind (*Heuft* et al. 2006). Insbesondere bezogen sich diese auf Behandlungsdauer (kurzfristig), Behandlungsfrequenz (14-tägig bis einmal monatlich), Zeitdauer der Sitzungen (20-30 Minuten), Bearbeitungsebene (eher oberflächlich), Zielsetzung (stützende Hilfestellung statt Konfliktbearbeitung) und Inhalte (Bewältigung des Alterns und des Lebensendes, Sinnsuche). Durch diese vom Therapeuten eingeschränkten Zielsetzungen und Behandlungsformen – bleiben sie als Norm – dürfte „eine gefährliche Einengung psychotherapeutischer Behandlungsmöglichkeiten" entstehen (*Radebold* 1992). Entscheidend ist eher Krankheitsbeginn, Möglichkeiten der Verarbeitung, Gesundheitszustand und soziales Umfeld. Es gibt daher für die Behandlung alter Menschen keine generellen Einschränkungen oder Vorgaben, sondern eine individuelle und biographisch orientierte Vorgehensweise, die sich an der jeweils spezifischen Lebens- und Konfliktsituation orientieren muss. Entscheidend ist auch der „Arbeitsauftrag" des Patienten, dem sich die Vorstellungen des Therapeuten unterordnen müssen.

## 5.  Der „störende" Körper

In der Psychotherapie Hochaltriger spielt der Körper eine wesentliche Rolle. Neben physiologischen Veränderungen besteht oft noch eine Multimorbidität (körperliche und psychische Störungen) mit Funktionsstörungen und Einschränkungen. Erlebt werden körperliche Veränderungen (z.B. Falten an der Haut, Einschränkungen beim Sehen, Hören, der Mobilität, der Kontinenz) und Verringerung von kognitiven Fähigkeiten oft als kränkend, beschämend und belastend. Kommen dann noch Erkrankungen hinzu, die z.T. auch sehr schmerzhaft sind, dann ist das Leben für viele sehr beschwerlich und wird als reine Last empfunden. So klagt eine alte Patientin: „Ich bin jetzt 96 Jahre alt, kann nicht mehr laufen, sehe schlecht, kann das Wasser nicht mehr halten, habe ständig Schmerzen und kann kaum schlafen. Was mache ich noch auf der Welt?"

Man hat den Eindruck, dass der Körper mit all seinen Schwächen oft der einzige geliebte und gehasste „Lebenspartner" eines Patienten ist. Auf ihn werden vielfältige Sorgen und Nöte projiziert. Nachvollziehbar ist, dass Hochaltrige besonders unter körperlichen Einschränkungen mit den damit verbundenen Folgen für ihr Dasein leiden.

*Eine Fallvignette: Ein 86-jähriger früherer Bankdirektor klagt über Schlafstörungen, die er erst seit kurzer Zeit hat. Im Gespräch ist zu erfahren, dass er bis jetzt noch vielfältige Schreibarbeiten erledigt habe, die er jetzt aber, wegen zunehmender Sehschwäche nicht mehr erledigen können. Im Traum erlebe er furchtbare Kriegserlebnisse, die er hatte und wache Schweiß gebadet auf, habe furchtbare entsetzliche Angst und komme dann nicht mehr zur Ruhe. Er habe Jahrzehnte an den Krieg gar nicht mehr gedacht, vermutlich vor lauter Arbeit.*

Dieses Beispiel verdeutlicht, was auch bei der Behandlung Hochaltriger immer wieder zu beobachten ist, dass aufgrund körperlicher Einbussen unverarbeitete und verdrängte kritische Lebenssituationen im hohen Alter virulent werden. Im Alter konfrontiert man sich selbst mit diesen, fühlt sich ihnen wehrlos ausgeliefert, reagiert mit Angst sowie Verzweiflung und bleibt ohne Hilfe in diesen verstrickt.

## 6. Indikation und Ziele

Die Indikation zur Psychotherapie ist abhängig von der Art, Schwere und Dauer des Krankheitsbildes, dem Allgemeinzustand des Patienten, seinem sozialen Umfeld und nicht zuletzt auch von den Fähigkeiten des Psychotherapeuten. Für den Therapeuten ist es daher wichtig, den Patienten in seiner bio-psycho-sozialen Gesamtheit wahrnehmen zu können und auch Kontakte – in Absprache mit dem Patienten – zu anderen (Mit-)Behandlern zu haben einschließlich z.B. auch eines ambulanten Pflegedienstes. Häufige Indikationen sind:

- zum ersten Mal, erneut auftretende oder chronifizierte neurotische Erkrankungen
- Identitätskrisen
- psychoreaktive Erkrankungen, z.B. als Folge von Verlust oder Trennung
- zum ersten Mal, erneut auftretende oder chronifizierte Psychosomatosen
- somato-psychosomatische Erkrankungen, z.B. als Folge von körperlichen Veränderungen
- posttraumatische Belastungsstörungen
- Funktionsstörungen, z.B. als Folge eines Hirninsults

- Verhaltensstörungen, z.B. bei Demenzkranken

Die Psychotherapie dient zur Behandlung von psychischen Störungen. Dementsprechend lassen sich auch für hochaltrige Menschen Behandlungsziele definieren, die keineswegs nur eine Form „allgemeiner Lebenshilfe" sind, sondern sich auf die psychische Störung beziehen (*Hirsch* 1994, 1997, *Maercker et al.* 2004, *Radebold* 2004):

Allgemeine Ziele

- Beschwerde- / Symptomfreiheit
- Akzeptanz des alternden Körpers
- Fähigkeit zur Liebe, Trauer und Freude
- Fähigkeit zum Genuss und Humor
- verbessertes Kontaktvermögen
- Wiederherstellung der (nicht beruflichen) Arbeitsfähigkeit
- Akzeptanz des Alterns und Aussöhnung mit dem gelebten Leben.

spezifische Ziele:

- Fördern von Selbständigkeit und Eigenverantwortung
- Verringerung von Beschwerden
- Verbessern sozialer Fähigkeiten
- Stärkere Einbeziehung des Körpers (in Krankheit und auch in Gesundheit)
- Klären intra- und intergenerationeller Schwierigkeiten
- Akzeptieren des und Aussöhnen mit dem gelebten Leben
- Bearbeiten der vielfältigen Verlustthematik (Hilfestellung für das Durchleben eines Trauer- und Befreiungsprozesses)
- Auseinandersetzen mit dem Älterwerden und dem nahenden Lebensende
- Fördern des Gegenwartsbezuges
- Erarbeiten (lebens-)praktischer Lösungen.

## 7. Zugangsbarrieren und Versorgungssituation

*„Herr Doktor, bevor ich weiterrede: Ich bin 81 Jahre. Nehmen Sie so Alte noch? Mir hat mein Hausarzt gesagt, dass für mich eine Psychotherapie wichtig wäre. Jetzt habe ich schon mehrere Psychotherapeuten angerufen, aber alle haben mir*

*gesagt, dass dies in meinem Alter keinen Sinn mehr hätte. Wie denken Sie darüber?" So begann ein telefonischer Erstkontakt mit einem Patienten.*

Psychotherapie von alten Menschen ist von einer Vielzahl von Rahmenbedingungen und/oder Widerständen abhängig. Hausärzte überweisen kaum alte Menschen, geschweige denn Hochaltrige - meist aus Unkenntnis über Behandlungsmöglichkeiten - zu einem Psychotherapeuten. Psychotherapeuten können sich oft nicht vorstellen, Hochaltrige zu behandeln. Hochaltrige selbst scheuen sich oft, Hilfe zu suchen. Trotz zunehmender Fort- und Weiterbildungsveranstaltungen sowie Öffentlichkeitsarbeit zur Alterspsychotherapie gibt es immer noch Vorurteile und Barrieren, die einer gerontopsychotherapeutischen Versorgung hinderlich sind:

- negativ gefärbte gesellschaftliche Einstellung zum älteren Menschen
- immer noch überwiegend defizitorientiertes Verständnis vom Alter in der Medizin („Alter" = „Abbau")
- eher oberflächliche Diagnostik psychischer Störungen im Alter (meist wird nur grob zwischen „Demenz" und „Depression" unterschieden)
- sehr schwierige und oft kränkende Zugangsweise zu einem Behandlungsplatz
- mangelhafte Kenntnisse vieler Psychotherapeuten und Ärzte über den derzeitigen Wissensstand der Gerontologie einschließlich der Alterspsychotherapie
- „Gerontophobie" der Ärzte und der Psychotherapeuten
- oft unbekannter individueller und gesellschaftlicher (auch ökonomischer) Nutzen einer Psychotherapie
- negatives Selbstbild des alten Menschen
- Scheu alter Menschen, die unter einer psychischen Störung/Erkrankung leiden, Hilfe für sich zu suchen oder diese zu beanspruchen.

Ältere Menschen haben z. T. auch Vorurteile: So ist zu hören, rät man ihnen zur Psychotherapie: „Ich bin doch nicht verrückt", „meine Sorgen gehen einen anderen nichts an", „Gespräche helfen mir nichts" u. ä. Viele haben im Laufe ihres Lebens gelernt, daß für eine Krankheit ein – somatisch orientierter – Arzt zuständig ist, von dem man Medikamente oder den Einsatz von weiteren somatischen Behandlungsmethoden erwartet. Sie für eine Psychotherapie zu motivieren, gelingt oft schwer. Zudem ist ihnen die Möglichkeit einer Psychotherapie oft unbekannt und ihr diesbezüglicher Wissensstand unzureichend.

Die Bedarfs- und Versorgungssituation ist dementsprechend. Gibt es auch wenig Anhaltszahlen, so kann man davon ausgehen, dass mindestens 10% der alten

Menschen einer Psychotherapie bedürfen. Wie hoch der Anteil an Hochbetagten ist, ist schwer einzuschätzen. Unter Einbeziehung bisheriger Schätzungen anhand empirischer Daten (*Görgen, Engler* 2005, *Hirsch* 1999; *Heuft* et al. 2006; *Soeder* 2002) dürfte der Anteil der älteren Menschen, die einer Psychotherapie bedürfen bei mindestens 10% (stationär, teilstationär, ambulant) liegen.

Die Angaben zur Versorgungsrealität sind ebenfalls sehr spärlich. Im ambulanten Bereich geht man von 2-3% der Patienten aus, die älter als 65 Jahre alt sind (*Bolk-Weischedel* 2003; *Görgen, Engler* 2005, *Linden* 1999; *Zepf* et al. 2002). Die Befragung von 97 Psychosomatischen Kliniken in Deutschland ergab, dass 5,2% der Patienten 60-69jährige und 1,3% über 70jährige waren (*Lange* et al. 1995). In Gerontopsychiatrischen Tageskliniken (ca. 45) gehört die Psychotherapie zum multimodalen Behandlungskonzept. Die gerontopsychiatrischen Zentren (ca. 30) bieten z. T. eine spezifische psychotherapeutische Sprechstunde an. In Gerontopsychiatrischen Kliniken ist die Psychotherapie ebenfalls ein Baustein des Behandlungskonzeptes. Aufgrund der mangelhaften ärztlich/psychologischen Personalausstattung kommt die Psychotherapie dort nur punktuell zum Einsatz.

Festzustellen ist, wie dies auch im 3. Altenbericht der Bundesregierung 2001 (*BMFSFJ* 2001) nachzulesen ist, dass die psychotherapeutische Versorgung alter Menschen in Deutschland mangelhaft und im ambulanten und stationären Bereich völlig unzureichend ist. Die Situation für Hochbetagte dürfte noch defizitärer sein. Im 4. Altenbericht der Bundesregierung (*BMFSFJ* 2002), dessen Schwerpunkt Hochbetagte sind, ist über die Situation der Psychotherapie nichts zu lesen. Lediglich bei den Ausführungen zur Demenz gibt es den Hinweis „Bis zum Vorliegen von validen Studienergebnissen sollten ebenso wie bei der Soziotherapie alle plausiblen Therapien eingesetzt werden, von denen keine Beeinträchtigungen zu erwarten sind." (*BMFSFJ* 2002, 302)

## 8. Therapeutische Angebote

Psychotherapie zielt auf die Ebene der Person und/oder des mikrosozialen Systems (Familie, Partner) ab (Tabelle 2). Die Äußerung von *Yalom* (2002), dass der Therapeut danach streben muss, „für jeden Patienten eine neue Therapie zu kreieren", gilt für Hochbetage ganz besonders, da die jeweilige Einmaligkeit in Lebensgeschichte, Umwelt psychisches Erleben, vorhandene Ressourcen und Kompetenzen eine Gruppenspezifität nur bedingt zulassen.

*Tabelle 2:* Interventionsebenen bei psychischen und psychosozialen Hilfen
(*Hirsch* 1999)

| Ebene | Ansatz | Intervention |
|---|---|---|
| Psychische Grundfunktionen | Wahrnehmungsfähigkeit, Gedächtnis, Orientierung, psychomotorische Koordinationsfähigkeit | Milieutherapie, Gedächtnistraining, „Dementia Care Mapping" Snoezelen Selbsterhaltungstherapie |
| Person | kognitive Fähigkeiten, emotionale Fähigkeiten, Verhalten, Handlungen | Psychotherapie (Psychoanalyse, Tiefenpsych. orient. Psychotherapie, Verhaltenstherapie, Gesprächspsychotherapie u.a.) |
| Mikrosoziales System | soziale Beziehungen, soziales Umfeld (Angehörige) | Paar-, Familientherapie, „intergenerative Psychotherapie" |
| Gemeinde | regionale Netze, sozioökologischer Bezugsrahmen | Gemeindepsychologische/-psychiatrische Ansätze, psychodynamische u. -ökologische Metaansätze |
| Gesellschaft | soziokulturelle Gegebenheiten (z.B. Vorurteile) | „Massenpsychologie", Gesetzesveränderungen u.a. |

Sowohl die sich auf die psychoanalytische Theorie als auch auf die Lerntheorie stützenden psychotherapeutischen Grundverfahren (nur diese werden von den Krankenkassen derzeit anerkannt) lassen sich bei entsprechender Spezifizierung auf die psychotherapeutische Behandlung alter Menschen anwenden, sofern sie gezielt, kompetent und systematisch umgesetzt werden (*Radebold* 2006):

- Die Zeitlosigkeit des Unbewussten und damit die Zeitlosigkeit von ungelösten pathologischen innerpsychischen und intra- und intergenerativen Konflikten wie auch über die späte Reaktivierung von Traumatisierungen bzw. deren Auswirkungen werden durch das bestehende chronologische Lebensalter nicht in Frage gestellt (*Heuft* et al. 2006; *Radebold* 1992).

- Jeder Mensch ist aus lerntheoretischer Sicht lebenslang lernfähig (*Hirsch* 1999; *Maercker* 2002). Er ist durch entsprechende Kognitionen und Verhaltensstrategien beeinflussbar und veränderbar.

Je nach Konflikt und dessen Zeitdauer, Symptomatik, Umwelt-Bezugs-Personen-Situation und Beziehungsebene lassen sich die Interventionen unterteilen in (Tab. 3) :

- psychotherapeutische Beratung bzw. Beratungsgespräche)
- stützende Psychotherapie (z.B. Entspannungstraining)
- problemorientierte Psychotherapie (z.B. kognitive Verhaltenstherapie)

- klärungsorientierte Psychotherapie (z.B. tiefenpsychologisch orientierte Psychotherapie, Psychoanalyse).

*Tabelle 3:* Verfahren in der Alterspsychotherapie

| |
|---|
| psychoanalytische und tiefenpsychologisch orientierte Verfahren: Voraussetzung sind Introspektionsfähigkeit, Flexibilität, Entwicklungsmöglichkeiten, ausreichende Ich-stärke und –funktionen, Frustrationstoleranz und zumindest eine stabile Objektbeziehung. Je nach Beschwerdebild werden eingesetzt: Psychoanalyse, analytische Therapie, Fokal- und Kurzzeittherapie, Interpersonelle Psychotherapie, psychodynamisch orientierte Therapie. |
| Verhaltenstherapeutische und kognitiv-behavioristische Psychotherapie: eine Vielzahl unterschiedlicher Verhaltensmodifikationen, Konditionierungs- sowie kognitiver Strategien werden eingesetzt, die zur Veränderung von Verhaltensweisen führen, z.b. operante Konditionierung, Desensibilisierung, Selbstsicherheits-Training, Sozial-Training, kognitive Umstrukturierung und (Wieder-)Erlernen von spezifischen Bewältigungsstrategien und Alltagsaktivitäten. |
| Systemische Therapie: Vorteil dieser Therapieform ist, von vorneherein den Patienten mit seinem Beziehungsgefüge betrachten und behandeln zu können. Der kranke als „Symptomträger" wird als Teil eines übergeordneten Systems, dem er angehört, betrachtet. |
| Entspannungsverfahren: Als „Basistherapeutikum" gilt das Autogene Training. Daneben wird progressive Muskelentspannung eingesetzt. Zudem kommen heute auch Yoga und Qi Gong zur Anwendung. Meist werden diese Verfahren mit anderen psychotherapeutischen Verfahren kombiniert. |
| Weitere Verfahren (werden seltener durchgeführt): Gesprächspsychotherapie, Katathymes Bilderleben (affekt- und komplexabhängiges bildhaftes Erleben im Tagtraum). |

Neben den auf Tabelle 3 zusammengestellten Therapiemethoden gibt es noch kreative psychotherapeutisch fundierte Verfahren (Kunst- und Gestaltungs-, Musik- und Tanztherapie) sowie, insbesondere für Menschen mit Demenz kognitive und gefühlsorientierte Verfahren (Erinnerungs-, Selbsterhaltungs- und psychomotorische Therapie, Validation, Dementia Care Mapping, Realitäts-Orientierungs-Training, Snoezelen) (*Hirsch* 2009). Werden diese auch nicht zur Psychotherapie im engeren Sinn gezählt, so ist deren Einsatz manchmal sinnvoller als eine klassische Psychotherapie.

Psychotherapie kann durch ein Verfahren, in Kombination mit einem anderen oder als Teil einer multimodalen Therapie (insbes. in der Klinik). In Einzel-, Paar-, Familien- oder Gruppentherapie durchgeführt werden. Der Einzeltherapie ist häufig eine Gruppentherapie vorzuziehen, um als Begleiteffekt z.B. auch Kontaktverhalten zu verbessern und der Einsamkeit vorzubeugen. Allerdings sind manche Hochbetagte froh, wenn sie in der Einzeltherapie den Therapeuten nur für sich haben und so die Beziehung verdichten können. Für den Therapeuten ist wichtig zu bedenken, dass diese Beziehung für manche Patienten die einzige intensive ist. Eine besondere Achtsamkeit ist daher angebracht. Die Beendigung der Behandlung und die damit verbundene Trauerarbeit sollten rechtzeitig bearbeitet werden. Für manche Patienten ist ein loser, länger ausschleichender Kontakt wichtig.

Die Durchführung einer Psychotherapie Älterer kann – ebenso wie bei Jüngeren – in der Praxis eines niedergelassenen Psychotherapeuten, Arztes, Psychologen, in einer psychotherapeutischen Ambulanz, in einer psychiatrischen bzw. gerontopsychiatrischen Institutsambulanz mit psychotherapeutischer Kompetenz, in einer gerontopsychiatrischen Tagesklinik oder im stationären Bereich (psychotherapeutisch/psychosomatische Klinik, Abteilung für Psychotherapie in psychiatrischen Kliniken, gerontopsychiatrischen Abteilung) stattfinden. Leider wird eine „aufsuchende Psychotherapie" in Deutschland noch kaum durchgeführt. Diese Möglichkeit sollte aber mehr als bisher in der Diskussion über eine gerontopsychotherapeutische Versorgung berücksichtigt werden, um nicht z.b. gehbehinderte alte Menschen oder Menschen, die in einer Einrichtung leben und keine Fahrmöglichkeit haben, von vorneherein auszuschließen.

## 9. Ausblick

Der Stand der Psychotherapie in unserer Gesellschaft ist gegenüber der biologisch ausgerichteten Medizin immer noch mit Vorurteilen belastet und verhindert eine fachlich ausgerichtete Sicht- und Arbeitsweise. Durch die Auswirkungen der Altersdiskriminierung im Gesundheitswesen ist – unter Einbeziehung der allgemeinen Übertechnokratisierung, -bürokratisierung und Euroökonomisierung – die Alterspsychotherapie besonders davon betroffen, auch wenn sich einzelne Kreise und Fachgesellschaften bemühen, diesem Trend entgegenzuwirken. Natürlich ist es erfreulich, dass die Alterspsychotherapie in der Fort- und Weiterbildung mehr als früher einbezogen wird und – regional sehr unterschiedlich – das Angebot an Behandlungen sich zu vermehren scheint. Bisher liegt der Schwerpunkt der Psychotherapie auf den jüngeren Alten. Konzepte bzw. Anpassung von diesen auf Hochaltrige gibt es derzeit noch sehr wenig.

Die gerontopsychotherapeutische Versorgung ist trotz mancher punktueller Verbesserungen defizitär. Leider klafft die Schere zwischen Bedarf und Angebot deutlich auseinander (Schätzung 10 : 1). Das Interesse an ihr hat sich zwar vermehrt, auch in der Politik, dennoch dürfte das Ziel, eine adäquate, dem „state of the art" entsprechende Psychotherapie eines alten und hochaltrigen Menschen, die ökonomische Interessen keineswegs missachtet, kaum erreicht werden. Bei entsprechender Indikation ist es nicht selbstverständlich, dass ein Arzt oder Therapeut daran denkt, dass psychotherapeutische Methoden einzeln oder als Baustein eines Gesamtbehandlungskonzepts auch für Hochaltrige gesundheitsfördernd sein können. Es bedarf daher noch vieler Überzeugungsarbeit. Notwendig ist aber auch, dass sich dies alle am Gesundheitswesen Beteiligten mehr vergegenwärtigen.

Die Lebensgeschichte mancher hochaltrigen Menschen ist durchsetzt von vielen und extremen Traumata. Kommen im Alter dann körperliche Einbussen hinzu, scheint das Leid unerträglich zu sein. Wir fragen uns, wieviel an Leid, Not und Elend ein Mensch im Laufe seines Lebens aushalten kann und muss. Oft sind Therapeuten gelähmt und fühlen sich hilflos. In einem vom Schicksal schwer Getroffenen müssen aber starke innere Kräfte lebendig sein, welche ihn am Leben halten und seinem Leben, wenn auch oft verborgenen, Sinn geben. Vergessen werden darf man andererseits auch nicht, dass mancher alte Patient über eine gute Portion Lebenswitz und Humor verfügt. Bekannt ist, dass Menschen mit Humor in schwierigen Situationen leichter die Perspektive wechseln können und eine kreative optimistische Bewältigung leichter möglich wird (*Hirsch* 2001). Erstaunlich ist, wie sehr die Förderung des Sinns für Humor als „Antidepressivúm" für alte und auch hochaltrige Menschen mit Depressionen wirkt (*Hirsch* et al. 2010). Sind auch die empirischen Ergebnisse ermutigend, so bedarf es hierzu weiterer Forschung.

Psychotherapeuten, die hochaltrige Patienten behandeln, sind immer wieder erstaunt, wie kreativ, spontan und manchmal auch unkonventionell alte Menschen sein können. Sie erleben auch für ihre Persönlichkeit eine echte Bereicherung, eine Erweiterung des inneren und äußeren Horizonts. Ein alter Patient sagte mir vor kurzem: „Veränderung schützt vor Verkalkung!" Veränderungen wollen wir bewirken. Dies ist nur möglich, wenn auch wir uns immer wieder verändern.

# Musiktherapie mit Menschen im hohen Senium

*Lotti Müller*

> „Das chronologische Alter verliert im Verlauf des Lebens zunehmend
> an Informationswert hinsichtlich der Eigenschaften und der Leis-
> tungsfähigkeit des Menschen. Hier liegt eine grosse Herausforderung
> an die Gesellschaft: Nicht ein Rezept für alle, sondern eine Vielfalt an
> Alternsformen gilt es zu unterstützen und zu propagieren."
>
> (*Staudinger* 2003, 36)

## Einleitung

Wahrscheinlich hat nur ein Bruchteil der hochaltrigen Bevölkerung von Musiktherapie schon einmal etwas gehört oder sie gar schon „am eigenen Leib" erfahren. Dennoch soll sie hier als wirksame psychosoziale Interventionsmöglichkeit
für Menschen im hohen Senium beispielhaft vorgestellt und empfohlen werden.

Das hat Gründe: Als eines der herausragendsten Ergebnisse der grossen Altersstudien der 70er und 80er Jahre des letzten Jahrhunderts (BOLSA, BLSA u.a.)
ist die vorgefundene hohe Variabilität der untersuchten Merkmale zu sehen. Das
heisst, je älter wir werden, desto mehr unterscheiden wir uns voneinander, was unsere körperlichen, geistigen, sozialen Gewohnheiten, Fähigkeiten und Fertigkeiten,
unseren Lebensstil betrifft. Bei den alten Menschen haben wir es also mit einer
Bevölkerungsgruppe zu tun, deren Lebens- und Ressourcenlagen unterschiedlicher nicht sein könnte, und da sich die Schere nach oben eher weiter öffnet, trifft
dies auf die Hochaltrigen noch mehr zu als auf die „jungen Alten".

Auch wenn bei über 90 Jährigen die Wahrscheinlichkeit, an einer Form von
Demenz zu leiden, bei nahezu 50% liegt, und auch sonst die verschiedensten Fähigkeiten und Fertigkeiten nach 80 noch einmal von einem deutlichen Abbau gekennzeichnet sind, gibt es auf der andern Seite immer mehr 100 Jährige, die über
ausreichende kognitive Kapazitäten verfügen (*Rott,* dieses Buch; *Becker* et al. 2003)
und sich ein Leben in weitgehender Unabhängigkeit erhalten konnten.

Dieser grossen Vielfalt an Altersformen und Lebenslagen im hohen Alter muss
auch die psychosoziale Versorgung Rechnung tragen.

Die Musiktherapie kann, wo hochaltrige Menschen aufgrund einer oder mehrerer Beeinträchtigungen auf Rat, Hilfe und Unterstützung angewiesen sind, mit
sehr unterschiedlichen methodischen Zugängen und Zielsetzungen sehr Unter-
schiedliches erreichen, sodass sie auf die vielen verschiedenen Problem- und Be-

dürfnislagen eingehen kann und sich so für den Hilfe suchenden Menschen optimal zupassen lässt.

Dies gilt natürlich auch für einige weitere integrative und kreative Methoden der Heilung und Förderung (*Petzold* 1988d), wie die Tanz- und Bewegungstherapie , die Mal- und Gestaltungstherapie (*Petzold, Orth* 2007), und wie jene verfügt die Musiktherapie über ein paar methoden-spezifische Vorteile, die sie für die psychosoziale Arbeit mit alten und hochaltrigen Menschen besonders empfehlenswert erscheinen lassen und mit deren Einsatz sich dieser Beitrag befassen will.

Es geht also nicht um die „jungen Alten" im sogenannten Dritten Alter, die sich tendenziell und zunehmend von den negativen Zuschreibungen, die das Alter(n) im Allgemeinen kennzeichnen, zu lösen scheinen, da sie – im Durchschnitt – gesünder, aktiver, produktiver, unternehmungslustiger, wohlhabender und teilhabender sind als es 60 bis 80 Jährige noch vor 30 Jahren waren. Es geht hier um die Menschen im „Vierten Alter", um „die sehr alten Menschen etwa ab dem 80. Lebensjahr, bei denen sich die Verluste massieren, Verhaltenskompetenzen mehr und mehr in Frage stehen und die Prävalenz und Inzidenzraten von chronischen Krankheiten deutlich in die Höhe schnellen" (*Wahl, Oswald* 2005, 211). Dass das sogenannte Vierte Alter – bei aller Vielfalt – eine Lebensphase ist, in der eine grosse Mehrheit der Menschen mit Einschränkungen, Verlusten, Defiziten, Abhängigkeiten konfrontiert und mit deren Bewältigung gefordert ist, ist also nicht von der Hand zu weisen. „Es fehlt an allen Ecken und Enden", Körper, Psyche, Geist, soziales und ökologisches Umfeld können davon mehr oder weniger betroffen sein.

## 1. Musiktherapie: was ist das überhaupt?

Musiktherapie ist eine eigenständige Heilmethode, deren Effekte sich zum einen aus der psychophysiologischen Wirkungen der Musik ableiten lassen, zum andern aus ihrer Anwendung in Verbindung mit psychotherapeutischen Verfahren (*Frohne-Hagemann* 2001b). Als klinische Behandlungsmethode ist sie seit den 70er Jahren des vergangenen Jahrhunderts zunehmend bekannt geworden und hat in medizinisch-somatischen und psychiatrischen Einrichtungen, wie auch in (heil)pädagogischen Arbeitsfeldern einen festen Platz. Die Vorgehensweisen sind vielfältig und hängen davon ab, welche Rahmenkonzeption zu Grunde gelegt und welche Ziele verfolgt werden sollen.

*1.1  Die integrative musiktherapeutische Rahmenkonzeption in der*
*Gerontotherapie*

Die gesamte Konzeption der Integrativen Musiktherapie ist an dem Basiskonzept der „Integrativen Therapie" des „informierten Leibes" ausgerichtet (*Petzold* 2009c). Es verbindet die phänomenologisch-hermeneutische Sicht moderner Leibphilosophie (*M. Merleau-Ponty, H. Schmitz* u.a. vgl. *Bolhaar, Petzold* 2009) mit einem aktuellen neurobiologischen, informationstheoretisch ausgerichteten Ansatz (*A. Lurija, W. Freeman, A. Damasio* vgl. *Petzold* 2009c). Eine solche Verbindung, in der eine klare Position zum Körper-Seele-Geist-Problem gegeben ist, nämlich die eines differentiellen emergenten Monismus, bietet für die Musiktherapie gute Grundlagen, den Menschen ganzheitlich als Leibsubjekt zu verstehen, den Leib als „totales Sinnesorgan" in seinen perzeptiven und expressiven Funktionen und schöpferischen Potentialen zu nutzen (*Orth, Petzold* 1993) und ihn interventiv durch „multiple Stimulierung" zu beeinflussen. Musiktherapie stimuliert ja nicht nur über den Klang, sondern auch im haptischen Bereich durch Erfahrungen mit Instrumenten (z.B. Percussions-, Blas-, Saiteninstrumente). Ausserdem wird in „intermedialen Quergängen" mit Bewegung, Tanz, bildnerischen Medien gearbeitet (*Oeltze* 1997). Multiple Stimulierung regt das „Leibgedächtnis" an und aktiviert biographische Erfahrungen, die in therapeutischer oder agogischer Biographiearbeit zwischen der TeilnehmerInnen in einer Gruppentherapie geteilt werden können (*Petzold, Müller* 2004c). Damit verbunden sind Gedächtnistraining, Aktivierung kommunikativer Potentiale und eine Förderung sozialer Partizipation. Die Gedächtnisaktivierung findet nicht nur auf der Inhaltsebene des Verbalen, sondern auch auf der Ebene des emotionalen und propriozeptiven Erlebens – gesamtleiblichen Erlebens also – statt. „Subjektives Leibgedächtnis" ist gesättigt mit autobiographischen Memorationen (*Conway* 1990; *Markovitsch, Welzer* 2005) die für das Selbst- und Identitätserleben von Subjekten, aber auch für ihre Prozesse psychophysischer „dynamischer Regulation" (*Lurija* 1992) von zentraler Bedeutung sind (*Petzold, Michailowa* 2008).

> „**Stimulierung** wird verstanden als komplexe erregende *exterozeptive,* also Aussenwelt bedingte, und *propriozeptive,* innersomatische Reizkonfigurationen mit spezifischem **Informationswert**. …Durch die stimulierungsausgelösten mnestischen Resonanzen im Gedächtnis des „informierten Leibes" einerseits sowie durch die Qualität des weiter laufenden und aufgenommenen Stromes von stimulierender Information andererseits werden Regulationsprozesse beeinflusst. …, was Bahnungen bestärkt oder schwächt. Das hat für die Konzipierung konkreter Interventionspraxis (z.B. in der Musiktherapie, sc.) erhebliche Bedeutung." (*Petzold, Orth, Orth-Petzold* 2009)

In der gerontotherapeutischen Behandlung mit Musik wird der Einsatz von Instrumenten, die Wahl von Behandlungsmodalitäten (z.B. aktiv / rezeptiv), die Auswahl von Musikstücken und der Einsatz spezifischer Behandlungsformen (Gruppe oder Dyade) in dem umrissenen stimulierungstheoretischen Rahmen konzipiert. Dabei werden natürlich Bezüge zur Integrativen Theorie „komplexen Lernens" erforderlich (*Sieper, Petzold* 2002), in der auf kognitives, emotionales, volitionales und sozial-kommunikatives Lernen abgestellt wird. Bei hochaltrigen PatientInnen wird so immer wieder eine Bestärkung motivationaler Momente und volitionaler Entscheidungen erforderlich, um notwendige aber nicht immer geliebte Aktivitäten zu unternehmen, etwa in der Rehabilitation nach einem Insult. Physiotherapeutische Mobilisierung, etwa bei leichten Paresen kann musiktherapeutisch unterstützt werden bzw. von einer in der psychophysiologischen Modalität der Musiktherapie erfahrenen Therapeutin eingesetzt werden. Eine derart theoretisch fundierte „Integrative Musiktherapie" vermag so neben den Möglichkeiten stimmungsaufhellender „ästhetischer Erfahrungen" und ihrer heilsamen Qualität (*Petzold* 1999q) auch mit spezifischen klinischen Indikationen auf einer modernen theoretischen Grundlage zielorientiert eingesetzt werden.

### 1.2  Modalitäten musiktherapeutischer Behandlung in der Gerontotherapie

Oft werden zwei Modalitäten erwähnt, die „rezeptive" und die „aktive" Musiktherapie. In der *rezeptiven Musiktherapie* wird durch das Hören von Musik – ab Tonträger oder von der Therapeutin gespielt – versucht, die „Stimmungen" von PatientInnen in positiver und förderlicher Weise zu beeinflussen. Hier kommen die psychophysiologischen Einwirkungsmöglichkeiten von Musik zum Tragen, die durch das gezielte Fördern von Imaginationen noch angereichert werden können. Durch das Gespräch über das beim Hören Erlebte werden dann sozial-kommunikative Momente einbezogen und kann ein Brückenschlag zu aufdeckender psychotherapeutischer Bearbeitung erfolgen.

In der *aktiven* Musiktherapie, in der PatientInnen angeregt werden, mit Klängen und Rhythmen zu improvisieren,.geht es u.a. darum, im improvisatorischen Geschehen und in der Interaktion mit der Therapeutin „unbewusste Konflikte" dem Bewusstsein zugänglich zu machen, so dass sie in aktiver Gestaltung bearbeitet werden können. Die Nähe zur konfliktorientierten Psychotherapie ist dabei offensichtlich. Ein regressionsorientiertes Therapieverständnis steht im Hintergrund und verwendet die Musik als Möglichkeit, Erfahrungen aus dem vorsprachlichen Bereich des „frühen Milieus" zu aktivieren und zu behandeln. Die Vorliebe bei vielen praktizierenden MusiktherapeutInnen für die "aktive Modalität" liegt u.a. darin begründet, dass sie dabei einerseits die künstlerisch-ästhetische Komponente musikalischer Gestaltung aufgreifen können, die ihnen – zurecht – besonders am Herzen liegt, und dass sie sich andererseits selbst im tiefenpsychologischen „mainstream" der Psychotherapie mit einer konfliktzentriert-aufdeckenden Orientierung verorten mit all seinen faszinierenden Seiten: Aufdecken von Verdrängtem, Interpretation, Heilung durch die therapeutische Beziehung, Nutzung projektiven Materials musikalischer Produktion. Ein solches Vorgehen erfordert natürlich neben der musikalischen auch eine psychotherapeutische Kompetenz, so dass auch von „musikpsychotherapeutischer" Arbeit gesprochen werden kann.

Über diese beiden Modalitäten hinaus gehend (*Petzold* 1997) lassen sich noch zwei weitere Vorgehensweisen ergänzen: die *rezeptiv-produktive* Musiktherapie, bei welcher Musik vom Tonträger angeboten wird – wie beim rezeptiven Vorgehen – und danach „aus der Resonanz" auf dieses Stück aktiv musiktherapeutisch vorgegangen wird, z.B. in Form einer Improvisation, aber auch mit einem „intermedialen Quergang" in einem anderen Medium: Malen, Tanzen, Schreiben nach Musik. Improvisationen „aus der Resonanz" bieten viele Möglichkeiten, durch ein gezieltes „musikalisches warm-up" bei PatientInnen Gestaltungsprozesse anzuregen, aber auch projektive Möglichkeiten für die Diagnostik freizusetzen.

Die *psychophysische* Musiktherapie schliesslich nutzt die psychophysiologische Wirkung von Musik: von Klängen, Geräuschen, Melodien, Rhythmen. Es wird gezielt mit Klangeffekten und Rhythmuselementen gearbeitet, um Atmung, Blutdruck, Pulsfrequenz, Muskel- und Hauttonus und andere physiologische Parameter zu beeinflussen. Die Musiktherapie im europäischen Raum nutzt diese Modalität nach wie vor wenig (obwohl sie von der experimentellen musikpsychologischen Forschung sehr gut untersucht worden ist), während in Südamerika diese Formen der Musiktherapie entwickelt und gepflegt werden. Man könnte hier, besonders wenn sie noch mit Atem- und Köperinterventionen verbunden wird, durchaus von einer „musiktherapeutischen Leibtherapie" oder einer „musikgestützten Physiotherapie" sprechen.

## 2. Psychisch krank gewordene Hochaltrige

Bei den psychisch erkrankten PatientInnen im hohen Alter handelt es sich einerseits um Menschen, deren schon früher aufgetretene psychische Störung rezidivierend oder chronisch verläuft, die also bereits in früheren Jahren von Störungen betroffen waren, andererseits um eine, wie es scheint, wachsende Anzahl von erstmalig Erkrankten (*Helmchen, Reischies* 2005). Manche psychischen Störungen werden im Alter (> 65) seltener (z.B. Angststörungen) oder verlieren an Dynamik (z.B. Schizophrenie, Persönlichkeitsstörungen), Abhängigkeitserkrankungen beginnen relativ häufig erst im Alter (wobei die Praevalenz- und Inzidenzraten schwierig zu erheben sind, da viele Fälle wohl gar nicht diagnostiziert werden und Lang-

zeitstudien unter anderem wegen der hohen Mortalität dieser PatientInnen kaum
vorliegen (ibid. 262). Bei den affektiven Erkrankungen, der häufigsten Gruppe
psychischer Störungen im Alter, ist die Datenlage – wohl aufgrund methodischer
Unterschiede bei der Erfassung – etwas widersprüchlich. Vieles weist darauf hin,
dass die Häufigkeit der diagnostizierten Depressionen (ICD, DSM) mit dem Alter nicht zunimmt, wohl aber diejenige von depressiven Symptomen (*Ernst* 1997).

Ein deutlicher Anstieg der Prävalenz im Alter wird dann bei der Gruppe der
Demenzen festgestellt, die hier aber aufgrund ihrer Ätiologie nicht zu den psychischen Störungen gezählt, sondern als psychoorganische Krankheit gesondert behandelt wird (s. Kap. 2)

## 2.1 Musiktherapie bei Depression

*Hr. Z., ein 86jähriger Patient, der nach einem schweren Suizidversuch statio-
när in der Gerontopsychiatrie behandelt wurde, wo er sich langsam von seinen
Verletzungen erholte, litt subjektiv vor allem unter schlechtem Schlaf und seiner
Schwäche in den Beinen, die ihn vorübergehend in den Rollstuhl zwangen. Für
das Gespräch (ein therapeutisches Erstgespräch) war er sehr offen und dankbar, erklärte sich und der Therapeutin seinen Zustand damit, dass er, nachdem
er seine an Demenz erkrankte Frau jahrelang und bis zu deren Tod vor einem
Jahr gepflegt hatte, in ein tiefes Loch gefallen sei, aus dem er plötzlich keinen
Ausweg mehr gesehen hätte. Dass er jetzt kaum mehr gehen könne und auf Hilfe angewiesen sei, kränkte ihn zusätzlich, war er doch immer ein sehr selbstbe-
stimmter und selbstbewusster Mann gewesen – seine Kinder beschrieben ihn als
dominant und teilweise herrisch.*

*Bereits in diesem ersten Gespräch kam das Thema auf seine Beziehung zu
Musik (musikalische Biographie), die ihm zeitlebens viel bedeutet und ihm eine
Reihe von aussergewöhnlichen Begegnungen und Erlebnissen vermittelt hatte.
Die Erinnerungen daran, als er sie berichtete, bewegten ihn sichtlich. Mehr als
einmal kamen ihm in den darauf folgenden Stunden die Tränen dabei, was ihm
einerseits unangenehm war („Sehen Sie, das ist seither auch so, ich bin immer
so weinerlich!"), was er andererseits aber auch als „normale Reaktion" auf einen grossen Verlust verstehen konnte, wie es ihm die Therapeutin vorschlug, auf
den Verlust seiner Frau als Partnerin, seines Lebenssinns der letzten Jahre (ihrer Pflege) und seiner körperlichen Integrität (körperliche Schwäche und Verletzungen). Obwohl er früher sehr aktiv selber musizierte (Geige und Klavier),
mochte er sich in den Musiktherapiestunden nicht mit Instrumenten befassen.
Sie interessierten ihn wenig, hingegen wünschte er sich schon bald – obwohl,
wie er sagte, die Freude daran noch nicht wieder da war – Musik seiner Lieb-*

*lingskomponisten zu hören: Brahms, Dvorak u.a.. Gelang es, ein ihm besonders liebes und bedeutsames Stück zu finden (in der Discographie oder auf youtube), kam bei ihm doch Freude auf, zunächst meist unmittelbar gefolgt von Tränen bzw. Trauer, die er inzwischen zulassen konnte ohne sich ihrer zu schämen. Diese Musik und das Erzählen seiner Erlebnisse dazu brachten seine Emotionen wieder in Bewegung (motio), die lange „wie tot" gewesen waren. Die Musik erlebte er dabei als Auslöserin und zugleich als Trost, das Erzählen half ihm beim Verstehen und Einordnen seiner Geschichte. Als sich Hr. Z.s Allgemeinzustand schon deutlich verbessert hatte (die Wunden waren gut geheilt, und mit physiotherapeutischer Hilfe hatte er grosse Fortschritte im Gehen gemacht, was für ihn entscheidend war, um überhaupt wieder vorwärts blicken zu können), entwickelte er bereits Zukunftsperspektiven: er wollte sich eine Sammlung von Musikstücken anlegen, die er später, wenn er wieder zuhause sein würde, jeweils im Bett hören konnte und die ihm das Einschlafen erleichtern sollten. Diese Initiative wurde natürlich in der Musiktherapie aufgegriffen, und man begann, dafür geeignete Musik aufzuschreiben. Die Sammlung wurde recht gross, und es befanden sich nicht nur biographisch bedeutsame Stücke darunter, sondern auch für Hr. Z. neue Werke, die er in der Musiktherapie kennen gelernt hatte und für die er sich erwärmen konnte. Mit Freude nahm er die vorläufig fertige Aufstellung entgegen, sein Sohn wolle ihm alles auf einen iPod speichern, den er sich mit Sicherheit anschaffen werde, sobald er hier entlassen werde. Dass inzwischen die Schlafprobleme, derentwegen er diese Musiksammlung hatte anlegen wollen, zu seiner grossen Erleichterung pharmakologisch gut hatten behandeln werden können, schien ihn eher zu belustigen und brachte ihn nicht von seinem Vorhaben ab, was als Ausdruck seiner wieder gewonnenen Stabilität, Willenskraft und self-efficacy gesehen werden kann.*

Im Modus der „rezeptiven Musiktherapie" (*Frohne-Hagemann* 2004) konnte, wie dieses Beispiel zeigt, u. a. erreicht werden, dass sich dieser Patient seiner Gefühle gewahr wurde, dass er diese in seine Lebensereignisse und –geschichte integrieren konnte, dass er auf seine persönliche Geschichte (die Familiengeschichte, die „Musikgeschichte" u.a.) Resonanz erhielt, die ihm deren Bedeutung wieder lebendig werden liess. Dass Hr. Z. eine eher aussergewöhnlich intensive Beziehung zu Musik hatte, die er im übrigen nicht mit seiner Frau hatte teilen können, war ein Grund, warum er nicht an der Gruppenmusiktherapiegruppe teilnahm, in welcher eine ausführliche Darlegung und Beschäftigung mit diesem Teil seiner Geschichte nicht so viel Platz gefunden hätte. Im Rahmen der Einzeltherapie konnte sich Hr. Z. auf die ihn prägenden Erlebnisse und Erlebnisweisen konzentrieren, die ihn in seiner Identität und in seiner Einzigartigkeit bestärken und seine Ressourcen auf

die Zukunft lenken konnten. Wie wichtig es dabei war, mit „persönlich bedeutsamer" Musik zu arbeiten, ist wohl deutlich geworden.

Nicht immer sind depressive PatientInnen so gut erreichbar und so leicht zu
motivieren wie Hr. Z.. Bei schweren Verläufen – und es ist zu festzustellen, dass
das höhere Alter zwar tendenziell die Intensität von Krankheitsepisoden mildert,
aber leider auch deren Rückbildung (vgl. *Helmchen, Riescheis* 2005) erschwert –
dauert es gewöhnlich viel länger, bis ein Patient in Eigenaktivität kommt, bis jemand an der Therapie teilnehmen *will*. Die erste Phase der Therapie besteht oft
daraus, immer wieder den Kontakt herzustellen und das Angebot der Musiktherapie zu machen und – auf einer psychoedukativen Ebene – der Patientin zu *erklären*, sie darüber zu *informieren*, warum sie es versuchen sollte, obwohl sie vielleicht noch keine intrinsische Motivation spürt.

Es kommt also im Vergleich zu jüngeren Patienten öfter zu länger anhaltenden depressiven Krankheitsphasen und zu Chronifizierungen, deren Behandlung
oft durch das Bestehen von zusätzlichen somatischen Krankheiten noch kompli-
zierter wird.

Die „rezeptive Modalität" der Musiktherapie kann hier vor allem in der Phase
des Beziehungs- und Vertrauensaufbaus gewinnbringend eingesetzt werden, indem
diese Art des „Aktiv-Seins" bei schwer motivierbaren PatientInnen – und bei einer
schweren Depression gehört ja die geringe Motivation, die Antriebsschwäche zu
den Leitsymptomen – oft eher möglich ist als ein aktives Musizieren und Tätigsein.
Als therapeutisches Angebot kommt das Musikhören aber in keiner Weise einer
simplen „Beschallung" gleich, sondern wird Anlass für Gespräche, Resonanz- und
Projektionsfläche, Auslöser für Gefühlsregungen, Brücke zum Beziehungsgeschehen und meist wieder Quelle von positiven Stimmungs- und Gefühlslagen.

Es ist aber nicht so, dass Depressionen vor allem mit rezeptiver Musiktherapie behandelt werden. Es ist weniger die Diagnose, die eine bestimmte „Modalität" nahelegt als der einzelne Mensch mit seinen Eigenheiten, seinen Stärken,
seinen Ressourcen und Verletzlichkeiten, die den Weg weisen. Bei einem andern
Patienten kann es entscheidend sein, dass er wieder ins Handeln findet, dass er
Erfolgserlebnisse, positive Gefühle beim Gestalten von „musikalischen Räumen"
sammeln kann, die ihm Auftrieb geben und ihm seine depressiven Muster durch-
brechen helfen.

## 2.2 *Zur Verarbeitung belastender Ereignisse und psychischer Konflikte*

Besonderer Aufmerksamkeit bedarf die „Posttraumatische Belastungsstörung"
bei Hochaltrigen. Sie ist oft von Depressionen, Unruhezuständen oder kognitiven Störungen „verdeckt" und wird dann möglicher Weise nicht erkannt und un-

zureichend behandelt. Posttraumatische Belastungsstörungen werden manchmal erst nach vielen gut kompensierten Jahren und Jahrzehnten aktualisiert (*de Jong* 2000). Sie können ausgelöst werden durch eine Destabilisierung des Betroffenen in Form einer körperlichen Krankheit, eines Unfalls, eines Umzugs oder anderer kritischer Lebensereignisse, die mit Verlusten verbunden sind, oder durch Informationen aus dem Tagesgeschehen, die dem ursprünglich erlebten Trauma ähnlich sind oder es symbolisieren (z.b. hat die Berichterstattung über den Golfkrieg reaktivierend auf manche Traumatisierte des 2. Weltkrieges gewirkt) (*Aarts, op den Velde* 2000). Solche Ereignisse, vor allem wenn sie in kumulierter Form auftreten, können existentielle Unsicherheit auslösen und – faktisch oder befürchtet – einen fundamentalen Kontrollverlust bewirken, sodass sie die Bewältigungsstrategien des alten Menschen überfordern, seine Resilienz übersteigen (*Petzold, Müller* 2004). Möglicherweise sind Hochaltrige in etwas erhöhtem Masse von einem Spätausbruch oder einer nachträglichen Verschlimmerung einer PTBS betroffen als jüngere alte Menschen, weil die Wahrscheinlichkeit von Verlusterlebnissen (inkl. dem Umstand pflegebedürftig zu werden, *Martin* 2005) mit zunehmendem Alter steigt. Auch spielt die abnehmende kognitive Kompetenz und Kontrolle sowie das Abnehmen des Kurzzeitgedächtnisses eine Rolle dabei, dass Materialien aus dem Altgedächtnis aufkommen und wirksam werden, und kognitive wie auch emotionale Erinnerungen hochgespült werden und Stimmungen und Lebensgefühl beeinflussen – im positiver wie auch in negativer Weise.

> „Das Therapieziel bei traumatisierten Patienten besteht darin, ihnen zu helfen, von der Heimsuchung durch die Vergangenheit und ihrer Interpretation nachfolgender emotional erregender Stimuli als einer Wiederkehr des Traumas wegzukommen. Stattdessen sollen sie zu einer vollen Anteilnahme an der Gegenwart hingeführt und in die Lage versetzt werden, auf aktuelle Anforderungen reagieren zu können. Um dies zu bewerkstelligen, muss der Patient die Kontrolle über seine emotionalen Reaktionen wiedergewinnen." (*van der Kolk, MacFarlane, van der Hart* 2000, 311)

Musiktherapeutische Methoden können bei spät manifest gewordenen PTBS in verschiedenen ‚Phasen' der Behandlung nützlich sein:

- Als Entspannung förderndes Mittel kann das Hören von *angenehmer* Musik – die zunächst mit dem Patienten ausgewählt werden muss – ein Weg sein, sich in Erregungszuständen wieder beruhigen zu können.

- Da Musik sehr leicht Kontakt mit Gefühlen evoziert, kann über musikalische Stimmungen auch die Identifizierung und Benennung von Gefühlen geübt werden, was in der Phase der Stabilisierung wichtig ist, um die Furcht vor traumabezogenen Emotionen zu überwinden (ibid. 318).

- Zum Wiederaufbau von sicheren sozialen Bindungen können, neben dem stützenden Gespräch und der schützenden Verlässlichkeit der Therapeutin auch gemeinsame musikalische Erlebnisse etwas beitragen: ein gemeinsam aufgebauter Wohlklang, eine gemeinsam kontrollierte (rhythmische) Struktur, die – gemeinsam oder später auch allein – kontrolliert aufgelöst, verlassen und wieder aufgesucht werden kann. Solche Erfahrungen können, wiewohl sie noch auf andere Situationen des Alltags mit ihren aktuellen Herausforderungen zu übertragen sind, zu heilsamen Erfahrungen werden.

- Möglicherweise stellt die Musik im Leben eines traumatisierten Menschen einen Bereich dar, der vom Trauma unbeeinträchtigt geblieben ist. Dann kann die Beschäftigung damit vielleicht wieder zu einer unbedrohlichen und sicheren Quelle von Glück und Freude werden. Es ist indes auch Vorsicht geboten, weil bei manchen PatientInnen eine sehr hohe Empfindlichkeit Geräuschen gegenüber besteht und Musik auch Intrusionen triggern kann!

Sehr schwierig gestaltet sich die Behandlung einer PTBS bei dement gewordenen PatientInnen, wenn sie die nun wieder auf sie einbrechenden negativen Gefühlsstürme weder mitteilen noch für sich einordnen können, weil ihre verbliebenen kognitiven Fähigkeiten dies nicht mehr zulassen. Wenn dann – mit den gleichen Vorbehalten wie oben beschrieben – mittels Musik, Klängen, Liedern evt. auch nur mit der Melodie der Stimme eine Atmosphäre von Geborgenheit, Trost und Sicherheit aufgebaut werden kann, ist das ein Versuch, der – mit Glück und Zufall als Hilfe – gelingen kann.

## 3. Psychoorganisch erkrankte Hochaltrige

### 3.1 Demenz

Da sehr viele hochaltrige Menschen von demenziellen Erkrankungen – darunter insbesondere von der Alzheimer-Demenz – betroffen sind (*Martin, Schelling* 2005; vgl. *Streffer*, dieses Buch), stellt diese Gruppe von Menschen in der psychosozialen Versorgung eine besondere Herausforderung dar, die nur im Verbund von helfenden Berufen und Angehörigen mit entsprechenden Einrichtungen zu lösen ist (*Held, Ugolini* 2005).

### 3.2 Musiktherapie zur Förderung und Stabilisierung von Identitätserleben

Durch den Einsatz von Musik und Musiktherapie bei dementen PatientInnen konnten Verbesserungen in verschiedenen Bereichen erzielt werden: eine Verbesserung sozialer und emotionaler Fähigkeiten, Verbesserung oder Stabilisierung der kognitiven Funktionen (z.B. Gedächtnis), Verbesserung der BPSD (Behavioral and Psychological Symptoms of Dementia), also der die Demenz begleitenden Symptome auf der Ebene des Verhaltens und des Erlebens. Das zeigen die praktische Erfahrung wie auch diverse Studien (vgl. Überblick bei *Vink* et al. 2004; *Koger* et al. 1999, *Brotons* et al. 1997), sodass ein guter Nutzen von Musiktherapie bei der Behandlung von Begleitsymptomen der Alzheimer-Krankheit angenommen werden kann (*Gembris, Nübel* 2008, 284), wenngleich die Datenlage zum Teil widersprüchlich und zum Teil aus methodischen Gründen nicht sehr aussagekräftig ist (*Vink* et al. 2004). Ob sich auf dieser Basis bei Demenz eine „Musikalisierung der Pflegealltags" empfiehlt, d.h. eine Anwendung von Musik und musikalischen Aktivitäten durch musiktherapeutisch angeleitete und fortgebildete Pflegefachpersonen, wie das in Deutschland modellhaft bereits geschieht (Deutsche Gesellschaft für Musiktherapie 2005; *Muthesius* 2005, 2008), oder/und ob sich innerhalb der Sozialpädagogik und Geragogik ein auf Altenarbeit spezialisierter Zweig etablieren soll, die Musikgeragogik, wie *Wickel* und *Hartogh* dies propagieren und umsetzen (2005; *Hartogh* 2005), ist eine bedenkenswerte Frage, die aber nur durch empirische Untersuchungen beantwortet werden kann. Es darf auf keinen Fall die Situation der „Dauerbeschallung" entstehen (ständige Hintergrundmusik, musikalischer Smog), der die PatientInnen oder BewohnerInnen nicht entkommen können! Beide Entwicklungen könnten aber – wohl „dosiert" – durchaus zum Nutzen der gerontopsychiatrischen PatientInnen, der pflege- und „bildungsbedürftigen" alten Menschen sein und darum unterstützenswert. Neben ihrer musikalisch-kulturellen Bedeutung könnten musikalische Aktivitäten – hier als Nebenwirkung sozusagen – auch eine Verbesserung der sozialen Kontakte, der Lebenszufriedenheit und der Sinnorientierung bewirken (*Gembris, Nübel* 2008; *Rümenapp* 2005). Dass dabei die Grenzen zwischen Agogik, Pflege und Therapie nicht immer klar zu ziehen sind, ist unvermeidlich, muss aber kein Nachteil sein (*Muthesius* 2008), sofern überall dort, wo klar therapeutische Ziele verfolgt werden, wirklich therapeutisch ausgebildete Musikarbeiterinnen, also Musik*therapeutInnen* am Werk sind. Wichtige Voraussetzung ist zum einen die Fähigkeit, unterscheiden zu können, wann jemand was braucht, wann Aktivierung, Biographieerarbeitung (*Petzold, Müller* 2004c), Trauerarbeit, Ausdrucksförderung usw. indiziert ist, und zum andern zu wissen, für welche dieser Indikationen man selber die richtig ausgebildete Person ist d.h. seine eigenen Fähigkeiten und Grenzen zu kennen.

Auch wenn die Arbeit mit an Demenz erkrankten Menschen nicht im heilenden Sinne eine therapeutische ist, sondern im konservierenden und ggf. palliativen, setzt sie doch therapeutisch geschultes Personal voraus, das psychische Prozesse – auch unvorhersehbare – einordnen kann und damit umzugehen weiss. In der Musiktherapie mit dementen Patienten kommt uns die Tatsache zugute, dass gewisse musikalische Funktionen trotz des degenerativen Prozesses noch lange erhalten bleiben, die uns die Möglichkeit geben, musikalisch mit den Erkrankten in Kontakt zu kommen. Die Fähigkeit Rhythmus zu erkennen und die Fertigkeit zu singen bleiben bei Demenzpatienten viel länger erhalten als die verbalen Kompetenzen und Performanzen (*Lipe* 2000). Das ganze auditorische System scheint von den neurologischen Veränderungen einer Alzheimererkrankung weitgehend verschont zu bleiben (*Pantel, Schröder* 2006). Ebenfalls bleibt die Verbindung des Gehörten zur emotionalen Bewertung offenbar gut und lange erhalten, sodass die Erkrankten meist viel länger den emotionalen Gehalt von Gesprochenem heraushören als sie dessen Inhalt erfassen und verstehen können (*Zeitchik, Albert* 2004). Auch den emotionalen Gehalt von Musik verstehen Demente darum noch gut, und sie lassen sich von der guten Stimmung heiterer, lebhafter Musik leicht und gerne anstecken und auch bewegen. Diese emotionalen Qualitäten bleiben zudem länger im Gedächtnis hängen – nicht bewusst abrufbar, aber als „Nachhall" erlebbar –, sodass es sich im Sinne einer Verbesserung des Wohlbefindens doppelt „lohnt", solche angenehmen Stimmungen herzustellen.

Das sind viele gute Gründe, mit DemenzpatientInnen musiktherapeutisch zu arbeiten (*Söthe* 2008). Es handelt sich dabei zwar wie gesagt nicht um Therapie im kurativen Sinn, sondern es geht vielmehr um die Erhaltung noch vorhandener Fähigkeiten und Fertigkeiten und um Linderung von die Demenz begleitenden Symptomen der Unruhe und Angst, der Verlorenheit und Desorientierung, des Verlustes der eigenen Identität, den die Patienten in einem frühen Stadium der Krankheit oft sehr klar und umso schmerzlicher wahrnehmen. Wenn wir mit Demenzkranke im früher und mittleren Stadium der Demenz arbeiten, so ist es sehr wichtig, mit der Patientin zusammen oder gegebenenfalls mit ihren Angehörigen eine musikalische Biographie zu erheben. Es ist wichtig, ihre musikalischen Präferenzen und Abneigungen zu kennen (*Hamann* 2008), über ihre Geschichte des gemeinsamen Singens und Musizierens etwas zu erfahren, über Freud und Leid des Musik- und Gesangunterrichts in der Schulzeit, über unerfüllte Wünsche („ich wollte immer schon Klavier spielen, doch wir hatten kein Geld für den Unterricht") und Aversionen („ich musste 10 Jahre lang Geige spielen, obwohl ich viel lieber ....") usw., denn Musik kann ihre positiven Wirkungen nur entfalten, wenn sie gefällt (*Hüther* 2004). Hier lassen sich neben der Verbesserung der aktuellen Stimmungslage, der Förderung von Genussfähigkeit und Lebensfreude auch sehr wichtige identitätsstabilisierende Wirkungen erzielen. Der dement gewordene alte Mensch ist sich seiner selbst nicht mehr bzw. immer weniger bewusst und sicher, sodass Versicherungen von aussen, Zuschreibungen gemacht werden müssen, die er wieder erkennen kann und die ihm die Bestätigung geben, dass man ihn kennt und wertschätzt. Indem „seine" Musik gespielt, gesungen, gehört wird, indem Bezug genommen wird auf Erlebnisse, die er damit hatte, kann diese Bestätigung ganz beiläufig und – wichtig – selbstverständlich geschehen, sodass eine „Atmosphäre" von Normalität entstehen kann, wie überhaupt die Arbeit mit Atmosphären sehr wichtig ist, wo das rationale Denken und reflektieren nicht mehr im Vordergrund stehen kann. Durch ein Herstellen von angenehmen Atmosphären, solche aus früheren Zeiten wieder belebend (z.B. mit Original-Aufnahmen oder biographisch bedeutsamen Musikstücken) oder aktuelle Ereignisse untermalend (z.B. die Weihnachtszeit mit Musik und Düften anreichern usw.), kann viel Spannung abgebaut und Wohlbefinden aufgebaut und Lebensqualität verbessert werden. Dies zumindest, solange die PatientInnen noch in der Lage sind, sich in Situationen einpassen zu können und emotionale Kommunikation noch möglich ist. Im letzten Stadium der Alzheimerkrankheit nämlich lässt sich die Wirkung von Musik und Musiktherapie kaum mehr objektivieren (*Norberg* et al. 2004).

## 4. Pflegebedürftig gewordene Hochaltrige

### 4.1 Musiktherapie zur Förderung von Partizipation

Sei es als Folgeerscheinungen von Erkrankungen, insbesondere von solchen, welche die Mobilität einschränken, sei es als Ausdruck eines ausgedünnten sozialen Netzwerks (*Petzold* 1994e): Hochaltrige müssen oft auch bezüglich ihren Möglichkeiten sozialer Teilhabe beträchtliche Einschränkungen hinnehmen oder aber überwinden. Ist das auch kaum je der (Haupt)Grund, warum jemand musiktherapeutische Unterstützung sucht, gehört es dennoch oft zu den häufigen Zielen (auch im Rahmen einer stationären Behandlung), die Bedingungen für ein teilhabendes soziales Leben zu verbessern und die entsprechenden Kompetenzen und Performanzen zu fördern.

In der Musiktherapie kann – exemplarisch und in übender Form – an Stations- und Gruppengeschehen teilgenommen werden. Die Meinung und die Anregungen aller werden Wert geschätzt und ernst genommen. Im Aufbau eines gemeinsamen musikalischen Musters oder „Gewebes" mit ausgewählten – und manchmal auf einander abgestimmten – Instrumenten fühlt sich meist jeder wahrgenommen und bedeutsam für die Gemeinschaft. Dabei kann leicht auf die unterschiedlichen Fertigkeiten und Kenntnisse der Teilnehmenden eingegangen werden, indem für die

Zaghaften und Unsicheren zunächst einfach zu spielende Instrumente eingesetzt werden und einzelne TeilnehmerInnen aber, deren Stärken schon bekannt sind, mit etwas schwierigeren Parts betraut werden. Oft bieten Lieder eine gute Möglichkeit, mit wenig technischem Aufwand ein „gemeinsames Werk" zu vollbringen, zu welchem alle – die mögen – ihren Beitrag leisten können.

Es soll hier natürlich nicht behauptet werden, dass durch solche Therapiesequenzen den PatientInnen wieder ein Leben in hinreichender sozialer Teilhabe gewährleistet werden kann. Wo aber das Sich-gemeinsam-engagieren und das Gefühl für Zusammen-arbeiten und Zusammen-gehören schon ganz oder beinah verloren – weil verlernt – wurde, können solche neue Erlebnisse des Kooperierens, des gemeinsamen Gestaltens und Tragens von Verantwortung für ein Geschehen von grosser Bedeutung sein, um das Vertrauen in ein Miteinander wieder aufzubauen.

Manchmal gelingt auch die zumindest partielle Integration von ansonsten sehr einzelgängerischen alten Menschen, die sich an ihre Position am Rande und ausserhalb von Gemeinschaften schon so gewöhnt haben, dass sie sich Anfangs nur mit viel Misstrauen auf solche „Experimente" überhaupt einlassen.

Musiktherapie bietet hier ein sehr hilfreiches Medium, durch das der Fokus nicht offensichtlich auf sozialen Kompetenzen gelegt wird (obwohl es natürlich auch darum geht), sondern etwas Drittes geschaffen wird, dem gegenüber sich jede Teilnehmerin nach eigenen Möglichkeiten öffnen kann. Die entstehende Musik ist etwas im Moment Erschaffenes, baut auf gegenwärtige Kräfte und ist in ihrer Einmaligkeit der lebendige Beweis für ein Beteiligtsein am Gestalten der Zeit und damit der Zukunft.

Ausserhalb der Klinik oder vielleicht im Zuge der dort noch angeregten Netzwerkarbeit, eignet sie sich auch in hohem Masse für intergenerationelle Kontakte, denn Musik setzt sich leichter über Altersgrenzen hinweg als z.B. körperliche Betätigung. Kinder begegnen alten Menschen, Töchter und Söhne ihren alt gewordenen Müttern und Vätern im gemeinsamen Musikerlebnis: beim Singen, beim Musik hören.

### 4.2 Musiktherapie zur Erhaltung / Förderung / Wiederherstellung von kommunikativen Fähigkeiten

Sind es vor allem die mangelnden sozialen Kontakte, die einen hochaltrigen Menschen aus dem Gleichgewicht bringen, fehlt es also an fördernden zwischenmenschlichem Geschehen, an gegenseitiger Anteilnahme, an Nähe und Vertrautheit, kann es sein, dass, solchermassen isoliert und vereinsamt, der alte Mensch die Flexibilität verliert, die ein komplexes Kommunikations- und Beziehungsgeschehen erfordert. Obwohl kommunikative Kompetenzen im höheren Erwachsenenalter im

Prinzip weitgehend erhalten bleiben (*Sachweh, Hummert* 2005), was unter anderem dadurch erklärt wird, dass viele ältere Menschen Kompensationsstrategien entwickelt hätten, mit denen sie altersbedingte Leistungseinbussen (z.b. Defizite im Bereich des Arbeitsgedächtnisses oder – bis zu einem gewissen Grad – im Bereich der Hörfähigkeit) abpuffern (*Hummert* 2000), etwa indem sie sich stärker auf Kontextinformationen und auf die Prosodie verlassen als jüngere (*Stine, Wingfield* 1987), gilt auch für die kommunikativen Fähigkeiten das Prinzip „use it or lose it": Wo keine Gelegenheit zu Kontakt und Kommunikation vorhanden ist, lassen sich auch gut erhaltene Fähigkeiten nicht anwenden. Nun sind bei pflegebedürftig Gewordenen genau diese Gelegenheiten oftmals rapide reduziert, selbst wenn sie medizinisch und pflegerisch gut versorgt sind. Steht bei einem Patienten dieser Mangel im Vordergrund, gilt es, gezielt die kommunikationsfördernden Techniken der Musiktherapie anzuwenden: Musizieren im Wechselspiel, als Rollenspiel, als Überträger von emotionalen Mitteilungen, als Ausdrucksmittel. Im aktiven Modus der Musiktherapie ist Interaktion eigentlich gar nicht zu vermeiden. Im geschützten Rahmen einer musiktherapeutischen Gruppenstunde – und dieses Setting bietet sich für die Förderung von Kommunikation natürlich an – vermag sie Menschen miteinander in Kontakt zu bringen, die sich vielleicht sonst „nichts zu sagen" hätten. Sie ermöglicht das Ausprobieren von neuen Rollen, wenn z.B. eine scheue, angepasste oder sogar unterwürfige Patientin am dominanten Instrument „den Ton angibt". Dass dies mit dem ‚wirklichen Leben' etwas zu tun hat und nicht nur sinnlose Spielerei ist, zeigt sich darin, dass gerade die Übernahme einer solchen Rolle mit (realen!) Hemmungen verbunden ist und es manchmal einer sorgfältig aufgebauten Vertrauensbasis bedarf, bis jemand sich in solches „Verhaltensneuland" vorwagt.

Dialoge, Polyloge mit Instrumenten – auch mit ganz einfach zu handhabenden ist dies möglich, wenn das aufmerksame Hinhören und differenzierte Wahrnehmen vorhanden ist oder zuerst geübt wird – können Spass machen, Gemeinsamkeiten und Differenzen aufzeigen, können Ernst werden und Unerwartetes zu Tage bringen, kurz: es sind Mittel der spielerischen Erweiterung des Verhaltensrepertoirs, das in diesem Zusammenhang je nach Introspektionsfähigkeit und Leidensdruck auch verbal thematisiert werden kann.

In Alters- und Pflegeheimen, wo die vorhandene „Menschendichte" eigentlich genug Gelegenheiten zur Kommunikation bereitstellen könnte, herrscht dennoch oft ein Mangel an vertieften und verbindlichen Beziehungen. Das Risiko, ausgerechnet hier, unter Menschen, zu vereinsamen ist nicht zu unterschätzen, wenn nicht absichtsvoll und gezielt Gegensteuer gegeben wird.

*4.3   Musiktherapie zur Erhaltung, Förderung, Wiedererlangung von
        Souveränität*

Wo der Verlust von scheinbar selbstverständlichen Fähigkeiten und Fertigkeiten
zu beklagen ist, wo jemand mehr und mehr von Hilfe abhängig wird, oder ganz
plötzlich, von einem Tag auf den andern, braucht es schon enorme psychische Stabilität und Reservekapazität, diesen Zustand der Abhängigkeit zu bewältigen ohne
eine Depression zu entwickeln. Der Verlust an Selbständigkeit wird von denjenigen
alten Menschen als besonders kränkend erlebt, die ihr Leben lang gerade darauf
grossen Wert gelegt haben, die sich ihre Souveränität einst erkämpft, vielfach ver-
teidigt haben, darauf ihr Selbstvertrauen und ihre Selbstachtung aufgebaut haben.

Da ist es nicht verwunderlich, dass es jemandes Bewältigungsfähigkeiten
überfordert, wenn zum Beispiel durch einen Unfall oder einen Sturz plötzlich alles anders aussieht und man zu einem pflegebedürftigen Menschen wird.

Dass auch der Umzug ins Altersheim, der ja immer später erfolgt und darum
genau die Gruppe der Hochaltrigen besonders betrifft, oft eine Depression auslöst, hat offenbar weniger mit der Neuorientierung oder dem Verlust der vertrauten
Umgebung zu tun, als mit dem Verlust der Selbständigkeit (*Helmchen, Reischies*
2005). Dies geht u. a. aus Untersuchungen von *Banerjee* und *McDonald* (1996)
hervor, die belegen konnten, dass die Depressionsrate bei älteren Personen, die zu
Hause wohnen, aber dort auf Hilfe angewiesen sind, ebenso hoch ist wie bei den
im Pflegeheim lebenden. Als lebenswert wird offenbar ein Leben dann beurteilt,
wenn eine hinreichende Autonomie möglich und die Einbindung in soziale Bezüge intakt sind, der objektive Gesundheitszustand spielt vor allem im hohen Alter
nicht die entscheidende Rolle (vgl. *Rott,* dieses Buch).

Dies macht auf einen Bedarf an therapeutischer Unterstützung sowohl im hei-
mischen Umfeld als auch in Alters- und Pflegeheimen aufmerksam, der wohl oft
nicht als solcher erkannt wird.

Wie kann nun Musiktherapie Autonomie und Selbständigkeit fördern oder
aber – im Falle einer irreversiblen Situation – Unselbständigkeit zu bewältigen
helfen? Eine weitere Fallvignette soll das illustrieren:

*Eine 91 jährige Bewohnerin eines Alters- und Pflegeheimes, Frau J., war dort
durch zunehmende Passivität bei gleichzeitiger Reizbarkeit und forderndem Verhalten aufgefallen. Ausserdem schlief sie schlecht, rief darum nachts in immer
kürzer werdenden Abständen nach der Pflege. Es wurde vermutet, dass dies mit
dem Umstand zu tun hatte, dass sich im vergangenen Jahr die Sehfähigkeit von
Frau J. durch eine bekannte Makuladegeneration dramatisch verschlechtert
hatte, sodass sie auch an den hausinternen aktivierungstherapeutischen Ange-*

boten nicht mehr teilnehmen konnte, oder dann plötzlich auch nicht mehr wollte. Ausserdem war eine Nichte von Frau J., die sie bisher regelmässig besuchen kam und sie auch auf kleinere Ausflüge mitnahm, vor kurzem ins Ausland gezogen, sodass diese Besuche ausblieben und der kinderlos gebliebenen ehemaligen Verkäuferin nur die noch wenig etablierten Kontakte mit MitbewohnerInnen blieben – Frau J. war erst vor 1 ½ Jahren in dieses Heim gezogen.

Da die Pflegefachleute mit der ständigen Unzufriedenheit und der zuweilen aggressiven Art der Hilfeeinforderung an ihre Grenzen kamen, wurde die Musiktherapeutin beigezogen, die jede Woche für einen halben Tag in dieser Einrichtung tätig war. Sie kannte Frau J. aus der allerersten Zeit ihres Aufenthaltes, als sie sie für die musiktherapeutischen Gruppenstunden eingeladen hatte, was von ihr aber entschieden abgelehnt worden war, da sie an Musik nicht sonderlich interessiert sei. Auch die Einzeltherapie, die sie nun von der Musiktherapeutin erhielt, nahm sie zunächst nicht an mit der Begründung, dass sie schlecht höre (was zwar stimmte, aber nicht in dem Ausmass zutraf, dass sie dadurch stark eingeschränkt war) und dass man ihr das doch nicht auch noch zumuten solle. Die Therapeutin gab nicht sofort auf, sondern lud Frau J. ein, für eine Probestunde doch einmal in den Musiktherapieraum zu kommen. Sie könne ihr da auch etwas vorspielen, wenn sie wolle, und sie könne am Schluss dann entscheiden, ob sie wieder kommen wolle oder nicht. Diese Option der Entscheidungsfreiheit war wohl ausschlaggebend dafür, dass Frau J. tatsächlich in der darauf folgenden Woche in eine erste Stunde kam. Sie liess sich erklären, was Musiktherapie sei und war auch einverstanden, sich ein paar Instrumente anzuhören, die sie ja kaum sehen konnte, deren Klang sie aber differenziert wahrnehmen und beschreiben konnte, wenngleich mit meist negativen Bemerkungen („klingt wie eine Horde Affen", „uh, nicht so laut, das macht einen ja ganz nervös" u.ä.). Sie nutzte dann auch das „Veto-Recht", die Möglichkeit, einen Klang, eine Musik zu unterbrechen, wenn sie unangenehm würde. Erstaunlicherweise war sie am Ende der Stunde nicht abgeneigt, wieder zu kommen. „Ist mal was anderes", sagte sie.

In den darauf folgenden Therapiestunden wurde zum einen sehr viel Musik gemacht, das ganze Instrumentarium wurde eingeteilt in Klänge, die „man gerne hört", die „interessant" klingen und „die Phantasie anregen", und andere, die „Lärm", „Quatsch" oder einfach nicht der Rede wert waren. Dabei war Frau J. mit grosser Aufmerksamkeit dabei, hatte immer öfter auch ein positives Urteil abzugeben und genoss es, auf lauten Instrumenten (z.B. auf der Tischtrommel) ein anderes zu übertönen oder auch mit diesem zusammen ein forsches Tempo anzuschlagen und dem Musikstück mit einem kräftigen Schlusswirbel oder Don-

*nerschlag ein Ende zu machen. Im Gespräch wurde sie offener und zutraulicher,*
*erzählte, wie sehr sie mit dem Schicksal haderte, dass ihr die Sehkraft abhan-*
*den gekommen sei, wo sie doch so gerne gestrickt hätte früher, und TV geschaut*
*und im Garten gearbeitet und und und (dass sie Garten- und Handarbeit schon*
*seit vielen Jahren nicht mehr machen konnte, schien ihr nicht erwähnenswert.*
*Wichtig war nur, dass „ich nicht mehr tun kann, was ich will“). Es zeigte sich,*
*dass die Ungeduld und die mürrische Art, mit der sie den Pflegefachleuten oft*
*begegnete, nichts als Verzweiflung und Wut darüber waren, dass sie nicht mehr*
*selber für all diese Dinge sorgen konnte. Die Freude, die sie am Musik machen*
*entwickelte – obwohl sie ihre Beziehung zu Musik als „vom Schullehrer verdor-*
*ben“ bezeichnete – liess sie selber erkennen, dass sie sich diesem Gram nicht*
*so hingeben dürfe, sondern das Leben wieder selber steuern müsse, auch wenn*
*das nicht mehr ohne Hilfe gehen würde. Auch dass es doch noch Dinge gibt, die*
*sie trotz ihrer schweren Sehbehinderung freuen konnten, tröstete sie.*

*Einige Monate später, in denen sie auf dem Klavier nach Gehör verschiede-*
*ne Lieder zu spielen gelernt hatte, was sie sehr stolz machte, fragte sie, ob es*
*die Musiktherapiegruppe immer noch gebe, und ob sie daran teilnehmen kön-*
*ne. Auch andere Angebote im Heim hatten sie nun wieder interessiert und sie*
*begann, ihr Zimmer ihrer Sehbehinderung besser anzupassen, um so verschie-*
*denen Alltagstätigkeiten wieder selber ausführen zu können. Die Aggressivität*
*und Reizbarkeit waren beinahe verschwunden. An ‚schlechten Tagen‘, wenn sie*
*sich einsam und verlassen fühlt, taucht sie manchmal noch auf, dann verzieht*
*sie sich meistens in ihr Zimmer und wartet, bis es vorüber geht.*

### 4.4 Musiktherapie als psychophysiologische Anwendung zur Linderung von Schmerzen, zur Förderung von Bewegungsabläufen

Als medizinische oder „psychophysiologische“ Musiktherapie angewendet, kann
sich die Musiktherapie darauf spezialisieren, gewisse neurophysiologische Prozesse und Zusammenhänge gezielt therapeutisch zu nutzen. So wird beispielsweise
die Tatsache, dass Musik bzw. vor allem ihre Rhythmizität, die Effizienz von motorischen Übungen steigert, dass die Areale im Hirn, die für das Hören mit denen,
die die Bewegung steuern, eng verbunden sind, bei der Therapie von Parkinson-
und von SchlaganfallpatientInnen zur Verbesserung der motorischen Koordination beim Gehen und beim Sprechen eingesetzt (*Thaut* et al. 2001).

In der Schmerzbehandlung kommt Musik nicht nur, wie vielleicht allgemein
bekannt, als Hintergrundmusik (z.B. beim Zahnarzt) zum Zug, wenn sanft plät-
schernde Musik das Gehirn von andern Reizen ablenken soll, sondern es werden
bei PatientInnen mit chronischen Schmerzen oder z.B. bei Migräne-PatientInnen,

die schmerzfreien Phasen mit angenehmer Musik ‚gekoppelt', sodass das Gehirn lernt, diese Musik mit Schmerzfreiheit zu verbinden, was bei erneutem Hören dieser Musik die Schmerzempfindung reduzieren kann (*Soost* 2004).

### 4.5 Musiktherapie zur Förderung von Aktivität, Kreativität und Gestaltungskraft

Regelmässige körperliche Aktivität, regelmässige geistige Anregung und Herausforderung und regelmässige soziale Kontakte – das sind drei gesicherte protektive Faktoren, die vor allem im Zusammenhang mit „Demenzprävention" genannt werden (vgl. *Wettstein* 2005, 147). Sie gelten aber als allgemein gesundheitsfördernd und sind die besten unspezifischen Ratschläge auf dem Weg zu einem gesunden und zufriedenen Alter. Im besten Fall wissen und befolgen wir das aus eigenem Antrieb und lange vor dem Pensionsalter, was aber wohl bei einem grossen Anteil der Bevölkerung nur guter Vorsatz bleibt.

Die Beschäftigung und Betätigung mit musikalischen Mitteln kann nun aber als besonders attraktiver Weg gesehen, diese schützenden Tätigkeiten in einem auszuführen: Musik (Musizieren und Musikhören) gehört zu den geistigen Aktivitäten, die dem menschlichen Gehirn viel Tätigkeit abverlangen (*Jäncke* 2008). Besonders wenn Neues gelernt wird, sind so viele Hirnareale aktiviert, dass – bei hinreichender Intensität – ein protektiver Effekt zu bestätigen ist (*Münte* et al. 2002). Musik bewegt, emotional und – oft unwillkürlich – auch leiblich. Wenn dies noch absichtsvoll mit Bewegungsabläufen kombiniert wird, welche ihrerseits von der Musik, von ihrem Rhythmus unterstützt werden, sind gleich zwei förderliche Prozesse in Gang gekommen. Und findet das Ganze nun noch in einer Gruppe statt, die sich im gleichen Rhythmus bewegt, den gleichen Rhythmus vielleicht selber klopft, klatscht oder schlägt, die sich mit Spielfreude und aufkommender Heiterkeit noch ansteckt – unter Ausnutzung der hierbei sehr förderlichen Funktionen der Spiegelneurone (*Rizzolatti, Sinigaglia* 2008) –, dann sind wirklich optimale Synergien entstanden.

Menschen im hohen Alter, die durch vielerlei somatische Leiden, durch Verluste im sozialen Netzwerk, durch widrige Umstände und Schicksalsschläge in Not gekommen sind, verlieren oft die psychische Kraft und den Antrieb, sich weiterhin selber zu beschäftigen, nicht selten ist ihnen die Freude daran abhanden gekommen oder sie sehen darin schlicht keinen Sinn mehr. Sie brauchen darum zunächst die motivierende und empathische Unterstützung der Therapeutin, die ihnen die musikalische Aktivität nicht aufdrängt oder aufsetzt, sondern anbietet als Form eines aktiven Zusammenseins, das bewegen, aufmuntern, zerstreuen, aufheitern, unterhalten und beschwingen kann.

### 4.6  Pflegebedürftig zuhause leben

Pflegebedürftigkeit ist ein sehr häufiger Grund, im hohen Alter noch einmal um-
ziehen zu müssen, aber dies ist nicht zwingend. Dank vielerlei Spitex-Angebote
(so werden in der Schweiz die aufsuchenden Pflegedienste genannt) und vor allem
dank dem umfangreichen und unbezahlbaren Engagement vieler Lebenspartnerin-
nen und –partner, vieler Töchter und Söhne, manchmal Enkelkinder, Neffen, Nich-
ten, Nachbarn, können sehr viele pflegebedürftige alte Menschen ihren Wunsch, in
den eigenen vier Wänden zu bleiben, realisieren. Meistens stellt diese Situation für
die Betreuenden eine grosse Belastung dar, und sind sie nicht ausreichend vernetzt
oder sozialmedizinisch eingebunden, kann es, vor allem bei schnellen Verschlech-
terungen des Gesundheitszustands des zu Betreuenden, zu Überforderungssituati-
onen kommen, die vermeidbar wären. Was die medizinisch-pflegerische Seite betrifft, so muss in solchen Krisensituationen natürlich Fachpersonal zur Beratung
und Entlastung beigezogen werden. Es wäre jedoch überlegungswert, ob zur psychischen Entlastung – wo diese denn im Zentrum steht – nicht schon viel früher
ambulante, aufsuchende TherapeutInnen (Musik-, PsychotherapeutInnen) einen
Beitrag zur Vermeidung von Krisen leisten könnten.

## 5.  Gesund gebliebene Hochaltrige

All den hochaltrigen Menschen, welche von psychischen und schweren physischen
und kognitiven Einschränkungen verschont geblieben sind oder sich davon dank
hoher Widerstandskräfte schnell wieder erholt haben – und davon gibt es gar nicht
so wenige (*Rott* et al. 2001; vgl. *Rott,* dieses Buch) – und die darum auch die psychosozialen Einrichtungen nicht selber aufzusuchen gezwungen sind, all denen
kann Musik „Therapie" sein, nämlich als Prävention und – salopp ausgedrückt –
als „Wellness-Anwendung", als eine gesundheitsfördernde Quelle (*Spahn* 2008)
von Lebensfreude und Lebensmut. Sie kann auch eine Form der Auseinandersetzung mit Kultur und Gesellschaft sein, eine Form der Selbstfürsorge, des Genuss-
trainings und der Weiterbildung / Geragogik (*Hartogh* 2008; *Köster* 2008; *Veelken* et al. 2005; *Petzold* 2004). Und sind diese musikalischen Aktivitäten – wozu
wir auch das ‚passive‘ Musik-Hören zählen – zusätzlich mit Begegnungen mit
andern Menschen verbunden, mit angenehmen notabene, bei denen gespielt, gesungen, ein (Hör)Erlebnis geteilt, eine Meinung diskutiert wird, so haben sie genau die Qualitäten, die Menschen im Sinne „protektiver Faktoren" (*Petzold, Müller* 2004) gesund halten!

Hier können Musikgeragogik (*Wickel* 2008) und „interaktive MusikerInnen" (*Grosse* 2008) möglicher Weise noch einen wichtigen Beitrag leisten, während sich die MusiktherapeutInnen vermehrt um die psychisch Erkrankten oder Gefährdeten kümmern können. Der Bedarf an wirksamer psychosozialer Begleitung und Betreuung ist – so vermuten wir – um einiges grösser als die offizielle „Nachfrage".

## 6.  Übergreifende Perspektiven

### 6.1  Unterstützung beim Abschied vom Leben

Ob man im hohen Alter arm, krank, schwach und einsam ist oder reich, gesund, stark und eingebunden, allen gemeinsam ist die unvermeidliche Tatsache des bald bevorstehenden Todes. Die Menschen beschäftigen sich in sehr unterschiedlicher Art und Intensität damit. Unheilbare Krankheiten rücken das Thema fast zwingend ins Zentrum, aber selbst dann ist der Umgang damit so unterschiedlich wie es die Menschen sind. Musik und Musiktherapie als palliative Intervention und als Thanatotherapie (*Petzold* 1999l; 2005d; vgl. *Graf*, dieses Buch) hat dann das Potential, Trost und Geborgenheit zu vermitteln, Mit-Leiden zu zeigen, vielleicht Empörung auszudrücken, Schmerz und Spannung zu lindern.

### 6.2  Erhaltung von Lebensqualität

Für alle gemeinsam gilt auch, dass nichts unversucht bleiben sollte, was die Lebensqualität unsere hochaltrigen Mitmenschen erhalten oder sogar noch steigern könnte. Dabei sei Lebensqualität nicht nur im Sinne von Gesundheit und Funktionstüchtigkeit verstanden, sondern auch als Aspekte wie Zukunftsbezogenheit, Hoffnung, Beharrlichkeit, Selbstwirksamkeit (*Lawton* 2000). Haben doch die gesundheitlichen Veränderungen nur wenig Einfluss auf die Entwicklung der Lebensbewertung (*Moss* et al. 2007; vgl. *Rott*, dieses Buch). Lebenswert soll ein Leben aber sein, auch mit 100 Jahren noch. Dies ist nicht nur die Verantwortung jedes Einzelnen und allenfalls seiner Angehörigen, sondern es ist die gemeinsame Verantwortung einer modernen Gesellschaft mit ihrem Gesundheitssystem und den von ihr getragenen Werten der Mitmenschlichkeit und gegenseitigen Fürsorge.

# Hochbetagte Menschen zuhause – pflegen, begleiten und betreuen

*Ursula Wiesli*

## 1. Einleitung

Menschen leben heutzutage länger und gesünder als je zuvor. Diese längere Lebenszeit stellt diverse neue Herausforderungen an die älteren und hochbetagten Menschen, ihr Umfeld und an die Gesellschaft. Im letzten Lebensabschnitt sind viele Menschen von schwereren chronischen Krankheiten und unterschiedlichen Behinderungen betroffen. Diese Probleme wachsen in dem Masse an, wie die Babyboomer älter werden. Dem Gesundheitswesen und für diesen Artikel besonders wichtig, der Gemeindekrankenpflege mangelt es an Kapazität und Wissen, die Bedürfnisse dieser chronisch kranken Menschen zu erfüllen. Erschwerend kommt hinzu, dass die Pflege dieser Population teurer wird und die Verfügbarkeit von Pflegenden immer mehr schwindet. Positiv fällt hingegen ins Gewicht, dass ältere Menschen sehr oft gut mit ihren chronischen Krankheiten leben können und dass das Gesundheitswesen in der Schweiz, aber auch in anderen Ländern, bereits gewisse Vorkehrungen im Zusammenhang mit diesem demographischen Wandel unternommen hat. Insgesamt benötigt diese dringende Anpassung aber neue Wege in der Pflege, Betreuung und Begleitung hochbetagter Menschen. Der grösste Wunsch der meisten Menschen ist es, bis zu ihrem Tod zu Hause leben zu können. Dies widerspricht allerdings den heutigen Tatsachen, denn je älter Menschen werden, umso öfter wird ein Heimeintritt nötig, und zu Hause sterben können nur sehr wenige.

In diesem Artikel werden pflegerische Aspekte aufgezeigt, die einen Einfluss auf das Leben von hochbetagten Menschen zuhause haben. Dabei wird wie beim Pflegeprozess vorgegangen, d.h. zuerst werden im Hintergrund die Informationen dargestellt, die das Leben zu Hause beeinflussen, danach werden die gesundheitlichen Probleme erläutert, die hochbetagte Menschen haben können, und zum Schluss werden Massnahmen vorgeschlagen, die das zu Hause leben unterstützen.

## 2. Hintergrund

### 2.1 Demographie und WHO

Die Population der älteren Menschen steigt bis ins Jahr 2050 stetig an. Dabei findet der grösste Anstieg in den entwickelten Ländern statt. Dieser demographische Wandel betrifft auch die hochbetagten Menschen in der Schweiz. Deren Anzahl wird bis 2050 voraussichtlich um das 2,5-fache steigen, nämlich von heute 380›000 auf ca. 940›000 (*Grob* 2009).

Laut der Weltgesundheitsorganisation, *WHO* (2007) ist ein langes Leben und somit das Älter werden der Bevölkerung ein Zeichen guter Gesundheit und ein Triumph der modernen Gesellschaft. Weiter schreibt sie, dass beides die Erhöhung der globalen Gesundheit widerspiegelt, aber auch spezielle, neue Herausforderungen für das 21. Jahrhundert aufwirft. Es ist unverzichtbar, die Gesundheitsanbieter und die Gesellschaft auf die Bedürfnisse dieser älteren Menschen vorzubereiten. Notwendig sind Schulungen für Gesundheitsanbieter in gerontologischer Pflege und Betreuung, das Vorbeugen und Bewältigen von altersbedingten chronischen Krankheiten, das Aufzeigen einer nachhaltigen Langzeitpflegepolitik und das Entwickeln von altersfreundlichen Organisationen und Institutionen (*WHO* 2007).

Die demographische Entwicklung zeigt als Konsequenzen die Wichtigkeit der Gesundheitsförderung auf, denn eine gute Gesundheit ist für ältere Menschen wichtig, um unabhängig zu bleiben und eine Rolle in der Familie und im sozialen Umfeld zu spielen. Eine lebenslange Gesundheitsförderung und präventive Massnahmen helfen den Beginn von nichtübertragbaren und chronischen Krankheiten zu verzögern oder zu verhindern. Die gesundheitlichen Probleme, die bei hochbetagten Menschen auftreten sind chronische Krankheiten, Multimorbidität, Demenz und daraus resultierend oder isoliert das Syndrom der Frailty und damit verbunden eine erhöhte Vulnerabilität. Treten bei hochbetagten Menschen eines oder mehrere dieser gesundheitlichen Probleme auf, so benötigen sie ein flexibles, umfassendes und erreichbares „Versorgungszentrum", das eine ganzheitliche und regelmässige Betreuung anbietet. Denn diese gesundheitlichen Probleme erfordern eine kompetente und kontinuierliche Begleitung zur Vermeidung oder sicher zur Minimierung von Folgeerkrankungen und somit von weiteren Einschränkungen und negativen Effekten auf die Lebensqualität. Die demographische Entwicklung verweist somit auf mehrere Konsequenzen für eine erweiterte Gesundheitsförderung und auf andere unterstützende Massnahmen für hochbetagte Menschen.

Die WHO hat mehrere Publikationen zum Thema ‚ältere Menschen' herausgegeben, teilweise zu spezifischen Themen, wie Palliative Care oder auch allgemein zu der Situation von älteren Menschen weltweit, wie die weiter unten im

Text teilweise beschriebenen zehn Fakten. Dabei wird immer von Personen gesprochen, die über 60 Jahre alt sind und nicht spezifisch von noch älteren Menschen. Trotzdem sind diese Ausführungen sehr wohl auch – oder sogar verstärkt – für die Hochaltrigkeit gültig.

### 2.2  Altern und Hochaltrigkeit

Altern ist ein dynamischer Prozess, der in sehr differenziert verlaufender Weise alle physischen, psychischen und sozialen Seiten des menschlichen Lebens betrifft und unumkehrbar ist (*Fäh, Knipping, Rüegger, Wiesli, Huber* 2008). Altern führt auf natürlich-physiologische Weise wie auch durch manch pathologische Formen zu defizitären Zuständen, die oft nicht mehr oder nur teilweise zu beheben sind (*Fäh* et.al. 2008). Der überwiegende Teil alter Menschen gestaltet aber sein Leben selbstbestimmt und selbständig, so dass das hohe Lebensalter weiterhin mit Aktivitäten und Zukunftsvorstellungen verbunden ist. Altern ist ein mehrdimensionaler Prozess, beeinflusst von vielfältigen physischen, psychischen, sozialen und biographischen Faktoren, in dem Multimorbidität neben bestmöglicher Lebensqualität und Partizipation steht. So gilt es, den alternden Menschen nicht nur im Hinblick auf seine Krankheiten und Beeinträchtigungen wahrzunehmen, die der Alterungsprozess häufig mit sich bringt, sondern ihn auch als einen bis ins hohe Alter lernfähigen Menschen zu verstehen (*Fäh* et.al. 2008).

*Höpflinger* (2008) macht für das Auftreten von Beschwerden und Behinderung nicht allein das chronologische Alter verantwortlich, sondern ebenso soziale und biographische Einflüsse. Aus seiner Sicht stehen altersbiologische Faktoren bei Hochbetagten jedoch vermehrt im Vordergrund. Drei Thesen aus der gerontologischen Forschung sind aber zentral für die Gesundheit im Alter (*Höpflinger* 2008):

1.  Die Gesundheit älterer Menschen variiert stark nach sozialer Schicht, Geschlecht und bisheriger Lebensgeschichte. Krankheit im Alter ist nicht Schicksal, sondern hängt somit stark vom bisherigen Lebensstil und Gesundheitsverhalten ab.

2.  Alternsprozesse sind nicht einheitlich. So zeigt eine Genfer Längsschnittuntersuchung von ursprünglich 80-84-jährigen Menschen, dass Erkrankungs- und Gesundheitsprozesse bei dieser hochaltrigen Gruppe dynamisch verlaufen und die Vorstellung eines linearen und irreversiblen Abbaus der Gesundheit mit steigendem Alter irreführend ist.

3.  Mit steigendem Alter werden die Erwartungen an eine gute Gesundheit reduziert. Medizinische Kriterien sind weniger bedeutsam als vielmehr der Vergleich mit Gleichaltrigen sowie mit altersspezifischen Normvorstellun-

gen. Dadurch weist das Wohlbefinden älterer Menschen grosse Diskrepanzen zwischen subjektivem Wohlergehen und objektiven Indikatoren der Gesundheit auf.

Aus dem Beschriebenen wird ersichtlich, dass ältere Menschen sehr unterschiedlich sind und dass es deshalb keine allgemeine Definition für Hochaltrigkeit gibt. Je älter Menschen werden, umso schwieriger wird es für sie, Aktivitäten oder Handlungen ausserhalb ihres Umfeldes, oft sogar ausserhalb ihrer Wohnung wahrzunehmen. In der Folge vereinsamen sie oft, werden nochmals schwächer und können dadurch nicht mehr oder seltener einkaufen, was wiederum zu einseitiger und ungenügender Ernährung führt.

### 2.3  Situation und Bedingungen

Hochbetagte Menschen leben häufig mit physischen, psychischen und sozialen Einschränkungen und sind oft auf Unterstützung angewiesen. Das Gesundheitswesen bietet ihnen oft fragmentierte Leistungen an, indem ein Patchworksystem unkoordinierte Dienste anbietet, das den Bedürfnissen der älteren Menschen weder entspricht noch diese erfüllt (*Lynn & Adamson* 2003; *WHO* 2002). In einer deutschen Studie wurden folgende Mängel in der häuslichen Hilfe und Pflege festgestellt, die sich in der Schweiz vermutlich ähnlich darstellen (*Heinemann-Knoch, Knoch & Korte* 2008).

- Die qualifizierte, nachhaltige und langfristige Beratung von Betroffenen und deren Angehörigen ist nicht gewährleistet.
- Vorhandene Angebote, wie Kurzzeit-, Tages- oder Nachtpflege, werden nicht genutzt.
- Mobilitätsfördernde Hilfsmittel, Trainingsangebote und Notrufsysteme wurden zu wenig in Anspruch genommen.
- Es herrscht ein Mangel an Unterstützung und Vernetzung von leichten pflegerischen und ergänzenden Hilfen.
- Es mangelt an bezahlbaren Möglichkeiten einer 24-Stundenentlastung von pflegenden Angehörigen.
- Das Bewusstsein um die Wichtigkeit, sich selber zu pflegen wird mangelhaft gefördert und reflektiert.

Die Tatsache, dass die Angebote zu wenig in Anspruch genommen werden, könnte bedeuten, dass sie zuwenig bekannt sind oder durch den hohen Arbeitsaufwand sowohl von den Betroffenen als auch von den sie betreuenden Angehörigen keine Zeit übrig bleibt, sich mit den unterschiedlichsten Angeboten zu beschäftigen und diese zu koordinieren. Das würde darauf hindeuten, dass eine Form der Unterstützung einerseits im konkreten Anbieten, der Organisation und der Koordination der verschiedenen Angebote liegt. Da die Dienstleistungen von unterschiedlichen Professionen angeboten werden, wird andererseits ein Zusammenarbeiten aller erforderlich. Multiprofessionalität stellt somit eine Grundbedingung in der Begleitung, Betreuung und Pflege von hochbetagten Menschen dar, bedingt also eine interprofessionelle und interdisziplinäre Zusammenarbeit. Interprofessionell bedeutet hier das Zusammenarbeiten zwischen Pflege, sozialer Arbeit, Medizinern, Seelsorgern, freiwilligen Mitarbeitenden, und interdisziplinär bezeichnet das Teamwork von Pflegenden mit verschiedenem Fachwissen, wie Gerontologie, Palliative Care oder Wundmanagement. Nebst den unterschiedlichen Professionen sind es auch unterschiedliche Institutionen und Organisationen, wie Spitäler, Langzeitinstitutionen, ambulante Pflege und weitere Fach- und Dienstleistungsstellen, die diverse Unterstützungsmassnahmen anbieten. Wegen des unübersichtlichen Angebotes ist eine Koordination absolut notwendig. *Gams-Homolovà* (2000) schreibt, dass die Vielfalt an Berufen und Diensten in der Pflege, Betreuung und Begleitung hochbetagter Menschen fachlich versierte Personen voraussetzt, die alle Möglichkeiten kennen und diese koordinieren können. Die Abstimmung aller Massnahmen soll ihrer Ansicht nach verlaufsorientiert sein, dabei hat die Pflege eine Querschnittsaufgabe, d.h. sie koordiniert die unterschiedlichen Berufsgruppen, die informellen Helfer und die verschiedenen Organisationen.

## 2.4  Herausforderungen an die Pflege

Für diese anspruchsvolle Aufgabe werden Fachpersonen in gerontologischer Pflege benötigt. Sie müssen einerseits die verschiedenen Angebote kennen und andererseits die Probleme hochbetagter Menschen erkennen, einschätzen und die entsprechenden und gewünschten Massnahmen in die Wege leiten können. Professionelle müssen den hochbetagten Menschen und ihren Angehörigen partnerschaftlich begegnen und sich an Werten und Prinzipien wie Würde, Autonomie, Schutz, Empowerment, Empathie, Integration, Partizipation und Normalität orientieren. All dies erfordert ein hohes Mass an menschlicher und fachlicher Kompetenz sowie Selbstreflexion (Broschüre *MAS Gerontological Care*, 2008). Des Weiteren lebt ein Mensch nicht als isoliertes Wesen, sondern er benötigt immer eine Umgebung, d.h. einen Wohnort und ein soziales Umfeld wie Familie, Freunde, Kollegen. Das ist in jedem Alter so und gilt für jede Lebensspanne, also auch für hochbetagte Menschen. Speziell an diesem Lebensabschnitt ist jedoch, dass hinter diesen Menschen ein langes gelebtes Leben liegt und die Erfahrungen daraus die Individualität prägen.

Für die Pflege bedeutet dies, dass der Mensch als Ganzes betreut werden muss und nicht einzelne Aspekte seines Seins. Dies gilt natürlich nicht nur in der Pflege und Begleitung dieser Personen zu Hause, sondern auch in den Institutionen. Die Herausforderung jedoch mit den hochbetagten Menschen ihr Leben in der eigenen Umgebung zu gestalten, erfordert eine erhöhte Flexibilität und Kreativität.

## 3. Gesundheitliche Probleme

Was sind nun die wichtigsten Gesundheitsprobleme, die in der Hochaltrigkeit zu Problemen in der selbständigen Lebensweise führen? Einen grossen Anteil spielen sicher physische, also körperliche Krankheiten, die die Mobilität in irgendeiner Form beeinträchtigen. Das sind alle Beeinträchtigungen der Gelenke, Knochen und Muskeln, die sich auf das Gehen und die Bewegung auswirken und so auch beim Kochen oder der Körperpflege Probleme verursachen können, weil die Finger nicht mehr so beweglich sind oder schmerzen. Ebenso können Herz- oder Lungenkrankheiten Alltagsaktivitäten wie Einkaufen oder auch das Wahrnehmen von sozialen Kontakten beeinträchtigen, da die Ausdauer oder die gesamte Energiekapazität durch die verminderte Herz- oder Lungenkapazität reduziert ist. Sehr wichtig ist aber auch das Sehen und Hören, denn beides ist sowohl für den Austausch mit anderen Personen, als auch für das Beschaffen von Information durch Zeitungen, Fernsehen oder Radio bedeutsam. Auf diese Art und Weise können auch Personen, die durch eine körperliche Einschränkung an die Wohnung gebunden sind, am Weltgeschehen teilhaben.

Die physischen Probleme spielen eine grosse Rolle in der sozialen Integration und somit in der Partizipation hochbetagter Menschen am täglichen Leben. Es gibt jedoch noch andere zugrunde liegende Faktoren, die oft vergessen werden. *Stevenson* (1996) beschreibt fünf weitere Aspekte, die berücksichtigt werden sollten:

Erstens spielt die subjektive Perspektive, wie Menschen ihre Einschränkungen einschätzen und wahrnehmen eine entscheidende Rolle, wie sie ihr soziales Leben gestalten.

Zweitens bezieht sich die innere Einstellung gegenüber Unzulänglichkeiten oft auf Aspekte des früheren Lebens, die uns am meisten Zufriedenheit gegeben haben. Physische Unfähigkeit verursacht Abhängigkeit, und wie wir damit umgehen, hängt teilweise mit Erfahrungen und Ängsten zusammen, aber auch mit der Angst vor spezifischen Abhängigkeiten, wie z.B. Unterstützung für den Toilettengang.

Drittens ist das Fortschreiten einer Krankheit ein wichtiger Punkt, denn in diesem Fall geht die Unabhängigkeit immer mehr verloren, und die betroffene Person muss zunehmend Hilfe annehmen.

Viertens sind Schmerzen und andere Beschwerden bei körperlicher Behinderung ein einschneidender Faktor, denn Sorgen und Fatigue sind dadurch ein normaler Begleiter. Die Bekämpfung der Schmerzen benötigt grundsätzlich die meiste Energie, und oft ziehen sich Menschen, die unter Schmerzen leiden, vermehrt zurück. Schmerzlinderung ist deshalb einer der wichtigsten Aspekte.

Fünftens spielen Behinderung und Abhängigkeit eine grosse Rolle in Beziehungen und Partnerschaften, je nachdem, wie diese Verbindungen gestaltet sind und wie intensiv der Einschnitt durch die Krankheit in den Lebensstil ist. So kann sich das soziale Leben von Ehepaaren total verändern, dadurch dass sie durch die Behinderung eines Partners nicht mehr aktiv sein können.

Diese fünf Punkte zeigen auf, dass die subjektive Perspektive von hochbetagten Menschen eine individuelle Begleitung nötig macht. Da biographisch geprägte Ansichten und Erfahrungen eine grosse Rolle spielen, erfordert sie grosse Kommunikationsfertigkeiten bei den Betreuenden. Schreitet die Krankheit fort, so führt dies zu einem immer grösser werdenden Bedarf an Hilfe. Weil physische Beschwerden ausserdem oft Schmerzen auslösen, weist die betroffene Person einen vermehrten Energiebedarf auf, und die Müdigkeit kann bis zur Erschöpfung ansteigen. Fachwissen zur Schmerzlinderung ist an diesem Punkt deshalb zentral.

Was sind nun die konkreten Probleme und Einschränkungen, unter denen ältere Menschen leiden? Im Folgenden werden vier Punkte detaillierter beschrieben, um daraus effektive Massnahmen für die Pflege zu Hause ableiten zu können.

## 3.1 Chronische Krankheiten

Die starke Zunahme von chronischen Krankheiten sowohl von nicht übertragbaren und psychischen, aber auch von gewissen übertragbaren, also infektiösen Krankheiten wie HIV/AIDS und Tuberkulose verlangt nach kreativen Veränderungen und Massnahmen, denn sie bilden die Hauptbelastungen der Gesundheit in den entwickelten Ländern (*WHO* 2002). Die *WHO* (2002) unterscheidet deshalb in Ihrem Rapport zwischen den chronischen und dem akuten Krankheitsgeschehen, um das ganze Spektrum von Gesundheitsproblemen zu beschreiben. Als chronische Krankheiten werden somit nicht länger die konventionellen nichtübertragbaren Krankheiten, wie Herz-Kreislauf-Erkrankungen, Diabetes, Krebs oder Asthma verstanden, sondern auch persistierende übertragbare Krankheiten, lange Zeit andauerndes psychisches Leiden und physische Behinderungen.

Als chronische Krankheit wird ein länger andauernder, degenerativer Prozess verstanden, der sowohl physische als auch psychische Ursachen haben kann und dadurch eine dauernde Schädigung oder Behinderung, sowohl psychisch wie auch physisch, zur Folge haben kann (*Waltz* 1981). Ist eine Krankheit nicht vollständig heilbar oder kann die Krankheitsursache nicht beseitigt werden, so führt dies zu einer Chronifizierung derselben. Die körperlichen Veränderungen beeinflussen auch das Verständnis von sich selber, die ganze Person ist einem Wandel unterzogen, und das emotionale Gleichgewicht kann dadurch vorübergehend oder dauerhaft ins Wanken geraten. Dies führt zu einer Verunsicherung hinsichtlich der sozialen Rollen und Aufgaben, und die Betroffenen müssen sich auf eine neue Situation einstellen. Das bedeutet: chronische Krankheiten sind ein Gesundheitsproblem, das eine fortdauernde Organisation dieser Situationen erfordert. Personen mit chronischen Krankheiten leben häufig über längere Zeit mit kleineren Einschränkungen des täglichen Lebens. Von Zeit zu Zeit wird der Körper durch akute Ereignisse belastet, und der allgemeine Krankheitsverlauf verschlimmert sich sporadisch oder fortlaufend. Alte Menschen müssen damit rechnen, wegen ihren chronischen Krankheiten während mindestens zwei Jahren auf Unterstützung Dritter angewiesen zu sein (*Lynn & Adamson* 2003). Chronische Krankheiten sind ein elementares Thema und haben weltweit enorme Bedeutung, denn durch ihren globalen Anstieg ändern sie die Effizienz und Effektivität jedes Gesundheitssystems. Sie generieren hohe soziale und ökonomische Kosten und fordern Veränderungen in sämtlichen Bereichen, denn das Paradigma der akuten Medizin ist nicht mehr länger adäquat für die veränderten Gesundheitsprobleme dieser Welt (*WHO* 2002).

### 3.2  Physische Einschränkungen - Frailty

„Frailty bezeichnet einen Symptomenkomplex, der bei hochaltrigen Menschen häufig beobachtet werden kann, bisher aber nur wenig Beachtung fand. Es handelt sich nicht um einen starren Zustand im Sinne einer Aufzählung bestimmter Merkmale, vielmehr meint Frailty einen organischen Prozess mit in Wechselbeziehung zueinander stehenden und sich gegenseitig verstärkender Pathologika." (*Trögner* 2008, 459) Frailty, das mit Gebrechlichkeit oder Zerbrechlichkeit nur ungenügend übersetzt werden kann, wird bereits seit einiger Zeit als neues Konzept in der geriatrischen Medizin und Pflege diskutiert. „Mit diesem Konzept sollen das (vor)schnelle organische Altern des Menschen und die fragile Stabilität bei vielen Hochbetagten erklärt werden." (*Körtner* 2006, 108) „Diese Minderung der Belastbarkeit resultiert aus der Summe eines funktionellen Abbaus multipler physiologischer Systeme" und kann zu einem Verlust der Selbständigkeit führen, der kontinuierlich ansteigen kann (*Schmitt & Kressig* 2008). Frailty als geriatrisches Syndrom beschreibt die erhöhte Empfindlichkeit älterer Menschen gegenüber Stressoren unterschiedlichster Art und verschiedensten Erkrankungen, verbunden mit einem Risiko für Mortalität (*Schmitt & Kressig* 2008; *Heppner, Schmitt & Esslinger* 2008). „Frail bedeutet gebrechlich, hinfällig und beschreibt einen Zustand hochgradig reduzierter Reservekapazität und erhöhter Vulnerabilität. Der Patient verwendet die ihm verbleibenden Kapazitäten ausschliesslich dazu, die basalen Lebensfunktionen aufrecht zu erhalten." *(Ding-Greiner & Lang* 2004, 200) Zu den primären Ursachen von Frailty zählen physiologisch genetische Veränderungen, das sind so genannte Telomerverkürzungen oder oxidative Prozesse, die durch die Replikation der DNA entstehen und im Alter als normale Abnutzungserscheinungen gelten. Sekundäre Ursachen sind chronische Krankheiten wie Depressionen, Krebs, Herzinsuffizienz und chronische Infektionen. Beide Faktoren verursachen über Störungen des Immunsystems und des neurohormonellen Gleichgewichts eine Reduktion der Muskelmasse, Sarkopenie genannt, und dadurch eine Osteopenie, die man als eine Verringerung der Knochendichte bezeichnet. Beides gehört somit zu einem Teil zur Physiologie des Alters *(Walston & Fried,* 2003). Aufgrund der körperlichen Schwäche werden natürlicherweise die Alltagsaktivitäten reduziert. Es folgt ein zunehmender Trainingsmangel, der schliesslich zu einer deutlichen Erhöhung der Sarko- und Osteopenie führt. Ab 85 Jahren steigt die Gefahr für Frailty stark an. Verglichen mit gleichaltrigen Personen, die regelmässige körperliche Aktivitäten unternehmen, haben gebrechliche Menschen unter anderen erhöhte Risiken für Erkrankungen, Funktionseinbussen, Institutionalisierung und vorzeitigen Tod *(Rockwood, Howlett* et al. 2004). Weiter fanden die Autoren, dass in jedem Alter Männer mehr körperlich trainieren und weniger frail sind als Frauen. Auch führt eine schlechtere Fitness und eine grössere Frailty verknüpft mit einer schlechteren Einschätzung des eigenen Gesundheitszustandes und dem Leiden unter mehreren Krankheiten letzten Endes zu einer grösseren sozialen Isolation.

Durch die Abnahme der benötigten Gesamtenergie können auch Einkäufe nicht mehr getätigt werden, und so verstärkt sich über Mangelernährung und Gewichtsverlust die Sarkopenie weiter. Aber auch die soziale Isolation nimmt zu, wodurch auch die Depressivität ansteigen kann – ein wahrer Teufelkreis *(Walston & Fried* 2003). Das bedeutet auch, dass Frailty einen multidisziplinären Ansatz erfordert, um den ganzen Menschen mit seinen vielfältigen Bedürfnissen zu erfassen. Somit ist dieses Konzept nur im Rahmen einer multiprofessionellen Zusammenarbeit sinnvoll. Es ist „keine Krankheit und keine unausweichliche Begleiterscheinung des Alterns, sondern das Resultat unterschiedlicher Faktoren, die letztlich in einem sozialen Kontext begriffen werden müssen" *(Körtner* 2006, 111). Weiter schreibt er, dass Gebrechlichkeit kein klar umrissenes Konzept sei und dass objektive Parameter nicht leicht zu definieren seien, denn es handle sich um einen „umbrella term", der sich auf sehr unterschiedliche körperliche, psychische und mentale Zustände und auf eine damit verbundene mögliche Hilfebedürftigkeit anwenden lässt. Aus diesem Grund sind auch die therapeutischen und pflegerischen Massnahmen wie die angepasste Prävention und Rehabilitation zur Verbesserung oder Erhaltung der Gesundheit und der Vermeidung von Gebrechlichkeit sehr vielfältig.

### 3.3 Psychische Gesundheitsprobleme - Demenz

Psychische Gesundheitsprobleme zählen weltweit zu den zehn Hauptursachen für Krankheit und Behinderung. Im Zusammenhang mit dem Altern der Gesellschaft und der Zunahme der sozialen Probleme werden auch diese Erkrankungen voraussichtlich noch ansteigen (*WHO* 2002). Zwei Störungen, die im Alter gehäuft auftreten, sind die Depression und die demenziellen Entwicklungen, auf die im Folgenden kurz eingegangen wird.

„Das Gedächtnis wird als eine mächtige Ressource der allgemeinen Lebensbewältigung und der funktionellen Autonomie im Alter angesehen. Gerade Veränderungen im Gedächtnis werden von alternden Menschen und ihrer Umgebung oft mit Sorge beobachtet." (*Perrig* 1999, 119) Hochbetagte Menschen haben nicht nur weniger Muskelkraft und weniger effiziente Sinnesorgane, sondern auch längere Reaktionszeiten (*Meier* 1999). Diese Verlangsamung der kognitiven Prozesse, die sich durch Vergesslichkeit oder im wiederholten Erzählen von Ereignissen zeigt, ist jedoch nicht mit den Folgen einer Demenz gleichzusetzen. Die Demenz umfasst ein breites Spektrum von Erkrankungen, bewirkt gravierende kognitive Einbussen und ist häufig mit emotionalen Verstimmungen und Verhaltensstörungen verbunden, zum Beispiel Depression, aggressives Verhalten oder Enthemmung (*Brand & Markowitsch* 2005). Diese chronisch fortschreitende Erkrankung des zentralen Nervensystems ist gekennzeichnet durch die Beeinträchtigung höherer kortikaler Funktionen, wie Gedächtnis, logisches Denken, räumliche und zeitliche Orientierung, Auffassung, Rechnen, Lernfähigkeit, Sprache und Urteilsvermögen. Die Einbussen führen zu deutlichen Einschränkungen der Alltagsfunktionen der Betroffenen und der selbständigen Lebensführung und können eine vollständige Unselbständigkeit nach sich ziehen. Dies hat wichtige soziale und gesundheitsökonomische Folgen, da die Betroffenen zunehmend auf Unterstützung angewiesen sind bis zu einer vollständigen Abhängigkeit in allen Bereichen (*Papassotiropoulos* 2005).

Bei den über 80-jährigen Menschen steigt der von Demenz betroffene Anteil auf 13% an, und die physische und psychische Belastung der Angehörigen ist folglich sehr gross. Lebt eine hochbetagte Person allein, so benötigt sie ein Netzwerk aus Angehörigen, Freiwilligen Helfern und Nachbarn, um so lange wie möglich zu Hause bleiben zu können. Aber auch Angehörige im gleichen Haushalt brauchen unterstützende Angebote, um die Betreuung gewährleisten zu können und um eigenen Aktivitäten ausserhalb des Haushaltes nachgehen zu können. Ziele in der Betreuung von Menschen mit Demenz sind (*Re & Wilbers* 2004):

- Die optimale Lebensqualität der Betroffenen, indem individuelle Wünsche und Bedürfnisse wahrgenommen und verstanden werden und danach gehandelt wird.

- Die Respektierung der unantastbaren Würde der Betroffenen und wertschätzende Umgangsformen als Zeichen einer reflektierten ethischen Haltung.

- Die medizinische Betreuung soll den Gesundheitszustand der Betroffenen stabilisieren oder im Rahmen der Möglichkeiten verbessern. Dabei sollen die Wünsche des Betroffenen beachtet, Schmerzen gelindert und Verhaltensauffälligkeiten verringert werden.

- Soziale Interaktionen und die Kommunikation sollen gefördert und die Partizipation an gemeinschaftlichen Aktivitäten ermöglicht werden.

- Angehörige sollen zeitlich, physisch und psychisch entlastet werden.

- Pflegende sollen in ihren fachlichen Kompetenzen im Umgang mit demenzkranken Menschen gestärkt werden, um ihnen eine lang dauernde und befriedigende Berufstätigkeit zu ermöglichen.

In einem späten Stadium der Demenz ist der Umzug in eine Institution oft sinnvoll oder nötig. Um dies jedoch so lange wie möglich hinaus zu zögern, müssen die Pflegepersonen der ambulanten Dienste geschult und Unterstützungsangebote mit geschulten, begleiteten, freiwilligen Helfern ausgebaut werden.

## 3.4 Multimorbidität

Das gleichzeitige Bestehen mehrerer Krankheiten heisst Multimorbidität, Polymorbidität oder Komorbidität und bedeutet, dass eine Person an mehreren Krankheiten leidet. Mehrfacherkrankung tritt mit zunehmendem Alter vermehrt auf. Auch die WHO beschreibt die speziellen Bedürfnisse älterer Menschen und zeigt auf, dass ihre Krankheitsverläufe unterschiedlich und häufig komplexer sind als die jüngerer Menschen:

- „Ältere Menschen leiden in der Regel häufiger unter multiplen medizinischen Problemen unterschiedlicher Schweregrade.

- Deren kumulativer Effekt ist viel grösser als der einer einzelnen Krankheit und wird normalerweise zu einer grösseren Beeinträchtigung und vermehrtem Versorgungsbedarf führen.

- Bei älteren Menschen besteht ein grösseres Risiko für Nebenwirkungen von Medikamenten und für iatrogen verursachte Erkrankungen.

■ Leichte Beschwerden können bei alten Menschen eine größere kumulative psychische Wirkung zeigen.

■ Probleme akuter Erkrankung können physische oder mentale Beeinträchtigung, ökonomische Not und soziale Isolation überlagern." (*Davies & Higginson* 2004, 14)

Chronische Krankheiten treten bei hochaltrigen Menschen selten isoliert auf, unter anderem auch deshalb, weil eine Erkrankung das Risiko für weitere Krankheiten erhöhen kann. Die Zusammenhänge zwischen Erst- und Folgeerkrankungen sind teilweise gut bekannt, daher ist die Vermeidung von Zweiterkrankungen ein wesentlicher Zweig pflegerischer, ärztlicher und anderer therapeutischer Massnahmen. Bei hochbetagten Menschen kann ein Symptom oft nicht eindeutig einer einzigen Erkrankung zugeordnet werden, somit ist das Auftreten mehrerer gleichzeitig bestehender Erkrankungen nicht immer zu verhindern. Die Komplexität der Multimorbidität erfordert ein Nebeneinander von rehabilitativen, kurativen und palliativen Massnahmen (*Lynn und Adamson* 2003).

Beim Frailty-Syndrom drängt sich ein Zusammenhang mit Multimorbidität schon fast auf, denn einerseits verursacht jeder Teilaspekt von Frailty, beispielsweise eine Unterernährung, die Sarkopenie oder verminderte soziale Aktivitäten, weitere Symptome wie Schwäche, Gleichgewichtsstörungen oder Depressionen. Andererseits begünstigen Krankheiten wie Diabetes, Depression und chronische Herzinsuffizienz das Syndrom Frailty als sekundäre Ursachen. Auch hier gilt also Gesundheitsförderung und Prävention als oberstes Prinzip, und im Falle einer Erkrankung benötigen diese Menschen auch angepasste rehabilitative Massnahmen, um das Leben im eigenen Haushalt wieder aufnehmen und meistern zu können.

Auch bei an Demenz erkrankten Menschen wurden mehrfach weitere psychische Erkrankungen diagnostiziert, und meist haben hochbetagte Menschen mit einer demenziellen Entwicklung bereits eine oder mehrere körperliche chronische Krankheiten. Auch hier gilt, dass die Früherfassung und das Verhindern von Folgerkrankungen absolut wesentlich sind.

Multimorbidität ist in der Hochaltrigkeit nichts Aussergewöhnliches, denn die Wahrscheinlichkeit, an einer oder auch an mehreren Erkrankungen gleichzeitig zu leiden, nimmt in der Regel mit steigendem Alter zu. Hochbetagte Menschen, die mit ihren oft schweren, chronischen Erkrankungen leben, scheinen an der Kante einer Klippe zu gehen, ein kleiner Windstoss, eine Erkältung oder Grippe, würde ihr bereits fragiles System überlasten und sie über die Kante stossen (*Lynn & Adamson* 2003). Weiter schreiben *Lynn* und *Adamson*, es sei schwierig diesen grossen Sturz vorherzusagen, denn diese Personen können viele Jahre lang einigermassen gut leben und relativ plötzlich frühen Komplikationen unterliegen.

## 4.  Ziele

Insgesamt besteht ein weit reichendes Bestreben älterer Menschen nach Selbständigkeit und eigenem Lebensraum (*Clemens* 2008) und ein grosser Teil älterer Menschen erfreut sich in einem hohen Mass an Eigenständigkeit (*Schaeffer & Wingenfeld* 2004). Trotzdem darf nicht übersehen werden, dass die unterschiedlichen Lebenslagen der hochbetagten Menschen eine grosse Spannbreite bilden, denn auf der einen Seite gibt es Abhängigkeit, Gebrechlichkeit und Isolation und auf der anderen Seite Freiheit, Vitalität und Kompetenz (*Clemens* 2008). In genau diesem Kontinuum kann die Begleitung, Betreuung und Pflege einsetzen und je nach Bedarf der hochbetagten Person Unterstützung anbieten, denn auch die Mehrzahl der pflegebedürftigen Personen zieht es vor, in der vertrauten häuslichen Umgebung zu bleiben (*Schaeffer & Wingenfeld* 2004). Dies bedingt nebst der Pflege personenbezogene soziale Dienste für die Bewältigung des Lebensalltags, Erhaltung der selbständigen Lebensführung, Koordination der diversen Angebote, Unterstützung und Erweiterung des helfenden Netzwerkes usw.

### 4.1  Zuhause bleiben

Das Daheim wird für Menschen immer wichtiger, je älter sie werden, da sie ihre Aktivitäten vermehrt in die eigenen vier Wände verlagern und somit mehr Zeit zu Hause verbringen (*Oswald, Wahl, Naumann, Mollenkopf & Hieber* 2006). Dabei sind zwei Prozesse elementar um zuhause leben zu können. Da ist zum einen das Zugehörigkeitsgefühl zum Daheim. Dieses ist verknüpft mit unterschiedlichen Aspekten und Erinnerungen, die oft mit dem Wohnsitz verbunden sind, in dem die Person unter Umständen viele Jahre gelebt hat. Es können auch familiäre Bindungen sein oder Routinen, die sich über längere Zeit entwickelt haben (*Oswald* et al. 2006). Diese Routinen sind eng mit dem zweiten Prozess verbunden, nämlich mit den an das Zuhause gebundenen Tätigkeiten, denn mit zunehmenden körperlichen Einschränkungen und einer verminderten Möglichkeit mit Veränderungen umzugehen, hilft die gewohnte Umgebung sich zu adaptieren und unabhängig zu bleiben (*Oswald* et al. 2006). Diese Faktoren werden jedoch je nach Alter, Gesundheitszustand oder Wohnort unterschiedlich bewertet, schreiben die Autoren weiter. Wird jedoch eine ältere Person zunehmend unabhängig, wird das Leben zuhause umso wichtiger, da das Anpassen an neue Tätigkeiten hier oft besser gelingt. Dies könnte bedeuten, dass, je länger eine hochbetagte Person in der gewohnten Umgebung bleiben kann, sie umso eher ihre Ressourcen und Kompetenzen ein- und umsetzen kann.

## 4.2 Wohlbefinden

*Perrig-Chiello* (1997) schreibt in ihrem Buch „das Wohlbefinden im Alter" vom allgemeinen Wohlbefinden, denn jede Befindlichkeit sei subjektiv und könne mit objektiven Indikatoren, wie Gesundheit, Autonomie, Leistungsfähigkeit umschrieben werden. Auch wenn Wohlbefinden ein multidimensionales Modell nahe lege, schreibt sie weiter, liessen sich in ihren Untersuchungen vorwiegend drei Komponenten unterscheiden, nämlich physisches, psychisches und soziales Wohlbefinden. Dies scheint auch für die Zielsetzungen der Pflege zu Hause sinnvoll zu sein, so tauchten diese drei Faktoren auch im vorherigen Abschnitt bei der Beschreibung der gesundheitlichen Probleme auf. *Perrig-Chiello* (1997) ordnet die drei Faktoren in einer Pyramide an, indem sie als Grundlage oder älteste Instanz das körperliche Wohlbefinden nimmt und dann die später entwickelten Instanzen, zuerst das psychische und zuoberst das soziale Wohlbefinden darüber fügt. Das allgemeine Wohlbefinden hängt natürlich nicht von einem der drei Komponenten ab, sondern alle drei überschneiden oder beeinflussen sich gegenseitig. Je nach Entwicklungsstadium ist eine der Komponenten stärker oder schwächer ausgeprägt (*Perrig-Chiello* 1997). Darüber hinaus fand sie eine Verschiebung der Bedeutung der drei Faktoren in der Lebensspanne. Das soziale Wohlbefinden, das Autonomie und Partizipation beinhaltet, verschiebt sich durch den eingeschränkten Aktionsradius und die vermehrte häusliche Tätigkeit in diesen Rahmen, und die gesellschaftliche Einflussnahme verringert sich und verliert auch an Bedeutung. Das psychische Wohlbefinden fokussiert vermehrt auf den Sinn des Lebens, der neu formuliert werden muss. Wesentlich ist die Kontrolle über das eigene Denken und Tun zu bewahren, denn dies führt zu Zufriedenheit in diesem Lebensabschnitt. Beim physischen Wohlbefinden liegt die Bedeutung stärker im Verkraften und Handhaben von zunehmenden Beschwerden, Gebrechen und damit verbundenen Schmerzen. Genau diese drei Komponenten scheinen auch wichtig zu sein für die pflegerische Betreuung und zwar in der gleichen Reihenfolge, denn das Lindern von Schmerzen unterbricht oft einen Beschwerdenkreislauf und kann wieder Kontrolle über das eigene Denken geben, so verringert sich nachfolgend auch der soziale Rückzug (*Gams-Homolovà* 2008). Im Weiteren beschreibt *Perrig-Chiello* (1997) ein Ressourcenmodell, das die drei Komponenten physisch, psychisch und sozial enthält, die alle das allgemeine Wohlbefinden beeinflussen. Dabei wird jede Komponente noch in objektive und subjektive Parameter unterteilt. Da sich die Pflege von betagten und insbesondere von hochbetagten Menschen auf die Förderung der Ressourcen fokussieren soll, die das Zuhause-Leben unterstützen, ist diese Beschreibung des Wohlbefindens ein hilfreicher Ansatz.

Die Ausführungen zum Wohlbefinden und die Beschreibung der Gesundheitsprobleme zeigen, dass sich die Pflege mit einem umfassenden Verständnis in der Betreuung hochbetagten Menschen auseinander setzen muss. Wichtige Aspekte dabei sind (*Fäh* et al. 2008):

- Der Mensch ist eine bis ins hohe Alter lernfähige, kompetente Persönlichkeit, somit muss auf die individuelle Lebenssituation und auf die Teilhabe am Leben der Gesellschaft besonders geachtet werden.

- Das Ziel dabei ist die Erhaltung der Lebensqualität und somit des Wohlbefindens bis zum Tod unter Berücksichtigung der individuellen Wünsche der Betroffenen, des sozialen Umfeldes, der organisationalen und gesellschaftlichen Gegebenheiten.

- Die Pflege und Begleitung von hochbetagten Menschen soll so eingesetzt werden, dass die Bedürfnisse, Kompetenzen, Ressourcen und Ansprüche der hochbetagten Menschen in die gesamte Betreuung integriert werden und so Individualität berücksichtigt und Lebensqualität in den Vordergrund gestellt werden kann.

Zusammenfassend kann festgestellt werden, dass die professionelle Pflege bei weitem nicht der einzige Aspekt ist, der dazu beiträgt, dass hochbetagte Menschen mit Einschränkungen zu Hause bleiben können, sondern sie ist Teil eines grösseren Netzwerkes. Ihre Aufgabe beinhaltet auch die Koordination aller beteiligten Personen und Dienste und schliesst das ganze Spektrum von präventiven, kurativen, rehabilitativen und palliativen Massnahmen mit ein.

## 5. Massnahmen – individuell, multiprofessionell und flexibel

Hochbetagte Menschen befinden sich meist in einem labilen Gleichgewicht, und kleine Veränderungen, eine kleine gesundheitliche Verschlechterung etwa, können diese Balance massiv stören. Dazu gibt es verschiedene Bilder, sei es jenes vom Leben auf dünnem Eis, das plötzlich einbrechen kann, jenes vom Stehen auf der Kante einer Klippe, über die man abstürzen könnte, oder jenes des Mobiles, das durch einen kleinen Luftzug aus dem Gleichgewicht gebracht werden kann, so dass alle Teile plötzlich in Bewegung versetzt werden (*Lynn & Adamson* 2003; *Kunz* 2006).

Prognosen lassen sich in diesen komplexen Situationen nur sehr schwer stellen, die resultierende Ungewissheit kann die Betroffenen und deren Angehörige oft schwer belasten. Vorausschauende Diskussionen über das Vorgehen bei einer Verschlechterung des Gesundheitszustandes können eine Entscheidungsfindung in einem kritischen Moment erleichtern. Folglich benötigen hochbetagte Menschen vor allem ein gut funktionierendes Unterstützungssystem. Nur durch ein umfassendes Verständnis für und Wissen um die Probleme dieser Population kann die Pflege gezielt Unterstützung anbieten und organisieren. *Lynn und Adamson* (2003) schreiben, dass die zuverlässige Begleitung, Betreuung und Pflege älterer, chronisch kranker Menschen sieben Versprechen benötige, damit diese bis zum Ende ihres Lebens zu Hause bleiben zu können. Das sind:

- eine sachgemässe medizinische Behandlung,
- eine verlässliche Symptomlinderung,
- keine Lücken in der pflegerischen Unterstützung,
- keine Überraschungen im Pflegeablauf,
- eine individuell angepasste Pflege,
- den Einbezug der familiären Situation
- und die notwendige Hilfe, um das Beste aus jedem Tag zu machen.

## 5.1  Gesundheitsförderung - Prävention

„Gesunde ältere Menschen sind eine Ressource für ihre Familie, die Gemeinde und die Ökonomie. Während des ganzen Lebens in die Gesundheit zu investieren, ist überall ein Gewinn für die Gesellschaft. Es ist selten zu spät, risikoreiches Verhalten zu Gunsten der Gesundheit zu ändern: zum Beispiel, das Risiko früher zu sterben sinkt um 50%, wenn jemand das Rauchen zwischen dem 60igste und 75igsten Lebensjahr aufgibt." (*WHO* 2007, Fakt 6)

Gesundheitsförderung ist ein neuerer Begriff als. Er entwickelte sich aus gesundheitspolitischen Debatten der WHO im zweiten Drittel des 20. Jahrhunderts, in denen neben bevölkerungsmedizinischen auch ökonomische, politische, kulturelle und soziale Aspekte diskutiert wurden. Der Begriff der Prävention – eine Verkürzung von Krankheitsprävention – entstand bereits im 19. Jahrhundert. Sie befasste sich mit Volksgesundheit und sozialer Hygiene mit dem wesentlichen Ziel der Vermeidung des Auftretens von Krankheiten (*Hurrelmann, Klotz & Haisch* 2004). Sowohl Gesundheitsförderung als auch Prävention verlangen politische und professionelle Interventionen mit dem Ziel, die kollektive und individuelle Gesundheit zu verbessern. Beide haben somit das gleiche Ziel mit einem leicht unterschiedlichen Fokus, nämlich die Entstehung von Gesundheit zu unterstützen oder die Entstehung von Krankheit zu verhindern. Beides ist wichtig, damit hochbetagte Menschen zu Hause leben können.

Gesundheitsförderung beginnt folglich nicht erst mit achtzig, sondern je früher eine gesunde Lebensweise angestrebt wird, umso positiver kann sich diese auf die Gesundheit im hohen Alter auswirken. Trotzdem ist es sinnvoll, auch für ältere Menschen Förderprogramme für das Stoppen des Rauchens zu lancieren oder die Umstellung auf gesunde vitaminreiche Kost aus Früchten und Gemüse oder angepasste Bewegungsaktivitäten zu fördern. In vielen Studien zu Epidemiologie und Gesundheitsförderung werden ältere Menschen nicht eingeschlossen, oft aus logistischen Gründen, und so ist unbekannt, in welchem Ausmass sich Resultate von jungen Probanden generalisieren lassen (*Brenner & Arndt* 2006). Auch wenn im Wesentlichen davon ausgegangen werden kann, dass Einflüsse, die z.b. das Krebsrisiko bei Jungen senken, auch bei Älteren diesen Effekt haben, so wirken sich jedoch genetische Faktoren bei Jungen stärker aus, bei Älteren spielt hingegen der Lebensstil die grössere Rolle (*Brenner & Arndt* 2006). Weiter, so meinen die Autoren, fehlt bei älteren Menschen oft die Akzeptanz, sich langwierigen und invasiven Früherkennungsverfahren zu unterziehen, wie z.B. der Koloskopie (Darmspiegelung) bei kolorektalen Tumoren. Als Schlussfolgerung kann gesagt werden: wenn alte Menschen nicht in epidemiologische Studien eingeschlossen werden, bekommt man keinerlei gültige Präventions- und Behandlungsstrategien, und dies geht einher mit einer Unterversorgung dieser Population.

Das Verhindern und Vorbeugen von Krankheiten war schon immer ein wesentlicher Bestandteil der professionellen Pflege. Dazu gehören sämtliche vorbeugenden Massnahmen wie Dekubitus-, Pneumonie- oder Thrombosenprophylaxe, aber auch die Förderung der Mobilität, Beratungen bei Diabetes und Unterstützung bei der Planung des Spitalaustrittes. Darüber hinaus gewinnen gezielte Schulungen zur Vermittlung von Wissen und Fertigkeiten sowie individuelle Beratungen zur Behebung von Problemen sowohl in der ambulanten, als auch in der stationären Pflege zunehmend an Bedeutung (*Walter* 2008). Laut *Trögner* (2008) könnte z.B. Frailty im Sinne von Primär- oder Sekundarprävention behandelt werden, dabei müssten die Ernährung, die Polypharmazie und ein körperliches Training von Kraft und Koordination mit einbezogen werden. Studien haben gezeigt, dass individuelle Programme für umschriebene Risikogruppen sinnvoll sind und dass nicht nur Personen mit Erkrankungen des Bewegungsapparates, sondern vor allem auch solche mit Herz-Kreislauf-Erkrankungen von diesen Trainingseinheiten profitieren (*Trögner* 2008).

Pflegefachpersonen, die über das Wissen zu präventiven und gesundheitsfördernden Interventionen hochbetagter Menschen verfügen, können diese wiederum im Leben zu Hause besser unterstützen. Eine wichtige Rolle spielt dabei die Aufklärung der Betroffenen, um mit ihnen entscheiden zu können, was sinnvoll und möglich ist und welche Massnahmen gezielt angewendet werden können. Hierfür ist die multiprofessionelle Zusammenarbeit unabdingbar. Ein Problem ist dabei die Erreichbarkeit älterer Menschen, damit potentielle Gesundheitsprobleme erkannt und Massnahmen ergriffen werden können. Eine Möglichkeit sind präventive Hausbesuche, die im Folgenden näher beschrieben werden.

Zielgruppe der regelmässigen präventiven Hausbesuche sind normalerweise nicht-pflegebedürftige ältere Menschen (*Walter* 2008). Dies ist sinnvoll, da so frühzeitig Probleme erkannt oder Lücken in der Versorgung aufgedeckt werden können. „Präventive Hausbesuche umfassen meistens ein umfangreiches Assessment, das sowohl physisch-funktionelle, psychisch-mentale und soziale Dimensionen als auch präventives Verhalten z. B. hinsichtlich gesunder Ernährung und körperlicher Aktivität berücksichtigt und objektive sowie subjektive Beurteilungen einschliesst." (*Walter* 2008, 254) Diese Programme beruhen auf der Idee, dass die individuelle Lebenssituation verbessert werden kann, indem die Fähigkeit, gut auf sich selbst zu achten, starke soziale Netzwerke zu pflegen und eine positive Wahrnehmung der eigenen Gesundheit gefördert wird (*Vass, Avlund, Hendriksen, Philipson & Riis* 2007; *Huber* 2009). Ziel ist das Erhalten der Selbständigkeit und das Verhindern oder Minimieren von Behinderungen, aber auch das rechtzeitige Anbieten von Unterstützungsmassnahmen und das Stärken der Ressourcen. In Dänemark, wo Pflegefachpersonen bereits in den sechziger Jahren ältere Menschen zu Hause besuchten, wird mittlerweile landesweit allen Personen über 75 Jahren zwei Mal pro Jahr ein solcher Besuch meistens durch eine Pflegefachperson und neu auch durch Hausärzte und -ärztinnen angeboten (*Vass* et al. 2007; *Vass, Avlund, Siersma & Hendriksen* 2009; *Huber* 2009).

Studien zur Wirksamkeit solcher Programme zeigen unterschiedliche Resultate (*Huber* 2009). Gemäss einer neueren Meta-Analyse von *Huss, Stuck* et al. (2008) vermögen präventive Hausbesuchsprogramme mit Folgebesuchen oder nachfolgenden Telefonkontakten einer Verschlechterung des funktionalen Status vorzubeugen. Eine Reduktion von Pflegeheimaufenthalten konnte bisher vereinzelt nachgewiesen werden, in anderen Studien war sogar ein Anstieg der Pflegeheimaufenthalte aufgrund der Hausbesuche (*Huber* 2009) zu verzeichnen. Dies konnte jedoch teilweise durch regionale Unterschiede in der Gesundheitsversorgung erklärt werden, so dass die Pflegeheimeinweisung wohl als geeignete Massnahme erschien, um einer Unterversorgung entgegen zu wirken (*Huss* et al. 2008). Es stellt sich auch die Frage, ob zunehmende funktionelle Einschränkungen und die Mortalität die richtigen Parameter bei den hochbetagten Personen sind. Inwieweit ein Pflegeheimeintritt verzögert werden kann, ist möglicherweise nicht ganz einfach zu messen. Da es auch noch wenige Fortbildungen gibt, die explizit diese Population im Fokus haben, stellt sich auch die Frage, ob die aufsuchenden Personen überhaupt über genügend Wissen verfügten. Auf die Tatsache, dass die Wirksamkeit präventiver Hausbesuche schlecht gemessen werden kann, weisen *Huss* et al. (2008) in ihrer grossen Meta-Analyse hin. Wichtig ist, dass solche Hausbesuche nicht als Kontrollfunktion angesehen werden, sondern dass sie allen offen stehen sollen. Dies sollte entweder im Sinne eines sehr niederschwelligen Angebotes existieren oder, wie in Dänemark, dass diese Hausbesuche bei allen durchgeführt werden.

Die Voraussetzungen für eine adäquate Gesundheitsförderung und Prävention für ein aktives Altern sind (*Walter* 2008):

■ angepasste gesellschaftliche, strukturelle und gesetzliche Rahmenbedingungen,

■ angepasste, flexible Organisationsstrukturen,

■ differenzierte und positive Altersbilder,

■ spezifische Qualifikationen der Gesundheitsanbieter,

■ verstärkte klinische Forschung.

Treten funktionelle Einschränkungen durch ein Gesundheitsproblem auf (z. B. durch eine Fraktur, eine grössere Operation oder einen Herzinfarkt), so sollte auch die Rehabilitation den Bedürfnissen und der Geschwindigkeit der hochbetagten Person angepasst werden.

## 5.2 Rehabilitation

„Mit höherem Alter steigt das Risiko zu stürzen, die Konsequenzen daraus können sehr ernst sein und dies führt zu signifikanten gesundheitlichen, menschlichen und ökonomischen Kosten." (*WHO* 2007, Fakt 9)

Für eine Minimierung des Sturzrisikos sind zuerst gesundheitsfördernde Massnahmen wie Bewegungstraining, ausgewogene Ernährung und eine adäquate medizinische Versorgung wichtig. Dadurch lassen sich viele Stürze vermeiden, aber nicht alle. Nach einem Sturz mit Folgen sollten deshalb entsprechende Massnahmen geriatrischer Rehabilitation ergriffen werden, um älteren Menschen zu ermöglichen, dass sie trotz Erkrankungen und Einschränkungen wieder eine grösstmögliche Selbständigkeit erreichen und, neben der Vermeidung von Pflegebedürftigkeit, wenn immer möglich wieder nach Hause zurückkehren können. Geriatrische Rehabilitationseinrichtungen sind auf multimorbide Patienten spezialisiert, denn neben der Haupterkrankung liegen bei dieser Personengruppe durchschnittlich fünf weitere behandlungsbedürftige Diagnosen vor. Im Zusammenhang mit der Rehabilitation von hochbetagten Menschen stellen sich drei Fragen: (1) Gibt es genügend geriatrische Rehabilitationszentren? (2) Wann fällt eine Behandlung unter diesen Kontext? und (3) Sind diese Einrichtungen schon genügend auf hochbetagte Menschen ausgerichtet und für diese zugänglich? Genaue Zahlen dazu konnten weder für Deutschland noch für die Schweiz gefunden werden, und angesichts des Mangels an Studien zu dieser Population lässt sich daraus eher schliessen, dass dies nicht der Fall ist.

In der geriatrischen Rehabilitation werden die Patienten von einem therapeutischen Team betreut, das aus Ärzten, Pflegenden, Physiotherapeuten, Ergotherapeutinnen, Logopäden, Sozialarbeiterinnen, Psychologen und Ernährungsberaterinnen besteht.

Dieses sollte ein geriatrisches Assessment durchführen, um zu eruieren, welche Behinderungen und Probleme bestehen und welches Rehabilitationspotential für die einzelne Person besteht. Gemeinsam mit der Patientin und wenn möglich mit den Angehörigen sollten die Ziele und Massnahmen besprochen und eine genaue Verlaufs- und Erfolgskontrolle durchgeführt werden, damit die Fortschritte überprüft und wieder angepasst werden können.

Während der Behandlung werden die Patienten so weit wie erforderlich mit den individuell angepassten Hilfsmitteln versorgt. In einem gemeinsamen Besuch zu Hause, z.B. mit der Ergotherapeutin, soll überprüft werden, ob eine Anpassung der Wohnung erforderlich ist, um eine möglichst sichere Rückkehr zu ermöglichen. Somit sollte bei der geriatrischen Rehabilitation die Entlassungsplanung so früh wie möglich beginnen, um für die Betroffenen ein soziales Netz bereitzustellen, das die medizinische, pflegerische und hauswirtschaftliche Versorgung zu Hause gewährleistet. Ein kritisches Problem dabei ist der Behandlungszeitraum, der für hochbetagte Menschen oft zu kurz angesetzt ist, da diese längere Aufbauphasen benötigen. Ideal wäre auch, wenn die Rehabilitation zu Hause weitergeführt werden könnte, z. B. durch die Physio- oder Ergotherapie, um konkrete Bewegungsabläufe vor Ort zu üben und zu optimieren. Ein Gehtraining kann auch durch die mobile Pflege, die Angehörigen oder freiwillige Helfer durchgeführt werden. Wichtig ist grundsätzlich, einen Drehtüreffekt zu vermeiden, d.h. regelmässig wiederkehrende Spitalaufenthalte zu verhindern, die sich ergeben, wenn Probleme nicht erkannt oder ungenügend gelöst werden. Auch hier sind festgelegte interdisziplinäre Hausbesuche durch entsprechend geschultes Personal wichtig, um Veränderung zu erkennen und wenn nötig Massnahmen zu ergreifen.

## 5.3 Palliative Care

„Die Entwicklung der Medizin in den letzten Jahrzehnten hat dazu geführt, dass immer mehr Krankheiten heilbar oder behandelbar wurden. Dies hat aber auch eine Zunahme von chronischen, fortschreitenden Krankheiten und komplexen Situationen zur Folge. (...) Die palliative Medizin, Pflege und Begleitung (Palliative Care) strebt deshalb mit einem umfassenden Ansatz eine möglichst hohe Lebensqualität für den Patienten während des gesamten Verlaufes jeder unheilbaren, fortschreitenden Krankheit an, (...) Palliative Care hat nicht in erster Linie das Bekämpfen der Krankheit zum Ziel, sondern das bestmögliche Leben mit ihr. Dabei bezieht sie auf Wunsch auch die Angehörigen ein, unterstützt und begleitet sie. (...) Palliative Care respektiert die Würde und Autonomie des Menschen und stellt seine Prioritäten in den Mittelpunkt; nebst der Linderung belastender Symptome ermöglicht sie auch rehabilitative und lebenserhaltende Massnahmen, sie respektiert Leben und Sterben gleichermassen." (*Palliative CH* 2010)

Aus diesem Text der Schweizerischen Gesellschaft für Palliative Medizin, Pflege und Bertreuung geht hervor, dass Palliative Care heute als optimale Betreuungsform oder Goldstandard für Menschen gilt, die an unheilbar progressiven Krankheiten leiden, um für sie die bestmögliche Lebensqualität zu erreichen. Entsprechend ist Palliative Care das optimale Modell, um hochbetagte Menschen mit chronischen Krankheiten zu betreuen, und dies gilt insbesondere auch für die Pflege zu Hause.

Häufig wird mit dem Bergriff Palliative Care eine Abkehr von der konventionellen Behandlung assoziiert, aber chronisch kranke, ältere Menschen lassen diese Abgrenzung verwischen, denn sie benötigen einen Mix von beidem, dem kurativen und dem palliativen Behandlungsansatz, und dies kann sowohl zu Beginn wie auch am Ende der Krankheit sein, wenn für gewisse Symptomlinderungen kurative Massnahmen sinnvoll sind (*Lynn & Adamson* 2003). Die Leistungen des Gesundheitswesens müssen den Bedürfnissen der hochbetagten Menschen angepasst werden. Entscheidend für diese Gruppe ist jedoch, dass eine Diagnose wohl alle medizinischen Leistungen auslöst, allerdings oft nicht alle zusätzlich noch nötigen Unterstützungsmassnahmen, wie vermehrte Pflege, Haushaltsführung, Begleitung zu Therapien usw. einleitet. Beispielsweise hat eine ältere Patientin eine Magen-Darm-Entzündung. Die medizinisch-pflegerischen Probleme, die sich daraus ergeben sind Übelkeit, Flüssigkeitsmangel und Mangelernährung. Die drei mit der Krankheit assoziierten Symptome werden behandelt, die Übelkeit mit Medikamenten, die angepasste Ernährung und Flüssigkeitszufuhr mit einem Mahlzeitendienst und intensiver Begleitung zu den Essenszeiten durch die ambulante Pflege. Nun kann jedoch zusätzlich durch den Flüssigkeitsmangel eine Verwirrtheit auftreten, und das Sturzrisiko kann sich durch die Verwirrtheit und die Mangelernährung stark erhöhen (*Odenbreit* 2010). Dies würde vorübergehend eine intensive oder gar dauerhafte Betreuung nötig machen, die jedoch nicht unbedingt mit der medizinischen Diagnosestellung zusammenhängt. Die Quintessenz ist, dass massgeschneiderte Leistungen für die Bedürfnisse in dieser letzten Lebensphase äusserst wichtig sind, denn das Phänomen eines langen, gesunden Lebens, gefolgt von chronischer Krankheit und Behinderung in der letzten Phase, ist neu in der Geschichte der Menschheit und wir haben erst begonnen diese Dynamik zu verstehen (*Lynn & Adamson* 2003). Auch *Kunz* (2006) schreibt, dass Palliative Care sehr gezielt auf die Bedürfnisse der Patienten und ihre Lebensqualität ausgerichtet werden soll und parallel dazu die allgemeinen medizinischen Probleme behandelt werden müssen.

In der Schweiz gibt es neben der „allgemeinen" ambulanten Pflege, die hier Spitalexterner Dienste oder abgekürzt Spitex genannt wird, spezialisierte ambulante Palliative Care Teams in verschiedenen Kantonen in unterschiedlicher Form. Diese beraten und unterstützen die Betroffenen oder die Spitexorganisationen in palliativen Situationen. Analog zu diesen spezialisierten Diensten – oder besser mit ihnen – könnte auch ein ambulanter Dienst für hochbetagte chronisch kranke Menschen aufgebaut werden, der die unterschiedlichen Probleme analysiert und mit den Betroffenen bespricht und dann die entsprechenden und gewünschten Massnahmen einleitet. Diese gilt nicht nur für die Palliative Care, sondern auch für präventive und rehabilitative Massnahmen.

Gut koordinierte Netzwerke, die sicherstellen, dass Betroffenen (und ihre Angehörigen) begleitet, betreut und gepflegt werden und am Ort ihrer Wahl bis zu ihrem Tod bleiben können, sind eine Herausforderung, die wir als Gesellschaft angehen müssen, um den Herausforderungen der Zukunft begegnen zu können. Der Verlauf des Sterbens ist durch die chronischen Krankheiten noch unberechenbarer geworden. Das zeigt sich dadurch, dass früher eine Person oft zunächst gesund war, dann krank wurde und sich entweder wieder ganz erholte oder schnell starb. Es gab einen klareren Übergang, wann ein Patient als sterbend oder terminal krank eingestuft wurde. Dieses Modell passt jedoch nicht besonders gut zu den hochbetagten Menschen mit chronischen Gesundheitsproblemen oder dem Frailty-Syndrom, gleichen sie doch jenen, die an der Kante einer Klippe gehen, denn durch den kleinsten Luftzug wird das fragile System überstrapaziert. Den Zeitpunkt dieses „grossen Fallens" vorherzusagen, ist oft sehr schwierig. Ein brauchbarer Weg über diesen möglichen nahen Tod nachzudenken ist es, die Fragilität als eine mögliche Todesursache in den Mittelpunkt zu stellen und daraus entsprechende Unterstützungsmassnahmen abzuleiten (*Lynn & Adamson* 2003).

## 6. Schlussfolgerungen

Dieser Text ist ein möglicher Einstieg in das Thema der Pflege, Begleitung und Betreuung von hochbetagten Menschen zu Hause. Viele Themen wurden dabei gar nicht oder nur kurz erwähnt. Das sind die immense Arbeit der pflegenden Angehörigen, die absolute Notwendigkeit von freiwilligen Mitarbeiterinnen und der zukünftige Personalmangel des ausgebildeten Pflegepersonals. Es wurde für diesen Artikel auch keine konsequente Literaturrecherche betrieben. Obwohl es für die Population der Hochbetagten noch wenig Forschungsliteratur gibt, hätte es bestimmt noch einiges mehr zu lesen gegeben. Dazu müsste jedoch eine konkrete Thematik näher beleuchtet werden, z.B. *Frailty* und *präventive Hausbesuche*. Für weitere Untersuchungen könnte ich mir vor allem qualitative Forschungsansätze vorstellen, die sich mit der Lebenswelt der Menschen zu Hause befasst. Aber auch das Überprüfen der Gründe für einen Heimeintritt könnte interessante Daten liefern. Insgesamt kann gesagt werden, dass es noch Vieles zu untersuchen gibt, um hochaltrige Menschen zuhause umfassend unterstützen zu können.

# Hochbetagte in der Heimsituation

*Gerda Graf*

## 1. Hochbetagte in der Heimsituation

Dass wir uns heute mit dem Begriff „hochbetagt" auseinandersetzen müssen, schulden wir dem medizinischen Fortschritt und der daraus resultierenden demografischen Entwicklung. Wir alle wissen, dass wir zu einer „alten" Gesellschaft werden, deren zusätzliches Kennzeichen eine Feminisierung des Alters bedeutet. Die Abstufungen sind uns hinlänglich bekannt: man spricht von alt, älter und hochbetagt, und sogar die Grammatik übt hier Einfluss:

> *„Das ist bekannt:*
> *Eine ältere Frau ist jünger als eine alte Frau. Wie groß muss doch die Angst vor dem Alter sein,*
> *dass sie sogar die Grammatik vergewaltigt."* (*Bovenschen* 2006)

In ihrem Buch bringt *Silvia Bovenschen* das Thema auf den Punkt. Ähnlich wie wir in den 50er bis 70er Jahren Todesanzeigen vorfanden, die mit den Worten „plötzlich und unerwartet" begannen, so scheint es heute mit dem Älterwerden zu sein. Kaum einer beschäftigt sich in gesunden Tagen mit folgender Problematik: Wie will ich alt werden? Welch ein Wohnumfeld braucht es? Habe ich Barrierefreiheit?, bis hin zu der Frage: Gestalte ich meinen Lebensabend selbstbestimmt oder gestalten ihn andere?

Überrascht vom Altwerden fügt sich der gebrechliche Mensch in Institutionen wie Pflegeeinrichtungen, die er in früheren Überlegungen weit von sich gewiesen hat. Bei der Fragestellung: Wo möchten Sie bis zuletzt leben? benennen 95 % der Befragten das eigene Zuhause, und obwohl dieser Wunsch gehegt wird, bereiten sich die Wenigsten auf ihr Alter vor. Eher ist Gegenteiliges der Fall, da die Medizin heutzutage in der Lage ist, den Alterungsprozess immer weiter aufzuschieben, trotz der Gewissheit, dass wir weder dem Alter noch der Endlichkeit entrinnen können. Problemfelder, die das zunehmende Alter charakterisieren, sind Gebrechlichkeit, die sich in den so genannten Pflegestufen widerspiegelt, Verwirrtheit, die sich in den unterschiedlichen Demenzformen manifestiert und in zunehmendem Maße die Einsamkeit durch die Zunahme von Singlehaushalten.

*Abbildung 1:* Altersabhängige Häufigkeit der Demenz

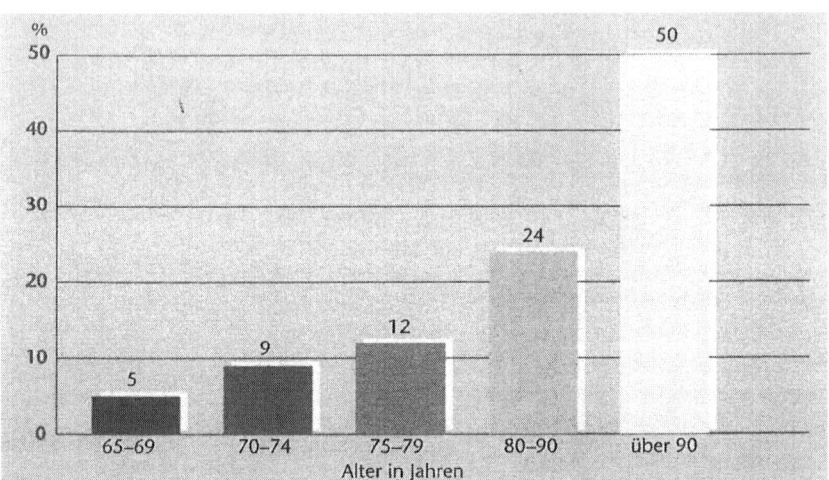

aus „Demenz, das schleichende Vergessen", Zukunftsforum Demenz

Quelle:  A. O. Beske und F. Kern, Entwicklung der Zahl von Demenzpatienten in Deutschland bis
zum Jahr 2030, IGSF Kiel 1999

Diese Parameter führen zu Wohnproblemen, da veränderte Bedürfnisse in den
Vordergrund rücken: Sicherheit, behindertengerechte Wohnung, Unterstützung
im Haushalt bzw. Alltagsleben, pflegerische Betreuung sowie Begleitung in unterschiedlichen Lebenslagen.

„Zuhause ist Zuhause" so hört man so manches Mal von alten Menschen. Die
Deutung dieser emotionalen Sicherheit bedarf jedoch einer Auseinandersetzung,
die, präventiv vorgenommen, die „eigenen vier Wände" begutachtet und entspre-
chend auf das Kommende hin barrierefrei gestaltet. Um das zu erreichen, ist ein
Prozess vonnöten, der, im fünfzigsten Lebensjahr beginnend, die vorbeugenden
Maßnahmen mit einplant.

Netzwerke müssen aufgebaut werden, beginnend mit Nachbarschaftshilfe,
medizinischer und pflegerischer Versorgung, hauswirtschaftlichen Hilfen, Haus-
notrufsystemen bis hin zu hospizlichen Angeboten.

*Abbildung 2:* Die „Methusalem-Gsellschaft"

| Jahr | Lebenserwartung in Jahren | |
|---|---|---|
| | Männer | Frauen |
| • Prognose 2050 | 82 | 88 |
| • 2005 | 75,4 | 81,2 |
| • 1910 | 47 | 51 |

| | Geburtenrückgang |
|---|---|
| • 1940 | jede 10. Frau war kinderlos |
| • 1965 | jede 3. Frau war kinderlos |

**2005** ist ein Sechstel der Gesellschaft älter als 60 Jahre.

**2040** wird ein Drittel der Gesellschaft älter als 60 Jahre sein.

Der Anteil der über 60-jährigen verdoppelt sich bis 2040.

Es entwickelt sich eine Feminisierung des Alters.

Quelle: nach KDA-Zahlen 2009, KDA Köln

Die Medien gaukeln uns in ihrer Werbung mit den „munteren Alten" ein anderes Bild vor, das uns jede Art von Prävention vergessen lässt. Hier wird die „junge Alte" dargestellt, die durch Salben geheilt, beschwingt mit dem Fahrrad unterwegs ist. Eine Bücherflut benennt uns verheißungsvoll Wege zum grenzenlos würdigen und souveränen Alter. Prominente Beispiele wie *Henning Scherf* (Bürgermeister a. D. in Bremen) lehren uns, der Einsamkeit zu entfliehen, plädieren für Wohnge-meinschaften und beschreiben einen Weg für die gegenseitige Unterstützung, ge-paart mit der gegenseitigen Kraft der Solidarität. Tatsächlich erleben wir in der Gesellschaft häufig, dass Einzelne den Lebensabend gemeinsam mit Bekannten zu gestalten planen. Schreiten diese Planungen voran, beschleicht den Einzelnen mehr und mehr die Angst vor dem Verlust der jahrzehntelang erkämpften und ge-wonnenen vermeintlichen Freiheit, die möglicherweise durch andere konterka-riert werden könnte. Damit bleiben die Ideen zu Wohngemeinschaften für ältere Menschen oft fragmentarisch, wobei sie gewiss ein Ausweg aus der Individuali-sierungsfalle im Alter sind. Die Unentschiedenheit der Älteren ist getragen von dem Zustand, in zunehmendem Maße nur bei sich selbst zu verweilen, wie *Her-mann Hesse* es vortrefflich beschreibt:

Wenn einer alt geworden ist und das Seine getan hat, steht es ihm zu, sich in der Stille mit dem Tode zu befreunden. Nicht bedarf er der Menschen. Er kennt sie, hat ihrer genug gesehen. Wes-sen er bedarf ist Stille. Nicht schicklich ist es, einen solchen aufzusuchen, ihn anzureden, ihn mit Schwatzen zu quälen. An der Pforte seiner Behausung ziemt es sich vorbeizugehen, als wäre sie Niemandes Wohnung.

Andererseits spürt der Mensch mit zunehmendem Alter auch das Angewiesensein auf andere, will er nicht in vereinsamter Monotonie enden. „Das gedankliche Umtänzeln von Sumpfgebieten", so *Bovenschen* (2006), führt somit zur Negierung des Kommenden, so dass das Szenario sich völlig anders dargestellt.

Angehörige melden sich mit der Frage nach einem Heimplatz, wenn die Mutter eine Oberschenkelhalsfraktur erlitten hat und laut Aussage des Krankenhauses eine Rückführung in das normale, alltägliche Leben zuhause nicht mehr möglich ist. Die nunmehr gebrechliche ältere Frau erhält weder die Möglichkeit, sich von ihrem originären Zuhause zu verabschieden, noch wird gemeinsam mit Angehörigen über unterschiedliche Netzwerke nachgedacht, da die Zeit in der Regel drängt (denn die Organisation Krankenhaus ist auf jedes frei werdende Bett angewiesen), und das Pflegeheim benötigt seinerseits eine ausreichende Belegungsintensität. Somit steht der alte Mensch mit seinen Bedürfnissen nicht zwingend im Vordergrund, sondern die Machtverhältnisse und Finanzierungsfragen bestimmen den Aufenthaltsort. Überrascht von der Problematik des Alters fügt sich der gebrechliche Mensch in die Institution Pflegeheim, die er in früheren Überlegungen weit von sich gewiesen hat. Allein der Aspekt „nicht zur Last zu fallen" begründet den Weg ins Heim. Hier drängt sich der vage Verdacht auf, dem Einkauf einer Rund-um-Versorgung den Vorzug zu geben, um jeglicher Diskussion »Wohin mit den „Alten"« auszuweichen. Monetik statt Ethik? Doch verfolgen wir das Szenario zunächst einmal weiter. Der Pflegebedürftige erlebt nunmehr die Heimsituation als ‚Dauerurlaub'. Sind der Pflegebedürftige und die Nahestehenden jeglicher Sorge enthoben, gibt die Institution Pflegeheim die Richtlinie vor: Essen auswählen, Medikamente nehmen, gut schlafen, kreative Angebote wahrnehmen und ggf. Mobilität wieder erlangen. Das Rundum-Sorglos-Paket lässt sich gewiss – im Besonderen dann, wenn die Pflegebedürftigkeit nicht so hoch ist – in den ersten Monaten gut ertragen. Doch irgendwann führt auch der schönste Urlaub zum Stress, spätestens dann, wenn der alte Mensch sich die Frage stellt, wofür er denn nun noch nützlich sei? So wundert es nicht, dass der Verwaltungsort Pflegeheim sich einer negativen Betrachtung unterwirft, da der rekonvaleszente, alte Mensch den Urlaubsort missachtend betrachtet. So war das Essen vor einigen Wochen besser, die Reinigung lässt nunmehr auch zu wünschen übrig, und die Pflegekräfte sind nicht mehr so freundlich. Das wundert nicht, wenn man bedenkt, wie oben beschrieben, dass der älter Werdende das Pflegeheim nie in Betracht gezogen hat. Obwohl vom Gesetzgeber „ambulant vor stationär" postuliert wird, sind die Möglichkeiten nach wie vor noch nicht so ausgebaut, dass der Alte und Pflegebedürftige tatsächlich eine Wahlfreiheit hat. Auf der anderen Seite hat sich der Einzelne, wie schon erwähnt, zu wenig mit dem Alter beschäftigt, und so kommt es immer „plötzlich und unerwartet".

Zusätzlich erleben wir die Heimsituation in Analogie zum Krankenhaus, welches in der heutigen Zeit zur Gesundheitsfabrik degradiert und wo sich das Pflegeheim als ein Ort von Inkontinenz und Bettlägerigkeit darstellt.

Um diese Situation zu verbessern, müssen alle drei Aspekte gesondert und mit Synergie behaftet, verändert werden.

- 1. Aspekt: Gesellschaftliche Auseinandersetzung mit der Demografie. Hier reicht es nicht, mit dem mahnenden Zeigefinger darauf hinzuweisen, dass durch „Segen und Fluch" der Medizin das Ende des Lebens immer weiter verschoben wird, sondern hier braucht es eine ethische Debatte, die dazu führt, generationenübergreifend ein neues Zeitalter der Mitmenschlichkeit zu beginnen, damit wir nicht als letzten Lösungsweg die Euthanasie favorisieren.

- Der 2. Aspekt ist der der persönlichen Auseinandersetzung mit dem Altwerden und den damit einhergehenden vorbeugenden Maßnahmen, die jeder Einzelne für sich verpflichtend wahrnehmen muss, um sich sein eigenes Zuhause so lange wie möglich zu erhalten.

- Der 3. Aspekt ist die jetzige Heimsituation, die in der Regel dazu führt, dass vor lauter Einhaltung von Gesetzen, Verordnungen und Regelungen dieser zu gestaltende Lebensort retardiert zu einer bürokratischen Amtshandlung wird. Gestalten statt Verwalten (*Raß* 2006), so muss die Devise lauten, wenn ich am Menschen respektvoll handle. Und hier muss ein vermehrtes Zusammenwirken der relevanten Disziplinen, ein multidisziplinärer Polylog stattfinden, wie es Petzold schon in den 60er Jahren gefordert hat (*Petzold* 1985; 2004a,b).

*Abbildung 3:* „Was alle angeht, können nur alle gemeinsam lösen"

Quelle: „21 Punkte zu den Physikern" von Friedrich Dürrenmatt

Ausgehend von diesem Gedanken, den Menschen nicht nur fragmentarisch, d.h. als medizinisches Objekt zu betrachten, sondern in seiner Gesamtheit von Körper, Seele und Geist, können wir heute den Gestaltungsauftrag wahrnehmen, wenn das Pflegeheim sich die Hospizkultur zu Eigen macht.

## 2. Die Hospizidee

Die Hospizidee hat ihren Ursprung im frühen Christentum. Der Begriff Hospiz kommt aus dem Lateinischen *„hospitum"*, Herberge.

Diese Herberge wurde als Gasthaus benutzt, um den Menschen auf den langen Reisen, aber auch den Kranken und Sterbenskranken Unterkunft zu gewähren. In der Zeit des Mittelalters wurden immer mehr Hospize gegründet, da durch die so genannten Pilgerreisen auch mehr Gasthäuser notwendig wurden. Bis hin zur Gründung eines Hospitalordens. Der Begriff und die Häuser verschwanden im Zuge der aufkommenden Reformation. *Vinzenz von Paul* (1581-1660), Ordensgründer der *Vinzentinerinnen*, hat die Pflege und Umsorgung Sterbender und Kranker aus seinem christlichen Verständnis heraus mehr in den Mittelpunkt gerückt. Aus dieser Zeit stammt das *„Hôtel-Dieu"* (die *„Herberge Gottes"*), das in der damaligen Zeit als Hospiz diente und in Paris heute noch zu besichtigen ist.

In diesem *„Hôtel-Dieu"* fanden nicht nur Kranke, sondern auch die Ärmsten Aufnahme und wurden medizinisch und pflegerisch betreut.

*Abbildung 4:* Krankensaal im Hôtel-Dieu in Paris, Holzschnitt um 1520

Quelle: „Geschichte der Pflege des kranken Menschen" von Eduard Seiler

Die neuzeitliche Entwicklung der Hospize ist im europäischen Raum auf *Cicely Saunders* (1918-2005) zurück zu führen. Als Ärztin, Sozialarbeiterin und Krankenschwester gründete sie 1967 das *St.-Christopher's-Hospice.* Ihr fachlicher Hintergrund spiegelt sich in der Idee wider, die zum einen die körperlichen Aspekte berücksichtigt (palliative Medizin und palliative Pflege), zum andern die spirituelle und psychosoziale Begleitung.

> *„Es macht schutzbedürftige Menschen so verletzlich, dass sie glauben, sie wären eine Last für die anderen. Die Antwort ist eine bessere Betreuung der Sterbenden, um sie zu überzeigen, dass sie immer noch ein wichtiger Teil unserer Gesellschaft sind."* (*Liebeskind* et al. 2000)

*Abbildung 5:* Die Säulen der Hospizidee

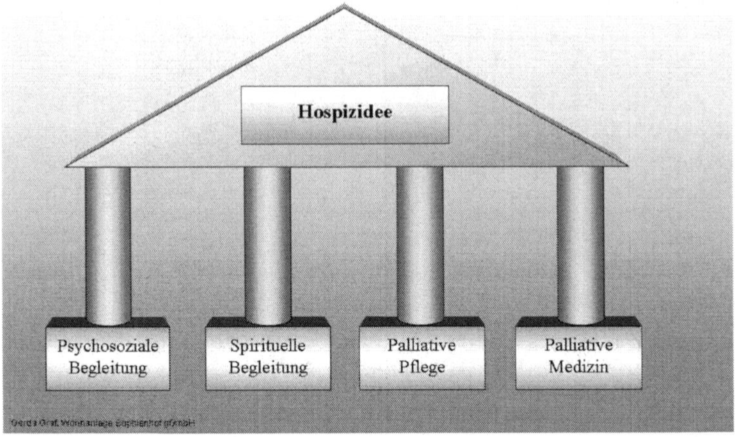

Quelle: „Die Hospiz-Zeitschrift", Hospiz Verlag

## 2.1 Die Psychosoziale Begleitung

Die Psychosoziale Begleitung umfasst die emotionale Unterstützung des Sterbenskranken und seiner Angehörigen. Diese werden bei der Auseinandersetzung mit dem bevorstehenden Tod durch befähigte HospizhelferInnen begleitet. Die Ehrenamtlichen der Hospizdienste werden entsprechend der vier Säulen der Hospizidee in über 100 Stunden fortgebildet und absolvieren zusätzlich ein Praktikum, entweder im Pflegeheim, Krankenhaus oder Hospiz. In der Regel sind die Ehrenamtlichen weiblich und suchen nach Abschluss der Familienphase ein neues soziales Betätigungsfeld, entweder aus Dankbarkeit dem Leben gegenüber oder aus einer Selbsterfahrung in Sterbeprozessen (vgl. hierzu: *Pfeffer, van Oorschot, Oehler,* 2004). Diese befähigten Ehrenamtlichen unterstützen die Betroffenen und die Nahestehenden nicht nur durch Gespräche, sondern auch durch die Begleitung beim Abschließen unerledigter Dinge.

## 2.2 Die Spirituelle Begleitung

Der Begriff der Spiritualität betrifft hier mehr als nur den Kulturkreis der Religion. Er bezieht sich auch auf die geistige Erfahrbarkeit, die sich auch an der Seinsfrage orientiert. Das Ziel der hospizlichen Bemühung, ein Leben in Würde bis zuletzt zu ermöglichen, orientiert sich an der jeweiligen Persönlichkeit des Sterbenskranken. Sie ist geprägt von einer extrinsischen Spiritualität, deren Kennzeichen die jewei-

lige Religiosität und das familiäre Umfeld sind, und einer intrinsischen Spiritualität, deren Geisteshaltung von innen kommt, d.h. neben den ritualisierten extrinsischen Faktoren (wie Gebet oder Gottesdienst) gibt es geistige Empfindungen, die
von einer großen Ergriffenheit getragen sind (z.b. der Naturliebhaber – die blühen-
de Blume) und in Abhängigkeit zur jeweiligen Person stehen. Die spirituelle Begleitung ist somit durch die Fürsorge für den Sterbenskranken bei der Suche nach
sich selbst gekennzeichnet (Selbstwert, Selbstbewusstsein), bei der Begegnung
mit sich (Lebensbilanz und Lebensbiografie) und beim Sich-Finden. Wobei das
Sich-Finden gleichzusetzen ist mit dem numinosen Etwas, das unserem verstan-
desmäßigen Aha-Erlebnis gleicht. Durch diese spirituelle Begleitung haben Sterbende die Möglichkeit, ihr Leben selbstbestimmt zu erfahren. Die Beantwortung
der Sinnfrage ist dabei nicht der vordringlichste Aspekt – verstehen kann man den
Tod nicht – sondern die Hilfe, diese Lebenserfahrung zu bestehen. Somit gehört
zu Sterbebegleitung auch die Trauerbegleitung der Angehörigen.

*2.3   Palliative Medizin und Palliative Pflege*

Aus dem lebensbejahenden Grundsatz der Hospizkultur leitet sich die Aufgabe der
Palliativen Medizin und Palliativen Pflege ab. Sie ist darauf ausgerichtet, Schmerzen und andere Symptome, die in der letzten Lebensphase auftreten können, zu
behandeln und zu lindern, um die Lebensqualität sterbender Menschen zu verbessern. Den Wunsch zu erfüllen, den die meisten Menschen hegen, zuhause in der
vertrauten Umgebung zu sterben, ist dabei vorrangiges Ziel. Er folgt dem Grundsatz „ambulant vor stationär", so dass Institutionen wie Hospize oder hospizlich
geleitete Pflegeheime ergänzende Bestandteile der palliativen Arbeit sind. Hausärzte und Pflegekräfte können sich in Palliative Care in 160 Stunden qualifizieren, um die Bedürfnisorientierung der Betroffenen in den Vordergrund zu stellen,
so dass der Leiden lindernde Aspekt Berücksichtigung findet.
      Diese Arbeit im multidisziplinären Netzwerk und die andauernde Konfronta-
tion mit Leid(en) und Mitleid(en) beruhen auf einer lebensbejahende Haltung von
Toleranz, Mut zur Begegnung und Nächstenliebe den Sterbenden und ihren Nahestehenden gegenüber. Ziel aller hospizlichen Bemühungen ist es, ein Leben in
Würde bis zuletzt und dauerhaft eine neue Sterbekultur möglich zu machen. Der
Lernprozess, die eigene Persönlichkeit zu entwickeln und die schonungslose, aber
nicht zerstörende Auseinandersetzung mit der eigenen Sterblichkeit führen zu einer Haltung der Mitmenschlichkeit.

## 3. Hospizkultur im Pflegeheim

Bei der Betrachtung der hospizlichen Grundsätze wird erkennbar, dass diese dazu dienen können, eine Ethik der Mitmenschlichkeit in die soziale Organisation Pflegeheim zu implementieren. Das ist umso wichtiger, als der Umzug in ein Pflegeheim in der Regel den letzten Lebensabschnitt einleitet. Das originäre Zuhause wird verlassen, und an dieser Stelle ist das Pflegeheim in der Verpflichtung, dem Hochbetagten eine Lebensqualität bis zuletzt anzubieten, die es möglich macht, die persönliche Problematik von Körper, Seele und Geist so zu berücksichtigen, dass die hospizliche Grundhaltung einem Versprechen gleich kommt. Diese „Ethik des Versprechens" (*Höver, Graf* 2006) ist eine Fürsorge, die sich in der Haltung dem alten Menschen gegenüber ausdrückt. Die lebensbejahende Grundhaltung bedarf eines organisationalen Lernens, das zunächst über die Leitungskräfte an die Basis herangeführt wird. Nach dem Prinzip von Bottom-Up und Top-Down erfolgt so eine fürsorgliche Kompetenz auf allen Ebenen. Alle Berufsgruppen, ob Pflege, Sozialer Dienst, Hauswirtschaft, Verwaltung, werden in diese Lernerfahrung eingebunden, wobei der Hochbetagte und Sterbenskranke dabei der „Lehrer" ist. Alle im Netzwerk Altenheim befindlichen Berufsgruppen entwickeln ihre Persönlichkeit durch die Reflektion des eigenen Lebens, der existentiellen Erfahrungen und der damit verbundenen Annahme von körperlichem und geistigem Verfall am Lebensende. Analog der Befähigung zum Hospizhelfer kann in einem mehrtägigen Seminar diese Grundhaltung eingeübt werden. Alle vier Säulen der Hospizidee werden dabei erfahrbar und in Rollenspielen, Gruppenarbeiten und einer dialogischen Auseinandersetzung psychischer, sozialer und spiritueller Lebenserfahrungen eingebunden. Dieses Basiswissen gibt dem Lernenden doppelten Halt, da er, auf sich selbst schauend, zum einen eine andere Perspektive seiner Arbeit wahrnimmt, die in ein Sich-selbst-Erkennen mündet und zum anderen ein neues Verständnis gewinnt, wenn es um das Begleiten des Hochbetagten und Sterbenskranken geht. Erst in diesem Einlassen auf die eigene Befindlichkeit kann die hospizliche Haltung wachsen, da auch die Lernerfahrung zur eigenen Sterblichkeit in eine neue Betrachtung „meines Lebens und Sterbens" führt. Dieser Ansatz scheint auf den ersten Blick für Organisationen nicht praktikabel, da Distanz und Nähe konterkariert werden könnten.

Die *EAG FPI* (Europäische Akademie für Soziale Gesundheit – Fritz Perls Institut) hat mit ihrer Inhouse-Schulung „*Mit alten Menschen arbeiten*" schon den Beweis angeführt, dass die unmittelbare Nähe zum Geschehen unter supervisorischer Begleitung Früchte für die alltägliche Arbeit im Pflegeheim trägt. Das Management im Gesundheitswesen kann hier seinen Einfluss geltend machen und neben der Einhaltung des ökonomischen Prinzips inhaltlich wirksam werden. Die

Mitarbeiter erlangen eine hohe soziale Kompetenz, gepaart mit dem ganzheitlichen Ansatz der Hospizidee, der auch die Freude an der Arbeit neu vermittelt. Die Kultur der Hospizidee als gelebte Mitmenschlichkeit im Pflegeheim erfüllt damit einen ihr ureigenen gesellschaftlichen Auftrag, in dem die hospizlichen Grundsätze nicht nur im Sterbeprozess wirksam werden, sondern im gesamten Lebensabschnitt von Alter und Älterwerden. Im Fokus darauf, dass die Ziele von Medizin und Pflege sich verändern, wird die Gesamtheit des Menschen mehr in den Blick genommen. Das heißt, im Vordergrund steht für den alten Menschen nicht mehr zwingend die Wiederherstellung eines Organdefektes oder die Mobilisation, sondern vielmehr das Leid zu lindern. Dabei ist nicht nur die körperliche Leidensdimension gemeint, sondern auch die spirituelle und soziale, die sich in der bisherigen Lebensfülle in der Emotionalität des alten Menschen widerspiegelt. Durch diesen Ansatz gewinnen die Altenhilfe sowie der alte Mensch nicht nur an Ansehen, sondern es ist gleichsam eine Antwort auf die aufkeimende Etablierung der Euthanasie.

Alle im Netzwerk befindlichen Akteure, ob Angehörige, Ärzte, Pflegepersonal bis hin zur Reinigungskraft, werden dabei zu Teammitgliedern, die die Bedürfnisse des Menschen aufnehmen und dafür Sorge tragen, dass das Versprechen bis zuletzt eingehalten wird (siehe hierzu auch nachfolgendes Schema).

Dieses Beispiel-Schema ist nicht nur auf den Sterbeprozess übertragbar, sondern es findet schon beim Einzug des Bewohners bzw. ersten Kennenlernen durch den Hausbesuch Berücksichtigung.

Das Wissen um Vorsorgevollmacht und Patientenverfügung ist eine wichtige Arbeitshilfe, die die Institution auch von juristischen Zwängen befreit. Durch die Inanspruchnahme eines ethischen Konsils wird das qualitative Ziel im Sterbeprozess umgesetzt. Das Pflegeheim lernt dabei, intern und extern hinderliche Schnittstellen zu beseitigen und eine Kooperation zu pflegen, die von gegenseitiger Wertschätzung und dem Respekt der Andersartigkeit gekennzeichnet ist. Befähigte Ehrenamtliche der Hospizarbeit werden am Lebensende eines Bewohners in den Alltag mit eingebunden und entlasten Mitarbeiter der Organisation durch Handreichungen und ihr Dasein. Gemeinsam werden Wissen und Haltung gebündelt, wobei die Palliativ Care Pflegekräfte eine führende Rolle spielen.

Das Pflegeheim wird somit zum Garant, auch dem Hochbetagten ein stabiles Fundament zum Leben und zum Sterben zu gewähren. Die Institutionen gewinnen an Ansehen und gestalten ihren Auftrag, in dem sie für ein würdevolles Sterben Sorge tragen. Heime verlieren somit ihr Schattendasein, da sie sich nicht mehr nur auf die Verwaltung von Missständen reduzieren lassen, sondern die Interessen

Hochbetagter vertreten und sich zum Fürsprecher für ein gehaltvolles Leben machen, das sich in einer lebensbejahenden Grundhaltung wider spiegelt.

*Abbildung 6:* Hospizarbeit im Pflegheim

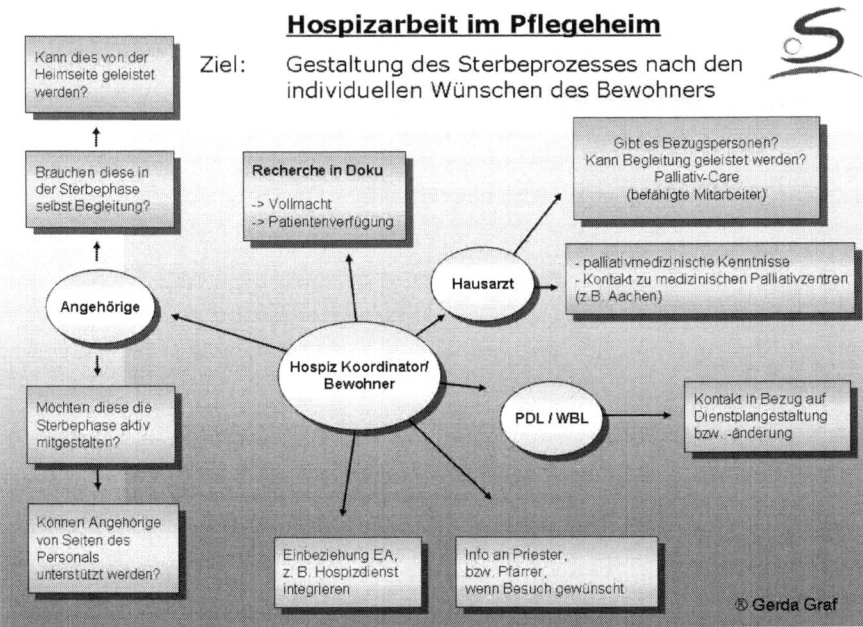

Quelle: „Die Hospiz-Zeitschrift", Hospiz Verlag

*Abbildung 7:*  HOLDe – Das Konzept der Wohnanlage Sophienhof

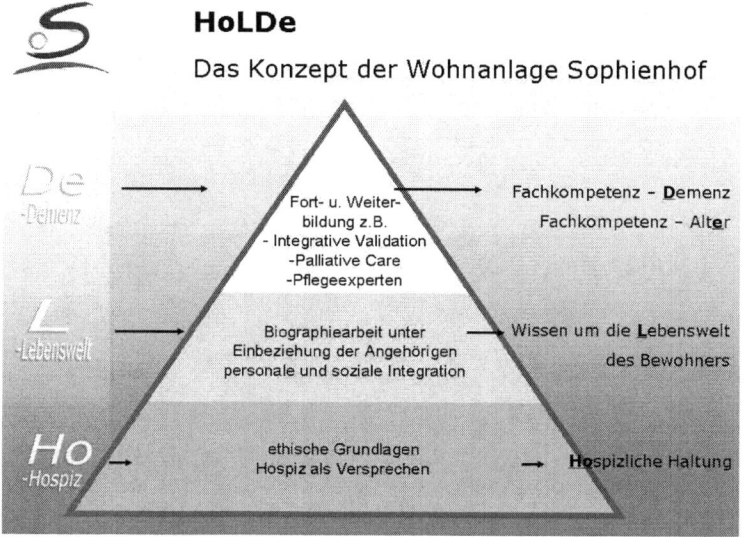

Quelle:  Folie Gerda Graf

# III

# Zwischen Bewältigung und Lebenskunst – Hochaltrigkeit als individuelle Herausforderung

# Hochaltrigsein als Herausforderung[1]

*Erika Horn*
*Jahrgang 1918*

Wenn es um „konkrete Alterserfahrungen" geht, muss sich jeder als „Alternder" betrachten und zeigen. Ich darf als die älteste Mitautorin dieses Bandes etwas von *meinen Erfahrungen* berichten.

> *„Hätt' ich mir das mit 17 gedacht,*
> *dass ich's zu so hohen Jahren gebracht?"*

schrieb der Dichter Felix Braun, den ich persönlich kannte, zu einem oder zu seinem 75. Geburtstag – und ich bin nun gleich noch 16 Jahre älter geworden!

Nein – mit 17 dachte ich über das Phänomen „Alter" nicht nach, noch weniger an mein eigenes Altern.

Ich war über 30, hatte schon zwei Kinder, als mein Vater krank wurde und bald darauf 74jährig starb. Er und meine Mutter, mit denen wir als junge Familie zusammenlebten und die Mutter, die einen langen, schweren Weg ins Alter hatte, bis sie fast 80jährig starb, führten mich praktisch in die späten Lebensphasen ein, ließen mich in Lebens- und Sterbensfragen und in mein Leben tiefer dringen.

Vor 50 Jahren begann ich nach wissenschaftlichen Erkenntnissen darüber zu suchen – da war aber bei uns noch wenig zu finden.

So begannen Interesse und Beschäftigung mit der Gerontologie – aber noch nicht mit dem eigenen Altern!

Gesellschaftlich begann man gerade erst, die wachsende Zahl älterer Menschen wahrzunehmen und die Aussicht auf eine höhere Lebenserwartung – neue Forschungen darüber brachten neue Erkenntnisse.

Nach einer langen Familienphase bin ich, beinahe schon im heutigen Pensionsalter, im Sozialschulbereich berufstätig geworden, habe mich dort und in der Erwachsenenbildung für die Verbreitung dieses neuen Wissens von Altern und damit auch für ein neues Selbstbewusstsein von älteren Menschen, einer neuen Le-

---

[1] Dem Text liegt ein Statement von Prof. Dr. Erika Horn auf einer Tagung der Katholischen Aktion Steiermark am 20. November 2009 zugrunde.

bensplanung eingesetzt – vor allem für alte und neue soziale und pflegende Berufe wurde das immer wichtiger.

Und als ich mit 75 Urgroßmutter wurde, bin ich noch nicht „hinterm Ofen
im Pfühl" gesessen, sondern habe mich für die Verbreitung der Hospiz-Idee eingesetzt, noch Einführungsseminare für Mitarbeiter gemacht bis weit über 80 – so
blieb ich lange ein bisschen „altersloser" – obwohl ich mich längst in Gedanken
und in bewusstem Reflektieren mit dem eigenen Altern und Sterben auseinandergesetzt hatte und gewisse körperliche Veränderungen deutlicher spürbar wurden.

Immer mehr Grenzen aber begann mir mein Körper nach dem 80. Lebensjahr zu setzen, immer öfter brauchte ich Ärzte und therapeutische Hilfen, immer
neue Verzichte waren notwendig; über die Neugestaltung des Lebens musste ich
immer wieder nachdenken – erst recht auch, als mein Mann vor 5 ½ Jahren starb.

Und wir in der Gruppe der heute Hochaltrigen – der 90+ besonders – hatten ja
kaum Vorbilder. Keinen von meinen Großvätern habe ich gekannt; eine Großmutter
starb, als ich 10 Jahre alt war, ich hatte sie nur wenig gesehen, die andere, mir sehr
liebe, verlor ich mit 20 – viel zu selten habe ich sie besucht, viel zu wenig gefragt.

Diese Generation pflegte ja kaum noch über sich zu reden – am wenigsten
über ihre Gefühle. Das halte ich jetzt mit Enkeln und Urenkeln anders.

Um 85 begann ich zunehmend zu erfahren, was Morbidität im Alter bedeutet: also Mehrfacherkrankung. Bei mir war das mit Eingriffen, mit langen Behandlungen, mit Krankenhausaufenthalten verbunden: z.B. krankhafte Veränderungen an Arterien und Venen, am Herzen, an anderen Organen; so hat eine Niere
ihre Tätigkeit aufgegeben, mein Gelenksleiden verschlechterte sich stark, es kam
zu Stürzen, und als sie sich häuften – gleich 4 in einem Jahr, dabei zwei schwere
Operationen, lange Remobilisationen, dann endlich die Erkenntnis der Ärzte einer
100%igen Sturzneigung, die mir streng das Gehen mit 4 Füßen oder / und einem
Rollator, und alle Lebensveränderungsfolgen daraus, vorschreibt.

Mein Körper mit dieser Behinderung, mit diesen Leiden (das Wort trifft ganz
zu) ist also der strenge Meister meines späten Lebens geworden. Er, den ich in den
vielen früheren Lebensjahren so selbstverständlich in Anspruch genommen habe,
den ich wenig gepflegt und oft überfordert habe – jetzt fordert er mir hohe Aufmerksamkeit, sorgfältige Pflege und ständige Rücksicht ab – obwohl er doch bald
in den Sarg gelegt werden wird. Aber immer noch dient er mir ja, hält er mich im
Leben – und so verändert er jetzt ist, 10 cm kleiner geworden, gebückt, krumm,
faltig, schwach, ist er mir erst recht lieb, bewunderungswürdig in seiner mühsa-
men, tapferen Arbeit für mich! Auch ich habe ihn einmal so schön und fast voll-
kommen mit ins Leben bekommen, wie ich ihn jetzt mit Entzücken bei den neuge-
borenen Urenkeln sehen darf. So lange hat er mir gehorcht, jetzt muss ich ihm und

seinen Bedürfnissen gehorchen. Vor allem muss alles langsam gehen, er braucht mehr Ruhezeiten; z. B erlaubt er mir zwar noch meine langjährige Tagesverlänge-rung bis nach Mitternacht, aber er zwingt mich zu einem Nachmittagsschlaf von 2 Stunden oder auch mehr. Ich überhöre bzw. überschlafe auch oft das Wecker-läuten um ¾ 7 Uhr und hole mich erst eine halbe Stunde später aus dem Schlaf.

Warum dann noch den Wecker, fragen Sie vielleicht. Weil ich weiß und täg-lich erfahre, wie wichtig eine Tagesordnung ist, wie wichtig eine strenge Diszi-plin und ein Gleichmaß, das freilich gelegentliche kleine Verschiebungen auch aushalten kann.

Körperpflege, Medikamenteneinnahme, ein kleines Morgentraining – und alles mit der Behinderung – nehmen unglaublich viel Zeit in Anspruch. Und sehr vieles kann ich auch jetzt nicht mehr allein. Vor allem nicht mehr meine Wohnung instand halten. So ist mir dafür die Hilfe einer Frau, die meine Tochter sein könnte, eine wertvolle, echte Lebenshilfe – wir haben uns angefreundet, ich nehme auch an ihrem Leben teil. Ich kann ja meinen Staubsauger z.B. nicht mehr aufheben, mein Bett nicht gründlich machen – meine Hände sind zu schwach, um Gläser oder Do-sen zu öffnen, das Leitersteigen ist längst unmöglich. Oft muss ich dann auf Hilfe warten – vieles muss und kann auch später oder morgen sein.

Ich muss mich also in Geduld und Gelassenheit, auch mit mir selber üben, muss im Rahmen des noch Möglichen Wege finden, mit den geringen Körper-kräften doch noch einigermaßen für mich zu sorgen und dadurch meine Kinder zu entlasten. Ich werde geradezu kreativ im Ausdenken von Erleichterungen oder im Zusammenlegen von kleineren Tätigkeiten oder Wegen. Und ich will auch meine Schwächen nicht verbergen, habe schon besser gelernt, um Hilfe zu bitten, was mir nicht leicht war, und auf vieles zu verzichten gelernt, was weniger schwer ist.

Ich muss z. B. nicht mehr weiter weg fahren – mit meinem Rollator kann ich immer noch einige alt vertraute Wege gehen und meine Gedanken dabei haben, das genügt mir. Ich habe die wunderbare Erfahrung gemacht, dass tief aufgenom-mene Eindrücke von Landschaften, Ereignissen, Menschenbegegnungen im Er-innern zurückkommen, mit allen Farben, Stimmen und Stimmungen – auch wenn sie vielleicht ein bisschen mit Wehmut einhergehen. Aber so viel Freude berei-ten sie noch, regen zum Erzählen an – und lassen mich staunen, wie vieles Schö-ne und Interessante ich erleben und erfahren durfte, welche Schätze da in meinen Erinnerungsspeichern warten, wiederbelebt zu werden.

Ganz lebendig und stark erlebe ich immer noch meine vielseitigen Interessen – zum Teil haben sie sich noch ausgeweitet. Natürlich muss ich mich auch da in ihrer Befriedigung stärker beschränken – aber waren sie denn nicht immer schwer zu befriedigen? Es interessiert mich das politische Geschehen, die Friedensbemühungen, die geistigen Zeitströmungen, die Alters- und Jugendfragen, alles, was Familien und Frauen betrifft. Ich lese noch moderne Literatur und darf noch bei einem monatlichen Lesekreis bei Freunden dabei sein. Das „noch" ist dabei sehr bewusst wiederholt !

Vor allem – ja mehr denn je – interessieren mich menschliche Schicksale. Das Telefon überbrückt Entfernungen zu mir nahe stehenden Menschen – denen ich dann ganz spontan oft sage, dass ich an sie denke in einer besonderen Situation für sie, oder auch nur, dass ich sie bestärken, bestätigen, warnen will, oder ihnen meine Freude an ihnen, meine Gedanken nach einem persönlichen Gespräch nochmals sage, oder einfach nur einen lieben Gruß, der ihnen vielleicht gut tut.

Zu den größten Schätzen gehören ja im späten Leben die Menschen, nicht nur die Familienangehörigen. Ich erlebe da einen seltsamen Zwiespalt: einerseits ist meine Sehnsucht, Söhne, Schwiegertöchter, Enkel und Urenkel oft zu sehen – gewachsen in den letzten Jahren – andererseits will ich ihnen so viel wie möglich ihr eigenes Leben lassen, ihre eigenen Neigungen und Interessen.

Umso wichtiger sind die Freunde, soweit sie noch leben; umso dankbarer bin ich, dass ich noch neue gefunden habe in den letzten 10 Jahren, jüngere Freunde, mit denen ich Tee trinke. Ich nehme an ihrem Leben Anteil und wir führen Gespräche, die mich interessieren, erweitern, mich ablenken, beschäftigen, Sorge oder Freude bereiten, manchmal auch Aufgaben bringen und Einsatz verlangen, was mir nur gut tut – wie etwa die Herausforderung heute.

Ich weiß, dass ich dadurch besonders privilegiert bin – und ich bin tief dankbar dafür, wie ich – und das will ich ganz unpathetisch sagen – täglich mehr für mein Leben jetzt dankbar bin. Es ist ein vielfach privilegiertes – das vergesse ich nie – und mache ich mir auch immer wieder bewusst.

Wie viel Lebens-Anteil gewinne ich noch dadurch, dass ich trotz der Einbußen, relativ gut sehen, gut hören, gut riechen, gut schmecken kann – also noch viel lesen kann, z.B. Musik und interessante Radiovorträge höre; einen Fernseher habe ich nicht, ich habe eher noch intensivere Farben- und Geschmacksfreuden, esse wohl mit Maßen, aber gerne. Meine Pension, mein Bildungsstand, die guten Beziehungen zu Söhnen, Schwiegertöchtern, Enkeln und Urenkeln – es sind inzwischen schon 10 – mit all ihren Sorgen und Freuden bin ich noch verbunden – und der große Freundeskreis, von dem ich schon sprach, das und noch mehr wohl gehört zu meinen Privilegien.

Dennoch zögere ich, von „Gelungenem Alter" so allgemein zu reden oder gar für mich. Oder von „sinnvollem Alter". Zu viele schwere, für uns unverständliche Schicksale lassen uns ein Fragezeichen setzen.

Es ist auch für mich manchmal sehr mühsam und schwer, dieses veränderte Leben zu bewältigen, mich immer wieder an dem vielen Guten aufzurichten, das mir noch geblieben ist.

Lange habe ich bei den Einbrüchen und Erkrankungen mit Ängsten zu kämpfen gehabt – ich möchte offen auch darüber reden, wie denn mein eigenes Sterben kommen würde, wie ich noch schwereren Veränderungen, Verlusten, Schwächen, Schmerzzuständen standhalten würde, sie aushalten könnte. Da ist mir plötzlich das Bibelwort innerlich zugesprochen worden – „All eure Sorge werfet auf den Herrn" – und ich konnte es tun: Ihm alles anvertrauen und dann die Erleichterung, die Befreiung von den Ängsten um das, was noch in die nächste Zukunft vor dem Sterben führt, deutlich zu spüren und der stillen Aufforderung zu folgen, dieses Vertrauen immer wieder zu vertiefen und zu verstärken in einem steten Umgang mit Gott. Und das ist vielleicht mein höchstes Privileg, dass ich fest an Ihn glauben, auf Ihn hoffen kann.

Zuletzt – und auch auf diese Gedanken hin, noch eine kleine, sehr persönliche Erfahrung: Zurückdenkend, glaube ich, dass ich mir keine größeren Lebensentwürfe im Laufe der Jahre gemacht habe, eher bin ich einfach neugierig, unsicher hoffend in neue Lebensabschnitte hineingegangen; immer schon mit Gottvertrauen, dass ich sie bewältigen werde – so zunächst auch in diesen des hohen Alters.

Da ist mir aus früher Erinnerung ein Stammbuchvers eines Hauptschullehrers ganz stark bewusst geworden, den ich wörtlich noch zu wissen glaubte, weil er mir, der damals 13jährigen, ungewöhnlich und nicht ganz verständlich war und dann auch lange schon wieder geruht hatte; er lautete:

*„Ein Christ soll arbeiten, als würde er ewig leben,*
*und doch gesinnet sein, als könnte er jede Stunde sterben."*

Hat mich dieses Wort, in der Tiefe weiterwirkend, bis ins Hochaltrigsein geleitet, dass ich jetzt bewusst mit allen Begrenzungen, danach zu leben versuche? Das bleibt ein Geheimnis, wie so vieles in einem wundervollen, Gott geschenkten Leben.

Hochaltrigkeit führt uns vielleicht noch tiefer hinein und zeigt neue Lebenswunder auf – ob Alter gelingt, ob mein Alter ein gelungenes ist – das Fragezeichen bleibt.

# Bildungsarbeit mit Hochaltrigen

*Ludger Veelken*

> Es gibt keine schwierigere Kunst als zu leben.
> Für andere Künste und Wissenschaften
> kann man überall zahlreiche Lehrer finden.
> Selbst junge Leute glauben, sie hätten sich diese Kunst schon so weit erworben,
> dass sie andere darin unterrichten könnten:
> Während seines ganzen Lebens muss man immer weiter lernen zu leben,
> und, was euch noch mehr erstaunen wird,
> während des ganzen Lebens muss man lernen zu sterben.
> Seneca
> (*Erich Fromm* 1991)

Kürzlich wurden die neuesten demographischen Daten bekannt gegeben: In einigen Jahrzehnten wird jeder siebte Mensch in Deutschland älter als 80 Jahre sein. Die Zahl der Hochaltrigen ist die am meisten ansteigende Gruppierung in der Gesellschaft.

Auch in den Medien kann man mehr und mehr Hochaltrige erleben: Musiker, Schriftstellerinnen, Schauspielerinnen und Schauspieler, Dirigenten, Zeitzeugen aus Vorkriegs- und Kriegszeit. Von Bildung und Lernen ist dabei noch nicht die Rede.

Hier liegt die Herausforderung für die Geragogik als Wissenschaft der fördernden Begleitung des Reifungsprozesses, der Entfaltung der Identität im Alter. Vor dreißig Jahren formulierten Gabriel Marcel und Hilarion Petzold: „Geragogik könnte zu der Disziplin werden, die wieder Möglichkeiten eröffnet, das Alter zu dem zu machen, was es sein könnte: die Lebensphase der Integration. Ihre Aufgaben werden dabei vielfältig sein: die Bereitstellung einer praktischen Lebenshilfe, denn die faktischen Notwendigkeiten vieler alter Menschen sind so gravierend, dass sie jede weiterführende Entwicklung unmöglich machen; die Bereitstellung von Möglichkeiten zur Auswertung des eigenen Lebensverlaufs, zur Auseinandersetzung mit den Fragen nach Lebenssinn und Endlichkeit des menschlichen Daseins." (Marcel, Petzold 1976, S. 16)

Inzwischen hat sich die Geragogik weiterentwickelt. An der Universität Dortmund gab es den Studienschwerpunkt Geragogik im Diplomstudiengang Erziehungswissenschaft; es gibt einen Arbeitskreis Geragogik mit Mitgliedern aus Deutschland, Oesterreich, Frankreich, der Schweiz; das Forschungsinstitut Geragogik FoGera ist in der Forschung führend tätig: in einer der lernenden Regionen in Deutschland wurde die erste Fortbildung Geragogik durchgeführt und an der Kirchlichen Pädagogischen Hochschule in Wien ist der erste Masterstudiengang Geragogik angesiedelt.

Bildungsarbeit mit Hochaltrigen ist eine weitere Ausdifferenzierung der Geragogik, einer „Geragogik der Lebenskunst", die ein Lernangebot bietet, damit sich
alte Menschen in der Welt zurechtzufinden, sich orientieren, sich auch im höheren
Alter ihre Welt gemäß der eigenen Perspektive gestalten. Sie können sich nach der
Suchphase im „Jungen Alter" einem der Jugendzeit vergleichbaren Moratorium
das Leben wieder neu aneignen. Der Philosoph *Wilhelm Schmid* bezeichnet diesen
Vorgang der Welterklärung als Hermeneutik: „Die Hermeneutik als Kunst, sich
in der Welt zurechtzufinden, ist ein Bestandteil der Selbstsorge und wichtigstes
Element der orientierenden Lebensführung; sie dient dazu, sich im Gestrüpp der
Strukturen, der Bedingungen und Möglichkeiten zu orientieren, Sinn und Bedeu-
tung zu finden und auf dieser Grundlage eine Wahl zu treffen." (*Schmid* 1998, 286)

Diese Eigenorientierung durch die Geragogik ist wichtig, damit der Einzelne nicht von der Deutungsmacht anderer abhängig wird, sondern auch im höheren Alter seine eigenen Bedeutungen setzen und leben kann, einen eigenen Sinn
in dieser letzten Lebensphase finden kann. Die Geragogik der Lebenskunst „klärt
die Zusammenhänge und stellt auf diese Weise ein Sinngefüge von Selbst und Welt
her; im Leben Sinn finden meint nichts anderes als Zusammenhänge ausfindig zu
machen und sich in sie einzufügen, dem Leben Sinn geben aber heißt diese Zusammenhänge selbst zu gestalten" (*Schmid* 1998, 295).

Der Prozess dieser Förderung geschieht im Kontext der verschiedenen Lebensalter und Lebensphasen.

Vor zehn Jahren erschien im Handbuch Altenbildung (*Becker, Veelken, Wallraven* 2000) der erste systematische Artikel zur Bildungsarbeit mit Hochaltrigen
von *Elisabeth Bubolz-Lutz* (2000, 326). Grundlagen, Perspektiven und Ist-Stand
wurden dargestellt und erarbeitet.

*Sylvia Kade* (2007) unterscheidet ‚Autonomes Alter' als Bildung im dritten
Lebensalter, für das die Altersbildung zuständig ist mit einem pädagogischen Bil-
dungskonzept; und ‚Abhängiges Alter' als Bildung im vierten Lebensalter, mit
Konzepten der Sozialpädagogik und Altenarbeit. Sie betont: „Auch noch für das
von Fremdhilfe abhängige Lebensalter gelten grundsätzlich gleiche Bedingungen
für das Lernen wie für das autonome Alter." (*Kade* 2007, 141)

Die vorliegende Beschäftigung mit dieser Thematik soll dieses weder wiederholen, noch nur mit neuen Zahlen oder Entwicklungen - die es eigentlich noch
nicht gibt – weiterführen. Vielmehr will ich einen Weg aufzeigen, wie die Thematik
als neue Herausforderung in Gerontologie und Geragogik erarbeitet werden kann.

Das Modell von *Ken Wilber* (2007) zur Vernetzung verschiedener Aspekte
von Theorien und Wirklichkeiten beinhaltet vier Quadranten, die die Theorie oder
Wirklichkeit abbilden. In jedem dieser Quadranten gibt es Entwicklungsebenen,

die sich entfalten. In unserem Zusammenhang stehen die vier Quadranten im Mittelpunkt der Erarbeitung.

In dem Modell der Sozialisation, das ich in „Reifen und Altern – Geragogik kann man lernen" dargestellt und erläutert habe (*Veelken* 2003), unterscheide ich drei Elemente: Kultur, Gesellschaft und Individuum, die in einem wechselseitigen Austausch stehen, einer Veränderung und Wandlung unterworfen sind und sich wechselseitig beeinflussen. *Wilber* hat nun das dritte Element, das Individuum, auf der individuellen Dimension zwei Quadranten zugeordnet und unterscheidet ein Individuelles, objektives Verhalten, Organismus, und das subjektive, psychologische Verständnis, Selbst und Selbstbewusstsein. Auf der kollektiven Dimension gibt es den Unterschied zwischen Kultur, Organisation von Kultur, Weltanschauungen und dem Element Soziale Systeme, Gesellschaftsformen.

Das weitere Vorgehen zentriert sich demnach auf vier Themenkomplexe: die Voraussetzungen zum Lernen auf Grund der Entwicklungsaufgaben in der Lebensphase Hochaltrigkeit; die subjektive Einschätzung des Lernens im höheren Alter; der kulturelle Kontext für eine Bildungsarbeit mit Hochaltrigen und die institutionelle Verankerung.

## 1. Entwicklungsaufgaben und Hochaltrigkeit

Die erste Frage ist die nach den Entwicklungsaufgaben in der Lebensspanne bei Hochaltrigen.

Hier sollen die Aussagen von *E.H. Erikson* ergänzt werden durch Perspektiven der indischen Philosophie und die Theorie der Entwicklungsstadien aus der chinesischen Weisheitslehre von *Seon O. Yoon.*

Die Aufgabe der Bildungsarbeit mit Hochaltrigen ist die Entfaltung der Identität in der Lebensphase des höheren Alters. „Nun" – so *Erikson* – „ein Gefühl der Identität haben heißt, sich mit sich selbst eins zu fühlen; und es heißt ferner, mit dem Gefühl einer Gemeinschaft, die mit ihrer Geschichte (oder Mythologie) im reinen ist, im Einklang zu sein." (*Erikson* 1975, 29) Für das Alter bedeutet das, man wird ein gutes Gefühl haben, wenn man sieht, dass man nicht die Wahl getroffen hat – im Beruf, in den Beziehungen, im Wohnort –, für die man nicht bestimmt war. *Erikson* führt *Jefferson* als Beispiel an, auf dessen Grabstein als „Zeichen, dass ich gelebt habe" die Unabhängigkeitserklärung und eine Erklärung für Religionsfreiheit in Virginia vermerkt werden sollten (*Erikson* 1975, 21).

*Erikson* bezeichnet „Integrität" als Entwicklungsaufgabe der Lebensphase der Hochaltrigkeit. „Das ist in seiner einfachsten Bedeutung natürlich ein Gefühl von Kohärenz und Ganzheit (coherence and wholeness, *Erikson* 1985,S. 65) ), das unter diesen letzten Bedingungen zweifelsohne höchst gefährdet ist, weil mit dieser Phase der Verlust von Steuerungen in allen drei organisierenden Prozessen verbunden ist." (*Erikson* 1988,S. 83) Im Bereich des Körperlichen (soma) nennt er die durchgehende Schwächung von tonischem Zusammenspiel in Bindegewebe, Blutgefäßen und Muskelsystem. In der Psyche ist es der allmähliche Verlust der Kohärenz des Gedächtnisses in der Erfahrung von Vergangenheit und Gegenwart und im „Ethos" spielt die Bedrohung durch einen plötzlichen Verlust verantwortlicher Funktionen im generativen Zusammenspiel eine Rolle. „Was hier nötig ist, könnte man ganz einfach Integralität" nennen, eine Tendenz, Dinge zusammenzuhalten" (*Erikson* 1988, 83) – „ a tendency to keep things together" - (*Erikson* 1985, 65).

Integrität ist für *Erikson* das Annehmen des einen und einzigen Lebenszyklus und der Menschen, die in ihm notwendig sein mussten und durch keine anderen ersetzt werden konnten und können. Der alte Mensch „weiß, dass sein individuelles Leben die zufällige Koinzidenz nur eines Lebenskreises mit nur einem Segment der Geschichte ist. Er ist bereit, die Würde seiner Lebensform zu verteidigen" (*Erikson* 1973, 118).

Damit verbunden ist eine neue, andere Liebe zu den Eltern, die frei von dem Wunsch ist, sie möchten anders gewesen sein, als sie waren, die Bejahung der Tatsache, dass man für das eigene Leben verantwortlich ist und ein Gefühl von Verbindung mit Männern und Frauen ferner Zeiten und Lebensformen, die Ordnungen, Dinge und Lehren schufen, welche die menschliche Würde und Liebe vermehrt haben.

*Erikson* geht davon aus, dass derjenige, der die Sorge für Dinge und Menschen auf sich genommen hat, wer Ursprung anderer Menschen und Schöpfer von Dingen und Ideen war, die Frucht der vorherigen sieben Stadien ernten kann. Denn das Nacheinander von Phasen im epigenetischen Plan bedeutet nur die spätere Version und nicht die Aufgabe eines früheren Themas, etwa der Schöpferischen Kreativität als Entwicklungsaufgabe der siebten Entwicklungsaufgabe. „Ohne Frage können und sollen alte Menschen eine würdevolle Funktion beibehalten." (*Erikson* 1988, 81) Denn sonst mangelt es an einem lebendigen Beteiligtsein, das nötig ist, um wirklich lebendig zu sein.

Meine Frage war es, wie ich die Entwicklungsaufgaben, vor allem den Unterschied zwischen den 50-75 jährigen „jungen Alten" und den „alten Alten", genauer beschreiben kann.

Eine Antwort habe ich in der Lehre von den vier Lebensständen (ashrama) der indischen Philosophie gelernt (*Veelken* 2003).

Die erste Entwicklungsaufgabe (0-25 Jahre) ist geprägt durch Lernen, Initiation in die vedischen Weisheiten, strikte Selbstdisziplin und sexuelle Enthaltsamkeit (bramcharia).

In der Zeit von 25-50 Jahren geht es um die Verwirklichung gesellschaftlichen Engagements in Beruf und Familie, verbunden mit der Ehrfurcht vor Gott, den Ahnen und den Weisen (grihastha).

Im Alter von 50 – 75 Jahren beginnt der langsame Prozess der Lösung aus Verpflichtungen, ein „Nicht mehr verhaftet sein". Diese Lebensphase dient neuem Suchen und Fragen, mehr eine Zeit der Kontemplation, der Suche nach Identität, um den Weg des Lebens zu finden.

Die vierte Lebensspanne beinhaltet das völlige Loslassen weltlicher Bindungen im Außen und die Entfaltung des inneren Selbst. „Als bhikshu (pilgernder Bettelmönch) oder sannyasin vollzieht er den Allverzicht, indem er alles ablegt (sannyasa) und als heimatloser Pilger die Wallfahrt zum Ewigen antritt." (Zimmer 1991, 207)

Es bedeutet Selbst-Ausdruck, Selbst-Wachstum, Selbsterweiterung für die Verwirklichung der inneren Spiritualität, verbunden mit der ruhigen, sanften Verschmelzung der individuellen Seele (Atman) mit der Universellen Seele, (Brahman).

Bei *Paramahansa Yogananda* klingen die vier in den Veden beschriebenen Lebensabschnitte so: „1. der ledige Schüler (Brahmatschari); 2. der Familienvater, der seine irdischen Pflichten erfüllt (Grihastha); 3. der Einsiedler (Vanaprastha); 4. der Waldbewohner oder Wanderer, der frei von allen weltlichen Sorgen ist (Sannyasi)" (*Yogananda* 1989, 263).

Die chinesische Weisheitslehre kommt zu ähnlichen Darstellungen, wie *Seon-O. Yoon* aufgezeigt hat (*Seon-O Yoon* 1998, 92).

Das Zeichen der Lebensphase ab 75 Jahren ist Kun, das Empfangende (im I Ging Zeichen 2). Die Jahreszeit ist Mittwinter, der Monat Dezember, die Uhrzeit 23-1 Uhr.

Bei *Laotse* im Tao te King heißt es – und ohne Kommentierung sollen einige Stellen angegeben werden:

„Schaffe Leere bis zum Höchsten! Wahre die Stille bis zu Völligsten! Alle Dinge mögen sich dann zugleich erheben. Ich schaue, wie sie sich wenden. Die Dinge in all ihrer Menge, ein jedes kehrt zurück zu der Wurzel. Rückkehr zur Wurzel heißt Stille. Stille heißt Wendung zum Schicksal. Wendung zum Schicksal heißt ewiges und unveränderliches Gesetz." (Tao te King 47)

„Der Himmel ist ewig und die Erde ist dauernd, Sie sind dauernd und ewig, weil sie nicht sich selber leben. Deswegen können sie ewig leben."

„Kannst Du deine Seele bilden, dass sie das Eine umfängt, ohne sich zerstreuen?" „Kannst Du deine Kraft einheitlich machen und die Weichheit erreichen, dass Du wie ein Kindlein wirst?"

„Das Leben ist die Wurzel des Todes, der Tod ist die Wurzel des Lebens, Der Tod ist Rückkehr des Wesens. Die Verstorbenen sind Heimgegangene." (Liä Dsi)

Das Thema der letzten Krise und die beherrschende Antithese der Entwicklungsaufgabe ist für *Erikson* Integrität versus Verzweiflung.

Verzweiflung besteht aus einem anhaltenden Gefühl von Stagnation, alte Menschen scheinen über die verflossene Zeit zu trauern. Der Mangel an einem Gefühl von Integralität zeigt sich in Verzweiflung oder oft in einer unbewussten Todesfurcht: „ der eine und einzige Lebenszyklus wird nicht als das Leben schlechthin bejaht; in der Verzweiflung drückt sich das Gefühl aus, dass die Zeit zu kurz ist, zu kurz für den Versuch, ein neues Leben zu beginnen, andere Wege zur Integrität einzuschlagen" (*Erikson* 1973, S. 119). Eine solche Verzweiflung versteckt sich oft hinter einer Kulisse von Lebensüberdruss oder einer chronischen Verächtlichmachung bestimmter Institutionen oder bestimmter Leute. *Erikson* benennt auch Dogmatismus als ritualistische Gefahr, „eine zwanghafte Pseudointegrität, die zu einer zwingenden Orthodoxie führen kann, wenn sie mit unangemessener Macht verbunden ist" (*Erikson* 1988, 83).

Für *Erikson* stehen sich demnach gegenüber Verzweiflung und Hoffnungesperanza und deesperanza: „Und tatsächlich ist die Hoffnung, in welcher Sprache auch immer, die fundamentalste Eigenschaft der Ich-haftigkeit, ohne die das Leben weder anfangen noch sinnvoll enden kann. Die letzte mögliche Form von Hoffnung ist Glaube." (*Erikson* 1988, S. 80)

In dieser Hoffnung kann sich der alte Mensch einer Sache als Anhänger anschließen aber auch die Verantwortung der Führung auf sich nehmen. „Beides muss gelernt und geübt werden, sei es im politischen oder religiösen Leben, in der Wirtschaft oder in der Technik, in Kunst oder Wissenschaft." (*Erikson* 1973, 120)

Damit schließt sich der Lebenskreis, denn Hoffnung war die Energie der ersten Entwicklungsaufgabe im Lebenslauf, Vertrauen gegen Misstrauen.

In ihrer Bachelorarbeit untersucht *Carmen Lindemann* (2009) den Zusammenhang von Hoffnungslosigkeit und wahrgenommener sozialer Unterstützung im Alter. Sie kommt zu dem Ergebnis, „dass die wahrgenommene soziale Unterstützung ein Einflussfaktor für Hoffnung und Hoffnungslosigkeit innerhalb beider Stichproben sein könnte. Senioren, die davon ausgehen, im Bedarfsfall adäquate Hilfen von Mitmenschen zu erhalten, betrachten die Zukunft weniger hoffnungslos" (*Lindemann* 2009, 57). Sie folgert, dass soziale Netzwerke die Grundlage für den Erhalt sozialer Unterstützungsleistungen sind und betrachtet die Förderung, Erhaltung und Neubildung sozialer Netzwerke als Ziel pädagogischer Arbeit. Das aber kann auf dem Wege der Bildungsarbeit mit Hochaltrigen geschehen. Die Ziele etwa des

„Kreuzviertel – Netzwerkes – Wahlnachbarschaft" in Dortmund sind regelmäßige Treffen, gemeinsames Lenen und Hilfe im Bedarfsfall (s. *Deutsch* 2007, 79f).

## 2. Subjektives Lernbewusstsein

Der zweite Themenkomplex beschäftigt sich mit der subjektiven Einschätzung der Bildungsarbeit mit Hochaltrigen.

Zur „Einstimmung" will ich einige Aussagen des Theologen und Philosophen *Romano Guardini* zum eigenen Alternserlebnis aus seinem Tagebuch anführen (*Guardini* 1985):

So., 28.11.54
„In drei Monaten bin ich siebzig Jahre alt. Das ist die Schwelle des Alters; da ist nichts wegzureden." (S. 102)

Sa., 9.1.54
„Manches ist beunruhigend: mein Gehör wird immer schlechter. Ich vergesse immer öfter Namen, als ob sich eine Wand davorzöge. Und das Sich-Selbst-Hören wird stärker. Aber was soll man dagegen tun? Es ist das Altern, und ich habe keine Zeit, mich mit den Symptomen gründlicher zu beschäftigen." (S. 80)

Mo., 12. Okt. 53
„Ich mag keine Erinnerungen. Was vorbei ist, ist für mich vorbei; ganz abgesehen davon, dass auf dem Grund aller Erinnerungen das Gefühl siegt: Du hättest Dein Leben besser verwenden sollen; das kurze Leben; das jetzt, auch wenn es ‚lang' werden sollte, doch am Ausrinnen ist." (S. 63)

Di 11.11.53
„Immer wieder fühle ich den Augenblick voraus, in dem es heißen wird: ‚Alles abzuschließen – nichts mehr', bis aufs letzte Abschließen und Hindurchgehen selbst." (S. 69)

26.5.53
„Je älter ich werde, desto größer wird das Geheimnis in allem. Auch im Glauben. Eins besonders: warum hat Gott die Welt erschaffen?" ( S. 31)

Sonntag, 5.7.53
„Ich schreibe und rede und rede und schreibe – und das Leben läuft weg. Manchmal habe ich aber das Gefühl, dass etwas wird; ganz unmerklich leise. Ich kann z.B. realisieren, dass Er mich geschaffen hat." (S. 42)

19.11.54
„Und dann hatte ich Anlaß, mir klar zu machen, was gefordert ist, damit man, selbst an der Schwelle des Alters, den Jungen im Herzen ihren Weg frei gönnt und sich nicht nur pädagogisch, sondern wirklich mit ihnen freut, auch wenn man sie oft nicht versteht." (S. 100)

Mo., 17.2.58
„Dreiundsiebzig Jahre alt. Wird wohl jedem so gehen, dass er sich selbst und die gestiegene Zahl seiner Jahre nicht zusammenbringt.
In diesen Tagen schreibe ich den letzten Abschnitt in den ‚Lebensaltern‘, über den ganz alten, senilen Menschen. Sonderbares Gefühl, wenn man sich selbst so die Prognose entwirft." (S. 109)

Mi., 13.3.58
„Von Zeit zu Zeit kommt mir zu Bewußtsein, wie gleichmäßig und, im Grunde, wie still mein Leben geht. Ich komme sehr wenig mit anderen zusammen; hier und da ein Besuch. Komme auch nicht zu Veranstaltungen. Zuweilen, um einen kleinen Wechsel zu haben, der aber keine Ansprüche stellt, ein Film oder ein Gang in die Stadt. Im übrigen Lesen, Schreiben, stille Gänge mit meinen Gedanken. Abends ist es schön, wenn nichts mehr zu hören ist, und ich sitze am Schreibtisch." (S. 113)

Fr. 21.3.58
„Manchmal wird mit aller Bücherkram so gleichgültig; Lesen, schreiben, Publizieren … Ein einziges reines und tiefes Erfahren ist mehr als alles das." (S.114)

Mi., 26.2.58
„Es ist noch so viel zu tun! Und wenn es nicht anmaßend ist – es sind so wenige, die die Hand haben …" (S. 111)

Da mir selbst hier die Erfahrung mit der Bildungsarbeit mit Hochaltrigen – meine Zielgruppe waren mehr die „jungen Alten" - fehlt, habe ich mit ehemaligen Teilnehmern am Seniorenstudium der Universität Dortmund diskutiert und gearbeitet, um vor allem den Unterschied zwischen dem Lernen als 60 jährige und als 80 jährige hinsichtlich der Motivation, der Probleme, der Energiegewinnung etc. festzustellen. Teilnehmer der 10. Studiengruppe, die vor 20 Jahren den Abschluss gemacht haben, - das Dortmunder Seniorenstudium dauert 5 Semester, zur Halbzeit gibt es ein Praktikum, am Schluss ein Zertifikat der Universität, das Studium geschieht im Verbund mit jungen Studierenden, und das Ziel ist eine freiwillige ehrenamtliche Mitarbeit in der Zivilgesellschaft - der 16. Studiengruppe (Abschluss vor 14 Jahren) und des Arbeitskreises Alter und Altern der Internationalen *Erich Fromm* Gesellschaft haben daran mitgearbeitet. Vier Themenstellungen haben wir herausgearbeitet.

I.   *„Man sieht klarer, hat größere Weitsicht, aber es ist mühsamer, den Berg zu besteigen."*

Die Älteren – sie sind inzwischen 80 – 86 Jahre alt – sind der festen Überzeugung, dass es toll war für sie, mit 65 Jahren wieder zu lernen. „Wie ein Schwamm habe ich das alles aufgesogen." Ebenfalls sind Hochaltrige der Ansicht, dass man immer weiterlernt, weil so viele Anregungen im Studium gegeben wurden, vor allem man gelernt hat, sich Wissen anzueignen. Aber es herrscht auch die Überzeugung, dass das Lernen und Sammeln von Erfahrungen in den letzten Jahren anders war als noch mit 60 oder 70 Jahren. „Damals war ich noch der Welt zugewandt, offen für alle möglichen Fragen und Weltprobleme. Zunehmend habe ich das Bedürfnis, mich nach innen zu wenden, meine Entwicklung, die meiner Familie, zu analysieren. Alle schweren Rückschläge, Enttäuschungen, das Zusammenbrechen von Illusionen waren wichtig, hatten einen Sinn, haben zur individuellen Reifung beigetragen." Die Klarheit und Weitsicht bringt das lange Leben mit seinen Erfahrungen, Höhen und Tiefen mit sich. Familie, Partnerschaft und der Beruf mit seinen Anforderungen und Erfahrungen „trägt natürlich auch dazu bei, dass wir in unserem Leben nicht stehen bleiben, sondern dass unser Blickfeld größer und umfangreicher wird". Von besonderer Bedeutung wird die Gesundheit. „Dinge, die in jüngeren Jahren kaum beachtet wurden, wie z. B. harmlose gesundheitliche Beschwerden, werden kritischer bewertet." „Es wird mühsamer, man vergisst schneller, ich lese gründlich, aber am nächsten Tag bin ich nicht mehr im Stoff, beim zweiten Lesen wird es leichter." Bücher, deren Inhalt über sehr viele Personen berichten, werden schwierig zu behalten. „Aber wenn ich mich fest konzentriere, behalt' ich das besser, vor allem, wenn es mich mehr interessiert." Der ältere Mensch denkt eher an die Endlichkeit seines Lebens, die nun viel näher gerückt ist.

II.    „Was früher wesentlich war, wird unwesentlich und umgekehrt."

„Das Gefühl wächst, die Zeit wird kürzer, ich muss genauer planen." Die Themen haben sich verändert. „Wie lange habe ich noch? Wie kann ich das Angefangene noch weitermachen?" Dieses Denken kommt von selbst, es kommt so schleichend. Wenn man sich bei jährlichen Treffen verabschiedet, steht die Frage im Raum, war es wohl das letzte Treffen? Aber die Erfahrung des Wechsels von Wesentlichem und Unwesentlichem hat auch eine sehr angenehme Seite des Alterns. „Wie oft denke ich zufrieden und froh: Dieses und jenes muss ich nicht mehr haben, nicht mehr leisten, nicht mehr daran denken, das ist nicht mehr wichtig. Sozusagen habe ich diese Dinge oder Ereignisse oder Anforderungen ‚abgelebt', habe sie hinter mit gelassen. Das gibt Raum für andere Gedanken und gibt Kraft für das, was jetzt für mich wichtig und für andere hilfreich sein kann." Es entwickeln sich andere Prioritäten. Wichtig werden Freunde, Menschen, mit denen man Kontakte pflegt und auf die man sich verlassen kann und die im Notfall für mich da sind. Das ist auch deshalb wichtig, weil die Zahl der Menschen, die mit den Älteren 80 oder 90 Jahre alt werden, durch Tod abnimmt. „Ich denke oft an meinen Vater, der, selbst 90 Jahre alt, mir eines Tages mitteilte, nun ist mein letzter Freund, ebenfalls 90 Jahre alt, gestorben. Ich bin jetzt allein übrig geblieben." Um dem zu entgehen, ist es wichtig, auch im hohen Alter Freundschaften, auch mit jüngeren Menschen zu pflegen, wofür auch gemeinsame Bildungsprogramme genutzt werden können.

### III.   *„Man wird freier von Meinungen anderer."*

„Ich habe meine Meinung, andere können gern eine andere Meinung haben, ich lasse anderen ihre Meinung." Kleinigkeiten regen nicht mehr so auf. Aber das ist nicht nur eine Frage des Alters. „Die Freiheit des Denkens und des Geistes müssen wir ein ganzes Leben lang lernen und üben. Ehrlich gesagt, ich arbeite immer noch dran – die Weisheit des Alters hat sich mir noch nicht erschlossen." Ältere haben zu vielen Dingen eine feste Meinung, aber es kommt immer wieder vor, dass sie von anderen diese Meinung überprüfen lassen.

### IV.   *„Woher habe ich diese Kraft?"*

„Das frage ich mich auch manchmal, das fragt sich auch meine Umgebung." Die Kraft kommt aus Sicht der Älteren durch die Umgebung und die Zustimmung der anderen. „Ich bin in der Gruppe meines gesellschaftlichen Engagements die absolute Großmutter im Kreis jüngerer Frauen, aber bin absolut integriert, das gibt Kraft." Wenn man nicht beachtet würde, würde man das nicht spüren. „Man unterstellt mir, dass ich weise bin." Es kommt beim Engagement eine Menge zurück, und das hält frisch. Diejenigen, die immer etwas gemacht haben in der Gesellschaft, sind geistig und körperlich fitter als die, die im Sessel gesessen haben die ganze Zeit. Ein Beispiel: „Ein älterer Herr sagt: Ich bin jetzt im Ruhestand und ich bleibe auch im Ruhestand. Ergebnis, er wird kränker und kränker." Dieser Kraftgewinn gilt auch für das Lernen. „Wir sind nicht zu alt, noch Neues zu lernen, aber man muss sich drum kümmern." Oft ist das Lernen verbunden mit neuen Tätigkeiten." „Ich habe kürzlich eine Probestunde für die Ausbildung zur Gedächtnistrainerin vorbereitet und abgehalten. Ich werde da bei den 50 jährigen hoffiert." Mit einer Gruppe von 70 bis 96 Jährigen macht die 80Jährige zweimal im Monat Gedächtnistraining, „und nach meiner Meinung sind die Ältesten, nämlich die 80 – 96jährigen am eifrigsten dabei, und auch bestrebt, auch noch Neues zu lernen".

Das Gewinnen von Kraft und neuer Energie gilt vor allem dann, wenn die Älteren nicht unter sich bleiben. Man muss dafür sorgen, dass immer wieder auch Jüngere dabei sind. „Man muss dafür sorgen, dass die jungen Leute uns nicht für doof halten, aber auch darum muss man sich kümmern."

## 3. Soziokultureller Kontext

Der dritte Themenkomplex (Quadrant) befasst sich mit dem Zusammenhang von Bildungsarbeit mit Hochaltrigen und dem jeweiligen kulturellen Kontext. Die Fragestellung lautet, ist dieser soziokulturelle Kontext förderlich oder hinderlich für die Bildungsarbeit mit Hochaltrigen? Zunächst gilt weiter die Aussage von Elisabeth *Bubolz* (2000), dass dieser Frage eigentlich wenig gesellschaftliche Bedeutung zukommt.

Dennoch befasst sich die Gesellschaft zunehmend mit den Hochaltrigen, weitgehend aber unter der Frage von Demenz, Pflege, Wohnmöglichkeiten, Rentenentwicklung. Man könnte sehr leicht das Bild des negativen Alterns bekommen, da die Frage nach einer erweiterten Kompetenz im Vierten Alter wenig gestellt wird. Einzelne Beispiele von Musikern, Architekten, bildenden Künstlern, Politikern werden noch nicht unter gerontologischer Perspektive gesehen.

Der soziokulturelle Kontext, in dem Bildungsarbeit geschehen könnte, ist in den verschiedenen Zeitepochen sehr unterschiedlich. In früheren Zeiten galt das Senioritätsprinzip, das den Älteren einen Vorrang in der Gesellschaft einräumte. „Im allgemeinen galten die Alten als Weise, da sie ein reifes, hohes Alter erreicht hatten und somit über eine Fülle von Erfahrungen verfügten, die der jüngeren Generation fehlte. Obwohl ihre körperlichen Kräfte nachließen und sie nach und nach auch die politische Macht aus den Händen geben mussten, konnten sich alte Menschen aufgrund des Respekts, den man ihnen als Personifizierungen von Weisheit und idealisierten Werten zollte, ihren Einfluss auf die jüngeren Bürger bewahren und sogar ausbauen. Häufig genossen sie den Status einer hoch respektierten Elite." (*Wolf* 1998, 116)

In krassem Gegensatz zu der traditionellen Idealisierung der Alten zeichnet sich in der westlichen Welt – vor allem in den Vereinigten Staaten – eine Tendenz ab, alte Menschen ihrer herkömmlichen Rolle in der Gesellschaft zu berauben (*Wolf* 1998, 116).

Traditionelle Eliten, deren Status auf familiären und gesellschaftlichen Strukturen beruht, werden durch solche Umbrüche geschwächt. Betrachten wir die Gruppen, die ihren privilegierten Status, durch den sie sich irgendwie geschützt fühlen konnten, verloren haben, so gehören alte Menschen zu den besonders verwundbaren. Die Zeiten, in denen man sie aufgrund ihrer Weisheit, ihrer Erfahrung, ihrer Ideale und der durch sie repräsentierten Werte idealisierte, gehören der Vergangenheit an.

Trotz der technischen Errungenschaften im Allgemeinen und des medizinischen Fortschritts im Besonderen laufen alternde Menschen heutzutage weit eher Gefahr, in Isolation und Einsamkeit zu geraten.

Die heute Hochaltrigen haben in Vorkriegs, Kriegs- und Nachkriegszeit die Industriegesellschaft mit der Kultur der großen Institutionen, dem Agieren und Reagieren wie ein Rädchen in der Maschine, mit vollen Parteien, Gewerkschaften und Kirchen erlebt. Das Leben schien vorgeschrieben und verlief in festen Bahnen. Die Identität war von außen festgezurrt.

In der Lebensmitte erfuhren sie die Unruhen der „68er" Jahre. Vieles von dem, was sie für richtig hielten, schien mit einem Mal wertlos zu sein und wurde „hinterfragt": Institution, Autorität, Tradition. Im frühen Alter kam als neues Symbol statt der großen Maschine mit den dazugehörigen Menschenmassen der Computer auf und mit ihm die von den Soziologen diagnostizierte Individualisierung und Pluralisierung der Lebenswelten. Statt Arbeitsgesellschaft war jetzt die Rede von Informations-, Freizeit-, Bildungs-, Kultur-, Weisheitsgesellschaft (vgl. *Veelken* 1990).

Für *Jürgen Habermas* ist diese Moderne verbunden mit größerer subjektiver Freiheit, größerer Autonomie und Selbstverwirklichung, im kulturellen Bereich als „Bildungsprozess, der sich über die Aneignung der reflexiv gewordenen Kultur vollzieht" (*Habermas* 1986, 104). Folge ist die Emanzipation von uralten Abhängigkeiten, die Entfremdung von der Totalität eines vorgegebenen sittlichen Konzeptes und gleichzeitig, als andere Seite der Medaille sozusagen, ein Gefühl von Orientierungslosigkeit und Sinnferne. Gerade für den hochaltrigen Menschen gilt, „dass sich das erkennende Subjekt aus den Trümmern der Metaphysik erhebt, um im Bewusstsein seiner endlichen Kräfte eine Aufgabe zu lösen, die doch unendliche Kraft erfordert" (*Habermas* 1986, 306).

Die Lebenskunst besteht darin, sich seine Welt gemäß der eigenen Perspektive zu gestalten und sich in Form einer kritischen Aneignung der Lebensgeschichte wieder zurechtzufinden, sich im Gestrüpp der Strukturen und Netzwerke zu orientieren. Für viele Hochaltrige ist diese Aufgabe schier unlösbar. Sie ziehen sich zurück und bleiben in ihrer alten Lebenswelt. Aber für die kommenden Generationen der Hochaltrigen wird in größerer Zahl gelten, was *Wilhelm Schmid* zur Lebenskunst gesagt hat: „ Nach Lebenskunst fragen diejenigen, für die sich das Leben nicht mehr von selbst versteht, in welcher Kultur und Zeit auch immer. Die Frage bricht vorzugsweise dort auf, wo Traditionen, Konventionen und Normen, und seien es die der Moderne, nicht mehr überzeugend sind und die Individuen sich um sich selbst zu sorgen beginnen." (*Schmid* 1998, 9)

Das aber geht nur über Lernen, dazu ist eine neue Alterskultur notwendig. Denn Lernen bedeutet hier auch, das Leben auf reflektierte Weise zu leben. „Unter Lebenskunst wird grundsätzlich die Möglichkeit und die Anstrengung verstanden, das Leben auf reflektierte Weise zu führen und es nicht unbewusst einfach nur dahingehen zu lassen." (*Schmid* 1998, 10)

Dazu ist es notwendig, auch Hochaltrige nicht nur unter Defizitgesichtspunkten zu sehen, wenn auch vorhandene Defizite – Demenz, Multimorbidität, soziale Unsicherheit u. a. – keineswegs geleugnet werden sollen. In Seniorenbüros, Seniorenbeiräten, Quartierbüros geht es nicht nur darum, Schwächen zu versorgen, sondern auch darum, vorhandene Kompetenzen zu stärken. Diese Perspektiven für eine neue Kultur im Alter wird im Herbst 2009 in einer Pressemitteilung von der Bundesarbeitsgemeinschaft für Senioren BAGSO und dem Deutschen Kulturrat gefordert:

„Bildung und Kultur sind nicht nur in jungen Lebensjahren von großer Bedeutung, sondern gerade auch im Alter. Ältere Menschen sind Vermittler von Traditionen und Erfahrungen und ebenso innovative und kreative Vordenker für zukünftige gesellschaftliche Aufgaben (…). Zudem ist erwiesen, dass sich kulturelle Aktivitäten positiv auf den Gesundheitszustand auswirken und bis ins hohe Alter gesellschaftliche Teilhabe und Lebensfreude ermöglichen können."

In einzelnen werden u. a. gefordert:

- die Stärkung des Bewusstseins für die Altenkultur sowie die Notwendigkeit einer öffentlichen Förderung der Altenkultur in der Politik,
- die Gleichstellung der Altenkulturarbeit und der kulturellen Kinder- und Jugendbildung in den Ländern,
- die Verstärkung intergenerationeller Angebote für jüngere und ältere Menschen,
- die Öffnung der Altenkulturarbeit für ältere Migrantinnen und Migranten und ihre kulturellen Bedürfnisse und Erfahrungen,
- eine langfristige Förderung der Altenkulturarbeit durch den Bundesaltenplan, die der demographischen Entwicklung entspricht (Pressemitteilung Berlin/Bonn, 13.19.2009).

Wie sieht diese Forderung, die Potentiale der älteren Generation als Vermittler, Produzenten und Konsumenten von Kunst, Kultur, Bildung zu fördern, in der Praxis aus? Wie schlagen sich die Erkenntnisse im Bereich der 3. Themenstellung Kultur für die Bildungsarbeit mit Hochaltrigen in dem 4. Themenfeld, der gesellschaftlichen Verwirklichung, nieder?

## 4. Institutionelle Verwirklichung

Im vierten Themenkomplex geht es um die Realisierung der Bildungsarbeit mit Hochaltrigen. Zunächst muss darauf hingewiesen werden, dass die Gruppe der Hochaltrigen im Rahmen des demographischen Wandels die am stärksten wach-

sende Gruppe ist. Bisher sind in der gesellschaftlichen Diskussion die Themen-
felder Pflege/Pflegewissenschaft und Wohnen, insbesondere die Erforschung und
Entwicklung neuer und alternativer Wohnformen für Hochaltrige von Bedeutung.
Die zukünftige Fragestellung wird die der Bildung und Weiterbildung sein. Aufgenommen worden ist die Thematik im Rahmen der Gerontologie bei der Frage
der Bildungsarbeit mit älteren Arbeitnehmern, wie sich an Publikationen und Kon-
gresstiteln ableiten lässt. Danach werden Fragestellungen der Bildungsarbeit mit
jungen Alten im Zusammenhang mit der Thematik neuen bürgerschaftlichen Engagements im Rahmen der Zivilgesellschaft – teilweise in Wiederaufnahme und
Weiterführung der Diskussion in den 80er Jahren des vorigen Jahrhunderts – an
Bedeutung gewinnen, und schließlich wird man sich der Frage nach informeller
und formeller Bildungsangebote für Hochaltrige widmen müssen, da dann eine
Gruppe Älterer als Hochbetagte lebt, die aufgrund ihrer neuen Bildungsbiographie
ein Eigeninteresse an Bildung und Lernen anmelden wird.

Es ist davon auszugehen, dass die Hochaltrigen von morgen keine einheitli-
che geschlossene Gruppe sein werden, deren Kennzeichen Konservativismus und
Traditionsverhaftetheit sind. Vielmehr werden sich die verschiedenen gesellschaftlichen Milieus auch in der Gruppe der Hochaltrigen abbilden, sodass auch hier die
Individualisierung mit der Pluralisierung der Lebensstile im Altern einhergeht.

Im Einzelnen gliedert sich auch die Bildungsarbeit mit Hochaltrigen in die
Elemente Lebenslanges Lernen, Intergenerationelles Lernen, Transpersonales Lernen (*Veelken* 2007).

Diese drei Aspekte bedeuten zunächst:

- *Lebenslanges Lernen*: Demographischer Wandel, Sozialer Wandel und Globalisierung sind die Herausforderungen für das Lernen im Alter. Lebenslanges Lernen ist auch die lernende Beschäftigung mit dem Anfang des Lebens/
  Geburt und dem Ende des Lebens/Tod.

- *Intergenerationelles Lernen*: Das Zusammenleben der Generationen ist etwas Natürliches, so auch das gemeinsame Lernen von Jung und Alt, es gibt
  viele Felder des Lernens, neue Modelle entstehen.

- *Transpersonales Lernen*: Der Übergang vom rationalem zum transrationalem Weltbild (*Ken Wilber*) erfordert neue Ansätze zu den Fragen nach Sinn,
  Identität, Religion, Spiritualität. Ein Lernen, das das Leben als zukunfts-
  gerichtete Vision beschreibt, sollte sich an alle Milieus in der Gesellschaft
  wenden.

Dieser Rahmen soll genauer dargestellt werden, damit er als Grundlage weiterer curricularer Planungen und der Entwicklung und Erprobung von Modellen der Bildungsarbeit mit Hochaltrigen dienen kann.

## Lebenslanges Lernen

Die Notwendigkeit Lebenslangen Lernens ergibt sich aus der Tatsache, dass der Wachstums- und Reifungsprozess im Alter nicht zu irgendeinem Zeitpunkt aufhört. Nach *Erich Fromm* braucht der Mensch – psychisch gesehen – sein Leben lang, um sich selbst zur Geburt zu bringen. Denn leben bedeutet für ihn zu wachsen und tätig zu sein. Andererseits hat die Dynamik der gesellschaftlichen Entwicklung ungeheure Ausmaße angenommen. Bildung hat die Aufgabe, die Transferprozesse zwischen einer sich ändernden Kultur, einer sich wandelnden Gesellschaft und einer sich entfaltenden Individualität herzustellen.

Das aber ist ein lebenslanges Unterfangen, da die Wissensexplosion der letzten Jahrhunderte und die damit verbundene Unabschließbarkeit von Bildungs- und Lernprozessen einen lebenslangen Lernprozess bedingen. Lernen ist dabei nicht auf formales, organisiertes, institutionalisiertes Lernen beschränkt _ dort findet sich ein geringerer Anteil von Hochaltrigen –, sondern geschieht im täglichen Lebenszusammenhang als unabhängiges Erfahrungslernen, im Wartezimmer des Arztes, bei der Benutzung von immer komplizierteren öffentlichen Automaten, in neuen Wissenssendungen im Fernsehen und im Gebrauch der neuen Medien.

Lebenslanges Lernen bleibt eine permanente Aufgabe für alle Lebensalter, zu deren Lösung Pädagogik, Andragogik und Geragogik beitragen.

Der menschliche Lebenslauf wird in verschiedene Lebensphasen eingeteilt. Generell sind das Kindheit und Jugend, Erwachsenenalter und Alter. In jeder Lebensphase geschieht eine Förderung des Reifens und Wachsens, wie sie sich in den verschiedenen Disziplinen niederschlägt: Die Pädagogik/Sozialpädagogik fördert das Wachsen und Lernen in Kindheit und Jugendalter, die Andragogik/Erwachsenenbildung bezieht sich auf das Erwachsenenalter, und die Geragogik/Sozialgeragogik ist die Wissenschaftsdisziplin der Förderung im Alternsprozess, vorrangig auf den Feldern Bildung und Erziehung.

In der Pädagogik/Sozialpädagogik erlernen Kinder und Jugendliche Grundbegriffe und Methoden des Lernens, ihre intellektuellen Fähigkeiten und allgemeinen Kompetenzen werden gefördert. Sie entdecken neue Lernziele und lernen die Balance zwischen ernsthaftem Arbeiten und Spaß kennen. Lernen dient der Unterstützung des Weges ins Leben, dem Aufwecken von Neugier, der Vermittlung von Werten und Normen. Im Miteinander bekommen sie eine Orientierung in der Welt, wodurch sich ihre eigene Identität entfaltet.

Andragogik/Erwachsenenbildung als Lebenslanges Lernen begreift Lernen zunächst als Vorbereitung und Begleitung für die berufliche Lebensphase und dient der Förderung und Begleitung auf dem Weg von Erwerbsarbeit und Beruf. Es geht darum, Wissen auf den jeweils neuesten Stand zu bringen, Grundkenntnisse für neue Lebensbereiche zu vertiefen durch selbstbestimmtes und reflexives Lernen. Die Orientierung in der sich wandelnden Kultur und Gesellschaft geht damit einher, sich für neue Arbeitsmarktsituationen zu qualifizieren, sich darauf einzulassen und darin zurechtzufinden, auch in der Weiterqualifizierung und durch Umschulungsmaßnahmen Erwerbsloser, und dadurch die Identität weiter zu entfalten. „In neuerer Zeit sind in Einrichtungen der Erwachsenenbildung im Hinblick auf das generelle Lernbedürfnis für das dritte und vierte Lebensalter große konzeptionelle Anstrengungen unternommen worden. (…) Bildung begleitet Menschen über die Phase der Erwerbstätigkeit hinaus bis ins hohe Alter." (*Franz* et al. 2009, 33) In diesen Modellen wird Bildung im Dritten Alter als Teil der Erwachsenenbildung gesehen.

Die Geragogik/Sozialgeragogik geht davon aus, dass das Alter eine eigene Lebensphase darstellt, der Reifungsprozess nicht abgeschlossen ist und die Bewältigung der neuen Lebensphase „Ruhestand" sinnvoll zu bewältigen ist. In den Feldern Bildung und Kultur geht es um das Erlernen von Sozialkompetenz, Orientierung in der gewandelten Welt und die Entfaltung der Identität in der letzten Lebensphase. Neues Lernen im Alter lässt Lebenserfahrung nicht brach liegen, sondern motiviert zum Weiterlernen, dazu, neue Lernziele zu entdecken und die Kompetenzen an die nachfolgenden Generationen in intergenerationellem Lernen weiterzugeben und gleichzeitig durch die Zukunftskompetenz der Jüngeren zu wachsen. Der Ansatzpunkt ist der ältere Mensch.

## Intergenerationelles Lernen

Bildungsarbeit mit Hochaltrigen dient nicht der Gettoisierung der Älteren, sondern sollte immer auch den Aspekt Intergenerationellen Lernens mit einbeziehen. Denn das Zusammenleben von Jung und Alt ist natürlich. In der Natur gibt es keine künstlichen Trennungen von jungen und alten Tieren. Auch im menschlichen Leben gibt es das Zusammenleben der Generationen. Der Mensch hat aber künstliche Trennungen eingeführt: „Alten-Heim" – in der Realität ein Heim, in dem junge und alte Menschen leben und arbeiten –, „Kindergarten" – eine Einrichtung, in der jüngere und ältere Erzieherinnen mit den Kindern zusammen sind.

Wenn auch die Generationengrenzen verwischen, es bleibt, dass Menschen in einer bestimmten Lebensphase in einer konkreten Zeitepoche ähnliche Erfahrungen machen, die verbinden, so die Generation der Vorkriegskinder, die Gene-

ration von Hitlerjugend und BDM, die Generation der Kriegskinder, die „68er",
Die FDJ – Jugendlichen, die „Generation Golf" usw..

*Karl Mannheim* (1968) hat darauf hingewiesen, dass es abtretende und neu
eintretende Kulturträger gibt, wobei die Älteren sich klar machen sollten, dass sie
zu den Abtretenden gehören. Dennoch gehören sie weiter mit dazu. Aber Senioritätsprinzip – die Älteren haben Recht! – und Modernisierungsprinzip – die Jüngeren sind im Recht! – müssen miteinander vernetzt werden, um die Erfahrung der
Älteren mit dem Zukunftsgespür der Jüngeren zu verbinden.

In der Geschichte der Menschheit hat sich das Generationenverhältnis verändert, von archaischer zu mythischer und rationaler Gesellschaft, und es ist eine
Herausforderung der heutigen Zeit, die Frage der Älteren im Wechsel zu einem
transrationalem Weltbild (*Wilber* 1996) neu zu überlegen.

In der Begegnung der Generationen begegnen sich verschiedene Lebensphasen der Identitätsentfaltung mit je verschiedenen Entwicklungsaufgaben. Es ist ein
Unterschied, ob ein junger Mensch in die Gesellschaft produktiv herein wachsen
muss oder ob ein Älterer in eigener weiterer Kreativität übt, nicht mehr der Gesellschaft verhaftet zu sein.

Neuerdings gewinnt dieser Aspekt der Bildungsarbeit an Bedeutung. Mehr-
generationenhäuser, gemeinsames Wohnen von Jung und Alt und verschiedene
Dienste in der Gesellschaft fördern die Begegnung der Älteren mit den Jüngeren,
etwa in Schulen durch Unterstützung in Ganztagsschulen, in Hochschulen in der
Förderung jüngerer ausländischer Studierender oder beim Übergang Schule/Be-
ruf durch Patenschaften. Aber auch die Begegnung Jüngerer mit Älteren wird zunehmend gefördert, etwa durch Unterstützung Älterer bei den neuen Medien, Mitarbeit mit Zeitzeugen bei der Aufarbeitung der Vergangenheit oder beim Aufbau
einer Hausgemeinschaft.

Eine besondere Form intergenerationellen Lernens in Deutschland ist das mit-
einander-, voneinander Lernen von Jüngeren und Älteren aus Ost und West. *Silvia
Gregarek* weist darauf hin: „Dann wird die Vielschichtigkeit der Bildungs- und
Lernprozesse nicht nur um die des unterschiedlichen Alters, sondern auch um die
kulturelle beziehungsweise gesellschaftliche Unterschiedlichkeit ergänzt." (*Gre-
garek* 2007, 122) Hochaltrige haben vier verschiedene Gesellschaftstypen teils ge-
meinsam, teils getrennt erlebt: Weimarerzeit, NS Diktatur und 2. Weltkrieg, So-
zialismus der DDR, Kapitalismus der BRD, gemeinsames Deutschland nach der
Wiedervereinigung. *Silvia Gregarek* zeigt Beispiele aus dem Vereinsleben, dem
Hochschulbereich und der außeruniversitären Weiterbildung auf und folgert als
Ergebnis: „Denn durch die Umsetzung dieses Fortbildungskonzeptes könnte die
Vergangenheitsbewältigung auf die politische Kultur und moralische Erziehung

ausgeweitet und die Integrationsleistungen im Vereinigungsprozess auch als kulturelle verstanden werden." (*Gregarek* 2007, 136) Sie weist auf die Möglichkeit der Übertragung auf Bildungs- und Lernprozesse zwischen Menschen unterschiedlicher europäischer und anderer Kulturen in der Welt als Konsequenz der zunehmenden Globalisierung hin. Denn wichtig ist, dass beide Generationen einen Nutzen aus dem gemeinsamen Lernen ziehen können.

Entscheidend ist die „Win-Win-Situation" in der Begegnung der Generationen. Beide Generationen müssen einen Sinn und Nutzen darin sehen, einander zu begegnen. Zunächst geht es darum, inwieweit beide Generationen für die Förderung der Identitätsentfaltung in der jeweiligen Lebensphase füreinander anregend, „befruchtend" sind – intergenerativer Aspekt.

Älteren nützt die Begegnung mit Jüngeren als Lernende, Lehrende und in der Gemeinsamen Aktion.

Ältere haben Spaß an intergenerationellen Begegnungen, um das Gefühl zu haben, noch in neue gesellschaftliche Bereiche integriert zu sein, und sie können sich von der Jugendlichkeit, der Kraft und Energie der Jüngeren anstecken und beleben lassen.

Aber es ist nicht so, dass nur die Älteren vom Zusammensein mit Jüngeren profitieren. Die „Win-Win-Situation" in der Begegnung der Generationen betrifft auch die jüngere Generation.

Jüngere „brauchen" Ältere als Mentoren. Sie wollen das berufliche Wissen der Älteren nutzen. Jüngere wollen durch Ältere Kontakte bekommen zu wissenschaftlichen Gremien und Institutionen. Sie wollen das Welterleben und die Erfahrungen der Älteren kennenlernen und nutzen, (Reiseberichte, andere Philosophien und Sichtweisen) und wollen durch Ältere Anregung zu neuen Ideen bekommen. Viele Jüngere wollen Menschen erleben, die eine natürliche Autorität ausstrahlen.

Die Ergebnisse unserer Untersuchungen zu den wechselseitigen Veränderungen im gemeinsamen Studium habe ich an anderer Stelle dargestellt und erläutert (*Veelken* 1998).

Eine besondere Form der Begegnung der Generationen, die auch für die Gruppe der Hochaltrigen von Interesse ist, besteht im „Mentoring".

Es geht zurück auf die griechische Sage von Mentor, Odysseus und Telemachus. Mentor war ein treuer Begleiter, Freund und Erzieher des Prinzen Telemachus, Sohn des Odysseus, dem König von Ithaka. Als Odysseus in den Krieg nach Troja zog, vertraute er Mentor die Heranbildung und Begleitung seines Sohnes Telemachus an. Seit dem 17. Jahrhundert wird dann der Mentor auch synonym mit einem Erzieher oder Ratgeber verwendet, der einen Jüngeren fördert, sich in die Gesellschaft zu integrieren.

,Mentoring' wird dann seit den 1980er Jahren stärker als innovatives Instrument der Potentialentwicklung in unterschiedlichen Institutionen eingesetzt und genießt als individuelle Prozessberatung in Wissenschaft, Industrie, Verwaltung und Politik - aber auch z. B. als Mentoring-Programm für Schülerinnen und Schüler mit Migrationshintergrund oder als Lesepatenprojekt – auch als geistliches Mentoring der Kirchen – einen hohen Rang.

Die Förderung der beruflichen und persönlichen Entwicklung entspricht der Aufgabenstellung der Geragogik.

Unterschieden wird das One-to-One-Mentoring als Tandem-Beziehung zwischen Mentee und Mentor, das Gruppen-Mentoring, bei welchem eine Gruppe von Mentees von einem/einer Mentor-in gefördert wird, und das Peer-Mentoring: eine Gruppe von Mentees organisiert selbständig Vernetzungstreffen, um gegebenenfalls ein gemeinsames, selbst gesetztes Projekt zu realisieren und sich gegenseitig zu unterstützen.

Vor allem auch im Zusammensein von Hochaltrigen und Jüngeren gilt das Win-Win--Prinzip, jeder wird in der wechselseitigen Begegnung gefördert:

Die Mentees erhalten die Möglichkeit,

- die eigenen Fähigkeiten besser kennenzulernen,
- Unterstützung bei der Tätigkeit im Studium, Unternehmen, in Schule oder Kindergarten zu erhalten,
- Ideen für die Berufsfindung oder Lebensplanung zu bekommen,
- Einblicke in die Strukturen der Berufswelt- /Universitätswelt zu erhalten und neue Kontakte zu knüpfen,
- Mut zur eigenen Karriere zu entwickeln,
- Einbindung in ein Netzwerk zu erfahren, das neue Impulse wie konkrete Hilfe anbieten kann (Praktika, Karriereförderung, Studienbegleitung, bundesweite Netzwerke, Nachbarschaft).

Für die Mentoren liegen Chancen darin,

- Einblicke in die aktuelle Forschung und die Lebenswelt der Jüngeren zu erhalten,
- frische Ideen und Impulse von der jüngeren Generation zu bekommen,
- eigenes Leben und Tätigsein zu reflektieren,
- soziale und kommunikative Kompetenzen zu trainieren,
- Kontakte zu anderen Mentoren aufzubauen,
- in einem Netzwerk neue Kooperationsmöglichkeiten zu gewinnen.

- durch Fragen der Jüngeren zu eigenen neuen Impulsen angeregt zu werden.

Die Begegnung der Generationen, vor allem mit Hochaltrigen, wird oft dem Zufall überlassen, es scheint nicht ganz ernsthaft gemeint zu sein, es geht mehr darum, ‚Freude zu machen im Alltag‘, ‚die Weihnachtszeit zu verschönern‘, ‚für Heiterkeit zu sorgen‘. Damit sollen aber keine bisherigen Programme kritisiert werden, vielmehr geht es mir um die Aufgabe, Kriterien zur Beurteilung intergenerationeller Projekte zu benennen:

*Relevanz*
Viele intergenerationellen Projekte beschäftigen sich mit eher Randfragen und dienen einer Beschäftigung von Jüngeren und Älteren. Erstes Kriterium zur Beurteilung ist für mich die Relevanz. Das bezieht sich zum einen auf die gesellschaftliche Relevanz – etwa Integration von älteren/jüngeren Migranten, Generationenbegegnung im Bereich von Wohnen –, zum anderen auf die persönliche Relevanz – etwa der Beitrag zur Reduktion von Einsamkeit, die Förderung von Reifen und Altern, den Abbau der Risikofaktoren für ein Burn-Out-Syndrom.

*Die „Win-Win-Situation“ im Generationendialog*
Wichtig erscheint mir, dass Vertreter beider Generationen, die sich als Einzelne oder in Gruppen begegnen, einen „Gewinn“ von der Begegnung haben.

*Der Innovationsgrad des intergenerationellen Programms*
   Die Frage ist, ob in dem untersuchten oder begonnenen Projekt neue Wege gegangen werden, ob neue Strukturen entwickelt werden, ob neue Bereiche erschlossen werden oder ob es sich – und das ist ja nicht falsch – um Nachahmung schon bestehender Formen handelt.

*Vorbildfunktion*
Heute ist oft die Rede von „Leuchtturmprojekten“. Das kann nicht in jedem Fall als vorgegebenes Ziel angestrebt werden, wohl kann aber nach der Vorbildfunktion gefragt werden, ob das Modell übertragbar ist, ob es durch Broschüren, Pressearbeit, nachprüfbar geworden ist und ob die Kommunikationsfähigkeit mit anderen Projekten, etwa auf Tagungen, Workshops, gegeben ist.

*Nachhaltigkeit und Wirkungsfähigkeit*
Die Frage ist, ob die Wirkung, die Projektziele erreicht wurden? Wer hat von dem Projekt profitiert? Ist eine Zunahme von Aktivitäten erkennbar?

## Transpersonales Lernen

*Erich Fromm* geht davon aus, dass jeder Mensch ein System der Orientierung benötigt: „Ohne eine Landkarte unserer natürlichen und gesellschaftlichen Umwelt, ohne ein strukturiertes und kohärentes Bild der Welt und des Platzes, den wir darin einnehmen, wäre der Mensch verwirrt und unfähig, zielgerichtet und konsequent zu handeln, denn er hätte keine Orientierungsmöglichkeit und fände keinen festen Punkt, der es ihm gestattet, alle die Eindrücke zu ordnen, die auf ihn einstürmen." (*Fromm* 2001, 110) Diese Sinnorientierung ist nun für den hochaltrigen Menschen sehr schwierig geworden. Aufgewachsen ist er in einer Zeit, in der diese Orientierung durch christliche und andere Sinnsysteme gegeben, vorgegeben wurden.

Die jetzt lebenden Älteren und vor allem die Hochaltrigen der Zukunft lassen sich nicht mehr nur dem konservativen, traditionsverhafteten Milieu zuordnen. Sie leben ebenso als Konsumorientierte, oder haben gearbeitet als Entscheidungsträger, für die Leistung, Professionalität, Erfolgs- und Machbarkeitsdenken kennzeichnend waren, oder leben jenseits herrschender Konventionen als Experimentalisten, Individualisten, moderne Performer, aber auch als solche, für welche Nachhaltigkeit, Sorge um Klimaveränderung, Bevölkerungswachstum, Hunger und Armut, Wohlergehen der Menschheit, Suche nach den wahren Werten, nach einer nachhaltigen Weltwirtschaftsordnung wichtige Ziele sind. Für den kirchlichen Bereich nennt es *Paul Schladoth* eine Fehleinschätzung, zu meinen, dass das in Kindheit, Jugend und Erwachsenenalter gelernte religiöse Wissen für „den Rest des Lebens" reichen würde. Ebenso kann heute nicht davon ausgegangen werden, dass alte Menschen ohnehin kirchennah, gläubig und fromm seien und es keine Notwendigkeit gebe, auf ihre Lebenssituation besonders einzugehen. „Dem menschlichen Lebensweg mit seinen persönlichen und gesellschaftlichen Veränderungen, Krisen, Brüchen, Fehleinschätzungen, Suchen und Fragen sowie Neuanfängen würde man mit dieser Position keineswegs gerecht." (*Schladoth* 2005, 9) Er weist darauf hin, dass die menschliche Entwicklung nicht irgendwann aufhört, „sondern das ganze Leben währt und somit auch das Alter bestimmt. Dem entspricht ein dynamisches Glaubensverständnis" (*Schladoth* 2005, 9). Grundlage für die Entscheidung des Älteren ist nach Erich Fromm die kritische Aneignung der eigenen Lebensgeschichte und die darauf aufbauende laufende Planung für die Zukunft. „Glauben in der Existenzweise des Seins heißt, den gesamten Lebensprozess als einen Geburtsprozess anzusehen und keine Stufe des Lebens als endgültige zu betrachten." (*Fromm* 2001, 112) Das aber ist mit Lernen verbunden, das ich als Transpersonales Lernen bezeichnet habe.

Transpersonales Lernen leite ich ab von Erkenntnissen der Transpersonalen Psychologie. Ein Brief von Abraham *Maslow* an *Stanislav Grof* beschreibt, was darunter zu verstehen ist: „Der Hauptgrund, warum ich schreibe, ist, dass wir im Verlauf unserer Gespräche daran dachten, das Wort ‚transpersonal' an Stelle des schwerfälligeren Wortes transhumanistisch oder transhuman zu benutzen. Je mehr ich darüber nachdenke, desto mehr drückt dieses Wort aus, was wir alle zu sagen versuchen, nämlich etwas, das über die Individualität hinausgeht, über die Entwicklung der individuellen Person zu etwas, das umfassender ist als die individuelle Person oder größer als diese. Was meinen Sie dazu?." (*Boornstein* 1988, 8) Transpersonal hat zu tun mit Fragen nach Sinn und Wert, Sinnorientierung und Identität, der Verwirklichung menschlicher Möglichkeiten. „Das Wort ‚transpersonal' bedeutet einfach ‚über das Personale hinausgehend'. Damit ist gemeint, dass die transpersonale Orientierung alle Facetten der personalen Psychologie und Psychiatrie einschließt, aber jene tieferen oder höheren Aspekte der menschlichen Erfahrung hinzufügt." (*Wilber* 1999, 66)

In unserer Zeit suchen mehr und mehr Menschen nach dem Transpersonalen, um tieferen Sinn, eine klarere Orientierung zu finden. Die Erfahrung der Suche nach Orientierung angesichts von Sinnlosigkeit, dem Mangel an Werten kann mit dem Sammelbegriff Spiritualität in Verbindung gebracht werden, der auch in sozialwissenschaftlich orientierten religionswissenschaftlichen und religionssoziologischen Studien vermehrt verwandt wird.

Das betrifft auch die Gruppe der Hochaltrigen, wie an der Vielzahl der besuchten Veranstaltungen von Religion und Philosophie verschiedener Bildungsträger abzulesen ist (so die Ergebnisse der Untersuchung von *Wolff, Kohli* und *Kühnemund* 2008). Meine eigenen Erfahrungen lassen das ebenfalls erkennen. Nach Beendigung des fünfsemestrigen Studiums für Seniorinnen und Senioren an der Universität Dortmund (TU Dortmund) nehmen sehr viele Teilnehmer im folgenden Kontaktstudium an Veranstaltungen der Theologie und Philosophie teil. Denn gerade die Älteren haben den Grundwiderspruch in der Entwicklung der Spiritualität im Übergang vom Industriezeitalter zu Moderne und Postmoderne im eigenen Lebenslauf erfahren, der von drei Wissenschaftlern unabhängig voneinander benannt wird. Für *Ken Wilber* liegt dieser Widerspruch in der Frage, wie man die Tradition des Liberalismus mit einer echten Spiritualität verbinden kann (*Wilber* 1999, 17). *Gerhard Schulze* unterscheidet moderne Religiosität, die auf den denkenden und seinem Verstand und seinem Herzen trauenden Menschen baut (*Schulze* 2006, 138) und magische Religiosität, die nicht zur Diskussion steht und gerade mit der Unbedingtheit ihrer Bekenntnisse für viele anziehend ist. *Jürgen Habermas* beobachtet zwei gegenläufige Tendenzen, die die geistige Situation der Zeit kennzeichnen, „die Ausbreitung naturalistischer Weltbilder und den wachsenden Einfluss religiöser Orthodoxien" (*Habermas* 2005, 7).

Alle drei Autoren konkretisieren diesen Widerspruch als das Nebeneinander und Gegeneinander des Erbes der Aufklärung einerseits und einer eher konservativen religiösen Lebenswelt. Die Lösung liegt für Habermas in postmetaphysischem Denken, dessen Kennzeichen ein säkulares Bewusstsein ist, in einer postsäkularen

Welt zu leben, das mit einer Grenzziehung zwischen Glauben und Wissen und vor allem mit einem toleranteren Zusammenleben verbunden ist. *Wilber* benennt als Lösung einen „liberalen GEIST", einen spirituellen Liberalismus ohne Tyrannei von Geistfeindlichkeit einerseits und ohne kulturelle Tyrannei der Religion andererseits, einen spirituellen Humanismus, der die Rechte des einzelnen in einen tieferen spirituellen Zusammenhang stellt.

Ältere, die sich in dieser Situation erleben, zwischen dem Konservatismus ihrer Kindheit und der säkularen Herausforderung am Ende eines langen Lebens, und die an der Lösung dieser Aufgabe mitwirken wollen, beginnen neu zu lernen und neue Wege der Spiritualität zu gehen. Ich unterscheide drei Zugangsmöglichkeiten.

Zunächst geht es um die Erfahrung eines transrationalen Bewusstseins im „innerweltlichen Raum", wie Musik, Natur, bildende Künste, eine innerweltlich-anthropozentrische Mystikdeutung. *Knoblauch* (2006, 103) zählt dazu die Wiederbelebung kultischer oder germanischer Rituale, die Aufnahme indianischer schamanistischer Techniken, die Adaption asiatischer Meditationstechniken und alternativ-medizinische Praktiken wie Homöopathie, Ayurveda, Yoga, Wellness-Bewegung. Diese Form der Spiritualität beruht auf der Annahme, „dass zum Mensch-Sein die Tiefendimension einer heilvollen, identitätsstiftenden Bezogenheit auf eine letzte Wirklichkeit gehört. Spiritualität ist die Erfahrung, Entwicklung und Gestaltung dieser Beziehung im Leben von Einzelnen und Gemeinschaften" (*Baier* 2006, 14).

Der zweite Weg interreligiöser Spiritualität wird begleitet von den fernöstlichen Meistern, etwa *Ramana Maharshi, Yogananda, Sri Aurobindo, Lao Tse*. Die damit verbundene Philosophie ist die philosophia perennis, ein allen Religionen zugrundeliegender gemeinsamer mystischer Kerngehalt. Der Jesuit *D`Sa* betont: „Die Wahrheit selber aber kann nicht christlich, buddhistisch sein. Es gibt eine Ebene in unserem Leben, die Menschen aus verschiedenen Kulturen anspricht. Dieser Anspruch ist nicht Menschenwerk. Deswegen gehört die Bibel zum Beispiel nicht nur Christen, sondern spricht vielerlei Menschen an. So auch die Bhagavadgita. So auch der Heilige QU`ran. Das zeigt nur, dass der Anspruch dieser Schriften nicht auf die jeweiligen Anhänger einer spezifischen Religion beschränkt ist. Im Gegenteil. Diese Schriften öffnen uns, und wir, die von ihnen Angesprochenen, entdecken ihre Weite, Breite, Tiefe über die Grenzen der Traditionen hinaus." (*D`Sa* 2006, 290)

Der dritte Weg entsteht aus der zweitausendjährigen Erfahrung des christlichen Abendlandes. Das Problem dabei ist die Übersetzung der alten Botschaft in das Bewusstsein der Moderne, gemäß dem Übergang vom magischen – mythischen -rationalen zum transrationalen Weltbild. Es geht um die Grundzüge einer modernen christlichen Spiritualität, die für mich als wesentliches Kennzeichen den Jesus-Bezug beinhaltet. Die Botschaft des Christentums ist nicht zunächst „Freiheit – Gleichheit – Brüderlichkeit", wenn sie auch auf dem christlichen Erbe entwachsen sind, sondern die Glaubensüberzeugung, dass die letzte Energie, die höchste Wesenheit, die wir GOTT nennen, in diesem Jesus von Nazareth, dem Christus, uns begegnet und begleitet und dass es Aufgabe des Christentums ist, die Menschen in der Gemeinde zu lehren, die Zeugnisse der Schrift für die Gegenwart zu öffnen, zu erschließen, sie für sich selbst in Beziehung zu setzen, dass Menschen lernen, in dieses Bewusstsein hineinzuwachsen.

Hier setzt die Bildungsarbeit mit Hochaltrigen an. Viele von ihnen empfinden es als Problem, dass die Zeit, auch die Theologie, weitergegangen ist – die Zahl der Jesus-Bücher, der Beschäftigung mit der Zeit der frühen Kirche ist gewachsen –, sie selbst aber bei der Lehre der Konfirmation, der Firmung, der Schulendtage stehengeblieben sind. Dazu kommt, dass die Kirche ihnen begegnet in Verkündigung, Liturgie, vielfach so, wie sie es vor 50 Jahren erlebt haben, sodass der Widerspruch zunächst oft gar nicht auffällt.

Hier setzt die Aufgabe einer Pastoralgeragogik (*Veelken* 1996) an, die auch in der Ausbildung haupt- und ehrenamtlicher Mitarbeiter und Mitarbeiterinnen in der Kirche ihren Platz finden muss.


## 5. Perspektiven

Der Anteil der über 80-Jährigen in der Gesellschaft steigt. Steigt damit auch quasi automatisch die Zahl der Pflegebedürftigen? *Ursula Lehr* rät bei entsprechenden Hochschätzungen zur Vorsicht: „Schon die Älteren von heute sind in einem höheren Alter viel gesünder und kompetenter, als es unsere Eltern und Großeltern im gleichen Alter waren – und dieser Trend wird sich fortsetzen." (*Lehr* 2006) Auch die Herausforderung der Bildungsarbeit mit Hochaltrigen wird sich verändern. Die Untersuchung zur Vielfalt der Altersbildung in Deutschland (*Sommer, Künemund, Kohli* 2004) kommt zu dem Ergebnis, dass sich das Prestige der Altersbildung in den nächsten Jahren positiv verändern wird und sich sukzessive eine Bildungstradition für ältere Menschen als Teil der Bildungskultur des Alterns herausbildet. 97% der befragten Älteren stimmen der Aussage zu: „Lernen ist auch im Alter unerlässlich." 59% sind der Ansicht, dass Bildung und Lernen im Alter sehr wichtig sind. Es kann demnach davon ausgegangen werden, dass der Bildungssektor für ältere Menschen – und ich schließe die Hochaltrigen ausdrücklich darin ein – kontinuierlich ausgebaut werden wird. „Es wird davon ausgegangen, dass die Nachfrage steigen und das Angebot sich vergrößern und ausdifferenzieren wird."

(*Sommer, Künemund, Kohli* 2004, 92). Zu dieser Ausdifferenzierung gehören auch die Vorschläge, die *Hilarion Petzold* (1985) vor 25 Jahren schon genannt hat, wie Integrative Bewegungstherapie als psychophysische Bewegungsaktivierung und –förderung oder Thanatotherapie als antizipatorische Auseinandersetzung mit der eigenen Endlichkeit.

Wichtig ist der Kontext von Lernen und Wohlfühlen: „Der Zusammenhang von Lehren – Lernen – Wohlfühlen versteht sich als Integration von body, mind und spirit, Körper, Geist und Seele." (*Veelken* 2005, 26) Dabei geht es sowohl und die Ansprache der Sinnesorgane, Ruhezonen, Tanz, Musik, Spielen wie auch um altengerechtes Bauen, wie Zugang für Rollstühle, Rollatoren, Rampen und Aufzüge oder die Auswahl an geeigneten Zimmern. „Ein intergenerationelles Begegnungszentrum für Lehren und Lernen in der Bildungsarbeit für Hochaltrige und für Jüngere dient letztlich der Entfaltung der Identität, ist ein ‚Identitätszentrum'. Zur Gestaltung der Lebenskunst hat es die Aufgaben der Beratung, der Verbindung von Theorie und Praxis und der Aus-, Fort-, und Weiterbildung." (*Veelken* 2005, 27) *Beatrix Auer* kommt in ihrer Untersuchung zum Thema „Alt werden im Kloster" zur Erkenntnis, dass sich Identität zwischen Lebensrückblick und -ausblick entfaltet. Neben dem „zurück" als Blick auf vergangene Ereignisse, Personen, Erlebnisse, gibt es das „nach vorn": „Die bewusste Besinnung auf die eigenen Wurzeln ermöglicht den Halt für den Blick ins noch Unbekannte. *Karl Rahner* spricht in seinen Schriften zur Theologie davon, dass wir das Alter ‚vor uns bringen', er meint aber auch: ‚Wir Alten sind noch nicht fertig. In einem wahren Sinn ist doch noch alles offen; der Ausgang unseres Lebensdramas ist noch Zukunft.' (*Rahner, Karl,* Schriften zur Theologie, Bd. 15, Zürich, S. 320)." (*Auer* 2009, 6)

Für *Konrad Pfaff* geht es in der Bildungsarbeit mit Älteren, auch mit Hochaltrigen, um die Praxis einer pädagogisch und kultivierenden Begleitung der Lebensalter, nicht nur um eine weitere Anhäufung von Wissen. „Man tut den Senioren unserer westlichen Zivilisation einen ganz und gar ungenügenden Dienst, „ihnen – nachdem sie treue, fleißige Diener in Wirtschaft, Staat und Medien waren, nachträglich nun den Konsum höherer Kultur zu öffnen." (*Pfaff* 2003, 36) Vielmehr geht es darum, den Sinn für ihre reale Lebensphasen-Situation und den Gewinn einer gewissen Lebendigkeit zu eröffnen. So wird Geragogik, als humanwissenschaftlich-wissenschaftlich orientierte Sozialgerontologie „zu einem identitätstherapeutischen, selbsterhellenden und selbstbestimmenden Modell für eine exemplarische Bewältigung der Altersphase" (*Pfaff* 2003, 36).

# Seelsorge mit Hochbetagten

*Urte Bejick*

## 1. Seelsorge im „Vierten Lebensalter"

### 1.1 Der Sehnsucht eine Stimme geben

Die alten Damen im Heim halten Stofftiere an sich gedrückt- Teddybären, Enten und Hunde. Bis ins hohe Alter bleibt die Sehnsucht nach Zuwendung, Liebe geben und empfangen, nach einem Sinn in ihrem Leben, nach Vergebung, nach Nähe in der Bedrohung durch den Tod. Bei religiös geprägten Menschen findet die Sehnsucht ihren Ausdruck in Gebet, Meditation, Liedern, Gottesdiensten, Ritualen. Neben dieser Sprache gibt es Dialekte: Volksmusik, Zuwendung zu Tieren, Schimpfen, Klagen, Verstummen. „Seelsorge" kann daher nicht bedeuten, zwischen Mittagsschlaf und „Beschäftigungstherapie" auch noch „religiöse Bedürfnisse" abzudecken. Sie ist „Sprachfindung" (und hier beziehe ich „nonverbale" Sprache ausdrücklich mit ein) für den Hunger, den beide – der alte Mensch und Seelsorger und Seelsorgerin – empfinden.

Dieser Artikel ist mit „Seelsorge" überschrieben und widmet sich schwerpunktmäßig der Begleitung alter Menschen, die mit der christlichen Tradition (noch) vertraut sind, auch wenn sie sich von ihr im Lebenslauf abgewandt haben sollten. Das altersspezifische Seelsorgeangebot für meine Oma bestand vor 40 Jahren im „Mütterkreis" und in der Broschüre „Für alte Augen", einem Faltblatt mit Bibeltext und besinnlicher Geschichte im Großdruck. Mit der Differenzierung des Alters haben sich auch Altenpastoral und Altenseelsorge spezifiziert. Hochaltrige oder „Menschen im vierten Lebensalter" werden vor allem über die Altenheimseelsorge[1] erreicht, die sich langsam als eigenes Arbeitsgebiet mit eigenem Profil zu etablieren beginnt. Interessanterweise sind es gerade Beiträge aus der Pflege

---

1    „Altenheimseelsorge" bzw. „AltenPflegeHeimSeelsorge" ist in Deutschland der Oberbegriff für die vielgestaltige Seelsorge mit pflegebedürftigen und hochaltrigen Menschen in Pflegeheimen. Die Bezeichnung ist nicht ganz korrekt, denn nach Einführung der Pflegeversicherung gibt es in Deutschland kaum noch „Altenheime", sondern Pflegeheime, in die hochbetagte und schwer pflegebedürftige Menschen aufgenommen werden. Das Wortungetüm AltenPflegeHeimSeelsorge sagt aus, dass diese Form der Seelsorge auch hochaltrigen Menschen in anderen Wohnformen und in der Familie gilt.

und Gerontologie (*Eglin* et al. 2008; *Kunz* 1997; *Ludewig* 2008; *Stevens-Barnum* 2002), die das Thema „Religiosität" oder „Spiritualität" thematisieren, auch weil Rituale und Glaubensüberzeugungen zum Wohlbefinden im Alter beitragen. „Spiritualität" wird dabei als eine nicht spezifisch christliche Form der Re-ligio (lat. „Rückbindung") verstanden, die sich in unterschiedlichen Religionen oder auch Agnostizismus und Atheismus ausdrücken kann. In Fachkreisen wird daher von „Spiritual Care" gesprochen: „Durch die offene Begrifflichkeit und Definition von Spiritualität wird angedeutet, dass jeder Mensch – unabhängig seines religiösen, areligiösen oder weltanschaulichen Hintergrunds – eine spirituelle Dimension seines Daseins besitzt." [2] In den Niederlanden z.B. ist „geistliche Fürsorge" eine kulturenumgreifende, eigenständige Disziplin, die sich an alte Menschen v.a. in Heimen richtet (*Bouwer* 2006). Dies spiegelt sich im Literaturverzeichnis dieses Artikels: da sind theologische Werke „durcheinander" mit Beiträgen aus der Pflege und praktischen Ratgebern genannt. Dies macht aber das Charakteristikum der Seelsorge mit hochaltrigen und pflegebedürftigen Menschen aus – die Grenzen zwischen Seel- und Leibsorge werden fließend wie die zwischen Handeln und Hinnehmen, Transzendenz und Kreatürlichkeit, heilig und profan. „Spiritualität" ist die Folie, die hinter jedem Vorhang und Vorgang verborgen sein kann: einem Gespräch, der Pflege, dem gemeinsamen Singen, der Freude über den Speiseplan, dem Ausflug in den Garten. Seelsorge mit Hochaltrigen und implizit mit ihren Angehörigen und sie Pflegenden ist gemeinsame Suche, manchmal gemeinsames Finden von Spuren der Transzendenz, des Behütetseins im Leben, sie ist Sprachfindung und Aushalten des Hungers und der Sehnsucht.

## 1.2 Glauben alte Menschen anders?

Glauben Menschen in hohem Alter anders oder werden „religiös Unmusikalische" zum Ende des Lebens fromm? Menschen im hohen Alter umgibt manchmal noch die Aura der Weisheit, andererseits herrscht gegenwärtig ein Altersbild vor, das Gesundheit, Leistungskraft und Selbstbestimmung als Charakteristika des mittleren Erwachsenenalters bereits auf die „jungen Alten" übertragen hat[3] und inzwischen zunehmend auch das Ideal des hohen Alters prägt. Alte, die siech und pflegebedürftig sind, abhängig, die sich in ihre eigene Welt, in Demenz und Koma zurück ziehen, sind dann traurige Ausnahmen. Zwar gibt es sie auch: die noch

---

2    Diakonisches Werk der EKD: Seelsorge in Palliative Care. Situationsanzeige und Empfehlungen zu kirchlich-diakonischem Handeln. Positionspapier 12.2009,, S. 20.
3    Vgl. das „Leitbild" in: Bundesministerium für Familie, Senioren, Frauen und Jugend: Fünfter Bericht zur Lage der älteren Generation in der Bundesrepublik Deutschland. Berlin 2006.S. 53f. vgl. dagegen: *Schützendorf* (2006).

weitgehend selbständig lebenden 90- und 100Jährigen, aber oft ist höheres Alter mit Einschränkung der Mobilität, Pflegebedürftigkeit oder dementieller Erkrankung verbunden (*Körtner* 2009). 2007 betrug die Quote pflegebedürftiger Menschen ab 90 Jahren 62 %.[4] Das Denkmodell der „Gerotranszendenz" will daher Alter und hohes Alter als eigene Phase mit besonderer Reifungsmöglichkeit sehen: auf dem Weg zum Lebensende werde die eigene Identität offener. Für den Gerontologen *Lars Tornstam* (1994) zeigt sich dies im abnehmenden Interesse an Materiellem und oberflächlichen Kontakten, in Stille und Rückzug, zuletzt in dem Gefühl, Teil eines kosmischen Ganzen zu sein. Als Kontrast zu den ewig jungen Alten zeigt dieses Modell eine andere Wertigkeit und Möglichkeiten einer nicht konfessionell gebundenen Religiosität. Es kann aber keine zu erreichende Norm „gelungenen Alterns" sein. In einer empirischen Studie, in der 2004 in der „Modellstadt" Bad Kreuznach[5] Menschen nach Glauben und Glaubenspraxis gefragt wurden, gaben Konfessionslose wie Kirchenmitglieder auf die Frage nach religiösen Einheitserfahrungen zu 53% bzw. 46% schlicht „nie" an (*Huber* 2007; vgl. *Heymel* 2007). „Religiosität" zeigte sich vielmehr in traditionellen Formen wie Gebet, Gottesdienstbesuch, Meditation, was vielleicht auch an der Art der Fragestellung liegt (vgl. *Moser* 2000).

Seelsorge mit hochaltrigen Menschen trifft nicht auf Ideale, sondern auf ganz konkrete Menschen in all ihrer Unterschiedlichkeit. Hochaltrige Menschen sind nicht nur lange Zeit Überlebende, sondern auch Gehende, auf das Ende zu Gehende (*Pohl* 2004). Für diese Menschen gibt es eine alte Seelsorgeschrift, die es wiederzuentdecken gilt: *Martin Luthers* „Ein Sermon von der Bereitung zum Sterben" (*Luther* 1981). Diese Schrift ist nicht spezifisch „evangelisch" im konfessionellen Sinne, sondern knüpft an die mittelalterliche *ars moriendi* an. Sie will nicht als „Dogmatik" gelesen werden, sondern als eine Schrift, aus der tiefe *Lebens*weisheit spricht. Die Schrift nennt verschiedene „Aufgaben" des Abschieds, die immer noch oder wieder für die seelsorgliche Begleitung wichtig sind und als roter Faden für diesen Artikel dienen sollen.

▪  Der äußerliche und der geistliche Abschied: sich mit dem Leben versöhnen;

▪  Sammeln hilfreicher „Bilder" und Symbole;

▪  Loslassen der Angst und ihrer Bilder;

---

4    Nach: Konferenz für AltenPflegeHeimSeelsorge in der EKD: Ich will euch tragen bis zum Alter hin. Impulse zur Weiterentwicklung der AltenPflegeHeimSeelsorge in der Evangelischen Kirche in Deutschland (EKD). Hannover 2009, S. 10.

5    Bad Kreuznach gilt als deutsche „Durchschnittsstadt" und wird deshalb von Marktforschungsinstituten als Exempel genutzt.

- Gnadenerfahrung in der Abhängigkeit;
- hautnahe, sinnliche Begleitung.

## 2. Versöhnung mit dem Leben

### 2.1 Erzählen (Biographiearbeit)

*Martin Luther* empfiehlt auf dem Weg des Übergangs einen geistlichen Abschied: „Man muss auch geistlich einen Abschied nehmen. Das ist, man vergebe freundlich, aufrichtig, um Gottes Willen allen Menschen, die uns beleidigt haben. ... Die Seele soll nicht mit irgendeinem Zwist auf Erden behaftet bleiben." (*Luther* 1981) Modern gesprochen hieße dies: Versöhnung mit dem eigenen Leben. „Biographiearbeit" ist heute in der Altenarbeit eine gängige Praxis. Dies war nicht immer so, denn lange Zeit galt das ständige Beschäftigen mit der Vergangenheit als depressionsfördernde Verhaftung am Gestern, der durch „Aktivierung" gegengesteuert werden sollte (*Preißinger* 2004), bis die Pflege die Wichtigkeit der biographischen Erinnerungsarbeit entdeckte. In der Seelsorge geht es allerdings nicht um eine Anamnese oder das Abarbeiten eines Fragebogens, sondern um das absichtslose, interessierte Zuhören, um das Entdecken einer „inneren" Geschichte, die unter der äußeren Biographie verborgen liegt. Geschichten „von früher" bedeuten nicht ein Abtauchen in eine verklärte oder perhorreszierte Vergangenheit, sondern Identitätsvergewisserung und zugleich Stiftung von Kohärenz mit der Gegenwart: „Die Möglichkeit, zu erinnern, ist nicht aus nostalgischen Gründen so bedeutsam, vielmehr ist das Erinnern an das Gestern der Baumeister des Heute." (*Specht-Tomann* 2009, 58; 2003, 161) Dies wird besonders in Krisensituationen wie einem plötzlich notwendigen Umzug in ein Heim deutlich: Viele alte Männer fühlen sich angesichts der normierten Betten, der Altenpflegerinnen an Kriegsgefangenschaft oder Lazarett erinnert; Frauen vielleicht an die Heimatlosigkeit nach der Flucht. Sie stellen somit eine – wenn in diesem Fall auch schmerzliche – Kohärenz her. Dies kann als Versuch verstanden werden, in einer neuen beängstigenden Situation noch Zusammenhang und Sinn zu sehen. Das Erfahren von (möglichst positiver) Kohärenz ist nach der Theorie der Salutogenese (*Antonovsky* 1997) ein wesentlicher Faktor für Lebenszufriedenheit, gerade im Alter. Luther spricht von „Vergebung", „Versöhnung", also nicht von einer „Lebensbilanz", die mit Plus und Minus einem großen Buchhalter vorgelegt werden muss.

Sehr oft legen alte und hochaltrige Menschen keine „Lebensbeichten" ab oder schildern ganze Biographien, sondern erzählen wie *Erich Böhm* , der Vater des psychobiographischen Pflegemodells definiert, „Gschichterln" (*Böhm* 2001,93). Dies liegt einmal am Gedächtnis, das eintönige Lebensphasen und selbst das ereignis-reichere Erwachsenenalter „abschleift": „Zuviel ‚Ähnliches' legt sich Schicht auf Schicht über diese Lebensphase (i.e.: Erwachsenenalter) und lässt Einzelheiten verschwimmen. Hie und da leuchtet ein besonderer ‚Edelstein' der Erinnerungen auf und bringt noch einmal Leben und Farbe in die Erzählungen aus vergangenen Tagen." (*Specht-Tomann* 2009, 50) Die innere Biographie, um die es der Seelsor-ge geht, muss dabei nicht der in Daten messbaren entsprechen: „Objektiv wich-tige Lebensdaten (z.B. Hochzeit) können in der Rückschau völlig belanglos sein, während unscheinbare Ereignisse aus der subjektiven Sicht eine besondere Bedeu-tung erfahren." (*Wedek* 1996) Beim Erzählen werden Schatzkisten geöffnet. Jede erzählte Geschichte ist eine schöpferische Leistung, in der ein Mensch sein Le-ben deutet. „Insofern ist jedes Erzählen, und sei es eine noch so ‚kleine Geschich-te aus dem Leben', mit ihrer Selbstvergewisserung und Bedeutungsfindung von großem Gewicht: In ihr findet eine Art ‚ganz selbstverständliche Identitätstiftung' statt, die die Vergangenheit in der Gegenwart versammelt, neu ordnet und deutet." (*Drechsel* 2006,5) Bei Menschen mit dementiellem Gedächtnisverlust ist es wich-tig, noch erinnerte Geschichten aus früher Vergangenheit zu retten. Bilder, alte Ge-genstände Gesangbücher, Kaffeemühlen, Spitzendeckchen usw.), Düfte können hier dazu beitragen, dass Erinnerungsinseln auftauchen (*Keetman, Bejick* 2006).

Dennoch: Manche Seelsorger sind enttäuscht, wenn sie „einfach nur Geschich-ten" anhören und fragen sich, wie sich solch ein Seelsorgegespräch vom gemüt-lichen Kaffeeklatsch oder pflegerischer Biographiearbeit unterscheidet. Für *Wolf-gang Drechsel* (2007) ist es der „Raum", den Seelsorge für das Geschichtenerzählen bietet: warum erzählt ein Mensch seine Geschichte so in dieser Form gerade ei-nem Seelsorger, einer Seelsorgerin? Nicht nur, weil er ein Gespräch von Mensch zu Mensch wünscht, sondern weil eine dritte Dimension, Gott, immer mitgedacht ist, selbst wenn Menschen nicht religiös sind. „Und so macht es natürlich einen Unterschied, ob ich davon ausgehe, dass das Erzählen von Lebensgeschichte nütz-lich, gesundheitsförderlich Kohärenz schaffend ist – vor allem in fragmentiert er-lebten Situationen – und dann diese Theorie in meine Praxis umsetze – oder ob ich davon ausgehe, dass das, was mir jemand aus seiner Lebensgeschichte erzählt, ein Geschenk ist – das er mir, dem ihm Fremden, anvertraut und mit dem ich sorgsam umzugehen habe." (idem 2006, 9) Seelsorge sieht nicht die „Nützlichkeit" eines Gesprächs, sondern primär das Geschenk.[6]

---

6   Diese Absichtslosigkeit kann natürlich auch ein Gespräch mit Mitarbeitenden in der Pflege auszeichnen.

## 2.2 Bilder sammeln gegen die Angst

Seelsorgliche Kompetenz heißt auch, die Tiefendimension scheinbar banaler Geschichten zu erkennen. *Martin Luther* empfiehlt, gegen die Todesangst heilsame
„Bilder" zu sammeln und vor das innere Auge zu führen (Kap. 12). Er meint damit Bilder vom Leben und Sterben Jesu und der Heiligen. Hilfreiche Bilder können aber auch dankbare Lebenserinnerungen sein.[7] *Erhard Weiher* regt dazu an,
einzelne Schlüsselwörter in Erzählungen als Geschenk und „kleines Symbol" zu
würdigen: Ostpreußen, der Garten, Schalke 04 können solche Symbole sein, die
ein Leben erschließen helfen. Wohl jede/r hat eine Kramschublade mit solchen
Symbolen, seien es die Eintrittskarte zum Rolling-Stones-Konzert, das Porzel-
lanschwein, ein Stein von der Wanderung im Engadin vor 10 Jahren. Oft sind es
bei notwendiger Heimübersiedlung diese Gegenstände, die zuerst „ausgemistet"
werden – dabei symbolisieren meist sie, wie sich ein Mensch selbst versteht. Ein
an der Biographie interessiertes seelsorgliches Gespräch achtet daher auf Dinge,
mit denen sich ein alter Mensch umgibt, was er – im Falle einer Heimübersiedlung – retten konnte. Ein Seelsorger berichtete mir, dass eine hochaltrige Frau bei
einem Besuch ihren Schrank öffnete und ihm drei gut erhaltene, aber altmodische
Kleider zeigte, die sie als Hausmädchen damals von ihrer Dienstherrin erhalten
habe. Die Kleider waren ihr Symbol für Schönheit und Jugend, aus der Zeit, wo
sie in den Augen eines anderen Menschen etwas war, schöner Kleider wert. Hier
will aber nicht nur ein alter Mensch einem jungen Mann deutlich machen, auch
einmal jung und begehrenswert gewesen zu sein. In der biblischen Tradition ist
es Gott selbst, der Menschen schöne Kleider anzieht. Der Apostel Paulus fürchtet
gar, einmal als „nackte Seele" dastehen zu müssen und wünscht nichts sehnlicher,
als anständig „überkleidet" zu werden (2 Kor 5, 1-4). D.h. Menschen begegnen
uns immer in der „Kleidung" von Körperlichkeit, Tätigkeit, sozialen Beziehungen, Status, Leidenschaften und Lieben. Hochaltrige Menschen haben viele dieser
Kleidungsstücke eingebüßt und kleiden sich in Geschichten und Erinnerungen. Für
*Erhard Weiher* ist die Fähigkeit, des „Symbolisierens" ein wichtiges Charakteristikum der Seelsorge, der sie über eine „Begleitung" hinaus hebt. Die hohe Kunst
der Seelsorge bestehe darin, die persönliche Geschichte oder das „Gschichterl" in
einen größeren Sinnhorizont zu stellen, indem an das persönliche Symbol ange-
knüpft werde. „Wenn dann der Seelsorger ein Wort, ein Bild der Schrift oder der
Tradition des kirchlichen Festkreises, der religiösen Kultur findet, dann braucht

---

7   *Luthers* alte Empfehlung wird heute in ressourcenorientierter Biographiearbeit und Imagination
    umgesetzt; vgl. Reddemann (2004). Die Imagination ist nicht allein bei traumatisierten Menschen
    hilfreich, sondern kann auch das Leben alter Menschen bereichern.

dieses oft gar nicht weiter entfaltet zu werden, es verschmilzt mit dem geöffneten Symbol des Patienten und schließt dieses ‚nur noch‘ an die allgemeine religiöse Erfahrung an." (*Weiher* 2001, 36) Ein Beispiel: Für viele alte Menschen im Heim strukturiert Essen den Tag und stellt eine Art Höhepunkt dar. Frau *Grigoleit* hält dem Seelsorger schimpfend einen Speiseplan für die Woche entgegen: „Nudeln, Nudeln, Nudeln!" „Sie mögen also keine Nudeln?" „Nein!" Ein banales Gespäch? Frau *Grigoleit* stammt aus Ostpreußen, einem ehemaligen Kartoffelland, die „Nudel" steht für die neue schwäbische Heimat, in der sie sich nach dem Krieg fremd und nicht willkommen fühlte. Der Umzug in das Heim ist eine zweite „Vertreibung", Frau *Grigoleit* musste wiederum ihr Heim verlassen und findet sich in fremder Umgebung wieder. Die „Nudel" kann für „fremdes Brot" stehen, der Wunsch nach einem Kartoffelgericht die Sehnsucht nach Heimat, aber auch nach Lebenssättigung, Geschmack am Leben. Es gilt, die Nudel oder Kartoffel als Symbol zu deuten. Eine Pellkartoffel kann für Einfachheit, bescheidenen, ehrlichen Genuss, zwangloses Essen mit Freunden oder im Familienkreis stehen – für andere Menschen wiederum für eine Armseligkeit, die sie nicht wieder erleben möchten. Jedes persönliche Symbol steht in einem bestimmten biographischen Kontext, bei Frau *Grigoleit* im Zusammenhang mit verlorener Heimat. Dieses kleine Symbol kann durch Verbindung an biblische Traditionen, Psalmen oder Lieder geweitet werden: sei es durch ein Sprichwort, die Erinnerung an menschlichen spirituellen Hunger und Durst oder die Verheißung des einmal allen Lebenshunger stillenden Gottes.[8] Dies heißt nun nicht, auf jede Äußerung eines anderen Menschen mit einem klugen Bibelvers zu kontern und das persönliche Symbol damit zu übertünchen. Es heißt einmal, das persönliche Symbol zu erkennen und zu würdigen, es sich in aller Profanität entfalten zu lassen. Dann ist aber nach der Tiefendimension dieses Symbols zu fragen. *Weiher* versteht Seelsorger daher als „*Resonanzraum, in dem die Sehnsucht einen Namen bekommt*" (*Weiher* 2001, 34). Mit Geschichten, Liedern, Gebeten kann Seelsorge dieser Sehnsucht eine Sprache und Worte verleihen, die Menschen schon in tausenden von Jahren wiederholt haben.

### 2.3 Bilder der Angst loslassen

*Luther* weiß, dass immer wieder Bilder der Angst, der Schuld, der Sinnlosigkeit aufsteigen können (Kap. 7). Heute hochaltrige Menschen sind zwischen 1910 und 1930 aufgewachsen, ihnen wurde, zumindest in Deutschland, oft „der Gott, der Eisen wachsen ließ" gepredigt, der Gott, der alles sah und notierte, der Richter. Nicht alle alten Menschen sind von einem heiteren Kinderglauben geprägt, es gibt gera-

---

8   Zur Symbolik des Essens vgl.: *Bejick* (2003).

de in frommen Kreisen manche, die sich in Schuldgefühlen und Angst vor Strafe verzehren. Die Beichte als ritueller Akt kann manchen Erleichterung verschaffen, andere erinnert sie vielleicht zu sehr an Kinderängste und Zwang. Dieser Angst mit dem Zuspruch der Barmherzigkeit Gottes zu begegnen ist schwierig, denn dieser spricht eine kognitive Ebene an, ohne in die Tiefe der Angst vorzudringen. Denn die religiöse Angst ist ja Existenz- und Todesangst, die bei nicht religiösen Menschen ebenfalls Bilder hervorruft – da ist dann die Intensivstation das Schreckensbild, das „an Schläuchen hängen" und eine Patientenverfügung ein moderner Ablassbrief. Auch Luther weiß, dass die Todesangst mit Bildern arbeitet und empfiehlt, ihr mit Bildern entgegenzutreten. Für ihn sind dies das Leiden und Auferstehen Christi und die Schicksale der Heiligen, wir können ergänzen um die „Edelsteine" der Erinnerung. Tiefer als Worte reichen Geschichten von der Vergebung oder Erinnerungen im eigenen Leben. Vielleicht gab es ja neben dem strengen Pfarrer die liebevolle, fromme Oma; vielleicht hat der alte Mensch im eigenen Leben einmal ohne Hintergedanken jemandem vergeben oder ihm ist vergeben worden – vom Nachbarn, dem Äpfel gestohlen wurden, vom Fahrkartenkontrolleur, von einem Freund, den man verletzt hat.

„Religiöse Deutung darf die Schrecklichkeit einer Situation nicht überspringen." (*Weiher* 2001, 37) Ein alter Mann vertraut dem Vikar an: „Ich habe im Krieg schreckliche Dinge erlebt und getan. Dafür gibt es keine Vergebung. Wenn ich bloß das Fegfeuer überstehe!" Der junge Vikar ist erschrocken, verweist auf die Barmherzigkeit Gottes und dass das Fegfeuer eine überholte mythologische Vorstellung sei. Entmythologisierung ist aber keine Lebenshilfe. Mit dem Verweis auf das „Fegfeuer" möchte der alte Mann auf die Schrecklichkeit des Erlebten hinweisen und diese nicht bagatellisiert wissen. Dass er fürchtet, das „Fegfeuer" nicht auszuhalten, bedeutet, dass er bereits seine Erinnerungen kaum ertragen kann. Er möchte Verantwortung übernehmen. Dass er das Fegfeuer statt der Hölle nennt, zeigt, dass er letztlich auf Reinigung, Wiederherstellung, Vergebung hofft, ohne das Geschehene seiner Schrecklichkeit zu berauben. Zunächst gilt es, die Angst und das Schuldgefühl dieses Menschen auszuhalten, seine Geschichte anzuhören. Dann können Helfer im „Fegfeuer" gesucht werden, ein Schutzengel, ein wohlwollender Freund. Das Abendmahl „zur Vergebung der Sünden" oder eine Segnung und Salbung können hier kraftvolle Symbole des Schutzes und der Hoffnung auf Vergebung sein. Wichtig ist aber die Haltung des Seelsorgers: der hält bei mir aus, der hört sich das an – und das eben auch in Präsenz Gottes, der implizit anwesend ist, wenn die Erinnerung einem Seelsorger mitgeteilt wird.

Nicht alle Ängste, die Menschen im hohen Alter ausstehen, sind durch religiöse Fehlerziehung bedingt oder müssen sich in religiöse Symbole kleiden. Hochaltrige Menschen haben zwei Weltkriege[9], Inflation, die NS-Zeit, den kalten Krieg miterlebt, dazu privat eigene Tragödien. Wenn Ablenkungen weg fallen und das Ich schwächer wird, können diese Ängste wieder aufsteigen. Besonders schwierig ist die Angst dementer alter Menschen auszuhalten, da sie diese und ihre Ursache nicht mehr in uns verständliche Worte fassen können: Sie beklagen sich, bestohlen worden zu sein, irren ziellos durch die Gänge, schreien und rufen. Die Demenz schafft eigene Bilder, in denen sich eine über Jahre verborgene „innere Geschichte" manchmal gewaltsam Ausdruck verschafft: „Da ist ein Mann unter dem Bett!" Seelsorge kann hier nicht heißen, den alten Menschen zu korrigieren – dies wird ihn nur weiter verwirren –, sondern seine Gefühle zu achten und zu validieren.[10] Welche Gefühle äußert die alte Frau in Stimmlage, Gestik und Mimik, wenn sie von dem „Mann" spricht? Welche Person der Vergangenheit könnte der Mann sein: der Vergewaltiger, der gemeine Lehrer, der heimlich Geliebte? In der seelsorglichen Begegnung kann dies nicht geklärt, wohl aber können die Gefühle des alten Menschen ernst genommen werden. „Seelsorge" heißt hier, die Angst wenigstens für Augenblicke zu mildern: durch Validation, durch Mitgehen, beruhigendes Singen oder Sprechen, bloßes Aushalten der Situation. Die Angst kann den alten Menschen in der nächsten Stunde wieder packen. Seelsorge mit dementiell erkrankten Menschen muss daher in aller Demut den Augenblick schätzen lernen und eine „Mystik des Augenblicks" entwickeln: „Mein sind die Tage nicht, die mir die Zeit genommen. Mein sind die Tage nicht, die erst noch kommen. Der Augenblick ist mein, und nehm ich den in Acht, so ist der mein, der Zeit und Ewigkeit gemacht." (*Andreas Gryphius*)

### 2.4   Resignation aushalten

Manchmal mischen sich Angst und Resignation. Alte Menschen klagen, dass „der da oben sie wohl vergessen habe", fragen warum sie nicht endlich sterben können. Für *Klie* und *Student* sind solche Äußerungen völlig normal (*Klie, Student* 2007, 108). Wer „warum" fragt erwartet auch keine Antwort, er möchte über die Krise, die Einsamkeit, die Sinnlosigkeit sprechen, in der er sich befindet. Allein dies bringt schon Erleichterung. Die Sterbewünsche können viele Ursachen haben: Verlust aller lieben Bezugspersonen, schwierige Familienverhältnisse, Einsamkeit, das Gefühl nicht mehr gebraucht zu werden, Schmerzen. *Klie/Student*: „Im

---

9    Zur Erforschung der Kindheit im Krieg und ihrer Auswirkungen: *Martina* 1999; *Heinl* 2008; *Radebold, Bohleber. Zinnecker* 2009. Diese Literatur befasst sich v.a. mit Menschen, die ab 1930 geboren wurden, also die künftig Hochaltrigen.

10   „Validation" ist eine Kommunikationsform speziell mit dementiell erkrankten Menschen, die ihre Gefühle wertschätzt. Zur Validation vgl.: Keetman, Bejick, 2006, S. 135-141und den Klassiker: Feil, Naomi: Validation. Ein neuer Weg zum Verständnis alter Menschen. (1992).

Alter müssen wir viel von unserer Autonomie aufgeben, sind auf Hilfe angewiesen. Wenn wir dann in einer Umgebung leben müssen, die nicht darauf vorbereitet ist, uns zu respektieren, uns nicht das Recht einräumt, in Würde zu altern, sondern uns zu verstehen gibt, dass wir nur noch als Last und Belastung empfunden werden, dann ist es diese Umgebung, die Menschen in die Suizidalität treibt, nicht das Alter." (*Klie, Student* 2007, 112) Sterbewünsche sind Wünsche nach Veränderung. Seelsorge heißt hier, das Klagen aushalten, anhören und nachfragen, dem Gegenüber zu vermitteln, dass es nicht lästig ist, sondern etwas zu sagen hat, seine Klagen vielleicht in ein Gebet oder einen Psalm fassen oder auch für konkrete Änderungen zu sorgen, die diesem Menschen das Leben erleichtern. Ein Sterbewunsch kann Lebenswut ausdrücken, die „aggressivste Form, Zuwendung zu erlangen, wenn alles andere zu versagen scheint" sein (*Reichert* 2006, 66). Andererseits kann auch wirklich eine Lebenssattheit am Ende des Lebens erreicht sein – sie gilt es zu akzeptieren, anzunehmen und auszuhalten. *Körtner* spricht bei solcher Sattheit vom „Ethos der Resignation": „Das Ethos der Resignation in dem hier beschriebenen Sinn ist ein Ethos der Gelassenheit, des Sein-Lassens und des Loslassens. Insofern schafft Resignation Distanz und Freiheit bis zu jener letzten Freiheit, die darin besteht, das Leben selbst loslassen zu können, im Vertrauen darauf, dass wir nicht tiefer als in Gottes Hand fallen können." (*Körtner* 2009, 14) Hier sind Seelsorgende einmal mehr von den Hochaltrigen Lernende.

## 3. Nonverbale Seelsorge mit komatösen und schwer dementiell erkrankten Menschen

### 3.1 Haut

*Martin Luther*s kleine Schrift gesteht einem sterbenden – wir ergänzen: hochbetagten – Menschen etwas zu, was dem Ideal des bis zuletzt wachen und „autonomen" alten Menschen widerspricht: den Rückzug in sich selbst (Kap. 3). Ganze Kapitel widmet er der seelsorglichen Kraft des Sakraments des Abendmahls. Übertragen kann dies heißen: in einer kraftlosen Situation begegnet dem Menschen Hilfe von außen. Das „Abendmahl" ist Symbol, ist essbar und trinkbar, bedeutet Berührung. Es macht Gnade sinnlich erfahrbar, ist „nonverbale Kommunikation".

Menschen im fortgeschrittenen Stadium einer Demenz oder in einem komatösen Zustand können nicht mehr auf uns gewohnte Weise verbal kommunizieren. Hohes Alter kann auch Siechtum, Erstarrung, ja Entleerung bedeuten. Eine Seelsorge, die gerade auch diese „nicht mehr kommunikationsfähigen" Menschen aufsucht, ihnen ihre Lebenszeit zugesteht, hat daher auch eine politische Funktion, indem sie für die Würdigung vergehender, siecher Menschen eintritt (*Bejick* 2006, 121).

„Zeit der Haut" heißt ein Roman der finnischen Autorin *Anja Snellman*, in dem eine Tochter die Pflege ihrer alten Mutter beschreibt (*Snellman* 2001). Seelsorge mit sich nicht mehr verbal äußernden alten Menschen ist eine Seelsorge, die über den Leib des Menschen kommuniziert. Der Leib des Menschen ist die tragende Säule der Identität, wenn Arbeit, soziale Bezüge, materielle Sicherheit (z.B. durch Heimeinzug) brüchig geworden sind und „Werte" nicht mehr kommuniziert werden können. „Leib" meint hier den „beseelten" Körper, die Summe gelebter Erfahrungen. Wenn manche heute schwer verständliche Bibelstellen darauf hoffen, dass Menschen nicht als nackte Seelen auferstehen (2 Kor 5,1-4), sondern mit einem Leib überkleidet werden, meint das eben dies: Dass wir als Menschen Leib und Körper *sind*, und über diese mit anderen Menschen in Kontakt treten. Im Alltagsleben nehmen wir andere Menschen oft unbewusst anhand ihrer Bewegungen oder ihres Geruchs als sympathisch oder unsympathisch wahr. Nicht mehr verbal kommunizierende Menschen „sprechen" über die Haut (Durchblutung, Temperatur), den Atem, den verkrampften oder entspannten Muskeltonus und nehmen wohl auch die Wärme, die Bewegung, die Berührung anderer Menschen wahr. Aus der Sonderpädagogik stammt das Konzept der „basalen Stimulation", das davon ausgeht, dass auch schwer behinderte Kinder und komatöse Patienten, die keine sichtbaren Reaktionen zeigen, wahrnehmen können und durch elementare Kommunikationsformen erreicht werden können. Die grundlegende Voraussetzung für diese Kommunikationsform gilt auch für die Seelsorge: „Wir verstehen den Patienten dabei als gleichwertigen Partner, als ganzheitlichen Menschen mit einer individuellen Geschichte und einer stets vorhandenen Fähigkeit zum Erleben, als einen Menschen mit dem elementaren Bedürfnis nach Ausdruck und Kommunikation in seiner gegenwärtigen Lebenssituation und mit einer Identität, die sich sowohl geistig wie auch körperlich manifestiert." *(Nydahl, Batoszek* 2000, 3) Wo über den Körper und sein Energiefeld kommuniziert wird, kommt es mehr denn je auf die *Haltung* des Seelsorgers und der Seelsorgerin an, denn die innere Einstellung entscheidet darüber, wie der Körper als Kommunikationsorgan „gehalten" wird. Sehen sie einen bedauernswerten Menschen vor sich, der „sowieso nichts mehr mitbekommt" oder eine gleichwertige Person, die sich in einem anderen Bewusstseinszustand befindet und Schutz und eine ihr gemäße Kommunikation braucht? Definieren sie für sich Bewusstlosigkeit als „vegetativen Zustand" oder sind sie sich bewusst, dass „Koma" und „Verlust der Kommunikationsfähigkeit" naturwissenschaftliche Definitionen sind, die der eigenen Hilflosigkeit entsprechen: „Die Diagnose ‚Bewusstlosigkeit' ist ein Deutungsversuch *von uns*, den

Mangel an Rückkopplung zu uns *als Handelnde* zu beschreiben. Er sagt nur, dass uns die *Antenne* fehlt, Botschaften dieser Menschen zu empfangen."[11] Diese *Haltung*, ob wohlwollend oder ängstlich oder peinlich berührt, wird sich übertragen.

## 3.2 Augen

Viele, auch rüstige, ältere Menschen, leiden darunter, ab einem gewissen Alter „beige" und unsichtbar zu werden, nicht mehr als Mann oder Frau wahrgenommen zu werden, niemand mehr zu sein. Wahrgenommen zu werden ist ein urmenschliches Bedürfnis:

> „Es gibt dich,
> weil Augen dich wollen,
> dich ansehn und sagen,
> dass es dich gibt."
> (*Hilde Domin* 2003, 208)

*Luther* beschreibt als einen Aspekt der Todesangst die Furcht, nicht mehr gesehen zu werden, und beruhigt: „Wenn aber Gott auf dich sieht, dann sehen ihm entsprechend alle Engel, alle Heiligen und alle Geschöpfe auf dich; und wenn du in dem Glauben bleibst, dann halten sie alle die Hände unter." (Kap. 18) (*Luther* 1981)

Diesen Trost kann Seelsorge nur anschaulich machen, indem Seelsorgende selbst Wahrnehmende sind. Wahrnehmen heißt, in einer Situation präsent sein. An Druck, Wärme und Spannung einer auf- oder untergelegten Hand ist sehr wohl spürbar, ob eine Seelsorgerin „da" oder in Gedanken bereits beim nächsten Besuch ist. Ein stilles Da-Sein, Nichts-machen-Können, auch Aushalten entspricht der Haltung der „Passivität", in der sich der besuchte alte Mensch befindet – die Seelsorgerin teilt diese eine Zeit lang. Manchmal spüren Seelsorgende, wie mit der Zeit ein Energiefeld zwischen ihnen und der besuchten Person wächst, diese entspannt sich vielleicht, wird warm, atmet ruhiger oder es ist keinerlei Reaktion erkennbar. Die Anwesenheit der Seelsorgerin „sagt" dem bewusstlosen Menschen, dass er gewollt ist, *angesehen*, also „wer ist", dass es ihn noch gibt.

## 3.3 Tiere

Identität bildet sich im Gegenüber. *Martin Luther* nennt auch die „Geschöpfe", die auf den Menschen sehen. Tierbesuchsdienste sind in Heimen beliebt. Menschen, die auf Ansprache nicht mehr reagieren, strahlen, wenn sie einen Hund streicheln können oder eine Schildkröte sehen. Ein Tier spricht direkt zur Kreatürlichkeit

---

11   *Fred Salomon*, zit.in: *Nydahl, Peter/ Bartoszek, Gabriele* (2000), S. 32. Kursive Hervorhebungen durch die Autorin.

des Menschen. Tiere fragen nicht nach Alter, Status, Aussehen oder Leistung, eine Fähigkeit, die Menschen trotz protestantischer Rechtfertigungslehre immer noch schwer fällt. Seelsorge hat hier die Aufgabe, Demut zu üben, wenn nämlich der Besuch des Dackels mehr Freude auslöst als der Besuch des Pfarrers. Die Begegnung von Mensch und Tier bringt nicht nur Freude, sie gliedert den alten Menschen auch ein in die Schöpfung, das „Seufzen aller Kreatur" (Röm 8,22), das auf Erlösung aller, Mensch, Tier, Pflanze, Strukturen drängt.

## 3.4 Atem

Was Mensch und Tier gemeinsam haben ist ihr Atem. Im Verständnis der biblischen Schöpfungsgeschichte ist *nephesch*, die Seele des Menschen, auch sein Atem und sein Begehren. Komatöse Menschen kommunizieren über den beschleunigten oder ruhiger werdenden Atem. Manche Seelsorger versuchen daher, über eine „Atemgemeinschaft", Atmen im gleichen Takt, Kontakt aufzunehmen (*Depping* 1994, 55). Durch Summen kann der Atem „vertont" werden. Hier bildet sich der Übergang zwischen Natur und Kultur, denn Summen, Singen und Musik sprechen die Tiefendimension eines Menschen an, und Musik gilt seit biblischen Zeiten als seelsorgliches Mittel, sowohl für geistig rege wie für dementiell erkrankte und komatöse Menschen. Im Langzeitgedächtnis sind viele als Kind gelernte und im Gottesdienst eingeübte Lieder gespeichert und werden oft auch von Menschen mit fortgeschrittenem Gedächtnisverlust erkannt und mitgesungen. Viele alte Kirchenlieder spiegeln die Situation des alten Menschen wider wie das beliebte „Nun nimm denn meine Hände" oder „Maria, breit den Mantel aus", ein wahrhaft „palliatives" Lied. Andere bekannte Lieder wie „Gott ist gegenwärtig" oder „Geh aus mein Herz" suggerieren Bilder des Geschehenlassens, der wohltuenden Passivität, der Wachsens und Blühens und vermitteln den heilsamen Aspekt des hässlichen Wortes „vegetieren", nämlich das Am-Leben-Sein, einfach so:

> „Du durchdringest alles, lass dein schönstes Lichte,
> Herr, berühren mein Gesichte.
> Wie die zarten Blumen willig sich entfalten und der Sonne stille halten,
> lass mich so, still und froh
> deine Strahlen fassen und dich wirken lassen."[12]

In diesen Liedern ist „Gott gegenwärtig". Aber auch viele beliebte Volkslieder haben eine religiöse Dimension oder spiegeln die Situation alter Menschen: „Am Brunnen vor dem Tore" („Der Lindenbaum") hat die Sehnsucht nach Beheimatung zum Thema, „Hoch auf dem gelben Wagen" die Vergänglichkeit („Ich möch-

---

12    *Gerhard Teerstegen*, „Gott ist gegenwärtig", EG 165,6.

te so gerne noch bleiben"), „Was frag ich viel nach Gut und Geld" Zufriedenheit. Diese Lieder eignen sich besonders zum gemeinsamen Singen mit Menschen, die die Texte noch verstehen. Im Lied wird ausgedrückt, was an Ängsten und Hoffnungen in nüchternen Worten nicht so offen gesagt werden kann. Dabei ist aber zu bedenken, dass auch das musikalische Gedächtnis biographisch geprägt ist – nicht jeder goutiert Bach, wenn es ihn oder sie an den strengen Musiklehrer erinnert, manches deutsche Liedgut wurde in der NS-Zeit missbraucht und ruft möglicherweise Unruhe und Angst hervor.[13]

## 4.  Das Leben heiligen

### 4.1  „Kleine" und „große" Transzendenz

Das Proprium der Seelsorge ist es, diese kleinen Gesten – den stillen Besuch, den Tierbesuchsdienst, das gemeinsame Singen – in seiner Transzendenz zu deuten. Neben dieser „kleinen Transzendenz" gibt es die „große", die in den Ritualen einer Religion Ausdruck findet. *Luther* erwähnt seitenweise die Spendung des Abendmahls als hilfreiches Ritual, das die Gnade von außen an den Menschen heran trage. *Erhard Weiher* spricht hier vom Akt des „Begehens" als drittem Schritt nach Begleitung und Symbolisieren. „Die Verheißung ,dass dein Weg ein heiliger Weg ist' kann nur die Weisheit der Religion und die Menschengemeinschaft sagen. Sie verfügen über das Lebenswissen, das zu solchen Reisen gehört." (*Weiher* 2001, 40) „Das Symbolisieren und das rituelle Begehen rücken die Lebenssituationen der Menschen ausdrücklich in den Horizont und in die Zone des Heiligen, von dem her die gebrochene menschliche Existenz ihr Heil und ihre Heilung erfährt." (*Weiher* 2001, 77) *Martin Luther* widmet ganze Kapitel den Sakramenten um dies zu zeigen: es gibt eine nicht in Worte zu fassende Gnade, die sich der Mensch nicht erarbeiten oder er-glauben kann, sie kommt allein von Gott her. Seelsorge in Form des Begehens geschieht in den Ausdrucksformen der christlichen Religion, in Gebet und Lied, im Gottesdienst und Abendmahl, in der Salbung.

### 4.2  Gebete und Rituale

Religiosität lebt in Gebeten und Ritualen. Wo Menschen mit Glaube und Gebet keine schmerzlichen Erinnerungen verbinden, helfen Gebete und Psalmen, Gefühle in Worte zu fassen. Traditionelle Gebete wie Vater Unser oder Ave Maria werden auch von dementiell erkrankten Menschen noch erinnert und verstanden:

---

13   Eine kommentierte Ausgabe von Volksliedern inklusive deren Entstehungsgeschichte siehe *Rölleke* (1993).

„Als der ältere Herr plötzlich seinen Redefluss unterbrach, legte ich meine Hand auf die seine und sagte ihm, dass ich mich nun langsam wieder auf den Weg machen müsse. Ich fragte ihn, ob ich noch ein Gebet zum Abschied sprechen dürfe. Er reagierte nicht und sah mich fragend an. Obgleich ich Angst hatte, dass er mich nicht verstanden haben könnte, sprach ich ein Vaterunser. Zu meiner großen Überraschung faltete auch er seine Hände zum Gebet. Er sah mich still und konzentriert an. Und mir war, als würde er das Gebet innerlich mitsprechen. Ich war umso erstaunter, als er mir zum Schluss die Hand reichte… Dass er mir jetzt so ruhig und zufrieden gegenüber saß, war für mich ein kleines Wunder." (*Sprakties* 2007, 5)

„Der Geist muss Orte und Zeiten finden, wenn er langfristig bleiben soll." (*Steffensky* 2009, 28) Daher sind Rituale für hochaltrige Menschen von besonderer Bedeutung. Sie unterbrechen die Gleichförmigkeit von Zeit und heben besondere Zeiten hervor. Jeder Mensch hat persönliche Rituale, und in Institutionen wie Pflegeheimen kommt es manchmal zu Missstimmigkeiten, wenn persönliche Rituale nicht erkannt und geachtet werden, z.B. individuelle Schlaf- und Essenszeiten[14]. In Zeiten, als heute hochaltrige Menschen jung waren, haben die Menschen „in Rhythmen, die sie ihrem Leben gegeben haben, die Zeiten unterschieden. Sie haben in bestimmten Gesten den Morgen geachtet, sie haben den Höhepunkt des Tages mit einer kleinen Geste begangen, etwa mit dem Angelus um 12 Uhr, sie haben den Abend begangen, etwa mit Gebeten" (*Steffensky* 2009, 28). Kleine religiöse Rituale wie gemeinsames Tischgebet, ein gemeinsames Abendlied geben dem Tag Struktur und verhelfen dazu, „das Leben heiligen".[15] Sie geben alten Menschen Halt und Geborgenheit. Dazu gehört auch – im Heimalltag – die Feier des Kirchenjahres mit seinen Symbolen: Ostereier, Martinsmännchen oder Lebkuchen wecken Kindheitserinnerungen, durch ihre Symbolkraft ordnen sie die persönliche Geschichte aber auch eine größere Heilsgeschichte.[16]

## 4.3 Gottesdienst

„Gottesdienst heißt Dienst der Menschen für Gott und Dienst Gottes an den Menschen," wiederholten wir brav im Konfirmandenunterricht. Für Gottesdienste in der Heimsituation, insbesondere für Gottesdienste mit dementiell erkrankten Menschen, trifft dies ganz offensichtlich zu. Nicht die Predigt, im evangelischen Gottesdienst der heimliche Höhepunkt, sondern der Gottesdienst als „Gesamtkunstwerk" spricht die Teilnehmenden an: „Es ist für mich immer wieder eine frohmachende, eine geradezu himmlische Erfahrung zu erleben, wie intensiv sich demenziell erkrankte Menschen verwoben fühlen in das gottesdienstliche Geschehen, in sei-

---

14    Ein Beispiel, wie Essgewohnheiten sich auf die Zufriedenheit dementer Menschen auswirken vgl. *Eglin* (2008), S. 46f.
15    So der Buchtitel *Eglin* (2008).
16    Praktische Hinweise: *Ludewig* (2008).

ne Dramaturgie, in seine Liturgie. Wie sie innerhalb des Gottesdienstes und seiner liturgischen Teile immer wieder präsent sind, zum Beispiel durch das Mitbe-
ten und das Mitsingen von vertrauten Gebeten und Liedern. Durch den Klang der
Glocken. Durch die besondere Atmosphäre des Kirchenraums. Oder durch das
Blättern in einem Gesangbuch. Ich erlebe: demenziell erkrankte Menschen sind
offen für heilige Momente, für begnadete Augenblicke, für Seelenwohlfühlerfah-
rungen." (*Gauer* 2009, 8) Der – manchmal umkämpfte – Platz, das Gesangbuch
in der Hand zeigen, dass man noch „wer ist", seinen Ort hat. Das Abendmahl stif-
tet Gemeinschaft. Vielen religiös sozialisierten Menschen, für die der Kirchgang
vielleicht noch Pflicht war, ist die Liturgie eines Gottesdienstes noch vertraut, sie
erinnern sich noch an alte Lieder. Auch die bekannten liturgischen Elemente – das
„Herr, erbarme dich", das „Halleluja" und vor allem das Vaterunser – sind Anknüp-
fungen an die früheren Zeiten. Sie machen entgegen dem Zeitverfall des Alltags
die vergangenen Zeiten als Gegenwart erfahrbar. Gottesdienst ist Vergegenwär-
tigung der Geschichte, der persönlichen wie der gesellschaftlichen. In den liturgischen Gesängen wird das Staunen und Schaudern der Kinderzeit erlebbar, als
Mutter und Großmutter in diese fremdartigen Gesänge mit einstimmten; in den biblischen Geschichten tauchen vielleicht Erinnerungen an das abendliche Vorlesen
der Kindheit wieder auf. Was vielleicht Worte und Fotos nicht mehr erreichen können, kann nun diese Stimmung, die es so nur in einem Gottesdienst gibt." (*Muntanjohl* 2006, 4; 2005) Manche Besucher/innen dösen im Gottesdienst ein, denn
hier ist für sie ein angstfreier Ort, an dem sie sich getrost dem Schlaf überlassen
können. Andere reden dazwischen, laufen herum, „stören"- der Gottesdienst kann
der Raum sein, wo sie mit Liedern beruhigt werden, wo auch ihr „Stören" akzeptiert und verstanden wird.

Demgegenüber tritt die Bedeutung der Predigt zurück, sie kann kurz sein.
Da im Falle einer Demenz die Sprachfähigkeit immer weiter zurück geht, können
Glaubensinhalte nicht mehr abstrakt benannt werden, sondern in Symbolen, Bil-
dern und elementaren Worten. Dies ist eine große theologische Herausforderung:
„Im Kontakt mit dementen Menschen müssen wir uns der Frage stellen: Wer ist
Gott für uns, wenn wir kaum noch Sprache zur Verfügung haben? Wer ist Gott für
uns in einem Meer von Angst, Verunsicherung, Orientierungslosigkeit und wü-
tendem Protest? Wer wäre Gott wohl für uns, wenn wir aus allen Strukturen und
Denkmustern geworfen nach ihm fragten? Woran lohnt es, unerschütterlich festzuhalten?" (eadem 2006, 5) Ein unerschütterliches Element des Glaubens ist der
Segen, bei dem auch sonst unruhige Menschen still werden. Der Segen spricht den
Frieden Gottes zu, der „höher ist als alle Vernunft", er steht als Schutzmantel über
einem zerfließenden, endenden Leben, über seinen vergangenen Freuden und Lei-

den. Eine besondere Form einer sinnlich erfahrbaren Segnung ist die Krankenseg-
nung und –salbung. Sie gilt nicht nur Kranken, sondern allem, was gekränkt ist.

### 4.4 Salbung und Segnung

Im Jakobusbrief 5, 14-16 wird die urchristliche Sitte erwähnt, mit Kranken zu be-
ten und sie mit Öl zu salben. Im Mittelalter hatte sich aus diesem Brauch die „letzte
Ölung" entwickelt. Sie galt als Sakrament, also eine heilswirksame Handlung, die
nur ein Priester vollziehen darf, und stellte einen letzten Übergangsritus dar. In der
katholischen Kirche ist man heute von dieser engen Deutung abgerückt und prakti-
ziert die Krankensalbung als Zeichen des Segens und der Stärkung auch bei noch
nicht sterbenden kranken oder alten Menschen. In den evangelischen Kirchen hat
die lutherische Agende „Dienst an Kranken"[17] von 1994 diesen Brauch wieder be-
lebt (*Christiansen* 2004). Für *Luther* war er 1519 noch selbstverständlich (Kap. 4).

In der Krankensalbung werden unter Segensworten Körperteile mit Öl ge-
salbt, meist Stirn oder Hände. Diese Körperteile stehen für das ganze Menschsein:
Stirn: Denken, (nicht mehr denken können), Erinnerungen, Vergessen, Gefühle, sehen, begegnen.

Hände: Streicheln, arbeiten, tragen, schlagen, festhalten, loslassen, verletzen,
beschützen, Lebenslinien, Falten, Altersflecke.

Anders als das gängige Ideal eines „bis zuletzt" autonomen Menschen spricht
die Salbung den abhängigen, vergehenden Menschen Würde zu. Auch der Weg des
pflegebedürftigen alten Menschen steht unter Gottes Verheißung. „Dieser Weg wird
sinnlich-erfahrbar gegangen, mit Berührung des Leibes und der Sinne, sodass etwas
von der Zärtlichkeit Gottes für den nackten, ungeschützten, röchelnden, bewusstlosen, seiner Kräfte nicht mächtigen Menschen spürbar wird." (*Weiher* 1999, 72)
Werden Angehörige oder Pflegende in die Handlung miteinbezogen, kann der Ri-
tus ausdrücken, was verbal vielleicht nicht mehr gesagt werden kann – Worte des
Dankes, der Bitte um Vergebung, der Versöhnung. *Erhard Weiher* spricht deshalb
von der Segnung des „Intersubjekts": „Es ist gut so, du hast mit all denen, die zu
dir gehören, Ansehen bei Gott." (ibid. 85) *Weiher* plädiert für die Wiederanerken-
nung der Salbung als „letzter Ölung" und Sakrament des Übergangs. Aber auch
wo eine Salbung „nur" alten, hochaltrigen, pflegebedürftigen Menschen gilt, ist
sie ein starkes Zeichen, das über die kognitive Ebene hinaus „unter die Haut geht"
und menschliche und göttliche Zuwendung erfahrbar macht.

---

17  VELKD, Hrsg.: ‚Agende für evangelisch-lutherische Kirchen und Gemeinden.
Band III.Teil 4. Dienst an Kranken. Hannover 1994.

## 4.5  *Lebensbegleitung* = *Sterbebegleitung*

Hochaltrigkeit bedeutet durchgehaltenen Lebenswillen und zu Ende gehendes Leben „an der Schwelle". Im Vorausgehenden haben wir uns an *Luthers ars moriendi* orientiert, die gleichzeitig eine *ars vivendi* ist. Daher ging es bisher um Lebensbegleitung. In der Sterbebegleitung im engeren Sinn spielt Seelsorge *ein* Instrument in einem ganzen „Orchester" der Begleitung (*Wilkening* 2007). Somatische, psychische, soziale Bedürfnisse stehen gleichberechtigt neben spirituellen. Wo in einem Netzwerk, durch Pflegende, Angehörige, Freiwillige eine „Sterbekultur" gepflegt wird, können sich Seelsorger und Seelsorgerinnen auf „priesterliche" Aufgaben wie in der „Großen Transzendenz" beschrieben konzentrieren. Manchmal haben Seelsorger/innen im Heim, in der Gemeinde auch die Aufgabe der Koordination solch einen Netzwerkes: „SeelsorgerInnen brauchen hier die Fähigkeit der Deutung des Geschehens, die Kenntnis ihres Handwerks, die Bereitschaft zur Vernetzung, zum Dialog und zur Kommunikation und die Standfestigkeit eines Gliedes in der Kette. Ohne sie wäre die Kette nicht geschlossen." (*Kittelberger* 2006, 49)

## 5.  Seelsorge – durch wen?

Ein hilfreiches Gespräch, ein Abendgebet, eine Aussegnungsfeier – im Rahmen eines Pflegeheimes sind es die Mitarbeitenden, die diese Form alltäglicher Seelsorge leisten. „Vorausgesetzt ist dabei, dass es nicht nur eine Spiritualität des Glaubens gibt, sondern auch eine Spiritualität des Zusammenlebens von Betreuten und Betreuenden, eine Spiritualität der Arbeit und der Muße, eine Spiritualität des Redens und Schweigens, eine Spiritualität des Essens und der Kleidung, eine Spiritualität des Wachens und Schlafens etc." (*Jäger* 1998, 239), definiert *Alfred Jäger* den Auftrag einer konfessionellen, hier: diakonischen Einrichtung. Die Pflegeeinrichtung als solche sei dann „missionarisch" und „seelsorglich" ausgerichtet: „Diakonie (ist dann) der Ort, wo an das Gelingen selbst von misslungenem Leben geglaubt und wo dieser Gedanke an das gefährdete Leben auch praktisch und professionell manifest wird." (ibid. 238) Setzen die Pflegesätze in Deutschland diesem Idealbild auch enge Grenzen, so beschäftigen doch manche Einrichtungen eigene Seelsorgerinnen und Seelsorger oder bilden geeignete Mitarbeitende in Seelsorge aus. Wichtig ist hier, dass Seelsorger in ihrer Deutungskompetenz den Mitarbeitenden die spirituelle Dimension pflegerischen Handelns erschließen.[18] „Wir machen hier doch nur satt und sauber," klagen manche Pflegekräfte, aber gerade

---

18    Beispiele hierzu siehe *Geissler* (2006, 108f).

dies, einem Menschen beim Waschen, auf der Toilette *Scham zu ersparen*[19], kann eine tief spirituelle Handlung sein. Aber auch außerhalb der Kirchen haben Gerontologie und Pflege die Wichtigkeit einer „geistlichen Begleitung" alter und hochaltriger Menschen entdeckt, bedingt durch Studien, die den Zusammenhang von Lebenszufriedenheit, Gesundheit und „Gläubigkeit" in welcher Form auch immer belegen (*Sperling* 2007), wie durch das Konzept der „Spiritual Care" als ganzheitlicher Pflege sterbender Menschen, die auch alten Menschen am Lebensende gilt.

Neben dieser Innensicht ist Seelsorge durch Vertreter/innen der Kirchen eine zu-gehende Seelsorge. In den meisten Landeskirchen in Deutschland gilt das Parochialprinzip- Hochaltrige in der Gemeinde und in Heimen werden als „normale" Gemeindemitglieder behandelt, was aber der Situation von Menschen, die ihre Wohnung nicht mehr verlassen können und vor allem Menschen in Pflegeheimen nicht mehr gerecht wird. Die dringend notwendige Seelsorge auch mit Pflegekräften und Angehörigen ist hier ein weiterer nur sporadisch bestellter Acker. Landeskirchliche Stellen als „Altenheimseelsorger/in" sind selten, manche Kirchenbezirke behelfen sich mit Beauftragungen, z.B. von Diakonen und Diakoninnen. Klare Konzepte gibt es hier noch nicht, aber viel Aufbruch „von unten" und die Formulierung erster „Standards".[20] In der katholischen Kirche ergänzen „Altenwerke" aus ebenfalls älteren Ehrenamtlichen die Arbeit der Seelsorgeeinheiten.[21] Die Seelsorge an alten und hochaltrigen Menschen wird sich in Zukunft einerseits spezialisieren müssen durch besondere Kenntnisse wie z.B. in Validation und basaler Stimulation, ein eigenes Profil entwickeln, andererseits aber auch bescheiden einen Teil eines größeren Netzwerkes aus Pflegenden, Angehörigen, Sozialarbeitern und Ehrenamtlichen bilden (*Schneider-Harpprecht* 2007).

## 6. „Was lernen Sie von Menschen über 80?"

Diese Frage entstammt einem Fragekartenset mit dem Titel „Fragen können wie Küsse schmecken" (*Kindl-Beilfuß* 2008). In der Seelsorge mit hochaltrigen Menschen sind die jüngeren Seelsorgenden Lernende. Dabei lernen sie nicht nur von

---

19 Grundlegend zum Thema „Scham": *Gröning, Katharina*: Entweihung und Scham. Grenzsituationen in der Pflege alter Menschen. 3. Aufl. Ffm. 2001.

20 Konferenz für AltenPflegeHeimSeelsorge in der EKD: Ich will euch tragen bis zum Alter hin. Impulse zur Weiterentwicklung der AltenPflegeHeimSeelsorge in der Evangelischen Kirche in Deutschland (EKD). Hannover 2009.; Evangelische Landeskirche in Württemberg/ Diakonisches Werk Württemberg: „Ich will euch tragen". Handbuch für die Seelsorge in der Altenpflege. Stuttgart 2006.

21 Vgl. Altenwerk der Erzdiözese Freiburg: Altenpastoral in Pfarreien und Seelsorgeeinheiten. Impulspapier. Freiburg 2005.

„weisen", abgeklärten Alten, sondern begegnen auch zornigen, nörgelnden, resignierten, still zufriedenen oder nicht mehr sprechenden Menschen. Menschen mit einem gebrochenen Lebenslauf, Menschen, die diesen Lebenslauf allmählich völlig vergessen, stellen in Frage. Diese Fragen – Wer bin ich eigentlich? Was bedeutet Identität? Was bleibt von mir, wenn ich meine Erinnerungen verliere? Wie lebe ich eigentlich? – mögen zunächst erschreckend wirken, manchmal verbirgt sich dahinter aber ein Kuss des Lebens. Fast alle mir bekannten Seelsorger und Seelsorgerinnen berichten, dass sich in der Seelsorge mit hochaltrigen und pflegebedürftigen Menschen ihr Leben und ihre Einstellungen geändert hätten – sie seien „frömmer" geworden, dankbarer, demütiger. Seelsorge mit hochaltrigen Menschen heißt Konfrontation mit einem Wertesystem, das in der Arbeitsgesellschaft nur rudimentär gilt: Langsamkeit, „Passivität", Rückzug, etwas geschehen lassen statt „machen". Sie heißt auch hinnehmen, etwas gut sein lassen. Manche Lebensepisoden mögen erschüttern, sie lassen sich nicht mehr „therapieren", „auflösen", es lässt sich ihnen kein Sinn unterstellen. Es schmerzt, einen ehemals schönen, lebenslustigen Menschen jetzt hilflos zu erleben (*Lünstroth* 2006). Seelsorge mit Hochaltrigen kann nur selten das Ideal einer „Lebenssättigung" erreichen, sie ist eher eine Seelsorge des Schweigens, des Aushaltens, des Hinnehmens, ein Fragment. Für den evangelischen Theologen *Henning Luther* bedeutet „Glauben" daher, „als Fragment zu leben und leben zu können" (*H. Luther* 1992, 172). Was ist damit gemeint? Jedes menschliche Leben ist „unfertig", es ist zur Zukunft hin offen, denn wir wissen nicht, was sie bringt und ob sie nicht unsere Sicht auf die Vergangenheit ändert. Sie ist in Hinblick auf die Vergangenheit hin lädiert, denn in jedem Leben gibt es Schuld, Verletzung, unerledigte Aufgaben. Und selbst, wessen Vergangenheit perfekt wäre, wer die Zukunft nach seinen Wünschen gestalten könnte, ist nach den Seiten hin offen: um ihn herum, in den engsten Beziehungen, in Freundschaften, in der Ferne existiert Leid. „Von Identitätsbildung kann nie losgelöst vom Zustand dieser Welt und vom Verlauf der Geschichte geredet werden." (*H. Luther* 1992, 169) Preis eines davon unberührten Lebens wäre Mitleidlosigkeit und der Verzicht, zu lieben. „Glauben" hieße dann, an dieser Liebe festzuhalten und darauf zu vertrauen, dass nicht wir Menschen unser Leben „abrunden" oder „erfolgreich" meistern müssen, sondern es dem Geheimnis Gottes anvertrauen dürfen. Dieses Leben trotz aller Widrigkeiten zu leben und zu lieben bis zuletzt- dies können wir von „Menschen über 80" lernen.

# Der Wille für gelingende Hochaltrigkeit

Ein Beitrag zum intergenerationalen Polylog und zu integrativen, bio-psycho-sozialen Maßnahmen für die Gewährleistung von Integrität und Würde im Alter[1]

*Hilarion G. Petzold*[2]

„Denn sowohl die Jugend, meine Liebe, als auch das Alter, sind beide schön und hochgeschätzt und begehrt; beide aber – das dürfte erwiesen werden – sind bei denen, die sie nicht gebührend gebrauchen, schwierig, hässlich und verdrießlich."

*Iuncus*, Περὶ γήρως, 4, Im 2. Jh. n. Chr.

„Sein Alter und Sterben in Würde zu leben und zu gestalten, sehe ich als eine hohe Kunst und Tugend an, die im Leben vorbereitet und auf der letzten Wegstrecke vollendet werden kann, wenn uns die Gnade der geistigen Gesundheit geschenkt wird und wir uns die Kraft erhalten"

*Vladimir N. Iljine*, 1974, 86-jährig

„Teilhabe setzt den Willen zur Teilnahme voraus."

*Horst Köhler*, Deutscher Bundespräsident 2008

## Intergenerationale, interdisziplinäre und transdisziplinäre POLYLOGE zum bio-psycho-sozialen Modell der Hilfeleistung

Ich habe als Titel dieser Arbeit das Thema des „**Willens bis ins Hochbetagtsein**" im Kontext dieses Bandes zu „**Hochaltrigkeit als Aufgabe bio-psycho-sozialer Maßnahmen**" gewählt. Ursprünglich wurde er als Festrede für Prof. Dr. *Erika Horn* (*Haring* 2008b) gehalten auf der zu ihrem 90. Geburtstag veranstalteten

---

[1]  Dem Text liegt die für die Veröffentlichung bearbeitete Festrede für Prof. Dr. Erika Horn zu ihrem 90. Geburtstag in der Aula der Karl-Franzens-Universität Graz 28. Juni 2008 zugrunde.

[2]  Aus der „Europäischen Akademie für psychosoziale Gesundheit", staatlich anerkannte Einrichtung der beruflichen Weiterbildung (Leitung: Univ.-Prof. Dr. mult. Hilarion G. Petzold, Prof. Dr. phil. Johanna Sieper, Düsseldorf, Hückeswagen, mailto: forschung.eag@t-online.de, Info: http://www.Integrative Therapie. de) und aus dem „Departement für Psychosoziale Medizin und Psychotherapie" (Leitung: Prof. Dr. med. Anton Leitner, Krems, mailto:Leitner@Donau-Uni. ac.at)

Tagung „Hochaltrigkeit als gesellschaftliche Herausforderung" – „Hochaltrigkeit als Aufgabe bio-psycho-sozialer Betreuung". Ich verstehe meinen Text als Beitrag zum Kontinuum des „intergenerationalen Polyloges", einem vielfältigen Austausch zwischen den Generationen, den wir brauchen und der eine konsequente Reflexion der Kontext/Kontinuums-Dimension des Lebensgeschehens, des Chronotopos (*Bachtin* 2008; *Petzold, Orth, Sieper* 2008) erfordert. Das verlangt auch einen „interdisziplinären Polylog", den permanenten Austausch zwischen den Disziplinen, die sich mit der Thematik „Alter und Hochbetagtheit" befassen, zu dem ich einen Beitrag leisten möchte, denn aus diesem Zusammenspiel mit seinen dichten Konnektivierungen von Wissensständen können *transdisziplinäre* Ergebnisse (*Petzold* 1998a, 27, 240/2007a, 30, 196f) „emergieren", die Transgressionen, Überschreitung von „Positionen" (*Derrida* 1986) möglich machen. Mein Beitrag erfolgt aus der Sicht der „Integrativen Therapie" (*Petzold* 2003a), die sich auf der Grundlage einer „angewandten Gerontologie" und einer anthropologischen Sicht auf die „Entwicklung in der Lebensspanne" als das erste Verfahren der Psychotherapie, Soziotherapie und Agogik seit über vierzig Jahren *systematisch* und forschungsorientiert mit der biopsychosozialen Behandlung, Betreuung und Weiterbildung alter Menschen und Hochbetagter befasst hat (idem 1965/1985a, Abb. S. 13, 2005a; *Petzold, Bubolz* 1976; *Petzold, Marcel* 1976; *Petzold, Müller* 2005) und in diesem Bereich Pionierarbeit leisten konnte (*Müller* 2008). Wie ich schon früh aufzeigte, muss eine solche polylogische Inter- und Transdisziplinarität[3] eine zunehmende Klärung des universellen Phänomens „Altern" aus transdisziplinärer Perspektive ermöglichen, wie unlängst auch *Ferring* et al. (2008) wieder einmal unterstrichen haben.

> „*POLYLOG* ist ein vielstimmiger Austausch von unterschiedlichen Menschen über komplexe Wirklichkeit, die mehrperspektivisch betrachtet wird, um sie gemeinsam zu gestalten. Er führt vielfältige Dialoge zusammen und nutzt die Ideen und die Expertenschaft aller Beteiligten, um Bisheriges zu überschreiten und Neues zu ermöglichen. Der *POLYLOG* ist damit als solcher ein fundamental kokreativer Prozess." (*Petzold* in: *Hartz* et al. 2008)

Auf dem Boden eines solchen Konzeptes muss dann das Thema dieser Arbeit sehr weit ausgreifen, denn es geht um „*bio-psycho-sozial-ökologische Arbeit*". Die Thematik führt uns dann in die verschiedenen Wissensstände und Diskurse der Fachdisziplinen zum Alter und in die Korrespondenzen der verschiedenen Praktikergruppen zum Umgang mit alten und sehr alten Menschen, die zum Verstehen von Hochaltrigkeit jeweils spezifische Beiträge zum interdisziplinären *Polylog* leis-

---

3    Mein Ordnungsschema differenziert *Mono-*, *Multi-*, *Inter-* und *Trans-*Kategorien der Disziplinarität und Kulturalität (*Petzold* 1998a,27/2007a, 31 und in *Sieper* et al 2007, 651ff; *Sieper* 2006), wie es heute mit unterschiedlichen Akzenten auch von *Nicolescu*, *Mittelstraß* u.a. vertreten wird.

ten, in den man – und auch das ist eine genuine Position der „Integrativen Therapie" – die alten und hochbetagten Menschen selbst als „Experten für ihre Situation" einbeziehen muss, was noch viel zu wenig geschieht. Es wird „über sie" und kaum „mit ihnen" fachlich gesprochen. Nur dann aber, wenn alle in die Bemühungen um Qualität einbezogen werden, können wirklich umfassende und überschreitende Dimensionen der Erkenntnis (Transqualitäten, *Petzold* 1998a, 196/2007a, 199f) und damit neue „*Positionen*" gewonnen werden. Allerdings ist festzuhalten:

> „Positionen sind Standorte ‚auf Zeit' in Kontexten und Geschehnissen/Prozessen, und sie sind mit Dingen/Themen verbunden, mit denen man noch beschäftigt ist, bis sich andere Erkenntnisse, Interessen, Aufgaben, Herausforderungen ergeben, die uns die Position wechseln lassen oder die eine vorhandene Position qualitativ verändern." (*Petzold* 2002b)

Kaum in einem anderen Bereich wie im Alternsgeschehen wird diese Wahrheit so deutlich.

Aktive hochbetagte Menschen – das können wir an Biographien wie denen von *Ruth Cohn, Erika Horn, Helmut Schmidt, Hildegard Hamm-Brücher,* um nur einige exemplarisch zu nennen[4], sehen – haben neben Kontinuitäten in ihren Lebenshaltungen ihre Positionen immer wieder neu bestimmt und repräsentieren eine besondere Expertise, die sie in *POLYLOG*-Gruppen einbringen können, denn die „bieten die Möglichkeit, durch dichte Kommunikation und wechselseitige Unterstützung Bisheriges zu überschreiten, Innovationen zu entwickeln und nachhaltig durchzutragen. Es kommen hier Faktoren zum Tragen, die in effektiven Selbsthilfegruppen die Selbstwirksamkeit ihrer Mitglieder fördern" (*Petzold* in: *Hartz* et al. 2008). So führt uns beispielsweise eine sozialökologische Betrachtungsweise unmittelbar in die „Mikroökologie der Lebensräume und sozialen Netzwerke", weil diese Bereiche im Alter und in der Hochaltrigkeit, dem „*vierten Alter*", seinen Lebensformen und Lebenslagen (*Backes* et al. 2004), besondere Bedeutung gewinnen (*Lawton* 1980; *Petzold* 1994e; *Thomae* 1976b, 1991), da das Leben für die meisten Hochbetagten dann schwierig wird, wie sie immer wieder berichten: was die Beweglichkeit, das Gleichgewicht, die Kräfte, aber auch die spatiotemporale Orientierung anbelangt. Es entstehen plötzlich Hindernisse, die zuvor gar nicht erkennbar waren, und die von den alt gewordenen Menschen oft einen immensen Willensaufwand erfordern, um überwunden zu werden. Glücklicher Weise wachsen unsere Willenskräfte mit den Aufgaben, die uns das Leben stellt, die unsere „Mikroökologien" und „sozialen Mikrostrukturen" (Familien- und Freundschaftsnetze z. B.) uns aufgeben – über unsere gesamte *Lebensspanne* hin, durchaus im hohen Alter noch. Die Entwicklungsprozesse des Willens sind nicht auf Kindheit

---

4    Zu *R. Cohn* vgl. *Brühlmann-Jecklin* 2010; *Petzold* 2010l; *H. Hamm-Brücher* 1996, 2009; zu *E. Horn* vgl. *Haring* 2008a, b; zu *H. Schmidt* vgl. *Noak* 2009; *Rupps* 2009;

und Jugend begrenzt (*Petzold, Sieper* 2008; *Oerter* 2001) und verlangen von uns eine Auseinandersetzung mit dem „Leben als Ganzem", mit der „gesamten Lebensspanne" und dem, was die einzelnen Lebensstrecken uns bringen können. Die Perspektive „*bio-psycho-sozial-ökologischer* Betrachtung in der *Lebensspanne*" betrifft das Menschsein in seiner chronotopischen Qualität (*Bachtin* 2008), seiner Eingebettetheit in Raum und Zeit insgesamt. Wir sind 1. *biologische* Wesen, unser Altern ist ein biologischer/physiologischer Prozess unserer Soma (*Martin* 2003). Wir sind 2. *psychische* Wesen, wobei hier in das Psychische das *Geistige* einbezogen wird mit den Fragen der Menschen- und Altersrechte, denn Altern ist natürlich auch ein seelischer und geistiger Prozess (*Kliegel* et al. 2004; *Lehr, Thomae* 1987; *Smith, Baltes* 1996). Und weil wir dabei immer auch 3. *soziale* Wesen sind (und das schließt hier auch das *Kulturelle* ein), so ist Altern auch als sozialer Prozess zu sehen (*Kohli, Kühnemund* 2000). Schließlich sind wir 4. *ökologische* Wesen, folglich ist ebenfalls das ökologische Altern zu betrachten (*Lawton* 1980; *Saup* 1993). Diese genannten vier Aspekte sind 5. immer im *Kontinuum* von Vergangenheit/Gegenwart/Zukunft im jeweiligen *Kontext* zu sehen, weil wir spatiotemporal bestimmte Wesen, Menschen in Chronotopoi sind. Das ist die Position des anthropologischen Metamodells der „Integrativen Therapie" (*Petzold* 1974j, 2003a, 2008a). Eine alleinig naturwissenschaftlich positivistische Betrachtung der Alternsthemen wird deshalb nicht ausreichen (*Honnefelder* 2007), aber ohne die Naturwissenschaften werden wir auch nicht auskommen. Mehrperspektivische Sichtweisen werden notwendig. *Menschen sind komplex alternde Wesen* und müssen sich als solche verstehen lernen*, das zeigt die gerontologische Forschung und gerontotherapeutische Konzept- und Theorienbildung (*Petzold, Bubolz* 1979; *Petzold* 1979k, 2005a; *Kruse* 1998). Sie müssen ihre eigene Komplexität begreifen, um zu sehen, welche „*Forderungen des Tages*" damit verbunden sind und welche „*Entwicklungsaufgaben*" – und das sind immer auch „*Entwicklungschancen*". Entwicklungsaufgaben sind stets Aufgaben, die sich dem Subjekt stellen und seinen *Willen* herausfordern (*Petzold, Sieper* 2008), sie in Angriff zu nehmen, die gegebenen Chancen zu ergreifen, damit ein „produktives" und „erfolgreiches Altern" gelingen kann (*Baltes* et al. 1989; *Baltes, Montada* 1996) und nachhaltige und durchtragende Sinnerfahrungen ermöglicht werden (*Dittmann-Kohli* 1995; *Petzold, Orth* 2005). Und wenn man sich – wie ich das seit vielen Jahren tue – mit Hochbetagten befasst, dann sieht man, dass man in diesem Bereich *biologische, psychologische, soziale, kulturelle, ökologische Perspektiven* berücksichtigen und interventiv umsetzen muss durch passgenaue, für diesen Altersabschnitt mit den jeweils vorfindlichen Situationen und auf die jeweiligen Erfordernisse zugeschnittenen Hilfen und Förderungen, die als „protektive Faktoren" (*Müller, Petzold* 2005; *Brandstädter, Rothermund* 1998) zum Tragen kommen und Risiken und Belastungen entgegen wirken, ja Resilienzbildungen ermöglichen (*Petzold, Müller* 2002c). Sie greifen umso besser, je *proaktiver* ein Mensch sich mit diesen Situationen auseinandergesetzt hat, so dass unsere Hilfeangebote auf eine gewisse „*preparedness*" treffen, und je klarer wir uns als Helfer mit unserer eigenen Sicht des Helfens im Bezug auf Alter und Hochaltrigkeit auseinandersetzen – nicht nur defizit- und pathologieorientiert, sondern auch in salutogenetischer, den Kohärenzsinn, das Sinnerleben bestärkender Ausrichtung (*Antonowsky* 1997; *Petzold* 2003a; *Petzold, Orth* 2005a), nicht nur auf Negativitäten gerichtet, sondern auch auf konstruktive Perspektiven, wie sie die „positive Psychologie" (*Auhagen* 2004; *Rohmann* et al. 2008) oder die „kreative Therapie" des Integrativen Ansatzes (*Petzold* 2005r; *Petzold, Orth* 1990; *Sieper, Orth, Schuch* 2007) entwickelt. Zu den Entwicklungsaufgaben, die sich uns im Alter stellen, gehört demnach auch, uns mit möglicher Hochbetagtheit intensiv und in konstruktiver Ausrichtung zu befassen, möglichst auch im Gespräch mit den Mitgliedern des inneren Bereiches des sozialen Netzwerkes.

## Hochbetagtheit in gerontotropen Gesellschaften als persönliche und kollektive Perspektive

In meinen Vorträgen verweise ich oft auf das banale Faktum: *die Hochbetagtheit, Ihre Hochbetagtheit, meine Hochbetagtheit beginnt heute.* Wir können das sagen, weil wir in einer Zeit leben, wo das Phänomen der Hochbetagtheit sich in der Bevölkerung in breiterer Weise findet, mehr Menschen ein hohes Alter von „Achtzig-Plus" erreichen und damit für jeden Einzelnen, der mit potentieller Hochbetagtheit rechnen kann, eine persönliche Perspektive entsteht und auch der damit verbundene kollektive Horizont in den Blick kommt. Die Situation, die uns die von der *Bertelsmann Stiftung* (2006, 2008) durchgeführten Untersuchungen zur demographischen Entwicklung aufzeigen, sind bedrohlich. Bundesweit wird bis 2025 die Zahl der Sechs- bis Neunjährigen um 14% zurückgehen, diejenige der 16- bis 23-jährigen – also die jüngeren Arbeitskräfte – geht um 23% zurück. Die Zahl der 80-jährigen steigt besonders auf dem Lande und in den Kommunen der neuen Bundesländer oder im Saarland. Die Großstädte indes erhalten Zuzug und bleiben demographisch stabil (*Bertelsmann* 2008), so dass von einem künftigen „Exodus" und von „moderner Völkerwanderung" in den nächsten zwanzig Jahren gesprochen wird (*Zütphen* 2008). Auch die kontinuierliche Zunahme der Hundertjährigen kann als ein Indikator für diese Entwicklung angesehen werden. Während um 1900 kaum Menschen ihr 100. Lebensjahr erreichten, gab es in Deutschland

im Jahr 2000 mehr als 7000 Personen, die 100 Jahre und älter waren. Heute sind
es in Deutschland drei von 10 000 Menschen. Im Jahr 2025 wird diese Zahl 44200
betragen. Für 2050 wird sie auf ca. 110 000 geschätzt. Jedes zweite Kind, das heute zur Welt kommt, hat eine Lebenserwartung von über hundert Jahren. Was das
in sozialer und ökonomischer Hinsicht bedeutet, ist derzeit noch kaum abzuschät-
zen. Der paläoanthropologische Befund für die Menschen in der Jungsteinzeit oder
in der jüngeren Altsteinzeit, also bei Sapiens-Sapiens-Menschen und ihrer Kultur
(*Petzold* 2005t, 2010f), zeigt uns, dass im Schnitt die Männer 27, selten 30 Jahre
alt wurden und die Frauen ca. 35. Sie hatten auch schon in jenen Zeiten (wie auch
heute) eine ca. 7 Jahre höhere Lebenserwartung. Es gab auch einige wenige Männer und Frauen – das können wir aus fossilen Funden ersehen –, die um die 50
Jahre alt wurden, aber Hochbetagte gab es damals nicht. Von unserer biologischen
Ausstattung her, die für wilde Zeiten ausgelegt war, schienen wir nicht dafür gemacht, hochbetagt zu werden. Dazu waren erst hochkulturelle Entwicklungen mit
verbesserten Infrastrukturen der Sicherheit und Versorgung notwendig. Wenn man
in die Menschheitsgeschichte blickt, die Dokumente und Monumente betrachtet,
dann gibt es zwar ab und an einmal einen „Methusalem", aber eigentlich war das
Menschenleben so, dass es mit dem Alter auch zu Ende ging. Die mittlere Lebenserwartung in den Industrieländern hat sich in weniger als einem Jahrhundert verdoppelt. Von rund 35 Jahren, Ende des 19. Jahrhunderts, stieg sie bis zum Zweiten Weltkrieg in Deutschland auf 60 Jahre, heute liegt sie bei Männern bei ca. 74
und bei den Frauen bei ca. 84 Jahren. Die Hochbetagtheit ist als Breitenphäno-
men ein Phänomen der Spätmoderne, also der Zeit, in der wir jetzt leben, der so
genannten „transversalen Moderne", die in so vielen Bereichen Althergekomme-
nes überschreitet. Damit tauchen Schwierigkeiten auf, wie oft bei neuen Phänomenen. Als ich Kind war – ich bin 1944 geboren –, war eine „silberne Hochzeit"
etwas Besonderes: „Die haben silberne Hochzeit, 25 Jahre! Und dann ‚goldene
Hochzeit', oh wie selten!" Heute hat man das goldene Jubiläum auch nicht gerade häufig, denn die Lebenspartnerschaften wechseln bei unseren langen Lebenszeiten öfter. Offenbar sind wir bei diesen langen Lebenszeiten, für lange Partnerschaften nicht so gut ausgestattet, denn es gibt wenig an Vorbildern, Modellen. Es
finden sich häufig mehrere Lebenspartnerschaften und bei den Frauen lange Wit-
wenschaften. Es gibt deutlich seltener hochbetagte Männer. Die Hochbetagtheit
hat schon heute für einen jeden von uns die persönliche, aber auch die kollektive
Situation des Lebens massiv verändert, und die Entwicklung schreitet weiter voran. Die Dynamik der hochtechnisierten Wohlstandsgesellschaften muss heute als
„*gerontotrop*", d. h. zur Überalterung tendierend und von massivem Kinderman-
gel charakterisiert (*Petzold* 2004a), bezeichnet werden. Daraus folgen: ein Man-

gel an Menschen mit hochqualifizierten Berufen, gravierende Umschichtungen in der Bevölkerungsstruktur. Das ist der Kontext, in dem die Realität wachsender Hochbetagtheit gesehen werden muss: Von der wirtschaftlichen Belastung der Jungen durch die Alten nicht zu reden, die Gefährdung des Generationenvertrags und die kaum zu erfüllenden Zukunftsverpflichtungen der Staaten gegenüber den Älteren, die in Deutschland bis 2060 die Einnahmen um das 3.2fache übersteigen (in den USA das 6.2fache, *Berndt Raffelhüschen* 2008, Stiftung Marktwirtschaft, Freiburg), etwa durch Belastungen eines sich exponentiell verschärfenden Pflegenotstands u. a. durch die Zunahme dementieller Erkrankungen im hohen Senium bedingt, von der Überforderung der sozialen und medizinischen Institutionen durch wachsende Gruppen von Hochaltrigen, die versorgt werden müssen, bis zum *Auseinanderdriften der Lebenswelten der Lebensaltergruppen* und der daraus resultierenden *Erosion der intergenerationalen Bindungen* und Kompetenzen – eine *Kette von Problemen*, die alle Bereiche der Gesellschaft durchzieht und sie in multiplen Ursache-Wirkungsgefügen *verkettet*. Für eine solche Situation gibt es historisch keine wirklichen Vorbilder, und so kommen Ideen vom „Kampf der Generationen" (*Gronemeyer* 2004) auf, die beim derzeitigen empirischen Befund zum Verhältnis der Generationen zueinander – es ist gut – noch keinen Boden haben (*Kohli, Kühnemund* 2000; *SIGMA* 1999). Aber das könnte sich ändern, wenn wir hier nicht achtsam die Entwicklungen beobachten, planen und gestalten. Das Fehlen von Erfahrungen mit derartigen Entwicklungen ist eines der gravierendsten Probleme in den vielfältigen Schwierigkeiten, auf die wir stoßen und die auf uns zukommen. Wenn ich mich in die Zeit meiner ersten Auseinandersetzungen mit gerontologischen Themen Mitte der 60er Jahre, Anfang der 70er Jahre versetze (*Petzold* 1965/1985a; *Petzold, Bubolz* 1976), dann war das Alter schon ein besonderes Thema, indes eines, das man nicht sonderlich beachtet hat. – Gut, da waren im deutschsprachigen Bereich die Gerontopsychologen *Hans Thomae* und *Ursula Lehr* in Bonn, der Sozialgerontologe *Leopold Rosenmayr* und seine Gruppe in Wien, die in Theorieentwicklung und Forschung Pionierarbeit geleistet hatten, aber viel mehr gab es damals nicht an profilierten Forschergruppen. Zwar hatte *Otto Bollnow* schon 1962 in seiner Schrift „Das hohe Alter" die Bewältigung des Alters als eine „genuin erzieherische Aufgabe" bezeichnet, aber sein Impuls fand kaum Resonanz, und so war ich mit meinen KollegInnen *Elisabeth Bubolz* (*Bubolz-Lutz* 1983, 2000), *Kurt Lückel* (1981) einer den ersten Forscher und Praxeologen, die für die Bereiche Psychotherapie, Andragogik (Erwachsenenbildung *Petzold* 1977e) und Sterbebegleitung die Themen Altern und Sterben aufgegriffen hatten (ich inaugurierte 1965 die Konzepte „Gerontotherapie, Geragogik, Thanatagogik") und zwar gegründet auf anthropologische und gerontopsychologische

Überlegungen und mit einer klaren praxeologischen, anwendungsbezogenen Zielsetzung (*Müller* 2008; *Petzold, Bubolz* 1976, 1979; *Petzold, Marcel* 1976). Auch in der Wissenschaft und der Praxeologie war das eine Arbeit *gegen* negative Altersstereotype (*Filipp, Meyer* 1999), die gesellschaftliche Stigmatisierungen „der Alten" (*Hohmeier, Pohl* 1978).

## Senium – akkumulierende Stigmatisierung, Stigmatransfer oder Chance zu „kompetenter Hochaltrigkeit" und „aktiver Partizipation"

Anfang der siebziger Jahre hatte *Ursula Lehr* (1979) eine Reihe von Dissertationen vergeben, die den Altersstereotypen, den negativen, stigmatisierenden Äußerungen über alte Menschen u. a. im deutschen Schulbuch nachgingen. Man hätte sicher auch das österreichische, schweizerische Schulbuch nehmen können und diese Altersstigmatisierungen auch dort gefunden. Die Negativhaltung alten Menschen gegenüber – man spricht von „*Ageism*" (*Nelson* 2002) – haben natürlich nicht aufgehört, obgleich ein Wandel eintritt, weil einerseits die „neuen Alten" (*Schultz* 1985) oder die altgewordenen „*Babyboomer*", wie *Schirrmacher* (2004) sie genannt hat, selbstbewusster auftreten, und weil wir andererseits eine neue, breite Gruppe von Menschen haben und wachsend bekommen, nämlich die Hochbetagten, die Menschen im hohen Senium, dem Greisen- bzw. Greisinnenalter. Durch sie werden die alten Menschen, die vorher als die „Oldies" oder „Grufties" stigmatisiert waren, zu den RRs, zu den „*rüstigen Rentnern*", eine wichtige Gruppe, denn wir werden durch den Wandel der Bevölkerungsstruktur (*Schimany* 2003) in Zukunft auf diese rüstigen Rentner, die ein „erfolgreiches", „produktives" (*Baltes* et al. 1989; *Baltes Montada* 1996), ein „konstruktives Altern" (*Saup* 1992) leben und leben wollen, auch zurückgreifen müssen: einerseits durch den eintretenden Mangel an qualifizierten jüngeren Arbeitskräften, andererseits wegen der wachsenden Zahl der Hochbetagten. Allein für den Bereich der Pflege wirft diese Gruppe immense Probleme auf und bringt eine extreme ökonomische Belastung für die Gesellschaft mit sich. Das führt zum Aufbau von Negativeinstellungen. Alte und Hochbetagte werden als „unproduktive", „nutzlose" Esser stigmatisiert, die die Versicherungsbeiträge ins Unermessliche hochtreiben und die für längere Lebensarbeitszeiten verantwortlich gemacht werden – so durchaus anzutreffende Einstellungen bei „Jüngeren", ja breiter, bei Nicht-Hochbetagten. Dabei wird überhaupt nicht gesehen, dass Hochaltrigkeit keineswegs dominant Senilität, Demenz, Infirmität bedeutet, sondern dass wir durchaus auch valide, geistig rege, kompetente Mitbürgerinnen und Mitbürger als Hochbetagte finden. Das wird oft ausgeblendet und damit entsteht ein besonderes Stigmatisierungsrisiko (*Brusten, Hohmei-*

*er* 1975; *Frey* 1983): einerseits ein „*Transfer der Stigmatisierung*" von den Alten auf die Hochbetagten, andererseits ein Problem, das ich als „*akkumulierende Stigmatisierung*" bezeichnet habe: (alt, *hochbetagt,* arm, behindert, krank, dement, schwierig, hässlich, *Frau* usw., wobei das Faktum schwer wiegt, dass die überwiegende Mehrzahl der Hochaltrigen Frauen sind und zunehmend sein werden). Gesellschaftliche Hochaltrigkeit erfordert in der Tat längere Lebensarbeitszeiten, aber das ist doch nicht die einzige Ursache. Wichtiger ist das Faktum, dass Generationen von Jüngeren keine Kinder aufgezogen haben – wir brauchen drei Generationen von Familien mit drei Kindern, um die gerontotrope Minusentwicklung anzuhalten. Diese fehlenden „Jungen" werden es notwendig machen, dass valide ältere und alte Menschen durchaus in der Betreuung von Hochbetagten eine Rolle spielen müssen, aber auch können. Sie erhalten damit auch Möglichkeiten der Selbstverwirklichung, wie wir das heute schon in der Hospizbewegung, in der Telefonseelsorge, in Krankenhäusern bei den „grüne Damen" und bei vielen anderen frei-*willigen* bzw. ehrenamtlichen Diensten und Aktivitäten finden. Hier haben alte Menschen inzwischen feste Aufgabenbereiche, und ihr „Wille zur Hilfeleistung", zu „sinnvoller" Tätigkeit hat Aktionsfelder (*Bubolz-Lutz, Rüffin* 2001). Dabei sind die Potentiale der Zusammenarbeit von professionellen Helfern und „Ehrenamtlichen" oder „Selbsthelfern" noch keineswegs ausgeschöpft (*Petzold, Schobert* 1991). Es wird hier die soziale Seite bio-psycho-sozialer Betreuung berührt, deren *interaktionale* Charakteristik gar nicht genug betont werden kann. Betreuende und Betreute müssen immer als Interaktionssystem gesehen werden, denn wer auch immer mit Menschen arbeitet – ganz gleich, ob mit Kindern oder Hochbetagten – arbeitet mit ihnen *zusammen,* er *macht* nicht was mit ihnen, geht nicht mit „Objekten" um, sondern steht in „intersubjektiven Beziehungen" im Sinne von *Gabriel Marcel* und *Emmanuel Levinas* (vgl. *Pezold* 2003a; *Petzold, Marcel* 1976; *Haessig, Petzold* 2005). Es geht deshalb um Zusammenarbeit, und für die muss man ausgerüstet sein. Zusammenarbeit zwischen den Generationen erfordert *intergenerationale Kompetenz* (*Petzold* 2004a)*,* die in einer Kenntnis der jeweilig anderen Generation, ihrer „mentalen Lage" gründet, erfordert die Motivation, sich für alte Menschen und Hochbetagte zu engagieren, und den Willen, diese Motivation auch konkret werden zu lassen. Und hier liegen Probleme, denn wir finden Ausgrenzungs- bzw. Marginalisierungstendenzen alten Menschen gegenüber, Stigmatisierungen, Ageism, Benachteiligungen.

## Dimensionen des Willens und „bösen Wollens" im Kontext von Hochaltrigkeit

Stigmatisierungstendenzen und Feindseligkeiten alten Menschen gegenüber haben vielfältige Wurzeln auf *individuellen* und *kollektiven* Ebenen und müssen deshalb auf der Seite von Betreuern aller Altersstufen in deren *„individuellen mentalen Repräsentationen"* bearbeitet werden, denn in diesen Tendenzen zeigt sich durchaus ein subtiles und oft auch durchaus manifestes *„kollektives, feindseliges Wollen"* gegen alte Menschen, das in der Konsequenz auch gegen Hochbetagte gerichtet ist (*Hohmeier, Pohl* 1978).

Die „Willensforschung" ist ein relativ neuer und lange vernachlässigter Bereich in Psychologie und Psychotherapie (*Petzold, Sieper* 2004), und in ihr wurde diesen kollektiven Dimensionen bislang wenig Beachtung geschenkt (*Petzold, Sieper* 2008), was bedauerlich ist, weil damit auch die Fragen des *„bösen Willens"* bzw. des *„Wollens von Bösem"* vernachlässigt wurden oder in der Indirektheit verblieben sind. So darf nicht übersehen werden, dass Stigmatisierungsprozesse, das Aufbauen von Feindbildern, Marginalisierungs- und Ausgrenzungstendenzen in der Regel mit bösen Intentionen, einem „bösen Wollen" verbunden sein können bzw. sind. Das trifft auch für die Stigmatisierungen des *Ageism* zu. Ich habe in meiner ersten gerontologischen Arbeit 1965 aufgrund von Feldbeobachtungen in Altenheimen im Großraum Paris (Villemoisson, Saint Geneviève des Bois) ein Konzept gefunden, in dem diese Dynamik, wie ich später sah, greifbar wurde, nämlich das Konzept der *„Feinde von außen"* und der *„Feinde von innen"* (*Petzold* 1965/1985a, 15). Ich sah, dass de facto die Gesellschaft sehr oft alten Menschen gegenüber feindselig war (das findet sich auch heute, *Eastman* 1985; *Petzold, Müller* 2005), denn ihre Ressourcen und die Möglichkeiten ihrer Partizipation wurden im konkreten Alltag häufig beschnitten, Respekt – so wesentlich für ein konviviales Zusammenleben (*Sennett* 2002) – und herzliche Zuwendung fehlten häufig (keineswegs immer). Das zeigt auch die Geschichte des Alters. Es ist also keineswegs eine sozialromantische Sicht gerechtfertigt, nach der früher, in den „guten alten Zeiten", die alten Menschen durchgängig mit Achtung und Würde behandelt wurden (*Baltrusch* 2003; *Brandt* 2002), die Verletzung der Alterswürde (*Petzold* 1985d) findet sich in der Geschichte der Menschheit immer wieder (*Koty* 1934; *Bolkestein* 1939). Die immer wieder auch berichtete Härte und Gehässigkeit alter Menschen, ein Klischee, das sich allzu leicht generalisiert, hat – wo wir solches Verhalten in der Realität antreffen – zweifelsohne auch reale Hintergründe. Nicht umsonst mussten antike Autoren sich als Anwälte des Alterns und des Alters gerieren (vgl. *Müller, Petzold* 2004). Nicht nur mit *Cicero*s klassischer Schrift *„de senectute"*, sondern im ganzen griechisch-römischen Bereich finden wir Schriften über das Altern – etwa von *Iuncus, Musonius, Plutarch* u.a. – eine reiche Literatur "Περὶ γήρως", voller Gedanken, die bis heute bleibenden Wert haben (*Sigismund* 2003, *Petzold* 2005a). Diese Texte sind immer von der Qualität einer Entschuldigung, einer *Apologie* des Alterns gekennzeichnet und von einem Eintreten für bedrohte Rechte alter Menschen, denn die griechische und römische Antike stand dem Alter und dem Hochbetagtsein durchaus ambivalent gegenüber (*Falkner, de Luce* 1989; *Garland* 1990; *Mattioli* 1995). Nicht nur in unserer Zeit wurde das Alter stigmatisiert, wurde die Gesellschaft für den alten Menschen, der nicht mehr produktiv ist, ein „Feind". Das hört man nicht gerne, aber diese feindseligen Qualitäten bis hin zum Übelwollen und zu Misshandlungen (*Eastman* 1985; *Böhme* 1986; *Müller, Petzold* 2002) lassen sich an ganz vielen Beispielen aufzeigen. Ich habe hierzu viele Materialien gesammelt, dokumentiert und publiziert (idem 1985d; 1994e; 2005h; *Petzold, Petzold* 1991). Es sei hier nur auf die Phänomene der Pflegemissstände, der „riskanten und gefährlichen Pflege"[5], ja der PatientInnentötungen verwiesen, wo Pflegende zu TäterInnen werden (*Beine* 1998). Pflege scheint bei diesen Vorfällen oft umso riskanter zu werden, je größer die Pflege- und Hilfebedürftigkeit der Betroffenen wird (*Petzold, Müller* et al. 2005), d. h. umso belastender diese PatientInnen für die TäterInnen werden, so dass bei ihnen ein „böses Wollen" aufkommt (*Horn* 2002; *Petzold* 1985d). Das ist ein durchaus bedrückendes Phänomen. Offenbar schafft die Konfrontation mit dem Verfall, der uns alle bedroht, bei manchen Menschen eine gewisse Hostilität, die zwar wenig einge-

---

5    „*Riskante Pflege* wird als eine einerseits durch Nachlässigkeit, Überlastung, Unwissen und geringe fachliche Kompetenz und Performanz von einzelnen Pflegenden oder Gruppen bzw. 'Pflegeteams' und andererseits durch infrastrukturelle Mängel, Fehlen von Pflegemitteln und -hilfen, schlechte quantitative und qualitative Personalschlüssel und fehlende bzw. inkompetente Fachaufsicht und Leitung gekennzeichnete *Pflegesituation* gesehen, in der die Pflegenden und ihre Vorgesetzten Risiken von Fehlleistungen und Pflegefehlern, Mangelbetreuung, von schlechter Versorgung und kommunikativer Vernachlässigung zu Lasten der Pflegebedürftigen als *Möglichkeiten* in Kauf nehmen."
*Es ist zu unterstreichen, dass Deprivation von Kommunikation und multipler Stimulierung in höchstem Maße gesundheitsgefährdend ist. N e g l e c t  ist schon eine Form der Misshandlung.* Diese Situation des Risikos, einer „*Gefährdung*", kann sich durchaus noch verschärfen, so dass akute „*Gefahr*" besteht oder schon eintritt und ein Risiko also zur feststellbaren – weil eingetretenen – Schädigung wird, wie in der Situation von „Lainz I".
„*Gefährliche Pflege* ist einerseits eine durch (offene oder verdeckte) massive *Vernachlässigungen*, Gleichgültigkeit, Verrohung (d. h. verbale und physische Gewalt) und ggf. pathologische Grausamkeit von einzelnen Pflegenden oder Gruppen/'Teams' und andererseits durch infrastrukturelle Mängel, verwahrloste institutionelle Strukturen, inkompetente oder toxische Leitung gekennzeichnete *Pflegesituation*, in der die Pflegebedürftigen verdinglicht und faktisch schon geschädigt werden und sie der unmittelbaren Gefahr ausgesetzt sind, durch Gewalt, Vernachlässigende und falsche Pflege weiteren Schaden zu nehmen, zu Tode zu kommen oder – im Extremfall – Opfer eines Tötungsdeliktes zu werden. Die *Faktizität* dieser Delikte wird z. T. von KollegInnen und Vorgesetzten ausgeblendet, verschleiert, gedeckt." (*Petzold* 2005a).

standen wird, die aber immer wieder manifest werden kann – auch in den zentralen Bereichen der Altenarbeit, die mit den „**fünf großen B**'s" gekennzeichnet werden können: klinisch-therapeutische *Behandlung* (Psychotherapie, Soziotherapie, Leib- und Bewegungstherapie *Petzold* 1977g, 1985a; 1997t; *Petzold, Sieper* 2008), psychosoziale und fachliche *Beratung*, lebenslange, breit greifende *Bildungsarbeit* (idem 1977e), pflegerische und medizinische *Betreuung* mit einem breit ansetzenden Pflegekonzept (*Petzold, Petzold* 1993b) und unterstützende, mitmenschliche *Begleitung*. Deshalb müssen gerade in diesen Bereichen die Dynamiken der verdeckten Ablehnung, der Tendenzen zu einem *negativen Wollen* reflektiert und aufgedeckt und durch vertiefende Überlegungen zum Leben, zum Menschsein, zum Alter, zur Hochbetagtheit, zu Sterben und Tod geklärt und fundiert werden (*Spiegel-Rösing, Petzold* 1984), damit dysfunktionale bzw. problematische Tendenzen angegangen und aufgelöst werden können und sich nicht in der Praxis auswirken.

## Antizipatorische Kompetenz und proaktives Denken/Handeln für potentielle Hochbetagtheit

Für Menschen unserer Zeit wachsender Hochbetagtheit in unseren *gerontotropen Gesellschaften* stellt sich deshalb für jeden auch die Aufgabe einer persönlichen Auseinandersetzung mit den Fragen: Was kommt auf uns/auf mich mit dem eigenen potentiellen Hochbetagtwerden zu? Wie wollen wir *heute*, in Zeiten eigener Validität und noch vorhandener persönlicher und politischer Einflussmöglichkeiten, die Lebenswelten von Hochbetagten sichern und gestalten?

*Persönliches und kollektives Wollen,* das den Einsatz für menschenwürdige Verhältnisse im Alter und im hohen Senium trägt und vorantreibt, ist hier gefragt, ein „*proaktives Handeln für das Alter und heute auch für die Hochbetagtheit über die Lebensspanne hin*". Eine „Neuorientierung in der Lebensführung" wird erforderlich, für jeden Einzelnen und als gesellschaftliche Wertsetzung, wenn wir auf diese neuen Bereiche blicken, in die sich unsere *antizipatorische Kompetenz* vorwagen muss. Im professionellen Raum wird in Therapie und feldkompetenter Supervision dann ein *Paradigmenwechsel* erforderlich: von der Vergangenheitsorientierung (so im retrospektiven Blick der Psychoanalyse) oder von der Hier-und-Jetzt-Zentrierung (wie in der Gestalttherapie) hin zum prospektiven Blick einer *intensivierten Zukunftsorientierung* (*Petzold* 2005o) – durchaus unter weiterer Beachtung der genannten Zeitdimensionen, denn wir brauchen in der Arbeit mit Menschen den „chronosophischen Blick" auf die „ganze Zeit" in ihrer Erstreckung (idem 1991o) und den *Willen*, auch die letzte Wegstrecke und ihr Ende anzusehen (idem 2003j). Diese Notwendigkeit wird umso einsichtiger, je genauer man sich mit diesen Fragen auseinandersetzt und dabei sieht, wie wenig Hochbetagtheit sich im Sinne einer positiven *Bildgebung* in den Bildmedien, Film und Fernsehen, findet, wo schon generell das Alter und die alten Menschen keineswegs hinreichend repräsentiert werden. Hier fehlt es offenbar an einem öffentlichen Willen, die Lebenswelten alter und hochbetagter Menschen medial zugänglich zu machen, und daran wird die Situation einer „fungierenden Programmatik der Benachteiligung" deutlich, denn was nicht repräsentiert wird und sich nicht zeigen darf oder positiv dargestellt und konnotiert wird, wird auch mental nicht präsent. Wenn aber keine antizipatorische Intentionalität zu bestehen scheint für eine Zukunft, die jeden von uns betreffen kann und für das Ende, das jeden von uns trifft, dann muss die Frage nach den Ursachen solcher Vermeidung gestellt werden, eine Frage, die sich jeder selbst stellen muss, denn die Antworten werden verschiedene Hintergründe aufzeigen: Fehlen positiver Bilder von Hochbetagtheit oder von Bildern überhaupt von diesem Lebensabschnitt, der erst allmählich seinen Seltenheitscharakter verliert, Angst, mögliches Siechtum zu antizipieren, Furcht vor dem unausweichlichen Sterben und dem Tod. Hier ist wohl *Seneca*s Mahnung ernst zu nehmen: „Vivere tota vita discendum est et, quod magis fortasse miraberis, tota vita discendum est mori" – „Zu leben lernen, muss man über das ganze Leben hin, indes worüber du dich wohl noch mehr wundern magst, das ganze Leben musst du zu sterben lernen." (*Seneca,* De brevitate vitae 7, 3, ed. *Feix* 1977, 21).

## Bilder von Alter und Hochbetagtheit als kollektive und subjektive „mentale Repräsentationen"

Hochbetagte sind für die Mehrzahl der Menschen, außer den wenigen, die eine Urgroßmutter oder einen Urgroßvater hatten, nicht im Blick, nicht „mental repräsentiert". Zumeist hat man mit ihnen wenig „erlebte Eigenerfahrung", und das beeinträchtigt die „empathische" und die „kommunikative Kompetenz" der Jüngeren im Umgang mit dieser Gruppe. Hinzu kommen fehlende geteilte Wissensstände. Unser Leben wird ja wesentlich bestimmt von so genannten „*kollektiven mentalen Repräsentationen*" (*Petzold* 2008b), das heißt dem, was Menschen „im Kopfe" haben. Bevor Wissen, Bilder, Informationen *intramental* wurden, waren sie *intermental*, wie *Vygotskij* (1931/1992, 236) scharfsichtig formulierte. Das gilt auch für Bilder des Alters oder des Altwerdens, gilt für die Vorstellungen über Hochbetagtheit, die wir in uns tragen, und die aus den uns gemeinsamen „Semiosphären" (*Lotman* 1990) stammen. Die in solchen kollektiv mental repräsentierten Sprach-, Bild- und Bedeutungswelten vorhandenen Inhalte sind in bestimmten Zeiten und an spezifischen Orten entstanden, d. h. an soziale und kulturelle Zusammenhänge gebunden, welche sich allerdings beständig wandeln (*Gutsfeld, Schmitz* 2003; *Fi-lipp, Meyer* 1999). Unter „*mental*" wird hier nicht nur etwas Kognitives verstanden. *Serge Moscovici*, der diese Konzeption entwickelt hat (*Moscovici* 2001), hatte zwar zunächst das Kognitive betont, aber die Bilder, Szenen, Geschichten, die wir im Kopf haben, sind ja nicht nur Kognitionen, sondern mit ihnen sind – das habe ich herausgearbeitet – Gefühle verbunden, das limbische System ist an ihnen beteiligt (*Petzold* 2003b, 2008b): Wir spüren, empfinden, fühlen etwas, wenn wir an das Alter denken. Unsere Kommunikation als „Raum der Vertrautheit" braucht die Partizipation an einer geteilten „Semiosphäre" (*Lotman* 1990), an geteiltem, kognitv-emotionalem Kulturwissen, und das ist für junge Menschen, die Hochbetagte betreuen, oft nicht vorhanden, weil Lebensräume und -zeiten dieser alten Menschen weit, weit zurückliegen. Es erfordert schon intensive „narrative Erfahrungen" miteinander, das Teilen „erzählten Lebens", das Teilen von Erzählungen (*Petzold* 2003g; *Kemper* et al. 1990; *McLeod* 1997) und eine kooperative Zusammenarbeit von HelferInnen und Hochbetagten im Sinne eines „wechselseitigen Lernens", damit „*intergenerationale Kompetenz*" wächst: bei den Jüngeren ein Wissen über die gegenwärtigen und einstmaligen Lebenswelten der alten, ja „uralten" Mitmenschen dadurch, dass Bilder und Geschichte geteilt werden. Für die Hochbetagten wiederum kann von „den Jungen" ein Wissen über die Lebenssituation der jüngeren Generationen durch Berichte und Erzählungen vermittelt werden, das Partizipation ermöglicht, weil sie sich durch den direkten Kontakt mit jüngeren Menschen „ein Bild davon machen können", wie diese leben, denken, fühlen. Die von mir und meinen MitarbeiterInnen entwickelten Methoden des „exchange learning/exchange helping" (*Petzold* 1985a; *Petzold, Laschinsky, Rinast* 1979; *Petzold, Schobert, Schulz* 1991; *Hartz, Hüther, Petzold* et al. 2008), deren Effektivität empirisch bestätigt wurde (*Bayer* 1988), fördern ein solches Miteinander, durch das sich die Generationen hinlänglich vertraut werden können, weil sie sich wechselseitig Bilder ihrer Lebenswelten vermitteln, durch die „*Vertrautheit*" stiften und „*Affiliationen*" entstehen lassen (*Petzold, Müller* 2005). Vertrauen und Verbundenheit sind das beste Antidot gegen Ablehnungen und Vorurteile, die wir oft gegenüber Unvertrautem, Fremden haben. Es verhindert auch den Transfer von negativen Altersstereotypen. Man kann nämlich beobachten, dass ein Teil der leider immer noch weit verbreiteten Negativklischees dem „Alter und den Alten" gegenüber sich heute zum Teil auf die Gruppe der Hochbetagten überträgt – sogar durch ältere Mitbürger selbst: „Was soll ich mit den alten Menschen?" fragte mich ein Fünfundsiebzigjähriger mit Blick auf Achtzigjährige – alt sind immer nur die „noch Älteren". Solche Einstellungen ändern sich indes, wenn es zu Erzählungen kommt, ein „*narratives Klima*" zwischen den Menschen entsteht (*Petzold* 2003g), wobei die „Erinnerungen geteilter Lebenswelten" zwischen alten Menschen eine bedeutsame Vermittlungsqualität haben. Es geht dabei nämlich nicht nur um Denken und Gedanken, um das Kognitive im „Mentalen", weil in den „kollektiven mentalen Repräsentationen" auch Erinnerungen an Empfindungen und Gefühle geteilt werden und noch ein weiteres Element: Erinnerte Willensentschlüsse und Willenshandlungen, Erinnerungen an „kollektives Wollen", das in den Gedächtnisarchiven abgelegt ist, so genannte „kollektive Volitionen" (*Petzold, Sieper* 2008), die von Motiven, inneren Leitbildern, Zielen verbunden sind. Man wollte „an die Macht", die Wahlen, den Krieg gewinnen, im Widerstand Schlimmes verhindern etc. (*Petzold* 2008b). Man wollte vielleicht als einstmals junger Mensch „die Alten" nicht, weil die Alten von damals „die Jungen" nicht wollten („Jugend kennt keine Tugend!") etc.

Genauso wie wir Altersbilder in unseren „subjektiven mentalen Repräsentationen" (*Petzold* 2008b) brauchen, die positiv sind und damit als innere Vor- und Leitbilder Absichten und Ziele unterstützen, brauchen wir auch – konkret bildhaft (*Isler* 1986; *Thane* 2005) – *positive Bilder der Hochbetagtheit*, die wir im gesellschaftlichen Raum erleben, die medial repräsentiert werden und sich zu komplexen „kollektiven mentalen Repräsentationen" (*Moscovici* 2001; *Petzold* 2003b) formieren[6]. Positiv heißt in diesem Kontext nicht unbedingt „Top fit", noch mit 80

---

6   »**Komplexe soziale Repräsentationen** – auch „**kollektiv-mentale Repräsentationen**" genannt – sind Sets kollektiver Kognitionen, Emotionen und Volitionen mit ihren Mustern des Reflektierens bzw. Metareflektierens in polylogischen Diskursen bzw. Ko-respondenzen und mit ihren Performanzen, d.h. Umsetzungen in konkretes Verhalten und Handeln. Soziale Welten als *intermentale* Wirklichkeiten entstehen aus *geteilten Sichtweisen* auf die Welt und sie bilden geteilte Sichtweisen auf die Welt. Sie schließen Menschen zu Gesprächs-, Erzähl- und damit zu Interpretations- und Handlungsgemeinschaften zusammen und werden aber zugleich durch solche Zusammenschlüsse gebildet und perpetuiert – rekursive Prozesse, in denen soziale Repräsentationen zum Tragen kommen, die wiederum zugleich narrative Prozesse *kollektiver Hermeneutik* prägen, aber auch in ihnen gebildet werden. In dem, was sozial repräsentiert wird, sind immer die jeweiligen Ökologien der Kommunikationen und Handlungen (*Kontextdimension*) zusammen mit den vollzogenen bzw. vollziehbaren Handlungssequenzen mitrepräsentiert, und es verschränken sich auf diese Weise Aktional-Szenisches und Diskursiv-Symbolisches im zeitlichen Ablauf (*Kontinuumsdimension*). Es handelt sich *nicht* nur um eine repräsentationale Verbindung von Bild und Sprache, es geht um Filme, besser noch: dramatische Abläufe als Szenenfolgen ... « (*Petzold* 2003b, 2008b).
  „**Kollektive mentale Repräsentationen**" entstehen in Prozessen „**kollektiver Mentalisierung**" und bestimmen „**subjektive mentale Repräsentationen**" in den Prozessen „**individuell-persönlicher Mentalisierung**".
  »**Komplexe persönliche Repräsentationen** – auch **subjektiv-mentale Repräsentationen** genannt – sind die für einen Menschen charakteristischen, lebensgeschichtlich in *Enkulturation* bzw. *Sozialisation* interaktiv erworbenen, d. h. emotional bewerteten (*valuation*), kognitiv eingeschätzten (*appraisal*) und dann verkörperten Bilder und Aufzeichnungen über die Welt. Es sind eingeleibte, erlebniserfüllte „mentale Filme", „serielle Hologramme" über „mich-selbst", über die „Anderen", über „Ich-selbst-mit-Anderen-in-der-Welt", die die Persönlichkeit des Subjekts

Jahren Marathon laufend (es gibt durchaus solche Leute), sondern von „hinlänglich guter Gesundheit", die sich in der Tat findet und erreichen lässt, wie Hoch-
altrigkeitsstudien zeigen (*Wahl* et al. 2006). Aber es muss sich auch der physisch
schwache Mensch, der infirme Mensch, zeigen dürfen, und er muss gesehen werden und alle Fürsorge erfahren, die wir ihm geben können. Körperliche Infirmität
ist überdies nur eine Seite, es gibt auch den geistigen Verfall, nämlich die ganze
Problematik der mit der Hochbetagtheit doch stark verbundenen Demenzerkran-
kungen. Insgesamt wird Hochbetagtheit zu einem Bereich, auf den man nicht gerne hinschaut, und dadurch wird dann auch nicht sichtbar und mental repräsentiert,
wie viele „**kompetente Hochaltrige**" es auch gibt.

Wenn man Alter und Hochaltrigkeit in breiter Weise innerlich gut repräsentiert hat und man über gute innere Bilder verfügt und gute Vorbilder hatte, ist das
eine wichtige Ressource. Trägt man indes auch Negativbilder in sich, so kann und
sollte man an ihnen arbeiten. Das ist ein nützliches, proaktives Handeln auf das eigene Alter hin. Ich selber nehme immer wieder ganz bewusst alte Menschen, denen ich begegne und die mich faszinieren, in mich hinein. Ich „fotografiere" sie
innerlich ab. Wir tun das ohnehin, denn wir können ja gar nicht anders als sehen,
Informationen aufnehmen und registrieren. Wir sprechen dann in der Integrativen
Therapie vom „Leibgedächtnis", vom „informierten Leib". Wenn man dann einen Eindruck nochmals „mental durchlaufen lässt" (nach dem neurowissenschaftlichen Prinzip „*use it and keep it*"), gewinnt ein solcher Eindruck an Bedeutung
und Nachhaltigkeit (*Petzold* 2003a, 1051ff).

Die Gesichter vieler alter Menschen haben eine besondere Schönheit (*Isler*
1986; *Thane* 2005). Wir sehen dann einen schönen alten Menschen, der ein vol-
les Leben durchlebt hat, das sich auf seinem Gesicht widerspiegelt. Wenn wir das
sehen, spüren, uns das bewusst machen, verankern wir das gesehene Positive und
*korrigieren* durch eine solche bewusste, gewollte „mentale Praxis" (*Petzold, Sieper*
2008, 566ff) etwaige Negativbilder, die sich aufgrund unserer fungierenden Sozia-
lisationserfahrungen mit ihrem kollektiv-mentalen Hintergrund („Die unnützen Alten, die belasten uns doch nur, die kriegen eh nichts mit etc. etc.) niedergeschlagen
haben. Solche „*Feinde von innen*" in Form negativer Kognitionen, Emotionen und
Volitionen („Ich will eigentlich nicht so alt werden wie diese Greise. Ich will nicht

---

bestimmen, seine *intramentale* Welt ausmachen. Es handelt sich um die „subjektiven Theorien"
mit ihren kognitiven, emotionalen, volitiven Aspekten, die sich in interaktiven Prozessen „*komplexen Lernens*" über die gesamte Lebensspanne hin verändern und von den „kollektiv-mentalen
**Repräsentationen**" (vom Intermentalen der Primärgruppe, des sozialen Umfeldes, der Kultur)
nachhaltig imprägniert sind und dem Menschen als Lebens-/Überlebenswissen, *Kompetenzen* für
ein konsistentes Handeln in seinen Lebenslagen, d. h. für *Performanzen* zur Verfügung stehen.«
(*Petzold* 2003b).

so dahinsiechen, das Alter ist furchtbar, hässlich, widerwärtig etc.), solche negativen Altersbilder müssen aktiv korrigiert werden. Wenn Menschen alles, was mit dem Alter zusammenhängt, negativ konnotieren und abwehren müssen, kommen sie in eine Negativität hinein, die sie, wenn sie selbst alt oder hochbetagt werden, von „innen her überfallen" kann. Die negativen Stereotypien kommen auf und infiltrieren das Selbsterleben. Und dann sind die „Feinde von außen", die man erlebt hat z. B. 1. die wahrgenommenen, schlechten, institutionellen Bedingungen, 2. die unfreundlichen jüngeren Zeitgenossen, die die „Alten" schlecht behandeln, 3. das mangelnde öffentliche Interesse (das auch etwas aussagt), aber 4. auch die griesgrämigen, nörgeligen Menschen unter den Senioren, die es durchaus auch gibt (nicht mehr als in anderen Altersgruppen) durch *Interiorisierung* (*Vygotskij* 1992), durch *Verinnerlichungen* zu „Feinden von innen" geworden. In uns selbst liegen dann die *Stigmatisierungen* „von außen", die Negativhaltungen und -behandlungen, die die Gesellschaft dem Alter (und künftig wachsend auch der Hochbetagtheit) gegenüber gezeigt hat und zeigt, und die von uns „archiviert" wurden und die damit einen Boden für ungute Selbststigmatisierungen bereitet haben.

Wenn wir also über Hochbetagtheit nachdenken, dann müssen auch die Bilder betrachtet werden, die wir über das „hohe Senium" haben und auch, wie und wo sie vermittelt wurden. In der Konsequenz müssen wir dann an die Orte gehen, wo infirme, sieche Hochbetagte und wo valide Hochbetagte sind – beides sind Realitäten –, um angemessene „Bilder" von diesen Menschen und von ihren Situationen zu bekommen und sie dann *bewusst* mit adäquaten präfrontal-kognitiven Einschätzungen (*appraisal*) und limbisch-emotionalen Bewertungen (*valuation*) zu versehen und diese Informationen im „Leibgedächtnis" zu archivieren – so die Sicht der integrativen Theorie „komplexen Lernens" (*Sieper, Petzold* 2002; *Petzold* 2003a, 1054ff). Man muss diesen zugleich reflexiven und emotionalen Zugang *wollen*, sonst vermeidet man einen adäquaten Zugang zu einer komplexen Realität, durch den wir in heuristischer Betrachtung drei Bilder von Hochaltrigen gewinnen können (feinkörnige Betrachtungen werden indes immer wieder erforderlich).

## Die Aktiven und Validen

Menschen, die in ihrer Hochaltrigkeit noch vielen Aktivitäten nachgehen, in ihrem familialen Bereich über jedes ihrer Kinder, über jeden Enkel, jeden Urenkel Bescheid wissen, die politisch aktiv sind, mit den „Nachrichten" *à jour,* Menschen, die über das Weltgeschehen informiert sein *wollen,* solche Hochbetagtheit hat mit der Lebensform dieser Menschen zu tun, damit, dass sie eingebunden sind in den sozialen Raum. Sie dürfen sich zeigen, wollen sich äußern, werden gesehen und gehört, pflegen ihre Netzwerke mit Telefonaten, Briefen, Besuchen, mit Arbeit, die sie immer noch leisten. Solche Menschen haben beachtliche soziale Netzwerke. Die ZDF-Reihe „37" Porträts Hundertjähriger (17.10. 2008) hat Menschen dokumentiert, die ihr Leben in guter Validität und Aktivität führen, und die Heidelberger-Hundertjährigen-Studie zeigt beeindruckend, dass das möglich ist (*Rott* et al. 2001; *Rott, Jopp* 2006).

## Die Passivierten und Zurückgenommenen

Neben der Gruppe der aktiven, validen alten Menschen, die kognitiv kompetent sind und körperlich noch so mobil, dass sie am Leben partizipieren und gesehen werden können und damit mental präsent werden, dadurch auch in emotionalen Bezügen stehen, die für Menschen bedeutsam sind und die Menschen haben, die sie lieben dürfen (denn „niemanden mehr zu haben", den man lieben kann, ist bitter), gibt es Hochbetagte, die passiviert sind, zurückgezogen, arm an Sozialkontakten oder auch nicht mehr motiviert und bereit, vorhandene Kontakte zu pflegen, obwohl sie sich noch in einem hinlänglich guten Gesundheitszustand befinden. Sie fühlen sich müde, verbraucht, lebten vielleicht über viele Jahre in faktischer Kontaktarmut und haben sich an den Rückzug adaptiert, ohne dass Hilfen da waren, die dieser involutiven Entwicklung entgegen gewirkt hätten, etwa durch Unterstützung eines bewegungsaktiven und kommunikationsreichen Lebensstils. Passivität befördert natürlich Abbau und dementielle Entwicklungen, die indes keineswegs zwingend eintreten müssten (*Kliegel* et al. 2001). Bei einem großen Teil der Hochbetagten, die wir mit leichten Demenzen sehen, handelt es sich auch um institutionsverursachte bzw. -begünstigte Effekte. Diese darf man nicht ausblenden oder herunterspielen. Deswegen ist es bedeutsam, dass hier die Altenbildung Bildungsangebote für Hochbetagte entwickelt.

## Die psychisch und physisch Infirmen

Zu dieser Gruppe gehören die schon sehr kranken, durch eingetretene *Multimorbidität* körperlich und geistig in der Hochbetagtheit recht eingeschränkten Menschen, besonders die, die durch dementielle Erkrankungen betroffen sind und intensive Pflege erforderlich machen (die zu Recht auch als „schwere Pflege" bezeichnet wird, schwer für die Pflegenden). Diese Pflege in hoher Qualität gewährleisten zu *wollen*, kennzeichnet in einer Gesellschaft ihren „*Willen zur Humanität*". Menschen, die diese schwere Aufgabe intensiven Pflegens – das körperliche, seelische, geistige Dimensionen umfasst – für die Gesellschaft leisten, bedürfen deshalb der besonderen Anerkennung dieser Leistung. Auch das *muss man wollen*. Und damit ist es immer noch nicht gut bestellt.

Welcher dieser drei hier kurz umrissenen Gruppen ein Mensch angehören wird, liegt nicht gänzlich in seiner Hand. Aber wir haben doch gewisse Einflussmöglichkeiten, denn wir kennen wesentliche Prädiktoren, haben ein Wissen über erforderliche protektive Faktoren und Ressourcen (*Jopp, Rott* 2004; 2006; *Rott* et al. 2006), und ohne eine ressourcen- und resilienztheoretische Sicht, wie sie in der longitudinalen Entwicklungsforschung erarbeitet und von uns in unserer *life span* orientierten therapeutischen und beraterischen Praxis umgesetzt wurde und wird (*Müller, Petzold* 2003; *Petzold* 1997p; *Petzold, Petzold* 1991; *Petzold, Goffin, Oudhof* 1993; *Sieper* 2007), kommt man nicht weiter. So werden wir ohne einen *bewegungsaktiven, kognitiv und emotional lebendigen und gesundheitsbewussten Lebensstil* schwerlich eine hinlänglich vitale Hochbetagtheit erreichen.

### Selbstsorge, komplexe Gesundheit, integrierte Leiblichkeit oder Verfall auf Raten?

*Man muss es also wollen*, in sich selbst für diesen künftigen Lebensabschnitt zu investieren – bewusst, dass es sich dabei auch um eine Investition für die jeweils aktuelle persönliche Lebensqualität handelt. Man muss auch für „seine Seele", sein emotionales Leben Sorge tragen, und das erfordert eine Pflege seiner „sozialen Netzwerke", seiner zwischenmenschlichen Beziehungen (*Petzold* 1994e), seiner Interessen und Werte. Es gilt deshalb, seine „geistigen Aktivitäten" lebendig zu halten, Nachsinnen, Nachdenken, Gespräch und Diskussion zu pflegen, etwas „für seine *geistige Gesundheit und Lebendigkeit*" zu tun und dem Rat des *Epikur* zu folgen: „Kein junger Mensch möge mit dem Philosophieren warten und keiner im Alter dessen überdrüssig werden, denn man ist weder zu jung noch zu alt für diese Therapie der Seele." (*Epikur*, in *Diogenes Laërtios* X, 122) Und es gilt, etwas für die „*seelische Gesundheit und Lebendigkeit*" zu tun und in guter emotionaler Bezogenheit zu leben. Geliebt zu werden und zu lieben, Zärtlichkeit zu geben und zu empfangen, umsorgt zu werden und zu umsorgen, sich freuen und Freude bereiten, das sind *emotionale Qualitäten*, deren Lebendigkeit und Intensität Gesundheit und Wohlbefinden fördern und die man nur in der „Gemeinschaft des Lebendigen", im zwischenmenschlichen, *zwischenleiblichen* Miteinander, in guter „*Konvivialität*" (*Orth* 2002; *Petzold* 2003a, 904, 2007a, 396ff)[7], im Kon-

---

7 »*Konvivialität* ist ein Term zur Kennzeichung eines „*sozialen Klimas*" wechselseitiger Zugewandtheit, Hilfeleistung und Loyalität, eines verbindlichen Engagements und Commitments für das Wohlergehen des Anderen, durch das sich alle 'Bewohner', 'Gäste' oder 'Anrainer' eines „*Konvivialitätsraumes*" sicher und zuverlässig unterstützt fühlen können, weil *Affiliationen*, d.h. soziale Beziehungen oder Bindungen mit Nahraumcharakter und eine gemeinsame „*social world*" mit geteilten „sozialen Repräsentationen" entstanden sind, die ein „exchange learning/exchange

takt mit Kindern, mit Tieren (*Olbrich* 1997; *Schlappak* 1998) in geeigneten und erfreulichen Lebens- und Wohnräumen des Alltags erleben kann (z. B. Wohngemeinschaften und alternativen Lebensformen, *Petzold* 1980e; *Kuratorium Deutsche Altershilfe* 1999, 2000). Man muss diese *intersubjektiven* Qualitäten und entsprechende „wohltuende" Lebensräume deshalb anzielen und in ihre Kultivierung investieren, in „*Konvivialität als kordiales Miteinander, das* ‚gutes Leben' möglich macht. Der ‚*eubios*' aber ist für Menschen der Boden des *Sinnerlebens*. Er wird von dem integrativen ‚*Koexistenzaxiom*': ‚*Sein ist Mitsein, Mensch ist man als Mitmensch*' unterfangen" (*Petzold* 2002b) und erfordert die Bereitschaft, seinen Mitmenschen eine „*Konvivialitätszusage*" zu machen, ein Versprechen: „Du bist und bleibst uns willkommen, du wirst nicht allein sein, auch im hohen Alter nicht." Wenn Menschen also in einer guten Weise und mit guten Perspektiven in einer *hinlänglichen Validität* und *Aktivität* hochbetagt werden *wollen*, dann müssen sie damit beginnen, diesen Willensentschluss in jungen Jahren zu fassen und alsbaldig umzusetzen suchen sowie zur Realisierung des Konvivialitätsversprechens Beiträge zu leisten.

Wir werden durch das Faktum der möglichen Hochbetagtheit, die uns die medizinische Versorgung (oft trotz schlechter Lebensführung, also einer Antigesundheits-Lebensführung, könnte man sagen) beschert, mit der Frage konfrontiert, zu welcher der drei oben erwähnten möglichen Gruppen wir denn gehören wollen, und was wir dafür jeweils einzusetzen bereit sind. Auch wenn wir nicht alles steuern können, liegt es zu einem Gutteil in unserer Hand, in unserer Verantwortung, bei unserer Willensarbeit, Beziehungsarbeit und Lebenspraxis, ob wir zu der ersten oder zur zweiten und dritten Gruppe gehören, zur Gruppe der Menschen, die eben nicht so valide sein werden, physisch infirm, psychisch belastet und auch mental/geistig schwach, vor allem aber einsam und ohne Räume guter *Konvivialität,* des freundlichen Miteinanders (*Petzold* 2002b).

Belastetheiten und Gebresten im Alter und hohen Alter finden sich genug, aber auch sie sind nicht zwingend. Gut, da sind die „Zuckerkranken" mit ihrem „Altersdiabetes" (Typ II), der zumeist vermeidbar gewesen wäre, wenn sie vernünftig gelebt hätten, eine gute Selbstsorge oder einer achtsamen Fürsorge vorhanden gewesen wäre, oder dessen Spätfolgen bei einem sorgfältigen Umgang mit dieser Erkrankung nicht so gravierend aussehen müssten, wie wir es oft vorfinden. Da sind die Menschen, die genetisch disponiert und durch Umweltbelastungen gefördert eine Alzheimer-Erkrankung haben. Aber viele der Verfallsprozesse in der

helping" ermöglichen. *Konvivialität* ist die Grundlage guter 'naturwüchsiger Sozialbeziehungen', wie man sie in Freundeskreisen, Nachbarschaft, 'fundierter Kollegialität", Selbsthilfegruppen findet, aber auch in 'professionellen Sozialbeziehungen', wie sie in Therapie, Beratung, Begleitung, Betreuung entstehen können« (*Petzold* 1988t).

Hochbetagtheit müssten nicht in dem Ausmaß eintreten, wie wir es heute in den Pflegeheimen antreffen. Mit diesen Themen müssen sich die validen Menschen des mittleren Lebensalters konfrontieren, um eine „Position" zu gewinnen, *welche Gesundheit sie schon hier und heute* für ihren aktuellen Lebensabschnitt und für ihr künftiges Leben in einer potentiellen Hochbetagtheit *wollen* (*Hollmann* 2006) und wie viel Sorge sie dafür zu tragen bereit sind, Sorge für ihren Leib, den sie nicht *haben,* sondern der sie *sind* (*Marcel* 1985; *Petzold* 1985g).

Wir finden in diesem Kontext zwei „schwere Sünden" gegen unseren Leib, durch die wir nach *Nietzsche* zu „Verächtern des Leibes" werden (*Schipperges* 1975, 1985), anstatt ihn im Sinne des *Zarathustra* wertzuschätzen, denn er ist die Grundlage unseres Lebens. Eine dieser „Sünden" gegen die Leiblichkeit begehen viele, all zu viele Menschen: nämlich diejenigen, die einen *bewegungspassiven, wahrnehmungs- und ausdrucksarmen Lebensstil* haben, obwohl der Mensch ein *multisensorisches* und *multiexpressives* Wesen ist und Bewegung, Erlebnisreichtum, multiple sensorische Stimulierung und vielfältige Ausdrucksmöglichkeiten für seine Gesundheit und sein Wohlbefinden unerlässlich sind (*Petzold, Stöckler* 1988; 2003a, 1050ff).

Damit wird auch die Schwere der zweiten Sünde deutlich: Zu ihr gehören die *strukturellen* Vernachlässigungen alter und hochbetagter Menschen – etwa in vielen Heimen –, was Bewegung und Aktivierung anbelangt, womit ein „*Verfall auf Raten"* gleichsam programmiert wird. Es findet sich oft genug keine hinreichende Ausstattung mit Fachpersonal (BewegungstherapeutInnen, PsychomotorikerInnen, KrankengymnastInnen). Aufgrund mangelnder Angebote und Möglichkeiten, durch schlechte Mikroökologien, fehlende Infrastruktur entsteht dann eine Bewegungspassivität (da gibt es keinen altersgerechten Kraftraum, keine angemessenen Geräte, kein gesichertes Lauf-Walk-Band, keine Schwimmmöglichkeiten). Bei einem großen Teil der Hochbetagten, die wir mit leichten Demenzen sehen, sind deshalb durchaus auch als durch institutionelle Deprivation mitverursachte dementielle Rückbildungen zu sehen. Das darf man nicht herunterspielen, denn das ist eine Verletzung von Menschrechten (siehe unten), ja zuweilen auch Körperverletzung! Deswegen ist es unverzichtbar, diese Situation grundsätzlich umzugestalten. Bewegungstherapeutische Angebote (Bewegungs- bzw. Sporttherapie, Psychomotorik, idem 1997t), Animation und Kreativierung durch künstlerische Therapieformen (idem 1985a, 2005a) und Maßnahmen der Altenbildung (idem 1977e, 2004a) müssen in die Heime hineinkommen und regelhaft eingesetzt werden, besonders wenn man auf die wesentlichen Beiträge schaut, die die Bewegungs- und Sportwissenschaften für das Alter und die Hochaltrigkeit geleistet haben. Erinnert sei an *Wildor Hollmann* [*1925], den bedeutenden Sportwissenschaftler und Sportmediziner, der sich schon in den 70er Jahren über die Arbeit mit alten Menschen habilitierte (*Liessen, Hollmann* 1976), sein Leben lang zu diesem Thema forschte und noch im hohen Alter einen bewegungsaktiven Lebensstil vorlebt (vgl. *Hollmann* 2006 u. *Hollmann's* Gesundheitsfibel http://www.interspa.de/fibel/autor.php3 und *Hollmann* et al., dieses Buch). Sport heißt dann nicht Hochleistung, sondern physische Aktivitäten. Im hohem Alter bedeutet das höchst individuell zugepasste Bewegungsaktivitäten, wie wir sie an meiner bewegungstherapeutisch und sportmedizinisch ausgerichteten Abteilung an der FU Amsterdam für alte und hochbetagte Leute entwickelt haben (*Petzold, Berger* 1978; *Droes* 1991; *Petzold* 1997t).

BewegungstherapeutInnen und PhysiotherapeutInnen, MedizinerInnen, Pflegepersonal, jede Subdisziplin im medizinischen Bereich, muss sich auf das Thema „Hochbetagtheit" spezifisch einstellen, denn es erfordert andere Kenntnisse und Praxen als das valide Alter. Wenn nur auf Ruhe und Schonung fokussiert wird, wenn man die erforderliche Unterstützung zu einer bewegten Lebensführung nicht bietet, so fehlen die Möglichkeiten, sich fit halten oder altersangemessene Fitness und Erlebnisfreude wieder zu gewinnen. Es erfolgt Abbau statt Erleben von „*fit mit fun*", denn Bewegung, Spiel, Tanz kann Spaß machen, Wohlgefühl ermöglichen, Erleben bereichern. Das alles fördert Kommunikation und soziales Miteinander – also *körperliche, seelische, geistige und soziale Gesundheit* statt billigend in Kauf genommener, akzelerierter „Abbau auf Raten".

Mit diesen Perspektiven wird noch einmal die Arbeit mit Hochbetagten als eine *bio-psycho-soziale* und *ökologische* Aufgabe gekennzeichnet im Sinne einer Gewährleistung der Qualitäten, die Menschen über ihr Leben hin für eine gesunde Lebensführung brauchen und die nicht erst im Alter fokussiert und gefördert werden sollten. Ihr Leben lang brauchen Menschen als *multisensorische* und *multiexpressive* Wesen „multiple Stimulierung" (*Petzold, Stöckler* 1988), vielfältige Anregungen kognitiver, emotionaler, volitionaler, sensumotorischer, soziokommunikativer Art (idem 2003a), d. h. sie brauchen Aufgaben für ihren Willen, „affordances" (*J. Gibson* 1982), Aufforderungsqualitäten für die Willenshandlungen (Entscheiden, Umsetzen, Durchhalten), denn der *Wille muss geübt werden* (*Petzold, Sieper* 2008). Menschen brauchen Kommunikation, brauchen emotional dichte Beziehungen und Nahräume der *Affiliation*.

## Zur „strukturellen Gewalt" deprivierender Institutionen und zur Notwendigkeit, sich für angemessene Lebenswelten Hochbetagter zu engagieren

Vernachlässigungen, „*neglect*" alter Menschen durch institutionelle Kontexte, in denen MitarbeiterInnen keine oder zu wenig Zeit für Kommunikation und Beziehungsgestaltung, für Aktivierung und Kreativierung haben, bewegen sich in den Bereich der „riskanten Pflege" (s. o. Anmerk. 5) hinein und haben massive psychische und somatische Schäden zur Folge. Es sei noch einmal unterstrichen: *Vernachlässigung ist Misshandlung!* Man muss ihr deshalb mit allem Nachdruck entgegentreten. Pflegegesetze dürfen nicht nur schöne Präambeln haben. Wenn im leistungsrechtlichen Katalog die erforderlichen Maßnahmen zu einer Patienten- oder Klientenzentriertheit, die etwa Maßnahmen zur Partizipation und Aktivierung betreffen, nicht abgerechnet werden können, so müssen zwangsläufig Institutionen der Pflege und Betreuung bzw. ihre MitarbeiterInnen einen Einsatz bringen, der personell nicht abgedeckt (da nicht finanziert) ist. Das muss zu Überlastungssituationen des Personals führen, was zu Lasten der Heimbewohner geht, weil dadurch lebenswichtige Stimulierung fehlt und eine menschenwürdige Lebensqualität gefährdet wird (*Petzold, Müller* et al. 2005). Die Gesetze, die „gestern" für diesen gesamten Bereich gemacht wurden, tragen der Zukunft, dem heraufziehenden Ausmaß der durch die Hochaltrigkeit entstehenden Handlungserfordernisse bislang noch nicht in ausreichendem Maße Rechnung. Die Situation verweist schon heute auf einen größeren, *proaktiven* politischen Handlungsbedarf, da sonst *strukturelle Vernachlässigungen* einer beständig anwachsenden Bevölkerungsgruppe gegenüber entstehen, die wiederum für deren steigende Infirmität (was auch steigende Kosten bedeutet) mitverantwortlich ist. Die *Strukturqualität* zum Erzielen einer guten *Prozessqualität* von Pflege, Betreuung, Bildung im Bereich der Hochbetagtheit ist oft jetzt schon nicht hinreichend, und die Defizite wachsen rasant, so dass mangelhafte politische Weitsicht, Planung und Aktion zu institutionellem Mangel und dieser zum Mangel an gesundheitlicher Sicherheit und Lebensqualität für Menschen wird, die ggf. unsere Eltern, Paten, Freunde sind und demnächst für uns selbst. Die Betroffenen Heimbewohner oder Hausgepflegten werden damit genauso Opfer „struktureller Gewalt" wie die in wachsender Überforderung stehenden Pflegenden (*Grond* 2007). Ihre Rechte werden verletzt. Auch kognitiv valide, hochbetagte *Erwachsene* haben ein „Recht auf Bildung", müssten von den Maßnahmen der Erwachsenenbildung und Geragogik einbezogen werden – unter ihrer aktiven Beteiligung, denn auch im hohen Alter ist „Selbstgesteuertes Lernen" (*Bubolz-Lutz* 2000, 2002) möglich und natürlich *intergenerationelles „exchange learning"* (*Petzold, Laschinsky, Rinast* 1979; *Gösken* et al. 2000). Ich hat-

te, als ich 1965 das Konzept der Geragogik einführte, durchaus auch Hochbetagte
mit im Blick aufgrund konkreter Erfahrungen mit dieser Gruppe während meiner
Studienzeit in russischen Altersheimen im Großraum Paris, wo ich höchst interessierten und bildungswilligen Menschen begegnet bin, die sich selbst an Theater-
spielen mit dem Therapeutischen Theater von *V. N. Ilijine* (*Petzold* 1973b; 1979j)
beteiligten. Bislang sieht man aber noch viel zu wenig an Bildungsinitiativen und
Maßnahmen im Bereich des „vierten Alters", u. a. wohl auch, weil das Kosten pro-
duziert. Aber es sind von engagierten GerontologInnen Initiativen auf dem Wege
(*Bubolz-Lutz* 2000, 2005; *Kade* 2007; *Skiba* 2000; *Veelken* 2003) und es ist zu hoffen, dass aus Einzelprojekten strukturelle Maßnahmen werden. In den Leistungs-
katalogen der Kostenträger sind Bildungsmaßnahmen bislang nicht vorgesehen,
obgleich durchaus auch ein Bildungsbedarf besteht: natürlich zum Thema Hochaltrigkeit und Gesundheit, zu Fragen des Leidens, der Intergenerationalität, damit
immer wieder auch der Auseinandersetzungen und Verstrickungen, der Versöhnung
und des Verzeihens (*Tausch* 1992; *Enright, Fitzgibbons* 2000; *Schwennen* 2004),
des Sinnes (*Böhnke* 2007; *Frankl* 1981), der Lebenshilfe. Die „Positive Psychologie" (*Auhagen* 2004) und die sinn- und weisheitsorientierte Psychotherapie und
Agogik (*Petzold, Orth* 2005a; *Ardelt* 2005; *Veelken* 2005) haben hier nützliche
Ansätze erarbeitet. Weiterhin bestehen bei vielen Hochbetagten noch Interessen
an einem breiten Spektrum kultureller Themen. Bildung ist kein Luxus, sondern
ein Menschen- und Bürgerrecht und ein wichtiger Gesundheitsfaktor. Fernsehen
allein reicht da nicht (ich schreibe dies durchaus auch mit Blick auf meine eigene mögliche Hochbetagtheit, mit Blick auch auf betagte KollegInnen, die ich in
der Heimsituation des öfteren besucht habe, wie den Nestor der österreichischen
Sozialpsychiatrie Prof. Dr. *Hans Strotzka* (* 18. November 1917 † 16. Juni 1994,
vgl. *Hauer* 2000), selbst engagiert mit der Altersthematik befasst (*Strotzka* 1988),
der unter der Monotonie und Angebotsarmut in der Heimsituation durchaus ge-
litten hat, wie er mir in Gesprächen vermittelte, und der tragischer Weise am 16.
Juni 1994 als Heimbewohner einem Feuer in seinem Altersheim zum Opfer fiel[8].

In schlechten oder unzureichenden Heimsituationen kann man qualifiziertes
und motiviertes Personal nicht lange halten. In verschiedenen Untersuchungen bei
Mitarbeitern in Altenheimen wurde klar, dass die überwiegende Mehrzahl es sich
nicht vorstellen konnte, in dem Heim, in dem sie arbeiteten, später selbst als Bewohner leben zu müssen (*Dymarczyk* 2003; *Petzold, Müller, Horn, Leitner* 2005).
Natürlich ist es dann auch nur schwer möglich, ältere MitbürgerInnen, RRs (rüsti-

---

8 Ein relativ häufiger Zwischenfall in Heimen, der oft mit einem „understaffing" der Einrichtungen
 zu tun hat vgl. „Chronologie der Feuer in Seniorenheimen". *Vorarlberg News* 2008. http://www.
 vol.at/news/vorarlberg/artikel/chronologie-der-feuer-in-seniorenheimen/cn/news-20080209-
 12115269

ge Rentnerinnen) zu motivieren, in solchen Heimen ehrenamtlich tätig zu werden und dazu beizutragen, sie zu angenehmen Lebenswelten zu gestalten. Auch „Ehrenamtliche" haben oft einen Mangel an positiven Bildern von Hochbetagtheit, und ihre Willensentscheidung zur Selbsthilfe oder ihre Willensbereitschaft zur Hilfeleistung für noch ältere Menschen hat sicher etwas damit zu tun, welches „Bild" diese älteren Menschen selber vom hohen Alter und natürlich auch von Heimen haben. Hier liegen z. T. wichtige verhindernde Gründe für ein ehrenamtliches Engagement, das allerdings durchaus gewonnen werden kann, wenn entsprechende Motivationsarbeit und Begleitung gewährleistet wird (*Bubolz-Lutz, Rüffin* 2001). Die Veränderung solcher Bilder muss, wie schon erwähnt, unbedingt und in breiter Weise Thema von Öffentlichkeitsarbeit, von andragogischen und geragogischen Veranstaltungen werden.

*Erika Horn* hat solche Arbeit über viele Jahrzehnte geleistet. Sie hat nie gesagt: „Ach, was soll ich mit den alten Leuten!" Sie ist zu alten Menschen gegangen, hat für sie und *mit ihnen* ihr Leben lang gearbeitet, wie ihr Buch, das 1964 bei Styria (Graz-Wien-Köln, 292 Seiten) erschien, dokumentiert. Sein Titel: „**Du sollst ein Segen sein. Vom Sinn des Alters**" kann als ihr Lebensmotto gelten, unter dem sie sich beständig gegen die „häufige Verdrängung, die mit dem Alter und dem Sterben verbunden ist" (*Horn* 2002, 17), gewandt hat, denn Verdrängung schafft Angst, Ablehnung, strukturelle oder auch faktische Gewalt. *Erika Horn* hat sich selbst in ihrer gerontologischen Kompetenz beständig weitergebildet – so haben wir uns kennen gelernt, als sie 1978 an einem meiner Seminare über „Altern und Sterben als persönliche Erfahrung" (*Petzold* 1985u) teilnahm. Sie hat ihr Wissen stets weitergegeben und für die Verbesserung der Lebenssituation und der Lebensqualität alter Menschen in vielen Bereichen engagiert genutzt: in der Altenbildung, der Schulung von Pflegekräften, in der Öffentlichkeitsarbeit, im Hospizwesen. Sie hat die Gefahren struktureller Gewalt gegenüber alten Menschen und Hochbetagten beobachten können und erkannt, dass die Probleme unzureichender lebensweltlicher Bedingungen für viele dieser Menschen, uns alle, jüngere, ältere und alte MitbürgerInnen gleichermaßen in eine grundsätzliche Verantwortung stellen: auf der Zeitachse nach „unten" zu Kindern und Enkeln hin (so fern solche vorhanden sind) und nach „oben" zur eigenen Lebenszukunft hin, Wissen über Altern, Hochaltrigkeit, Sterben weiterzugeben und proaktiv für diese Lebensphasen tätig zu werden.

Spätestens wenn Menschen ins höhere Erwachsenenalter kommen, müssen ältere MitbürgerInnen sich mit ihren „inneren Bilder" vom Alter, die sie in sich tragen, konfrontieren, um sie zu bearbeiten (und das ist eigentlich schon ziemlich spät, in jungen Jahren ist das besser). Da das Alter keine Krankheit ist, müssen sie sich dazu nicht „auf die Couch" legen. Das wäre auch nicht sehr günstig, weil *Freud*, obwohl er selbst bis ins hohe Alter kreativ war, ein recht negatives Bild vom Alter hatte (*Petzold, Bubolz* 1979, 89f, *Leitner, Petzold* 2008) – und viele Psychoanalytiker sind ihm in dieser Auffassung bis in die jüngste Zeit gefolgt, von Pionieren wie *H. Radebold* abgesehen (*Radebold* 1992, 2004; *Heuft, Kruse, Radebold* 2000). Nein, ältere und alte Menschen müssen ihre eigene Kompetenz der Lebensbewältigung und -gestaltung nutzen. Wenn sie sich im Spiegel betrachten und feststellen, wie sie aussehen, dann müssen sie sich auch Gedanken machen, *wie sie aussehen wollen*. Jeder Mensch ist nämlich in einer gewissen Weise auch für sein Gesicht und seine Haltung verantwortlich (es geht hier nicht um Fragen der Kosmetik oder des Liftings). Sie müssen sich aber auch im Gespräch mit den Menschen ihres emotionalen Nahraums, ihren Freunden und Freundinnen über die Fragen des Alterns, Älterwerdens und über ihre kommende Hochbetagtheit austauschen, so dass diese Themen nicht ausgespart bleiben, sondern in einen intersubjektiven „Gestaltungsraum" gelangen und Gegenstand der eigenen „Poiesis" und „Willensarbeit" werden können (*Orth, Petzold* 2008).

## Würde – Die Gewährleistung von Client Dignity und Hominität

In Alter und Hochbetagtheit geht es in eminenter Weise um die „Würde" des Menschen: einerseits um die *Würde*, die man ihm erweist und attribuiert im Sinne einer gesellschaftlichen Verpflichtung und als höchstes Rechtsgut (Art. 1. GG, vgl. BVerfGE 54, 148), weil sie eine konstitutive Eigenschaft des menschlichen Wesens ist, und andererseits um die *Würde*, die jedem als eine Chance und Verpflichtung zur Selbstgestaltung in persönlicher „Poiesis" gegeben ist. *Giovanni Pico Conte della Mirandola* (1463 – 1494) hatte in seiner berühmten Rede „*De Hominis Dignitate*" (1496/1990) ausgeführt, dass der Mensch „ein Werk von unbestimmter Gestalt" sei, und – von Gott nicht festgelegt in seiner Natur – er habe die Freiheit, sein Wesen selbst zu schaffen (vgl. *Bloch* 1972). *Kant* hat diesen Gedanken in seinen ethischen Schriften (Metaphysik der Sitten 1797) so gefasst, dass jeder Mensch die Würde der Menschheit in seiner eigenen Person ehrt, und deshalb Anspruch darauf habe, dass die Menschheit in seiner Person die Achtung der anderen Menschen erfährt. Jeder ist damit seinerseits dazu verpflichtet, die Menschheit im Nächsten zu achten als eine *prinzipiell gebotene* Achtung des anderen Menschen. Diese „Achtung der Mitmenschen" als „Anerkenntnis ihrer Menschenwürde" gehört nach *Kant* zu den grundlegenden Tugendpflichten (zur Menschenwürde, vgl. *Fischer* 2005; *Tiedemann* 2007, 2008).

Würde kann einerseits als Wesensmerkmal andererseits als Gestaltungsauftrag verstanden werden, jedoch müssen diese beiden Dimensionen von Würde als
unlösbar miteinander verschränkt gesehen werden, wenn Menschen gemeinsam
an ihrer „Hominität" (*Petzold* 2003a, 2008a), an der Entwicklung ihres menschlichen Wesens, arbeiten wollen.

Nun begegnet man aber im Bereich des Alters und der Hochaltrigkeit immer
wieder Verletzungen der Menschenwürde, wie die Vielzahl der Skandale um gefährliche Pflege, Tötungsdelikte, Vernachlässigung zeigt, und wie die Situationen
unwürdiger Lebensbedingungen und der Altersarmut, aber auch die z. T. unzumut-
baren Bedingungen, unter denen Pflegende ihre schwere Arbeit mit Menschen leisten müssen, deutlich machen. Beides ist Ausdruck der beschriebenen „struktureller
Gewalt" (*Grond* 2007; *Petzold, Müller* 2005; *Petzold* 2005h). Und es steht zu be-
fürchten, dass bei zunehmender Hochaltrigkeit, der Überalterung der Gesellschaft
und der mit dieser gerontotropen Dynamik verbundenen Verknappung von Mitteln, die Gefahr der „Verletzung der Alterswürde" (*Petzold* 1985d) wächst. Derartige Verletzungen, die durch Mega-Skandale wie Lainz I bedrückend sichtbar
wurden – ich war der erste, der im fachgerontologischen Kontext darüber berichtete (idem 1985a) –, motivierten mich dazu, die Begriffe „*client/patient dignity*"
und „*client well being*" in die Therapieethik einzuführen, denn leider ist die Würde des Menschen antastbar, wie besonders auch die Situation alter Menschen zeigt
(*Müller, Petzold* 2002). Deshalb ist es eine ethische Verpflichtung für jeden – nicht
zuletzt mit Blick auf das eigene Alter – sich dafür einzusetzen, dass Menschen die
Möglichkeit der Selbstgestaltung als Verwirklichung ihrer Menschenwürde erhalten bleibt, denn das ist ein zentrales Menschenrecht. Am 10. Dezember 1948, vor
sechzig Jahren, wurde die „Allgemeine Erklärung der Menschenrechte" von der
UN-Generalversammlung verabschiedet. Dieses Datum zu erinnern, ist genauso
wesentlich wie das Datum des „Anschlusses" am 12. März 1938 (*Petzold* 2008b),
das zu den Hintergrundsdimensionen für diese Deklaration zählt, die Kriegsgräu-
el des Weltkrieges. Diese Erklärung legte einen sehr breit greifenden, substanzrei-
chen Boden, der auch für unser Thema bedeutsam ist, wenn etwa der Artikel 7 allen
Menschen den Anspruch auf Schutz gegen „Diskriminierung" zusichert. Die „Europäische Konvention zum Schutze der Menschenrechte und Grundfreiheiten" (in
Kraft seit dem 3.9. 1953) nimmt diese Argumentationslinie auf und schreibt erneut
eine Reihe von Grundrechten und Grundfreiheiten fest: das Recht auf Leben (Artikel 2. 1), das Verbot von Folter oder *unmenschlicher* oder erniedrigender Strafe
oder Behandlung (Artikel 3). Im Artikel 8. 1 heisst es: „Jedermann hat Anspruch
auf Achtung seines Privat- und Familienlebens, seiner Wohnung und seines Brief-
verkehrs". Und daraus kann man einen Anspruch auf eine Privatsphäre ableiten.

In Artikel 14 fehlt neben der Aufzählung von Geschlecht, Rasse, Hautfarbe, Sprache, Religion, politischen oder sonstigen Anschauungen, nationaler oder sozialer Herkunft, Zugehörigkeit zu einer nationalen Minderheit eine Nennung der Kinder, mit Kinderrechten und des Alters mit Altersrechten. Es ist indes durch die besondere Situation der Alten und Hochbetagten heute ein Kontext für Nachbesserungen dringend entstanden, der so bedeutsam ist wie der, der zu Konvention für die Rechte des Kindes vom 20.11. 1989 geführt hat oder zur Konvention über die Beseitigung aller Formen der Diskriminierung der Frau (UN-Generalversammlung am 18.12. 1979). Jeder alternde Mensch sollte sich mit aller Kraft seines Willens und Engagements für grundrechtliche Regelungen zum Schutze der Situation des Alters und der Hochbetagtheit einsetzen.

Ein solches Recht auf würdige Lebensumstände des Alters ist nicht nur ein „act of charity", sondern Ausfluss der Menschenrechte. Dass auch ein vitales Interesse der modernen Gesellschaften daran bestehen muss, dass dieses Recht auf Lebensgestaltung bis ins Hochalter gelten muss und auch von den Hochaltrigen wahrgenommen werden kann, zeigen uns Menschen wie *Erika Horn*. Sie leisten Beiträge zur **Humanität** unserer Gesellschaft, deren Bedeutung für unser gesellschaftliches Leben gesehen und gewürdigt werden muss, weil sie in diese Gesellschaft ihre „Lebensarbeit an sich selbst", an ihrer „**Hominität**", ihrem Menschsein, eingebracht haben und einbringen können. Sie ermöglichen damit kollektive **Humanität**, die wir so notwendig brauchen – weltweit.

> *„Hominität* bezeichnet die Menschennatur auf der individuellen und kollektiven Ebene in ihrer bio-psycho-sozialen Verfasstheit und ihrer ökologischen, aber auch kulturellen Eingebundenheit mit ihrer Potentialität zur Destruktivität/Inhumanität und zur Dignität/Humanität. Das Hominitätskonzept sieht den Menschen als Natur- und Kulturwesen in *permanenter Entwicklung durch Selbstüberschreitung*, so dass Hominität eine Aufgabe ist und bleibt, eine permanente Realisierung mit offenem Ende – ein *WEG*, der nur über die Kultivierung und Durchsetzung von *Humanität* führen kann." (*Petzold* 2002b)

Was das bedeutet, soll kurz ausgeführt werden. Ich bin immer wieder hochbetagten Menschen begegnet, die eine große Zufriedenheit und Heiterkeit ausgestrahlt haben und eine hohe Lebenszuversicht, obwohl die Spanne ihrer Lebenszeit klein geworden war, die ein Lebenswissen erworben und eine persönliche Weisheit entwickelt haben, die für alle, die einem solchen Menschen begegnen, ein Geschenk, eine Bereicherung sind. Und wäre das Erreichen eines solchen Lebensertrages nicht ein erstrebenswertes Ziel? Ist die Verunmöglichung einer solchen bilanzierenden und transformierenden Arbeit auf der letzten Lebensstrecke nicht eine Grausamkeit, die für die Gesellschaft selbst ein erhebliches Risiko birgt: nämlich einen notwendigen „Flow-back" an *glaubwürdiger ethischer Präsenz* im öffentlichen

Raum zu verunmöglichen und zu verhindern, obwohl dieser Raum, wie die derzeitigen ökonomischen Turbulenzen (und ihre Hintergründe mit massiven Defiziten an Moral und Verantwortlichkeit) zeigen, eine solche *ethische Präsenz* dringend notwendig hätte.

## Ein „Wille zur Weisheit" und zur Praxis von Tugenden

Diejenigen, die mit alten Menschen arbeiten, wissen, wie oft schwerkranke, hochbetagte, ja sterbende Menschen, ihre Familien ermutigen und ihren Angehörigen „etwas mitgeben". Sie konnten ihre Lebensleistung synthetisieren, haben für sich ein „rechtes Maß" und zu einer „**Lebensweisheit**" gefunden und so „verkörpert", dass sie den „Ertrag ihres Lebens" in einer bewundernswerten Ausgewogenheit als Person zu repräsentieren vermochten. Das sind Menschen, die uns durch ihre „leibhaftige Präsenz" beeindrucken (*Schmitz* 1989, 1990; *Petzold* 1985g), denn in ihnen wird sichtbar, was man einst als die „Weisheit des Alters" bezeichnet hat. *Hans Saner* (2008) führt zum Thema Altersweisheit aus:

> „Mir scheint wichtig zu sein, dass man zwei Arten der Altersweisheit unterscheidet, eine theoretische und eine praktische: Die theoretische zeigt sich nicht als Klugheit, ist also nicht eine Funktion des Verstandes, weil man ja klug auch ohne Weisheit sein kann, sofern man sich überhaupt an die Regeln der Logik hält. Sie zeigt sich vielmehr als Urteilsvermögen, das allein durch Erfahrung und nicht nach vorgegebenen Regeln geübt werden kann. Sie reift durch den Gebrauch und bringt mit der Zeit das weise, d.h. das angemessene, das gerechte Urteil hervor. Die praktische Altersweisheit dagegen zeigt sich nicht bloß in den Urteilen, sondern in der ganzen Lebensführung. Sie kommt aus der Erfahrung, worauf es im Leben ankommt, wofür es sich lohnt zu leben und wofür eben nicht. Sie hat deshalb sowohl gelernt, das Vernünftige zu wagen, wie auf manches zu verzichten. In diesen Verzichten liegt nicht der Hauch einer Resignation."

Die **Weisheit** zählt *Platon* mit gutem Grund zu den vier „Kardinaltugenden" (*Pieper* 1988), und die Weisheitslehrer aller Kulturen haben die vitale Bedeutung von Weisheit für die menschliche Gesellschaft betont – *Gerd Scobel* (2008) hat hier neuerlich eine kenntnisreiche Darstellung gegeben und bietet, vor allem durch seine Exkurse in die Neurobiologie, Ergänzungen zu den klassischen Texten von *Joseph Pieper* (1987) „Suche nach der Weisheit" und *Raimon Panikkar i Alemany* (1998) „Invitación a la sabiduría". Psychologische und interdisziplinäre Perspektiven finden sich in den Readern von *Robert. J. Sternberg* (1990) „Wisdom" und von *Aleida Assmann* (1991) „Weisheit", bei dem die Vernetzung mit *Jan Assmann*s (2005) altorientalischen bzw. ägyptologischen Weisheitsforschungen fruchtbar sind sowie im „Handbook of wisdom" (*Sternberg, Jordan* 2005). Warum wird Weisheit hier mit dem Thema Hochbetagtheit verbunden? Weil traditionell in den meisten Kulturen Alter und Weisheit zusammen gesehen wurden (*Brent, Watson* 1980; *Birren,* Svenson 2005; *Assmann, J.* 2005) und diese Attribution jetzt mit der Zunahme von Hochaltrigkeit in das „vierte Alter" überwandert, das in gewisser Weise das „dritte Lebensalter" – das zunehmend unruhig wird (*Schultz* 1985) – abzulösen beginnt. Weisheit ist damit auch in den Blick der Gerontopsychologie und Gerontotherapie und deren Bemühungen zu einer „Weisheitsforschung" gekommen (*Maerker* et al. 1998; *Staudinger, Baltes* 1996).

Historische und transkulturelle Analysen (*A. Assmann* 1994) lassen erkennen, dass „Weisheit" *fremdattributiv* konstituiert wird („Er ist ein Weiser!"), so *A. Assmann* (1994). Weisheit kann damit aber auch nach kritischer kognitiver Überprüfung (*appraisal*) und emotionaler Bewertung (*valuation*) *selbstattributiv* zum Tragen kommen („Sie sehen mich als weise? In der Tat: Ich habe an Weisheit gewonnen!"). Weisheit kann so zu einem „Identitätsmerkmal" (*Petzold* 2001p) werden. Diese Erkenntnis ist für gerontotherapeutische und -agogische Konzeptbildung und Praxeologien zentral. Wo die Gesellschaft nicht bereit ist, die „Weisheitskompetenz" von alten und hochbetagten Menschen zu sehen, zu würdigen, sichtbar zu machen, zu nutzen, hat sie keine Chance, denn sie braucht „performatorische Räume" (vgl. *Goffman* 1959). *A. Assmann* (1994) hat einen kategorialen Rahmen für Bewertung von Weisheit aufgewiesen: 1. *Umfang* (von Wissen und Erkenntnis), 2. *Tiefe* (die Intensität der Durchdringung), 3. *Zugänglichkeit* (nicht jedem zugänglich, dennoch verständlich), 4. *Nützlichkeit* (sie dient dem „guten Leben", dem Gemeinwohl und bewährt sich in schwierigen Situationen). *Assmann*s Bewertungskategorien sind nützlich, indes wohl nicht transkulturell gültig (etwa im japanischen Shinto und Zen, aber auch in der ostkirchlichen Mystik der Kenosis und Theosis) und sie begegnet dieser Problematik mit ihrer Idee der „Weisheitsformen" (sie unterscheidet vier: herrscherliche, magische, väterliche, skeptische Weisheit, eadem 1991), von denen allerdings keine spezifisch aus unserer spätmodernen Zeit destilliert wurde, sondern aus traditionellen Gesellschaftsformen und damit aus ihrer normativen Substanz. Das muss kein Schaden sein, sofern durch eine Überprüfung auch für gegenwärtige Situationen und Menschengruppen eine hinlängliche „Passung" hergestellt werden kann. Dass das durchaus möglich zu sein scheint, zeigt die starke Hinwendung zahlreicher westlicher Menschen zur „östlichen Weisheit" und Weisheitspraxen – so auch in der Psychotherapie, hier neuerlich mit Aufnehmen von „Meditations-" und „Achtsamkeitspraktiken" *(Kabbat-Zinn* 2006; *Heidenreich, Michalak* 2004; *Petzold* 1983d). Natürlich muss hier die kritische Frage nach mythoformen und regressiven Ersatzaktivitäten, die mit Weisheitsgewinn wenig zu tun haben, gestellt werden *(Petzold* 2008b; *Petzold, Orth* 1999*)*.

Die Frage nach adäquaten Definitionen von Weisheit (*McKee, Barber* 1999; *Brent, Watson*1980) wird sich nie von jeweils aktuellen soziokulturellen Situationen und den in ihnen lebenden Menschen ablösen lassen. So sind Untersuchungen zu „impliziten Weisheitstheorien" durch Befragung von spezifischen Populationen (z. B. *Bluck, Gück* 2004; *Thorngate* 1981) lediglich Widerspiegelung der jeweiligen soziokulturellen Milieus – etwa amerikanischer Mittelschichtspopulationen – mit ihren jeweiligen Ideen, Ideologien, Heuristiken (idem 1980), also den „kollektiven mentalen Repräsentationen" (*Moscovici* 2001; *Petzold* 2008b) bzw. „Semiosphären" (*Lotman* 1990a, b). *Baltes* und *Staudinger* (2000) kommen in ihrer Übersicht über implizite Weisheitstheorien zu fünf markanten Eigenschaften von Weisheit: 1. Spezifität des Begriffes gegenüber Konzepten wie Intelligenz, 2. Ideal menschlicher Vermögen, 3. Synergie von kognitiven, emotionalen, motivationalen Funktionen, 4. hohe soziale Kompetenz und Performanz, 5. Selbst- und Gemeinwohlsorge. Diese Eigenschaften müssen dann jeweils gruppenspezifisch – mit Blick auf Ethnie, Schicht (Bildungsniveau), Religionszugehörigkeit, Gender, Alter – erfasst werden, um das Weisheitsverständnis, die „tacit knowledge" des jeweiligen Gegenübers (und damit seiner „social world", *Hass, Petzold* 1999; *Unruh* 1983) zu erfassen. Letztlich ist *Sternberg*s (1998) Balance-Theorie von Weisheit, die er „als die wertegeleitete Anwendung von stillschweigendem Wissen mit dem Ziel ein allgemeines Gut zu erreichen" durch den Ausgleich vielfältiger intra-, inter- und extrapersonaler Interessen sowie einer Balance zwischen unterschiedlichen Umwelteinflüssen, immer nur im Rückgriff auf kollektive Bewertungsstrukturen (*Moscovici* 2001) zu sehen, eben weil alles „*Intramentale* zuvor *intermental*" war – um noch einmal an *Vygotskij* (1931/1992, 236) zu erinnern. Damit haben wir es natürlich mit höchst unterschiedlichen „social worlds" – verstanden als kollektive mentale (kognitive, emotionale, motivationale, volitive) Inhalte, was die Weltsicht anbetrifft – zwischen den Generationen und Kulturen zu tun. Das wirft Probleme auf, für die explizite Weisheitstheorien (z. B. *Ardelt* 2004; *Staudinger, Baltes* 1996; *Sternberg* 1998) auch keine glatte Lösung bieten. Der rasante kulturelle Wandel, die Explosion der Wissensstände, die Vergestrigung von Kenntnissen lassen eine Verortung der Weisheit primär in der Ebene von *Sachwissen* obsolet erscheinen, da alles „im Fluss", einem akzelerierten Fliessen ist. Anders als mit dem *Sachwissen* steht es mit dem *Prozesswissen* über Formen und Wege der Verarbeitung bzw. über die Integration von *Erleben* und *Erlebten*, von *Lebenserfahrungen* – ganz gleich welcher Art und in welcher Zeit. Das Teilen solchen Wissens um Verarbeitungsprozesse im polylogischen Gespräch zwischen Alt und Jung, kann – durch korrespondierende Konsens-Dissens-Prozesse hindurchgehend (*Petzold* 2003a, 93ff) – zu einer gemeinsamen Bestimmung von „Weisheit" führen, und so einen Basiskonsens für weiteren Austausch schaffen. Dabei wird die Möglichkeit eröffnet, ein „Know How", ein Wissen über das „prozessuale *Wie*" zu vermitteln: „*Wie* sind Sie mit diesem oder jenem Problem umgegangen?" – „*Wie* kann man mit soviel Leid fertig werden?" – „*Wie* haben Sie eine solche Gelassenheit und Serenität gewonnen?" usw. Die Menschen jeder Generation werden für ihre je spezifische Lebenssituation und Lebens- und Sozialwelt ihre eigenen „**Wege zur Weisheit**" finden müssen, was zu einem **fundamental prozessualen Verständnis von Weisheit** führt, zu einer **herakliteischen Weisheitskonzeption** (*Petzold, Sieper* 1988b), welche sogar die jeweils eigene Bestimmung von Weisheit einschließt – es gibt eben **die** Weisheit nicht, sondern Weisheiten, **den** Sinn nicht, sondern Sinne (das Russische kennt im Unterschied zum Deutschen einen Plural von Sinn *smysly* zu *smysl, Petzold, Orth* 2005a).

Es gibt zweifelsohne Komponenten, die sich in vielen Weisheitsvorstellungen oder Ideen über Weisheitsgewinn finden, aber sie werden stets kontextualisiert und temporalisiert auf den jeweiligen Menschen und seine Bezugsgruppe zugepasst werden müssen: von ihm selbst und von seinen relevanten Mitmenschen – im Miteinander. So wird Weisheit stets mit **Kompetenzen** (Fähigkeiten, Wissen, Theorien) und **Performanzen** (Fertigkeiten, Können, Praxen – Weisheit ist als gelebte performativ!) verbunden sein (*Petzold* 2003a, 469ff, 886), die es in **Weisheitsprozessen** zu nutzen gilt. Kataloge von Weisheitskompetenzen und -performanzen, wie sie die psychologische und therapeutische Weisheitsliteratur z. T. bietet, sind indes ohne den Hintergrund je spezifischer Erarbeitungen wenig fruchtbar. Genannt seien deshalb exemplarisch nur einige Konzepte, die keine Vollständigkeit intendieren wollen oder auch nur können, weil sie jeweils kontextualisiert erfasst werden müssen, ko-respondierend, ko-kreativ zu erarbeiten und in ihren spezifischen Qualitäten und Bedeutungsgehalten zu bestimmen sind. Häufig finden sich die **Fähigkeiten/Kompetenzen** zur Dialektik von *Exzentrizität* und *Zentriertheit*, zu *Selbstbewusstheit* und *Selbstdistanzierung*, zu *Mehrperspektivität* und *Metareflexivität* (ibid. 146ff, 494, 996ff et passim), zu *antizipatorischer Kompetenz, Konnektivierungsvermögen* (idem 2007a), eine *metahermeneutische Betrachtung* und *Durchdringung* des Lebensgeschehens (*Petzold* 2003a, 34; 2007a). Weiterhin sei auf **Fertigkeiten/Performanzen** verwiesen: die *Affektregulation* in Richtung Gelassenheit, Heiterkeit, Glück (*serenitas, hilaritas, euthymia, eudaimonia*), die *empathische, intuierende Kommunikation*, welche Begegnungs-, Beziehungs- und Bindungsfähigkeit begründet (ibid. 275f, 784f, 803f, 1038 et passim), der *proaktive Gestaltungswille*, die *kreative Poiesis* des Lebensvollzuges (*Orth, Petzold* 2008), die *willensbestimmte Selbstführung* (*Petzold, Sieper* 2008), die Praxis *sozialen Engagements* und gelebter *Solidarität* – letztlich die „**Praxis von Tugenden**".

Das alles sind **Kompetenzen/Performanzen**, die in **Weisheitsprozessen** wesentlich sind, ohne dass damit inhaltliche Festlegungen erfolgen. Inhalte, „Positionen" (im Sinne unseres *Derrida*schen Positionskonzeptes s. o.) müssen über die Lebensspanne hin im „*Polylog*" der Begegnung und Auseinandersetzung – in „*Korespondenz*" (*Petzold* 2003a, 93f) mit bedeutsamen Anderen und mit sich selbst in „innerer Gefährtenschaft" (ibid, 268) – erarbeitet werden.

Derartige Weisheitsprozesse als *intramental* reflexive und auch als *intermental* und intersubjektiv-diskursive Prozesse brauchen Zeit und Muße zu „Besinnung, Betrachtung, Versenkung" (*Petzold* 1983a), zu Begegnung und Auseinandersetzung. *Seneca* hat uns in seiner so wichtigen Schrift „Über die Muße" auf diese zentrale Qualität hingewiesen. Und Zeit müssen sich Menschen im hohen Alter nehmen – spätestens dann, denn es wäre gut, sie hätten sie sich schon früher genommen, um ein wenig Weisheit zu gewinnen.

> „Denn Weisheit ist letztlich nichts anderes als das Maß unseres Geistes, wodurch dieser im Gleichgewicht gehalten wird, damit er weder ins Übermaß ausschweife, noch in die Unzulänglichkeit falle ..... Hat der Geist jedoch Weisheit gefunden und hält dann den Blick fest auf sie gerichtet... dann brauchte er weder Unmaß, noch Mangel, noch Unglück zu fürchten. Dann hat er sein Maß, nämlich die Weisheit und ein beständiges Glück." (*Augustinus*, Über das Glück 4, 35)

Explizite Weisheitstheorien der verschiedenen Kulturen – wie sie im obigen *Augustinus*zitat zum Ausdruck kommen – können nützliche Anregungen geben. Es sollten hier aber nicht nur die großen *östlichen* und *westlichen* Traditionen berücksichtigt werden, wie es etwa *Ardelt* (2004) in ihrer dreidimensionalen Weisheitstheorie unternommen hat (sie sieht eine 1. kognitive, 2. reflektive, 3. affektive Dimension, wobei 1 und 2 kategorial nicht trennscharf sind). Eine solche Ost-West-Zentrierung konstituiert ein Bias gegenüber den sehr lebenspraktischen afrikanischen und indigenen Weisheitsformen und schließt ihre Weisheitsdiskurse aus. Das sollte vermieden werden. Wir brauchen gerade heute in unseren „Zeiten der Übergänge", der „neuen Unübersichtlichkeit" (*Habermas* 1985) und postmodernen Vielfalt (*Welsch* 1983) mannigfaltige Anregungen, um Orientierungen zu finden. Diese Fähigkeit, in der Unüberschaubarkeit der Weltkomplexität und ihren Anregungspotentialen, ja informationalen Anflutungen gut zu „navigieren", Transgressionen zu ermöglichen (*Petzold, Orth, Sieper* 2002), kann in der Tat als eine Qualität von Weisheit gesehen werden, in einer Zeit, die durchaus als „transversale Moderne" zu verstehen ist und deren **Transversalität**[9] beständig Neuorientierungen

---

9    *Transversalität* ist ein Kernkonzept, das das Wesen des „Integrativen Ansatzes" in spezifischer Weise kennzeichnet: ein offenes, nicht-lineares, prozessuales, pluriformes Denken, Fühlen, Wollen und Handeln, das in permanenten Übergängen und Überschreitungen (*transgressions*) die wahrnehmbare Wirklichkeit und die Welten des Denkens und der Imagination, die Areale

erforderlich macht – für alle Altersgruppen! Es geht mir also keineswegs darum, das „Weise-werden" ins hohe Senium zu verschieben, denn Weisheit findet sich auch in anderen Altersbereichen, z. B. in der Adoleszenz (*Richardson, Pasupathi* 2005) und im Erwachsenenalter (*Jordan* 2005). Sie gründet dabei auch wesentlich in Austauschprozessen. Es geht mir vielmehr darum, diese Zeit der Hochbetagtheit als *Möglichkeit* einer letzten, besondern „Ernte" zu sehen, eine Möglichkeit, auf die Menschen ein Recht haben sollten und für die wir die Bedingungen bereit stellen sollten, denn solche Ernten sind *für sie und für uns* eine Chance, da man „in der Weisheit" bis in die letzten Lebenstage wachsen kann. Man sollte deshalb die Möglichkeit erhalten, ein solches „Weiser-Werden" und die damit verbundenen **Weisheitsprozesse**, die in ihnen erworbenen **Weisheitskompetenzen** und **Weisheitsperformanzen**, ja die gewonnenen **Weisheiten** mitzuteilen, zu teilen. Dabei kann durch die ermöglichte Partizipation an **Weisheitsprozessen** in all ihrer Spezifität und Besonderheit doch eine ganzheitliche Qualität von Weisheit erlebbar gemacht werden, die existenziell berührt und kognitive, affektive, motivationale und volitionale Dimensionen umfasst.

> „Weisheit .... zeigt sich eher im Alter, aber nicht als Geschenk des Alterns, sondern als Frucht dessen, was man früher getan hat. Die Weisheit, die sich im Alter zeigt, ist somit in den Erfahrungen der früheren Jahre gewachsen, aber im Alter zur Reife gekommen." (*Saner* 2008)

Solches Reifen sollte vermittelt werden. Um nach Weisheit zu streben, ja im Sinne der durch die „Psychologie der Lebensspanne" gestützten Sicht *Saner*s „weisheitsfähig" zu werden, brauchen wir *Vorbilder,* und hier sind Hochbetagte, denen eine Synthese ihres Lebens gelungen ist, glaubwürdige Repräsentanten dieser kostbaren menschlichen Möglichkeit, Weisheit zu erlangen.

Die Hochaltrigkeit bietet uns allen vielleicht die Chance, dieses hohe Gut wieder zu gewinnen und auch den *Willen,* die Zeit für diese so wesentliche Arbeit der verarbeitenden Bilanzierung mit einem „rechten Maß" zu finden. Ein „**Wille zur Weisheit**" braucht Zeit, und die haben viele Menschen selbst im Alter nicht, besonders auch die so genannten „Neuen Alten" im Unruhestand (*Schultz* 1985). *Seneca* hatte vor 2000 Jahren diese Situation schon im Blick, wenn er in seiner für diesen Kontext wichtigen Schrift „Über die Kürze des Lebens" beschreibt, wie Menschen ihr Altern immer weiter hinausschieben und ihre Aktivitäten bis zum Sterbebett nicht aufgeben können:

---

menschlichen Wissens und Könnens durchquert, um Erkenntnis- und Wissensstände, Methodologien und Praxen zu konnektivieren, ein „Navigieren" als „systematische Suchbewegungen" in Wissenskomplexität und Praxisbereichen, in denen die Erkenntnishorizonte und Handlungsspielräume ausgedehnt werden können" (*Petzold* 2002b).

„Hören wirst Du, wie sehr viele sagen: „Vom fünfzigsten Lebensjahr an werde ich mich ins Privatleben zurückziehen, das sechzigste wird mich von allen gesellschaftlichen Verpflichtungen entbinden ... Wie spät ist es, dann mit dem Leben zu beginnen, wenn man es beenden muss? Welch törichtes Vergessen der Sterblichkeit ..." (*Seneca*, de brevitate vitae III, 5).

*Seneca* sah ganz richtig: Staatliche Pensionierungsvorschriften bringen nicht unbedingt die Ruhe, denn

„... schwieriger ist es, dass die Menschen von sich selbst Muße erlangen als vom Gesetz. Indes, während sie fortgerissen werden und selbst hinweggreißen, während einer des anderen Ruhe stört, während sie sich gegenseitig bedauernswert finden, bleibt ihr Leben ohne Frucht, ohne Genuss, ohne alles Wachstum des Geistes" (*Seneca*, de brevitate vitae 20,4).

Wir haben die Chance, das zu ändern, *wenn wir das wollen,* denn „wir sind es, die keinem Alter freie Zeit geben, bei denen nichts müßig ist ... und nicht einmal der Tod mit Muße eintritt" (*Seneca*, de otio I, 4). Mit einer solchen Haltung der Unruhe – so *Seneca* in seinem Werk „über die Seelenruhe" – kann keine „Festigkeit der Seele, die die Griechen Euthymia [Heiterkeit] nennen – ich nenne sie Seelenruhe", gewonnen werden (*Seneca*, de tranquillitate animi II, 3).

Wir brauchen in dieser schnelllebigen Zeit „*Wege*" der Besinnung (*Petzold, Orth* 2004b; *Petzold, Orth, Sieper* 2008), Vorbilder für einen besonnenen und sorgsamen, liebevollen Umgang mit sich selbst, Anleitung für die Arbeit an sich selbst, in der man „*das Spätere aus dem Früheren zu verstehen lernen muss*" in lebendigen Lernprozessen. Liegt nicht hier eine Chance, von alten Menschen und Hochbetagten für das Leben in den hektischen Zeiten des Erwachsenenlebens zu lernen, das wir dringend „entschleunigen" müssen (*Heintel* 2007; *Nadoly* 2008; *Rosa* 2008)? Das liegt natürlich in unserer Verantwortung. Man kann diese Verantwortung nicht delegieren, natürlich nicht! Aber der Kontakt mit alten und hochbetagten Menschen, mit dem Beispiel ihres Lebens, mag uns unterstützen, unsere Willensentscheidungen auf die richtigen Ziele zu richten und sie umzusetzen.

Was aber sind die „richtigen Ziele", die Ziele welcher Weisheit? – Das epochenübergreifend zu bestimmen ist, wie gezeigt wurde, nicht möglich, und deshalb muss jeder Rekurs auf „uralte Weisheiten" (z. B. Dao, Zen, Stoa) kritische Nachfragen erhalten und der „Problematisierung" ausgesetzt werden. Aber genau die ist ja eine Frucht des griechischen Geistes, ein Impetus, der bis zur Aufklärung und weiter durch die Geschichte bis zu den kritischen Diskursen der Gegenwart weiterwirkte, in denen jede „Metaerzählung" befragbar geworden ist (*Foucault* 1996; *Lyotard* 1986). Da es in einer solchen Betrachtungsweise nicht nur eine Weisheit, sondern Weisheiten, Weisheitskonzeptionen geben kann, muss jede von ihnen – ganz gleich aus welcher Zeit und Kultur – auf ihre Brauchbarkeit unter folgenden Kriterien befragt werden: 1. „Passt" sie für die konkrete Lebenssituation

der Menschen, die eine Weisheitskonzeption brauchen könnten? 2. „Passt" sie für
die Menschen der vorfindlichen Kultur? 3. „Passt" sie für das gegebene Kontext/
Kontinuum (Chronotop, *Bachtin* 2008; *Orth, Petzold* 2008)? 4. „Passt" sie für die
Aufgaben (z. B. Sinnkonstitution, Verarbeitung von Leid und Belastungen, Förderung von Lebensglück), die Weisheit unterstützen soll? – Es geht also um differentielle „Passungen", und deshalb ist auch eine jeweils differentielle Betrachtung
erforderlich, eine Position, die Differenztheorien von *Derrida, Levinas, Lyotard,*
*Ricœur* mit jeweils unterschiedlichen Argumenten verdeutlichen.

In der Integrativen Therapie, ihrer „philosophischen Therapeutik" bzw. „klinischen Philosophie" (*Petzold* 2003a, Bd.I; *Sieper* et al. 2007) haben wir uns immer wieder auf die Weisheit des *Seneca* oder des *Marc Aurel*, des *Sokrates* oder
des *Plutarch* und *Epiktet* bezogen, sie allerdings jeweils auf die „Erfordernisse der
Zeit" zugepasst. Wir haben in der Integrativen Therapie mit *Michel de Montaigne*
(1998; *Jung* 2002, 2007) und mit *Pierre Hadot* (1991,1992, 2001) die „Philosophie als Lebensform" empfohlen, nicht zuletzt, weil ich immer wieder in der Begegnung mit alten Menschen und Hochbetagten gesehen habe, wie ihr Leben zunehmend in „gelebte Lebensphilosophie" mündete, „*natural born philosophers*",
die eine „*practical wisdom*" lebten, ohne akademischen Anspruch und mit immer
wieder beeindruckender Tiefe und Lebensnähe.

Wenn wir die Begegnungen mit solchen Menschen, ihre „verkörperte Weisheit" in uns aufnehmen können, so ist das eine *Gabe* (*Derrida* 2002; *Wolf* 2006),
und zugleich die Ermutigung eines realen Vorbildes für uns, eine ethische Verpflichtung uns selbst und unserer Umgebung gegenüber, Tugenden zu entwickeln, uns
zu einem „Willen zur Weisheit" zu entscheiden. Das ist ein Wille, das Leben so
zu planen und zu führen, dass man nach Weisheit strebt und im Alter ein Mensch
sein kann, der aus einer Fülle von Lebenserfahrungen schöpft und zu einer Posi-
tivität zu finden vermag, die wiederum Anderen ein Vorbild werden kann. Hochbetagtheit kann dann zu einem Geschenk für uns alle werden. Die „Mühen der
Hochbetagtheit" sollen damit nicht schön geredet werden, man kann sie ohnehin
nicht „weg reden". Mit ihnen gilt es umzugehen, und das gelingt mit einer hinlänglichen „preparedness" (ein Begriff aus der Traumaforschung, *Başoglu* 1992,
1994) für Belastungen besser, wie die antike Literatur über das Greisenalter zeigt
(*Müller, Petzold* 2004). Durch die Selbstvorbereitung und die Selbstverpflichtung
von möglichst vielen Menschen bzw. MitbürgerInnen, schon in jungen Jahren eine
lebensbejahende Haltung zu entwickeln und über ihr Leben hin zu vertreten, um
etwaigen Mühen der Hochbetagtheit vorzubeugen oder sie mit Würde zu tragen,
kann eine gute „Konvivialität" (vgl. Anmerk. 7) und „Solidarität" gesichert werden. Auf einem solchen Boden können dann auch Menschen, die Gesundheit und

Validität eingebüßt haben, die infirmen und bebürdeten alten Menschen und Hochbetagten, durch die Gesellschaft mitgetragen werden. Die menschliche Gemeinschaft bzw. Gesellschaft ist ja keineswegs nur von einem sozialdarwinistischen Prinzip der „Selektion" bestimmt. Die Erkenntnisse der Aufklärung und ihre Weiterentwicklungen ermöglichen eine Korrektur des von *Spencer* 1864 in „Principles of Biology" eingeführten Konzeptes eines „Survival of the fittest", das *Darwin* im Sinne eines guten „*fits*", einer guten „Passung" ab der 5. Auflage der „Origin of Species" (1869) in die Kapitelüberschrift über die natürliche Selektion aufnimmt: „*Natural Selection; or the Survival of the Fittest*" – mit der tendenziösen Fehlübersetzung „Überleben des Stärkeren" hat die Idee also nichts zu tun. Tiere, die zu ihren Ökologien und sozialen Lagen eine hinlänglich „gute Passung" haben, haben gute Chancen, auch in guter Stimmigkeit zu überleben. Das gilt im Prinzip auch für das Menschentier, das allerdings auch die Möglichkeit hat, die Welt zu verändern (for better and worse), ja, die eigene Natur zu beeinflussen. Die Hochaltrigkeit dokumentiert das beeindruckend. Die Menschheitsgeschichte zeigt im Überblick, dass Krieg und Aggression nicht zum Überleben der Menschheit beigetragen haben, sondern dass das Bemühen um die Überwindung von Aggression und das Streben nach Weisheit weiterführend waren (*Petzold* 2005a) – zu allen Zeiten der Menschheitsgeschichte. Das gilt besonders für unsere Zeit. Man wird hier an *Jonas Salks* (1973) Buch „*The Survival of the Wisest*" erinnert, in dem der Autor deutlich macht, dass Menschen sich von anderen lebenden Organismen durch ihre Lernfähigkeit und ihren *persönlichen Willen*, Gelerntes umzusetzen, unterscheiden, „which may allow people to make the changes in values necessary to survive on this planet". Für die Hochbetagtheit kann man aus einer solchen Position folgern, dass es darum gehen muss, Menschen für ihr mögliches Hochbetagtwerden auszurüsten, ihre „*Willensarbeit*", sich für diesen Lebensabschnitt vorzubereiten, ihren „*Willen zur Weisheit*" zu unterstützen, der natürlich nicht erst in der Hochbetagtheit zum Tragen kommen soll, sondern ihre Lebensführung bestimmen müsste, um einen guten „fit", eine gute Passung für ihr Leben zu realisieren – die Alten sprachen vom „rechten Maß". Solches Bemühen um Passung und solches Weisheitsstreben kann nicht einseitig von den alten Menschen, von den Hochbetagten her erreicht werden, sondern es muss allseitig gewollt, angestrebt, realisiert werden. Das heißt, dass Anschlussstellen, Nahtstellen, Schnittstellen als Möglichkeiten zu „Polylogen" (*Petzold* 2002c) geschaffen werden müssen, die Gespräche und Partizipation nach vielen Seiten in der Gesellschaft ermöglichen – intergenerationell unter Beteilung sehr junger und sehr alter Menschen, mit denen man „POLYLOG-Gruppen" als Austauschforen, Planungs- und Umsetzungsgemeinschaften bilden kann. In solchen Gruppen kann sich ein *gemeinsamer Wille* formieren, das Leben insgesamt mit weisen Wegen zu gestalten.

*Scobel* (2008) kommt am Schluss seines Buches über „Weisheit" zu der Konklusion:

> „Einen weisen Umgang mit uns selbst, mit unseren Mitmenschen und unserer einen Welt zu lernen bleibt eine der wichtigsten Aufgaben einer jeden Kultur ... Genau darin besteht die Zeitlosigkeit von Weisheit – und unsere Aufgabe für die Zukunft der Menschheit, seit jeher: und angesichts der Möglichkeiten, die wir heute haben, vielleicht sogar mehr denn je. Ob wir Weisheit fördern oder nicht, ist letztlich eine Frage des Überlebens." (ibid. 441)

Dem kann man nur zustimmen.

## Polyoge in der Suche nach Sinn und einer erfüllenden Lebenskunst

Das *POLYLOG*-Modell geht von der evolutionsbiologischen Tatsache aus, dass Menschen Gruppenwesen sind und über 82 000 Generationen der Menschheitsentwicklung in „Polyaden", d.h. in Gruppenkontexten gelebt, überlebt, kooperativ gearbeitet, ständig Altes überschritten, Neues geschaffen und kulturelle Entwicklungen vorangetrieben und stets nach „Sinn" gesucht haben (*Petzold* 2010f). Dabei ist das gemeinsame Denken und Sprechen, sind die persönlichen und gemeinschaftlichen Sinnfolien in diesen Gruppen aus *Polylogen* entstanden, nicht in Monologen oder Dialogen, sondern in einem Sprechen und Kommunizieren *nach vielen Seiten*, bei dem Überschreitungen zu Neuem, neuem Wissen, neuen Qualitäten von Erkenntnis (Trans-Qualitäten, *Petzold* 1998a, 196) möglich werden.

> „*POLYLOG* ist eine schöpferische Synergie. Jeder Beitrag ist wichtig, jeder bringt sein Wissen, Können, und Wollen ein und wird so zur Ressource für die Anderen, unterstützt die anderen und weiß sich von ihnen unterstützt." (*Petzold*, in: *Hartz* et al. 2008; *Hartz, Petzold* et al. 2010)

*Polyloge* ermöglichen wechselseitiges Lernen und wechselseitige Unterstützung (exchange learning/exchange helping, ibid. u. *Petzold, Schobert, Schulz* 1991), was gerade mit Blick auf Alter und Hochbetagtheit wichtig wird, denn da stellen sich Menschen aller Lebensalter *Willensaufgaben*: Der Wille, gesund zu leben, der Wille, sich der eigenen Persönlichkeit intensiviert zuzuwenden, in persönlicher „*poiesis*" an seinem Leben als einem „Kunstwerk" zu gestalten – das „Selbst als Künstler und Kunstwerk" einzusetzen, der Wille, *Sinn* zu gewinnen (*Petzold* 1999q; *Petzold, Orth* 2005a; *Orth, Petzold* 2008). Auf dem Hintergrund solchen Wollens kann man an „schlimmen Lebensbilanzen" mit der Hilfe von Freunden oder professionellen HelferInnen arbeiten (*Petzold, Lückel* 1985) und kann dann am Beispiel der eigenen Person, die an „Überwindungsleistungen" gereift ist, jüngeren Menschen, Kindern, Enkeln, Urenkeln zeigen, dass man Belastendes und belastetes Leben *kognitiv* in neuer Weise einschätzen (*appraisal*) und *emotional* umwerten (*valuation*) kann, um es auf diese Weise zu verarbeiten (idem 2003a, 546f). Hier sehe ich eine äußerst wesentliche Aufgabe, die ältere, alte und hochbetagte Menschen für die menschliche Gemeinschaft und gerade auch für die modernen *entfremdungsgefährdeten Gesellschaften* leisten können: nämlich ein Beispiel zu geben, wie man mit dem Leben in sinnstiftender Weise umgehen kann.

Wir kommen hier an sehr zentrale Themen, die heutzutage vielfach – und auch in der Psychotherapie, sieht man von den Arbeiten *V. Frankls* (1981) und seiner Schule zur Sinnfrage und neuerlich Arbeiten zur psychologischen Weisheitstherapie ab (*Maerker* 1998; *Baumann* 2007; *Linden* et al. 2006) – fast gänzlich vernachlässigt worden sind, nämlich die Themen des „*Sinnes*" und der „*Weisheit*" (*Petzold, Orth* 2005a), des „Gewissens" und der „Tugenden" (*Mahler* 2008; *Petzold* 2008l), der „Ästhetik der eigenen Existenz" (*Foucault* 2007; *Orth, Petzold* 2008).

Die Lebensberater und Psychotherapeuten des Altertums – *Seneca* (1992, vgl. *Hadot* 1991) etwa in seinen Briefen an *Lucilius*, in seinen Trostbriefen an *Helvia*, seine Mutter, an *Marcia* (*Coccia* 1959) oder der „therapeutische Philosoph" *Epiktet* in seinem *encheiridion* – waren darauf gerichtet, Menschen darin zu unterstützen, *Tugenden* zu entwickeln und in persönlicher „*poiesis*", also durch „Selbstgestaltung", eine „Lebenskunst" zu entfalten, Themen, die auch heute wieder Bedeutung gewinnen (*Petzold* 1999q; *Höffe* 2007). Wenn *Sokrates* von der „Sorge um sich" als Kern solcher „Lebenskunst" gesprochen hat, dann ging es ihm darum, dass Menschen in sich „*Tugenden*" pflegen (*Pieper* 1988), nicht nur aus Gründen der Moral, sondern um eine „persönliche Schönheit" zu entwickeln.

„Denn wie das Material des Zimmermanns das Holz, des Bildhauers das Erz, so ist das Leben jedes einzelnen Menschen das Material seiner eigenen Lebenskunst [περὶ βίου τέχνης]", wie *Epiktet* in den Diatriben (1, 15, *Nickel*) ausführt.

Der Lebenskunstgedanke wurde dann von *Nietzsche* wieder aufgegriffen und in unserer Zeit von *Michel Foucault* (2008) – dem *Schmid* (1999, 2004) folgte – bekannt gemacht. In meinem zentralen Text über das „*Selbst als Künstler und Kunstwerk*" (*Petzold* 1999q) habe ich herausgearbeitet, dass die Fähigkeit des Menschen, eine *Ästhetik der eigenen Existenz* zu entwickeln, auch therapeutisch und agogisch genutzt werden sollte. Miteinander und für sich ein „gutes Leben" gestalten zu können, eine „Lebenskunst" zu entwickeln, stellt sich dem Menschen als Aufgabe, die über Glück und Unglück, Gesundheit und Krankheit mit entscheidet – bis ins hohe Senium, so meine Position (vgl. auch *Veelken* 2005). Wenn diese Aufgabe misslingt, wenn die „*maîtrise de soi*" (*Foucault*), die meisterliche Handhabung des eigenen Lebens, nicht erreicht werden kann, wo doch jedes Leben die Chance hat, ein „Meisterstück" zu werden – so sah es *Michel de Montaigne* (1998; *Jung* 2002, 2007) – , finden wir Unglück, Verzweiflung, Resignation, Verbitterung, Depression, Krankheit. Auch deshalb sollten wir Hilfen bereitstellen (Bildungsarbeit, Geragogik, Therapie, philosophische Praxis, *Kühn, Petzold* 1991), um Menschen ein psychologisches „Empowerment" für das Alter und in der Hochbetagtheit zu geben, damit sie ihre schöpferischen Kräfte erhalten und nutzen können, mit denen sie ihr Leben und Altern „konstruktiv und erfolgreich", eigenständig und erfüllend gestalten. Es gilt, ihnen aber auch ein „normativ-ethisches Empowerment" (*Petzold, Sieper* 2008)[10] zu geben, das Wissen darum, *dass sie Rechte haben*: das Recht auf ein würdiges Altern, auf Selbstbestimmtheit, auf gute Pflege und Betreuung, auf eine anregende, altersgerechte Umgebung. Um diese Rechte müssen die Mitarbeiter in helfenden und pflegenden Berufen wissen, und für die Gewährleistung dieser Rechte müssen sie eintreten, zusammen mit jüngeren, älteren, alten und hochbetagten Menschen, denn nur *gemeinsam* können diese Rechte gesichert werden. Sie stellen die *strukturellen Bedingungen* bereit, dass Alter und Hochaltrigkeit Abschnitte eines „gelingenden Lebens" sind und sein können, ein Leben, das Chancen geboten hat, vielfältigen *Sinn,* Sinn*e* (durchaus als irregulärer Plural zu lesen, *Petzold, Orth* 2005a, 276ff.) zu erleben und zu schaffen, Entwicklungsaufgaben zu meistern und daran zu wachsen. Diese Möglichkeiten müssen auch weiterhin für diejenigen Hochaltrigen bereitgestellt werden, die sie wahrnehmen können und wollen.

Menschen besitzen eine über das Leben hin wachsende *Sinnerfassungskapazität, Sinnverarbeitungs-* und *Sinnschöpfungskapazität* (*Petzold* 2003a, 405f, 1061;

---

10    Ursprüglich im Bereich der Traumatherapie von *F. Regner* als „normatives Empowerment" für politisch Verfolgte und Traumatisierte entwickelt, wird dieses Konzept hier erweitert vorgestellt: »**Normativ-ethisches Empowerment** (**NEP**) ist die von professionellen Helfern oder von Selbsthelfern im Respekt vor der „Würde und Andersheit der Anderen" erfolgende Förderung der Bereitschaft und Unterstützung der Fähigkeit zu normativ-ethischen Entscheidungen und Handlungen durch Menschen, die von Problem- und Belastungssituationen betroffen sind: auf einer möglichst umfassend informationsgestützten Basis, ausgerichtet an generalisierbaren, rechtlichen und ethischen Positionen (Grundrechte/Menschenrechte, Völkerrecht, Konventionen zum Schutz unserer Lebenswelt etc.) und im gleichzeitigen Bemühen um die Gewährleistung ihres Sicherheits-, Rechts- und Freiheitsraumes. NEP vermittelt den „Muth, sich seines e i g e - n e n  Verstandes zu bedienen" (*I. Kant*), ein Bewusstsein, für das „Recht, Rechte zu haben" (*H. Arendt*), sensibilisiert für die „Integrität von Menschen, Gruppen, Lebensräumen" (*H. Petzold*), baut Souveränität, Solidarität, Zivilcourage auf, erschließt Möglichkeiten der Informations- und Ressourcenbeschaffung, so dass die Betroffenen als Einzelne und als Kollektive die Kompetenz und Kraft gewinnen, durch kritische Vernunft, mitmenschliches Engagement und Rekurs auf demokratische Rechtsordnungen begründete *normativ-ethische Entscheidungen* für sich, andere Betroffene, das Gemeinwesen zu fällen, ihre Umsetzung zu *wollen* und für ihre assertive Durchsetzung einzutreten. Dabei ist es Aufgabe und Verpflichtung der Helfer, an der Seite der Betroffenen zu stehen und sich für sie nach besten Kräften einzusetzen« (*Petzold, Sieper* 2008).

*Petzold, Orth* 2005a, 271), und diese Kapazitäten brauchen Spielräume, Gestaltungsräume. Werden sie beschnitten oder entzogen, trifft die ganze Härte des „*disuse*", der *Inaktivitätsatrophie*, diese Fähigkeiten. Sie werden schwächer, bilden sich zurück. Alter und Hochaltrigkeit stehen unter dem Problem des „riskanten, fremdverursachten Disuse", welcher persönliche Sinnsuche und Sinnschöpfung gefährdet und damit die Selbstgestaltung behindert, die ein Mensch entwickeln kann, wenn er verstanden hat, dass sein Leben ein „Kunstwerk sein könnte" (*Foucault* 2008) und er unseren Leitsatz aufgreift: „Mache Dich selbst zum Projekt! Lasst und das Projekt machen – gemeinsam!" (*Petzold*, in *Hartz* et al. 2010). Diese Idee des Lebenskunstwerkes (*Schmid* 1999, 2004), mit der man „Bildhauer der eigenen Existenz" werden kann und Tugenden wie Selbstgestaltung und Gemeinwohlorientierung zu pflegen lernt, sich selbst als ein Projekt sieht, an dem man arbeiten kann, brauchen einen „potential space" (*Winnicott*), einen Möglichkeitsspielraum und Realisierungschancen, wie man das in den Empfehlungen von Seelenführern wie *Sokrates, Senca, Cicero* u. a. für die persönliche Lebensgestaltung und das Alter findet (*Marc Aurel* 1990; *Hadot* 1992; *Müller, Petzold* 2004). Es handelt sich beim Konzept praktisch zu realisierender Lebenskunst um eine zentrale Idee antiker „praktischer Philosophie", wie *Pierre Hadot* (1991, 1999, 2001) in seinen Werken zur „*Philosophie als Lebensform*" gezeigt hat, von der wichtige Elemente auch für unsere Zeit erschlossen werden können. Das haben viele moderne DenkerInnen gezeigt[11]. Auch wir waren und sind in der „Integrativen Therapie" und ihrer „gerontologischen Praxeologie" bemüht, die Ziele der Sinn- und Weisheitssuche, der Freundschaft mit sich selbst (*Philautie*) und mit Anderen (*Anthropophilie*) in der klinischen, soziotherapeutischen und geragogischen Praxis umzusetzen (*Petzold* 2001m; *Petzold, Sieper* 2004; 2008; *Petzold, Orth, Sieper* 2010). Die Themen der „Lebensform und Lebensführung" sehen wir gerade in der und für die Arbeit mit alten Menschen und Hochbetagten als bedeutsam an, und deshalb ermutigen wir, dass sie gemeinsam mit den wichtigen Menschen des Beziehungsnetzes (*Petzold* 1994e), mit Familienmitgliedern, Freunden, Kollegen, mit Betreuenden und Pflegenden angesprochen werden. *Sinnkonstitution, Gewissensarbeit, Entwicklung und Pflege von Tugenden, Weisheitsfindung* als eine Gestaltung (*poiesis*) der eigenen Persönlichkeit kann nämlich nur über den Austausch

---

11   Wir konnten dabei auch an unsere LehrerInnen in der Philosophie anschließen (vgl. die Beiträge von *Petzold/Sieper* im „Personenlexikon der Psychotherapie" *Stumm* et al. 2005), an die Überlegungen dieser Männer und Frauen zu „Weisheit und Würde" (*Gabriel Marcel*, vgl. *Petzold, Marcel* 1976), zur „Ästhetik der Existenz" (*Michel Foucault* 2008), zu „Zeit und Erzählung" und zu „Gerechtigkeit" (*Paul Ricœur*; vgl. *Petzold* 2005p), zur „Andersheit des Anderen" (*Emmanuel Levinas*, vgl. *Petzold* 1996k), zum „Alter" und zur „Genderfrage" (*Simone de Beauvoir*, vgl. *Petzold* 2005t), zum „politischen Engagement" und den „Menschenrechten" (*Hannah Arendt*, vgl. *Haessig, Petzold* 2006).

und die Zusammenarbeit mit den Anderen gelingen, im „gemeinsamen Projekt"
(*Orth* 1993; *Petzold, Orth* 2005). Menschen müssen deshalb auch im Alter und
in der Hochbetagtheit die Chance haben, mit anderen Menschen an diesen Themen zu arbeiten. Sie vermögen damit einen wesentlichen Beitrag zu leisten in
gesellschaftlichen Bereichen, die gerade bei den Themen *Sinn, Vertrauen, Ethik*
und ihrer Praxis als *Menschenliebe* und *Achtsamkeit, Gerechtigkeit, Konvivialität, Altruismus* in massive Defizite geraten sind (*Petzold* 2008j), so dass Raffgier,
Selbstsucht, Verantwortungslosigkeit, Coolness mehr und mehr zu dominieren-
den Kräften in den spätmodernen Gesellschaften geworden sind. Wir müssen uns
inzwischen ganz generell und in allen Disziplinen ernsthaft die Frage stellen, in
welcher Gesellschaft wir denn leben *wollen,* welche Vorstellung vom „guten Leben" wir entwickeln *wollen* (*Pongs* 2003; *Steinfath* 1998), und was wir dafür einzusetzen bereit sind, um die **Würde** und die **Integrität** von Menschen und damit
auch unsere eigene **Integrität** zu bewahren. Mit diesem Thema habe ich mich gemeinsam mit meinen Kolleginnen sehr intensiv auseinander gesetzt (*Sieper, Orth,
Petzold* 2010) und wir haben zu folgenden Positionen gefunden, die für diesen gerontologischen Kontext bedeutsam sind:

- *Würde wird in unserem Verständnis und im Konsens mit den demokratischen
  Wertegemeinschaften als die „Grundqualität des Menschseins" gesehen, die
  in sich selbst, d. h. in dem Faktum Mensch zu sein, begründet ist[12]. Sie ist mit
  spezifischen Menschenrechten verbunden, welche über der Verfassung und
  den Gesetzen eines jeden Landes stehen. Der Mensch als „personales Subjekt" und seine Würde müssen für Menschen das höchste, schützenswerteste
  Gut darstellen.*

- *Integrität sehen wir in einer Doppelqualität: einerseits als die Qualität
  der **psychophysischen Unversehrtheit** des Menschen[13] als „**personalem
  Subjekt**", dessen Unverletzbarkeit und Würde gesichert werden muss, und
  andererseits als die Qualität des von interiorisierten und reflexiv bejahten
  Werten und Prinzipien einer Wertegemeinschaft geleiteten „**moralischen
  Subjekts**", das diese Werte vertritt und in Treue zu sich selbst für sie eintritt.
  Integrität bedarf in beiden Qualitäten der Sicherung und des Schutzes, denn
  die Verletzung der einen ist durch reziproke Wirkungen mit der Beschädi-
  gung der anderen verbunden. Beide können verloren gehen[14] und müssen*

---

12   Mit *Gabriel Marcel* (1967) sprechen wir vom „existentiellen Grund" der Menschenwürde.

13   Jeder Mensch hat das *Recht auf Leben* und körperliche Unversehrtheit. Die Freiheit der Person
     ist unverletzlich. In diese Rechte darf nur aufgrund eines Gesetzes eingegriffen werden." Grund-
     gesetz für die Bundesrepublik Deutschland Art. 2 Abs. 2 S. 1 1.

14   Z. B. durch Folter und Erniedrigung von Menschen (Qualität 1), was zugleich auch eine Selbstbe-
     schädigung des *perpetrators* in seiner menschlichen Integrität (Qualität 2) ist; oder durch Verrat

*dann restituiert werden. **Integrität** hat in beiden Qualitäten aber auch ein Entwicklungspotential und kann deshalb in ihrer je gegebenen Eigenheit und Schönheit entfaltet werden. Das gilt es zu fördern.* (ibid.) Um solche Positionen muss man sich in ethischen Polylogen, an denen *alle Altersgruppen* beteiligt werden, bemühen, und auf solche Positionen sollte man sich gemeinschaftlich verpflichten. Das ist nicht zuletzt erforderlich, weil ein „gutes Leben" auch aus der jeweiligen „Lebenslage" heraus entworfen werden muss und solche Entwürfe – in all ihrer möglichen Divergenz und Interessensverschiedenheit – Gehör finden müssen. Es kann nicht angehen, dass hochbetagte Mitbürger hier keinen Raum erhalten oder gar im Spiel der Kräfte struktureller Gewalt ausgeschlossen werden, denn Exklusionsproblematiken können hier massiv zu Buche schlagen (Petzold 2009d). Diese Menschen nämlich haben uns etwas zu sagen aus ihren Erfahrungen und aus dem Erleben ihrer Lebenslage, die auch die künftige Lage derjenigen Jüngeren werden wird, die heute ihre mögliche Hochbetagtheit noch nicht in den Blick nehmen möchten. Hochbetagte können mit ihrem Erfahrungsschatz dabei als „Gebende" in die Partizipation am gesellschaftlichen Leben eintreten. Sie können hier für andere Menschen wichtig und für die Gesellschaft bedeutsam werden – allzu oft werden sie nur als „Bedürftige" gesehen, und das wird dieser wachsenden Bevölkerungsgruppe und ihrem Potential an Lebenswissen und Lebensweisheit nicht gerecht. *Erika Horn* zeigt das beispielhaft (*Haring* 2008b), die zeitgenössischen hochbetagten DenkerInnen wie *Charlotte Bühler, Norbert Elias, Hans Georg Gadamer, Claude Lévi-Strauss, Emmanuel Levinas, Gabriel Marcel, Paul Ricœur, Hermann Schmitz* haben in ihren Alterswerken ihre gewichtige Präsenz im Geistesleben der jüngeren Vergangenheit gezeigt (*Petzold* 2005p). Und auch auf der Ebene „ganz normaler" hochbetagter Bürgerinnen und Bürger werden alte und sehr alte Menschen bedeutsam, wenn sie mit ihrem Leben, mit der Frucht ihrer gedanklichen und emotionalen Lebensarbeit, ihren *Überwindungsleistungen* (auch bei unglücklichem Lebensstrecken) jüngeren Menschen zeigen, wie Leben bewältigt werden und wie Leben gelingen kann und wie sie in diesen Prozessen persönlichen *Sinn* gewonnen haben. Es geht dabei also gar nicht um Erfolgsbiographien, sondern um das Zeugnis von Überwindungsleistungen (*coping, Thomae* 1988) und kreativer Lebensgestaltung (*creating, Petzold* 2007a, 299). Menschen sind persönliche und gemeinschaftliche Überwinder, und sie sind schöpferische, ja kokreative Erfinder und Gestalter. Alle, die Sie hier sitzen sind – evolutionsbiologisch gesehen – Kinder von solchen *ÜberwinderInnen* und *Fin-*

---

und Korruption (Qualität 2), die damit zugleich auch als Beschädigung der eigenen Integrität als Mensch zu sehen ist (Qualität 1). Auf einer tiefen Ebene sind beide Integritätsqualitäten verbunden. Die brutale Verdinglichung eines Menschen führt immer in die Selbstverdinglichung des Täters durch Verrohung. Durch Herzlosigkeit verliert man sein Herz (*Petzold* 2010k).

*derInnen* schöpferischer Lösungen, Erkenntnisleistungen, Weisheiten. Lösungs-orientiertheit ist keine Erfindung systemischer TherapeutInnen. Es ist eine Grund-eigenschaft von Menschen, über die auch die Hochbetagten noch verfügen, ja ihr gesamtes Leben verfügt haben. Und aus dieser Lebenspraxis können sie erzählen. Sie können „sich erzählen" und dabei sich vermitteln (*Petzold* 2003g), wenn man ihnen den Raum gibt, ihre Lebensleistungen, ihr Lebenskunstwerk ihre **Homini-tät**, d. h. ihre Menschlichkeit, ihr Menschsein zu zeigen, damit es gesehen werden kann: „Sieh mich an!" (*Isler* 1986), sagen ihre Gesichter, und „Hör mir zu!" sagen ihre Erzählungen. Sie können mit ihrer Präsenz Anderen ein wertvolles Beispiel sein und etwas geben, weitergeben, was „Sinn macht".

Das Geben und Nehmen hört ja nicht mit der Berentung auf, das Geben und Nehmen kann und muss weitergehen. Im Geben und Nehmen und in den sich damit vollziehenden Verbindungen liegt nämlich *Sinn*. *Sinn* scheint nur in Zusammen-hängen auf (*Luhmann*). *Sinn* entspringt Konsensbildungen. Um eine Sinnhaftig-keit des Lebens zu gewinnen, muss ich die Möglichkeit haben, durch Dissens-und Konsensprozesse hindurch zu gehen und *Sinn* mit Anderen zu schöpfen und zu teilen (*Petzold* 2007a, 146).

Diese Prozesse, sich um eine Sinnhaftigkeit des Lebens zu bemühen, dürfen nicht erst mit der Betagtheit beginnen, sondern man muss schon in jungen Jah-ren in sie eintreten. Und das ist möglich, wie *Freya Dittmann-Kohli* (1995) in ih-ren Untersuchungen gezeigt hat. Das Miteinader von Alt und Jung vermag solche Prozesse zu fördern. Wenn junge Leute mit Menschen wie *Erika Horn* zusammen kommen, sind sie beeindruckt (vgl. die Texte in *Petzold* 2008b), und beeindruckt sein heißt: es prägt sich etwas ein, es bleibt ein Eindruck, der dann wieder zu ei-ner „mentalen Repräsentation" für das eigene Alter wird. Wenn Jugendliche sol-che Begegnungen haben, wie ich das in eigenen Jugendprojekten erlebt und ini-tiiert habe (*Petzold* 2007d; *Petzold, Feuchtner, König* 2009), wird das Alter von ihnen nicht als etwas Unsinniges angesehen, und die Hochbetagten werden nicht abgelehnt, sondern im Gegenteil, die jungen Leute sehen bei ihnen eine Möglich-keit, dass noch „*Sinn*" erlebt, ja geschaffen werden kann und zwar bis zum Schluss des Lebens. Sie lassen sich auf Besuche ein, suchen Begegnungen, entwickeln Be-ziehungen und gewinnen dadurch „innere Freunde". Wenn sie nach vielen Jahren eines Morgens in den Spiegel schauen und entdecken: „Ich bin alt geworden!" – eine Erfahrung, die alle Menschen machen –, mag die Erinnerung an solche Be-gegnungen mit Hochbetagten ihnen helfen, dass keine verinnerlichten negativen Stereotype, „innere Feinde" aufkommen, sondern sie sich sagen können: Es ist Zeit für eine „späte Freiheit", wie *Rosenmayr* (1986) das in seinem Alterswerk beschrieben hat. Die „späte Freiheit", Zeit für eine späte Freiheit, ist dann hoffentlich nicht zu spät entdeckt worden.

## Zukunftsverantwortung „proaktiv" übernehmen, Würde und Integrität gewährleisten – unser aller Sache

Alles, was ich in diesem Text zu vermitteln versuche, und wozu ich u.a. durch meine langjährige Freundschaft mit *Erika Horn*, dem Miterleben ihres Alterns in die Hochbetagtheit hinein angeregt wurde, läuft auf eine Herausforderung hinaus und will jeden Einzelnen ansprechen, sich mit vitalen Fragen für seine Zukunft, unsere Zukunft *verantwortlich* auseinander zu setzen und darüber nachzudenken: Arbeite ich an mir selber, bemühe ich mich um Sinnfindung, Weisheit, Lebenskunst, Tugenden? Bin ich aktiv" als „Bildhauer meiner eigenen Existenz" (*Petzold* 1999q) und in der Sicherung von Frieden und Konvivialität, Integrität uns Menschenwürde? Kann ich und will ich mein Leben mit einer Zukunft sehen, die auch Hochbetagtheit denkbar macht? Bin ich aktiv und entschieden mit Hochbetagten in Kontakt? Was will ich dafür tun, dass ich ein hohes Alter in bestmöglicher körperlicher, seelischer, geistiger und sozialer Gesundheit erleben kann? Was ist mein Beitrag für die Zukunftsfragen unseres Gemeinwesens? All diese Fragen stellen sich jedem von uns, denn die Hochbetagtheit ist für uns heute zu einer ganz großen, realen Konfrontation geworden. Sie zwingt jeden bewusst lebenden Menschen, sich intensiver mit sich selbst und in *proaktiver* Weise mit seiner Zukunft zu beschäftigen, denn wir können der Hochaltrigkeit als Mitglieder einer *gerontotropen* Gesellschaft nicht entkommen. Dadurch entstehen zwei Verantwortlichkeiten, einmal die Verantwortlichkeit jedes Einzelnen, in einer guten Art und Weise alt zu werden, und das schließt eine Verantwortung alternder Menschen ein, ihr Älterwerden und Altsein so zu gestalten, dass ihre Hochbetagtheit eine „hinlänglich gute" Hochbetagtheit wird – „good enough, not perfect". Ein so verstandenes, „erfolgreiches Altern" (*Baltes*) wird auch ein *sinnvolles, sinnerfülltes* Altern werden können. Das also ist die eine Verantwortlichkeit, die bei jedem, vom Jugendlichen, vom Kind sogar, über die gesamte Lebensspanne hin immer wieder übernommen werden muss. Die zweite Verantwortlichkeit ist die der Gesellschaft, die für eine *Humanität des Alterns* (*Petzold* 1979l) eintreten sollte. In ihrer Umsetzung der Menschenrechte muss dabei die *Integrität* und *Würde* spezifiziert werden (*Sieper, Orth, Petzold* 2010). Es gibt die *Integrität* und *Würde* der Kinder – Kinderarmut darf nicht sein – und die *Integrität* und *Würde* des Alters – Altersarmut darf nicht sein. Diese beiden Grundwerte müssen also in eine Lebenslaufperspektive und Kontextperspektive gestellt werden, so dass wir die Verantwortung der

Gesellschaft, d. h. unser aller Verantwortlichkeit, ihre Solidaritäts- und *Konvivialitätszusage*, in all ihren Bereichen – Politik, Wissenschaft, Medizin, Ökonomie, Kultur etc. – einfordern und, wo sie gebraucht wird, in aktiver Mitwirkung realisieren müssen. Damit begründen wir auch unser Recht, alt geworden, *Konvivialität* zu erhalten (*Orth* 2010). Dieses Recht ist durchaus bedroht durch mangelnde Verantwortungsbereitschaft, und die Warnung von *Horst Köhler* ist in der Tat sehr ernst zu nehmen: „Es gibt zwei Arten von Verantwortungslosigkeit, die eine Gesellschaft zerstören: Das eine ist die fehlende Selbstverantwortung derjenigen, die sich nur auf die anderen verlassen. Und das andere ist die fehlende Verantwortung derer, die nur an sich selbst denken. Wir brauchen in unserem Land beides: Selbstverantwortung und die Verantwortung für das Ganze." Gemeinschaft sei ohne Gemeinsamkeiten nicht möglich, sagte der vormalige Bundespräsident (*Köhler* 2008).

Hier liegt unser aller Verantwortung und Aufgabe: an einer humanen Gesellschaft mitzuarbeiten und Lebensräume und Partizipationsmöglichkeiten für Menschen, jung und alt, so zu gestalten, dass wir von ihnen in voller Überzeugung sagen können: *Sie sind gut, mit ihnen werde auch ich zufrieden und immer wieder auch glücklich sein können!*

# Lebenskunst im endgültigen Abschiednehmen

*Erika Horn*

Langsam verebbt der Duft der Glyzinien vor meinem Fenster. Viele ihrer Blüten bedecken schon den Rasen, so reich haben sie im ersten Frühling geblüht – nun ist es endgültig vorbei. Wir trösten uns leichthin: „Es geht alles vorüber, es geht alles vorbei – und nach jedem Dezember kommt wieder ein Mai..." Aber das nächste Blühen wird ein anderes sein, auch der nächste Mai - sie sind unwiederholbar. Und erst recht noch fraglich, ob ich, nun bald zweiundneunzig, noch einen erleben werde.

„Einmal, jedes, nur einmal. Einmal und nicht mehr." Immer wieder erkennt R. M. Rilke diese Endgültigkeit allen Lebens, die auch für uns Menschen gilt und setzt in seiner neunten Elegie fort: „Und wir auch einmal. Nie wieder..." Schon in der achten heißt es: „...so leben wir und nehmen immer Abschied." Das Thema hat ihn viel und in vielen Zusammenhängen beschäftigt, und als er die späten Elegien schrieb, war er selbst schon nahe seinem eigenen Ende.

Den endgültigen Abschied von aller Welt, allem uns Wichtigen und Lieben, können und wollen wir uns nicht vorstellen und so „übersehen" wir die ständigen, uns umgebenden und uns betreffenden Abschiede, die uns einüben auf unseren eigenen. Wir finden Vertröstungen, haben Ausweichmanöver – vom „Auf Wiedersehen" in Goldschrift auf Grabsteinen bis zu den Versuchen einer noch weiteren Lebensverlängerung oder dem Wunsch, die noch unverweste Leiche einfrieren zu lassen; ja vielleicht dürfen wir einmal die Verheißung Ewigen Lebens unserer Religion so sehen. Aber diese Abwehr der Endlichkeit ist ja letztlich auch ein großes JA zum Wunder Leben und zu seinem Ursprung, eine zutiefst menschliche Hoffnung, dass Leben, auch meines, doch weitergehen wird.

„Die Mutigen wissen, dass sie nicht auferstehen...", „ich bin nicht mutig," bekennt M. L. Kaschnitz.

Es gehört Mut dazu, sich mit seiner Endlichkeit, also mit Sterben und Tod tiefer einzulassen. Es überfallen uns gleich Ängste: Ängste vor körperlichen Schmerzen, trotz einer modernen palliativen Medizin, Ängste vor einer letzten Einsamkeit trotz Hospizbegleitung, und die Urangst vor dem „Nachher", gegen die es letztlich nur die Versprechungen aus einem tiefen religiösen Glauben gibt.

Jeder von uns hat in dieser Auseinandersetzung seinen persönlichen Weg, durch ein ganzes Leben.

Nur langsam nähern wir uns über den Tod der Anderen der eigenen Sterblichkeit, betrifft uns das „Du selbst bist dieser Mensch – wie er jetzt wirst auch du sterben – morgen oder übermorgen".

Ich denke an meinen eigenen Weg[1]:

Für mich beginnt er an einem warmen Sommertag, als ich mit meiner ersten Enkelin, damals noch nicht fünf Jahre alt, über einen Wiesenhang am Millstätter See, der Dobra, hinauf gewandert bin zur Kirche über dem See. Dort ist der Friedhof noch rund um die Kirche angelegt; wir gehen langsam durch die Grabreihen; überall blühen reich die Blumen, liebevoll gepflegt. Das Kind staunt und fragt, was dieser Garten bedeute? Ich glaube, heute noch meine Verlegenheit zu spüren: wie erkläre ich ihr, was ein Friedhof ist – sie hat offenbar bisher noch keinen gesehen – was die Beete bergen? Nie noch war ich dazu herausgefordert. Ich stammle etwas von „krank sein, sterben, tot sein, von in die Erde gelegt werden…" Ich bin nicht befriedigt von dem, was ich der Enkelin sage, die ruhig zugehört hat und dann erklärt: „Ich weiß nicht, wie das ist, tot sein".

Weiß ich denn das jetzt, statistisch gesehen schon längst über der Lebensgrenze?

„Ich weiß es auch nicht", sagte ich ihr vor über 37 Jahren, als mir ein möglicher eigener Tod noch weit weg schien. In der Familie war niemand gestorben, seit die Enkelin ihr Leben begonnen hatte.

„Es gibt keinen Zugang zur Erfahrung des Todes… Am Anfang war die Leiche; und danach kam alle Theorie…" lese ich bei Thomas H. Macho in einem Sammelband zum Thema „Tod" (*Beck* 1995).

Bei meinem Todes-Erfahrungsweg war kein Toter, keine Leiche am Beginn. Auf diesen Weg hat mich ein tiefgehendes Erleben bei einer Seminarwoche mit Prof. Dr. Hilarion Petzold in einer kleinen Nachdenkgemeinschaft geführt. Wir haben uns für Stunden darauf konzentriert und die „Stationen" gezeichnet, wie sie uns die inneren Bilder zutrugen, zuletzt staunend, wie persönlich vielfältig sie waren.

In meiner ersten „Station" zeichnete ich den mit Steinfliesen bedeckten Vorraum im Haus einer Wahltante in meiner Kinderheimat, und auf den Fliesen lauter Scherben. Ich, vielleicht dreijährig, hatte meine geliebte Puppe fallen gelassen, eine mit zartem Porzellankopf und echten dunklen Haaren. Da lag sie nun mit dem zerbrochenen Kopf. Für mich war sie lebendig gewesen. Nun war sie „leblos", das Gesicht zerstört, endgültig ganz anders, auch unsere Beziehung war zerbrochen,

---

1    Auszug aus meinem Beitrag in „endlich – ewig„, - 'Zum Umgang mit Tod und Transzendenz' erschienen 2008 im Verlag Evang. Diakoniewerk Gallneukirchen.

die Puppe verschwand aus meinem Leben. Das glaubte ich spontan als meine erste Todeserfahrung zu erinnern. Sie ist mir noch im Gefühl als Schrecken, mit dem Bild und den Gerüchen des Vorraumes und mit der Trauer, die Puppe nie mehr zu sehen..., jetzt, über neunzig Jahre später.

Ganz anders freilich, aber auch ganz nahe und immer wieder belebbar, dann, fast dreißig Jahre später, die Bilder vom Tod des Vaters:

Wir waren verständigt worden, dass es „soweit wäre" und wir fanden ihn im Krankenhaus, noch bevor man ihn operieren konnte, in einem Mehrzweck - Nebenraum, wo man ihn hinein geschoben hatte. Kübel und Besen standen herum, Stellagen mit verschiedenem Material, immer wieder kam jemand, um etwas abzuholen oder zu bringen; aber wir als seine Nächsten konnten einen kleinen eigenen Raum um sein Sterbebett bilden, nichts störte uns, nichts nahmen wir wahr. Er wurde stiller und stiller, der Atem kam immer seltener; unvergesslich plötzlich eine Art Lichtschacht über ihm, den ich zu sehen glaubte und der bei allem Schmerz das Geschehen des Abschieds tröstlich erhellte – unbeschreiblich eigentlich noch heute für mich. Sein Gesicht veränderte sich, „der Tod trat ein". Damals glaubte ich zu erkennen, dass die Sprache Bilder braucht, dass wir die Personifizierung brauchen, um das im Grunde Unsagbare aussagen zu können. Es war eine „Einweihung" für immer; auch die Erfahrung war wichtig, dass man durchaus im so berüchtigten „Abstellkammerl" Sterben und Tod eines geliebten Menschen ganz tief und intim erleben kann, wenn die Liebe einen eigenen Raum um ihn zu schließen imstande ist.

Und wieder etwa fünfzehn Jahre später: da starb die Mutter bei einem Abendspaziergang mit mir; sie stürzte, mich mitreißend, auf der Straße, sie fiel nicht allzu schwer, aber untrüglich war für mich sofort, als ich sie liegen sah, dass sie der Tod gefällt hatte. Wieder eine dieser verlegenen Aussagen für das, was uns ein „offenbares Geheimnis" ist und bleiben wird. Ich konnte dann, als man sie doch noch ins Krankenhaus brachte, etwa zwei Stunden – eine kurze lange Zeit – mit ihr in einem Untersuchungsraum allein sein, mich sammeln vor ihrer Leiche, vor ihrem Todesantlitz, ein ganz wichtiger, tief begütigender Abschied.

Wie am Sterbebett des Vaters war auch da in dem fremden Zimmer diese stille Feierlichkeit, wie sie mir sonst nie erlebbar war als vor einem im Tod beendeten Leben, eine Feierlichkeit voll Ruhe und Frieden. Vielleicht ähnlich wie unmittelbar nach der Geburt meiner Kinder, aber eigentlich verbietet sich jeder Vergleich. Denn am Totenbett mischt sich ein tiefer Schmerz ein und beim Gebären werden alle Schmerzen vergessen. Ähnlich waren auch meine späteren Erfahrungen bei mir nahen sterbenden Menschen.

Längst aber hatte ich schon die Erfahrungen von den „kleinen Toden" in meinem Leben: das Zerbrechen von Hoffnungen, Träumen, von Beziehungen, die tiefen Ent-Täuschungen, die alle wie beim Tod mit dem „nie mehr", mit dem „Endgültigen" verbunden sind.

Wir haben uns im Seminar dann noch das eigene Sterben „ausgemalt". Da stand bei mir mein Sterbebett mitten in einem hellen Lebensraum und rings herum spielten die Enkelkinder!

Das war vor fast dreißig Jahren.

Und heute – wie denke ich da an Tod, an meinen Tod?

Nichts mehr male ich mir heute aus. Auch das Endgültige nicht, obwohl es sich in den letzten Jahren immer stärker ankündigt, das Leben gleichsam „stückweise" abzubrechen beginnt. So ist mir das Gehen ohne Krücken oder Rollator endgültig nicht mehr möglich, damit auch das Reisen oder größere Veranstaltungen zu besuchen nicht. Endgültig ist es mit dem Schwimmen vorbei, das ich so liebte, endgültig sind längere geistige Arbeit wie auch viele häusliche Aufgaben nicht mehr leistbar, die Selbständigkeit schränkt sich immer mehr ein, die Hilfebedürftigkeit wächst, die Multimorbidität nimmt zu.

Immer mehr scheint mir der Tod den Leib und damit auch mich vorzubereiten, so klein zu werden, dass ich in den Sarg passe, und gerade jetzt muss ich diesem Leib noch besondere Aufmerksamkeit, besondere Pflege geben; mehr denn je hat er Macht darüber, was für mich „Leben" heißt. Ich habe ihm früher wohl zu wenig davon zugestanden.

Angesichts solcher Veränderungen, von denen die meisten Hochaltrigen (wenn auch unterschiedlich) betroffen sind, müssen wir im hohen Alter neue Formen der Lebensgestaltung finden. Und so suchen wir noch so spät solche neuen Formen, wir dürfen sie da, so nahe dem Tod, erst recht „Lebenskunst" nennen. Das lenkt uns zunächst auch ab um dem Sterben entgegen zu schauen.

In einem Interview mit einer Neunzigjährigen wird sie gefragt: „Wie alt möchten Sie denn werden?" und sie antwortet: „Ich will nichts wissen vom Sterben... Da rede ich gar nicht davon. Oje, wann ich darauf nur denke..." (*Haiden, Rainer* 2005).

Vielleicht manifestiert sich das „Wunder Leben" in keiner Altersphase noch einmal als so lebenswert, als ein so hohes Gut, trotz allem, was schwer ist, dass wir es kaum loslassen können. „So schön wie hier kann es im Himmel gar nicht sein" ( *Schlingensief* 2009). Immer wieder brechen Lebenswille und Lebensfreude durch, bemühen wir uns neu um Lebensbewältigung.

Der Trieb, unser Leben nicht nur „abzuleben", sondern es zu gestalten und seinen Sinn zu finden, scheint uns eingeboren. Wir möchten unsere Fähigkeiten erkennen, sie ausbilden, entfalten, unsere Möglichkeiten ausweiten, uns Ziele setzen, um sie kämpfen, sie erreichen. Wir möchten durch Umwege und Irrwege zu immer besseren Einsichten, zu besseren Selbst- und Lebenserkenntnissen kommen und danach immer neu unser Leben gestalten. Und immer suchen und finden wir Lebensfreuden, auch bei schlechten Lebensbedingungen, auch bei Scheitern, bei Einschränkungen und Verlusten. Lebenskunst in den späten Jahren: das heißt, eine Balance zu finden, zwischen Kämpfen um das, was noch Leben, Eigen-Leben ist und dem Loslassen, dem Sich-Ergeben; Balance zwischen dem noch Gebraucht-Werden und dem immer mehr Zurück-Treten.

Es geht auch um die Balance zwischen dem ganz wichtigen, disziplinierten Ablauf des Alltags und einer Anpassung, wenn es Unterbrechungen, Überraschungen, weitere Veränderungen, gibt. Das verlangt einmal mehr, Ideen zu entwickeln, wie wir Schwächen ausgleichen, Handlungen bündeln, Wege verkürzen, Schmerzen erleichtern, Hilfsmittel einsetzen, Kräfte noch erhalten können, wo wir uns helfen lassen wollen, um unseren veränderten Alltag zu bestehen.

Aber, und das scheint mir die neue Dimension von Lebenskunst: dass wir den Blick nicht verschließen vor dem sich nähernden Ende, der End-Gültigkeit aller Bemühungen und aller Freuden, der Endlichkeit des ganzen Lebens.

So wird die Leuchtkraft allen uns noch umgebenden Lebens wahrscheinlich noch tiefer werden; aber wir werden auch, soweit wir können, vieles noch ordnen, werden Versöhnen und Verzeihen nicht aufschieben, Dankbarkeit und Liebe noch äußern für unser ganzes, abschiedliches Leben.

Und erst recht müssen wir uns bemühen um ein Offenbleiben auf Lebensfreuden hin, die sich leicht in dieser Lebensphase verdunkeln, verstellen, entziehen können. Und gerade in den sich verkleinernden Lebensräumen, im „schwindenden Dasein" werden die ganz einfachen Lebensfreuden noch intensiver, noch tröstlicher. Etwa das Stück Wiese vor dem Haus und ihr tiefes Grün, der Duft der Rosen, eine Grußkarte der jüngsten Enkelin, ein liebes Telefongespräch, ein unerwarteter Besuch. Wir müssen alles ganz bewusst wahrnehmen, mit allen Sinnen; so weit es uns Augen, Ohren und Nase noch möglich machen, es „auskosten", die Eindrücke, die Freuden auch mitteilen.

Bei allem, was um uns ist, können wir den Spuren von Lebensfreude, Lebensschönheit nachgehen, sogar beim Kochen, beim Essen. Die größten Freuden aber bringen Menschengesichter, Menschenworte, Menschenberührungen, sie erweisen sich als lebensverlängernd.

Schmerzlich zu denken ist nur, dass alles das für sozial benachteiligte, oder lange kranke alte Menschen sehr viel schwerer lebbar sein wird.

Der Doppelblick auf Leben und Sterben wird wohl erst im späten Alter möglich. Er wird uns dann nicht mehr belasten, ist eher Einstimmung und Annäherung auf unser unausweichliches Ende.

„Erde, du liebe, ich will…" (R. M. Rilke) werden wir jetzt noch anders verstehen.

Diese Erde, Lebensgrund, Lebensreichtum und bald Totenbett, sie wird allen denen, die wir verlassen müssen, weiter eine liebe bleiben, trotz aller Lebensstürme, wie sie es uns immer gewesen ist.

Auch das kann uns im Abschiednehmen trösten.

# Gesamtliteratur

*Aarts, P.G.H., op den Velde, W.* (2000): Eine früher erfolgte Traumatisierung und der Prozess des Alterns. In: *van der Kolk, B.., McFarlane, A.C., Weisaeth, L.* (Hrsg.): Traumatic Stress. Grundlagen und Behandlungsansätze. Paderborn: Junfermann. 289-306.

*Allemand, M., Zimprich, D., Martin, M.* (2008): Long-term correlated change in personality traits in old age. *Psychology and Aging* 23/3, 545-557.

*Altenwerk der Erzdiözese Freiburg* (2005): Altenpastoral in Pfarreien und Seelsorgeeinheiten. Impulspapier. Freiburg 2005.

*Alzheimer, A.* (1907): Über eine eigenartige Erkrankung der Hirnrinde. *Allgemeine Zeitschrift für Psychiatrie und Psychisch-gerichtliche Medizin* 64, 146-148.

*Andersen-Ranberg, K., Christensen, K., Jeune, B., Vasegaard, L., Skytthe, A., Vaupel, J.* (1999): Activity of daily living among elderly, oldest old and centenarians in Denmark. *Age and Ageing* 28, 373-377.

*Andersen-Ranberg, K., Schroll, M., Jeune, B.* (2001): Healthy centenarians do not exist, but autonomous centenarians do: A population-based study of morbidity among Danish centenarians. *Journal of the American Geriatric Society 49*, 900-908.

*Andersen-Ranberg, K., Vasegaard, L., Jeune, B.* (2001): Dementia is not inevitable: a population-based study of Danish centenarians. *Journal of Gerontology: Psychological Sciences* 56B, P152–P159.

*Antonovsky, A.* (1979): Health, stress and coping. New perspectives on mental and physical well-being. San Francisco: Jossey-Bass.

*Antonovsky, A.* (1997): Salutogenese – Zur Entmystifizierung der Gesundheit. Tübingen: dgvt.

*Ardelt, M.* (2004): Wisdom as export knowledge system: A critical review of a contemporary operationalization of an ancient concept. *Human Development* 47, 275-324.

*Ardelt, M.* (2005): How wise people cope with crises and obstacles in life. *Revision: A Journal of Consciousness and Transformation* 1, 7-19.

*Assmann, A.* (1991): Weisheit. München: Fink.

*Assman, A.* (1994): Wholesome knowledge: Concepts of wisdom in a historical and crosscultural perspective. In: *Featherman, D.L., Lerner, R.M., Perlmutter, M.*: Life-Span Development and behavior, Hillsdale, NJ: Erlbaum, vol. XII, 187-222

*Assmann, J.* (2005): Theologie und Weisheit im alten Ägypten. München: Fink.

*Auer, B.* (2009): Alt werden im Kloster. Oder: wann geht eine Klosterschwester in Pension? Sinn und Identitätssuche älterer Ordensschwestern beim Eintritt in die Pension. Unveröffentlichte Schwerpunktarbeit im Masterlehrgang Geragogik, Kirchliche pädagogische Hochschule Wien.

*Auhagen, A.E.* (2004): Positive Psychologie. Weinheim: Beltz.

*Aurel, Marc* (1990): Wege zu sich selbst. In: *Nickel, R.* (Hg.) Griechisch-deutsch. Darmstadt: Wissenschaftliche Buchgesellschaft.

*AXA* (2008): AXA Retirement Scope 2008. New Dynamics (www.retirement-scope.axa.com).

*Bachtin, M.* (2008): Chronotopos. Frankfurt: Suhrkamp.

*Backes, G., Clemens, W., Künemund, H.* (2004): Lebensformen und Lebensführung im Alter. Wiesbaden: Verlag für Sozialwissenschaften.

*Baier, K.* (2006) (Hrsg.): Handbuch Spiritualität. Zugänge – Traditionen – interreligiöse Prozesse. Darmstadt: Wissenschaftliche Buchgesellschaft WBG.

*Baier, K.* (2006): Spiritualitätsforschung heute. In: *Baier, K.*(2006) 11-45.

*Baltes, M.M.* (1996): Produktives Leben im Alter: Die vielen Gesichter des Alters. In: *M.M. Baltes, L. Montada* (Hrsg.), Produktives Leben im Alter. Frankfurt: Campus: 393-408.

*Baltes, M.M.* (1998): The psychology of the oldest-old: The Fourth Age. *Current Opinion in Psychiatry* 11, 411-415.

*Baltes, M.M., Kohli, M., Sames K.* (1989): Erfolgreiches Altern. Bedingungen und Variationen. Bern: Huber.

*Baltes, M.M., Montada, L.* (1996): Produktives Leben im Alter. Frankfurt: Campus.

*Baltes, P.B. (1987):* Theoretical Propositions of Life-Span Developmental-Psychology – on the Dynamics between Growth and Decline. Developmental Psychology 23/5, 611-626.

*Baltes, P.B.* (1990): Life-Span developmental-psychology: Basic theoretical principles. *Psychologische Rundschau* 41/1, 1-24.

*Baltes, P.B.* (1997): On the incomplete architecture of human development: The fourth age. *Psychologische Rundschau* 48/4, 191-210.

*Baltes, P.B.* (1999): Alter und Altern als unvollendete Architektur der Humanontogenese. *Zeitschrift für Gerontologie und Geriatrie 32*, 433-448.

*Baltes, P.B.* (2007): Alter(n) als Balanceakt: im Schnittpunkt von Fortschritt und Würde. In: *Gruss, P.* (Hg.): Die Zukunft des Alterns. München, Beck. 15-34.

*Baltes, P.B., Baltes, M.M.* (1990): Psychological perspectives on successful aging: The model of selective optimization with compensation. In: *Baltes, P.B. & Baltes, M.M.* (ed.) Successful aging: Perspectives from the behavioral sciences. New York: Cambridge University Press, 1-33.

*Baltes, P.B., Glück, J., Kuntzmann, U.* (2002): Wisdom: Its structure and function in regulating successful life span development. In: *Snyder, C.R., Lopez, S.J.,* Handbook of Positive Psychology. Oxford: Oxford Univ. Press, 327-347.

*Baltes, P.B., Maier, K.U., Helmchen, H., Steinhagen-Thiessen, E.* (1993): The Berlin Aging Study: Overview and design. *Aging and Society* 13, 483-515.

*Baltes, P.B., Smith, J.* (1990): Weisheit und Weisheitsentwicklung: Prolegomena zu einer psychologischen Weisheitstheorie. Z. *Entwicklungspsychol Päd. Psychol* 22, 95-135.

*Baltes, P.B., Smith, J.* (2003): New frontiers in the future of aging: From successful aging of the young old to the dilemmas of the fourth age. *Gerontology 49*, 123-135.

*Baltes, P.B., Staudinger, U.M.* (1993): The Search of a psychology of wisdom. *Current Directions in Psychological Science* 2, 1-6.

*Baltes, P.B., Staudinger, U.M.* (2000): Wisdom: A metaheuristic (pragmatic) to orchestrate mind and virtue toward excellence. *American Psychologist* 55, 122-136.

*Baltrusch, E.* (2003): An den Rand gedrängt. Altersbilder im Klassischen Athen. In: *Gutsfeld, Schmitz* (2003) 57-86.

*Banerjee, S., MacDonald, A.* (1996): Mental disorder in an elderly home-care population: Associations and health and social service use. *British Journal of Psychiatry* 168, 750-756.

*Barkhof, F., Polvikoski, T.M., van Straaten, E.C.W., Kalaria, R.N., Sulkava, R., Aronen, H.J., Niinisto, L., Rastas, S., Oinas, M., Scheltens, P., Erkinjuntti, T.* (2007): The significance of medial temporal lobe atrophy: A postmortem MRI study in the very old. *Neurology* 69, 1521-1527.

*Başoglu, M.* (1992): Torture and its consequences: current treatment approaches. Cambridge: Cambridge University Press.

*Başoglu, M., Paker, M., Paker, Ö., Özmen, E.* et al. (1994): A comparison of tortured with matched non-tortured political activists in Turkey. *Am. J. Psychiatry* 151, 76-81.

*Baumann, K.* (2007): Weisheitstraining zur Steigerung der Belastungsverarbeitungskompetenz bei reaktiven psychischen Störungen mit Verbitterungsaffekten. Diss. Charité. Universitätsmedizin Berlin. Freie Universität Berlin. Online: http://www.diss.fu-berlin.de/2007/358/index.html.

*Bayer, C.* (1988): "Exchange Learning" – Erfahrungsaustausch zwischen Alt und Jung. Umsetzung eines bewährten Konzeptes in der Ausbildung qualifizierter Fachkräfte im Bereich der Gerontopsychologie. In: *Romkopf, G., Fröhlich, W.D., Lindner, I.,* Entwicklungen und Perspektiven. Bericht über den 14. Kongreß für angewandte Psychologie. Bonn: Deutscher Psychologen Verlag, S. 71-72.

*Beauvoir, S. de* (1970): La vieillesse. Paris: Gallimard.

*Beck, R.* (Hrsg.) (1995): Der Tod. Ein Lesebuch von den letzten Dingen. München: C. H. Beck.

*Becker, G., Rott, C., d'Heureuse, V., Kliegel, M., Schönemann-Gieck, P.* (2003): Funktionale Kompetenz und Pflegebedürftigkeit nach SGB XI bei Hundertjährigen. *Zeitschrift für Gerontologie und Geriatrie* 36, 437-446.

*Becker, S., Veelken, L., Wallraven, KP.* (2000) (Hrsg.): Handbuch Altenbildung. Theorien und Konzepte für Gegenwart und Zukunft. Opladen: Leske + Budrich.

*Beeri, M.S.P., Schmeidler, J.P., Sano, M.P., Wang, J.B., Lally, R.B., Grossman, H.M., Silverman, J.M.P.* (2006): Age, gender, and education norms on the CERAD neuropsychological battery in the oldest old. [Article]. *Neurology* 67, 1006-1010.

*Beine, K.-H.* (1998): Sehen, Hören, Schweigen. Patiententötung und aktive Sterbehilfe: Freiburg: Lambertus.

*Bejick, U.* (2003): Der essbare Gott. Die spirituelle Dimension der Diakonie am Beispiel des Essens und Trinkens in der Altenpflege. In: *Götzelmann, Arnd,* (Hrsg.): Diakonische Kirche. Anstöße zur Gemeindeentwicklung und Kirchenreform. FS Theodor Strohm. Heidelberg: Universitätsverlag Winter, S. 218-227.

*Bejick, U.* (2006): Seelsorge mit dementen Menschen als gemeinsamer spiritueller Weg. In: *Kobler-von Komorowski, Schmidt* (2006) 118-123.

*Bellinicioni, M.* (1978): Educazione alla sapientia in Seneca. Antichita classica e christiana 17. Brescia.

*Bertelsmann Stiftung* (2006) (Hrsg.): Demographie konkret – Seniorenpolitik in den Kommunen. Gütersloh: Bertelsmann.

*Bertelsmann Stiftung* (2008): Demographie konkret 3 – Soziale Segregation in deutschen Großstädten. Daten und Handlungskonzepte für eine integrative Stadtpolitik. Gütersloh: Bertelsmann.

*Beuys, J.* (1990): Kunst ist ja Therapie – Jeder Mensch ist ein Künstler. In: *Petzold, H.G., Orth, I.,* Die Neuen Kreativitätstherapien. Paderborn: Junfermann. Bd. I., 3. Aufl. bei Edition Sirius, Aisthesis Verlag, Bielefeld 2007.

*Bickel, H.* (2003): Epidemiologie psychischer Störungen. In: *Förstl, H.* (Hrsg.): Lehrbuch der Gerontopsychiatrie und -psychotherapie. Stuttgart, Thieme, S. 11-26.

*Birren, J.E., Birren, B.A.* (1990). The concepts, models, and history of the psychology of aging. In *J.E. Birren, K.W. Schaie* (Hrsg.): Handbook of the psychology of aging. San Diego, Calif.: Academic Press. 3. Aufl. 3-20.

*Birren, J.E., Svenson, C. M.* (2005): Wisdom in History. In: *Sternberg, Jordan* (2005) 3-31.

*Blair, S.N., Kohl, H.W., Paffenbarger, R.S., Clark, D.G., Cooper, K.H., Gibbons, L.W.* (1989): Physical fitness and all-cause mortality: a prospective study of healthy men and women. *JAMA* 262, 2395-2401.

*Blansjaar, B.A., Thomassen, R., Van Schaick, H.W.* (2000): Prevalence of dementia in centenarians. *Int. J. Geriatric Psych.* 15, 219-225.

*Bloch, E.*(1972): Naturrecht und menschliche Würde. Frankfurt/Main: Suhrkamp.

*Bloch, W., Schmidt, A.* (2004): Sport and free radicals/antioxidants. *Blickpunkt der Mann* 3, 13-18.

*Bloch, W., Mehlhorn, U., Krahwinkel, A., Reiner, M., Dittrich, M., Schmidt, A., Addicks, K.* (2001): Ischemia increases detectable endothelial nitric oxide synthase in rat and human myocardium. *Nitric Oxide* 5, 317-323.

*Bluck, S., Glück, J.* (2004): Making things better and learning a lesson: experiencing wisdom across lifespan. *J. of Personality* 72, 543-572.

*Bobbio, N.* (1997): Vom Alter – De senectute. Berlin: Wagenbach.

*Böhm, E.* (2001/2002): Psychobiographisches Pflegemodell nach Böhm. Bd. I. Grundlagen und Bd. II. Arbeitsbuch. 2. Aufl. Wien: Verlag Wilhelm Maudrich.

*Böhme, H.* (1986): Pfleger misshandelt Heimbewohner: Kündigungsgrund? *Das Altenheim* 23, 82-83.

*Böhmer, M.*(1999): Erfahrungen sexualisierter Gewalt in der Lebensgeschichte alter Frauen. Frankfurt: Mabuse Verlag.

*Bolhaar, R., Petzold, H.G.* (2008): Leibtheorien und „Informierter Leib" – ein „komplexer Leibbegriff" und seine Bedeutung für die Integrative Supervision und Therapie. Bei www. FPI-Publikationen.de/materialien.htm *POLYLOGE: Materialien aus der Europäischen Akademie für psychosoziale Gesundheit* – Jg. 2008.

*Bolkestein, H.* (1939): Wohltätigkeit und Armenpflege im vorchristlichen Altertum. Ein Beitrag zum Problem von Moral und Gesellschaft. Utrecht: Oosthoek (ND Groningen 1967).

*Bolk-Weischedel, D.* (2002): Lebenskrisen älterer Frauen: Eine Auswertung von Berichten für gutachterliche Psychotherapie. In: *Peters M, Kipp J* (Hg): Zwischen Abschied und Neubeginn – Entwicklungskrisen im Alter. Psychosozial, Gießen S 125-138.

*Bollnow, O.* (1962): Das hohe Alter. *Neue Sammlung*, 2, 385-396.

*Böhnke, M.* (2007): Leid erfahren – Sinn suchen: das Problem der Theodizee. Freiburg i. Br.: Herder.

*Boornstein, S.* (1988) (Hrsg.): Transpersonale Psychotherapie. Neue Wege in der Psychotherapie – Transpersonale Ansätze, Methoden und Ziele in der therapeutischen Praxis. Bern, München, Wien: Scherz.

*Bossy-Wetzel, E., Green, D.R.* (1999): Caspases induce cytochrome c release from mitochondria by activating cytosolic factors. *J Biol Chem* 274, 17484-17489.

*Bouchard, C., Rankinen, T., Chagnon, Y.C., Rice, T., Perusse, L., Gagnon, J., Borecki, I., An, P., Leon, A.S., Skinner, J.S., Wilmore, J.H., Province, M., Rao, D.C.* (2000): Genomic scan for maximal oxygen uptake and its response to training in the HERITAGE Family Study. *J Appl Physiol* 88, 551-559.

*Bouwer, J.* (2006): Altenpflege und geistliche Fürsorge in den Niederlanden – Ein Reisebericht. In: *Kobler- von Komorowski, Schmidt* (2006) 275-279.

*Bovenschen, S.* (2006): Älter werden. Frankfurt am Main: Fischer Verlag, 6. Auflage, 2006.

*Brand, M., Markowitsch, H.J.* (2005): Neuropsychologische Früherkennung und Diagnostik der Demenzen. In: *Martin, Schelling* (2005) 11-73.

*Brandt, H.* (2002): Wird auch silbern mein Haar. Eine Geschichte des Alters in der Antike. München: C.H. Beck.

*Brandstädter, J., Rothermund, K. (1998)*: Bewältigungspotentiale im höheren Alter: adaptive und protektive Prozesse. In: *Kruse* (1998): S. 223-237.

*Brenner, H., Arndt, V.* (2006): Cancer among older adults: Incidence, Prognosis and New Avenues of Prevention. In: *Wahl, Brenner, Mollenkopf, Rothenbacher, Rott* (2006): 139-151.

*Brent, O.G., Watson, D.* (1980): Aging and wisdom: individual and collective aspects. *Meet. Gerontol. Soc. Am.* San Francisco.

*Breitner, J.C.S., Wyse, B.W., Anthony, J.C., Welsh-Bohmer, K.A., Steffens, D.C., Norton, M.C., Tschanz, J.T., Plassman, B.L., Meyer, M.R., Skoog, I., Khachaturian, A.* (1999): APOE-{epsilon}4 count predicts age when prevalence of AD increases, then declines: The Cache County Study. *Neurology* 53, 321-331.

*Broschüre MAS Gerontological Care* (2008): Hochschule für Soziale Arbeit, Olten und Institut Neumünster, Zollikerberg (Hg.). Bei: https://eventoweb.fhnw.ch/_WebDokumente/3-S/MAS_G30_B.pdf [09.10.2009].

*Brotons, M., Koger, S.M., Pickett-Cooper, P.* (1997): Music and Dementias: A review literatur. *Journal of Music Therapy* XXXIV (4), 204-245.

*Brühlmann-Jecklin, E.* (2010): Das Mögliche tun. Ruth C. Cohn. Gespräche und Begegnungen. Bern: Zytglogge-Verlag.

*Brusten, M., Hohmeier, J.* (1975): Stigmatisierung, 2 Bde., Neuwied/Darmstadt: Luchterhand.

*Bubolz-Lutz, E.* (1983): Bildung im Alter, Freiburg: Lambertus.

*Bubolz Lutz, E.* (2000): Bildung im Alter – eine Chance zu persönlicher, sozialer und gesellschaftlicher Entwicklung. BAGSO-Nachrichten 2, S. 6-11.

*Bubolz-Lutz, E.* (2002): Selbstgesteuertes Lernen in der Bildungsarbeit mit Älteren. *forum EB* 2, 16-22.

*Bubolz-Lutz, E.* (2005): Bürgerengagement im Bereich „Hilfe und Pflege" – wissenschaftlicher Erkenntnisstand und Praxisansätze. In: *Braun, J., Kubisch, S., Zeman, P.* (Hrsg.): Erfahrungswissen und Verantwortung – zur Rolle von seniorTrainern in ausgewählten Engagementbereichen. Köln: *ISAB-Schriftenreihe: Berichte aus Forschung und Praxis*, 89, 116-144.

*Bubolz-Lutz, E.* (2006): Pflege in der Familie – Perspektiven. Lambertus Verlag: Freiburg.

*Bubolz-Lutz, E.* (2007): Geragogik – wissenschaftliche Disziplin und Praxis der Altersbildung. *DZA Informationsdienst Altersfragen*, 34/5, S. 11-14.

*Bubolz-Lutz, E.*(2000): Bildung und Hochaltrigkeit. In: *Becker, Veelken, Wallraven* (2000) 326-349.

*Bubolz-Lutz, E., Rüffin, H.-P.* (2001): Ehrenamt – eine starke Sache. Selbstbestimmtes Lernen Älterer für ein selbstgewähltes ehrenamtliches. Engagement. Begründungen, Erfahrungen, Anstöße. Montabaur.

*Bundesministerium für Familie, Senioren, Frauen und Jugend* (1998) (Hrsg.): Zweiter Bericht zur Lage der älteren Generation. Berlin.

*Bundesministerium für Familie, Senioren, Frauen und Jugend* (2001) (Hrsg.): Dritter Bericht zur Lage der älteren Generation. Berlin.

*Bundesministerium für Familie, Senioren, Frauen und Jugend* (2002) (Hrsg.): Vierter Bericht zur Lage der älteren Generation. Berlin.

*Bundesministerium für Familie, Senioren, Frauen und Jugend* (2006) (Hrsg.): Fünfter Bericht zur Lage der älteren Generation in der Bundesrepublik Deutschland. Berlin.

*Burgmans, S., van Boxtel, M.P.J., Vuurman, E.F.P.M., Smeets, F., Bronenschild, E.H.B.M., Uylings, H.B.M., Jolles, J.* (2009): The prevalence of cortical gray matter atrophy may be overestimated in the healthy aging brain. *Neuropsychology* 23, 541-555.

*Burns, J.M., Church, J.A., Johnson, D.K., Xiong, C., Marcus, D., Fotenos, A.F., Snyder, A.Z., Morris, J.C., Buckner, R.L.* (2005): White Matter Lesions Are Prevalent but Differentially Related With Cognition in Aging and Early Alzheimer Disease. *Archives of Neurology* 62, 1870-1876.

*Carstensen, L.L., Pasupathi, M., Mayr, U., Nesselroade, J.* (2000): Emotional experience in everyday life across the adult life span. *Journal of Personality and Social Psychology* 79, 644-655.

*Charles, S.T., Reynolds, C.A. Gatz, M.* (2001): Age-related differences and change in positive and negative affect over 23 years. *Journal of Personality and Social Psychology* 80, 136-151.

*Christensen, K., Doblhammer, G., Rau, R., Vaupel, J.W.* (2009): Ageing populations: the challenges ahead. *Lancet* 374/9696, 1196-1208.

*Christiansen, N.* (2004): Salbung in der evangelischen Kirche – eine Handreichung. Hamburg.

*Churchill, J.D., Galvez, R., Colcombe, S., Swain, R.A., Kramer, A.F., Greenough, W.T.* (2002): Exercise, experience and the aging brain. *Neurobiol Aging* 23, 941-955.

*Cicero, T.* (1998): Cato maior de senectute. In: *Merklin, H.* (Hrsg). Stuttgart: Reclam.

*Clemens, W.* (2008): Sozialwissenschaftliche Aspekte des Alter(n)s. In: *Kuhlmey, Schaeffer* (2008) 33-45.

*Close, J., Ellis, M., Hooper, R., Glucksman, E., Jackson, S., Swift, C.* (1999): Prevention of falls in the elderly trial (PROFET): a randomised controlled trial. *Lancet* 353, 93-97.

*Coccia, M.* (1959): La „consolatio" in Seneca. *Revista de Cultura Classica e Medioevale* 1, 148-180.

*Colombier, C.* (2008): Demografische Alterung und Gesundheitswesen – Mehrbelastungen primär in der Langzeitpflege. *Die Volkswirtschaft* 10/08: 63-66.

*Conway, M.A.* (1990): Autobiographical memory. An introduction. Philadelphia: Open University Press.

*Corson, S.A., Corson, E.O.* (1980): Pet Animals as Nonverbal Communication Mediators in Psychotherapy in Institutional Settings. In: Ethology & Nonverbal Communication in Mental Health, Oxford/New York/Toronto/Sydney.

*Costafreda, S.G.* (2009): Pooling FMRI data: meta-analysis, mega-analysis and multi-center studies. *Frontiers in Neuroinformatics* 3/33, 1-8.

*Cotman, C.W., Berchthold, N.C.* (2002): Exercise: a behavioral intervention to enhance brain health and plasticity. *Trends Neurosci* 25, 295-302.

*Cowdry, E.V.* (1939): Problems of ageing. Baltimore: Williams & Wilkins.

*Dallinger, U.* (1996): Pflege und Beruf – ein neuer Vereinbarungskonflikt in der späten Familienphase. Ein Literatur- und Forschungsüberblick. *Zeitschrift für Familienforschung*, 8,2: 6-42.

*Davies, E., Higginson I.J.* (2004): Better Palliative Care for Older People. WHO Europe. Dt. (2008): Bessere Palliativversorgung für ältere Menschen. Bonn: Palia Med.

*Deisseroth, K., Singla, S., Toda, H., Monje, M., Palmer, T.D., Malenka, R.C.* (2004): Excitation-neurogenesis coupling in adult neural stem/progenitor cells. *Neuron* 42, 535-552.

*de Jong, J.* (2000): Psychiatrische Probleme im Zusammenhang mit Verfolgung und Flüchtlingsstatus. In : *Helmchen, H., Henn, F.A., Lauter, H., Sartorius, N.* (Hrsg.), Psychiatrie der Gegenwart. Band 3: Psychiatrie spezieller Lebenssituationen. Berlin: Springer. 483-520.

*Depping, K.* (1994): Altersverwirrte Menschen seelsorgerlich begleiten. Bd. 1 und 2. Hannover: Lutherisches Verlagshaus.

*Derrida, J.* (1986): Positionen. Graz: Böhlau.

*Derrida, J.* (2002): Politik der Freundschaft. Frankfurt: Suhrkamp.

*Deutsch, D.* (2007): Lebensträume kennen kein Alter. Neue Ideen für das Zusammenwohnen in der Zukunft. Frankfurt: Krüger.

*Deutsche Gesellschaft für Musiktherapie* (2005) (Hrsg.): Balsam für die Seele: Hausmusik. Verbesserung der häuslichen Pflegesituation gerontopsychiatrischer Patienten unter Einsatz von Musiktherapie. Köln: Kuratorium Deutsche Altershilfe.

*Dewey, J.* (1939). Introduction. In *E.V. Cowdry* (Hg.), *Problems of ageing*. Baltimore: Wiliams & Wilkins. XXVI-XXXIII.

*Diakonisches Werk Baden* (2006) (Hrsg.): Seelsorgliche Sterbe- und Trauerbegleitung im Pflegeheim. Karlsruhe: Diakonie Baden.

*Diakonisches Werk der EKD* (2009): Seelsorge in Palliative Care. Situationsanzeige und Empfehlungen zu kirchlich-diakonischem Handeln. Positionspapier 12.2009. Stuttgart: Diakonisches Werk der EKD.

*Dickerson, B.C., Bakkour, A., Salat, D.H., Feczko, E., Pacheco, J., Greve, D.N., Grodstein, F., Wright, C.I., Blacker, D., Rosas, H.D., Sperling, R.A., Atri, A., Growdon, J.H., Hyman, B.T., Morris, J.C., Fischl, B., Buckner, R.L.* (2009): The Cortical Signature of Alzheimer's Disease: Regionally Specific Cortical Thinning Relates to Symptom Severity in Very Mild to Mild AD Dementia and is Detectable in Asymptomatic Amyloid-Positive Individuals. *Cerebral Cortex* 19, 497-510.

*Ding-Greiner, C., Lang, E.* (2004): Alternsprozesse und Krankheitsprozesse – Grundlagen. In: *Kruse, A., Martin, M.* (Hrsg.): Enzyklopädie der Gerontologie. Alternsprozesse in multidisziplinärer Sicht. Bern: Huber, 182-206.

*Dittmann-Kohli, F.* (1995): Das persönliche Sinnsystem. Göttingen: Hogrefe.

*Drechsel, W.* (2007): „Wenn ich mich auf deine Welt einlasse...." Altenseelsorge als Anfrage an Seelsorgetheorie und Theologie. In: *Kunz* (2007) 187-216.

*Drechsel, W.* (2006): Zur geistlichen Dimension von Lebensgeschichte und Lebens-Geschichten in der Seelsorge. unveröff. Vortrag Bad Boll 2006.

*Drew, B., Phaneuf, S., Dirks, A., Selman, C., Gredilla, R., Lecca, A., Barja, G., Leeuwen-Burgh, J.* (2003): Effects of aging and caloric restriction on mitochondrial energy production in gastrocnemius muscle and heart. *Am J Physiol* 284, R474-480.

*Droes, R.M.* (1991): In beweging. Nijkerk: Intro.

*D'Sa, F.X.* (2006): Kontemplation in Aktion. Yoga in der Bhagavadgita. In: *Baier, K.* (2006) 277-291.

*Dürrenmatt, F.* (1962): 21 Punkte zu den Physikern, Punkt 17 Ort: Diogenes Verlag, Werksausgabe.

*Dymarczyk, Chr.* (2003): Das Altenheim aus Perspektive des Pflegepersonals – Lebensort für die eigene Zukunft? Diss. Institut für Agrarpolitik, Marktforschung und Wirtschaftssoziologie der Universität Bonn.

*Dymarczyk, Chr.* (2003a): Zusammenfassung: Das Altenheim aus Perspektive des Pflegepersonals – Lebensort für die eigene Zukunft? www.uni-bonn.de/Aktuelles/Presseinformationen/2003/432/bilder/Altenheim-Umfrage.pdf

*Eastman, M.* (1985): Gewalt gegen alte Menschen: Freiburg: Lambertus.

*Eberstadt, N., Groth, H.* (2008): Die Demografiefalle. Gesundheit als Ausweg für Deutschland und Europa, Stuttgart: Thieme Verlag.

*Eglin, A., Huber, E., Kunz, R.* (2008): Das Leben heiligen. Spirituelle Begleitung von Menschen mit Demenz. Ein Leitfaden. 3. Aufl. Zürich: Theologischer Verlag Zürich.

*Ehsani, A.A., Ogawa, T., Miller, T.R., Spina, R.J., Jilka, S.M.* (1991): Exercise training improves left ventricular systolic function in older men. *Circulation* 83/1, 96-103.

*Eisenmenger, M., Pötzsch, O., Sommer, B.* (2006): Bevölkerung Deutschlands bis 2050. Wiesbaden: Statistisches Bundesamt.

*Enright, R.D., Fitzgibbons, R.P.* (2000): Helping clients to forgive: An empirical guide for resolving anger and restoring hope. Washington: American Psychological Association.

*Epiktet* (1956): Diatriben. The Discourses as reported by Arian, the Manual, and Fragments. With an English translation by *W.A. Oldfather*, 2 Bde, London 1956 u. 1959. The Loeb Classical Library.

*Epiktet*: Handbüchlein der Moral (Encheiridion), übers. und hg. v. *Kurt Steinmann*, Stuttgart: Reclam 1992.

*Erikson, E.H.* (1966): Identität und Lebenszyklus. Frankfurt: Suhrkamp.

*Erikson, E.H.* (1973): Identität und Lebenszyklus. Frankfurt: Suhrkamp.

*Erikson, E.H.* (1975): Dimensionen einer neuen Identität. Frankfurt/M.: Suhrkamp.

*Erikson, E.H.* (1985): The Life Cycle Completed. New York: Norton & Company.

*Erikson, E.H.* (1988): Der vollständige Lebenszyklus. Frankfurt: Suhrkamp.

*Eriksson, P.S., Perfilieva, E., Bjork-Eriksson, T., Alborn, A.M., Nordborg, C., Peterson, D.A., Gage, F.H.* (1998): Neurogenesis in the adult human hippocampus. *Nat Med* 4, 1313-1317.

*Ernst, C.* (1997): Epidemiologie depressiver Störungen im Alter. In: *H. Radebold, R.D. Hirsch, J. Kopp, R. Kortus, G. Stoppe, B. Struwe, C. Wächtler* (Hrsg.): Depressionen im Alter. Darmstadt: Steinkopff, 2-11.

*Evangelische Landeskirche in Württemberg/ Diakonisches Werk Württemberg* (2006): „Ich will euch tragen". Handbuch für die Seelsorge in der Altenpflege. Stuttgart.

*Evans, D.A., Funkenstein, H.H., Albert, M.S., Scherr, P.A., Cook, N.R., Chown, M.J., Hebert, L.E., Hennekens, C.H., Taylor, J.O.* (1989): Prevalence of Alzheimer's Disease in a Community Population of Older Persons: Higher Than Previously Reported. JAMA: *The Journal of the American Medical Association* 262, 2551-2556.

*Fabre, C., Chamari, K., Mucci, P., Masse-Biron, J., Prefaut, C.* (2002): Improvement of cognitive function by mental and/or individualized aerobic training in healthy elderly subjects. *Int J Sports Med* 23, 415-421.

*Fäh, B., Rüegger, H., Knipping C., Wiesli, U., Huber E.* (2008): Gerontological Care – neues Paradigma für die Aus- und Weiterbildung im Langzeitbereich. Zollikerberg: Institut Neumünster, unveröffentlicht.

*Falkner, Th.M., de Luce, J.* (1989): Old age in Greek and Latin literatur. New York, Albany: SUNY Press.

*Feil, N.* (1992): Validation. Ein neuer Weg zum Verständnis alter Menschen. 2. überarb. Aufl. Wien: Delle Karth Verlag.

*Ferring, D., Haller, M., Myer-Wolters, H., Michels, T.* (2008): Soziokulturelle Konstruktion des Alters – Transdisziplinäre Perspektiven. Würzburg: Königshausen & Neumann Verlag.

*Fiatarone, M.A., O'Neill, E.F., Ryan, N.D., Clements, K.M., Solares, G.R., Nelson, M.E., Roberts, S.B., Kehayias, J.J., Lipsitz, L.A., Evans, W.J.* (1994): Exercise training and nutritional supplementation for physical frailty in very elderly people. *N Engl J Med* 330, 1769-1775.

*Filipp, S.-H., Meyer, A.-K.* (1999): Bilder des Alters, Altersstereotype und die Beziehungen zwischen den Generationen. Stuttgart: Kohlhammer.

*Filipp, S.-H., Staudinger, U.M.* (2005) (Hrsg.): Entwicklungspsychologie des mittleren und höheren Erwachsenenalters. Reihe: Enzyklopädie der Psychologie. Göttingen: Hogrefe.

*Fillenbaum, G.G.* (1988): Multidimensional functional assessment of older adults: The Duke Older Americans Resources and Services Procedures. Hillsdale: Lawrence Erlbaum Associates.

*Fischer, M.* (2005): Der Begriff der Menschenwürde, Frankfurt am Main: Lang. 2. Aufl.

*Folstein, M., Folstein, S.E., McHugh, P.R.* (1975): "Mini-Mental State": A practical method for grading the cognitive state of patients for the clinician. *Journal of Psychiatric Research 12*, 189-198.

*Fotenos, A.F., Mintun, M.A., Snyder, A.Z., Morris, J.C., Buckner, R.L.* (2008): Brain Volume Decline in Aging: Evidence for a Relation Between Socioeconomic Status, Preclinical Alzheimer Disease, and Reserve. *Archives of Neurology* 65, 113-120.

*Foucault, M.* (1996): Diskurs und Wahrheit. Die Berkeley-Vorlesungen. Berlin: Merve.

*Foucault, M.* (2007): Ästhetik der Existenz. Frankfurt: Suhrkamp.

*Frank, L.K.* (1942). Forword. In *Cowdry, E.V.* (Hg.), *Problems of ageing*. Baltimore: Wiliams & Wilkins. XV-XXV.

*Frankl, V.E.* (1981): Die Sinnfrage in der Psychotherapie. München: Piper.

*Franz, J., Frieters, N., Scheunpflug, A., Tolksdorf, M., Antz, E.-M.* (2009): Generationen lernen gemeinsam. Theorie und Praxis intergenerationeller Bildung. Bielefeld: Bertelsmann.

*Freud A.* (1923): Das ich und das Es. GW XIII. Fischer 1969: Frankfurt, 237-289 (6. Aufl).

*Frey, H.-P.* (1983): Stigma und Identität. Weinheim: Beltz.

*Fried, L.P., Tangen, C.M., Walston, J., Newman, A.B., Hirsch, C., Gottdiener, J.* et al. (2001): Frailty in older adults: evidence for a phenotype. *Journal of Gerontology: Medical Sciences 56A*, M146–M156.

*Frohne-Hagemann, I.* (2001b): Musiktherapie vor dem Hintergrund Integrativer Therapie und Theorie. In: *Decker-Voigt, H.-H.* (Hrsg.): Lehrbuch Musiktherapie. E. Reinhardt Verlag, München.

*Frohne-Hagemann, I.* (Hrsg.) (2004): Rezeptive Musiktherapie. Wiesbaden: Reichert.

*Fromm, E.* (1991): Wege aus einer kranken Gesellschaft. Eine sozialpsychologische Untersuchung. München: dtv. 4.Auflage 2004.

*Frontera, W.R.* (2005): Krafttraining beim Älteren. *Dtsch Z Sportmed* 56/10, 367-372.

*Gamble, J.G., Edwards, C.C., Max, S.R.* (1984): Enzymatic adaptation in ligaments during immobilization. *Am J Sports Med* 12, 221-226.

*Gams-Homolovà, V.* (2008): Prävention bei Hochbetagten. In: *Kuhlmey, Schaeffer* (2008) 263-275.

*Gams-Homolovà, V.* (2000): Pflege im Alter. In: *Rennen-Allhoff, B., Schaeffer, D.* (Hrsg.): Handbuch Pflegewissenschaft. Weinheim: Juventa.

*Gardener, E.A., Huppert, F.A., Guralnik, J.M., Melzer, D.* (2006): Middle-aged and mobility-limited. Prevalence of disability and symptom attributions in a national survey. *Journal of General Internal Medicine 21*, 1091-1096.

*Garland, R.* (1990): The Greek way of life from conception to old age. London: Duckworth.

*Gauer, J.* (2009): Du hältst deine Hand über mir. Gottesdienste mit Demenzkranken. Düsseldorf: Patmos.

*Geissler, R.-H.* (2006): Symbole und Rituale- Zeichensprache der seelsorglichen Begegnung. In: *Kobler- von Komorowski, Schmidt* (2006) 104-117.

*Gembris, H.* (2008): Musik im Alter. Soziokulturelle Rahmenbedingungen und individuelle Möglichkeiten. Frankfurt: Peter Lang.

*Gembris, H.* (2008): Musikalische Entwicklung im mittleren und höheren Erwachsenenalter. In: *Gembris* (2008) 95-130.

*Gembris, H., Nübel, G.* (2008): Musik in Altenheimen: Eine Bedarfsanalyse. In: *Gembris* (2008) 281-295.

*Gerstorf, D., Ram, N., Roecke, C., Lindenberger, U., Smith, J.* (2008): Decline in life satisfaction in old age: Longitudinal evidence for links to distance-to-death. *Psychology and Aging* 23/1, 154-168.

*Ghisletta, P.* (2008): Application of a joint multivariate longitudinal-survival analysis to examine the terminal decline hypothesis in the Swiss Interdisciplinary Longitudinal Study on the Oldest Old. *Journals of Gerontology Series B-Psychological Sciences and Social Sciences* 63/3, 185-192.

*Ghisletta, P., McArdle, J.J., Lindenberger, U.* (2006): Longitudinal cognition-survival relations in old and very old age: 13-year data from the Berlin aging study. *European Psychologist* 11/3, 204-223.

*Ghisletta, P., Spini, D.* (2004): An introduction to generalized estimating equations and an application to assess selectivity effects in a longitudinal study on very old individuals. *Journal of Educational and Behavioral Statistics* 29/4, 421-437.

*Gibson, J.* (1982): The concept of affordance in development: The renaissance of funciontalism, in: *Collins, N.A.*, The concept of development. Hillsdale: Erlbaum.

*Goethe, J.W. v.* (1826): Maximen und Reflexionen. 5. Band, Heft 1826 (GW Bd 8 Gütersloh: Bertelsmann oJ., 382.

*Goffman, E.* (1959): The presentation of self in every day life. New York: Anchor; dtsch. Wir alle spielen Theater. Die Selbstdarstellung im Alltag. München: Piper 1969.

*Gondo, Y., Hirose, N., Arai, Y., Inagaki, H., Masui, Y., Yamamura, K.* et al. (2006): Functional status of centenarians in Tokyo, Japan: Developing better phenotypes of exceptional longevity. *Journal of Gerontology: Medical Sciences 61A*, M305-M310.

*Görgen, W., Engler, U.* (2005): Kammerstudie. Ambulante psychotherapeutische Versorgung von psychosekranken Menschen sowie älteren Menschen in Berlin. Heidelberg: Psychotherapeutenverlag. .

*Gösken, E., Pfaff, M., Veelken, L.* (2000): Intergenerationelles Lernen. In: *Becker* et al. (2000), 278 -281.

*Graf, G.* (2005): Schritte zur Hospizarbeit in der stationären Altenhilfe aus Sicht der Geschäftsführung, *Die Hospiz-Zeitschrift*, 23.

*Gregarek, S.* (2007): Lernen leben – Leben lernen. Intergenerationelle und Interkulturelle Bildung. Oberhausen: Athena.

*Grob, D.* (2009): Altersmedizinische Forschung und der geriatrische Alltag. 9. Zürcher Geriatrieforum Waid.

*Grober, E.L., Hall, C.B., Lipton, R.B., Zonderman, A.B., Resnick, S.M., Kawas, C.L.* (2008): Memory impairment, executive dysfunction, and intellectual decline in preclinical Alzheimer's disease. *Journal of the International Neuropsychological Society* 14, 266-278.

*Grond, E.* (2007): Gewalt gegen Pflegende: Altenpflegende als Opfer und Täter. Bern: Huber.

*Gronemeyer, R.* (2004): Kampf der Generationen. München: DVA.

*Gröning, K.*(2001): Entweihung und Scham. Grenzsituationen in der Pflege alter Menschen. 3. Aufl. Frankfurt: Mabuse Verlag.

*Gross, C.G.* (2000): Neurogenesis in the adult brain: death of a dogma. *Nat Rev Neurosci* 1, 67-73.

*Grosse, Th.* (2008): Interaktives Musizieren in Krankenhäusern und Pflegeeinrichtungen. In: *Gembris* (2008) 265-280.

*Guardini, R.* (1980): Wahrheit des Denkens und Wahrheit des Tuns. Paderborn, München, Wien, Zürich: Ferdinand Schöningh. 4. Aufl. 1985.

*Gunning-Dixon, F.M., Brickman, A.M., Cheng, J.C., Alexopoulos, G.S.* (2009): Aging of cerebral white matter: a review of MRI findings. *Int.J.Geriatric Psych.* 24, 109-117.

*Gutsfeld, A., Schmitz, W.* (2003): Am schlimmen Rand des Lebens. Altersbilder in der Antike. Köln: Böhlau.

*Haberkern, K.* (2009): Pflege in Europa. Familie und Wohlfahrtsstaat. Wiesbaden: VS Verlag für Sozialwissenschaften.

*Habermas, J.*(1985): Der philosophische Diskurs der Moderne. Zwölf Vorlesungen. Frankfurt: Suhrkamp. 3. Aufl. 1986.

*Habermas, J.* (1985): Die Neue Unübersichtlichkeit. Frankfurt: Suhrkamp.

*Habermas, J.* (2005): Zwischen Naturalismus und Religion. Philosophische Aufsätze. Frankfurt/M.: Kohlhammer.

*Hadot, I.* (1969): Seneca und die griechisch-römische Tradition der Seelenleitung. Berlin: de Gruyter.

*Hadot, P.* (1991): Philosophie als Lebensform. Geistige Übungen in der Antike. Berlin. Gatza.

*Hadot, P.* (1992): La Citadelle intérieur. Introduction aux Pensées de Marc Aurèle. Paris: Fayard

*Hadot, P.* (1999): Wege zur Weisheit oder Was lehrt uns die antike Philosophie? Frankfurt/Main: Eichborn.

*Hadot, P.* (2001): La philosophie comme manière de vivre. Entretiens avec Jeannine Carlier et Arnold I. Davidson. Paris: Albin Michel.

*Haessig, H., Petzold, H.G.* (2004a): Emmanuel Levinas - ein Referenztheoretiker der Integrativen Therapie. In: *Stumm, G.* et al.: Personenlexikon der Psychotherapie. Wien: Springer. 283-285.

*Haessig, H., Petzold, H.G.* (2006): Hannah Arendt – Protagonistin einer „politischen Philosophie", Referenzautorin für eine „politische Therapeutik". *Psychologische Medizin* (Österreich) 1, 75-79.

*Hagberg, B., Alfredson, B., Poon, L.W., Homma, A.* (2001): Cognitive functioning in centenarians: a coordinated analysis of results from three countries. *Journal of Gerontology: Psychological Sciences 56B*, 141-P151.

*Haiden, Ch., Rainer, P.* (Hrsg.) (2005): "Vielleicht bin ich ja ein Wunder" Gespräche mit 100Jährigen. St. Pölten: Residenz-Verlag.

*Hall, G.S.* (1922): Senescence: The second half of life. New York: Appleton.

*Hall, C.B., Lipton, R.B., Sliwinski, M., Steward, W.F.* (2000): A change point model for estimating the onset of cognitive decline in preclinical Alzheimer's disease. *Statistics in Medicine* 19, 1555-1566.

*Hamann, Th.K.* (2008): Der Einfluss der Bevölkerungsentwicklung auf Publikum und Konzertwesen. In: *Gembris* (2008) 195-211.

*Hambrecht, R., Niebauer, J., Marburger, C., Grunze, M., Kalberer, B., Hauer, Schlierf, G., Kubler, W., Schuler, G.* (1993): Various intensities of leisure time physical activity in patients with coronary artery disease: effects on cardiorespiratory fitness and progression of coronary atherosclerotic lesions. *J Am Coll Cardiol* 22, 468-477.

*Hamm-Bücher, H.* (1996): Freiheit ist mehr als ein Wort. Eine Lebensbilanz 1921-1996. Köln: Kiepenheuer& Witsch 1996.

*Hamm-Bücher, H.* (2009): Demokratie, das sind wir alle. Zeitzeugen berichten. Hrsg. mit *Norbert Schreiber*, München: Verlag Zabert Sandmann.

*Haring, S.* (2008a): Erika Horn – Gerontologin der ersten Stunde. http://www.bildungsnetzwerk-stmk.at/0806/horn.html.

*Haring, S.* (2008b): Erika Horn. Leben – auf den Leib geschrieben. Graz: Classic Verlag

*Hartogh, H.H.* (2005): Musikgeragogik – ein bildungstheoretischer Entwurf. Musikalische Altenbildung im Schnittfeld von Musikpädagogik und Geragogik. Augsburg: Wißner.

*Hartogh, Th.* (2008): Musizieren und Musikhören im Alter – ein Aufgabenfeld der Musikpädagogik. In: *Gembris* (2008) 151-162.

*Hartogh, Th., Wickel, H.H.* (2004): Musik in der Altenarbeit. Handbuch Musik in der Sozialen Arbeit. Weinheim: Juventa, 359-372.

*Hartogh, Th., Wickel, H.H.* (2008): Musizieren im Alter. Arbeitsfelder und Methoden. Mainz: Schott.

*Hartz, P., Hüther, G., Petzold, H.G.* et al. (2008): Miniprenneure. Chancen für arbeitslose Männer und Frauen, die ihr Leben neu gestalten wollen. Konzept & Pilotmodell. Saarbrücken: SHS-Foundation. http://www.shsfoundation.de/fileadmin/contents/minipreneure/SHS_Minipreneure_-_Gesamtkonzept.pdf

*Hartz, P., Petzold, H.G.* et al. (2010): Chancen für arbeitslose Frauen und Männer, die ihr Leben neu gestalten wollen. *Zeitschr. für Medizinische Psychologie* (im Druck).

*Hass, W., Petzold, H.G.* (1999): Die Bedeutung der Forschung über soziale Netzwerke, Netzwerktherapie und soziale Unterstützung für die Psychotherapie – diagnostische und therapeutische Perspektiven. In: *Petzold, H.G., Märtens, M.* (1999a) (Hrsg.): Wege zu effektiven Psychotherapien. Psychotherapieforschung und Praxis. Band 1: Modelle, Konzepte, Settings. Opladen: Leske + Budrich, S. 193-272.

*Hauer, N.* (2000): Hans Strotzka: Eine Biographie. Wien: Holzhausen.

*Haug, H., Barmwater, U., Eggers, R., Fischer, D., Kuhl, S., Sass, N.L.* (1983): Anatomical changes in aging brain: morphometric analysis of the human prosencephalon. In: *H.I. Sarkander, J. Cervos-Navarro* (eds.): Neuropharmacology of aging. New York: Raven Press 21, 1-12.

*Haug, H., Eggers, R.* (1991): Morphometry of the human cortex cerebri and corpus striatum during aging. *Neurobiol Aging* 12, 336-338.

*Havighurst, R.J.* (1949): Developmental tasks and education. New York: David McKay.

*Hebert, L.E., Scherr, P.A., Beckett, L.A., Albert, M.S., Pilgrim, D.M., Chown, M.J., Funkenstein, H.H., Evans, D.A.* (1995): Age-Specific Incidence of Alzheimer's Disease in a Community Population. JAMA: *The Journal of the American Medical Association* 273, 1354-1359.

*Heckhausen, J., Dixon, R.A., Baltes, P.B.* (1989): Gains and Losses in Development Throughout Adulthood as Perceived by Different Adult Age-Groups. *Developmental Psychology* 25/1, 109-121.

*Heidenreich, T., Michalak. J.* (2004): Achtsamkeit und Akzeptanz in der Psychotherapie. Ein Handbuch. Tübingen: DGVT-Verlag.

*Heinemann-Knoch, M., Knoch, T., Korte, E.* (2008): Hilfe- und Pflegearrangements älterer Menschen in Privathaushalten. In: *Schneekloth, U., Wahl, H.-W.* (Hg.) 2. Aufl.: Selbständigkeit und Hilfebedarf bei älteren Menschen in Privathaushalten. Stuttgart: Kohlhammer. 146-171.

*Heinl, P.* (2008): „Maikäfer flieg, dein Vater ist im Krieg... Seelische Wunden aus der Kriegskindheit. 6. Aufl. München: Kösel.

*Heintel, P.* (2007): Innehalten: Gegen die Beschleunigung – für eine andere Zeitkultur. Freiburg: Herder.

*Held, Ch., Ugolini, B.* (2005): Stationäre Versorgung demenzbetroffener Menschen – Unterstützung der Angehörigen und Pflegenden. In: *Martin, Schelling* (2005) 181-222.

*Helmchen, H., Reischies, F.M.* (2005): Psychopathologie des Alter(n)s. In: *Filipp, Staudinger* (2005): 251296.

*Heppner, H.J., Schmitt, K., Esslinger, A.S.* (2008): Moderne Intensivmedizin. *Therapeutische Umschau* 65(8), 455-458.

*Heuft, G.* (1999): Die Bedeutung der Trauma-Reaktivierung im Alter. Zeitschrift für Gerontologie und Geriatrie 32, 225-230.

*Heuft, G., A. Kruse, H. Radebold* (2000): Lehrbuch der Gerontopsychosomatik und Alterspsychotherapie. München: UTB Reinhardt, 2. Auflage 2006.

*Heuft, G., Kruse, A., Radebold, H.* (2006): Lehrbuch der Gerontopsychosomatik und Alterspsychotherapie. München: Reinhardt (2. Aufl.).

*Heymel, M.* (2007): Was alten Menschen heilig ist. Möglichkeiten der Altenseelsorge heute. In: *Kunz* (2007) 271-293.

*Hieber, A., Oswald, F., Rott, C., Wahl, H.-W.* (2006): Selbstbestimmt Älterwerden in Arheilgen. Abschlussbericht. Psychologisches Institut und Institut für Gerontologie, Universität Heidelberg.

*Hinze, E.* (1990): Die psychoanalytische Behandlung von Älteren. In: *Hirsch, R. D.* (Hrsg.), Psychotherapie im Alter. Bern-Göttingen-Toronto: Huber. 83-89.

*Hirsch, R.D.* (1997): Übertragung und Gegenübertragung in der Psychotherapie mit alten Menschen. In: *Wenglein, E.* (Hrsg.): Das Dritte Lebensalter. Vandenhoeck & Ruprecht, Göttingen, S. 68-94.

*Hirsch, R.D.* (1999): Gegenwärtige Grenzen und notwendige Entwicklungen der Alterspsychotherapie. Spectrum 28, 4: 94-97.

*Hirsch, R.D.* (2001): Humor in der Psychotherapie alter Menschen. In: *Hirsch, R.D., Bruder, J, Radebold, H.* (Hrsg.): Heiterkeit und Humor im Alter. Schriftenreihe der Deutschen Gesellschaft für Gerontopsychiatrie und –psychotherapie, Band 2. Stuttgart: Kohlhammer. 81-117.

*Hirsch, R.D.* (2009): Psychotherapie bei Menschen mit Demenz. Psychotherapie 14 (2) 317-331.

*Hirsch, R.D., Junglas, K., Konradt, B., Jonitz, M.F.* (2010): Humortherapie bei alten Menschen mit einer Depression. Zeitschrift für Gerontologie und Geriatrie 43, 42-52.

*Hirsch, R.D. (1994):* Beratung und Psychotherapie alter Menschen in der Bundesrepublik Deutschland. In: *Buijssen, P.J., Hirsch, R.D.* (Hg): Probleme im Alter. Beltz, Weinheim S 1-10.

*Hofer, S.M., Piccinin, A.M.* (2007): Longitudinal Studies. In *J.E. Birren* (Hg.), Encyclopedia of Gerontology. Oxford: Elsevier, Ltd. 2nd Aufl.

*Hofer, S.M., Piccinin, A.M.* (2009): Integrative data analysis through coordination of measurement and analysis protocol across independent longitudinal studies. *Psychological Methods* 14/2, 150-164.

*Höffe, O.* (2007): Lebenskunst und Moral oder macht Tugend glücklich? München: Beck.

*Hohmeier, J., Pohl, H.-J.* (1978): Alter als Stigma oder Wie man alt gemacht wird. Frankfurt: Suhrkamp.

*Hollmann, W.* (2006): Gesund und leistungsfähig bis ins hohe Alter. Lahr: Ernst Kaufmann Verlag. 6.

*Hollmann, W., Strüder, H.K.* (2009): Sportmedizin – Grundlagen für körperliche Aktivität, Training und Präventivmedizin. Stuttgart: Schattauer.

*Hollmann, W.* (1963): Höchst- und Dauerleistungsfähigkeit des Sportlers. München: Barth.

*Hollmann, W., Strüder, H.K., Tagarakis, C.V.M., King, G.* (2007): Physical activity and the elderly. *Review. Eur J Cardiovasc Prev Rehab* 14, 730-739.

*Hollmann, W., Strüder, H.K.* (2005): The biological basis of physical performance and trainability of the different motor demands in the elderly. *Eur Rev Aging Phys Activity, Ann Ref* 2, 35-48.

*Honnefelder, L.* (2007): Naturalismus als Paradigma: wie weit reicht die naturwissenschaftliche Erklärung des Menschen? Berlin: Berlin University Press.

*Höpflinger, F.* (2002): Generativität im höheren Lebensalter – Generationensoziologische Überlegungen zu einem alten Thema, *Zeitschrift für Gerontologie und Geriatrie* 35: 328-334.

*Höpflinger, F.* (2005): Pflege und das Generationenproblem – Pflegesituationen und intergenerationelle Zusammenhänge. In: *K.R. Schroeter, T. Rosenthal* (Hrsg.): Soziologie der Pflege. Grundlagen, Wissensbestände und Perspektiven, Weinheim: Juventa Verlag: 157-175.

*Höpflinger, F.* (2007): Familiale und professionelle Pflege im Alter. Soziodemografische und intergenerationelle Perspektiven. *Schweizerische Zeitschrift für Soziologie*, 32,3: 475-493.

*Höpflinger, F.* (2008): Pflege und Pflegebedürftigkeit im Alter. *NOVAcura* 05, 11-13.

*Höpflinger, F., Hugentobler, V.* (2003): Pflegebedürftigkeit in der Schweiz. Bern: Huber.

*Höpflinger, F., Hummel, C., Hugentobler, V.* (2006): Enkelkinder und ihre Grosseltern. Intergenerationelle Beziehungen im Wandel. Zürich: Seismo.

*Horn, E.* (1964): Du sollst ein Segen sein. Vom Sinn des Alters. Graz-Wien- Köln: Styria.

*Horn, E.* (1996): Wer bin ich, wenn ich alt bin? Aus der Seminarunterlage des Lehrgangs „Älterwerden – (k)ein Problem?" Bildungshaus Strobl. Strobl, Wolfgangsee.

*Horn, E.* (2002): Tatort Altenpflege. *Dasein. Zeitschrift für pflegende Angehörige.* 1, 17-22.

*Horn, E.* (2007): Erika Horn, Pionierin der Altenarbeit in der Steiermark. Ein Interview. *Informationen für die Frau in der Steiermark*, 3, 2007.

*Höver, G., Graf, G.* (2006): Hospiz als Versprechen. Wuppertal: Der Hospiz Verlag.

*Huber, E.* (2009): Multidimensionale präventive Hausbesuchsprogramme. Institut Neumünster, unveröffentlicht.

*Hultsch, D.F., Hertzog, C., Small, B.J., Dixon, R.A.* (1999): Use it or lose it: Engaged lifestyle as a buffer of cognitive decline in aging? *Psychology and Aging* 14/2, 245-263.

*Hummert, M.L.* (2000): Maintaining competence in the face of resource limitations: The role of schema complexity in aging and communication. In: *U.V. Hecker, S. Dutke, G. Sedek* (eds): Generative thought and psychological adaptation : New perspectives on cognitive resources and control functions. Dordrecht: Kluwer, 157-174.

*Hurrelmann, K., Klotz, T., Haisch, J.* (2004): Einführung: Krankheitsprävention und Gesundheitsförderung. In: *Hurrelmann, K., Klotz, T., Haisch, J.* (Hg.): Lehrbuch Krankheitsprävention und Gesundheitsförderung. Bern: Huber.

*Huss, A., Stuck, A.E., Rubenstein, L.Z., Egger, M., Clough-Gorr, K.M.* (2008): Multidimensional preventive home visit programs for community-dwelling older adults: a systematic review and meta-analysis of randomized controlled trials. *J Gerontol A Biol Sci Med Sci* 63(3), 298-307.

*Hüther, G.* (2004): Ebenen salutogenetischer Wirkungen von Musik auf das Gehirn. *Musiktherapeutische Umschau* 1, 16-26.

*Isler, V.* (1986): Schaut uns an – Porträts von Menschen über Achtzig. Basel: Birkhäuser Verlag.

*Jäger, A.* (1998): Diakonie als eigenständige Gestalt von Kirche. In: Diakonie. Jubiläumsjahrbuch 1998, 234-243.

*Jäncke, L.* (2008): Macht Musik schlau? Bern: Huber.

*Jdanov, D.A., Jasilionis, D., Soroko, E., Rau, R., Vaupel, J. W.* (2008): Beyond the Kannisto-Thatcher Database on Old Age Mortality: an assessment of data quality at advanced ages. MPIDR Working Paper WP-2008-013.

*Johnson, D.K., Storandt, M., Balota, D.A.* (2003): Discourse analysis of logical memory recall in normal aging and in dementia of the Alzheimer type. *Neuropsychology* 17, 83-92.

*Johnson, D.K., Storandt, M., Morris, J.C., Galvin, J.E.* (2009): Longitudinal Study of the Transition From Healthy Aging to Alzheimer Disease. *Archives of Neurology* 66, 1254-1259.

*Jopp, D., Rott, C.* (2004): Glücklichsein mit 100: Zur Rolle von Ressourcen, Überzeugungen und Einstellungen / Happy at the age of 100: Exploring the role of resources, beliefs, and attitudes. *Newsletter des Deutschen Zentrums für Alternsforschung, 7*, 4.

*Jopp, D., Rott, C.* (2006): Adaptation in very old age: Exploring the role of resources, beliefs, and attitudes for centenarians' happiness. *Psychology and Aging 21*, 266-280.

*Jopp, D., Rott, C., Oswald, F.* (2008): Valuation of life in old and very old age: The role of socio-demographic, social, and health resources for positive adaptation. *The Gerontologist* 48, 646-658.

*Jordan, J.* (2005): The Quest for Wisdom in Adulthood: A Psychological Perspective. In: *Sternberg, Jordan* (2005) 160 -198.

*Jung, M.* (2002): Michel Montaigne. Das Leben als Meisterstück. Lahnstein: emu Verlag.

*Jung, M.* (2007): Das Leben als Meisterstück: Unterwegs auf dem Weg zu einer philosophischen Therapeutik. In: *Sieper, J., Orth, I., Schuch, H.W.* (2007) (Hrsg.): Neue Wege Integrativer Therapie. Klinische Wissenschaft, Humantherapie, Kulturarbeit – Polyloge – 40 Jahre Integrative Therapie, Festschrift für Hilarion G. Petzold. Bielefeld: Edition Sirius, Aisthesis Verlag.

*Kabat-Zinn, J.* (2006a): *Gesund durch Meditation.* Das große Buch der Selbstheilung. Das grundlegend Übungsprogramm zur Entspannung, Streßreduktion und Aktivierung des Immunsystems. Frankfurt: Fischer.

*Kabat-Zinn, J.* (2006b): Zur Besinnung kommen. Die Weisheit der Sinne und der Sinn der Achtsamkeit in einer aus den Fugen geratenen Welt. Freiamt: Arbor.

*Kade,S.* (2007): Altern und Bildung: eine Einführung. Bielefeld: Bertelsmann.

*Kannisto, V.* (1994): Development of oldest-old mortality 1950-1990: Evidence from 28 developed countries. Monographs on Population Aging 1. Odense Dk: Odense University Press.

*Katz, S., Downs, T.D., Cash, H.R., Grotz, R.C.* (1970): Progress in development of the Index of ADL. *The Gerontologist* 10, 20-30.

*Katz, S., Ford, A.B., Moskowitz, R.W., Jackson, B.A., Jaffe, M.W.* (1963): Studies of illness in the aged. The Index of ADL: A standardized measure of biological and psychosocial function. *Journal of the American Medical Association* 185, 914-919.

*Kawamura, Y., Okazaki, H., O'Brien, P.C., Dyck, P.J.* (1977): Lumbar motorneurons of man. I. Numbers and diameter histograms of alpha and gamma axons and ventral roots. *J Neuropathol Exp Neurol* 36, 860-866.

*Keetman, R., Bejick, U.* (2006): Verwirrte alte Menschen seelsorglich begleiten. In: *Kobler- von Komorowski, Schmidt* (2006) 124-141.

*Kemper, S., Rash, S., Kynette, D., Norman, S.* (1990): Telling stories: The structure of adults' narratives. *European Journal of Cognitive Psychology* 2, 205-228.

*Kennedy, K.M., Erickson, K.I., Rodrigue, K.M., Voss, M.W., Colcombe, S.J., Kramer, A.F., Acker, J.D., Raz, N.* (2009): Age-related differences in regional brain volumes: A comparison of optimized voxel-based morphometry to manual volumetry. *Neurobiology of Aging* 30, 1657-1676.

*Kessler, J., Markowitsch, H.J., Denzler, P.* (1990): Der Mini Mental Status Test. Weinheim: Beltz-Test.

*Kindl-Beilfuß, C.* (2008): Fragen können wie Küsse schmecken. 111 Fragekarten für Therapie, Beratung und Coaching. Heidelberg: Carl-Auer-Systeme Verlag.

*Kittelberger, F.* (2006): Palliative Care im Pflegeheim- ein Leitfaden. In: *Diakonisches Werk Baden,* (Hrsg.), Seelsorgliche Sterbe- und Trauerbegleitung im Pflegeheim. Karlsruhe: 28-50.

*Klein, T.* (1993): Soziale Determinanten der Lebenserwartung, *Kölner Zeitschrift für Soziologie und Sozialpsychologie,* 45,4: 712-730.

*Klie, T., Student, J.Ch.* (2007): Sterben in Würde. Auswege aus dem Dilemma der Sterbehilfe. Freiburg: Herder.

*Kliegel, M., Moor, C., Rott, C.* (2004): Cognitive status and development in the very oldest old: A longitudinal analysis from the Heidelberg Centenarian Study. *Archives of Gerontology and Geriatrics 39,* 143-156.

*Kliegel, M., Rott, C., d'Heureuse, V., Becker, G., Schönemann, P.* (2001): Demenz im höchsten Alter ist keine Notwendigkeit: Ergebnisse der Heidelberger Hundertjährigen-Studie. *Zeitschrift für Gerontopsychologie & –psychiatrie 14,* 169-180.

*Kliegel, M., Zimprich, D., Rott, C.* (2004): Life-long intellectual activities mediate the predictive effect of early education on cognitive impairment in centenarians: A retrospective study. *Aging & Mental Health 8,* 430-437.

*Knoblauch, H.* (2006): Soziologie der Spiritualität. In: *Baier, K.* (2006) 91-111.

*Knopman, D.S., Paris, J.E., Salviati, A., Floriach-Robert, M., Boeve, B.F., Ivnik, R.J., Smith, G.E., Dickson, D.W., Johnson, K.A., Petersen, L.E., McDonald, W.C., Braak, H., Petersen, R.C.* (2003): Neuropathology of Cognitively Normal Elderly. *Journal of Neuropathology & Experimental Neurology 62,* 1087-1095.

*Kobler- von Komorowski, S., Schmidt, H.* (2006) (Hrsg.): Seelsorge im Alter. Herausforderung an den Pflegealltag. 2. Aufl. Heidelberg: Universitätsverlag Winter.

*Koger, S.M., Chapin, K., Brotons, M.* (1999): Is music therapy an effective intervention for dementia? A mea-analytic review of literatur. *Journal of Music Therapy* 36(1), 2-15.

*Köhler, H.* (2008): Demographischer Wandel erfordert bessere Integration. „Teilhabe setzt den Willen zur Teilnahme voraus". Pressemeldung. Berlin, 10.10.2008. http://www.bertelsmann-stiftung.de/cps/rde/xchg/SID-0A000F0A-D9DE0A7C/bst/hs.xsl/nachrichten_90731.htm.

*Kohli, M., Künemund, H.* (2000): Die zweite Lebenshälfte. Opladen: Leske+Budrich.

*Kohli, M., Künemund, H., Lüdicke, J.* (2005): Family Structure, Proximity and Contact. In: *A. Börsch-Supan* et al. (eds.) Health, Ageing and Retirement in Europe. First Results from the Survey of Health, Ageing and Retirement in Europe. Mannheim: Mannheim Research Institute for the Economics of Ageing: 164-170.

*Konferenz für AltenPflegeHeimSeelsorge in der EKD* (2009): Ich will euch tragen bis zum Alter hin. Impulse zur Weiterentwicklung der AltenPflegeHeimSeelsorge in der Evangelischen Kirche in Deutschland (EKD). Hannover.

*Körtner, U.H.J.* (2006): Frailty – Medizinethische Überlegungen zur Gebrechlichkeit des alten Menschen. *Ethik in der Medizin* 18, 108-119.

*Körtner, U.H.J.* (2009):„Wenn ich nur dich habe …"Über den Umgang mit Verlusten im Alter. Unveröff. Vortrag Wuppertal 2009.

*Köster, D.* (2008): Entwicklungschancen in alternden Gesellschaften durch Bildung: Trends und Perspektiven. In: *Gembris* (2008) 31-52.

*Koty, J.* (1934): Die Behandlung der Alten bei den Naturvölkern. Stuttgart: Hirschfeld.

*Kruse, A.* (1987): Kompetenz bei chronischer Krankheit im Alter. *Zeitschrift für Gerontologie* 30, 355-366.

*Kruse, A.* (1996): Alltagspraktische und sozioemotionale Kompetenz. In: *M.M. Baltes, L. Montada* (Hrsg.): Produktives Leben im Alter, Frankfurt: Campus: 290-322. *Klie, Th., Student, J. Ch.* (2007): Sterben in Würde. Auswege aus dem Dilemma der Sterbehilfe. Freiburg:

*Kruse, A.* (1998) (Hrsg.): Psychosoziale Gerontologie Bd I und II. Göttingen: Hogrefe, Verlag für Psychologie.

*Kruse, A., Martin, M.* (2004): Enzyklopädie der Gerontologie. Alternsprozesse in multidisziplinärer Sicht. Bern: Huber.

*Kuhlmey, A., Schaeffer, D.* (2008): Alter, Gesundheit und Krankheit. Bern: Huber.

*Kühn, R., Petzold, H.G.* (1991): Psychotherapie und Philosophie. Paderborn: Junfermann.

*Künemund, H.* (2008): Bildung und Produktivität im Alter – Ergebnis der Alterssurveys. In: *Gembris* (2008) 13-30.

*Kunz, R.* (2006): Holistisches Assessment als Grundlage der Palliative Care in der Geriatrie. In: *Knipping C.* (Hg.): Lehrbuch Palliative Care. Bern: Huber. 124-130.

*Kunz, R.* (2007) (Hrsg): Religiöse Begleitung im Alter. Religion als Thema der Gerontologie. Zürich: Theologischer Verlag Zürich.

*Kuratorium Deutsche Altershilfe* (1999) (Hrsg.): Hausgemeinschaften. Werkstattbericht zur Entwicklung familienähnlicher Wohn- und Lebensformen für Pflegebedürftige und/oder verwirrte alten Menschen. Kuratorium Deutsche Altershilfe ( = Architektur und Gerontologie 2).

*Kuratorium Deutsche Altershilfe* (2000) (Hrsg.): Hausgemeinschaften. Die 4. Generation des Altenpflegeheimbaus. Köln: Kuratorium Deutsche Altershilfe (=BMG Modellprojekte. Eine Dokumentation zur Verbesserung der Situation Pflegebedürftiger, Band 8).

*Kusztrich, I.* (1988): „Haustiere helfen heilen". Ariston Verlag.

*Lakatta, E.G., Levy, D.* (2003): Arterial and cardiac aging: major chairholders in cardiovascular disease enterprises. Part II: The aging heart in health: links to heart disease. *Circulation* 107, 346-354.

*Lalive d'Epinay, C., Pin, S., Spini, D.* (2001): Présentation de SWILSO-O, une étude longitudinale Suisse sur le grand âge: L'exemple de la dynamique de la santé fonctionelle. *L'Année Gérontologique*: 78-96.

*Lalive d'Epinay, Ch., Spini, D., et al.* (2008) : Les années fragiles. La vie au-delà de quatre-vingts ans. Quebec: Presse de l'université Laval.

*Lambert, C.P., Sullivan, D.H., Evans, W.J.* (2003): Effects of testosterone replacement and/or resistance training on interleucin-6, tumornecrosis factor-alpha and leptin in elderly men ingesting megestrol acetate: A randomised controlled trial. *J Gerontol Med Sci* 58A, 165-170.

*Lang, F. R.* (2000): Endings and continuity of social relationships: Maximizing intrinsic benefits within personal networks when feeling near to death? *Journal of Social and Personal Relationships*,17, 157-184.

*Lang, F.R.* (2004): Soziale Einbindung und Generativität im Alter. In: *A. Kruse, M. Martin* (Hrsg.): Enzyklopädie der Gerontologie. Alternsprozesse in multidisziplinärer Sicht. Bern: Huber: 362-372.

*Lang, F.R., Baltes, M.M.* (1997): Brauchen alte Menschen junge Menschen? Überlegungen zu den Entwicklungsaufgaben im hohen Lebensalter. In: *L. Krappmann, A. Lepenies* (Hrsg.): Alt und Jung. Spannung und Solidarität zwischen den Generationen. Frankfurt: Campus. 161-184.

*Lange, C., Peters, M., Radebold, H.* (1995): Zur Versorgung älterer Patienten in Psychosomatischen Kliniken. In: *Heuft, G., Kruse, A., Nehen, H.G., Radebold, H.* (Hrsg.): Interdisziplinäre Psychosomatik. München: MMV Medizin-Verlag, S 243-252.

*Lanyon, L.E.* (1989): Bone loading, exercise, and the control of bone mass: The physiological basis for the prevention for osteoporosis. *Bone-Clinical and biochemical views and reviews* 6, 19-26.

*Lawton, M.P.* (1980): Environment and aging. Monteray: Brooks & Cole.

*Lawton, M.P.* (2000): Quality of life, depression and end-of-life attitudes and behaviors. In: *Williamson, G.M., Shaffer, D.R., & Parmelee, P.A.* (Hg.): Physical illness and depression in older adults. A handbook of theory, research, and practice. New York: Kluwer Academic. 147-171.

*Lawton, M.P., Moss, M., Hoffmann, C., Grant, R., Have, T.T. & Kleban, M.H.* (1999): Health, valuation of life, and the wish to live. *The Gerontologist* 39, 406-416.

*Lawton, M.P. & Brody, E.M.* (1969): Assessment of older people: Self-maintaining and instrumental activities of daily living. *The Gerontologist* 9, 179-186.

*Lazarov, O., Robinson, J., Tang, Y.P., Hairston, I.S., Korade-Mirnics, Z., Lee, V.M., Hersh, L.B., Sapolsky, R.M., Mirnics, K., Sisodia, S.S.* (2005): Environmental enrichment reduces Abeta levels and amyloid deposition in transgenic mice. *Cell* 120, 701-713.

*Lee, C.M., Aspnes, L., Chung, S.S., Weindruch, R., Aiken, J.M.* (1998): Influences of caloric restriction on age-associated skeletal muscle fiber characteristics and mitochondrial changes in rats and mice. *Ann NY Acad Sci* 854, 182-188.

*Lehr, U.* (1979a): Interventionsgerontologie. Darmstadt: Steinkopff.

*Lehr, U.* (1979b): Psychologie des Alterns. Heidelberg: Quelle & Meyer, 5. Aufl. 1984.

*Lehr, U.* (2006): Demographischer Wandel. In: *Oswald, W.D., Lehr, U., Sieber, C., Kornhuber, J.*: Gerontologie. Medizinische, psychologische und sozialwissenschaftliche Grundbegriffe. Stuttgart: Kohlhammer.

*Lehr, U., Thomae, H.* (1987): Formen seelischen Alterns. Ergebnisse der Bonner gerontologischen Längsschnittstudie (BOLSA). Stuttgart: Enke.

*Leitner, A.., Petzold, H.G.* (2008): Sigmund Freud heute. Der Vater der Psychoanalyse im Blick der Wissenschaft und der psychotherapeutischen Schulen. Wien: Edition Donau-Universität – Krammer Verlag Wien.

*Lettke, F.* (2003) (Hrsg): Erben und Vererben. Gestaltung und Regulation von Generationenbeziehungen. Konstanz: UVK Verlagsgesellschaft.

*Leuner, B., Kozorovitskiy, Y., Gross, C.G., Gould, E.* (2007): Diminished adult neurogenesis in the marmoset brain precedes old age. *Proceedings of the National Academy of Sciences* 104, 17169-17173.

*Levine, J.A., Lanningham-Foster, L.M., McCrady, S.K., Krizan, A.C., Olson, L.R., Kane, P.H., Jensen, M.D., Clark, M.M.* (2005): Interindividual variation in posture allocation: possible role in human obesity. *Science* 307, 584-591.

*Liebeskind, J.C., Jackson, A.E.* (2000) (eds): Directory of Hospice and Palliative Care Services in the United Kingdom and Republic of Ireland. London: The Hospice Information Service at St. Christopher's 2000.

*Liesen, H., Hollmann, W.* (1976): Increased physical performance and metabolic muscular adaptations after endurance training in the elderly. *Geriatr* 6, 150-156.

*Liesen, H., Hollmann, W.* (1981): Ausdauersport und Stoffwechsel. Schorndorf: Hofmann.

*Liesen, H., Uhlenbruck, G.* (1992): Sports immunology. *Sports Sci Rev* 1, 94-102.

*Liessen, H., Hollmann, W.* (1976): Bedeutung und Praxis sportlicher Betätigung beim älteren und alten Menschen. In: *Petzold, Bubolz* (1976) 266-279.

*Lindemann, C.* (2009): Hoffnung & Soziale Unterstützung. Unveröffentlichte Bachelorarbeit.

*Linden, M.* (1999): Wen behandeln Verhaltenstherapeuten wie in der kassenärztlichen Versorgung? *Fortschritte der Neurologie und Psychiatrie* 67, 14.

*Linden, M.* (2003): The Posttraumatic Embitterment Disorder. *Psychotherapy and Psychosomatics* 72, 195-202.

*Linden, M., Baumann, K., Schippan, B.* (2006). Weisheitstherapie – Kognitive Therapie der Posttraumatischen Verbitterungsstörung. In: *A. Maercker & R. Rosner* (Hg.), Psychotherapie der posttraumatischen Belastungsstörungen. Stuttgart: Thieme.

*Lipe, A.* (2000): The use of music performance tasks in the assessment of cognitive functioning among older adults with dementia. *Journal of Music Therapy* 32, 137-151.

*Liu, Y., Steinacker, J.M.* (2001): Changes in skeletal muscle heat shock proteins. *Front Biosci* 6, DD12.

*Lompre, A.M., Lambert, F., Lakatta, E.G., Schwartz, K.* (1991): Expression of sarcoplasmic reticulum $Ca^{2+}$-ATPase and calsequestrin genes in rat heart during ontogenic development and aging. *Circ Res* 69, 1380-1388.

*Lotman, J. M.* (1990a): Über die Semiosphäre. *Zeitschrift für Semiotik* 4, 287-305

*Lotman, JM.* (1990b): The Universe of the Mind. A Semiotic Theory of Culture. Bloomington: Indiana University Press.

*Lückel, K.* (1981): Begegnung mit Sterbenden. München: Kaiser.

*Ludewig, Ch.* (2008): Pflege und Spiritualität. Ein ABC mit Texten, Ritualen und kleinen Übungen. Gütersloh: Gütersloher Verlagshaus.

*Luis, C.A., Barker, W.W., Loewenstein, D.A., Crum, T.A., Rogaeva, E., Kawarai, T., George-Hyslop, P., Duara, R.* (2004): Conversion to Dementia among Two Groups with Cognitive Impairment. *Dementia and Geriatric Cognitive Disorders* 18, 307-313.

*Lünstroth, R.* (2006): Vom Kranken zum Menschen.- ein Plädoyer gegen die Rede vom defizitären Menschen. In: *Bolle, Geertje-Froken*: Komm mal mit…Demenz als theologische und kirchliche Herausforderung. München: Knesebeck, 35-41.

*Lurija, A.R.* (1992): Das Gehirn in Aktion. Einführung in die Neuropsychologie. Reinbek: Rowohlt. 6. Aufl. 2001.

*Luther, H.* (1992): Religion und Alltag. Bausteine zu einer Praktischen Theologie des Subjekts. Stuttgart: Radius.

*Luther, M.* (1981): Die Botschaft des Kreuzes. Berlin: Evangelische Verlagsanstalt.

*Luther, M.* (1979): Studienausgabe. Bd. 1. Berlin: Evangelische Verlagsanstalt.

*Lynn, J., Adamson, D.M.* (2003): Living well at the end of live: Adapting health care to serious chronic illness in old age. *RAND White Paper*. Bei: http://www.rand.org/pubs/white_papers/WP137/index2.html [12.11.2005].

*Lyotard, J.-F.*(1986): Das postmoderne Wissen. Ein Bericht, Graz-Wien: Passagen Verlag, 2. Aufl..

*Mader, A.* (1988): A transcription-translation activation feedback circuit as a function of protein degradation, with the quality of protein mass adaptation related to the average functional load. *J Theor Biol* 134, 135-157.

*Maercker, A.* (2002): Psychologie des höheren Lebensalters. In: *Maercker, A.* (Hrsg.): Alterspsychotherapie und klinische Gerontopsychologie. Berlin: Springer. 1-58.

*Maerker, A., Böhning-Krumhaar, S.A.,Staudinger, M.* (1998): Existentielle Konfrontation als Zugang zu weisheitsbezogenem Wissen und Urteilen. *Z. f. Entwicklungspsychol. Und Päd. Psychol.* 30, 2-12.

*Maercker, A., Nitsche I., Schuster, P., Boos, A.* (2004): Ambulante Psychotherapie Älterer: Sind ältere Psychotherapiepatienten „einfachere" Patienten? *Zeitschrift für Gerontologie und Geriatrie* 37, 265-271.

*Mahoney, F.I. Barthel, D.* (1965): Functional evaluation: The Barthel Index. *Maryland State Medical Journal* 14, 56-61.

*Maier, H., Gampe, J., Jeune, B., Robine, J.-M., Vaupel, J.W.* (2010): Supercentenarians. Berlin: Springer.

*Maier, H., Scholz, R.D.* (2003): Aktuelle Sterblichkeitsentwicklungen und extreme Langlebigkeit. In: Max-Planck-Gesellschaft/Generalverwaltung (Hrsg.) Jahrbuch 2003. München: Saur.

*Manganas, L.N., Zhang, X., Li, Y., Hazel, R.D., Smith, S.D., Wagshul, M.E., Henn, F., Benveniste, H., Djuric, P.M., Enikolopov, G., Maletic-Savatic, M.* (2007): Magnetic Resonance Spectroscopy Identifies Neural Progenitor Cells in the Live Human Brain. *Science* 318, 980-985.

*Mannheim, K.* (1965): Das Problem der Generationen. In: *Friedeburg, L.*, von (Hrsg.): Jugend in der modernen Gesellschaft. Köln, Berlin: Kiepenheuer&Witsch. 5.Aufl. 1968. 23-48.

*Marcel, G.* (1935): Être et avoir, Paris: Alcan.

*Marcel, G.* (1967): Die Menschenwürde und ihr existentieller Grund. Frankfurt: Knecht.

*Marcel, G.* (1985): Leibliche Begegnung. in: *Petzold* (1985g) 15-46.

*Marcel, G., Petzold, H.* (1976): Anthropologische Vorbemerkungen zur Bildungsarbeit mit alten Menschen. In: *Petzold, Bubolz* (1976) 9-18.

*Markowitsch, H.J., Welzer, H.* (2005): Das autobiographische Gedächtnis: Hirnorganische Grundlagen und biosoziale Entwicklung. Stuttgart: Klett-Cotta.

*Martin, G.M.* (2003): Biology of aging: The state of the art. *The Gerontologist* 43, 272-274.

*Martin, M.* (2005): Pflegesituationen. In: *Filipp, Staudinger* (2005) 595-622.

*Martin, M., Kliegel, M.* (2008): Psychologische Grundlagen der Gerontologie. Stuttgart: Kohlhammer. 2. Aufl.

*Martin, M., Kliegel, M.* (in Druck): Psychologische Grundlagen der Gerontologie. Stuttgart: Kohlhammer. 3. Aufl.

*Martin, M., Schelling, H.R.* (2005): Demenz in Schlüsselbegriffen: Grundlagen und Praxis für Praktiker, Betroffene und deren Angehörige. Bern: Huber.

*Martin, M., Zimprich, D., Schumacher, V.* (2007): Life expectancies of extremely highly educated individuals and a comparison sample: Indications of lower mortality in highly educated individuals. Zürich: Universität Zürich.

*Marsiske, M., Delius, J., Maas, I.* et al. (1999): Sensorische Systeme im Alter. In: *Mayer, K.U., Baltes, P.B.* (Hrsg.) Die Berliner Altersstudie. Berlin, Akademie Verlag, 379-403.

*Masten, A.S.* (1994): Resilience in individual development: Successful adaptation despite risk and adversity. In: *M.C. Wang, E.W. Gordon* (Eds.), Educational resilience in inner-city America. Challenges and prospects. Hillsdale: Erlbaum, 3-25.

*Mattioli, U.* (1995): Senectus. La vecchiaia nel monde classico. 2 Bde. Bologna: Pàtron.

*Mayer, K.U., & Baltes, P.B.* (1996) (Hrsg.): Die Berliner Altersstudie. Berlin: Akademie Verlag.

*Mayring, P., Saup, W.* (1990): Entwicklungsprozesse im Alter. Stuttgart: Kohlhammer.

*McGue, M., Vaupel, J.W., Holm, N.V., Harvald, B.* (1993): Longevity is moderately heritable in a sample of Danish twins born 1870-1880, *Journal of Gerontology*, 48;6: B237-B244.

*McKee, P., Barber, C.* (1999): On defining wisdom. *International Journal of Aging and Human Development* 49, 149-164.

*McLeod, J.* (1997): Narrative and Psychotherapy. London: Sage Publications.

*Meier, B.* (1999): Altersbedingte Veränderungen in der Verarbeitungskapazität. In: *Perrig-Chiello, Stähelin, Perrig* (1999) 123-130.

*Metter, E.J., Talbot, L.A., Schrager, M., Convit, R.* (2002): Skeletal muscle strength as a predictor of all-cause mortality in healthy men. *J Gerontol A Biol Sci Med Sci* 57, B 359-364.

*Michels, V.* (1979) (Hrsg.): Hermann Hesse: Sein Leben in Bildern und Texten. Frankfurt am Main: Suhrkamp und Insel.

*Mondadori, C.R.A., Buchmann, A., Mustovic, H., Schmidt, C.F., Boesiger, P., Nitsch, R.M., Hock, C., Streffer, J., Henke, K.* (2006): Enhanced brain activity may precede the diagnosis of Alzheimer's disease by 30 years. *Brain* 129, 2908-2922.

*Montaigne, M. de* (1998/1580): Essais. Frankfurt a.M.: Eichborn Verlag.

*Moor, C., Waldner, R., Schelling, H.R.* (2010): Partizipative Erforschung der Lebensqualität bei Demenz: Der Runde Tisch Science et Cité zum Thema Demenz. In: *M. Christen, C. Osman, R.
Baumann-Hölzle* (Hg.), Herausforderung Demenz. Spannungsfelder und Dilemmata in der Betreuung demenzkranker Menschen. Bern: Peter Lang. 163-177.

*Morris, J.C., Roe, C.M., Grant, E.A., Head, D., Storandt, M., Goate, A.M., Fagan, A.M., Holtzman,
D.M., Mintun, M.A.* (2009): Pittsburgh Compound B Imaging and Prediction of Progression From
Cognitive Normality to Symptomatic Alzheimer Disease. *Archives of Neurology* 66, 1469-1475.

*Moscovici, S.* (2001): Social Representations. Explorations in Social Psychology, New York New
York: University Press.

*Moser, P.* (2006): Einkommen und Vermögen der Generationen im Lebenszyklus. Eine Querschnitts-
Kohortenanalyse der Zürcher Staatssteuerdaten 1991-2003, statistik.info 1/2006. Zürich: Statistisches Amt des Kantons Zürich.

*Moser, U.* (2000): Identität, Spiritualität und Lebenssinn. Grundlagen seelsorglicher Begleitung im Altenheim. Würzburg: Echter.

*Moss, M.S., Hoffman, C.J., Mossey, J. Rovine, M.* (2007): Changes over 4 years in health, quality of
life, mental health, and valuation of life. *Journal of Aging and Health 19*, 1025-1044.

*Motel-Klingebiel, A.* (2006): Materielle Lagen älterer Menschen – Verteilungen und Dynamiken in der
zweiten Lebenshälfte. In: *C. Tesch-Römer, H. Engstler, S. Wurm* (Hrsg.): Altwerden in Deutschland. Sozialer Wandel und individuelle Entwicklung in der zweiten Lebenshälfte. Wiesbaden:
VS Verlag für Sozialwissenschaften: 155-230.

*Müller, L.* (2008): Engagiert für alte Menschen – Hilarion G. Petzold und die Gerontotherapie. 30 Jahre gerontologischer Weiterbildung, Supervision und Forschung in Österreich. *Psychologische
Medizin* (Graz) 1, 29-41

*Müller, L., Petzold, H.G.* (2002a): Problematische und riskante Therapie (nicht nur) in der Arbeit mit
älteren und alten Menschen in „Prekären Lebenslagen" – „ Client dignity? " In: *Märtens, M., Petzold, H.G.* (2002): Therapieschäden. Risiken und Nebenwirkungen von Psychotherapie. Mainz:
Grünewald. S. 293-332.

*Müller, L., Petzold, H.G.* (2003): Resilienz und protektive Faktoren im Alter und ihre Bedeutung für
den Social Support und die Psychotherapie bei älteren Menschen. In: *Petzold, H.G.* (2004): Mit
alten Menschen arbeiten. Stuttgart: Pfeiffer/Klett-Cotta. S. 108-154.

*Muntanjohl, F.* (2005): Ich will euch tragen bis zum Alter hin. Gottesdienste, Rituale und Besuche in
Pflegeheimen. Gütersloh: Gütersloher Verlagshaus.

*Muntanjohl, F.* (2006): Mit dementen Menschen Gottesdienst feiern. Unveröffentl. Vortrag auf dem
Zweiten Internationalen Kongress Altenheimseelsorge. Karlsruhe 2006.

*Münte, T.F., Altenmüller, E., Jäncke, L.* (2002). The musician's brain as a model for neuroplasticity.
*Nature Neuroscience Reviews, 3*, 473-478.

*Muthesius, D.* (2005): Balsam für die Seele: Hausmusik Materialienband zum Abschlussbericht der
Modellprojekts „Verbesserung der häuslichen Pflegesituation gerontopsychiatrischer Patienten
unter Einsatz von Musiktherapie. Beiträge zur Musiktherapie. 504, Berlin: Deutsche Gesellschaft für Musiktherapie.

*Muthesius, D.* (2008): Wer wohl am besten sänge. Pflege und Musiktherapie im Streit um die besten
Konzepte. In: *Gembris* (2008) 253-264.

*Nadolny, S.* (2008): Die Entdeckung der Langsamkeit. München: Piper.

*Nelson, D.* (2002): Ageism. Stereotyping and prejudice against older persons. Cambridge.

*Neugarten, B.* (1974): Age groups in American society and the rise of the young-old. *Annals of the
American Academy of Political and Social Science 415*, 187-198.

*Nickel, R.* (1987): Epictet, Teles, Musonius, Wege zum glückseligen Leben. München: Fink.

*Noack, H.-J.* (2009): Helmut Schmidt. Die Biographie. 4. Aufl. Berlin: Rowohlt.

*Norberg, A., Melin, E., Asplund, K.* (2004): Reactions to music, touch and object presentation in the final stage od dementia: an exploratory study. *International Journal of Nursing Studies* 40 (3), 473-479.

*Nydahl, P., Bartoszek, G.* (2000): Basale Stimulation. Neue Wege in der Intensivpflege. 3. Aufl. München/Jena: Urban Fischer.

*Odenbreit, M.* (2010): Pflegeleistung und DRG: Sichtbar durch Pflegediagnosen? Vortrag am Kongress Pflegediagnosen und DRG: Risiken und Chancen. Merian Iselin Spital, Basel am 25.1.2010.

*Oeltze, H.-J.* (1997): Intermediale Arbeit in der Integrativen Musiktherapie. In: *Müller, L., Petzold, H.G.* (1997), Musiktherapie in der klinischen Arbeit. Stuttgart: Gustav Fischer, 113-134.

*Oeppen, J., Vaupel, J.W.* (2002): Broken limits to life expectancy. *Science* 296/5570, 1029-1031.

*Oerter, R.* (2001): Entwicklungspsychologie des Willens. In: *Petzold* (2001i).

*Olbrich, E.* (1997): Bedeutung von Heimtieren für Gesundheit und Lebensqualität älterer Menschen. In: *Mertens, C.* (Hrsg.): Aktivierungsprogramme für Senioren. Dortmund: Verlag Modernes Leben.

*Olbrich, E.* (1997): Das Alter: Generationen auf dem Weg zu einer ‚neuen Altenkultur'? In: *E. Liebau* (Hrsg.): Das Generationenverhältnis. Über das Zusammenleben in Familie und Gesellschaft. Weinheim: Juventa, 175-194.

*Olivetti, G., Giordano, G., Corradi, D., Melissari, M., Lagrasta, C., Gambert, S.R., Anversa, P.* (1995): Gender differences and aging: effects on the human heart. *J Am Coll Cardiol* 26/4, 1068-1075.

*Orth, I.* (1993): Integration als persönliche Lebensaufgabe. Vortrag auf dem 3. Deutschen Kongreß f. Gestalttherapie und Integrative Therapie, 25.-28.02.1993, München 1993; in: *Orth, Petzold* (2005a) 75 – 97.

*Orth, I.* (2010): Weibliche Identität und Leiblichkeit. Prozesse „konvivialer" Veränderung und Entwicklung – Überlegungen für die Praxis. In: *Petzold, Orth, Sieper* (2010).

*Orth, I., Petzold, H.G.* (1993): Zur „Anthropologie des schöpferischen Menschen". In: *Petzold, Sieper* (1993a), Integration und Kreation, 2 Bde., Paderborn: Junfermann, 93-116.

*Orth I., Petzold H.G.* (2008): Leib und Sprache. Über die Poiesis integrativer und kreativer Psychotherapie – Zur Heilkraft von „Poesietherapie" und „kreativen Medien". *Integrative Therapie* 1, 99-132.

*Oswald, F., Wahl, H.-W., Naumann, D., Mollenkopf, H., Hieber, A.* (2006): The Role of the Home Environment in Middle and Late Adulthood. In: *Wahl, Brenner, Mollenkopf, Rothenbacher, Rott* (2006) 7-24.

*Owen, A.M., Hampshire, A., Grahn, J.A., Stenton, R., Dajani, S., Burns, A.S., Howard, R.J., Ballard, C.G.* (2010):. Putting brain training to the test. *Nature on line.*

*Paffenbarger, R.S., Hyde, R.T., Wing, A.L., Steinmetz, C.H.* (1984): A natural history of athleticism and cardiovascular health. *JAMA* 252, 491-499.

*Palliative CH* (2010): Schweizerische Gesellschaft für Palliative Medizin, Pflege und Begleitung, 2010: www.palliative.ch/de/philosophy.php [06.02.2010].

*Panikkar i Aleman, R.* (1998): Invitación a la sabiduría. Madrid: Espasa-Calpe; dt. (2002): Einführung in die Weisheit. Freiburg: Herder.

*Pantel, J., Schröder, J.* (2006): Zerebrale Korrelate klinischer und neuropsychologischer Veränderungen in den Verlaufsstadien der Alzheimer-Demenz. Unterscuhungen mit der quantitativen Magnetresonanztomographie. Darmstadt: Steinkopff.

*Papassotiropoulos, A.* (2005): Hintergrund: Genetik demenzieller Erkrankungen und Genetikberatung. In: *Martin, Schelling* (2005) 223-253.

*Perls, T.T.* (1995): The oldest old. *Scientific American* 272/1, 70-75.

*Perrig, W.J.* (1999): Das Gedächtnis. In: *Perrig-Chiello, Stähelin, Perrig* (1999) 119.

*Perrig-Chiello, P.* (1997): Wohlbefinden im Alter: Körperliche, psychische und soziale Determinanten und Ressourcen. Weinheim: Juventa.

*Perrig-Chiello, P., Stähelin, H.B., Perrig, W.J.* (1999): Wohlbefinden, Gesundheit und kognitive Kompetenz im Alter. Bern: Haupt.

*Perrig-Chiello, P., Höpflinger, F.* (2005): Aging parents and their middle-aged children: Demographic and psychosocial challenges. *European Journal of Ageing*, 2: 183-191.

*Perrig-Chiello, P., Höpflinger, F., Suter, C.* (2008): Generationen – Strukturen und Beziehungen. Generationenbericht Schweiz. Zürich: Seismo

*Perrin, R.J., Fagan, A.M., Holtzman, D.M.* (2009): Multimodal techniques for diagnosis and prognosis of Alzheimer's disease. *Nature* 461, 916-922.

*Petersen, R.C.* (2010): Alzheimer's disease: progress in prediction. *Lancet Neurol.* 9, 4-5.

*Petersen, R.C., Doody, R., Kurz, A., Mohs, R.C., Morris, J.C., Rabins, P.V., Ritchie, K., Rossor, M., Thal, L., Winblad, B.* (2001): Current Concepts in Mild Cognitive Impairment. *Archives of Neurology* 58, 1985-1992.

*Petzold, H.G.* (1965): Géragogie – nouvelle approche de l'éducation pour la vieillesse et dans la vieillesse. *Publications de L'Institut St. Denis* 1, 1-16; dtsch. in: *Petzold* (1985a) 11-30/2004a, 86-107.

*Petzold, H.G.* (1973b): Das „Therapeutische Theater" als Form dramatischer Therapie. In: *Petzold*, Gestalttherapie und Psychodrama, Nicol, Kassel, S. 97-133; nachgedr. in: (1982a) 88-109.

*Petzold, H.G.* (1977e): Integrative Geragogik – Gestaltmethoden in der Bildungsarbeit mit alten Menschen. In: *Petzold, H.G., Brown, G.*, 1977. (Hrsg.) Gestaltpädagogik. Konzepte der integrativen Erziehung. München: Pfeiffer, S. 214-246; repr. (1985a) 31-68.

*Petzold, H.G.* (1977g): Der Gestaltansatz in der psychotherapeutischen, soziotherapeutischen und pädagogischen Arbeit mit alten Menschen. *Gruppendynamik* 8, 32-48.

*Petzold, H.G.* (1979j): Das Therapeutische Theater V.N. Iljines in der Arbeit mit alten Menschen. *Zeitschrift für Humanist. Psychol.* 3/4, 105-119, nachgedr. in: (1982a) 318-334.

*Petzold, H.G.* (1979k): Psychodrama-Therapie. Theorie, Methoden, Anwendung in der Arbeit mit alten Menschen. „Beihefte zur Integrativen Therapie" 3, Paderborn: Junfermann, 2. Aufl. 1985.

*Petzold, H.G.* (1979l): Die inhumane Situation alter Menschen und die Humanisierung des Alters. *Z. f. humanistische Psychol.* 3/4, 54-63.

*Petzold, H.G.* (1980e): Wohnkollektive – eine Alternative für die Arbeit mit alten Menschen. Repr. in: (1985a) 202-236; erw. *Petzold, H.G.* (2005c): Wohnkollektive und therapeutische Wohngemeinschaften – zur konzeptuellen Systematisierung dieser Lebens- und Arbeitsformen und ihre Bedeutung für die Arbeit mit alten Menschen. Bei: www. FPI-Publikationen.de/materilien.htm – *POLYLOGE: Materialien aus der Europäischen Akademie für psychosoziale Gesundheit* – 1/2005

*Petzold, H.G.* (1983d): Psychotherapie, Meditation, Gestalt, Paderborn: Junfermann.

*Petzold, H.G.* (1985): Mit alten Menschen arbeiten. Bildungsarbeit, Psychotherapie, Soziotherapie. München: Pfeiffer.

*Petzold, H.G.* (1985d): Die Verletzung der Alterswürde – zu den Hintergründen der Mißhandlung alter Menschen und zu den Belastungen des Pflegepersonals. In: *Petzold, H.G.* (1985a): Mit alten Menschen arbeiten. München: Pfeiffer, S. 553-572.

*Petzold, H.G.,* (1985g): Leiblichkeit. Philosophische, gesellschaftliche und therapeutische Perspektiven, Paderborn: Junfermann.

*Petzold, H.G.* (1985u): Arbeit mit alten Menschen, Schwerkranken und Sterbenden als persönliche Erfahrung. Ein Interview. *Jahrbuch der Zeitschr. f. Humanistische Psychologie*, Friedensinitiativen und Friedensarbeit, DGHP, Eschweiler Jg. 8 (1985) 35-50.

*Petzold, H.G.* (1988d): Die „vier Wege der Heilung und Förderung" in der „Integrativen Therapie" und ihre anthropologischen und konzeptuellen Grundlagen – dargestellt an Beispielen aus der „Integrativen Bewegungstherapie", Teil I. *Integrative Therapie* 4, 325-364; Teil II, IT 1 (1989) 42-96; revid. als „Die vier Wege der Heilung und Förderung". In: *Petzold, H.G.* (1996a): Integrative Bewegungs- und Leibtherapie. Ein ganzheitlicher Weg leibbezogener Psychotherapie. Ausgewählte Werke Bd. I, 1 Paderborn: Junfermann. 173-283.

*Petzold, H.G.* (1991o): Zeit, Zeitqualitäten, Identitätsarbeit und biographische Narration – Chronosophische Überlegungen. In. Idem: *Integrative Therapie.* Paderborn: Junfermann, Bd. II, 1 (1991a) S. 333-395; 2. Aufl. (2003a) S. 299-340.

*Petzold, H.G.* (1994e): „Psychotherapie mit alten Menschen – die „social network perspective" als Grundlage integrativer Intervention, Vortrag auf der Fachtagung „Behinderung im Alter" am 22.-23.11.1993 in Köln. In: *Berghaus, H.C., Sievert, U.* (1994) (Hrsg.): Behinderung im Alter. Köln: Kuratorium Deutsche Altershilfe, 68-117.

*Petzold, H.G.* (1996k): Der „Andere" – das Fremde und das Selbst. Tentative, grundsätzliche und persönliche Überlegungen für die Psychotherapie anläßlich des Todes von *Emmanuel Lévinas* (1906-1995). *Integrative Therapie* 2-3, 319-349.

*Petzold, H.G.* (1997): Integrative Musiktherapie – eine Ausbildung mit klinischer, ästhetischer und psychotherapeutischer Schwerpunktbildung. In: *Müller, L., Petzold, H.G.* (1997), Musiktherapie in der klinischen Arbeit. Integrative Modelle und Methoden. Stuttgart: Gustav Fischer, 278-295.

*Petzold, H.G.* (1997p): Das Ressourcenkonzept in der sozialinterventiven Praxeologie und Systemberatung. *Integrative Therapie* 4 (1997) 435-471.

*Petzold, H.G.* (1997t): Movement is life: Physical health, well-being and vitality in old age through Integrative Movement Therapy, isodynamics and dance-therapy. In: *Vermeer, A., Bosscher, R.J., Broadhead, G.D.* (1997) (Hrsg.): Movement Therapy across the Life-Span. Amsterdam: VU University Press. S. 307-336.

*Petzold, H.G.* (1998a): Integrative Supervision, Meta-Consulting & Organisationsentwicklung. Modelle und Methoden reflexiver Praxis. Ein Handbuch. Band I. Paderborn: Junfermann. 2. erw. Aufl. Wiesbaden: Verlag für Sozialwissenschaften 2007.

*Petzold, H.G.* (1999b): Psychotherapie in der Lebensspanne. *Gestalt* (Schweiz) 34, 43-46.

*Petzold, H.G.* (1999l): Psychotherapeutische Begleitung von Sterbenden – ein integratives Konzept für die Thanatotherapie. Vortrag im Rahmen der Vortragsreihe „Umgang mit Sterbenden Heute". (17. November 1997, Universität Mainz). Schriftenreihe zur Thanatologie, Universiät Mainz. Erw. in *Psychologische Medizin* (Graz) 2(2000) 20-35 und erw. *POLYLOGE: Materialien aus der Europäischen Akademie für psychosoziale Gesundheit* – 05/2004.

*Petzold, H.G.* (1999q): Das Selbst als Künstler und Kunstwerk – Rezeptive Kunsttherapie und die heilende Kraft „ästhetischer Erfahrung". Düsseldorf/Hückeswagen: FPI/EAG. *Integrative Therapie* 3/2004, 267-299; Auch in: Düsseldorf/Hückeswagen. Bei www. FPI-Publikationen.de/ materialien.htm – *POLYLOGE: Materialien aus der Europäische Akademie für psychosoziale Gesundheit* – 07/2001.

*Petzold, H.G.* (2001i) (Hrsg.): Wille und Wollen. Psychologische Modelle und Konzepte. Göttingen. Vandenhoeck & Ruprecht.

*Petzold, H.G.* (2002b): Zentrale Modelle und KERNKONZEPTE der „INTEGRATIVEN THERAPIE". Düsseldorf/Hückeswagen. Bei www. FPI-Publikationen.de/materialien.htm – *POLYLOGE: Materialien aus der Europäischen Akademie für psychosoziale Gesundheit* – 02/2002. Überarbeitete Version, Kernkonzepte II, 2006.

*Petzold, H.G.* (2002c): POLYLOGE: die Dialogzentrierung in der Psychotherapie überschreiten. Perspektiven „Integrativer Therapie" und „klinischer Philosophie". Düsseldorf/Hückeswagen. Bei www. FPI-Publikationen.de/materialien.htm – *POLYLOGE: Materialien aus der Europäischen Akademie für psychosoziale Gesundheit* – 04/2002.

*Petzold, H.G.* (2003a): Integrative Therapie. 3 Bde. Paderborn: Junfermann, überarb. und ergänzte Neuauflage von 1991a/1992a/1993a.

*Petzold, H.G.* (2003b): Integrative Beratung, differentielle Konflikttheorie und „komplexe soziale Repräsentationen". Düsseldorf/Hückeswagen. Bei www. FPI-Publikationen.de/materialien.htm – *SUPERVISION: Theorie – Praxis – Forschung. Eine interdisziplinäre Internet-Zeitschrift* 01/2003

*Petzold, H.G.* (2003g): Lebensgeschichten erzählen. Biographiearbeit, narrative Therapie, Identität. Paderborn: Junfermann.

*Petzold, H.G.* (2003j): Der Hospizgedanke – ein Weg zur Verwirklichung von Hominität und Humanität ... nicht nur am Lebensende. Bei www. FPI-Publikationen.de/materialien.htm. *POLYLOGE: Materialien aus der Europäischen Akademie für psychosoziale Gesundheit* – 07/2003; auch in (2005a) 347-353.

*Petzold, H.G.* (2004): Integrative Geragogik – gestalttherapeutische und integrative Methoden in der Bildungsarbeit mit alten Menschen. In: *Petzold H.G.* (2004), Mit alten Menschen arbeiten. Bd I. Stuttgart: Pfeiffer bei Klett-Cotta, 155-193,

*Petzold, H.G.* (2004a): Mit alten Menschen arbeiten. Erweiterte und überarbeitete Neuausgabe von 1985a in zwei Bänden. Bd. I: Konzepte und Methoden sozialgerontologischer Praxis. München: Pfeiffer, Klett-Cotta.

*Petzold, H.G.* (2005a): Mit alten Menschen arbeiten. Bd. 2: Psychotherapie – Lebenshilfe – Integrationsarbeit. Stuttgart: Pfeiffer bei Klett-Cotta.

*Petzold, H.G.* (2005d): Psychotherapeutische Begleitung und „Trostarbeit" bei Sterbenden – ein integratives Konzept für die Thanatotherapie. In: *Petzold* (2005a): Mit alten Menschen arbeiten. Bd. 2. Stuttgart: Pfeiffer bei Klett-Cotta. 295-346.

*Petzold, H.G.* (2005h): Ein schlimmer Rückblick: Die „Würde des Patienten ist antastbar" – „Patient Dignity" als Leitkonzept angewandter Gerontologie. In: *Petzold* (2005a) 284-292.

*Petzold, H.G.* (2005o): Proaktives Handeln für das Alter „über die Lebensspanne hin" – ein Paradigmenwechsel in Therapie und feldkompetenter Supervision von der Vergangenheits- zur Zukunftsorientierung wird erforderlich. *Integrative Therapie* 1-2 (2005) 3-6.

*Petzold, H.G.* (2005p): „Vernetzendes Denken". Die Bedeutung der Philosophie des Differenz- und Integrationsdenkens für die Integrative Therapie, In memoriam Paul Ricœur 27. 2. 1913 – 20. 5. 2005 – *Integrative Therapie* 4 (2005) 398-412 und in: *Psychotherapie Forum* 14 (2006) 108-111.

*Petzold, H.G.* (2005r): Entwicklungen in der Integrativen Therapie als „biopsychosoziales" Modell und „Arbeit am Menschlichen". Überlegungen zu Hintergründen und proaktiven Perspektiven. Integrative Therapie 40 Jahre in „transversaler Suche" auf dem Wege. Krems, Department für psychosoziale Medizin und Psychotherapie. Hückeswagen: Europäische Akademie für Psychosoziale Gesundheit.

*Petzold, H.G.* (2005t): Homo migrans. Der „bewegte Mensch" – Frauen und Männer in Bewegung durch die Zeit. Transversale Überlegungen zur Anthropologie aus der Sicht Integrativer Therapie. Hommage an Simone de Beauvoir. www. FPI-Publikationen.de/materialien.htm – *POLYLOGE: Materialien aus der Europäischen Akademie für psychosoziale Gesundheit* – 05/2005; auch in: *Willke, E.* (2006): Forum Tanztherapie. Sonderausgabe Jubiläumskongress. Pullheim: Deutsche Gesellschaft für Tanztherapie. 33-116.

*Petzold, H.G.* (2007a): Integrative Supervision, Meta-Consulting und Organisationsentwicklung. Wiesbaden: VS Verlag für Sozialwissenschaftenn. 2. erw. Aufl.

*Petzold, H.G.* (2007d): „Mit Jugendlichen auf dem WEG ..."Biopsychosoziale, entwicklungspsychologische und evolutionspsychologische Konzepte für „Integrative sozialpädagogische Modelleinrichtungen". Bei www. FPI-Publikationen.de/materialien.htm – *POLYLOGE: Materialien aus der Europäischen Akademie für Psychosoziale Gesundheit* – 09/2007.

*Petzold, H.G.* (2008b): „Mentalisierung" an den Schnittflächen von Leiblichkeit, Gehirn, Sozialität: „Biopsychosoziale Kulturprozesse". Geschichtsbewusste Reflexionsarbeit zu „dunklen Zeiten" und zu „proaktivem Friedensstreben" – ein Essay. Bei: www.FPI-Publikationen.de/materialien. htm – *POLYLOGE: Materialien aus der Europäischen Akademie für Psychosoziale Gesundheit* – Jg. 2008. Und in: *Thema. Pro Senectute* Österreich, Wien/Graz, Geschichtsbewusstsein und Friedensarbeit – eine intergenerationale Aufgabe. Festschrift für Prof. Dr. Erika Horn S. 54-200.

*Petzold, H.G.* (2008j): On Trust. Symposion Group Executivce Committee, "The Power of Trust. Facilitating Inter- and Transcultural Performance and Efficiency in Connected Banking Systems". Wien 9-10. September. Erste University, Wien, S. 7-12.

*Petzold, H.G.* (2008l): „Gewissensarbeit und Psychotherapie". In: Wissen und Mitwissen. Gewissen und Gewissensbildung im Horizont einer an der Gewissensfunktion orientierten Psychotherapie. Wiesbaden: VS Verlag.

*Petzold, H.G.* (2009c): Körper-Seele-Geist-Welt-Verhältnisse in der Integrativen Therapie. Der „Informierte Leib", das „psychophysische Problem" und die Praxis. *Psychologische Medizin* 1 (Graz) 20-33.

*Petzold, H.G.* (2009d): „Macht", „Supervisorenmacht" und „potentialorientiertes Engagement". Überlegungen zu vermiedenen Themen im Feld der Supervision und Therapie verbunden mit einem Plädoyer für eine Kultur „transversaler und säkular-melioristischer Verantwortung". Bei www. FPI-publikationen.de/materialien.htm – – *Supervision: Theorie – Praxis – Forschung. Eine interdisziplinäre Internet-Zeitschrift* – 4, 2009.

*Petzold, H.G.* (2010d) (Hrsg.): Integrativ-systemische Arbeit mit Familien. Schwerpunktheft. *Integrative Therapie* 2/3. Wien: Kramer Verlag.

*Petzold, H.G.* (2010f): Sprache, Gemeinschaft, Leiblichkeit und Therapie" Materialien zu polylogischen Reflexionen, intertextuellen Collagierungen und melioristischer Kulturarbeit – Hermeneutica. Bei www.FPI-publikationen.de/materialien.htm – *POLYLOGE: Materialien aus der Europäischen Akademie für psychosoziale Gesundheit* – 7/2010. 1- 190.

*Petzold, H. G.* (2010l): „Zu wissen, dass wir zählen ..." Zum Tode von Ruth C. Cohn. *Integrative Therapie* 1, 121-133.

*Petzold, H.G.* (2010k): Was uns „am Herzen liegt" in der Integrativen Therapie – Kernanliegen therapeutischer Arbeit und mitmenschlichen Engagements – über sanfte und heftige Gefühle und Regungen des Herzens gegen seelische Verflachung. Bei www.FPI-publikationen.de/materialien.htm – *POLYLOGE: Materialien aus der Europäischen Akademie für psychosoziale Gesundheit* – 2010.

*Petzold, H.G., Berger, A.* (1978b): Integrative Bewegungstherapie und Bewegungserziehung in der Arbeit mit alten Menschen. *Integrative Therapie* 3/4, 249-271.

*Petzold, H.G., Bubolz, E.* (1976) (Hrsg.): Bildungsarbeit mit alten Menschen. Stuttgart: Klett.

*Petzold, H.G., Bubolz, E.* (1979): Psychotherapie mit alten Menschen, Junfermann, Paderborn.

*Petzold, H.G., Goffin, J.J.M., Oudhof, J.* (1993): Protektive Faktoren und Prozesse – die „positive" Perspektive in der longitudinalen, „klinischen Entwicklungspsychologie" und ihre Umsetzung in die Praxis der Integrativen Therapie. In : *Petzold, H.G., Sieper, J.*(1993a): Integration und Kreation, 2 Bde., Paderborn: Junfermann, , 2. Auflage 1996, S. 173-266.

*Petzold, H.G., Laschinsky, D., Rinast, M.* (1979): Exchange Learning – ein Konzept für die Arbeit mit alten Menschen. *Integrative Therapie* 3, 224-245; repr. (1985a) 69-92, 2004a, 194-218.

*Petzold, H.G., Lückel, K.* (1985): Die Methode der Lebensbilanz und des Lebenspanoramas in der Arbeit mit alten Menschen, Kranken und Sterbenden. In: *Petzold* (1985a) 467-499; repr. (2005a) 109-139.

*Petzold, H.G., Marcel, G.* (1976): Anthropologische Bemerkungen zur Bildungsarbeit mit alten Menschen. In: *Petzold, Bubolz,* 9-18.

*Petzold, H.G., Michailowa, N.* (2008): Alexander Lurija – Neurowissenschaft und Psychotherapie. Integrative und biopsychosoziale Modelle. Wien: Krammer.

*Petzold, H.G., Müller, L.* (2002c): Gerontotherapie: Psychotherapie mit älteren und alten Menschen – Forschungsergebnisse, protektive Faktoren, Resilienzen, Grundlagen für eine Integrative Praxis, (Teil 2). *Integrative Therapie* 2 (2002) 109-134 und in (2005a) 21-108.

*Petzold, H.G., Müller, L.* (2004): Resilienz und protektive Faktoren im Alter und ihre Bedeutung für den Social Support und die Psychotherapie bei älteren Menschen. In: *Petzold, H.G.* (2004), Mit alten Menschen arbeiten. Bd I. Stuttgart: Pfeiffer bei Klett-Cotta, S. 108-154.

*Petzold, H.G., Müller, L.* (2004b): „Alter Wein in neuen Schläuchen?" Moderne Alternsforschung, „Philosophische Therapeutik" und „Lebenskunst" in einer „gerontothrophen" Gesellschaft. Überlegungen mit Cicero über die „kompetenten Alten" für die „Arbeit mit alten Menschen. In: *Petzold* (2004a) 17-85.

*Petzold, H.G., Müller, L.* (2004c): Biographiearbeit mit alten Menschen: Erarbeiten und Teilen biographischer Erfahrung. *Psychotherapie im Alter* 4, S. 25-34.

*Petzold, H.G., Müller, L.* (2005): Supervision in der Altenarbeit, Pflege, Gerontotherapie: Brisante Themen – Konzepte – Praxis, Integrative Perspektiven. Paderborn: Junfermann.

*Petzold, H.G., Müller, L., Horn, E., Leitner, A.* (2005): Der permanente Skandal – Gefährliche Pflege, sozialtoxische Kontexte, maligner Burnout. Verletzte Menschenwürde und dehumanisierende Heimsituationen – in Tirol und allüberall. Eine sozialwissenschaftliche und supervisorische Felderkundung. In: *Integrative Therapie* 1/2, 28-117 und in: *Petzold, Müller* (2005).

*Petzold, H.G., Müller, M.* (2005a): MODALITÄTEN DER RELATIONALITÄT – Affiliation, Reaktanz, Übertragung, Beziehung, Bindung – in einer „klinischen Sozialpsychologie" für die Integrative Supervision und Therapie. Hückeswagen: Europäische Akademie und in: *Petzold, H.G.,* Integrative Supervision, 2. Aufl. Wiesbaden: Verlag für Sozialwissenschaften. 2007a, 367-431.

*Petzold, H.G., Orth, I.* (1990): Die Neuen Kreativitätstherapien. Paderborn: Junfermann. Bd. I., 3. Aufl. bei Edition Sirius, Aisthesis Verlag, Bielefeld 2007.

*Petzold, H.G., Orth, I.* (2004b): „Unterwegs zum Selbst" und zur „Weltbürgergesellschaft" – „Wegcharakter" und „Sinndimension" des menschlichen Lebens – Perspektiven Integrativer „Kulturarbeit" – Hommage an Kant, Europäische Akademie für Psychosoziale Gesundheit, Hückeswagen, mimeogr. Ergänzt in: *Petzold, Orth* (2005a) 689-791.

*Petzold, H.G., Orth, I.* (2005a): Sinn, Sinnerfahrung, Lebenssinn in Psychologie und Psychotherapie. 2 Bände. Bielefeld: Edition Sirius beim Aisthesis Verlag.

*Petzold, H.G., Orth, I.* (2007): Die neuen Kreativitätstherapien. Handbuch der Kunsttherapie, 2 Bde., 3. Aufl. Paderborn: Junfermann.

*Petzold, H.G., Orth, I., Orth-Petzold, S.* (2009): Integrative Leib- und Bewegungstherapie – ein humanökologischer Ansatz. Das „erweiterte biopsychosoziale Modell" und seine erlebnisaktivierenden Praxismodalitäten: therapeutisches Laufen, Landschaftstherapie, „Green Exercises". Bei www.FPI-publikationen.de/materialien.htm – *POLYLOGE: Materialien aus der Europäischen Akademie für psychosoziale Gesundheit* – 10/2009. S. 1-150.

*Petzold, H.G., Orth, I., Sieper, J.* (2000a): Transgressionen I – das Prinzip narrativierender Selbst- und Konzeptentwicklung durch „Überschreitung" in der Integrativen Therapie – Hommage an Nietzsche. *Integrative Therapie* 2/3, 231-277.

*Petzold, G.H., Orth, I., Sieper, J.* (2008a): Der lebendige „Leib in Bewegung" auf dem WEG des Lebens – Chronotopos – Über Positionen, Feste, Entwicklungen in vielfältigen Lebensprozessen. Zum Jubiläum: 25 Jahre EAG – 40 Jahre Integrative Therapie. *Integrative Therapie* 3.

*Petzold, H.G., Orth, I. Sieper, J.* (2010): Gewissensarbeit, Weisheitstherapie, Geistiges Leben als Themen moderner Psychotherapie. Wien: Krammer.

*Petzold, H.G., Petzold, Ch.* (1991a): Lebenswelten alter Menschen. Hannover: Vincentz.

*Petzold, H.G., Petzold, Ch.* (1993b): Integrative Arbeit mit alten Menschen und Sterbenden – gerontotherapeutische und nootherapeutische Perspektiven in der Weiterbildungspraxis an FPI/EAG. In: *Petzold, H.G., Sieper, J.*: Integration und Kreation, 2 Bde., Paderborn: Junfermann, 633-647.

*Petzold, H.G., Schobert, R.* (1991): Selbsthilfe und Psychosomatik, Paderborn: Junfermann.

*Petzold, H.G., Schobert, R., Schulz, A.*(1991): Anleitung zu „wechselseitiger Hilfe" – Die Initiierung und Begleitung von Selbsthilfegruppen durch professionelle Helfer – Konzepte und Erfahrungen. In: *Petzold, Schobert* (1991) 207-259.

*Petzold, H.G., Sieper, J.* (1988b): Die FPI-Spirale – Symbol des „heraklitischen Weges". *Gestalttherapie & Integration, Gestalt-Bulletin* 2, 5-33, auch in idem (2003a) 351-374.

*Petzold, H.G., Sieper, J.* (2004) (Hrsg.): Wille und Wollen. Psychologische Modelle und Konzepte. 2 Bde. Göttingen: Vandenhoek & Ruprecht.

*Petzold, H.G., Sieper, J.* (2008): Integrative Soziotherapie – zwischen Sozialarbeit, Agogik und Psychotherapie. Zur Konnektivierung von Modellen der Hilfeleistung und Entwicklungsförderung für optimale Prozessbegleitung. Bei www.FPI-publikationen.de/materialien.htm – *POLYLOGE: Materialien aus der Europäischen Akademie für psychosoziale Gesundheit* – 25/2008.

*Petzold, H.G., Sieper, J.* (2008a): Der Wille, die Neurowissenschaften und die Psychotherapie. 2 Bde. Bielefeld: Sirius.

*Petzold, H.G., Stöckler, M.,* (1988) (Hrsg.): Aktivierung und Lebenshilfen für alte Menschen. Aufgaben und Möglichkeiten des Helfers. *Integrative Therapie Beiheft* 13, Paderborn: Junfermann.

*Pfaff, K.* (2003): Die Meisterung des Lebens verläuft in Phasen. In: *Goesken, E., Pfaff, M.* (Hgg.): Lernen im Alter – Altern lernen. Oberhausen: Athena.

*Pfeffer, Ch., van Oorschot, B., Oehler, H.-A.* (2004): Ent-Täuschung im hospizlichen Alltag? Vortrag gehalten auf dem 1. Marburger Symposium für Palliativmedizin und Hospizarbeit.

*Pichora-Fuller, M.K., Carson, A.J.* (2001): Hearing health and the listening experiences of older communicatiors. In: *M.L. Hummert, J. Nussbaum* (eds.): Aging, communication, and health: Linking research and practice for successful aging. Mahwah: Erlbaum, 43-74.

*Pico della Mirandola, G.* (1990): Über die Würde des Menschen, lateinisch-deutsch, übers. v. *Norbert Baumgarten*, hrsg. v. *August Buck.*, Hamburg: Meiner.

*Pieper, J.* (1987): Suche nach der Weisheit: 4 Vorlesungen. Mit einem Nachwort von T. S. Eliot. Leipzig: St.-Benno-Verlag.

*Pieper, J.* (1988): Das Viergespann – Klugheit, Gerechtigkeit, Tapferkeit, Maß. München: Kösel.

*Pinquart, M.* (2001): Age differences in perceived positive affect, negative affect, and effect balance in middle and old age. *Journal of Happiness Studies 2*, 375-405.

*Pohl, L.* (2004): Seelsorgliche Begleitung der Hochbetagten in Leid, schwierigen Beziehungen, bei Minderung, zur Friedensförderung. Unveröff. Manuskript 2004.

*Pongs, A.* (2003): In welcher Welt wollen wir leben? Bd. 1. München: Dilemma Verlag.

*Poon, L.W., Clayton, G.M., Martin, P., Johnson, M.A., Courtenay, B.C., Sweaney, A.L.* et al. (1992): The Georgia Centenarian Study. *International Journal of Aging and Human Development 34*, 1-17.

*Poon, L.W., Martin, P., Clayton, G.M., Messner, S., Noble, C.A., & Johnson, M.A.* (1992): The influence of cognitive resources on adaptation and old age. *International Journal of Aging and Human Development 34*, 31-46.

*Preißinger, I.* (2004): Gesprächsorientierte Biographiearbeit und Erinnerungspflege zur Verbesserung der Lebensqualität im Alter. Ein didaktisch-methodisches Konzept zur Weiterbildung und Qualifizierung von Altenpflegerinnen und Altenpflegern. Inaugural-Dissertation. Bamberg. Bei: www. opus-bayern.de/volltexte/2005/55/pdf/preiss.pdf.

*Price, J.L., McKeel, J., Buckles, V.D., Roe, C.M., Xiong, C., Grundman, M., Hansen, L.A., Petersen, R.C., Parisi, J.E., Dickson, D.W., Smith, C.D., Davis, D.G., Schmitt, F.A., Markesbery, W.R., Kaye, J., Kurlan, R., Hulette, C., Kurland, B.F., Higdon, R., Kukull, W., Morris, J.C.* (2009): Neuropathology of nondemented aging: Presumptive evidence for preclinical Alzheimer disease. *Neurobiology of Aging* 30, 1026-1036.

*Prince, M.J., Harwood, R.H., Thomas, A., Mann, A.H.* (1998): A prospective population-based cohort study of the effects of disablement and social milieu on the onset and maintenance of late-life depression: The Gospel OAK Project VII. *Psychological Medicine* 28, 337-350.

*Pugh, K.G., Wie, J.Y.* (2001): Clinical implications of physiological changes in the aging heart. *Drugs Aging* 18, 263-271.

*Radebold, H.* (1992): Psychodynamik und Psychotherapie Älterer. Berlin et al: Springer.

*Radebold, H.* (2004): Kindheiten im II. Weltkrieg und ihre Folgen, Tübingen: Psychosozial-Verlag.

*Radebold, H.* (2004): „Nicht nur Keller aufräumen und Dias sortieren" Interview. *Bwp-magazin* 3, 2: 25-26.

*Radebold, H., Bohleber, W., Zinnecker, J.* (2009): Transgenerationale Weitergabe kriegsbelasteter Kindheiten. Interdisziplinare Studien zur Nachhaltigkeit historischer Erfahrungen über vier Generationen. Weinheim/München: Juventa.

*Radin, E.L., Rose, R.M.* (1986): Role of subchondral bone in the initiation and progression of cartilage damage. *Clin Orthop Relat Res* 213: 34-39.

*Rantanen, T., Guralnik, J.M., Foley, D., Masaki, K., Leville, S., Curb, J.D., White, L.* (1999) Midlife handgrip strength as a predictor of old age disability. *JAMA*, 281: 558-563.

*Raß, R.* (2006) (Hrsg.): Gestalten statt Verwalten. Bonn: Pallia Med Verlag.

*Rau, R., Soroko, E., Jasilionis, D., Vaupel, J.W.* (2006): 10 years after Kannisto: further evidence for mortality decline at advanced ages in developed countries MPIDR Working Paper WP-2006-033.

*Rau, R., Soroko, E., Jasilionis, D., Vaupel, J.W.* (2008): Continued reductions in mortality at advanced ages. *Population and Development Review*, 34:4, 747-768.

*Re, S., Wilbers, J.* (2004): Versorgung demenzkranker Menschen. In: *Kruse, Martin*, (2004) 506-518.

*Reddemann, L.* (2004): Imagination als heilsame Kraft. Zur Behandlung von Traumafolgen mit ressourcenorientierten Verfahren. 10. Aufl. Stuttgart: Klett-Cotta.

*Reichert, M.* (2006): Zwischen Wunsch und Wirklichkeit. Erfahrungen und ethische Fragen in der Begleitung. In: Diakonisches Werk Baden (Hrsg.): Seelsorgliche Sterbe- und Trauerbegleitung im Pflegeheim. Karlsruhe: 51-75.

*Reisberg, B., Ferris, S.H., de Leon, M.J., & Crook, T.* (1982): The Global Deterioration Scale for assessment of primary degenerative dementia. *American Journal of Psychiatry 139*, 1136-1139.

*Renatus, M., Stennicke, H.R., Scott, F.L., Liddington, R.C., Salvesen, G.S.* (2001): Dimer formation drives the activation of the cell death protease caspase 9. *Proc Natl Acad Sci USA* 98, 14250-14258.

*Richardson, M.J., Pasupathi, M.* (2005): Young and Growing Wiser: Wisdom during Adolescence and Young Adulthood. In: *Sternberg, Jordan* (2005) 139-158.

*Richter, B.* (2008): Die Stimme im Alter. In: *Gembris* (2008) 131-138.

*Richters, J.E., Weintraub, S.* (1990): Beyond diathesis: Toward an understanding of high-risk environments. In: *J. Rolf, A. Masten, D. Cicchetti, K. Nuechterlein, S. Weintraub* (Eds.), Risk and protective factors in the development of psychopathology. New York: Cambridge University Press, 67-96.

*Riley, R.L., Shephard, R.H., Cohn, J.E., Carrol, D.G., Armstrong, B.W.* (1954): Maximal diffusing capacity of the lungs. *J Appl Physiol* 6, 573-582.

*Rizzolatti, G., Sinigaglia, C.* (2008): Empathie und Spiegelneurone: Die biologische Basis des Mitgefühls. Frankfurt a.M.: Suhrkamp.

*Rockwood, K., Howlett, S.E., MacKnight, C., Beattie, B.L., Bergman, H., Hébert, R. Hogan, D.B., Wolfson, C., McDowell, I.,* (2004): Prevalence, Attributes, and Outcomes of Fitness and Frailty in Community-Dwelling Older Adults: Report From the Canadian Study of Health and Aging. *J Gerontol A Biol Sci Med Sci* 59(12), 1310-1317.

*Rodahl, K., Nicholson, J.T., Brown, E.M.* (eds.) (1960): Bone as a tissue. New York: McGraw-Hill Company.

*Rohmann, E., Herner, M.J., Fetschenhauer, D.* (2008): Sozialpsychologische Beiträge zur Positiven Psychologie. Lengrich: Pabst Science.

*Rölleke, H.* (1993) (Hrsg.): Das Volksliederbuch. Über 300 beliebte deutsche Lieder, ihre Melodien und Geschichten. Köln: Kiepenheuer & Witsch.

*Rosa, H.* (2008): Beschleunigung. Die Veränderung der Zeitstrukturen in der Moderne. Frankfurt: Suhrkamp.

*Rosenmayr, L.* (1983): Die späte Freiheit. Das Alter – ein Stück bewusst gelebten Lebens. Berlin: Severin und Siedler.

*Rosenmayr, L.* (1989): Supervision in der geriatrischen Pflege und Betreuung, *Rathaus-Korrespondenz* (Wien) 15, 17-21.

*Rosenmayr, L.* (2007): Schöpferisch Altern. Eine Philosophie des Lebens. Wien, Berlin: LIT.

*Rost, R., Dreisbach, W.*(1975): Zur wissenschaftlichen Begründung körperlichen Trainings als Mittel der Prävention und Rehabilitation bei älteren Menschen. II Veränderungen im Bereich der zentralen Hämodynamik durch körperliches Training. *Sportarzt Sportmed* 2, 26-33.

*Rott, C., d'Heureuse, V., Kliegel, M., Schönemann, P., Becker, G.* (2001): Die Heidelberger Hundertjährigen-Studie: Theoretische und methodische Grundlagen zur sozialwissenschaftlichen Hochaltrigkeitsforschung. *Zeitschrift für Gerontologie und Geriatrie* 34, 356-364.

*Rott, C., d'Heureuse, V., Schönemann, P., Kliegel, M., Martin, P.* (2001): Die Heidelberger Hundertjährigen-Studie (Forschungsbericht Nr. 9). Heidelberg: Deutsches Zentrum für Alternsforschung.

*Rott, C., Jopp, D.* (2006): Subjective well-being in centenarians. *Global Aging,* 4 (Schwerpunktheft: Centenarians), 52-62.

*Rott, C., Jopp, D., d'Heureuse, V., Becker, G.* (2006): Predictors of well-being in very old age. In: *Wahl* et al. (2006) S. 119-129.

*Roubenoff, R.* (2003): Sarcopenia: Effects on body composition and function. *J Gerontol Med Sci* 58A, No 11, 112-117.

*Rüegger, H.* (2007): Altern im Spannungsfeld von „Anti-Aging" und „Successful Aging". Gerontologische Perspektiven einer seelsorglichen Begleitung älterer Menschen. In: *Kunz* (2007) 143-182.

*Rümenapp, P.* (2005): Schreibe die Partitur deines Lebens selbst. *Musikforum* 3. (Juli-September 2005), 26-27.

*Rupps, M.* (2009): Helmut Schmidt. Mensch – Staatsmann – Moralist. 2. Aufl. Herder: Freiburg.

*Sachweh, S.* (1998): Granny darling's nappies: Secondary babytalk in German nursing homes for the aged. *Journal of Applied Communication Research,* 26: 52-65.

*Sachweh, S., Hummert, M.L.* (2005): Sprache und Kommunikation. In: *Filipp, Staudinger* (2005) 417-454.

*Saito, N., Sakai, O., Ozonoff, A., Jara, H.* (2009): Relaxo-volumetric multispectral quantitative magnetic resonance imaging of the brain over the human lifespan: global and regional aging patterns. *Magnetic Resonance Imaging* 27, 895-906.

*Salk, J.* (1973): The Survival of the Wisest. New York: Harper & Row.

*Saner, H.* (2008): Was ist Altersweisheit? In idem: Herbstfarben II- Alter schützt vor Weisheit nicht. http://www.hoersignale.de/inhalt/db_handler.php Artikelnummer=v00001108.

*Sarna, S., Sahi, T., Koskenvuo, M., Kaprio, J.* (1993): Increased life expectancy of world class male athletes. *Med Sci Sports Exerc* 25, 737-745.

*Saup, W.* (1991): Konstruktives Altern. Göttingen: Hogrefe.

*Saup, W.* (1992): Alter und Umwelt – Eine Einführung in die ökologische Gerontologie. Stuttgart: Kohlhammer.

*Savva, G.M., Wharton, S.B., Ince, P.G., Forster, G., Matthews, F.E., Brayne, C., and the Medical Research Council Cognitive Function and Ageing Study* (2009): Age, Neuropathology, and Dementia. *The New England Journal of Medicine* 360, 2302-2309.

*Schachtschabel, D. O.* (2004): Humanbiologie des Alterns. In: *A. Kruse; M. Martin* (Hrsg.): Enzyklopädie der Gerontologie. Alternsprozesse in multidisziplinärer Sicht. Bern: Huber: 167-181.

*Schaeffer, D., Wingenfeld, K.* (2004): Pflegerische Versorgung alter Menschen. In: *Kruse, Martin* (2004) 477-490.

*Schaie, K.W.* (2005): Longitudinal Studies. In *K.W. Schaie* (Hg.), Developmental Influences on Adult Intelligence: The Seattle Longitudinal Study. New York: Oxford University Press. 112-132.

*Schladoth, P.* (2005): Glaube im Alter. Münster: Aschendorff.

*Schlappack, O.* (1998): G'sund mit Hund. Die gesundheitsfördernden Effekte der Beziehung zwischen Mensch und Tier. Loeben.

*Schimany, P.* (2003): Die Alterung der Gesellschaft. Ursachen und Folgen des demographischen Umbruchs. Frankfurt.

*Schipperges, H.* (1975): Am Leitfaden des Leibes. Zur Anthropologie und Therapeutik Friedrich Nietzsches, Stuttgart: Klett.

*Schipperges, H.* (1985): Das Konzept der Leiblichkeit bei Friedrich Nietzsche. In: *Petzold, H. G.*, Leiblichkeit. Paderborn: Junfermann S. 133-148.

*Schirrmacher, F.* (2004): Das Methusalem-Komplott. München: Blessing.

*Schlingensief, Ch.* (2009):„So schön wie hier kann es im Himmel gar nicht sein! Tagebuch einer Krebserkrankung." Köln: Kiepenheuer &Witsch.

*Schmid., W.* (1998): Philosophie der Lebenskunst – eine Grundlegung. Frankfurt: Suhrkamp.

*Schmid, W.* (2004): Mit sich selbst befreundet sein. Von der Lebenskunst im Umgang mit sich selbst. Frankfurt: Suhrkamp.

*Schmidt, D., Krause, B.J., Herzog, H., Strüder, H.K., Klose, C., Wouters, E.* et al. (1999): Age-dependent changes in activation patterns during encoding and retrieval of visually presented word-pairs associates. *Neuroimage* 9:, 908-915.

*Schmidtke, A., Sell, R., Löhr, C.* (2008): Epidemiologie von Suizidalität im Alter. *Zeitschrift für Gerontologie und Geriatrie* 41 (1) 3-13

*Schmitt, K., Kressig, R.W.* (2008): Mobilität und Balance. *Therapeutische Umschau* 65(8), 421-426.

*Schmitz, H.* (1989): Leib und Gefühl. Materialien zu einer philosophischen Therapeutik. Paderborn: Junfermann.

*Schmitz, H.* (1990): Der unerschöpfliche Gegenstand. Bonn: Bouvier.

*Schneider, J.A., Boyle, P.A., Arvanitakis, Z, Bienias, J.L., Bennett, D.A.* (2007): Subcortical infarcts, Alzheimer's disease pathology, and memory function in older persons. *Ann Neurol* 62, 59-66.

*Schneider-Harpprecht, Ch.* (2007): Altenseelsorge im Kontext. Lebenswelt, Lebensraum und soziale Beziehungssysteme in der Seelsorgearbeit mit alten Menschen. In: *Kunz* (2007) 321-363.

*Scholz, R.D., Schulz, A.* (2010): Assessing old-age long-term care using the concepts of healthy life expectancy and care duration: the new parameter "Long-Term Care-Free Life-Expectancy (LTCF)". MPIDR Working Paper, WP-2010-001.

*Schönemann-Gieck, P., Rott, C., Martin, M., d'Heureuse, V., Kliegel, M., Becker, G.* (2003): Übereinstimmungen und Unterschiede in der selbst- und fremdeingeschätzten Gesundheit bei extrem Hochaltrigen. *Zeitschrift für Gerontologie und Geriatrie* 36/6, 429-436.

*Schultz, H.J.* (1985): Die neuen Alten. Erfahrungen aus dem Unruhestand. Kreutz: Stuttgart.

*Schulze, G.* (2006): Die Sünde. Das schöne Leben und seine Feinde. München, Wien: Carl Hanser.

*Schumacher, V., Martin, M.* (2009): Comparing age effects in normally and extremely highly educated and intellectually engaged 65 – 80 year-olds: potential protection from deficit through educational and intellectual activities across the lifespan. *Current Aging Science* 2/3, 200-204.

*Schützendorf, E.* (2006): In Ruhe alt werden können? Widerborstige Anmerkungen. 2. Aufl. Frankfurt: Mabuse 2006.

*Schwennen, Chr.* (2004): Verzeihen. In: *Auhagen* (2004) 139-153.

*Scobel, G.* (2008): Weisheit – Über das, was uns fehlt. Kölm: DuMont.

*Seiler, E.* (1966): Geschichte der Pflege des kranken Menschen. Stuttgart: Kohlhammer, 3. Aufl. S. 85, 1972.

*Seneca, L.A.* (1917): Seneca Opera. Leipzig: Teubner; Studienausgabe dt./lt. von Rosenbach, M. (1989). Darmstadt. Wissenschaftliche Buchgemeinschaft.

*Seneca* (1992): Die kleinen Dialoge. Bd I und Bd II, Hrsg. von *G. Fink.* München: Artemis & Winkler.

*Sennett, R.* (2002): Respekt im Zeitalter der Ungleichheit. Berlin: Berlin Verlag.

*Shumway-Cook A., Guralnik, J.M., Phillips, C.L., Coppin, A.C., Ciol, M.A., Bandinelli, S.* et al. (2007): Age-associated declines in complex walking task performance: The Walking InCHIANTI Toolkit. *Journal of the American Geriatrics Society* 55, 58-65.

*Sieber, C.* (2006): Geriatrie. In: *Oswald, W.D., Lehr, U, Sieber C & Kornhuber J* (Hrsg.) Gerontologie. Stuttgart: Kohlhammer, 189-193.

*Sieper, J.* (2006): „Transversale Integration": Ein Kernkonzept der Integrativen Therapie – Einladung zu ko-respondierendem Diskurs. *Integrative Therapie*, Heft 3/4 (2006) 393-467 und erg. in: *Sieper, Orth, Schuch* (2007) 393-467.

*Sieper, J.* (2007): Integrative Therapie als „Life Span Developmental Therapy" und "klinische Entwicklungspsychologie der Bezogenheit" mit Säuglingen, Kindern, Adoleszenten, Erwachsenen und alten Menschen, *Gestalt & Integration*, Teil I 60, 14-21, Teil II 61 (2008) 11-21.

*Sieper, J., Orth, I., Petzold, H.G.* (2010): Warum die „Sorge um Integrität" uns in der Integrativen Therapie wichtig ist – Überlegungen zu Humanität, Menschenwürde und Tugend in der Psychotherapie. In: *Petzold, H.G., Orth, I. Sieper, J.* (2010): Gewissensarbeit, Weisheitstherapie, Geistiges Leben als Themen moderner Psychotherapie. Wien: Krammer.

*Sieper, J., Orth, I., Schuch, H.W.* (2007) (Hrsg.): Neue Wege Integrativer Therapie. Klinische Wissenschaft, Humantherapie, Kulturarbeit – Polyloge – 40 Jahre Integrative Therapie, 25 Jahre EAG – Festschrift für Hilarion G. Petzold. Bielefeld: Edition Sirius, Aisthesis Verlag.

*Sieper, J., Petzold, H.G.* (2002): Der Begriff des „Komplexen Lernens" und seine neurowissenschaftlichen und psychologischen Grundlagen – Dimensionen eines „behavioralen Paradigmas" in der Integrativen Therapie. Lernen und Performanzorientierung, Behaviourdrama, Imaginationstechniken und Transfertraining. Bei www. FPI-Publikationen.de/materialien.htm – POLY-LOGE: Materialien aus der Europäischen Akademie für psychosoziale Gesundheit – 10/2002 und gekürzt in *Leitner, A.* (2003): Entwicklungsdynamiken der Psychotherapie. Wien: Krammer, Edition Donau-Universität.

*Sigismund, M.* (2003): Über das Alter. Eine historisch-kritische Analyse über das Alter/ Περὶ γήρως von Musonius, Favorinus und Iuncus. Frankfurt: Peter Lang

*SIGMA-Studie* (1999): Generationenkonflikt und Generationenbündnis in der Bürgergesellschaft. Ergebnisse einer sozialempirischen Repräsentativerhebung in der Bundesrepublik Deutschland. Ein Bericht des Sozialwissenschaftlichen Instituts für Gegenwartsfragen (SIGMA), Jörg Ueltzhöffer, Stuttgart.

*Silver, M.H., Jilinskaia, E. Perls, T.T.* (2001): Cognitive functional status of age-confirmed centenarians in a population-based study. *Journal of Gerontology: Psychological Sciences 56B*, P134-P140.

*Silver, M., Newell, K., Hyman, B., Growdon, J., Hedley-Whyte, E.T., Perls, T.* (1998): Unraveling the Mystery of Cognitive Changes in Old Age: Correlation of Neuropsychological Evaluation With Neuropathological Findings in the Extreme Old. *International Psychogeriatrics 10*, 25-41.

*Singer, T., Verhaeghen, P., Ghisletta, P., Lindenberger, U., Baltes, P.B.* (2003): The fate of cognition in very old age: Six-year longitudinal findings in the Berlin Aging Study (BASE). *Psychology and Aging 18/2*, 318-331.

*Siu, P.M., Bryner, R.W., Martyn, J.K., Alway,, S.E.* (2004): Apoptotic adaptations from exercise training in skeletal and cardiac muscles. *FASEB J 18*, 1150-1156.

*Skiba, A.* (2000): Förder-und Bildungsarbeit mit Hochbetagten. In: Bundesarbeitsgemeinschaft der Seniorenorganisationen – BAGSO (Hrsg.): BAGSO Nachrichten. Themenheft „Alter und Bildung", Bonn, 32-35.

*Smith, J., Baltes, P.B.* (1996): Altern aus psychologischer Sicht. Trends und Profile im hohen Alter. In: *K.U. Mayer, P.B. Baltes* (Hrsg.): Die Berliner Altersstudie (221-250). Berlin: Akademie Verlag.

*Smith, J., Baltes, P.B.* (1997): Profiles of psychological functioning in the old and oldest old. *Psychology and Aging 12*, 458-472.

*Smith, J., Zank, S.* (2002): Forschungsaktivitäten im Themenfeld Hochaltrigkeit. In Deutsches Zentrum für Altersfragen (Hrsg.), Das hohe Alter – Konzepte, Forschungsfelder, Lebensqualität. 97-228.

*Snellman, A.* (2001): Zeit der Haut. München: btb.

*Soeder, U.* (2002): Störungsepidemiologie: Prävalenz, Behandlungsbedarf und Versorgung von psychischen Störungen. In: *Maercker, A.* (Hrsg.) Alterspsychotherapie und klinische Gerontopsychologie. Springer, Berlin et al. S 60-72.

*Sommer, C., Künemund, H., Kohli, M.* (2004): Zwischen Selbstorganisation und Seniorenakademie. Die Vielfalt der Altersbildung in Deutschland. Berlin: Weißensee.

*Soost, W.* (2004): Musiktherapie bei chronischen Schmerzen. Evaluation eines neuen Selbsthilfegruppenangebots der AOK-Rheinland in Köln. Diplomarbeit im Rahmen des Integrierten Studiengangs für Sozialpädagogik und Sozialarbeit an der Universität-Gesamthochschule Siegen.

*Söthe, A.* (2008): Musikalische (Lern-)Fähigkeiten im Alter und mit Alzheimerdemenz. In: *Gembris* (2008) 215-252.

*Spahn, C.* (2008): Instrumentales Musizieren im Alter. In: *Gembris* (2008) 139-150.

*Specht-Tomann, M.* (2009): Biografiearbeit in der Gesundheits-, Kranken- und Altenpflege. Heidelberg: Springer.

*Specht-Tomann, M.* (2003): Erzähl mir dein Leben. Zuhören und Reden in Beratung und Begleitung. Düsseldorf: Walter Verlag.

*Sperling, U.* (2007): Spiritualität und Wohlbefinden im Alter. In: *Kunz* (2007) 73-98.

*Spiegel-Rösing, I., Petzold, H.G.* (1984): Die Begleitung Sterbender – Theorie und Praxis der Thanatotherapie. Ein Handbuch. Paderborn: Junfermann.

*Sprakties, G.* (2007): Den Sinn sinnlich erleben: Erinnerungspflege mit demenziell Erkrankten. Auszug aus dem noch unveröffentlichten Buchmanuskript „Altenheimseelsorge als Sinnsorge: Erinnerungspflege als Sinnfindungshilfe". Unveröff. Vortrag Bad Herrenalb 2007.

*Squire, L.R., Zola-Morgan, S.* (1991): The medial temporal lobe memory system. *Science* 253, 1380-1386.

*Statistisches Bundesamt* (2007): Pflegestatistik 2005. Wiesbaden: Statistisches Bundesamt.

*Statistisches Bundesamt* (2009) (Hrsg.): Statistisches Jahrbuch. Wiesbaden www.destatis.de (12. 03. 2010).

*Staudinger, U.* (2003): Das Alter(n): Gestalterische Verantwortung für den Einzelnen und die Gesellschaft. *Aus Politik und Zeitgeschichte,* 12. Mai 2003, 35-42.

*Staudinger, U.M., Baltes, P.B.* (1996): Weisheit als Gegenstand psychologischer Forschung. *Psychologische Rundschau* 47, 57-77.

*Steffensky, F.* (2009): Sehnsucht nach einer kraftvolleren Welt. In: Zeit. Heute schon gelebt? Publik-Forum Extra 1, 28-29.

*Steinfath, H.* (1998): Was ist ein gutes Leben? Frankfurt/M.: Suhrkamp.

*Steinhagen-Thiessen E, Borchelt, M.* (1996): Morbidität, Medikation und Funktionalität im Alter. In: *Mayer, K.U., Baltes, P.B.* (Hrsg.) Die Berliner Altersstudie. Berlin, Akademie Verlag. 151-183.

*Stern, Y.* (2006): Cognitive Reserve and Alzheimer Disease. *Alzheimer Dis & Assoc.Disord* 20, 112-117.

*Stern, Y.* (2009): Cognitive reserve. *Neuropsychologia* 47, 2015-2028.

*Sternberg, R.J.* (1990): Wisdom. Its nature, origins, and development. New York: Cambridge University Press.

*Sternberg, R.J.* (1998): A balance theory of wisdom. *Review of General Psychology* 4, 347-365.

*Sternberg, R.J., Jordan, J.* (2005): A Handbook of Wisdom: *Psychological Perspectives.* New York: Cambridge University Press.

*Stevens-Barnum, B.* (2002): Spiritualität in der Pflege. Bern: Huber.

*Stevenson, O.* (1996): Social Integration of Elderly People who are Disabled, Chronicall Ill or Frail. In: *Mollenkopf, H.* (Hg.): Elderly people in industrialised societies : social integration in old age by or despite technology? Berlin: Sigma. 117-129.

*Stine, E.A.L., Wingfield, A.* (1987): Process and strategy in memory for speech among younger and older adults. *Psychology and Aging* 2, 272-279.

*Strotzka, H.* (1988): Schwerpunktthema Altern. Weinheim. Psychologie-Verl.- Union.

*Strüder, H.K., Hollmann, W., Platen, P., Rost, R., Weicker, H., Kirchhof, O., Weber, K.* (1999): Neuroendocrine system and mental function in sedentary and endurance-trained elderly males. *Int J Sports Med* 20,159-166.

*Stumm, G.* et al. (2005): Personenlexikon der Psychotherapie. Wien: Springer.

*Stutz, H.; Bauer, T., Schmugge, S.* (2007): Erben in der Schweiz. Eine Familiensache mit volkswirtschaftlichen Folgen. Zürich: Rüegger.

*Suominen, H., Heikkinen, E., Liesen, H., Michel, D., Hollmann, W.* (1977): Effects of 8 weeks' endurance training on skeletal muscle metabolism in 56-70-year-old sedentary men. *Eur J Appl Physiol* 37, 173-180.

*Suzman, R.M.* (1995): The oldest old. New York: Oxford University Press.

*Tausch, R.* (1992): Vergeben, ein bedeutsamer seelischer Vorgang. *Zeitschrift für Sozialpsychologie und Gruppendynamik in Wirtschaft und Gesellschaft* 17, 3-29.

*Tipton, C.M., Matthes, R.D., Maynard, J.A., Carey, R.A.* (1975): The influence of physical activity on ligaments and tendons. *Med Sci Sports Exerc* 7, 165-170.

*Thane, P.* (2005): Das Alter. Eine Kulturgeschichte. Darmstadt: Wissenschaftliche Buchgesellschaft.

*Thaut, M.H., McIntosh, K.W., McIntosh, G.C., Hömberg, V.* (2001): Auditory Rhythmicity Enhances Movement and Speech Motor Control in Patients with Parkinson's Disease. Functional Neurology, 16 (2), 163- 172.

*Thimm, C, Rademacher, U., Kruse, L.* (1998): Age stereotypes and patronizing messages: Features of age-adapted speech in technical instructions to the elderly. *Journal of Applied Communication Research*, 26: 66-82.

*Thomae, H.* (1976a): Patterns of aging. Basel: Karger.

*Thomae, H.* (1976b): Ökologische Aspekte der Gerontologie. *Zeitschrift für Gerontologie* 9, 407-410.

*Thomae, H.* (1988): Das Individuum und seine Welt, Verlag für Psychologie, Göttingen: Hogrefe; 2. neu bearbeitete Aufl. 1988.

*Thomae, H.* (1991): Das Lebensweltkonzept im Lichte einer kognitiven Theorie des Alterns. In: *Petzold, Petzold* (1991) 51-64.

*Thomassen, R., van Schaick, H.W., Blansjaar, B.A.* (1998): Prevalence of dementia over age 100. *Neurology* 50, 283-286.

*Thorngate, W.* (1980): Efficient decision heuristics. *Behavioral Science, 4.*

*Thorngate, W.* (1981): The experience of wisdom. Report submitted to the Social Sciences and Humanities Research Council of Canada, Ottawa, Canada.

*Thorvaldsson, V., Hofer, S.M., Berg, S., Skoog, I., Sacuiu, S., Johansson, B.* (2008): Onset of terminal decline in cognitive abilities in individuals without dementia. *Neurology* 71/12, 882-887.

*Tiedemann, P.* (2007): Menschenwürde als Rechtsbegriff. Eine philosophische Klärung, Berlin: Berliner Wissenschafts-Verlag.

*Tiedemann, P.* (2008): Menschenbilder und Menschenrechte. Der Mensch im Menschenrechtsdiskurs. In: *Petzold* (2008).

*Tornstam, L.* (1994): Gero-Transcendence: A Theoretical and Empirical Exploration. In: *L.E. Thomas, S.A. Eisenhandler, S.A.* (Hrsg.): Aging and the religious Dimension. Westport: Greenwood Publishing Group, 203-225.

*Trögner, J.* (2008): Physiotherapie und Rehabilitation. *Therapeutische Umschau* 65(8), 459-462.

*Unruh, D.R.* (1983): Invisible lifes. Social worlds of the aged. Beverly Hills: Sage Publications.

*Vallin, J., Meslé, F.* (2009): The Segmented Trend Line of Highest Life Expectancies. Population and Development Review 23(1): 159-187.

*van der Kolk, B., McFarlane, A.C., van der Hart, O.* (2000): Ein allgemeiner Ansatz zur Behandlung der posttraumatischen Belastungsstörung. In: *van der Kolk, B.., McFarlane, A.C., Weisaeth, L.* (Hrsg.): Traumatic Stress. Grundlagen und Behandlungsansätze. Paderborn: Junfermann. 309-330.

*Vannorsdall, T.D., Waldstein, S.R., Kraut, M., Pearlson, G.D., Schretlen, D.J.* (2009): White matter abnormalities and cognition in a community sample. *Arch. Clin. Neuropsychol.* 24, 209-217.

*Vass, M., Avlund, K., Siersma, V., Hendriksen, C.* (2009): A feasible model for prevention of functional decline in older home-dwelling people – the GP role. A municipality-randomized intervention trial. *Fam Pract* 26(1), 56-64.

*Vass, M., Avlund, K., Hendriksen, C., Philipson, L., Riis, P.* (2007): Preventive home visits to older people in Denmark – why, how, by whom, and when? *Z Gerontol Geriatr* 40(4), 209-216.

*Vaupel, J.W.* (2010): Biodemography of human aging. *Nature* 464, 536-542.

*Vaupel, J.W., Hofäcker, D.* (2009): Das lange Leben lernen. *Zeitschrift für Erziehungswissenschaft*, 12:3, 383-407.

*Vaupel, J.W., v. Kistowski, K.G.* (2007): Die Plastizität menschlicher Lebenserwartung und ihre Konsequenzen. In: *Gruss, P.* (Hrsg.): Die Zukunft des Alterns. München: Beck.

*Veelken, L.* (1990): Neues Lernen im Alter. Bildungs- und Kulturarbeit mit jungen Alten. Oberhausen: Athena.

*Veelken, L.,* (1996): Pastoralgeragogik – eine Antwort auf die Herausforderung des Alterns an die Kirche. Gerontologische Aspekte zur Praktischen Theologie/Pastoraltheologie. In: *Horn, H.,* (Hrsg.): Didaskalos. Studien zum Lehramt in Universität, Schule und Religion. Dortmund: projekt.

*Veelken, L.* (2003): Reifen und Altern. Geragogik kann man lernen. Oberhausen: Athena.

*Veelken, L.* (2005): Lehren – Lernen – Wohlfühlen. Geragogik der Lebenskunst. In: *Veelken, L., Gregarek, S., de Vries, B.*: Altern, Alter, Leben lernen. Geragogik kann man lehren. Oberhausen: Athena. 9-29.

*Veelken, L.* (2007): Lebenslanges Lernen und demographischer Wandel. In: *Wahl, H-W., Mollenkopf, H.* (Hrsg.): Alternsforschung am Beginn des 21. Jahrhunderts. Alterns- und Lebenslaufkonzeptionen im deutschsprachigen Raum. Berlin: Akademische Verlagsgesellschaft. 223-236.

*Veelken, L., Gregarek, S., de Vries, B.* (2005): Altern, Alter, Leben lernen. Geragogik kann man lehren, Oberhausen: ATHENA-Verlag.

*VELKD,* (Hrsg) (1994): Agende für evangelisch-lutherische Kirchen und Gemeinden. Band III.Teil 4. Dienst an Kranken. Hannover:

*Verghese, J., Lipton, R., Katz, M.J., Hall, C.B., Derby, C.A., Kuslansky, G., Ambrose, A.F., Sliwinski, M., Buschke, H.* (2003): Leisure activities and the risk of dementia in the elderly. *N Engl J Med* 348, 2508-2516.

*Villemagne, V.L., Pike, K.E., Darby, D., Maruff, P., Savage, G., Ng, S., Ackermann, U., Cowie, T.F., Currie, J., Chan, S.G., Jones, G., Tochon-Danguy, H., O'Keefe, G., Masters, C.L., Rowe, C.C.* (2008): A[beta] deposits in older non-demented individuals with cognitive decline are indicative of preclinical Alzheimer's disease. *Neuropsychologia* 46, 1688-1697.

*Vincent, K.R., Vincent, H.K., Braith, R.W., Lennon, S.L., Lowenthal, D.T.* (2002): Resistance exercise training attenuates exercise-induced lipid peroxidation in the elderly. *Eur J Appl Physiol* 87, 416-421.

*Vink, A.C., Birks, J.S., Bruinsma, M.S., Scholten, R.J.S.* (2004): Music therapy for people with dementia. The Cochrane Database of Systematic Reviews. 4, DOI. 10.1002/14651858.CD003477.

*Vygotskij, L.S.* (1992): Geschichte der höheren psychischen Funktionen. Münster, Hamburg: Lit Verlag.

*Wahl, H.-W.* u. a. (1999): Alte Menschen in ihrer Umwelt: Ökologische Perspektiven in der Gerontologie. Wiesbaden.

*Wahl, H.-W., Brenner, H., Mollenkopf, H., Rothenbacher, D., Rott, Ch.* (2006): The Many Faces of Health, Competence and Well-Being in Old Age. Dordrecht: Springer.

*Wahl, H.-W., Oswald, F.* (2005): Sozialökologische Aspekte des Alterns. In: *Filipp, Staudinger* (2005) 209-250.

*Wahl, H.-W., Rott, C.* (2001): Konzepte und Definitionen der Hochaltrigkeit. Expertise im Auftrag der Sachverständigenkommission „Vierter Altenbericht der Bundesregierung". Berlin: Deutsches Zentrum für Altersforschung.

*Wahl, H.W., Rott, C.* (2002). Konzepte und Definitionen der Hochaltrigkeit. In DZA (Hg.), Das hohe Alter – Konzepte, Forschungsfelder, Lebensqualität. 5-95.

*Walter, U* (2008): Möglichkeiten der Gesundheitsförderung und Prävention im Alter. In: *Kulmey, Schaeffer* (2008) 245-262.

*Walston, J.D., Fried, L.P.* (2003): Frailty and its implications for care. In: *Morrison, R.S., Meier, D.E.* (Hg.). Geriatric palliative care. Oxford: University Press. 93-109.

*Waltz, E.M.* (1981): Soziale Unterstützung bei der Bewältigung von Krankheit. In: *Bandura, B.* (Hg.): Soziale Unterstützung und chronische Krankheit: zum Stand sozialepidemiologischer Forschung. Leipzig: Suhrkamp Edition. Bei: http://www.pflegewiki.de/wiki/Chronische_Krankheit [29.08.2009].

*Wechsler, D.* (1981): Wechsler Adult Intelligence Scale – Revised. New York: The Psychological Corporation.

*Wedek, M.* (1996): Altenheimseelsorge mit altersverwirrten Menschen als Thema diakonischer Altenarbeit. Diplomarbeit. Heidelberg. 1996. Bei www.ub.uni-heidelberg.de/archiv/2096.

*Weiher, E.* (1999): Die Religion, die Trauer und der Trost. Seelsorge an den Grenzen des Lebens. Mainz: Matthias Grünewald Verlag.

*Weiher, E.* (2001): Mehr als Begleiten. Ein neues Profil für die Seelsorge im Raum von Medizin und Pflege. 2. Aufl. Mainz: Matthias Grünewald Verlag.

*Welsch, W.* (1987): Unsere postmoderne Moderne. Weinheim: Acta Humaniora 1988, 2. Aufl.

*Wettstein, A.* (2005): Umgang mit Demenzkranken und Angehörigen. In: *Martin, Schelling* (2005) 101-153.

*Weyerer, S., Bickel, H.* (2007): Epidemiologie psychischer Erkrankungen im höheren Lebensalter. Stuttgart: Kohlhammer.

*Welzig, E.* (2006): Leben und überleben. Frauen erzählen vom 20. Jahrhundert. Wien: Böhlau, S. 107-119.

*Whalen, R.T., Carter, D.R., Steele, C.R.* (1987): The relationship between physical activity and bone density. *Trans Orthop Res Soc* 12, 464-469.

*Whittle, C., Corrada, M.M., Dick, M., Ziegler, R., Kahle-Wrobleski, K., Paganini-Hill, A., Kawas, C.* (2007): Neuropsychological data in nondemented oldest old: The 90+ Study. *Journal of Clinical and Experimental Neuropsychology* 29, 290-299.

*WHO* (2002): Innovative Care for Chronic Conditions: Building Blocks for Action. Gesehen am 21.1.04 in: http://www.who.int/diabetesactiononline/about/icccreport/en/index.html.

*WHO* (2007): 10 facts on ageing and the life course. Gesehen am 21.8.09 in: http://www.who.int/features/factfiles/ageing/en/index.html.

*Wickel, H.H.* (2008): Und wo bleibt die Seele? Plädoyer für eine Ausbildung zur Musik in der Altenarbeit – auch als Hochschuldisziplin. In: *Gembris* (2008) 163-172.

*Wickel, H.H., Hartogh, Th.* (2005): Ausbildungsdisziplin Musikgeragogik. *Musikforum* 3 (Juli-September), 16-18.

*Wiesmann, U., Rölker, S., Hannich, H.-J.* (2004): Salutogenese im Alter. *Zeitschrift für Gerontologie und Geriatrie* 37, 366-376.

*Wilber, K.* (1996): Eros, Kosmos, Logos. Eine Vision an der Schwelle zum nächsten Jahrtausend. Frankfurt/M.: Krüger.

*Wilber, K.* (1999): Das Wahre, Schöne, Gute. Geist und Kultur im 3. Jahrtausend. Frankfurt/M.: Krüger.

*Wilber K.* (2007): Integrale Spiritualität. Spirituelle Intelligenz rettet die Welt. München: Kösel.

*Wilkening, K.* (2007): Spirituelle Dimensionen und Begegnungsebenen mit Tod und Sterben im Alter. In: *Kunz* (2007) 121-142.

*Willis, S.L., Schaie, K.W.* (2005): Cognitive trajectories in midlife and cognitive functioning in old age. In: *S.L. Willis, M. Martin* (Hg.), *Middle adulthood: A lifespan perspective.* Thousand Oaks, CA: Sage. 243-276.

*Wolf, E.P.* (1998): Die Selbstpsychologie und das alternde Selbst im Lebenszyklus. In: *Hartmann, H.P., Milch, W.E., Kutter, P., Paal, J.* (Hg.): Das Selbst im Lebenszyklus. Frankfurt/M.: Suhrkamp, 192-124.

*Wolf, K.* (2006): Philosophie der Gabe : Meditationen über die Liebe in der französischen Gegenwartsphilosophie. Stuttgart: Kohlhammer.

*Wolman, R.L., Reeve, J., Clark, P., Hesp, D., McNally, E.* (2001): Bone mineral density in elite light weight women rowers. *Br Journal of Rheumatology*, 28 (Suppl. 2): 6-10.

*Yaffe, K., Barnes, D., Nevitt, M., Lui, L.Y., Covinsky, K.A.* (2001): Prospective study of physical activity and cognitive decline in elderly women: women who walk. *Arch Intern Med* 161, 1703-1708.

*Yalom, I.D.* (2002): Der Panama-Hut. München: btb.

*Yogananda, P.* (1950): Autobiographie eines Yogi. Otto Wilhelm Barth.17.Aufl. 1989.

*Yoon, Seon-O.* (1998): Das Alter und die Gesundheit. Die Anwendung der alten chinesischen Weisheitslehre in der modernen Welt älterer Menschen. Oberhausen: Athena.

*Zeitchik, D., Albert, M.* (2004): Cognition and emotion. In: *Morris, R., Becker, J.* (eds.): Cognitive neuropsychology of Alzheimer's desease (2nd ed.). Oxford: University Press, 267-273.

*Zepf, S., Mengele, U., Marx, A.* (2002): Zur ambulanten psychotherapeutischen Versorgungslage in der Bundesrepublik Deutschland. Psychosozial-Verlag, Gießen.

*Ziegler, U., Doblhammer-Reiter, G.* (2005): Steigende Lebenserwartung geht mit besserer Gesundheit einher: Risiko der Pflegebedürftigkeit in Deutschland sinkt. *Demografische Forschung Aus Erster Hand*, 2:1, 1-2.

*Zimmer, H.* (1974): Der Weg zum Selbst. Lehre und Leben des Shri Ramana Maharshi. München: Eugen Diederichs. 7. Aufl. 1991.

*Zimprich, D.* (2008): Twelve-year correlated longitudinal changes in cognition in old age. Paper präsentiert am XXIX International Congress of Psychology, Berlin.

*Zimprich, D., Martin, M.* (2009): A multilevel factor analysis perspective on intellectual development in old age. In *H.B. Bosworth, C. Hertzog* (Hg.): Aging and Cognition: Research Methodologies and Empirical Advances. Washington, DC: American Psychological Association. 53-76.

*Zöllig, J., Eschen, A., Martin, M.* (2009): Lebenslanges Lernen: Vom Gedächtnistraining zur Ausbildung als Memory Manager. In *H. Schloffer, E. Prang, A. Frick-Salzmann* (Hg.): Gedächtnistraining. Theoretische und praktische Grundlagen. Heidelberg: Springer Verlag. 4-12.

*Zukunftsforum Demenz*: Demenz – das schleichende Vergessen. Frankfurt am Main.

*Zütphen, T.* (2008): Exodus der Neuzeit. Moderne Völkerwanderung (2006 -2025). *Focus* 8. Dez. 50, 34-35.

# Autorinnen und Autoren

**Bejick, Urte,** * 1958, Dr. theol. (evang.); Dipl.-Diakoniewissenschaftlerin, Kommunikationswirtin, zert. Coach, Autorin; Referentin für Theologie und Seelsorge und für Altenheimseelsorge im Diakonischen Werk der Evang. Landeskirche Baden; Lehrbeauftragte an der Evang. Hochschule Freiburg; Publikationen zu Kirchengeschichte, Hospizarbeit, Seelsorge mit alten Menschen, Biographiearbeit, Spiritualität.

Dr. Urte Bejick
Diakonisches Werk Baden
Vorholzstr. 3
D - 76137 Karlsruhe
Mail: bejick@diakonie-baden.de

**Diehl, Julia,** * 1979, Dr. Sportwiss., Dipl.-Sportwiss. (Sportmedizin, Bewegungs- und Neurowissenschaft), Studienrätin im Hochschuldienst der Deutschen Sporthochschule Köln.

Dr. Julia Diehl
Deutsche Sporthochschule Köln
Institut für Bewegungs- und Neurowissenschaft
Am Sportpark Müngersdorf 6
D – 50933 Köln
Mail: Diehl@dshs-koeln.de

**Graf, Gerda,** * 1952, Pflegemanagerin, Zusatzqualifikation Focusing und Palliative-Care, Geschäftsführerin Wohnanlage Sophienhof gem. GmbH, Ehrenvorsitzende des DHPV e.V. Mitbegründerin von „Die Hospizzeitschrift", „Bundeshospizanzeiger"; Publikationen in „Die Hospizzeitschrift". Stellv. Vorsitzende der Hospizbewegung Düren-Jülich e.V. Referentin und Expertin für Hospizkultur und Palliativversorgung. Entwicklung des HoLDe®-Konzeptes der Wohnanlage Sophienhof gem. GmbH.

Gerda Graf
Wohnanlage Sophienhof gem. GmbH
Am Weiherhof 23
D - 52382 Niederzier
Mail: graf@wohnanlage-sophienhof.de

**Hirsch, Rolf Dieter**, * 1946, Prof. Dr. phil., Dr. med. Dipl.-Psych., Wissenschaftliche Arbeiten und Publikationen im Bereich der Gerontologie zur Psychotherapie
und Psychoanalyse, gerontopsychiatrischen Versorgung, Ethik, Aggression und Gewalt, Heiterkeit und Humor, Facharzt für Nervenheilkunde, psychotherapeutische
Medizin, Psychoanalyse, Geriatrie. Chefarzt der Abteilung für Gerontopsychiatrie und -psychotherapie der LVR-Klinik Bonn, Präsident der Deutschen Akademie für Gerontopsychiatrie und -psychotherapie, Vorstandsmitglied im Kuratorium
Deutsche Altershilfe, Vorsitzender von Handeln-statt-Misshandeln-Bonner Initiative gegen Gewalt im Alter e.V., Mitherausgeber der Zeitschrift für Gerontologie und Geriatrie, Mitherausgeber der Bonner Schriftenreihe „Gewalt im Alter".

Prof. Dr. Dr. Rolf D. Hirsch
Abteilung für Gerontopsychiatrie und -psychotherapie
LVR-Klinik Bonn
Kaiser-Karl-Ring 20
D - 53111 Bonn
Mail: r.d.hirsch@t-online.de

**Höpflinger, François**, * 1948, Titularprofessor für Soziologie an der Universität
Zürich, Schwerpunkte der Forschung: Alters- und Generationenfragen, Demographie. Neuere Publikationen zu Wohnen im Alter, Pflege im Alter, Generationenbeziehungen in der Schweiz. Internet: hoepflinger.com.

Prof. Dr. François Höpflinger
Soziologisches Institut der Universität Zürich
Andreasstr. 15
CH - 8050 Zürich-Oerlikon
Mail: hoepflinger@bluemail.ch

**Hollmann, Wildor**, * 1925, Prof. mult., Dr. med. Dr. h. c. mult. (Sportmedizin,
Innere Medizin, Kardiologie, Hirnforschung), Gründer des Instituts für Kreislaufforschung u. Sportmedizin (Deutsche Sporthochschule Köln), Paracelsus-Medaille
der deutschen Ärzteschaft, Schulterband zum Großen Bundesverdienstkreuz mit
Stern der Bundesrepublik Deutschland.

Univ.-Prof. mult. Dr. med. Dr. h. c. mult. Wildor Hollmann
Deutsche Sporthochschule Köln
Institut für Kreislaufforschung und Sportmedizin
Am Sportpark Müngersdorf 6
D - 50933 Köln
Mail: wildor.hollmann@nexgo.de

**Horn, Erika**, *1918, Dr. phil. Promotion in Geschichte und Philosophie 1940 in Graz; Zusatzausbildungen in Erwachsenenbildung, Gesprächsführung, Ehe- und Lebensberatung. langjährige Lehrerin an der Caritas-Fachschule für Altendienste in Graz,. Initiantin für Frauenbildungsveranstaltungen im Bildungshaus Mariatrost/ Graz (ab 1972) und von Weiterbildungsveranstaltungen für soziale und pflegerische Berufsgruppen insbesondere zu gerontologischen und sozialpsychologischen Themen. Mitleitung der ersten (3jährigen) Lehrgangsprojekte für Alten-Fachkräfte und Mitarbeiter in der österreichischen Altenarbeit über 20 Jahre im Bundes-Institut für Erwachsenenbildung in Strobl a. W. Einsatz für die Hospiz-Idee sowie Einführungs-Seminare für Hospizbegleiter (bis 2004). Zahlreiche öffentliche Ehrungen. Erika Horn, inzwischen Witwe, hat 8 Enkelkinder und 11 Urenkel.

Prof. Dr.phil.Horn Erika,
Theodor-Körner-Str 117
A - 8010 Graz
Mail: Vhorn@kphgraz.at

**Lehr, Ursula**, *1930, Univ.Prof., Dr., Dr. h. c. mult, Dipl.Psych., 1954 Promotion, 1968 Habilitation. Lehrstuhl Univ. Köln 1972-1975. Univ. Bonn 1975-1986; 1986 – 1998 Lehrstuhl für Gerontologie Univ. Heidelberg; seit 2001 Prof. an der Europa-Universität in Yuste/Extramadura in Spanien. 1988-1991 Bundesministerin für Jugend, Familie, Frauen und Gesundheit, 1991-1994 MdB; seit 2009 Vorstand der BAGSO (Bundes-Arbeits-Gemeinschaft der Senioren-Organisationen); zahlreiche Veröffentlichungen, u.a. „Psychologie des Alterns" (1972; 11. A.2007; übersetzt ins Niederländische, Spanische, Italienische. Türkische und Japanische); mit Hans Thomae Durchführung der Bonner Gerontologischen Längsschnittstudie (1965-1983).

Prof. Dr. DDr. h. c. Ursula Lehr
Bundesministerin a. D.
Am Büchel 53b
D – 53173 Bonn-Bad Godesberg
Mail: ursula.lehr@t-online.de

**Martin, Mike**, * 1965, Prof., Dr. phil., Ordinarius für Gerontopsychologie, Direktor Zentrum für Gerontologie und Ko-Direktor International Normal Aging and Plasticity Imaging Center an der Universität Zürich, Mitherausgeber mehrerer gerontologischer Fachzeitschriften, zahlreiche Publikationen zur längsschnittlichen Entwicklung im mittleren und hohen Erwachsenenalter.

Prof. Dr. Mike Martin
Universität Zürich
Psychologisches Institut, Gerontopsychologie
Binzmühlestr. 14/24
CH-8050 Zürich
Mail: m.martin@psychologie.uzh.ch

Autorinnen und Autoren

**Müller, Hansjakob** * 1941, Prof. em. für Medizinische Genetik an der Universität Basel sowie ehemaliger Leiter der Abt. Medizinische Genetik UKBB/DBM, wo er heute als Konsiliararzt tätig ist. Facharzt FMH für Medizinische Genetik und Spezialist für medizinisch genetische Analytik FAMH. Mitglied der Nationalen Ethikkommission im Bereich Humanmedizin. Forschungsschwerpunkt: Veranlagungen für Tumorkrankheiten.

Prof. Dr. med. Hansjakob Müller
Abt. Medizinische Genetik UKBB/DBM
Universität Basel
CH - 4005 Basel
Mail: hansjakob.mueller@unibas.ch

**Müller, Lotti,** * 1957, lic. phil. MSc, Gerontopsychologin, Psychotherapeutin, Musiktherapeutin, Leiterin Therapeutische Dienste am Gerontopsychiatrischen Zentrum Hegibach, PUK (Psychiatrische Universitätsklinik) Zürich, Lehrtherapeutin Integrative (Musik)therapie, Supervisorin MSc, Krems.

lic. phil. Lotti Müller
Gerontopsychiatrisches Zentrum Hegibach
Minervastrasse 145
CH – 8032 Zürich
Mail: lotti.mueller@puk.zh.ch

**Petzold, Hilarion G.**, * 1944, Dr. mult., Univ.-Prof. emer. Studium in Paris (1963 -1971), Düsseldorf und Frankfurt (1971-179) der Philosophie, Psychologie, Theologie, Sonderpädagogik, Medizin. Ordentl. Professor für Psychologie an der Vrije Universiteit Amsterdam (1979 – 2004); visiting Prof. Abt. Klinische Psychologie bei Klaus Grawe, Universität Bern (1980 -1989). Zahlreiche Gastprofessuren international. Begründer der Integrativen Therapie und Integrativen Supervision; wissenschaftl. Leiter des Studiengangs Supervision, Donau-Universität, Krems. Leiter der Europäischen Akademie für psychosoziale Gesundheit (EAG), Hückeswagen. Approbierter Psychotherapeut und KJPsychother.; Arbeits-und Forschungsschwerpunkte: Vergleichende Psychotherapie, Entwicklungspsychologie der Lebensspanne, Gerontotherapie, Psychotraumatologie, Supervision. Zahlreiche Buch- und Fachveröffentlichungen. Begründer der Zeitschrift «Integrative Therapie» (1975 ff.). Bundesverdienstkreuz BRD für Verdienste um die Psychotherapie und Suchttherapie.

Prof. Dr. Hilarion G. Petzold
Forschungsstelle der EAG
Achenbachstraße 40
D-40237 Düsseldorf
Mail: Forschung.EAG@t-online.de; http://www.eag-fpi.com/

**Rott, Christoph**, * 1953, Dr. phil., Dipl.-Psych., Gerontologe, wissenschaftlicher Mitarbeiter am Institut für Gerontologie der Universität Heidelberg, Leiter der Heidelberger Hundertjährigen-Studie, zahlreiche Publikationen zu Hochaltrigkeit, psychologischen Stärken und körperlicher Aktivität im Alter, Mitglied des Vorstands des Landesseniorenrates Baden-Württemberg.

Dr. Christoph Rott
Institut für Gerontologie, Universität Heidelberg
Bergheimer Str. 20
D - 69115 Heidelberg
Mail: christoph.rott@gero.uni-heidelberg.de

**Scholz, Rembrandt**, * 1953, Dr. oec., Diplom-Mathematiker, 1972-1977 Studium Mathematik, Humboldt-Universität Berlin; 1977-1998 wiss. Mitarbeiter, Institut für Sozialmedizin und Epidemiologie, Humboldt-Universität zu Berlin (Charité); 1999-2000 wiss. Assistent, Institut für Soziologie und Demographie der Universität Rostock; seit 2000 wiss. Mitarbeiter am Max-Planck-Institut für demografische Forschung Rostock, seit 2009 im Bereich historische Demographie; 2006-2008 am Rostocker Zentrum zur Erforschung des demografischen Wandels wiss. Mitarbeiter und Forschungskoordinator, Vorstandsmitglied in der Deutschen Gesellschaft für Demographie; zahlreiche Publikationen zur Lebensverlängerung und Lebenserwartung in Deutschland.(http://www.demogr.mpg.de/en/staff/scholz/default.htm)

Dr. Rembrandt Scholz
Max-Planck-Institut für demografische Forschung
Konrad-Zuse-Str. 1
D - 18057 Rostock
Mail: scholz@demogr.mpg.de

**Schumacher, Vera**, * 1979, lic. phil. (Psychologie, Informatik, Englische Sprachwissenschaften), Doktorandin des Lehrstuhls Gerontopsychologie, Publikationen im Bereich „Plastizität im hohen Alter", Fachgebiet Hochaltrigkeit.

lic. phil. Vera Schumacher
Psychologisches Institut, Lehrstuhl Gerontopsychologie, Universität Zürich
Binzmühlestrasse 14/24
CH - 8050 Zürich
Mail: v.schumacher@psychologie.uzh.ch

**Streffer, Johannes Rolf**, * 1968, Dr. med., Neurologe und Psychiater, Wissenschaftlicher Mitarbeiter in der frühen klinischen Forschung bei Janssen Pharmaceutica/ Johnson & Johnson. Seit über 15 Jahren aktiv in der klinischen Forschung im Bereich der Neurowissenschaften. Ein spezieller Fokus liegt seit dem Jahr 2000 im Bereich der Gerontopsychiatrie und Neurodegeneration.

Experimental Medicine, Clinical Development CNS,
Johnson & Johnson Pharmaceutical research and Development.
Dr. med. Johannes, R. Streffer
Turnhoutseweg 30
B - 2340 Beerse
Mail: JSTREFFE@its.jnj.com

**Strüder, Heiko K.**, Univ.-Prof. Dr., * 1965, Studium von Sport und Anglistik in Köln und Exercise Physiology in den USA. Sportwissenschaftler mit Promotion in Sportmedizin/Trainingslehre. 1999 Habilitation und venia legendi für Leistungsphysiologie und Endokrinologie. Seit 2002 Lehrstuhlinhaber und Leiter des Instituts für Bewegungs- und Neurowissenschaft der Deutschen Sporthochschule Köln und seit 2006 Prorektor für Forschung. Arno-Arnold-Preisträger der Deutschen Gesellschaft für Sportmedizin und Prävention.

Univ.-Prof. Dr. Heiko K. Strüder
Institut für Bewegungs- und Neurowissenschaft
Deutsche Sporthochschule Köln
Am Sportpark Müngersdorf 6
D - 50933 Köln
Mail: strueder@dshs-koeln.de

**Veelken, Ludger**, * 1938, Prof. i.R. Dr. paed., Dipl. theol. Professor für Soziale Gerontologie und Geragogik, Technische Universität Dortmund, ehem. Leiter des Weiterbildenden Studiums für Seniorinnen und Senioren. Schwerpunkte: Lebenslanges Lernen, Intergenerationelles Lernen, Transpersonales Lernen. Gastdozentur im Masterstudiengang Geragogik an der Kirchlichen Pädagogischen Hochschule Wien.

Prof. Dr. Ludger Veelken
Technische Universität Dortmund,
Fakultät 12 Erziehungswissenschaft und Soziologie/Seniorenstudium
Emil-Figge-Str. 50
D - 44221 Dortmund
Mail: veelken@gerontodo.de